TRAITÉ

DE

ROIT COMMERCIAL MARITIME

PAR

Arthur DESJARDINS

Docteur en droit, Docteur ès-lettres

AVOCAT GÉNÉRAL A LA COUR DE CASSATION

COMMISSAIRE DU GOUVERNEMENT PRÈS LE TRIBUNAL DES CONFLITS

TOME PREMIER

La liberté du commerce maritime. — Définition, état
civil, nationalité, nature juridique des navires.
— Acquisition et transmission de la propriété des navires. — Priviléges sur
les navires. — Saisie et vente
des navires.

Commentaire du livre II, titres I et II du Code de commerce et droit comparé)

PARIS

A. DURAND ET PEDONE-LAURIEL, ÉDITEURS

LIBRAIRES DE LA COUR D'APPEL ET DE L'ORDRE DES AVOCATS

PEDONE-LAURIEL, SUCCESSEUR

13, RUE SOUFFLOT, 13

1878

TRAITÉ DE DROIT COMMERCIAL

MARITIME

—

TOME PREMIER

OUVRAGES DU MÊME AUTEUR :

De scientia civili apud M. T. Ciceronem (Thèse pour le doctorat ès-lettres), *épuisé*. — Paris, Durand, 1858.

Essai sur les Confessions de saint Augustin (Thèse pour le doctorat ès-lettres). — Paris, Durand, 1858.

De l'aliénation et de la prescription des biens de l'Etat, des départements, des communes et des établissements publics (ouvrage couronné par la Faculté de droit de Paris). — Paris, Durand, 1862.

Les Devoirs, essai sur la morale de Cicéron (ouvrage couronné par l'Institut), *épuisé*. — Paris, Didier, 1865.

Mirabeau jurisconsulte (discours prononcé à la rentrée de la Cour d'Aix). — Aix, 1866.

Sieyès et le Jury en matière civile (discours prononcé à la rentrée de la Cour d'Aix), *épuisé*. — Aix, 1869.

Etats-Généraux (1455-1614) (ouvrage couronné par l'Institut). — Paris, Durand et Pedone-Lauriel, 1871.

La nouvelle Organisation judiciaire (Etude sur deux projets de loi soumis à l'Assemblée nationale). — Paris, Durand et Pedone-Lauriel, 1872.

Réforme du droit public français d'après les écrits de Fénelon, archevêque de Cambrai (discours prononcé à la rentrée de la Cour de Douai). — Douai, 1873.

Henri IV et les Parlements (discours prononcé à la rentrée de la Cour de cassation). — Paris, 1877.

BEAUVAIS, TYPOGRAPHIE D. PÈRE, RUE SAINT-JEAN.

TRAITÉ

DE

DROIT COMMERCIAL MARITIME

PAR

Arthur DESJARDINS

Docteur en droit, Docteur ès-lettres

AVOCAT GÉNÉRAL A LA COUR DE CASSATION

COMMISSAIRE DU GOUVERNEMENT PRÈS LE TRIBUNAL DES CONFLITS

———

TOME PREMIER

La liberté du commerce maritime. — Définition, état
civil, nationalité, nature juridique des navires.
— Acquisition et transmission de la propriété des navires. — Priviléges sur
les navires. — Saisie et vente
des navires.

(Commentaire du livre II, titres I et II du Code de commerce et droit comparé)

———

PARIS

A. DURAND ET PEDONE-LAURIEL, ÉDITEURS

LIBRAIRES DE LA COUR D'APPEL ET DE L'ORDRE DES AVOCATS

PEDONE-LAURIEL, SUCCESSEUR

13, RUE SOUFFLOT, 13

1878

CHAPITRE I.

LA LIBERTÉ DU COMMERCE MARITIME.

SECTION I.

LIBERTÉ DU COMMERCE MARITIME. — RESTRICTIONS HORS DE LA PLEINE MER.

SECTION II.

LIBERTÉ DU COMMERCE MARITIME. — PRINCIPALES RESTRICTIONS EN TEMPS DE PAIX.

SECTION III.

CHAPITRE I.

LA LIBERTÉ DU COMMERCE MARITIME.

SECTION I.

LIBERTÉ DU COMMERCE MARITIME. — RESTRICTIONS HORS DE LA PLEINE MER.

1. Le commerce maritime est naturellement libre. Cette règle doit être écrite à la première page d'un traité de droit commercial maritime.

Le libre échange international des produits bruts ou manufacturés qui forment le patrimoine de chaque peuple est, en effet, une de ces lois nécessaires qui dérivent de l'instinct et des besoins universels. Autant il serait absurde de prétendre effacer les signes distinctifs qui caractérisent les diverses branches de la race humaine et supprimer les nations, autant il serait déraisonnable et chimérique de chercher à les isoler. On peut même dire que plus leurs mœurs, leur génie, leurs travaux diffèrent, plus il leur est indispensable de se rapprocher et plus les échanges doivent se multiplier entre elles.

Aucun peuple ne pourrait se suffire. Aucun n'est assez riche, assez actif, tout ensemble assez frugal, assez simple pour se borner aux produits de son sol, naturels ou transformés. C'est la nature même des choses qui nous contraint de demander aux autres ce qui nous manque à nous-mêmes. On ne trouve pas l'or, l'argent, le fer dans tous les pays; il en est où la vigne et le coton ne peuvent pas se cultiver; il en est même qui ne produisent pas assez de blé pour donner du pain à leurs habitants. Ceux-ci doivent aller chercher ailleurs, souvent au loin d'abord ce qui leur est nécessaire, ensuite ce qui leur est utile. Ces rapports se multiplieront à mesure que croîtront les besoins et les désirs, c'est-à-dire avec le progrès même de la civilisation.

Les peuples ont, en effet, deux moyens de se procurer ce qu'ils ne trouvent pas sur leur territoire : la guerre et le commerce. Mais le premier est odieux : ce n'est, pour aucune puissance, un juste motif de guerre que le désir ou le besoin de s'approprier le bien d'autrui. Ce moyen n'est pas moins imparfait qu'illégitime : on tarit ainsi, chez le peuple auquel on fait violence, les sources mêmes de la richesse et, le besoin survivant à l'abus de la force, on s'enlève à soi-même la meilleure chance de le satisfaire à l'avenir. Au contraire, le second moyen est absolument légitime, et devient le seul auquel les peuples civilisés puissent recourir. Un premier échange provoque d'innombrables échanges : des rapports continus s'établissent; le patrimoine de chaque nation se complète par le patrimoine de toutes. Cet état de choses, en même temps qu'il naît de la civilisation, la développe : la guerre devient plus désastreuse, partant plus difficile à mesure qu'elle trouble plus d'intérêts. Quand elle éclate, on s'attache à préserver tous ceux qui peuvent être encore préservés; en faisant la guerre, on est forcé de préparer la paix.

Ainsi se justifie, s'impose la liberté du commerce international, partant du commerce maritime.

2. La première conséquence pratique à tirer de ce principe, c'est qu'aucune puissance ne peut monopoliser à son profit le commerce d'une région placée hors de sa souveraineté. Quand les Portugais essayèrent d'interdire le commerce de l'Inde entière au reste de l'Europe, les actes de violence qu'ils commirent pour faire prévaloir cette prétention furent considérés comme un juste motif de guerre (1).

C'est enfreindre le même principe et violer le droit des gens

(1) Cf. Calvo, le Droit international, § 300.

que de prétendre, même en temps de guerre; supprimer les relations commerciales de toutes les puissances avec une d'entre
elles. Les publicistes sont unanimes à condamner ce fameux décret de Milan par lequel Napoléon Ier, le 17 décembre 1807, ordonna de saisir et de capturer « tout bâtiment, de quelque nation
« qu'il fût, ... expédié des ports d'Angleterre... ou allant en
« Angleterre. »

Enfin quelques publicistes vont plus loin et dénient à tout pays,
par application de la même règle, le droit de fermer sans une
juste cause ses ports au commerce d'une nation en les laissant
ouverts à celui d'une autre : cet abus de la souveraineté leur
semble légitimer des mesures de rétorsion (1). Un port, une rade
ouverts au commerce sont donc, en thèse générale, réputés,
d'après le droit des gens, accessibles aux navires de toutes les
nations. Bluntschli, dans sa 323e règle, après avoir énoncé que
les navires étrangers doivent se soumettre aux ordonnances locales sur les ports, s'exprime ainsi : « Lesdites ordonnances ne
« doivent faire aucune différence entre les diverses nations mari-
« times. » Ce principe, ajoute une note du savant professeur, est
destiné à protéger contre les abus de la police *le droit* qu'ont
tous les peuples d'entretenir des relations commerciales et à empêcher certaines nations d'être exclues du concert commercial des
Etats.

3. La liberté des mers implique d'ailleurs la liberté du commerce maritime.

Or la liberté de la pleine mer est, de nos jours, au-dessus de
toute discussion. Straccha (2) reconnaissait à Venise le droit
d'empêcher la libre navigation de l'Adriatique parce que cette
prétention des Vénitiens se perdait dans la nuit des temps (3) : on
ne se paierait plus aujourd'hui de cette raison frivole. Sous les
règnes de Charles Ier et de Charles II, l'Angleterre revendiquait
la propriété de toutes les mers situées entre les côtes de la
Grande-Bretagne et celles de l'Amérique septentrionale; Selden,
en 1636, pouvait encore, sur ce sujet, tâcher de réfuter Grotius :
mais nul ne se donnerait actuellement la peine de réfuter le *Mare
clausum* de Selden. Vattel, tout en admettant les maximes de
Grotius (4), croyait qu' « une nation (5) peut acquérir des droits

---

(1). Cf. ib., § 189. — (2) *De navigatione*, § 9. — (3) *Id ex tempore cujus
origo hominum memoriam excesserit adquisitum fuisse.* — (4) Livre I,
c. 23, § 280-282. — (5) Ib., § 284.

« exclusifs de navigation par des traités dans lesquels d'autres
« nations renoncent en sa faveur aux droits qu'elles tiennent de la
« nature. » C'est ainsi, poursuit-il, que la maison d'Autriche a
renoncé en faveur des Anglais et des Hollandais au droit d'envoyer des navires des Pays-Bas aux Indes orientales. Mais cette
thèse n'est plus admise au dix-neuvième siècle. Vattel allait
jusqu'à croire qu'une semblable renonciation peut résulter d'un
pacte tacite ! Pinheiro-Ferreira le contredit et n'a pas de peine
à établir qu'un tel pacte, exprès ou tacite, est nul de plein
droit (1).

La mer est libre, disent les publicistes, parce qu'elle est irrépui-
sable et que personne n'a un intérêt légitime à s'approprier l'usage
exclusif des choses dont un usage commun ne diminue en rien
l'utilité (2). Toutefois cette raison ne semble pas concluante, car
elle s'appliquerait à la mer littorale comme à la pleine mer, et
celle-ci, seule, est libre. Peut-être vaut-il mieux se borner au
motif que donnait Vattel (3) : « la pleine mer n'est point de nature
« à être occupée, personne ne pouvant s'y établir de manière à
« empêcher les autres d'y passer. »

Donc, en pleine mer, ni prohibitions ni taxes : nulle prééminence des grands Etats sur les petits ; égalité complète, dérivant
de la liberté.

Quoique personne ne puisse « s'établir » en pleine mer, suivant
l'expression de Vattel, un navire a manifestement droit à toute la
partie de la mer qui le porte, comme à celle qui lui est nécessaire
pour la liberté de ses manœuvres (4). Ce n'est pas un acte d'appropriation, puisque l'occupation crée et limite le droit : celui-ci
ne survit pas au fait, et le navire n'eût-il quitté sa position qu'un
instant, tout autre a pu l'y remplacer et peut s'y maintenir.

4. Mais la liberté de la mer et du commerce maritime est, en
premier lieu, limitée par la souveraineté des peuples qui occupent
le littoral.

La mer qui baigne les côtes d'un pays dépend encore de ce
pays, du moins tant qu'on peut la considérer comme son rempart
et comme sa frontière. C'est pourquoi les jurisconsultes la désignent sous le nom de mer littorale ou mer territoriale. Mais où
s'arrête cette mer territoriale et comment déterminer l'extrême
limite de la frontière maritime ? Ici les systèmes abondent, et la

(1) Cf. Massé, Le droit commercial, etc., t. I, note 4 de la page 95
(3e éd.). — (2) V. Massé, ib., I, no 104. — (3) § 282 précité. — (4) Cf.
Massé, ib.

doctrine de Grotius, qui a fini par prévaloir, n'est pas encore absolument incontestée.

Loccenius plaçait la frontière maritime à deux journées de chemin en partant du rivage (1) : c'était, comme l'a dit très-bien M. Massé (2), la faire varier à chaque voyage, selon l'état du vent et la vitesse du navire. Valin (3) aurait voulu qu'on assignât pour borne à la mer territoriale l'endroit où la sonde cesse de prendre fond : mais Calvo fait justement observer (4) que, dans certains parages, le véritable fond ou plateau de la mer se rencontre à trente ou quarante lieues de la terre, alors que, dans d'autres, il borde la côte : les limites de la mer territoriale seraient donc essentiellement variables, quelquefois même indéterminables. D'autres ont proposé une distance uniforme de cent milles, comme Casaregis (5), ou de soixante milles, comme Targa (6) : l'une et l'autre fixation, outre qu'elles étendent démesurément la mer littorale, sont purement arbitraires. Rayneval (7) croit qu'on doit en étendre le rayon à tout ce que peut embrasser la vue à partir des côtes, et, par là même, subordonne tout aux conditions dans lesquelles l'observateur se trouve placé.

Grotius (8) avait posé le véritable principe lorsqu'il renfermait la mer territoriale dans l'espace susceptible d'être défendu à partir de la terre ferme avec les ressources de l'art militaire. La formule de Vattel ne laisse donc rien à désirer : « Tout l'espace de mer « qui est à portée du canon, le long des côtes, est regardé « comme faisant partie du territoire (9). » Cependant M. Pradier-Fodéré, annotant Vattel, déclare qu' « en présence des « perfectionnements de l'artillerie et de l'invention des nouveaux « canons à longue portée, il deviendra nécessaire de modifier « encore ce mode de limitation du territoire maritime. » Cette proposition nous paraît très-contestable. La mer est ou n'est pas territoriale selon qu'elle est ou n'est pas susceptible d'une certaine occupation, c'est-à-dire selon qu'on peut ou non, de la côte, en interdire par la force l'usage aux autres. Ce que pourra modifier l'invention des canons à longue portée, c'est la limite fixée par le droit des gens conventionnel, mais non pas le mode même de limitation. Fiore raisonne mieux, selon nous, en enseignant sim-

---

(1) *De jure marit.*, lib. I, c. IV, § 6. — (2) Ib., p. 105. — (3) Sur le l. V, tit. I de l'ord. de 1681. — (4) § 200. — (5) Disc. 186, n. 1 et 2. — (6) *Ponderax. marit.*, c. II, n. 29. — (7) Inst., l. II, c. X, § 10. — (8) L. II, c. III, § 13. — (9) L. I, c. XXIII, § 289.

plement que la zone de juridiction devra s'étendre à proportion du perfectionnement des engins d'artillerie (1).

C'est par application de ce principe : *Terræ potestas finitur ubi finitur armorum vis* que le droit des gens conventionnel a fixé depuis longtemps l'étendue de la mer littorale à trois milles. Elle est ainsi fixée par l'art. 1 du traité du 28 octobre 1818, entre l'Angleterre et les Etats-Unis. L'avis par lequel l'Autriche a, le 5 août 1863, prescrit à tout navigateur de hisser son pavillon lorsqu'il s'arrêterait ou passerait à moins de trois milles d'une forteresse autrichienne, atteste encore cet usage. Calvo va jusqu'à dire (2) : « Cette démarcation de trois milles constitue désormais une règle « fixe, qui doit être observée et respectée toutes les fois que les « traités n'en ont pas établi d'autre. Deux ou plusieurs nations « sont libres de modifier conventionnellement le principe, de le « restreindre ou de l'étendre ; mais ce sont là des dispositions qui « les lient entre elles dans leurs relations réciproques, sans « qu'elles puissent les appliquer, et, bien moins encore, les im- « poser à d'autres Etats. » Cette thèse nous semble excessive. Une note du ministre américain Seward, adressée le 16 octobre 1864 à la légation britannique de Washington, pose successivement ces deux questions : 1° La juridiction de l'Etat riverain doit-elle être portée de trois à cinq milles ? 2° En général, ne devrait-on pas admettre une limite déterminée en chiffres, et ne pas faire dépendre tout de la portée des canons ? Mais cette dernière proposition n'a pas été convertie en règle internationale.

5. Beaucoup d'Etats ont, d'ailleurs, plusieurs frontières maritimes : selon qu'il s'agit d'appliquer les lois de douane, les lois sur la pêche, de réprimer des actes délictueux commis à bord d'un navire étranger ou de déterminer la légitimité d'une prise faite en temps de guerre, la mer territoriale est plus ou moins étendue.

Wheaton (3) cite un acte adopté en 1736, aux termes duquel la juridiction de l'Angleterre, quant à l'application de la législation douanière, embrasse un espace de quatre lieues marines : il ajoute que les règlements de douane des Etats-Unis contiennent une dis-

(1) Droit intern. publ., 1re partie, l. II, c. 3. C'est l'idée qui dicta la note américaine du 16 octobre 1864. M. Seward y émet l'opinion suivante : « Etant « admis que les boulets ne doivent pas plus atteindre la bande de mer neu- « tralisée que le sol neutre lui-même, les navires de guerre ne devraient-ils « pas, si la bande neutralisée est de trois milles, s'abstenir de faire feu à « moins de huit milles ? » (On suppose que les canons ont une portée de cinq milles.) — (2) § 201. — (3) 2e partie, c. III, § 7.

position semblable. D'autre part notre loi du 4 germinal an II (art. 7, tit. II) est ainsi conçue : « Les capitaines et officiers et au- « tres préposés du service des douanes, ceux du commerce ou de « la marine militaire pourront visiter tous les bâtiments au-des- « sous de cent tonneaux, étant à l'ancre ou louvoyant dans les « quatre lieues des côtes de France, hors le cas de force majeure. « Si ces bâtiments ont à bord des marchandises dont l'entrée ou « la sortie est prohibée en France, ils seront confisqués ainsi que « les cargaisons, avec amende de 500 livres contre les capitaines « des bâtiments. » Une loi du 27 mars 1817 (art. 13) prolonge cette zone jusqu'à deux myriamètres. Ces lois dérogent-elles à l'usage général? Leur exécution en-deçà de deux myriamètres et au-delà de trois milles (5,556 mètres) pourrait-elle être invoquée par une nation, dans le silence des traités, comme un sujet de grief légitime? Telle est, sans doute, l'opinion de Trolley, qui s'appuie sur les principes rigoureux du droit international. Mais, en fait, notre administration des douanes n'a pas cessé d'appliquer aux navires étrangers les lois de l'an II et de 1817, sans réclamation des puissances maritimes (1).

Au contraire, quand il s'est agi de réglementer la pêche de la Manche par voie diplomatique et de déterminer à ce nouveau point de vue l'étendue soit des eaux françaises, soit des eaux britanniques, il a été décidé (2) que « les sujets de S. M. le roi « des Français jouiraient du droit exclusif de pêche dans le rayon « de trois milles à partir de la laisse de basse mer, le long de « toute l'étendue des côtes de France, et que les sujets de S. M. « Britannique jouiraient du droit exclusif de pêche dans un rayon « de trois milles de la laisse de basse mer, le long de toute l'étendue « des côtes des îles britanniques. »

Les tribunaux répressifs d'un pays sont-ils compétents pour prononcer sur un crime commis à bord d'un navire étranger dans les eaux territoriales, comme si ce crime avait été commis dans un port maritime? La cour suprême du Chili décida sans doute, le 21 avril 1874 (J. de dr. intern. pr. II, p. 36), que la juridiction de la république en matière criminelle ne s'étendait pas à sept milles de la côte ferme; mais cet arrêt ne préjuge pas la question, le fait délictueux s'étant accompli à une telle distance des côtes. Le 24 août 1876 (3) notre cour de cassation eut incidemment

(1) V. Dalloz, vᵒ Douanes, nᵒ 169. — (2) Art. 9 de la convention du 27 août 1839. — (3) B. cr., 1876, p. 382.

à se demander si un incendie allumé à bord d'un navire hollandais avait été commis en pleine mer ou dans les eaux françaises, et l'on reconnût que le crime avait été accompli hors des eaux françaises parce que le navire n'était pas encore à trois milles de la côte : il fallut alors qu'on rattachât l'incendie à un faux perpétré en France pour maintenir la compétence des tribunaux français. Toutefois un haut tribunal anglais (*Court for the consideration of crown cases reserved*) vient de décider, dans l'affaire du navire allemand *Franconia*, que la cour criminelle centrale d'Angleterre était incompétente pour statuer sur un crime commis à bord de ce navire, et en-deçà de trois milles, la souveraineté de l'État limitrophe sur les hautes eaux ne pouvant s'exercer que pour la défense et la sécurité de l'Etat lui-même. Ajoutons que cette décision, rendue par huit voix contre six, a provoqué le dépôt par M. Gorst d'un projet de loi conférant au ministre de la justice un droit de juridiction sur les étrangers dans une zone marine de trois milles, et que le bill a été lu pour la seconde fois à la chambre des communes le 18 avril 1877 (1). Nous adhérons entièrement aux critiques dirigées contre l'arrêt d'incompétence.

Enfin, en temps de guerre, la mer territoriale d'une puissance neutre est l'asile des navires marchands. « Un vaisseau pris sous « le canon d'une forteresse neutre, dit Vattel (2), n'est pas de « bonne prise. » C'est ce qu'exigent l'indépendance et la souveraineté du neutre. M. Seward fut obligé de reconnaître le 9 janvier 1864 qu'un bâtiment fédéral avait violé le territoire anglais en capturant dans les eaux anglaises le bâtiment confédéré le *Chesapeake*. Peu importe même que l'attaque ait commencé dans la pleine mer : la juridiction du neutre saisit et protége, comme le dit énergiquement M. Massé (3), tous ceux qui entrent sur son territoire. Or Wheaton, après avoir cité l'acte de 1736, croit pouvoir affirmer que si des prises étaient faites dans l'espace fixé par ce réglement, c'est-à-dire à moins de quatre lieues marines des côtes, là cour d'amirauté en exigerait la restitution. Mais ici, selon nous, cette expression « mer territoriale » doit être entendue dans le sens précis que lui donne la science du droit international : le

(1) V. le *Times* du 17 avril 1877 et le journal de dr. intern. privé, t. IV, p. 161. — (2) L. I, c. XXIII, § 289. Mais l'Etat neutre peut seul exiger la remise de la prise, car les droits de l'Etat neutre ont seuls été lésés. Cf. Bluntschli, R. 786. — (3) N° 354. Il faut lire tout le début de ce chapitre (t. I, p. 305 s.) où l'auteur réfute avec vigueur la doctrine contraire de Casaregis.

territoire maritime n'est effectivement inviolable qu'à portée réelle du canon des côtes, et les lois de douane ou de police habituellement appliquées en temps de paix ne sauraient prévaloir contre un principe fondé sur la nature même des choses. La prise est, à mon avis, illégitime, même au-delà de trois milles, si la portée du canon dépasse trois milles, légitime en-deçà de la limite fixée par les règlements particuliers de l'Etat neutre, mais *ubi finitur armorum vis.*

Le tribunal de commerce de Marseille eut à décider le 20 septembre 1872 (1) si un navire qui s'était perdu à une distance de six à neuf milles du port avait ou non péri dans les eaux françaises : la solution fut affirmative. Cette hypothèse n'étant prévue par aucun texte spécial, la question devait être tranchée d'après les principes généraux. Le navire avait sombré dans les eaux françaises s'il avait sombré à portée du canon des côtes.

Que la frontière maritime ait été déterminée par un acte soit législatif, soit diplomatique ou qu'on s'en tienne, dans le silence des textes, à la distance de trois milles, quel sera le point de départ ? « Il est entendu, dit Wheaton (2), que la distance ne « commence à compter que depuis le point où la mer est navi- « gable. » D'après la convention du 27 août 1839 entre la France et l'Angleterre, il faut compter à partir de la laisse de basse mer. Cette règle offre un avantage : elle est assez précise pour couper court à tout litige international.

6. Il importe maintenant d'examiner jusqu'à quel point la liberté du commerce maritime peut être restreinte sur la mer territoriale.

Il semble au premier aspect que l'Etat riverain puisse tout interdire. Puisque cet espace est réputé « faire partie de son ter- « ritoire, » n'en est-il pas le maître absolu ? Vattel, au fond, reconnaît ce droit à l'Etat riverain : « Ces parties de la mer, ainsi « soumises à une nation, sont comprises dans son territoire; on « ne peut y naviguer malgré elle. Mais elle ne peut en refuser « l'accès à des vaisseaux non suspects pour des usages innocents « sans pécher contre son devoir... *Il est vrai que c'est à elle de* « *juger de ce qu'elle peut faire* dans tout cas particulier qui se pré- « sente; et si elle juge mal, elle pèche, *mais les autres doivent le* « *souffrir.* Il n'en est pas de même des cas de nécessité comme, « par exemple, quand un vaisseau est obligé d'entrer dans une

(1) Rec. de M., 1873, 1. 261. — (2) *Loc. cit.*

« rade qui vous appartient pour se mettre à couvert de la tem-
« pête, etc. »

Ainsi donc une nation très-délicate n'interdira pas sa mer territoriale au commerce impartial des peuples navigateurs ; mais après
tout, quand elle l'interdit, elle ne fait qu'exercer un droit rigoureux, et ce défaut de courtoisie ne peut susciter aucune plainte !
Telle n'est pas, à notre avis, la règle du droit des gens. La thèse
des anciens publicistes compromet gravement les intérêts généraux des nations commerçantes, puisqu'elle autorise une seule
d'entre elles à troubler, par un acte arbitraire et sans juste cause,
de séculaires relations pacifiques. Au demeurant, quoique le souverain du territoire occupe, à certains égards, cette mer littorale,
il ne la possède pas au point de pouvoir l'interdire, en principe,
aux navires de commerce. Il a moins une propriété qu'une juridiction ou, si l'on veut, « sa propriété est grevée d'une servitude
« naturelle au profit de tous les peuples navigateurs (1). »

Toutefois ce commerce n'est plus entièrement libre. Si la nation
riveraine ne peut le prohiber, elle peut le régler, et ne manque
presque jamais de le faire. La mer territoriale est indubitablement
soumise à ses règlements fiscaux et douaniers. J'ai cité l'acte de
1736, nos lois de l'an II et de 1817. Les Anglais ont une autre
loi, du 28 août 1833, d'après laquelle tout navire marchand
étranger rencontré à une lieue de la côte, et qui, le temps le
permettant, ne se dirige pas vers le port de sa destination, est
sommé de se retirer dans un délai de quarante-huit heures et, en
cas de désobéissance, devient passible de confiscation si l'on
trouve à son bord des marchandises de contrebande.

Bluntschli dont l'autorité est, on le sait, prépondérante en
Allemagne a, mieux qu'aucun autre publiciste, déterminé les droits
de la nation riveraine : « Les navires qui pénètrent dans les eaux
« d'un Etat étranger, dit-il (319ᵉ règle), sont soumis à la sou-
« veraineté de l'Etat étranger tant qu'ils restent sur le territoire
« maritime de ce dernier ». Mais il explique un peu plus loin sa
pensée (322ᵉ règle) : « Les navires qui se bornent à longer les
« côtes d'un Etat dans la partie de la mer qui fait partie du
« territoire de ce dernier, sont soumis temporairement à la sou-
« veraineté de cet Etat *en ce sens* qu'ils doivent respecter les ordon-
« nances militaires ou de police prises par lui pour la sûreté de
« son territoire et de la population côtière ». La 310ᵉ règle est
encore plus précise : « L'Etat riverain, y lit-on, peut prendre à

(1) Massé, *loc. cit.*, n° 105.

« l'égard de ces parties de la mer toutes les mesures de sûreté et
« d'ordre public qu'il juge nécessaires, et y règlementer la pêche
« et la navigation. Mais il n'est pas autorisé, en temps de paix, à
« interdire ou *à entraver par des impôts* la libre navigation dans
« les eaux dépendant de son territoire (1) ».

Le gouvernement russe n'a fait que se conformer à l'une de ces
règles, en mai 1877, lorsqu'il a subordonné à certaines conditions,
« devenues actuellement indispensables par la défense des ports à
« l'aide des torpilles », l'entrée et la sortie des navires dans les ports
d'Odessa, dans le liman du Dnieper et du Boug, dans le détroit
de Kertch et dans le golfe de Sévastopol. Il a pu, sans méconnaître
les principes du droit international, obliger tout navire arrivant à
s'arrêter au-delà de la ligne des torpilles, où des officiers russes
avec leurs équipages iraient à sa rencontre et en prendraient la
direction; il a pu même contraindre chaque capitaine à promettre
par écrit pour lui, pour son équipage et ses passagers que, pendant toute la traversée de la ligne des torpilles, nul ne se trouverait sur le pont et ne chercherait à voir par les sabords et les
hublots la route suivie par le navire.

7. Ce que nous disions de la pleine mer ne s'applique pas
davantage à la mer enclavée.

S'il s'agit d'une mer absolument enfermée dans les terres d'un
seul peuple, il est clair que ce peuple y peut seul naviguer. Vattel
a dit (2) : « Elle n'est pas moins susceptible d'occupation et de
« propriété que la terre. » La formule de Bluntschli (règle 306)
est irréprochable : « Une mer ne peut être fermée aux autres
« peuples que s'il est impossible aux navires venant de la pleine
« mer d'y pénétrer. Ces mers font, comme les lacs, partie du
« territoire des Etats riverains. »

S'il s'agit d'une mer enclavée dans les terres de plusieurs
nations, le commerce et la navigation seront libres pour tous les
peuples du littoral, mais pour ceux-là seulement, puisqu'elle ne sera
pas accessible aux autres. Ainsi que le fait observer M. Massé (3),
ces divers peuples pourront s'appliquer réciproquement leurs lois
de douane dans la partie de la mer qui dépend de leur territoire.

(1) La 327e règle est ainsi conçue : « D'après les usages existants, il ap-
« partient aux diverses puissances maritimes de fixer les conditions sous
« lesquelles elles reconnaissent la nationalité des navires étrangers dans
« les eaux qui dépendent de leur territoire. Mais ces conditions ne doivent
« pas être de nature à rendre impossibles ou *trop difficiles* à une nation
« étrangère la libre navigation et le libre commerce. » — (2) L. I,
c. XXIII, § 291. — (3) N° 107.

8. Martens (1) a cru que les détroits étaient susceptibles d'ap
propriation, partant que la navigation pouvait en être interdite
aux navires marchands par les souverains des côtes.

Il faut évidemment distinguer les détroits qui aboutissent exclusivement à des mers enclavées et ceux qui mettent en communication des mers libres. Les premiers ne sont, pour ainsi dire,
qu'une portion de la mer enclavée : comme elle, ils peuvent être
revendiqués par les nations du littoral.

Mais la liberté des mers ne serait qu'un mot si la navigation des
autres détroits pouvait être interdite aux peuples commerçants,
puisqu'il serait impossible de passer d'une mer dans l'autre. Le
commerce maritime deviendrait impraticable si ces voies de communication nécessaires tombaient dans le domaine privé. La
liberté de la pleine mer implique la liberté des détroits qui en
permettent l'accès. On ne comprend donc pas que Martens, sans
invoquer d'autres raisons que celle dont se payait Straccha pour
justifier les antiques prétentions de Venise sur l'Adriatique, ait
admis le droit exclusif de l'Angleterre sur le canal Saint-Georges,
du Danemark sur les détroits de la Baltique, du roi de Naples sur
le détroit de Messine, etc. « Si les deux rives du détroit de Gi-
« braltar, dit très-bien Wheaton (2), étaient soumises à une même
« puissance, la navigation de ce détroit n'en serait pas moins
« libre, puisqu'il sert de voie de communication entre l'Océan
« atlantique et la Méditerranée. »

Le droit des gens naturel et conventionnel, appliquant ce principe, défend tout acte qui semblerait consacrer d'une façon quelconque la prétention des riverains à la propriété du détroit. Les
lourdes taxes de passage imposées par le Danemark aux navires
marchands qui traversaient les détroits du Sund et des Belts,
furent regardées par les Etats-Unis d'Amérique, en 1848, comme
un prélèvement opéré par le souverain du littoral en vertu de sa
souveraineté. Les véritables principes se dégagent des notes qui
furent alors échangées entre le gouvernement danois et le secrétaire d'Etat des Etats-Unis. Celui-ci admettait que le Danemark se
fît indemniser de toutes ses dépenses d'entretien et d'amélioration,
mais refusait le péage proprement dit en invoquant la liberté des
mers et l'indépendance des nations. Ce différend aboutit à la convention du 14 mars 1857, conclue entre le Danemark d'une part,
l'Autriche, la Belgique, la France, la Grande-Bretagne, le Mecklembourg-Schwerin, l'Oldenbourg, les Pays-Bas, la Prusse, la

(1) Précis, § 42. — (2) 2° partie, c. III, § 10.

Russie, la Suède et la Norwège, les villes de Lubeck, de Brême et de Hambourg d'autre part, et à la convention du 11 avril 1857 entre les Etats-Unis et le Danemark : les péages furent rachetés. Tous les Etats maritimes d'Europe et d'Amérique apportèrent successivement leur adhésion au rachat. Moyennant ce dédommagement pécuniaire, le Danemark promit de conserver et d'entretenir les feux, les bouées, les balises existants, ainsi que de surveiller le service du pilotage.

Les jurisconsultes contemporains ne suivraient donc plus Vattel, affirmant que le maître du détroit peut lever un droit *modique*, il est vrai, sur les vaisseaux qui passent, « soit pour l'incommodité « qu'ils lui causent *en l'obligeant d'être sur ses gardes*, soit pour « la sûreté qu'il leur procure en les protégeant contre leurs enne- « mis (1). » C'est ainsi que l'illustre publiciste arrivait à justifier le péage du Sund. Les charges fiscales que le maître du détroit peut imposer à la marine marchande reposent sur une base plus étroite; si l'intérêt des navigateurs exige qu'il entretienne des pilotes, des phares, des signaux, etc., il a le droit de se faire indemniser de toutes ses dépenses. Le commerce maritime en profite; c'est lui qui doit, en définitive, les supporter.

Alors même qu'il s'agirait d'un détroit artificiel, telle serait encore la base des droits perçus, quelque élevés qu'on les suppose : ceux qui auraient creusé le canal pourraient stipuler la rémunération légitime de leurs travaux et de leurs dépenses; mais il ne leur serait pas loisible de supprimer la communication qu'ils ont eux-mêmes établie. Le cabinet anglais a donc pu rédiger, en 1877, une note ainsi conçue : « Toute tentative de bloquer ou entraver par un « moyen quelconque le canal de Suez ou ses approches, serait en- « visagée, par le gouvernement de Sa Majesté, comme une menace « pour l'Inde et comme un grave dommage pour le commerce du « monde. D'après ces deux considérations, tout acte semblable « que le gouvernement de Sa Majesté espère et croit qu'aucun des « deux belligérants ne voudrait commettre, serait incompatible « avec le maintien, par le gouvernement de Sa Majesté, d'une « attitude de neutralité passive. » La Porte-Ottomane, tout en refusant de permettre l'accès du canal aux navires ennemis, « attendu que le canal fait partie de l'Empire et n'a jamais été dé- « claré neutre, » a répondu le 21 juin 1877, qu'elle « acceptait les « vues de l'Angleterre, en ce qui concerne le libre passage du « canal de Suez pour les navires neutres. »

(1) *Loc. cit.*, § 292.

Le droit qu'ont toutes les nations de communiquer librement d'une mer à l'autre, peut d'ailleurs être modifié par une convention spéciale, comme le dit Wheaton (1), dans le cas où le passage libre mettrait en danger la sûreté de l'Etat riverain. C'est la règle qu'invoque à juste titre la Porte-Ottomane pour fermer le détroit des Dardanelles aux vaisseaux de guerre. Cette puissance ne pourrait donc, en principe, sans commettre un acte arbitraire et contraire au droit des gens, interdire l'accès du même détroit aux navires marchands. Aussi les traités du 30 mars 1856 et du 13 mars 1871, en interdisant plus ou moins complètement le détroit des Dardanelles et la mer Noire au pavillon de guerre de toutes les puissances, réservent-ils formellement, l'un et l'autre, la liberté du commerce maritime. Bien plus l'art. 12 du traité du 30 mars 1856 est ainsi conçu : « Libre de toute entrave, le commerce ne sera « assujetti qu'à des règlements de santé, de douane, de police, « conçus dans un esprit favorable au développement des transac- « tions commerciales. » Si la Porte a pu néanmoins, en juin 1877, c'est-à-dire en pleine guerre, interdire le mouillage des navires de commerce sur certains points du même détroit (2), c'est que la li- berté complète du mouillage pouvait entraver certains mesures de défense, et, par conséquent, compromettre « la sûreté de l'Etat « riverain. »

On ne saurait même dénier au Sultan la faculté de prendre, à un moment donné, certaines mesures assurément restrictives de la liberté commerciale, mais propres à empêcher toute confusion entre les bâtiments de guerre et les bâtiments de commerce, ou toute infraction aux lois de la neutralité. On lit dans le *Journal officiel* français du 3 mai 1877 : « Le chargé d'affaires de France « à Constantinople a annoncé au ministre des affaires étrangères « que le gouvernement ottoman a décidé d'interdire, pendant la « nuit, l'entrée et la sortie des Dardanelles et du Bosphore. Les « phares seront éteints, à l'exception du phare situé à l'entrée du « Bosphore dans la mer Noire et de deux feux dans les Darda- « nelles. Ces feux pourront d'ailleurs être supprimés sur l'ordre « des commandants militaires. » La Porte, par cette décision prise en temps de guerre, n'a pas excédé son droit.

9. Martens (3) a cru que les golfes étaient, comme les dé- troits, indistinctement susceptibles d'appropriation. C'est ainsi qu'il

---

(1) 2e partie, c. III, § 9. — (2) V. la communic. du Gouvernement Otto- man au chargé d'affaires de France à Constantinople (*J. off. français* du 30 juin 1877). — (3) Précis, § 42.

admet le droit exclusif de la Suède sur le golfe de Finlande, n'en rattachant la légitimité qu'à l'ancienneté de la revendication.

Vattel (1) a fait une distinction très-sage, encore adoptée par les publicistes contemporains. Une baie dont on peut défendre l'entrée est soumise à l'empire et même à la propriété de l'Etat riverain. Mais il est impossible, ajoute-t-il, d'appliquer la même règle à de grands espaces de mer auxquels on donne quelquefois ce nom, tels que la baie de Hudson.

La convention du 27 août 1839 entre la France et la Grande-Bretagne offre un curieux exemple de cette distinction : « Il est « également entendu, dit-elle, que le rayon de trois milles, fixant « la limite générale du droit exclusif de pêche sur les côtes des « deux pays, sera mesuré, pour les baies dont l'ouverture « n'excèdera pas dix milles, à partir d'une ligne droite allant d'un « cap à l'autre ». Ainsi, depuis cet acte diplomatique, ce n'est pas à l'étendue réelle de la baie qu'il faut s'attacher pour en déterminer le caractère, mais à la distance entre les deux caps : si l'ouverture n'excède pas un certain nombre de milles qui ne sont pas, on le conçoit, uniformément fixés par la science du droit international, la mer territoriale ne commence qu'à partir d'une ligne fictive allant d'un cap à l'autre.

Puisque, dans cette hypothèse, la mer territoriale commence où finit le golfe, on conçoit que la navigation de ce golfe ne soit pas assimilable à celle de la mer territoriale. Les petites baies ressemblent plutôt aux rades. Elles se confondent à ce point avec le territoire même de l'Etat riverain que celui-ci me paraît avoir, à la grande rigueur, le droit d'en interdire l'accès, même aux navires marchands ; à plus forte raison peut-il, comme l'a fait le gouvernement ottoman le 8 juin 1877 pour la baie de la Sude, en Crète, notifier que, des torpilles ayant été placées dans ces baies, l'entrée en est interdite à certaines heures. (2). Toutefois, comme s'il s'agissait de ports ou de rades et même *a fortiori*, selon nous, il ne pourrait sans juste cause les fermer aux uns, les ouvrir aux autres (v. ci-dessus n° 2).

Il est impossible de soutenir que la même prohibition soit applicable à la navigation des grands golfes. Mais on se demande s'il n'y faut pas étendre au-delà des limites ordinaires l'espace soumis à la juridiction des riverains. Telle est l'opinion de Grotius, qui propose d'assimiler les grands golfes à la mer territoriale s'ils peuvent être réputés faire partie du territoire qu'il baignent (3) :

(1) *Loc. cit.*, § 291. — (2) *J. off.* du 9 juin 1877. — (3) L. II, c. III, § 8.

mode de détermination vague, arbitraire et parfois impraticable ; quelle proportion adopter ? que résoudre si le territoire du riverain, très-large à l'ouverture de la baie, se rétrécit à mesure qu'elle se prolonge ? Hubner (1) étend le droit du riverain sous un prétexte spécieux : les baies ne sont un mouillage sûr que parce que les côtes voisines brisent les courants et abritent les navires; le bâtiment qui vient y mouiller est donc protégé par ces côtes, c'est-à-dire par l'Etat riverain. Ce raisonnement me semble vicieux : outre qu'il ne s'applique pas à toutes les baies ni à tous les navires, comment déduire d'un tel fait un tel droit? Il faudrait enfin non plus comparer l'étendue des eaux à celle du territoire riverain, mais déterminer la série des points précis où la côte cesse d'amortir la vague et d'abriter effectivement les navires : est-ce possible ? Dans ce chaos d'arguments contradictoires il vaut mieux, à mon avis, se rattacher au principe de la libre navigation, c'est-à-dire traiter les grands golfes comme la mer : le commerce maritime n'y pourrait être réglementé que dans les eaux territoriales, c'est-à-dire à portée du canon.

C'est ainsi que la liberté du commerce maritime doit être maintenue ou restreinte selon le théâtre des opérations commerciales maritimes.

Nous allons traiter le même sujet à un autre point de vue. Jusqu'à quel point la liberté du commerce maritime peut-elle être restreinte en temps de paix ? Quelles restrictions autorise l'état de guerre ?

SECTION II.

LIBERTÉ DU COMMERCE MARITIME. — RESTRICTIONS EN TEMPS DE PAIX.

10. En temps de paix, c'est la législation douanière des différents peuples qui apporte le plus d'entraves à la liberté du commerce maritime.

La majorité des économistes anglais et français voudrait abolir toutes les lois de douane : d'autres systèmes se sont produits en

---

(1) De la saisies des bâtiments neutres, part. I, c. VIII, § 10.

Amérique. Il ne nous appartient pas ici de faire un choix entre l'école anglaise et l'école américaine. Le droit des gens, qui ne se confond pas avec l'économie politique, ne saurait dénier aux Etats souverains la faculté d'avoir une législation douanière et laisse aux économistes le soin de leur démontrer, s'il y a lieu, qu'ils se trompent sur leurs intérêts.

Chaque peuple a, sur ce terrain, la faculté de traiter les étrangers autrement que les nationaux et de traiter inégalement les étrangers. Néanmoins j'ai dit plus haut qu'un Etat ne pourrait, sans juste cause, fermer ses ports et ses rades aux navires marchands d'une puissance en les ouvrant à toutes les autres. Ce qu'il ne doit pas faire directement, il ne peut pas le faire indirectement. Ce serait donc violer le droit des gens que de prohiber pendant la paix toutes les marchandises d'un peuple neutre en laissant importer librement par mer les marchandises des autres peuples.

Cette réserve faite, chaque Etat puise dans sa souveraineté les droits les plus étendus. Non-seulement il peut grever certains produits des taxes les plus lourdes, mais il peut leur interdire entièrement ses ports.

Il a donc le droit, pour empêcher qu'on n'enfreigne ses prohibitions absolues ou relatives, d'organiser un système complet et minutieux de surveillance.

La législation française oblige le capitaine du navire importateur au dépôt du manifeste, c'est-à-dire à une première déclaration en gros des marchandises importées qui peut être suivie d'une première visite sommaire, opérée par les préposés du service actif (1). Elle astreint ensuite ce même capitaine à faire dans les trois jours une déclaration détaillée (2) indiquant le lieu du chargement, celui de la destination, le nom du navire, les marques et numéros des ballots, caisses, tonneaux, futailles, etc., et à subir une seconde visite, opérée par d'autres employés (3). Elle l'astreint à une déclaration descriptive des machines et mécaniques importées, accompagnée de dessins sur échelle (4). Elle l'oblige à subir, en cas de contestation, la décision de commissaires-experts placés auprès du ministre du commerce sans qu'il puisse recourir au mode d'expertise tracé par la loi commune (5). Pour que rien n'échappe aux droits, elle prohibe (6) les chargements et les déchargements hors l'enceinte des ports où les bureaux des droits

_____

(1) L. 22 août 1791, tit. II, art. 2-5. — (2) Ib., art. 9. — (3) Ib., art. 6 et 17. — (4) Circ. 21 novembre 1826. — (5) Art. 19 1. 27 juillet 1822 — (6) L. 22 août 1791, tit. XIII, art. 9.

d'entrée et de sortie sont établis, sauf le cas de force majeure : là même elle défend qu'on procède au chargement ou au déchargement sans un congé qu'elle délivre. Enfin le dépôt du manifeste et la déclaration détaillée ne sont pas seulement prescrits en cas d'arrivée au lieu de destination, mais encore au cas de relâche volontaire (1) : si la relâche dure moins de vingt-quatre heures, le dépôt du manifeste doit être fait avant le départ (2).

Ces prohibitions, ces taxes, ce système de précautions minutieuses, tout en restreignant la liberté du commerce maritime, n'excèdent pas les droits du souverain qui les applique, et ne heurtent aucun principe du droit des gens.

La liberté du commerce maritime peut être encore restreinte par la perception de certains droits envisagés comme un dédommagement pécuniaire des dépenses faites dans un intérêt international. J'ai déjà traité plus haut cette question. Les principes qui régissent actuellement la navigation des détroits reçoivent chaque jour une application nouvelle : le droit des gens conventionnel les étend à la navigation des grands fleuves (3).

C'est aussi sur cette base que repose la perception des droits de quai créés par la loi du 30 janvier 1872 : « Les navires de tout pa- « villon, dit cette loi (art. 6), venant de l'étranger ou des colonies « et possessions françaises, chargés en totalité ou en partie, ac- « quitteront, *pour frais de quai*, une taxe fixée par tonneau de « jauge, savoir : pour les provenances des pays d'Europe ou du « bassin de la Méditerranée, cinquante centimes; pour les arri- « vages de tous autres pays, un franc. En cas d'escales succes- « sives dans plusieurs ports pour le même voyage, le droit ne « sera payé qu'à la douane de prime abord. » Ce droit peut être regardé comme un dédommagement des dépenses que fait l'Etat pour la reconstruction, l'entretien et la surveillance des quais. Toutefois il est très-vivement critiqué : la plupart des armateurs et des chambres de commerce déclarent que toute mesure a été dépassée; Marseille prétend que cet impôt onéreux a détourné de ses ports, au profit de Gênes, un grand nombre de bâtiments. Le droit de quai pèse, en effet, assez lourdement sur les navires qui font un service quotidien ou presque quotidien, par exemple entre la Corse et la Sardaigne et de Marseille à Gênes, surtout si

(1) L. 22 août 1791, tit. XI, et l. 4 germinal an II. — (2) Art. 38 l. 27 vendém. an II. — (3) V. pour la navig. du Danube les traités du 30 mars 1856 et du 13 mars 1871, pour la navigation du Rhin la convention du 15 octobre 1868, pour celle du Pô le traité du 3 juillet 1849, etc.

l'on songe qu'il est dû par tonneau de jauge , et qu'un navire à
peu près vide l'acquitte comme un navire entièrement chargé.
Cette assimilation a soulevé des réclamations très-vives qui
n'ont, jusqu'à présent, profité qu'à l'Algérie et à la navigation
avec l'Algérie (1). La loi du 20 mars 1875 est ainsi conçue : « Le
« droit de quai de cinquante centimes ou d'un franc par tonneau
« de jauge établi par la loi du 30 janvier 1872, sera perçu dans
« les ports de l'Algérie par tonneau d'affrètement sur les mar-
« chandises débarquées (2). »

Les droits de tonnage représentent encore l'indemnité des
frais qu'occasionnent, dans l'intérêt du commerce international,
les réparations ou l'amélioration des ports. La loi du 19 mai 1866
s'est, du reste, expliquée sur ce point : « Les droits de tonnage
« actuellement perçus, tant sur les navires français que sur les
« navires étrangers, dit-elle (art. 4), et affectés, comme garantie,
« au paiement des emprunts contractés pour travaux d'améliora-
« tion dans les ports de mer français, sont maintenus. Des décrets
« impériaux, rendus dans la forme des règlements d'administra-
« tion publique, pourront, en vue de subvenir à des dépenses de
« même nature, établir un droit de tonnage, qui ne pourra excé-
« der deux francs cinquante centimes par tonneau, décime com-
« pris, et qui portera à la fois sur les navires français et étran-
« gers. » Il suffit d'ouvrir le *Bulletin des Lois* pour constater
que ce principe a été souvent appliqué. Il y avait un bassin à flot
à exécuter dans le port de Bordeaux : la chambre de commerce
(loi du 20 mai 1868) fut autorisée à emprunter dix millions qu'elle
dut avancer à l'Etat; celui-ci dut en payer l'intérêt à 4 0/0. La

(1) Il avait été constaté « qu'un certain nombre de navires à vapeur de
« grand tonnage, particulièrement ceux qui se rendaient des ports de l'An-
« gleterre dans la mer des Indes par le canal de Suez passaient devant
« nos ports de l'Algérie sans s'y arrêter alors qu'ils auraient eu quelquefois
« intérêt à y faire escale et que la cause de cet éloignement, essentielle-
« ment préjudiciable à notre colonie, tenait uniquement aux prescriptions
« douanières de la loi du 30 janvier 1872. » (Rapport de M. Lucet au Sénat,
6 mars 1877.) — (2) Mais « il peut arriver et le cas s'est présenté à Alger
« que le nombre de tonnes de marchandises qu'un navire porte et débarque
« soit supérieur à son tonneau de jauge; il en résulte que dans cette cir-
« constance le nouveau régime aggrave une charge que la loi du 20 mars
« 1875 a entendu atténuer. » (Chambre des députés. Annexe au procès-verbal
de la séance du 20 novembre 1876.) De là la loi du 12 mars 1877, ainsi conçue :
« Le droit de quai perçu en Algérie en vertu des art. 1 et 2 de la loi du
« 20 mars 1875 ne pourra dans aucun cas excéder la somme qui aurait été
« perçue d'après le taux fixé par la loi du 30 janvier 1872. »

différence entre le taux d'intérêt payé par l'Etat à la chambre et
celui qu'elle payait aux souscripteurs de l'emprunt fut couverte
par la perception d'un droit de tonnage de vingt centimes par tonneau de jauge (élevé à vingt-cinq centimes par la loi du 5 août 1874),
portant sur les navires français ou étrangers qui entrent chargés
dans le port de Bordeaux, et viennent du long cours ou des
pays étrangers (1). C'est dans les mêmes conditions qu'un droit
de tonnage de dix centimes fut établi à Dunkerque pour subvenir
aux travaux d'amélioration du port (2), qu'un semblable droit de
dix centimes fut établi à Marseille (3) pour le même motif. Une
loi du 5 janvier 1875 autorisa le département de la Loire-Inférieure
à emprunter dix millions pour l'achèvement d'un bassin dans le
port de Saint-Nazaire ; la différence entre le taux d'intérêt payé
par l'Etat au département qui avançait cette somme, et celui qui
devait être payé aux souscripteurs de l'emprunt fut couverte par
un droit de tonnage de trente-cinq centimes « sur tout navire fran-
« çais ou étranger, sauf les navires français se livrant actuelle-
« ment au cabotage entre les ports français. » Un décret du 14
novembre 1874 établit à Dieppe un droit de trente centimes par
tonneau de jauge sur les navires entrant dans ce port et venant
de la grande pêche, des colonies ou de l'étranger (4), etc., etc.
Le droit est affecté rigoureusement aux travaux des ports. Aussi
tous ces actes contiennent-ils une formule à peu près invariable :
« La perception du droit spécial cessera aussitôt après l'achève-
« ment desdits travaux » (décret du 14 novembre 1874) : « la per-
« ception du droit spécial cessera aussitôt après l'entier rembour-
« sement de la somme formant cette différence » (entre les deux
taux d'intérêts : loi du 5 janvier 1875).

11. D'indispensables restrictions sont apportées à la liberté
du commerce maritime dans l'intérêt de la santé publique.

Tout navire qui arrive dans un port français doit être, avant
toute communication, reconnu par l'autorité sanitaire. Réduite à
une opération sommaire pour les navires non suspects, cette formalité constitue la reconnaissance proprement dite. Elle prend le
nom d'arraisonnement dans les cas qui exigent un examen plus
approfondi. Sont seuls dispensés de la reconnaissance : les ba-

(1) Cf. décr. conf. 6 juin 1868. — (2) L. 20 mai 1868. Emprunt de douze
millions fait par la ville de Dunkerque. — (3) L. 5 août 1874. Emprunt de
quinze millions fait par la chambre de commerce. — (4) Sont exemptés de
ce droit, dit le décret, les navires en simple relâche lorsqu'ils ne feront aucune opération de commerce.

teaux qui font la petite pêche sur nos côtes, les bâtiments de la douane, les bateaux-pilotes, les navires garde-côtes, en général les bateaux qui s'écartent peu du rivage et peuvent être reconnus à la simple inspection (1).

En outre tout navire provenant des côtes orientales de la Turquie d'Europe, du littoral de la mer Noire et de tous les pays situés hors de l'Europe, l'Algérie exceptée, est obligé de présenter en tout temps, à son arrivée dans un port français, une patente de santé. Le reste de l'Europe est, à ce point de vue spécial, divisé en trois régions : on ne demande pas la patente (2) aux navires provenant de la première (Grande-Bretagne, Belgique, Hollande, Allemagne, Danemark, Norwège, Suède et Russie), quand il n'est pas signalé d'épidémie pestilentielle (peste, fièvre jaune ou choléra) dans le nord de l'Europe; aux navires provenant de la seconde (littoral méditerranéen de l'Espagne, Italie, Malte, littoral de l'Adriatique et de la Grèce), quand il n'est signalé d'épidémie pestilentielle dans aucun des pays qui bordent le bassin de la Méditerranée; aux navires provenant de la troisième (Portugal, Gibraltar et ports de l'Espagne situés sur l'Océan), quand il n'est pas signalé d'épidémie pestilentielle en Espagne, en Portugal ou sur la côte d'Afrique, au-delà du trentième degré de latitude nord. La patente de santé doit mentionner l'état sanitaire du pays de provenance, donner le nom du navire, celui du capitaine, indiquer exactement le tonnage, la nature de la cargaison, l'effectif de l'équipage, le nombre des passagers, l'état sanitaire du bord au moment du départ. Elle est *nette* ou *brute ;* nette, quand elle constate l'absence de toute maladie pestilentielle dans le pays ou les pays d'où vient le navire; brute, quand elle signale une maladie de ce genre. Elle n'est valable que si elle est délivrée dans les quarante-huit heures qui ont précédé le départ du navire. Enfin elle doit être visée à chaque escale par le consul français dont le visa relate l'état sanitaire de sa résidence, et conservée jusqu'au port de destination (3).

Certaines mesures sanitaires, restreignant la liberté du commerce maritime, doivent ou peuvent être prises au point de départ, pendant la traversée, à l'arrivée du navire.

(1) Décr. du 22 févr. 1876, tit. II. — (2) Malgré les réclamations de la chambre de commerce d'Alger, le décret du 22 février 1876, au moment où nous écrivons n'a pas été encore promulgué en Algérie. Aucun navire n'y est donc admis en libre pratique s'il n'est muni d'une patente réglementaire de santé. Une lettre de la chambre de commerce d'Alger signale, le 29 août 1876, cet état de choses à la chambre de commerce de Marseille. — (3) Décr. 22 fév. 1876, tit. III.

Au point de départ, aucun armateur, capitaine ou consignataire ne peut charger son navire ou le faire partir sur lest sans faire, à l'autorité sanitaire, une déclaration préalable qui permette à celle-ci de vérifier l'état des bâtiments français en partance, et de délivrer, en connaissance de cause, la patente de santé. La douane ne donne son permis de chargement que sur le vu d'un bulletin constatant l'accomplissement de cette formalité. L'autorité sanitaire a le devoir de s'opposer à l'embarquement d'une personne atteinte d'une des maladies visées par le règlement du 22 février 1876, et de toute substance qui, par sa nature ou son état de corruption, serait nuisible à la santé du bord. Les navires étrangers en partance qui désirent être munis d'une patente française, ne peuvent l'obtenir qu'après s'être soumis à la même vérification, si l'autorité sanitaire le juge nécessaire (1).

Les navires affectés au transport de nombreux voyageurs et qui font des trajets dont la durée, pour atteindre le point extrême de la ligne, dépasse en moyenne quarante-huit heures, sont tenus d'avoir à bord un médecin pourvu du diplôme de docteur ou d'officier de santé. Le décret du 22 février 1876 impose à ce médecin, entre autres obligations, celle de protester contre l'embarquement des substances nuisibles. Tout ce qui aura servi à l'usage des passagers atteints d'une maladie pestilentielle ou suspecte doit être, pendant la traversée, détruit ou soumis à une désinfection rigoureuse. Des mesures de désinfection doivent être, dans la même période, appliquées à toutes les parties suspectes du navire (2).

Tout capitaine arrivant dans un port français est tenu : 1° d'empêcher toute communication, tout déchargement de son navire avant que celui-ci ait été reconnu et admis à la libre pratique; 2° de se conformer aux règles de la police sanitaire, ainsi qu'aux ordres qui lui sont donnés par les autorités sanitaires; 3° de produire à ces autorités tous les papiers de bord, de répondre à un interrogatoire, et de donner tous les renseignements utiles à la santé publique. Comme les navires ont un très-grand intérêt a opérer leur débarquement le plus tôt possible, la *reconnaissance* doit être faite sur le champ, même pendant la nuit : toutefois, s'il y a suspicion sur la provenance ou sur les conditions sanitaires, l'arraisonnement et l'inspection médicale ne peuvent avoir lieu que pendant le jour. Quoique munis d'une patente nette, les navires peuvent ne pas être admis à la libre pratique immédiatement

(1) Ib., tit. IV. — (2) Ib., tit. V.

après la reconnaissance ou l'arraisonnement : A. quand ils ont eu à bord, durant la traversée, des accidents certains ou suspects de peste, de fièvre jaune ou de choléra, ou une maladie grave réputée importable; B. quand ils ont eu en mer des communications compromettantes; C. quand ils présentent à l'arrivée des conditions hygiéniques dangereuses; D. quand l'autorité sanitaire a des motifs sérieux de contester la sincérité de la patente nette; E. quand ils proviennent d'un port qui entretient des relations libres avec une localité voisine où règne soit la peste, soit la fièvre jaune, soit le choléra; F. lorsque, provenant d'un port où régnait auparavant une de ces trois maladies, ils l'ont quitté avant le délai suffisant pour que le pays fût déclaré net. Ces navires peuvent être alors assujettis au régime de la patente brute (1).

Tout navire arrivant avec une patente brute est passible de quarantaine. Le régime des quarantaines apporte une restriction très-sérieuse à la liberté du commerce maritime. Les gouvernements ont le droit de le contenir dans les plus étroites limites, mais, en même temps, le devoir de ne pas subordonner la santé d'un peuple à ses intérêts économiques. On ne peut pas laisser empoisonner un pays sous prétexte de l'enrichir.

Les navires passibles de quarantaine sont ou suspects ou infectés. Ils ne sont que suspects s'ils arrivent avec une déclaration du capitaine ou du médecin énonçant qu'aucun accident de la maladie en question n'a eu lieu à bord depuis le départ, et si l'inspection médicale, à l'arrivée, confirme cette déclaration : on leur applique alors la quarantaine d'observation. Ils sont infectés si des accidents certains ou probables de la maladie pestilentielle ont eu lieu à bord, soit au point de départ, soit en cours de traversée, soit à l'arrivée. On leur applique alors la quarantaine de rigueur.

La quarantaine d'observation consiste à tenir en observation, pendant un temps déterminé, le bâtiment, l'équipage et les passagers. Elle peut varier pour les personnes 1° quand il s'agit de « provenances de choléra dans les ports de la Méditerranée, » de trois à sept jours pleins à dater de l'inspection médicale (2); 2° quand il s'agit de « provenances de fièvre jaune » dans les

(1) Ib., tit. VI. — (2) Toutefois si l'autorité sanitaire a la preuve suffisante qu'aucun accident de nature suspecte n'a eu lieu à bord pendant toute la traversée et si celle-ci a duré plus de sept jours, si d'ailleurs le navire est dans de bonnes conditions hygiéniques, l'observation peut être réduite à vingt-quatre heures pour les constatations et la désinfection des effets à usage. (Annexe n° 1 au décret du 22 février 1876.)

mêmes ports, de trois à cinq jours ou de trois à sept jours selon que la traversée a duré plus ou moins de quinze jours ; 3° quand il s'agit de « provenances de peste » dans les mêmes ports, de cinq à dix jours pleins. Quand il s'agit 1° de « provenances de choléra dans les ports de la Manche et de l'Océan, » les personnes sont soumises à une observation de vingt-quatre heures ; 2° de « pro-« venances de fièvre jaune » dans les mêmes ports, les personnes sont soumises à une quarantaine de un à cinq jours, mais seulement si la traversée a duré moins de quinze jours ; 3° de « pro-« venances de peste » dans les mêmes ports, les personnes sont soumises à une quarantaine de trois à cinq jours. Quand il s'agit de « provenances de choléra » ou « de fièvre jaune, » le déchargement et la désinfection générale sont facultatifs. Au contraire, quand il s'agit des « provenances de peste, » la désinfection des objets susceptibles (1), celle du navire, le déchargement, sont obligatoires. Il est bon de remarquer que les drilles, les chiffons, les cuirs, les crins, et, en général, tous les débris d'animaux, peuvent être l'objet de mesures de désinfection, même en patente nette.

La quarantaine de rigueur ne peut être purgée que dans un port à lazaret (2) ; elle nécessite, avant tout déchargement, le débarquement au lazaret des passagers et de toutes les personnes inutiles à bord. Elle comporte le déchargement *sanitaire*, c'est-à-dire opéré selon la nature de la cargaison, soit au lazaret, soit sur des allèges, avec les purifications convenables ; elle exige la désinfection des effets à usage et celle du navire. Les règlements spéciaux contre la peste et contre le choléra spécifient que la désinfection doit être « aussi complète que possible (3). » Quant aux personnes, la quarantaine est réglée ainsi qu'il suit : A. Provenances de choléra 1° dans les ports de la Méditerranée, sept jours pleins à dater de l'isolement au lazaret, dix jours dans les cas exceptionnels ; 2° dans les ports de la Manche et de l'Océan, un à sept

(1) Le décret du 22 février 1876 divise à ce point de vue les objets en trois classes : la première, composée d'objets dits *susceptibles* (effets à usage, drilles, chiffons, cuirs, peaux, plumes, crins, débris d'animaux, laine, matières de soie) ; la seconde composée de matières moins compromettantes (coton, lin, chanvre à l'état brut) ; la troisième, formée d'objets non susceptibles et toujours exempte de désinfection (objets neufs manufacturés, grains et autres substances alimentaires, bois, résines, métaux, etc.) V. pour les lettres et les animaux vivants les art. 54, 55, 56 du décret. — (2) V. sur les lazarets de premier et de second ordre le titre IX du décret du 22 février 1876. — (3) Annexes n° 3 et n° 1 au décret.

jours (1). B, Provenances de fièvre jaune : 1° dans les ports de la
Méditerranée, sept à dix jours, cette durée pouvant être réduite à
cinq jours si les derniers accidents de fièvre jaune remontent
à plus de quatorze jours; 2° dans les ports de la Manche et de
l'Océan, trois à sept jours, cette durée pouvant être réduite à
vingt-quatre heures dans la même hypothèse (2). C. Provenances
de peste : 1° dans les ports de la Méditerranée, dix à quinze jours;
2° dans ceux de la Manche et de l'Océan, cinq à dix jours,

Qu'il s'agisse de navires suspects ou de navires infectés, s'il y a
déchargement sanitaire, la quarantaine des personnes restées
à bord ne commence que quand la désinfection du navire est terminée. Toutefois la durée de cette quarantaine spéciale est
abrégée, si ce n'est par le règlement contre la peste.

Aux termes de l'art. 51 du décret du 22 février 1876, les mesures de désinfection sont encore obligatoires au cas de variole ou
de typhus à bord. Dans tous les autres cas la nécessité de leur
application est laissée au jugement de l'autorité sanitaire.

Tout navire en quarantaine doit être tenu à l'écart dans un
mouillage déterminé et surveillé par un nombre suffisant de
gardes de santé. Si, pendant la durée de l'observation· simple ,
un cas de maladie suspectée se manifeste parmi les quarante-
naires, l'observation se transforme en quarantaine de rigueur. Si,
dans le cours d'une quarantaine de rigueur, le même fait se produit, la quarantaine recommence pour le groupe de personnes
restées en libre communication avec la personne atteinte. Un
navire mis en quarantaine peut reprendre la mer; dans ce cas,
la patente de santé lui est rendue, avec un visa mentionnant les
conditions dans lesquelles il part. Un navire ayant à bord la peste,
la fièvre jaune ou le choléra, qui se présente dans un port où
n'existe qu'un lazaret de second ordre, est envoyé de droit au
grand lazaret le plus voisin, après avoir débarqué ses malades
et reçu les secours nécessaires. Enfin, outre les quarantaines
prévues et les mesures spécifiées par les règlements, l'autorité
sanitaire a le droit, en présence d'un danger imminent et en dehors de toute prévision, de prescrire provisoirement telles mesures
qu'elle juge indispensables pour garantir la santé publique, sauf
à en informer aussitôt le ministre compétent, qui statue sur la

(1) Une décision de l'autorité sanitaire détermine dans ces limites la durée de la quarantaine pour chaque cas particulier. En cas de réclamation
contre une quarantaine qui excède trois jours, fe conseil sanitaire est consulté. — (2) Le conseil sanitaire est encore consulté en cas de réclamation
contre une quarantaine qui excède trois jours.

conduite à tenir : spécialement les navires chargés d'émigrants, de pèlerins, de corps de troupes, et, en général, tous les navires jugés dangereux par une agglomération d'hommes dans de mauvaises conditions, peuvent être, en tout temps, l'objet de précautions spéciales que détermine l'autorité sanitaire du port d'arrivée (1).

Tout ce régime de police sanitaire maritime impose au trésor public d'assez lourdes dépenses : il est naturel qu'il cherche à s'en indemniser. Telle est la base d'un certain nombre de taxes comprises sous la dénomination générale de droits sanitaires et divisées en quatre catégories : droit de reconnaissance à l'arrivée (2), droit de station (3), droit de séjour au lazaret (4), droit pour la désinfection des marchandises (5). Les dépenses résultant de la désinfection du navire lui-même sont à la charge de l'armement; la marchandise supporte les frais de désinfection et de manipulation des chiffons et des drilles. Les navires naviguant de port français à port français, dans la même mer, sont exemptés du droit de reconnaissance. Ceux qui, pendant le cours d'une opération, entrent successivement dans plusieurs ports situés sur la même mer, ne paient le droit de reconnaissance qu'une seule fois, au port de première arrivée. Sont dispensés du droit de séjour au lazaret : les enfants au-dessous de sept ans, les indigents embarqués aux frais du gouvernement ou d'office par les consuls, toute personne transportée au lazaret par ordre de l'autorité sanitaire. Enfin sont exemptés de tous les droits sanitaires les bâtiments en relâche forcée, même lorsqu'ils sont admis à la libre pratique, pourvu qu'ils ne se livrent à aucune opération de commerce dans le port où ils abordent, et les bateaux de pêche

(1) V. les titres VII et VIII du même décret, ainsi que les annexes 1, 2, 3. — (2) Navires naviguant au cabotage, de port français à port français, d'une mer à l'autre, par tonneau, 0 fr. 05 c.; navires naviguant au cabotage étranger, par tonneau, 0. 10 c.; navires naviguant au long cours, par tonneau, 0. 15 c.; paquebots arrivant à jour fixe d'un port européen dans un port de la Manche et de l'Océan, par tonneau, 0. 05 c.; paquebots venant d'un port étranger dans un port français de la Méditerranée, si la durée habituelle et totale de la navigation n'excède pas douze heures, par tonneau, 0. 05 c. (les paquebots de ces deux dernières catégories peuvent contracter des abonnements, calculés à raison de 0. 50 c. par tonneau et par an). — (3) Payable par les navires soumis à une quarantaine, par tonneau, pour chaque jour de quarantaine, 0 f. 03 c. — (4) Par jour et par personne : 1ʳᵉ classe, 2 fr.; 2ᵉ, 1 fr.; 3ᵉ, 0 fr. 50 c. — (5) Marchandises emballées, par 100 kilog., 0. 50 c.; cuirs, les 100 pièces, 1 fr.; petites peaux non emballées, les 100 peaux, 0. 50 c.

français ou étrangers, pourvu qu'ils ne fassent pas d'opérations de commerce dans le port de relâche (1).

Ces dispositions de la loi française ont été, sans doute, sévèrement jugées par le *general board of health* (2); elles semblent n'avoir pas obtenu l'adhésion du congrès d'hygiène qui s'est tenu à Bruxelles en octobre 1876 (3); enfin j'ai pu m'assurer qu'elles étaient l'objet de quelques critiques dans un de nos grands ports : on insinue qu'elles sacrifient encore à de vieux préjugés les intérêts du commerce maritime (4). Nous ne nous associons pas à ces critiques : la science et l'humanité sont d'accord pour imposer certaines mesures restrictives sans lesquelles la santé publique serait gravement exposée. Ce principe admis, la durée des quarantaines n'a rien d'excessif, l'ensemble de cette législation n'a rien de vexatoire : le but est atteint, non dépassé (5).

(1) Titre X du même décret. — (2)Le *general board of health,* qui date de 1848, s'est prononcé dans plusieurs rapports adressés à la reine et présentés au parlement contre les quarantaines appliquées à la peste, à la fièvre jaune et au choléra. (Tardieu, dict. d'hygiène, t. IV, p. 52.) — (3) A Bruxelles, le docteur Charbonnier et M. Hirsch ont déclaré que les quarantaines étaient inutiles pour empêcher la propagation des épidémies. Le docteur Fauvel, au contraire, a rappelé que, dans la conférence de Vienne, ce système avait trouvé d'ardents défenseurs parmi les membres appartenant aux pays méridionaux. Cependant, tout en regardant les quarantaines comme actuellement « indispensables pour les stations maritimes de la Méditerranée, » il a concédé « que toutes les mesures prises jusqu'ici ne devaient être considérés que comme provisoires et que les progrès de la science, de la chimie, de l'hygiène surtout pourraient nous débarrasser un jour de toutes « les mesures restrictives. » (V. la *Revue scientifique de la France et de l'étranger,* livraison du 14 octobre 1876.) — (4) Cf. dans un sens hostile aux quarantaines, *Revue des Deux-Mondes,* livraison du 15 octobre 1872. Cependant le lazaret d'el Wedj, petit port de la côte arabique, établi par le gouvernement égyptien, trouve grâce devant l'auteur de l'article (M. F. Papillon.) — (5) Il résulte d'une très-courte analyse publiée en 1876 dans l'*Annuaire de législation étrangère* (p. 803) que la loi suédoise du 19 mars 1875 concernant les mesures à prendre contre l'introduction et la diffusion des maladies contagieuses a maintenu le système des quarantaines. Une loi haïtienne du 14 novembre 1876 établit à partir du 1er décembre 1876 « un droit de vi-« site dont la moitié demeure au Trésor et dont l'autre moitié est payée « directement aux médecins nommés par le gouvernement dans les diffé-« rents ports de la république pour la visite de l'équipage des navires et « pour la surveillance de l'exécution des ordonnances publiées par le « bureau du secrétaire d'Etat de l'intérieur. Cet impôt est établi sur les « bases suivantes : 16 piastres (86 fr. 40) pour chaque navire de 301 ton-« neaux et plus ; 12 piastres (64 fr. 80) pour chaque navire de 201 tonneaux « jusqu'à 300 ; 8 piastres (43 fr. 20) pour tous navires d'un moindre tonnage. « Les navires à vapeur, quel que soit leur tonnage, paieront 25 piastres « comme droit uniforme de visite. »

12. Il est un cas, nous le verrons, où, pendant la guerre, les neutres peuvent se voir interdire le commerce, même impartial, qu'ils font avec certains points du territoire ennemi : c'est le cas où ces points sont bloqués par mer. La même interdiction peut-elle être faite pendant la paix? Existe-t-il des blocus pacifiques?

Non, d'après Gessner (1), Pistoye et Duverdy (2), Hautefeuille (3) et M. Massé (4). Hautefeuille fait remarquer que, le commerce et la navigation étant libres, une tierce nation ne peut pas, sans commettre un attentat international, mettre obstacle au commerce de deux peuples souverains. Si le bloquant n'invoque pas les droits de la guerre, à quel titre empêchera-t-il cette tierce nation d'échanger ses produits avec le bloqué, quand tous deux échappent à sa juridiction? C'est un acte de violence, partant un acte hostile; donc il implique un état de guerre.

Il y a pourtant, dans la pratique internationale, des blocus pacifiques. Tels furent ceux des côtes de la Grèce par l'Angleterre, la France et la Russie en 1827, du Tage par la France en 1831, des ports du Mexique par la France en 1838 (5), de la Plata par la France et l'Angleterre en 1838. Le bloquant, dans ces diverses circonstances, appuyait, par l'interdiction temporaire du commerce devant certains ports, des réclamations diplomatiques, des demandes de réparations, le redressement de certains dénis de justice qu'il n'avait pu obtenir par la voie amiable. Il prétendait néanmoins ne pas rompre l'état général de paix avec la nation bloquée.

Heffter (6), Cauchy (7), Calvo (8) ne jugent pas cette prétention contraire au droit des gens. Ce que le droit des gens réprouve, à leur avis, c'est que de grandes puissances se laissent trop facilement entraîner contre des nations faibles à de tels moyens de coercition. Mais faut-il établir, en principe, que la guerre puisse seule dénouer certains conflits diplomatiques? Mieux vaut ne pas exclure un mode de contrainte qui, au prix de quelques restrictions temporaires et nettement déterminées, peut rendre inutiles l'emploi de moyens plus violents et le recours à des actes généraux d'hostilité. Nous croyons, comme ces publicistes, qu'il peut y avoir des blocus pacifiques.

Bluntschli (506e règle) admet le principe, mais en restreint aus-

---

(1) p. 216 s. — (2) I, p. 376 s. — (3) Des droits, etc., t. II, p. 274 s. — (4) I, n° 304. — (5) Les villes hanséatiques protestèrent contre ce blocus. — (6) § 111. — (7) T. II, p. 426 s. — (8) § 1206.

sitôt la portée (507e règle) : « Les Etats neutres, dit-il, ne recon-
« naissent pas la validité des prises lorsque le blocus maritime
» n'est pas en même temps blocus de guerre ; ils ont dans ce
« cas le droit d'exiger pour les navires neutres la libre entrée
« et la libre sortie. » Le professeur de Heidelberg, pour justifier
cette proposition, fait remarquer que, les blocus étant un moyen
coercitif employé contre l'Etat coupable d'un acte injuste, on n'a
pas le droit d'user de contrainte envers les neutres. Mais on use
précisément de cette contrainte, pendant la guerre, envers des
neutres auxquels on n'a pas un reproche de plus à faire. Il s'agit
de savoir si un blocus mitigé, n'interrompant qu'à moitié les
échanges et les relations commerciales, semblera suffisant à l'Etat
lésé, et si cet Etat ne lui préférera pas une guerre à laquelle il
eût préféré le blocus complet.

Ces blocus devraient être évidemment effectifs, notifiés et ac-
compagnés des autres formalités sans lesquelles il n'y a pas, en
temps de guerre, de blocus régulier.

13. La liberté du commerce maritime peut être entravée par
un acte de coercition, que les publicistes désignent sous le nom
d'*arrêt de prince.* L'arrêt de prince est une mesure de sûreté
qui, hors le cas de guerre, empêche le départ d'un navire ou le
saisit en mer pour interrompre son voyage (1).

Targa au dix-septième siècle, Emérigon au dix-huitième en
ont signalé très-nettement les caractères distinctifs. Targa (2), la
comparant à la prise, fait observer que la prise a pour objet
l'appropriation du corps et des facultés, tandis que, dans l'arrêt
de prince, on a le dessein de rendre ensuite libre la chose arrêtée
ou d'en payer la valeur (3). S'il arrivait, ajoute-t-il, que le
navire arrêté ne fût ni rendu libre ni payé, l'accident ne serait
pas moins un arrêt, *regolandosi ogni cosa secondo il fine per
quale si opera almen apparentemente.* Pothier avait dit (4) :
« L'arrêt diffère de la prise. La *prise* se fait en pleine mer ;
« l'*arrêt* se fait dans un port ou une rade. » Emérigon (5) réfute
cette doctrine et rappelle que, pendant une disette à Corfou, les
galères vénitiennes arrêtèrent en pleine mer un navire génois

---

(1) Définition de M. Massé. Voici celle de Calvo, qui laisse à désirer :
« L'arrêt de prince est la défense faite aux navires marchands ancrés dans
« un port bloqué ou placés par suite de circonstances politiques dans une
« position exceptionnelle de quitter momentanément leur mouillage. » —
(2) Ponder. mar., c. 66. — (3) Con fine ò di restituire la cosa intrattenuta
ò di pagar il di lui prezzo. — (4) Traité du contrat d'assurance, n° 56. —
(5) Ch. XII, sect. 30.

chargé de blé, qui fut dirigé sur cette ville : la rote de Gênes eut à juger s'il y avait là prise ou arrêt de prince, et décida qu'il y avait arrêt de prince d'abord parce qu'on n'avait jamais songé à prendre ce bâtiment, ensuite parce que son capitaine n'avait jamais cessé de le commander. Enfin l'éminent jurisconsulte, insistant sur le caractère pacifique de cette mesure coercitive, refuse de qualifier arrêt de prince l'acte par lequel un vaisseau serait détenu dans un port, après une déclaration de guerre ou en vertu de lettres de représailles (1).

14. L'embargo, dit M. Massé (2), est la défense faite, en temps de guerre ou par mesure de représailles, de laisser sortir des ports les vaisseaux ennemis ou neutres. A vrai dire, il y a deux genres d'embargos : le premier n'est que le préliminaire d'une déclaration de guerre, et nous en parlerons plus loin ; le second, déjà qualifié par William Scott en 1803 « embargo « civil, » est généralement désigné par les publicistes contemporains sous le nom d'embargo pacifique. L'un et l'autre aboutissent à une mainmise opérée dans les eaux territoriales d'une nation, sur les propriétés publiques ou privées, notamment sur les navires marchands d'une autre nation. Mais l'embargo pacifique n'est, comme le blocus pacifique, qu'un moyen de coaction pour amener le redressement de griefs sérieux ou la réparation d'atteintes au droit des gens.

Calvo (3) cite, à titre d'exemple, l'embargo dont la France frappa la marine portugaise en 1831, lors de ses démêlés avec l'infant don Miguel, et celui auquel les gouvernements anglais et français recoururent en 1839 pour forcer la Hollande à reconnaître l'indépendance de la Belgique dans les conditions sanctionnées par l'Europe.

Le même auteur fait justement observer que les marins ou les passagers embarqués sur les navires frappés d'embargo pacifique doivent être traités comme des hôtes, et qu'une puissance, en employant ce moyen de coercition, s'impose par là même le devoir de subvenir libéralement à leurs besoins.

Aux termes du traité conclu le 26 février 1871 entre les Etats-Unis et l'Italie, « les citoyens de l'une des parties contractantes « ne seront soumis dans les Etats ou territoires de l'autre à *aucun*

---

(1) V. encore Emérigon, c. XIX, sect. 7. Dans cet autre chapitre, il explique pourquoi la saisie d'un navire pour cause de contrebande civile n'est pas assimilable à l'arrêt de prince. — (2) N° 327. — (3) § 678.

« *embargo* (1); ils ne pourront être retenus avec leurs navires,
« cargaisons, marchandises ou effets pour une expédition mili-
« taire quelconque ni pour quelque motif public ou privé que ce
« soit sans qu'il soit accordé aux intéressés une indemnité suffi-
« sante préalablement convenue, quand il sera possible. » Il serait
assurément désirable que cette clause fût convertie en règle internationale ; mais il n'y faut pas trop compter. Le moyen de coaction semblera moins efficace si l'indemnité doit être préalable :
l'embargo, d'ailleurs, est une mesure qui, le plus souvent, s'exé-
cute aussitôt après avoir été conçue : quand sera-t-il possible de
fixer d'avance l'exacte quotité du dommage ?

15. Nous verrons plus loin que la liberté du commerce maritime est restreinte en temps de guerre par le droit de visite : les
belligérants n'ont pas d'autre moyen d'empêcher la contrebande
de guerre. Mais le droit de visite subsiste-t-il en temps de paix ?
Il est bon de remarquer qu'il ne pourrait servir à réprimer ni la
contrebande de guerre, puisqu'il n'y a pas de guerre, ni la contrebande marchande, puisqu'il ne saurait y avoir en pleine mer
d'infraction aux lois de douane d'aucun pays.

Cependant l'Angleterre, envisageant la traite des noirs comme
un crime de droit des gens entièrement assimilable à la piraterie,
a, dans toute la première moitié du dix-neuvième siècle, sous
prétexte de vérifier si les bâtiments des différentes marines mar-
chandes ne se livraient pas à la traite, revendiqué le droit de
visite en pleine paix. Bien plus, elle l'a fait consacrer par les
traités de 1815 avec le Portugal, de 1817 et de 1835 avec l'Espagne, de 1818 et de 1823 avec les Pays-Bas, de 1824 avec la
Suède, de 1831 et de 1833 avec la France (2), de 1841 avec l'Autriche, la Prusse et la Russie. En 1841, les Etats-Unis refusèrent
expressément de se soumettre à cette prétention exorbitante qu'ils
avaient d'ailleurs, dit Wheaton (3), invariablement contestée. Le
gouvernement anglais essaya d'établir une distinction entre le
droit de visite, licite en temps de guerre, et la recherche du pavillon, licite en temps de paix : la recherche du pavillon lui permettait 1º de constater si les navires anglais ne se servaient pas
indûment du pavillon nord-américain pour faire la traite des noirs;

(1) Le traité de commerce du 11 juillet 1799 entre les Etats-Unis et la
Russie contenait une clause analogue. — (2) La convention de 1833 a été
modifiée par le traité du 29 mai 1845, établissant qu'on pourra procéder
réciproquement à la vérification du pavillon, non à la visite du navire. —
(3) 2ᵉ partie, c. II, § 10.

2º de vérifier si le même stratagème n'était pas employé par les navires des pays qui avaient autorisé conventionnellement les croiseurs anglais à exercer le droit de visite; 3º de poursuivre et de châtier les pirates, auxquels aucune nation ne doit accorder la protection de son pavillon. La recherche du pavillon, répondait le cabinet de Washington, aboutit au même résultat que le droit de visite. Est-ce que le croiseur peut constater la nationalité du navire sans examiner ses papiers de bord, partant sans le contraindre à interrompre sa marche? Est-ce que tous les navires marchands n'ont pas le droit absolu d'éviter une pareille rencontre? Quel intérêt une puissance a-t-elle à constater pendant la paix la nationalité des bâtiments rencontrés à la haute mer? Elle ne peut faire exécuter ses lois de police que dans la zone de sa juridiction territoriale. S'il s'agit de réprimer la piraterie, qui est un crime de droit des gens, c'est là sans doute une juste cause de vérifier le caractère du navire; mais il n'y a lieu de recourir à cette vérification que très-exceptionnellement, sur des soupçons graves et précis. En tout cas, la traite des noirs n'est pas la piraterie. Ces raisons prévalurent (9 août 1842). La Grande-Bretagne et les Etats-Unis durent maintenir sur la côte d'Afrique les forces navales nécessaires pour que chacune des deux puissances visitât les navires de sa nationalité.

Cependant, en 1858, les croiseurs anglais recommencèrent à visiter les navires américains. Nouveau conflit diplomatique. Les avocats de la couronne, consultés, donnèrent tort à leur gouvernement. Celui-ci, par l'organe de lord Lyndhurst, paraît avoir définitivement condamné le droit de visite pendant la paix, le 26 juillet 1858, devant la chambre des lords : « Nous n'avons, dit « lord Lyndhurst, renoncé à aucun droit, nous avons abandonné « l'usurpation d'un droit... Aucune nation n'a la faculté d'en- « traver la navigation d'une autre nation... Il peut se faire que « le pavillon américain soit usurpé par une autre puissance pour « couvrir les entreprises les plus indignes; cela ne saurait altérer « le droit... En vertu d'un traité avec l'Espagne, nous avons le « droit de visiter et de rechercher les navires espagnols en vue de « la suppression de la traite; mais cela ne saurait affecter les « droits de l'Amérique (1). »

Bluntschli se montre, en ce point, singulièrement timide : « Le « droit de visite, dit-il (2), n'existe jamais de plein droit... Les

(1) V. Calvo, § 1227 s. — (2) 352ᵉ règle.

« navires de guerre ne peuvent exercer un droit de visite ou de
« perquisition sur les navires étrangers suspects de faire la traite
« des nègres que dans les limites fixées par les traités ». Nous
préférons le langage de lord Lyndhurst. Il faut toutefois remarquer
que, même dans cette déclaration solennelle où le gouvernement
britannique condamne au nom du droit des gens naturel la visite
en pleine paix, il se réserve la faculté de l'exercer à l'égard des
puissances auxquelles il l'imposa par des traités. On peut seulement
espérer que, conséquent avec lui-même, il abandonnera complètement ce qu'il reconnaît avoir usurpé. La pratique internationale
serait alors entièrement conforme aux véritables maximes du droit
des gens.

SECTION III.

LIBERTÉ DU COMMERCE MARITIME. — RESTRICTIONS EN TEMPS DE GUERRE.

16. L'état de guerre apporte de sérieuses restrictions à la
liberté du commerce maritime.

Suspend-il, en principe, les rapports commerciaux des belligérants? Oui, d'après les anciens publicistes. *Est prohibitum'
habere commercium cum inimicis*, dit Casaregis (1). « On ne
« saurait douter, dit Bynkershoek (2), que, par la nature de la
« guerre elle-même, toutes relations commerciales ne cessent
« entre les ennemis ». « Une des conséquences immédiates du
« commencement des hostilités, répète Wheaton au dix-neuvième
« siècle, c'est l'interdiction de toutes relations commerciales
« entre les sujets des Etats en guerre sans la permission de leurs
« gouvernements respectifs (3). »

Cette solution nous paraît heurter les principes du droit des
gens naturel. La guerre se fait d'Etat à Etat, non d'homme à
homme. Pourquoi donc appauvrir les individus parce que les Etats
en viennent aux mains? Cela ne se comprendrait que si le commerce impartial des belligérants troublait les opérations de guerre.

(1) Disc. 24, n° 21. — (2) Quœst. lib. I, c. 7. — (3) 4ᵉ partie, c. I, § 13.

On a bien vu qu'il ne les troublait pas lorsque, pendant la guerre de Crimée, de 1854 à 1856, les deux empereurs s'entendirent pour permettre à leurs sujets non-seulement d'échanger leurs marchandises dans certaines conditions, mais encore de communiquer entre eux par le télégraphe. Pourquoi donc ajouter une cause de ruine à toutes celles que la guerre traîne à sa suite ? Plusieurs publicistes, il est vrai, pensent que cette grande gêne causée par la suspension des relations commerciales doit accélérer le dénouement des guerres. Mauvais raisonnement; il faudrait, à ce compte, s'attacher à rendre les guerres de plus en plus désastreuses pour les abréger. C'est ce que le droit des gens ne saurait admettre.

Wheaton invoque à l'appui de cette vieille thèse un motif encore plus contestable : la prétendue incapacité d'ester en jugement qui frapperait les citoyens de l'État ennemi. Puisque les contrats commerciaux ne pourraient plus être rendus obligatoires, les relations commerciales devraient être nécessairement interrompues! « Pendant la guerre, disaient en 1704 le chancelier « Ponchartrain et le parlement de Flandre, un sujet d'une domi- « nation ennemie ne peut agir contre un sujet du roi ». Nous croyons avec M. Massé (1) que cette solution repose sur une fausse idée du droit de la guerre. Un changement dans les relations des Etats ne change pas la capacité des individus.

Mais cette interdiction des relations commerciales en temps de guerre qui ne découle pas, à notre avis, du droit des gens naturel, est admis, en principe, par le droit des gens conventionnel. Tel est notre droit public interne (2). Telle est la jurisprudence énergiquement maintenue par les tribunaux anglais. L'interdiction n'est suspendue, dans la pratique, que par l'accord formel des belligérants. J'ai parlé tout à l'heure du pacte conclu pendant la guerre de Crimée. Il permit aux sujets des belligérants de continuer librement sous pavillon neutre leur trafic avec les ports ennemis non bloqués. Mais de tels pactes sont exceptionnels. La Porte Ottomane, par exemple, a pris soin de spécifier dans la dernière guerre, conformément à l'usage général, que si le canal de Suez restait ouvert à tous les peuples, elle en défendait l'accès aux bâtiments russes.

Quant il n'y a pas, sur ce point, d'accord formel, un belligérant peut donner une permission générale à ses nationaux, et renoncer en même temps au droit de capturer la propriété ennemie. C'est

(1) Nᵒˢ 143-145. — (2) Ord. de 1681, tit. des Prises, art. 7; règlements de 1704, de 1744, de 1778, arrêté du 29 frimaire an VIII.

ce que firent la France et l'Angleterre en 1860 dans la guerre contre la Chine. Les relations commerciales ne furent pas interrompues.

Toutefois, s'il faut en juger par le discours qu'a prononcé, le 3 mars 1877, M. Bourke à la chambre des communes, l'Angleterre est peu disposée à répudier sur ce point les doctrines de Bynkershoek, de Casaregis et de Wheaton. L'honorable sous-secrétaire d'Etat, tout en défendant la déclaration de Paris (16 avril 1856) attaquée pour la neuvième fois devant le parlement, a très-vivement réfuté ceux qui soutenaient la légitimité du commerce impartial entre belligérants, le traitant de commerce illégal et préjudiciable aux intérêts publics : « Ce pays, a-t-il dit, « pourrait-il supporter un résultat aussi absurde; l'ennemi bombardant nos côtes et ses navires marchands entrant dans nos « ports ou en sortant avec une absolue sécurité ?... La con- « vention qui consacrerait un tel principe ne survivrait pas d'une « heure à l'ouverture des hostilités ». C'est aller bien loin, l'exemple de l'Angleterre en fait foi.

1 7. En dehors des permissions générales, on délivre aussi des *licences* spéciales soit pour voyager, soit pour importer ou exporter certaines marchandises déterminées. Les Etats-Unis, pressés par la disette de vivres et le manque de navires dans leurs ports méridionaux, recoururent à ces licences dans une de leurs guerres contre le Mexique. L'Angleterre, quand elle n'accorde pas une licence générale, délivre toujours à ses nationaux de très-nombreuses licences spéciales (1). Mais il est bien clair que, générales ou spéciales, ces permissions données par un belligérant ne lient pas l'autre. Celui-ci peut toujours capturer le navire et la cargaison du sujet ennemi (2) : la licence ne le regarde pas.

Le porteur de la licence doit s'en tenir à ce qu'elle permet. Est-elle nominative, sans réserve d'endossement ou de partage? il ne peut ni la céder ni en faire profiter un tiers. Il doit se renfermer dans les limites qu'elle lui assigne soit pour la quantité, soit pour la qualité des marchandises à embarquer : on use d'une certaine tolérance s'il n'y a qu'un faible excédant dans les quantités; mais tout produit non désigné dans l'acte est confiscable (3) : toutefois

---

(1) V. Calvo, § 772-775. — (2) V. toutefois en ce qui concerne la marchandise ennemie sous pavillon neutre ci-dessous n° 25. — (3) Cette pénalité peut même s'étendre à l'ensemble du chargement, avec annulation de la licence, si, parmi les marchandises dont le transport est autorisé, on a caché, par exemple, des articles de contrebande de guerre.

en cas d'avarie ou de perte par naufrage le chargement qui fait l'objet de la licence peut être remplacé par un autre chargement tout semblable (1). Le navire doit accomplir le voyage autorisé, mais seulement le voyage autorisé, sans changer les lieux d'escale et sans dévier de la route tracée (2). Toutefois si le bâtiment saisi pour avoir fait une escale non prévue n'a ni accru ni diminué son chargement, sa bonne foi doit être présumée (3). Les licences autorisent tantôt l'exportation, tantôt l'importation, tantôt l'une et l'autre. La faculté d'importer en pays ennemi ne donne pas le droit de rapporter au point de départ une valeur équivalente en marchandises quand même le belligérant y consentirait. La licence couvre bien l'aller et le retour, mais non pas si le navire, au retour, embarque un nouveau chargement : elle est invalidée *ipso facto*, la marchandise et le navire deviennent confiscables (4).

Un gouvernement belligérant a sans nul doute, dans ses rapports avec ses propres sujets, le droit de sanctionner par la confiscation ses prohibitions de trafic avec l'ennemi (5). Quand le commerce est fait sans une licence ou quand le porteur en méconnaît les conditions au point de l'invalider, la marchandise, objet du trafic non autorisé, le navire, instrument de ce trafic peuvent à la fois, en règle générale, être confisqués. Toutefois la corrélation n'est pas absolue. Par exemple s'il est prouvé que le navire n'appartient pas au propriétaire désigné par la licence, il peut être déclaré de bonne prise sans que sa condamnation entraîne nécessairement celle de la cargaison, surtout si la bonne foi des chargeurs est reconnue (6). Si l'on suppose que les chargeurs aient trompé le propriétaire du navire soit sur les droits que la licence lui confère, soit sur la nature des marchandises qu'ils embarquent, il semble que la condamnation de la cargaison ne doive pas entraîner non plus celle du navire.

18. Les alliés d'un belligérant peuvent-ils échanger leurs marchandises soit avec les sujets, soit avec les alliés de l'autre belligérant? L'ordonnance de 1681 (titre IX, art. 7) défend aux alliés ce qu'elle défend aux sujets. Heffter (7) doute que le pouvoir

---

(1) Wildman cité par Calvo (§ 786). — (2) Duer, Wildman, Halleck, Phillimore, Philipps cités par Calvo (§ 792). — (3) Halleck et Wildman cité par Calvo (§ 797). — (4) Duer, Wildman, Halleck cités par Calvo (§ 794-795). — (5) L'art. 7, tit. IX de l'ord. de 1681, non abrogé, est ainsi conçu : « Sont confiscables les marchandises de nos alliés ou de nos sujets qui se trouvent à bord d'un navire ennemi. » (6) Mêmes auteurs cités par Calvo (§ 789). — (7) § 123.

juridictionnel en vertu duquel un Etat interdit un certain genre de commerce à ses propres sujets puisse s'étendre aux sujets des alliés. M. Massé propose très-sagement (1) de distinguer entre les alliés *simples* et ceux qu'un traité force de prendre part à la guerre : les premiers peuvent être regardés comme des neutres ; mais il faut évidemment traiter les seconds, puisqu'ils se battent, comme des belligérants. Or comment une prohibition imposée à l'un des co-belligérants ne s'étendrait-elle pas à l'autre ? J'incline donc à penser que, si deux puissances sont alliées pour une guerre déterminée, celle qui permet à ses sujets, sans le consentement de l'autre, de trafiquer avec l'ennemi enfreint une règle internationale, et j'approuverais la sentence de sir W. Scott, citée par Calvo (2), d'après laquelle une telle permission ne lie pas le co-belligérant. « Comme la règle de l'interdiction, dit très-bien « Wheaton (3), ne peut être relâchée que par la permission du « souverain pouvoir de l'Etat, de même celle-ci ne peut être « relâchée que par la permission des nations alliées d'après leur « consentement mutuel. »

19. L'interdiction du commerce entre belligérants n'est pas tellement absolue qu'elle doive produire son effet immédiat et rigoureux au moment où la guerre éclate. Par exemple quand, à ce moment même, des navires marchands se trouvent dans un port ennemi ou quand ils y entrent avant d'avoir pu connaître le commencement des hostilités ou quand la nouvelle de ces hostilités les surprend pendant leur voyage de retour, les opérations commerciales ne peuvent pas, même d'après le droit des gens conventionnel, revêtir un caractère illicite. Elles étaient commencées pendant la paix et doivent être terminées à l'abri des principes qui règlent en temps de paix les relations internationales. Une pareille tolérance n'est pas seulement dictée par l'humanité, mais par l'équité, par la nécessité. Citons parmi les documents qui consacrent ce principe la circulaire prussienne du 21 juin 1866 : « Les navires marchands autrichiens qui se trouvent présentement « dans un port prussien ou y entreront avant que leurs capitaines « aient pu être informés de l'état de guerre jouiront d'un délai de « six semaines pour débarquer leur cargaison et prendre à leur « bord un nouveau chargement, la contrebande de guerre exceptée. « A l'expiration dudit délai, ils devront quitter le port ». Même en janvier 1871, c'est-à-dire en pleine guerre, quand la Prusse, rétractant une ordonnance antérieure, permit à la marine de

---

(1) No 273 et *la note* — (2) § 761. — (3) 4e partie, c. I, § 14.

guerre fédérale de poursuivre et de capturer les navires de commerce français, elle déclara que la nouvelle mesure ne serait pas mise à exécution avant un délai de quatre semaines. La Porte Ottomane prit à la date des 19 avril/1er mai 1877 la résolution suivante : « Un délai de cinq jours francs *à dater de la notification* « *sur les lieux* de la présente décision est accordé aux navires « russes qui se trouvaient dans les ports de l'Empire le 12/24 « avril 1877, pour quitter les eaux ottomanes. A cet effet il leur « sera délivré sur leur demande par les autorités douanières un « sauf-conduit pour se rendre dans le port russe ou neutre le plus « rapproché sans pouvoir toutefois traverser les détroits pour « passer de la Méditerranée dans la mer Noire et réciproquement. » Le gouvernement russe fit mieux : la déclaration communiquée le 9 juin 1877 au cabinet français confirme en faveur des navires turcs que la déclaration de guerre a trouvés dans les ports et havres russes la disposition en vertu de laquelle ils sont « libres de sortir « de ces ports et de prendre la mer durant le délai nécessaire pour « leur permettre de charger des marchandises ne constituant pas « des objets de contrebande de guerre ».

Ainsi se trouve condamné l'embargo tel qu'on l'entendait jadis, c'est-à-dire l'embargo regardé comme un préliminaire des hostilités. Bluntschli a cru pouvoir écrire encore en 1869 (R. 509) : « L'embargo mis sur les navires étrangers, dans la prévision de « l'ouverture prochaine des hostilités, n'est autorisé qu'en cas de « nécessité absolue et dans les limites fixées par les lois de la « guerre ». Mais il faut corriger ou compléter Bluntschli par lui-même. Sa 669e règle est ainsi conçue : « Il n'est pas de bonne « guerre de chercher à s'emparer par surprise des navires marchands ennemis stationnés dans les ports au moment de l'ouverture subite des hostilités ; l'usage exige qu'il leur soit accordé un délai pour quitter les ports de l'Etat et se rendre en « lieu sûr. »

20. Ce n'est pas toujours entre eux que commercent les belligérants. La question de l'inviolabilité de la propriété privée sur mer ne se confond donc pas avec celle que je viens d'examiner.

Pour tout embrasser dans une formule exacte, il s'agit de savoir si 1° le navire ennemi porteur d'une marchandise quelconque ; 2° la marchandise des sujets ennemis embarquée sur ce navire peuvent être, en dehors d'une infraction quelconque à une règle internationale, saisis par cela seul que l'autre belligérant les rencontre.

Dans les guerres continentales la propriété privée des citoyens inoffensifs ne peut être, en thèse générale, capturée ni confisquée. Le montant des réclamations constatées dans trente-quatre départements français s'élevait à 264 millions pour objets « enlevés sans réquisition » pendant la guerre continentale de 1870-1871 : ces « enlèvements sans réquisition » sont, en principe, interdits par le droit des gens naturel et par le droit des gens conventionnel. Ce point est hors de toute discussion.

Or beaucoup de publicistes et singulièrement les publicistes anglais ont refusé d'assimiler, à ce point de vue, les guerres maritimes aux guerres continentales.

Cette distinction est étrange. La maison d'un particulier n'est pas, ce semble, plus inviolable que son navire. Le navire devrait être, au même titre que la maison, respecté par les forces publiques des Etats belligérants.

On répond (1) que la marine marchande peut se transformer aisément en instrument de guerre ; elle doit donc, à ce titre, tomber sous le coup des forces navales ennemies qui pourraient l'atteindre. D'abord si, la guerre ne se faisant pas d'individu à individu, la propriété individuelle doit échapper, en principe, à l'action des belligérants, comment faire fléchir un tel droit devant une simple éventualité ? Paralyser tout le commerce maritime de deux pays avec le monde entier parce qu'une très-petite partie de leur marine marchande peut être employée à la guerre, c'est déployer un bien grand effort pour atteindre un bien petit résultat : c'est sacrifier non-seulement un droit à un intérêt, mais encore beaucoup d'intérêts incontestables à un intérêt problématique.

D'ailleurs le navires ne sont pas seuls de bonne prise, mais encore les biens qui s'y trouvent. Ainsi des marchandises qui ne sont pas saisissables avant le chargement, qui cessent de l'être après le déchargement peuvent être confisquées parce qu'elles se trouvent à bord d'un bâtiment de mer ! Qu'on explique cette différence.

Nous croyons avec MM. Cauchy (2) et Massé (3) que la propriété privée devrait être inviolable sur mer.

Mais c'est là une règle que le droit des gens conventionnel n'a pas encore consacrée. D'abord la loi française (4) déclare de bonne prise tous les bâtiments appartenant aux ennemis de l'Etat, c'est-à-dire aux citoyens même inoffensifs de l'Etat ennemi, n'exceptant

---

(1) Ortolan, t. II, l. 3, c. 2. — (2) T. II, p. 503. — (3) N° 153. — (4) Art. 51 de l'arrêté du 2 prairial an XI.

que les bâtiments de pêche (1) et quelques paquebots employés au
transport des lettres (2). Dans les premiers jours de juillet 1870,
M. Garnier-Pagès demanda l'urgence au Corps législatif pour un
projet ainsi conçu : « sont abolies la capture et la prise par les
« bâtiments de l'Etat des bâtiments de commerce ennemis appar-
« tenant à des nations qui, avant la déclaration ou les faits de
« guerre, auront accepté ou accepteront la réciprocité. ». L'urgence fut votée ; mais le projet ne fut pas converti en loi.

Cependant on peut espérer que les véritables principes du droit
des gens naturel finiront par prévaloir : ils s'introduisent peu à
peu dans la pratique internationale.

Tandis que le congrès de Paris, en 1856, se bornait à supprimer
la course, les Etats-Unis demandaient qu'on allât jusqu'au bout,
c'est-à-dire qu'on défendît même aux forces publiques des Etats
belligérants de capturer les bâtiments de commerce. Leur proposition n'échoua que par la faute de l'Angleterre.

Le 18 mars 1858 le vœu des Etats-Unis fut repris par le Brésil
et développé dans une note diplomatique (3). L'article 3 du traité
de Zurich (10 novembre 1859) ordonne « par une dérogation
« exceptionnelle à la jurisprudence généralement consacrée » la
restitution des bâtiments autrichiens capturés qui n'ont pas encore
été condamnés par le conseil des prises. Un décret du 29 mars 1865,
inséré au *Moniteur* du 2 avril, ordonne que les navires mexicains
capturés seront immédiatement restitués à leurs propriétaires.
Bien plus le code italien de la marine marchande s'exprime ainsi :
« La saisie et la capture par des navires de guerre des navires
« marchands ennemis sont abolies, à charge de réciprocité, en
« faveur de celles des puissances qui consacreront un traitement
« semblable à l'égard de la marine marchande italienne. Cette

(1) Ord. du 1er oct. 1692, lettre de Louis XVI à l'amiral du 5 juin 1779, arrêt
du Conseil du 6 novembre 1780, décr. 18 vendémiaire an II, arrêté du co-
mité de salut public du 27 thermidor an III, circ. min. du 27 ventôse an
VII et du 28 prairial an VIII, C. des prises 9 thermidor an IX. S. I, 2, 331.
La règle 667 de Bluntschli est ainsi conçue : « Ne sont pas de bonne prise
« les bateaux destinés à la pêche côtière et appartenant à l'Etat ennemi. »
— (2) La convention du 24 septembre 1856 (art. 11) entre la France et l'Angleterre offre un exemple de cette dérogation : « En cas de guerre entre les
« deux nations, les paquebots des deux administrations continueront leur
« navigation sans obstacle ni molestation jusqu'à notification de la rupture
« des communications postales faite par l'un des deux gouvernements, au-
« quel cas il leur sera permis de retourner librement et sous protection
« spéciale dans leurs ports respectifs. » B. des lois, XIe série, n° 4133. —
(3) Le droit public et l'Europe moderne par La Guéronnière, t. II, p. 295.

« réciprocité de traitement aura pour base soit les lois intérieures
« du pays, soit les conventions diplomatiques, soit les déclarations
« expresses faites par l'ennemi avant l'ouverture des hos-
« tilités (1) ». C'est conformément à ces principes que fut rédigé
le dernier traité de commerce entre l'Italie et les Etats-Unis
(janvier 1872).

L'ordonnance autrichienne du 13 mai 1866 adopte la même règle
non-seulement pour la guerre de 1866 entre l'Italie, la Prusse et
l'Autriche, mais encore d'une façon générale et permanente : « Vu
« la déclaration donnée le 16 avril 1856 par les puissances repré-
« sentées au congrès, où l'on s'est entendu sur l'abolition de la
« course et les principes internationaux relatifs au droit des neutres,
« qui avaient pour but d'atténuer autant que possible les effets
« préjudiciables qu'une guerre pourrait exercer sur le commerce
« maritime, dans l'intention de contribuer, autant qu'il dépend de
« l'Autriche, sous condition de réciprocité, à la réalisation
« ultérieure de ce but, je trouve bon d'ordonner ce qui suit : Art. 1.
« Les navires marchands et leurs chargements ne peuvent, par
« la raison qu'ils appartiennent à un pays avec lequel l'Autriche
« est en guerre, être capturés en mer par des bâtiments de guerre
« autrichiens ni être déclarés de bonne prise par des cours de
« prises autrichiennes si la puissance ennemie observe la réci-
« procité envers les navires marchands autrichiens. L'obser-
« vation de la réciprocité est admise jusqu'à preuve contraire,
« quand un traitement également favorable des navires marchands
« autrichiens de la part de la puissance ennemie est garanti par
« les principes connus de sa législation ou par ses déclarations
« au commencement des hostilités (2) ». L'acte d'adhésion de la
Prusse n'est pas conçu dans des termes moins généraux : « j'ai
« décidé qu'en cas de guerre les navires marchands appartenant
« aux sujets de l'Etat ennemi ne seront point soumis à la saisie
« et à la capture par mes bâtiments de guerre, *toutes les fois* que
« l'Etat ennemi accordera la réciprocité... La présente décision sera
« insérée dans la collection des lois. Berlin, 19 mai 1866, Guil-
« laume. »

Le 18 juillet 1870, la Prusse alla plus loin. Avant de savoir si
la France accorderait la réciprocité, le roi Guillaume, au nom de
la confédération de l'Allemagne du Nord, promulgua l'ordonnance

(1) Art. 211. L'art. 212 excepte les cas de violation de blocus et de transport
d'articles de contrebande de guerre. — (2) L'art. 2. excepte les deux mêmes
cas.

suivante : « Les navires français de commerce ne seront pas sujets
« à être capturés et saisis par la marine de guerre fédérale. Cette
« disposition n'est pas applicable aux navires qui seraient sujets
« à capture, alors même qu'ils navigueraient sous pavillon
« neutre ». La France n'adhéra point. Une déclaration du 12 janvier 1871 rétracta l'ordonnance du 18 juillet 1870. Notre Conseil
d'Etat, par une série d'arrêts (2 novembre 1871, 13 décembre 1871,
10 et 24 janvier, 14 février, 29 avril, 10 mai, 10 juin 1872) déclara
que tout navire naviguant sous pavillon ennemi était de bonne
prise. C'est encore en maintenant ce principe qu'il annula la prise
faite d'un navire suisse sous pavillon allemand, « à raison de cir-
« constances exceptionnelles et des services rendus par la Suisse
« à une armée française pendant la guerre (1). »

La séance du 3 mars 1877 à la chambre des communes atteste
d'ailleurs que l'opinion du gouvernement anglais n'a pas varié
depuis 1856. Défendant la déclaration de Paris, M. Bourke blâma
ses contradicteurs de la discréditer en feignant d'y trouver le principe de l'inviolabilité de la propriété privée sur mer : « s'il est raison-
« nable, dit-il à ce propos, de tracer des règles entre belligérants
« et neutres, il est puéril de prétendre enchaîner d'avance, par une
« loi fixe, le belligérant et le belligérant... La règle qu'on trace
« pour déterminer les rapports réciproques des belligérants ne vaut
« pas le papier sur lequel elle est écrite (2). En outre, poursuivit le
« sous-secrétaire d'Etat, ce pays ne peut pas abandonner le droit
« qu'il possède de capturer sur mer les navires de commerce. C'est
« un droit que toutes les puissances maritimes doivent revendi-
« quer... Le but du belligérant, dans une guerre maritime, n'est pas
« de prendre l'empire de la mer à l'encontre des neutres, et c'est
« pourquoi l'on peut dire, la déclaration de Paris à la main : j'a-
« bandonne certains droits que je possède sans doute, mais dans
« la vue d'éviter un préjudice à mes amis. Il est impossible, au con-
« traire, que le but de ce belligérant ne soit pas de prendre l'em-
« pire de la mer à l'encontre de l'ennemi, et c'est pourquoi nul ne
« dira : j'abandonne certains droits qui sont nuisibles à mon en-
« nemi, tandis qu'il fait tout son possible pour m'anéantir (3) ».

(1) D. 72. 2. 94. D'après la jurisprudence de ces arrêts, il ne peut être
admis, pour démontrer la neutralité, des preuves contraires aux énonciations
des pièces de bord ; mais les intéressés peuvent produire, postérieurement à
la prise, les pièces nécessaires pour confirmer, expliquer, compléter les
pièces de bord, ou même pour y suppléer quand elles ont péri par un accident
de force majeure. — (2) Not worth the paper on which they were written.
— (3) *Times* du 3 mars 1877.

Appliquer ce raisonnement à la lettre, c'est transformer la guerre en une tuerie sauvage et en un pillage effréné, puisqu'il ne subsiste plus entre belligérants une seule règle du droit de la guerre.

21. Quand la guerre aux sujets inoffensifs est faite non plus avec les forces publiques des Etats, mais avec des forces particulières, elle prend le nom de course maritime.

Le droit des gens naturel condamne la course non plus seulement parce que la propriété privée est inviolable sur mer, mais encore parce que le droit de faire la guerre ne peut passer du souverain au sujet, même avec le consentement du souverain. Telle était déjà l'opinion de Grotius, au dix-septième siècle; elle est si généralement adoptée au dix-neuvième que tout développement serait superflu.

Dès 1675, la Suède et les Provinces-Unies, qui se trouvaient en guerre, s'entendirent pour ne point commissionner d'armateurs. La Prusse et les Etats-Unis s'engageaient en 1785, par un traité de commerce, à s'abstenir, s'ils venaient à se déclarer la guerre, de tous armements particuliers. Notre assemblée législative invitait, le 30 mai 1792, le pouvoir exécutif à négocier avec les puissances étrangères la suppression des armements en course, mais le gouvernement français n'obtenait alors que l'adhésion des villes hanséatiques. De nouvelles tentatives se produisirent en 1823, 1826, etc., mais furent infructueuses. La course subsistait, admise par le droit des gens conventionnel et consacrée par l'usage universel.

Cet état de choses fut modifié par la déclaration faite au congrès de Paris le 15 avril 1856. Cette déclaration est ainsi conçue : « La « course est abolie. » Toutes les puissances, sauf l'Espagne, le Mexique et les Etats-Unis, y adhérèrent.

On peut dire qu'elles tinrent leur parole. Le roi de Prusse ordonna sans doute, le 24 juillet 1870, la création d'une marine volontaire, conviant les particuliers à mettre leurs navires dont ils engageraient, comme par le passé, les officiers et l'équipage, à la disposition du gouvernement. Ces navires étaient destinés à l'attaque de la marine militaire française, et devaient recevoir des primes proportionnées à la force des bâtiments pris ou détruits. Ce n'était pas là, selon nous, un rétablissement indirect de la course puisque cette marine auxiliaire n'était pas armée contre les navires marchands, et les avocats de la couronne en Angleterre, consultés sur ce point de droit public, purent répondre que la déclaration de 1856 n'était pas violée. Il est impossible de résoudre la question, comme semble le faire

Calvo (1), en supposant que les navires ainsi frétés eussent fini par s'attaquer à notre marine marchande : ce n'est là qu'une hypothèse ; puisqu'aucun armateur ne répondit à l'appel du gouvernement prussien.

Il est encore certain que l'Angleterre ne souscrivit pas de bonne grâce à l'abolition de la course ; mais, au demeurant, quand M. Bentinck demanda le 21 avril 1871 à la chambre des communes que la déclaration de 1856 fût en ce point révisée, le gouvernement représenté par M. Gladstone combattit cette motion et il n'y fut pas donné suite. Le 17 juillet 1876, lord Denbigh demanda de nouveau s'il ne serait pas opportun de revenir sur cette partie de la déclaration, qui « lie le bras droit de l'Angleterre ». Le gouvernement représenté par le comte de Derby lui répondit que l'honneur et la bonne foi de l'Angleterre étaient engagés dans cette question : « je ne soutiens pas, ajouta le noble lord, que nous soyons irrévo« cablement liés par la déclaration de 1856 et qu'il ne pourrait « pas être utile à notre pays de s'en dégager à un moment donné « après mûr examen. Mais j'estime que nous nous lancerions dans « de grandes difficultés si, conformément à la proposition qui « vient d'être faite, nous revenions à la course. Non-seulement « les principes garantis par la déclaration de Paris ont été acceptés « par nous, mais depuis plus de vingt ans nous les avons appli« qués dans nos rapports avec les autres pays. Nous avons déter« miné diverses puissances à les adopter : si tout à coup nous les « abandonnions sans motif déterminé, par une simple considé« ration de politique générale, ces puissances auraient quelque « droit de nous taxer d'inconséquence. Enfin, abstraction faite « de principe théorique engagé dans la question, il serait difficile « de choisir un moment moins opportun d'en finir avec la décla« ration de 1856 (2). » La motion fut retirée.

M. Percy Wyndham la reproduisit, il est vrai, sous une forme plus générale le 3 mars 1877. Il était dit dans le projet de résolution soumis à la chambre des communes « que l'objet de la déclaration « de Paris concernant le droit international maritime était, comme « il a été spécifié dans le préambule, d'établir une loi maritime « uniforme en temps de guerre ; que la validité d'une telle décla« ration, modificative d'une pratique immémoriale, avait été « subordonnée à l'assentiment général de toutes les puissances « maritimes ; que le refus d'adhésion d'importantes puissances, « comme l'Espagne et les Etat-Unis, infirmait la déclaration,

(1) § 944. — (2) *Times* du 18 juillet 1876.

« même dans les rapports réciproques des gouvernements signa-
« taires...; que l'impossibilité d'obtenir une adhésion unanime
« au bout de plus de vingt ans dégageait le pays d'une adhésion
« nécessairement provisoire et conditionnelle. » En conséquence
le gouvernement était invité à choisir le moment opportun pour
soustraire l'Angleterre au joug des maximes adoptées par le
congrès de Paris. En ce qui concerne la course, le sous-secrétaire d'Etat Bourke, après avoir rappelé qu'elle créait une guerre
au profit d'individus, non pour le compte de l'Etat, et que les
corsaires différaient des pirates par un seul point : l'octroi d'une
licence, n'eut pas de peine à démontrer que le rétablissement de
cet usage serait par-dessus tout funeste à l'Angleterre, dont les
bâtiments et les marchandises sont disséminés dans le monde
entier. La motion fut repoussée par 114 voix contre 56.

Néanmoins la déclaration du 15 avril 1856 n'ayant rallié que la
très-grande majorité, non l'unanimité des puissances, on peut
prévoir telle guerre maritime où les belligérants délivreraient
encore des lettres de marque. Pendant la guerre de sécession, les
Etats-Unis du nord et les Etats-Unis du sud employèrent des corsaires les uns contre les autres. Si quelque guerre éclatait entre la
France et les Etats-Unis, ceux-ci lanceraient probablement contre
nos bâtiments de commerce des navires armés en course et nous
aurions alors le droit de recourir aux mêmes moyens d'attaque.
C'est un droit que le sous-secrétaire d'Etat Bourke, prévoyant
l'hypothèse d'une guerre entre son pays et les Etats-Unis, reconnaissait expressément à l'Angleterre (discours du 3 mars 1877)(1).

Notre loi du 2 prairial an XI recevrait donc son exécution. Aux
termes de cette loi, quiconque veut obtenir des lettres de marque
doit prouver sa nationalité française; tout corsaire, à peine de
nullité des prises, doit combattre sous ses couleurs nationales. En
cas de rencontre en mer, il doit les hisser et tirer un coup de canon
à poudre, appelé coup de *semonce*, afin de forcer le navire qu'il
veut reconnaître à hisser aussi son pavillon. Le navire semoncé
est tenu de stopper ou d'amener ses voiles et d'amener un canot
pour porter ses papiers de bord au corsaire, si celui-ci ne les a pas

(1) Quoique les Etats-Unis et l'Espagne n'aient pas adhéré à la déclaration de 1856, ils en profitent. Le gouvernement russe a rendu le 4 juin 1877
un ukase prescrivant d'observer la déclaration de Paris, et ajoutant (art. 5) :
« Ces dispositions de la déclaration de Paris sont applicables à toutes les
« puissances sans en excepter les Etats-Unis de l'Amérique du Nord et
« l'Espagne qui, jusqu'à présent, n'ont pas adhéré à cette déclaration. »

lui-même envoyé chercher. Les prisonniers doivent être conduits au port français le plus voisin et ne peuvent être débarqués dans un port neutre qu'en cas de nécessité dûment constatée par le consul français : toutefois le capitaine et les officiers capturés doivent rester à bord du navire capteur. A moins d'une autorisation formelle de l'armateur, il est défendu au capitaine du corsaire de rançonner le navire capturé : s'il use de ce pouvoir exceptionnel, il doit retenir à bord et conduire dans un port français un officier et, selon les cas, deux, trois ou cinq matelots du bâtiment rançonné. Celui-ci est tenu de fournir les vivres destinés à ces otages et de spécifier la durée de son trajet jusqu'au port de destination, durée qui ne peut dépasser quinze jours pour les bateaux de pêche, six semaines pour les autres navires. Ayant reconquis une partie de sa liberté par la rançon, il ne peut être rançonné une seconde fois; mais s'il manque à ses engagements, il est de nouveau passible de capture.

Si tel était l'usage du droit, quel en devait être l'abus ? Notre code de commerce ne parle qu'une fois de la course, et c'est pour déterminer la responsabilité des déprédations qu'elle entraîne. Que de pertes causées par l'application, mais aussi que de pertes amenées par la violation des règlements ! Quelles entraves, au demeurant, n'apportait pas à la liberté comme à la sécurité du commerce maritime le régime antérieur à la déclaration de 1856! Aussi paraît-il difficile que la course ne soit pas bientôt proscrite par la pratique internationale universelle comme elle l'est par le droit des gens naturel.

22. Le blocus est un des plus sérieux obstacles qu'apporte l'état de guerre à la liberté du commerce maritime. Un port bloqué est celui dont toutes les entrées et les sorties sont occupées et fermées par des forces maritimes permanentes : il ne peut évidemment ni envoyer ses bâtiments aux neutres ni recevoir les leurs.

Gessner (1), Cauchy (2), Calvo (3) rattachent le droit de blocus aux nécessités de la guerre ; ils l'envisagent comme un moyen d'en accélérer les résultats et par conséquent d'arriver au rétablissement de la paix. Mais cet argument est vague et singulièrement dangereux. Où s'arrêtent les nécessités de la guerre? N'est-ce pas ainsi que Vattel (4) est arrivé, dans certains cas, à justifier la mise à mort des prisonniers ? Ce qui pourrait légitimer le blocus, c'est qu'il accélère les résultats de la guerre sans violer les règles de

(1) p. 149-151. — (2) T. II, p. 419-420. — (3) § 1145. — (4) L. III, c. VIII, § 151.

l'équité naturelle et les lois de l'humanité. Mais énoncer cette proposition, d'ailleurs exacte à notre avis, n'est-ce pas résoudre encore la question par la question ? Nous croyons avec M. Massé qu'une partie de la mer peut être occupée momentanément par un certain nombre de vaisseaux, que ceux-ci, tant que les forces navales de l'ennemi ne les chassent pas, peuvent se maintenir dans l'espace nécessaire à leur mouillage (1), que ces eaux sont réputées conquises, que des bâtiments de guerre ou de commerce ne peuvent dès lors venir se placer dans les mêmes eaux sans s'exposer à être repoussés par la voie de la force, enfin que si les approches d'un port sont ainsi bloquées, l'occupant peut les interdire à tous. Tel est le fondement du droit.

Si tel est le fondement du droit, le blocus, pour être légitime, doit être effectif, c'est-à-dire appuyé de forces suffisantes pour occuper réellement tous les passages défendus. Mais ce mot « effectif » doit être entendu dans un sens raisonnable. Le blocus ne devient pas fictif parce qu'un navire aura profité de la nuit, du brouillard ou de quelque autre cause accidentelle pour tromper la surveillance des vaisseaux bloquants (2).

Quand, le 16 mai 1806, un ordre du conseil britannique déclara tous les ports et toutes les côtes bloqués de l'Elbe à Brest, quand un décret de Napoléon Ier mit, le 21 novembre 1806, les îles britanniques en état de blocus, quand un nouvel ordre du conseil britannique mit en état de blocus, le 7 janvier 1807, tous les ports de France et de ses colonies, les deux puissantes belligérantes méconnurent un principe élémentaire du droit des gens. En montrant jusqu'à quel point on peut abuser des blocus fictifs, elles justifièrent la véritable théorie du blocus, telle que l'avaient enseignée les plus grands publicistes et qu'elle devait prévaloir au bout de cinquante ans.

En effet le congrès de Paris inscrivit cette règle dans la déclaration du 15 avril 1856 : « Les blocus ne sont obligatoires qu'autant « qu'ils sont effectifs. » Cette concession coûta beaucoup à l'Angleterre, et nous sommes obligé de reconnaître qu'elle en restreignit la portée pendant la guerre de sécession.

Les Etats-Unis n'avaient pas adhéré, nous l'avons dit, à la déclaration de 1856 : aussi les bâtiments fédéraux ne se conformèrent-ils pas, dans les blocus de Galveston et de Charleston, aux principes du droit international qu'elle consacrait. Au lieu d'empêcher réellement l'accès des ports attaqués, ils se tinrent à douze

(1) V. ci-dessus n° 3. — (2) Cf. Calvo, § 1148.

4

ou quinze milles des côtes, c'est-à-dire à une distance telle que les eaux territoriales de l'ennemi ne pouvaient pas être réputées conquises. Sur cinq navires expédiés pour les ports confédérés, quatre arrivaient à leur destination. Les neutres devaient-ils réputer ces blocus obligatoires ? Non s'ils s'en tenaient à la déclaration de 1856. Cependant, à la chambre des communes, M. Lindsay ayant, le 10 mai 1862, démontré l'inefficacité des mesures prises par les Etats-Unis, le *solicitor general* répondit : « Du moment où le belligérant fait tout ce qu'il peut ou croit « utile pour réaliser son opération, les neutres doivent recon- « naître et respecter le blocus. La déclaration de Paris n'a émis « aucun principe nouveau dans cette matière. » Deux jours plus tôt, lord Russell, à la chambre haute, avait déclaré reconnaître comme effectif le blocus notifié, quoique beaucoup de navires eussent forcé le prétendu investissement. C'est ainsi qu'on arrive à faciliter et à multiplier les blocus, partant à restreindre outre mesure et contrairement au droit des gens la liberté du commerce maritime.

En 1877, les gouvernements russe et turc déclarèrent expressément adopter la règle posée le 15 avril 1856. En outre, lorsque la Porte déclara en état de blocus tout le littoral russe de la mer Noire compris entre Tchurouk-sou de la côte asiatique et l'embouchure de Kilia de la Turquie d'Europe, elle adressa la note suivante aux cabinets : « Le blocus ainsi établi commencera à « être effectif à partir du 5 mai courant et sera maintenu par une « flotte ottomane en force suffisante (1). »

Il est clair, à nos yeux du moins, qu'on peut bloquer toute espèce de ports, fortifiés ou non. Cette conséquence découle des prémisses que nous avons posées. Nous ne nous arrêterons pas même à discuter l'opinion contraire.

Le blocus des détroits, légitime en thèse, est, en fait, rarement praticable. D'une part, s'ils conduisent à des pays neutres, le bloquant ne peut pas plus en interdire le passage au préjudice de ces pays en vertu de son occupation temporaire que le bloqué n'aurait pu le faire en vertu de sa juridiction permanente. D'autre part, si les deux rivages n'appartiennent pas à l'ennemi, le bloquant, ne pouvant interdire l'accès que d'un côté, ne peut pas l'interdire du tout (2).

_____

(1) La Russie ne cessa de contester le caractère effectif du blocus. Aussi imposa-t-elle à la Porte par le traité du 19 février 1878 (art. 24) l'obligation de « ne plus établir dorénavant devant les ports de la mer Noire et de celle « d'Azow de blocus fictif qui s'écarterait de l'esprit de la déclaration signée « à Paris le 15 avril 1856. » — (2) Cf. Massé, n° 295.

Le blocus doit être notifié par cette raison très-simple qu'il ne peut être obligatoire avant d'être connu (1). On distingue trois espèces de notifications : celle que le commandant des forces bloquantes doit faire aux autorités des lieux soumis au blocus et qui doit en marquer le commencement, prescrite à peine de nullité des captures, la notification générale aux gouvernements neutres, simple formalité diplomatique dont l'accomplissement ne saurait être de rigueur (2), enfin la notification spéciale, adressée à chaque navire au moment où il se présente.

D'après la jurisprudence des tribunaux français (3), la notification spéciale est indispensable. Pendant la guerre de sécession, les tribunaux fédéraux ont jugé que le navire pouvait être déclaré de bonne prise sans qu'il eût été préalablement averti, s'il était constaté qu'il connaissait déjà le blocus. Les cours d'amirauté britannique vont plus loin : elles n'admettent pas la nécessité de la notification spéciale, si ce n'est dans le cas où les navires seraient expédiés non du pays dont ils portent le pavillon, mais d'une contrée assez éloignée pour qu'on puisse présumer leur ignorance du blocus. Cette fausse théorie paraît avoir séduit le Danemark et la Porte, car le règlement danois du 16 février 1864 et le règlement turc de mai 1877 (4) n'admettent la nécessité de la notification spéciale que dans le cas où le navire est présumé n'avoir pas connu l'investissement. Or cette présomption est naturellement laissée à l'appréciation de l'officier belligérant. La conséquence est manifeste; les neutres ne peuvent plus se rendre sur les lieux pour vérifier la réalité du blocus.

Dès l'année 1800 (5) un traité conclu entre la Suède et la Russie consacrait la nécessité des notifications spéciales. Calvo cite (6) douze autres traités à l'appui de cette doctrine, parmi lesquels ceux de la France avec le Brésil (21 août 1828), avec la Bolivie (9 décembre 1834), avec le Texas (25 septembre 1839), avec le Venezuela (25 mars 1843), avec la Nouvelle-Grenade (28 octobre

(1) Cf. Massé, n° 301. — (2) Réponse de M. Rouher, ministre du commerce, à une réclamation (10 septembre 1861) : « Cette notification, qui n'est pas la « règle absolue, n'a aucune valeur par elle-même ; elle n'est que la dé- « nonciation d'un fait existant et qui produit déjà ses effets » (cité par Bluntschli). — (3) V. C. d'Etat, 25 mars 1848 (S. 48; 2, 411), 17 juillet 1850 (S. 50, 2, 95). — (4) Voici le texte du règlement turc : « Quant aux navires « qui, étant en cours de voyage, ignoreraient l'état d'investissement, la « flotte ottomane, à leur arrivée dans les eaux bloquées, devra leur noti- « fier le blocus. Si, après cette notification spéciale, ces navires persistent « à avancer, ils seront considérés comme ennemis. » — (5) Traité des 4-16 décembre 1800. — (6) § 1156.

1844). Mais l'opiniâtreté avec laquelle les publicistes anglais défendent la jurisprudence anglaise ne permet pas d'espérer le
triomphe prochain de la thèse la plus favorable à la liberté comme
à la sécurité du commerce maritime.

Quand les navires neutres étaient déjà mouillés dans le port
bloqué au moment où le blocus est notifié aux autorités du port,
ils peuvent reprendre la mer sur lest. Ils pourraient même, d'après
Hautefeuille (1), la reprendre tant qu'ils le voudraient. Le droit
des gens conventionnel est moins large, quoi qu'ait pu dire ce
jurisconsulte. Non seulement les fédéraux bloquant les ports des
confédérés n'impartirent aux bâtiments neutres qu'un délai de
quinze jours en 1861; mais le Danemark avait ainsi procédé
en 1848, la France et l'Angleterre en 1854 : la même marche fut
suivie en 1870 (2) : enfin la note diplomatique remise le 5 mai 1877
au cabinet de Versailles par l'ambassadeur de Turquie était ainsi
rédigée : « Un délai de trois jours est accordé à tous les na-
« vires marchands qui voudraient se rendre dans l'un des ports
« du littoral bloqué et un délai de cinq jours à ceux qui voudraient
« en sortir. Passé ce délai, tout bâtiment qui cherchera à entrer
« dans les eaux investies ou à les quitter sera traité en ennemi. »
Le règlement danois de 1864 qui met les neutres en demeure de
fixer eux-mêmes un délai et déclare qu'il ne sera pas fait d'opposition à leur sortie « si le délai fixé est jugé convenable » ne me
paraît donc pas mériter le blâme des publicistes. En somme il y
a là, de la part du belligérant, une tolérance, puisque l'occupation des eaux territoriales est complète et que le droit dérive de
l'occupation.

Halleck propose de laisser sortir également du port bloqué les
navires neutres : 1° quand ils y sont entrés en relâche forcée pour
cause de mauvais temps, d'avarie ou de manque de vivres;
2° quand leur entrée avec une cargaison a été autorisée par une
permission spéciale; 3° quand, ignorant l'état de guerre, ils se
sont présentés à l'entrée du port bloqué qui ne leur a pas été
interdite, cette permission implicite n'étant pas d'ailleurs étendue
nécessairement à la cargaison, dont les propriétaires peuvent
avoir connu l'état de guerre; 4° quand ils quittent le port dans
l'attente fondée d'une guerre entre leur pays et le souverain des
lieux bloqués, c'est-à-dire dans la prévision d'une saisie. Enfin,
d'après le même publiciste, un navire neutre, dont l'entrée dans
le port était légitime, peut en sortir avec sa cargaison primitive

(1) V. la *Revue contemp.* du 15 avril 1864. — (2) Cf. Calvo, § 1182.

non vendue, car on ne peut l'accuser d'aider par là le commerce des ennemis et de compromettre les résultats du blocus (1). Ces diverses solutions nous paraissent équitables en même temps que favorables à la liberté du commerce maritime : nous les admettons sans réserve.

Les bâtiments neutres qui ne se trouvent dans aucun des cas exceptionnels ci-dessus énumérés et qui tentent de sortir du port commettent une violation du blocus. Ceux qui tentent de franchir la ligne d'investissement pour entrer dans le port violent également le blocus. Mais c'est ici qu'apparaît la profonde divergence de la jurisprudence anglo-américaine et de la jurisprudence française. On peut dire que l'Angleterre et les Etats-Unis d'Amérique ont à leur usage, en cette matière, un droit des gens particulier en contradiction avec le droit des gens naturel et la pratique internationale. Les autres puissances subordonnent généralement l'application des peines qu'entraîne la violation du blocus à la notification préalable et spéciale, à moins que le bâtiment neutre n'essaie de forcer la ligne d'investissement par force ou par ruse (2). Non-seulement l'Angleterre et les Etats-Unis se passent de la notification, mais, poussant le principe à sa conséquence extrême, leurs tribunaux déclarent criminel « l'acte de se diriger vers un « port qu'on sait être bloqué, quelle que soit la distance entre le « lieu du départ et la destination du navire. » Le délit subsiste bien que le bâtiment, poussé par des vents contraires, ait dévié de sa route, parce que la mauvaise intention subsiste ! Une ordonnance hollandaise approuvée par Bynkershoek (3) et souvent invoquée devant les juges britanniques, mais datant de 1630, paraît avoir inauguré cette pratique qui entrave injustement la liberté du commerce maritime. Conçoit-on qu'un navire neutre ne puisse pas entreprendre un voyage pour vérifier si le blocus est effectif ou s'il subsiste encore, même à l'état irrégulier, et pour pénétrer dans le port si ce blocus est levé ?

Encore l'Angleterre revendique-t-elle le droit d'appliquer les peines qu'entraîne la violation du blocus, aussi longtemps que le navire neutre n'est pas arrivé à sa destination finale, pendant tout le voyage de sortie ou de retour. Sir W. Scott est allé jusqu'à dire : « En droit rigoureux, il ne serait pas contraire à la justice de le « laisser éternellement sous le coup de la capture (4). » Il serait

---

(1) C. 23, § 33 et 34. — (2) Cf. Massé, n° 302. — (3) Quœst. lib. I, c. 11. — (4) Affaire du *Christianberg*. Cf. Calvo, § 1185.

plus franc de revenir purement et simplement à la doctrine de Selden.

Nous croyons toutefois avec Hautefeuille (1) que le navire coupable peut être seulement atteint : 1° au moment où il traverse les eaux occupées par la puissance bloquante ; 2° dans la rade ou le port bloqué ; 3° au moment où il se présente pour sortir. La même opinion prévaut en Allemagne (2). Tel paraît avoir été l'objet du conflit diplomatique qui s'est élevé dans le second semestre de l'année 1877 entre les gouvernements italien et turc à propos des navires *Britannia* et *Matilde Bellagamba*, M. Melegari soutenant que les navires, une fois entrés en mer libre, devaient rester libres et que la Porte avait méconnu cette maxime (3).

La violation du blocus entraîne, en règle générale, la confiscation du navire et du chargement.

Toutefois si le propriétaire du chargement, autre que celui du navire, établit qu'il ne s'est pas associé au délit du capitaine, ce chargement, à notre avis, lui devrait être rendu (4); mais la preuve est évidemment à sa charge (5). Il se peut même que, dans des cas très-rares comme dans l'affaire de la *Jung Maria Schrœder* (6), la marchandise soit confiscable tandis que le navire doit être restitué. Notre distinction se résume en un mot : « celui qui « n'a pas violé sciemment le blocus ne l'a pas violé. »

Les tribunaux de tous les pays exemptent ordinairement de la confiscation ce qui appartient en propre non-seulement aux passagers, mais encore aux hommes de l'équipage, et non-seulement les hardes, les effets, etc., mais encore les pacotilles (7). C'est à la fois un procédé de courtoisie internationale et un acte d'humanité.

23. Par cela seul que la guerre éclate, il est un premier devoir qui s'impose aux neutres et restreint à un certain point de vue la liberté de leur commerce maritime : ce commerce doit être impartial.

Cela ne veut pas dire, ainsi que l'explique très-bien M. Massé (8), que le neutre doive égaliser son commerce avec tous les belligérants : cela ne veut pas même dire que, si des conventions antérieures à la guerre favorisent un des belligérants, elles doivent

---

(1) Droits des neutres, II, p. 238-240. — (2) « Les navires neutres ne « peuvent être capturés en dehors des eaux bloquées » (Bluntschli, R. 836). — (3) V. notre *Journal officiel* du 10 décembre 1877. — (4) Ortolan, t. II, p. 357. — (5) Cf. Bluntschli, R. 840, note 1. — (6) Décision de la cour d'amirauté anglaise citée par Calvo, § 1183. — (7) Cf. Calvo, ib. — (8) N° 188.

cesser de recevoir leur exécution; mais on admet que l'autre belligérant a le droit de stipuler les mêmes avantages (1).

Le commerce des neutres peut être partial avec un caractère intrinsèquement pacifique. Des fournitures de vivres, actes pacifiques, peuvent constituer une participation indirecte à la guerre si la marine marchande neutre les réserve à l'un des belligérants (2).

On ne peut déterminer *a priori* quand le commerce maritime d'un peuple devient partial. Une assez longue série d'actes peut seule lui imprimer ce caractère, les infractions isolées n'engageant que leur auteur.

Quand la partialité d'un neutre est constatée, le belligérant atteint dans ses intérêts et lésé dans ses droits peut arrêter les navires appartenant aux sujets du neutre, à l'aide desquels se fait le commerce partial. Mais peut-il confisquer ces navires et leurs cargaisons ? Grotius ne lui reconnaît, en pareil cas, que le droit d'opérer une rétention ou une saisie à la charge de restituer (3). M. Massé croit qu'il a la faculté de prendre la cargaison, mais pourvu qu'il en paie la valeur, et qu'il doit laisser le navire libre, à la seule condition de transporter les marchandises, moyennant un fret, dans un des ports de sa nation : « Le belligérant, dit-il (4), « n'ayant ou ne devant avoir d'autre but que de réaliser l'équilibre » commercial rompu à son préjudice par le gouvernement plutôt « que par les sujets de ce gouvernement, ne doit agir contre « ceux-ci qu'autant que cela est nécessaire pour rétablir cet équi- « libre. » Il serait désirable que cette solution fût adoptée par le droit des gens conventionnel. C'est surtout aux vivres que paraît avoir été, jusqu'à ce jour, appliqué le droit de péremption (5).

24. Si le commerce simplement partial est interdit aux neutres, à plus forte raison ne doivent-ils pas faire un commerce qui ait avec la guerre un rapport direct. Ils ne peuvent donc porter à l'un des belligérants aucun des objets connus sous le nom de « contrebande de guerre ». Ils deviendraient ainsi les auxiliaires de ce belligérant.

Mais quels objets faut-il comprendre sous cette dénomination ?

Heffter (6) a proposé de diviser en deux classes les marchandises qui peuvent être réputées articles de contrebande : la première comprendrait les objets qui servent exclusivement à la

---

(1) Cf. Massé, n° 189. — (2) Hautefeuille, I, p. 267; Calvo, § 1061. — (3) L. III, c. I, § 5. — (4) N° 193. — (5) V. Calvo, § 1126. Cf. ci-dessous (n° 24) nos développements sur la confiscation du navire et de la marchandise innocente ainsi que sur le droit de préemption. — (6) Droit intern. de l'Europe, § 160.

guerre; la seconde ceux qui, servant à la guerre, peuvent aussi servir à la paix. Cette distinction, adoptée par M. Massé, me semble logique, et prépare la solution de plusieurs difficultés.

Il faut d'abord ranger dans la première classe les armes et les munitions de guerre. La prohibition embrasse tous les articles de la pyrotechnie militaire et même, quoi qu'ait pu dire Hautefeuille (1), le soufre et le salpêtre, qu'il suffit de combiner pour en faire des munitions (2); elle embrasse encore tous les objets confectionnés de campement, d'équipement et de harnachement militaire.

Or si nous ne consultions que la pratique française ou la pratique russe actuelle, tout serait bien simplifié. La France, en effet, soit en 1854, soit en 1859, soit en 1870, la Russie en 1877 (3) déclarent n'envisager comme articles prohibés que les objets ci-dessus énumérés. Il n'y aurait alors qu'une seule espèce de contrebande. Mais il faut reconnaître que le droit des gens naturel n'exige pas une telle concession des belligérants. Aussi cette pratique n'est-elle pas universelle. Les Etats-Unis d'Amérique ne s'y conforment pas. « Maintenant, disait M. Bourke à la chambre des communes « le 3 mars 1877, la contrebande de guerre comprend non-seule- « ment les armes à feu et la poudre, mais encore tout ce qui peut « être converti en *matériel (sic)* de guerre. » A vrai dire le sous-secrétaire d'Etat se bornait à constater un usage : l'Angleterre professe en cette matière une doctrine moins simple et singulièrement hardie. D'après les déclarations de l'attorney général, faites dans la discussion du *foreign enlistment act* (août et septembre 1870), en l'absence de traités, un belligérant peut étendre, un neutre peut restreindre à sa guise la liste des articles de contrebande : ce serait là purement et simplement une question de droit public interne. Les neutres pourraient donc, l'opération restant toutefois aux risques et périls de ceux qui l'entreprendraient, porter des

---

(1) T. II, p. 147, 151. — (2) Cf. Massé, § 207; Bluntschli, R. 803. — (3) Le règlement russe du 4 juin 1877 s'exprime en ces termes : « Sont ré- « putés contrebande de guerre les objets suivants : les armes portatives et « d'artillerie, montées ou en pièces détachées ; les munitions d'armes à feu « telles que projectiles, fusées d'obus, balles, amorces, cartouches, tubes « de cartouches, poudre, salpêtre, soufre ; le matériel et les munitions de « pièces explosibles, telles que mines, torpilles, dynamite, pyrolinine et « autres substances fulminantes ; le matériel du génie, de l'artillerie et du « train, tels que affûts, caissons, caisses de cartouches, forges de cam- « pagne, cantines, pontons, etc. ; les objets d'équipement et d'habillement « militaire, tels que gibernes, cartouchières, sacs, cuirasses, outils de sape, « tambours, selles et harnais, pièces d'habillement militaire, tentes, etc., « et en général tous les objets destinés aux troupes de terre ou de mer. »

armes à l'un des belligérants si des traités ou les lois de leur pays ne le leur défendaient pas (1). Nous ne croyons pas, pour notre compte, qu'il n'existe rien dans cet ordre d'idées au-dessus du droit des gens conventionnel ou des mesures intérieures inspirées au début de chaque guerre par l'intérêt de chaque pays. Telle paraît être l'opinion du gouvernement autrichien, d'après le texte de l'ordonnance publiée le 11 mai 1877 par la *Gazette officielle* de Vienne : « Il est interdit, y lit-on, aux navires portant pavillon « austro-hongrois de se prêter au transport des troupes des Etats « belligérants ou de fournir auxdits Etats rien de ce qui est con- « sidéré comme contrebande de guerre tant par *le droit public* « que par les dispositions spéciales prises à cet égard par les Etats « intéressés. »

En tout cas, le *foreign enlistment act* de 1870 prohibe formel- lement la construction, l'armement, la vente des bâtiments de guerre dans les ports britanniques pour le compte d'un Etat belligérant. Il faut attribuer cette prohibition spéciale aux vives réclamations et au procès international provoqués par l'affaire de l'*Alabama*, qui devait bientôt se terminer (14 septembre 1872) par la condamnation de l'Angleterre à une indemnité de 77 millions au profit des Etats-Unis. Nous n'hésitons pas d'ailleurs à penser que le bâtiment de guerre doit être rangé parmi les objets de contrebande et rentre dans la première classe de ces objets (2).

Nous assimilons encore au transport du matériel de guerre 1° le transport de militaires ou de marins engagés au service d'un belligérant; 2° le transport de plis officiels relatifs à la guerre. Quand, en août 1870, des navires neutres conduisirent de New- York à Anvers un grand nombre de sujets allemands faisant partie de la *landwehr* et se rendant sur le théâtre de la guerre, ils commirent un acte hostile qui les dépouillait de leur caractère neutre. La Russie, en juin 1877, n'a pas hésité à qualifier acte de contrebande le transport des troupes ennemies (3). En 1861, quand la guerre de sécession éclata dans l'Amérique du Nord, le cabinet de Madrid, en défendant tout transport contraire aux devoirs de la neutralité, mit sur la même ligne « les armes, les effets mili- « taires et les correspondances à destination des belligérants : » le règlement russe de 1877 assimile également à la contrebande le transport « de dépêches et de la correspondance de l'ennemi. »

(1) V. la réponse de lord Grandville (15 septembre 1870) au *memorandum* envoyé par le comte de Bernstorff (1ᵉʳ septembre 1870). — (2) *Sic* Blunts- chli, R. 803. — (3) Art. 7 du règlement russe.

Mais cette dernière prohibition est trop vague et nous lui préférons la formule de Bluntschli : « les dépêches relatives à la guerre et « transportées dans l'intention de favoriser un des belligérants » (R. 803). Le professeur de Heidelberg commente ainsi sa propre règle : « Les dépêches qui n'ont pas trait à la guerre peuvent au con- « traire être expédiées en toute sûreté par les navires neutres (1). »

J'arrive à la seconde espèce de contrebande, c'est-à-dire aux objets qui peuvent à la fois servir à la paix et à la guerre. Il faut avant tout, pour qu'on puisse les regarder comme articles de contre- bande, qu'ils s'approprient à un usage spécial et tout militaire. C'est pourquoi nous ne saurions ranger dans cette catégorie, malgré l'opinion de Grotius (2) et des anciens publicistes, les objets nécessaires à la vie des hommes (3) et qui sont, en tout temps, destinés à satisfaire les mêmes besoins, par exemple le blé, la farine et les autres substances alimentaires (4). Nous y rangeons au contraire avec un grand nombre de traités (5) les matières nécessaires à la fabrication des armes et les munitions navales. (bois de construction, fer brut, cuivre en feuilles, poix, ré- sine, etc.).

Heffter (6) croit que la construction de navires marchands pour le compte de l'ennemi est un fait essentiellement hostile : le navire marchand qu'un neutre conduirait en pays belligérant pour s'en dessaisir au profit d'un acheteur, sujet de ce belligérant, devrait donc être inflexiblement rangé parmi les objets de contrebande de première classe, comme un navire de guerre (7). Telle n'est pas notre opinion : ces navires ne sont pas faits pour la guerre et sont détournés de leur usage naturel quand on les y emploie. On pour- rait même, à la rigueur, soutenir que la vente d'un navire mar- chand est, comme une fourniture de vivres, un acte intrinsè- quement pacifique et ne peut pas dégénérer en acte hostile. Mais

---

(1) V. en outre l'exception admise pour les paquebots-poste et les navires marchands tenus de se prêter au transport de la poste. Calvo, § 1132. « Le « capitaine, dit cet auteur, ignore naturellement le contenu des lettres dont « il est chargé ; on ne peut lui supposer des intentions frauduleuses. » « Le navire, dit-il encore (§ 1131), doit avoir été affrété dans ce but. » — (2) L. III, c. I, § 5. — (3) Le traité des Pyrénées (7 novembre 1659) décla- rait déjà de libre commerce « tout ce qui appartient à la nourriture et subs- « tantation de la vie. » — (4) Cf. Massé, nº 208 et la note. V. aussi ci- dessus, nº 23. — (5) D'Utrecht en 1713, de 1667 entre la Suède et la Hollande, de 1778 entre la France et les Etats-Unis, de 1786 entre la France et l'An- gleterre, etc. — (6) Droit intern., § 157. — (7) Le règlement russe de juin 1877 assimile à la contrebande de guerre (art. 7) la fourniture des navires de guerre, mais de ceux-là seuls.

l'ordonnance prussienne du 24 juillet 1870 suffirait à démontrer
qu'on tire parti de la marine marchande dans une guerre maritime :
les bâtiments de commerce, pouvant s'approprier à un usage spécial et tout militaire, doivent être compris parmi les objets de
contrebande de seconde classe.

Nous n'accepterions donc pas la distinction de Hubner (1) et de
Galiani (2) qui refusent de reconnaître comme articles de contrebande, parmi les munitions navales, celles qui paraissent devoir
être affectées à des bâtiments de commerce. Cette distinction n'est
d'ailleurs consacrée par aucun traité.

Calvo (3) blâme Hubner de classer parmi les articles prohibés
« les toiles et les draps destinés à l'habillement des troupes. »
Nous admettons bien que le commerce des draps et des toiles en
général est essentiellement pacifique. Mais si l'on saisit, par
exemple, une très-grande quantité de draps d'une couleur spéciale
qu'on sait être adoptée pour l'armée d'un pays belligérant, n'a-t-on
pas saisi des articles de contrebande ? Ces draps ne vont-ils pas
être appropriés à un usage spécial et purement militaire, puisqu'ils
vont être convertis en uniformes et que l'utilité militaire de l'uniforme n'est pas contestable ?

Un certain nombre de traités (4) ne prohibent pas le commerce
des chevaux entre neutres et belligérants. On ne peut pas, ce
semble, comprendre les chevaux parmi les objets de contrebande
de première classe, puisqu'ils ne servent pas exclusivement à la
guerre, mais il est clair qu'ils doivent figurer dans la seconde
classe. On conçoit qu'une récente pratique internationale ait étendu
la prohibition aux autres bêtes de somme, surtout aux mulets,
fréquemment employés dans les transports (5).

M. Massé (6) propose de l'étendre à l'argent monnayé « qui quel-
« quefois tient lieu de tout, d'hommes, d'armes et de munitions,
« parce qu'avec de l'argent on peut se procurer des hommes, des
« munitions et des armes. » J'assimilerais plutôt l'argent aux
vivres, car il ne s'approprie pas plus que les vivres à un usage
spécial et purement militaire. Puis transformer la monnaie en
article de contrebande, c'est paralyser les échanges et porter un
coup fatal au commerce des neutres. D'ailleurs, le jour où les
envois d'argent pourraient constituer une participation indirecte

(1) De la saisie des bâtiments neutres, t. I, part. II, ch. I, § 5 et 8, —
(2) Dei doveri dei principi neutrali, c. IX, § 4, art. 9. — (3) § 1108. —
(4) Calvo, § 1112, note 1. — (5) Cf. Calvo, ib. — (6) Nº 308.

à la guerre, ce commerce cesserait d'être impartial (1) et le belligérant lésé dans ses droits agirait en conséquence.

Il faut, au contraire, assimiler aux munitions navales les
machines à feu et leurs accessoires, arbres de couche, aubes,
hélices, balanciers, chaudières, qui peuvent compléter et transformer la marine militaire d'un belligérant.

Faut-il leur assimiler le charbon de terre ? Cette question est
l'objet d'un vif débat et préoccupe aujourd'hui notre commerce
maritime. L'Angleterre avait, pendant la guerre d'Orient, regardé
la houille comme un article de contrebande, et Bluntschli (2)
félicite le gouvernement britannique d'avoir, en 1870, interdit
l'envoi à la flotte française dans la mer du Nord de charbon tiré
des ports anglais. La France, il est vrai, qu'elle ait fait la guerre
(1854, 1859, 1870) ou gardé la neutralité, n'a pas encore traité la
houille en article de contrebande. Mais il faut bien reconnaître que
ce combustible peut être, à un moment donné, l'aliment essentiel
d'une guerre maritime. Le débat qui s'est engagé sur ce point
dans le procès international dit de l'*Alabama* ne tend pas à faire
prévaloir la doctrine du gouvernement français. « Le subside de
« charbon à un belligérant, dit l'exposé de M. Adams, n'implique
« aucune responsabilité du neutre quand il est fait en réponse à
« une demande présentée de bonne foi dans le but de satisfaire un
« dessein légitime ouvertement indiqué : il implique une respon-
« sabilité si l'on peut démontrer que la concession a été faite taci-
« tement ou par entente en vue d'aider ou d'achever l'exécution
« d'un acte hostile. » Le tribunal arbitral voulut avoir des éclair-
cissements sur ce point et, dans sa séance du 25 juillet 1872, pro-
voqua la réponse suivante du comte Sclopis : « Je ne dirai pas que
« le simple fait d'avoir alloué une quantité de charbon plus forte
« que celle nécessaire aux vaisseaux pour regagner le port de leur
« pays le plus voisin constitue à lui seul un grief suffisant pour
« donner lieu à une indemnité... Mais il en est autrement si cet
« excédant de proportion vient se joindre à d'autres circonstances
« qui marquent qu'on s'en est servi comme d'une *res hostilis*.
« Ainsi quand je vois le *Florida* et le *Shenandoah* choisir un cer-
« tain champ d'action pour y attaquer les baleiniers, je ne puis
« m'empêcher de considérer les chargements de charbon en quan-
« tité analogue au besoin de ces expéditions comme une infrac-
« tion, etc. » Ce raisonnement me semble juste, et je ne vois pas

(1) V. ci-dessus nº 23. — (2) R. 805, note 3.

dès lors comment on pourrait ne pas comprendre la houille parmi les objets de contrebande.

Ce qui distingue les marchandises de la première et celles de la seconde classe, c'est que l'énumération des premières soit dans un traité, soit dans une déclaration n'est pas limitative. Gessner fait observer que les vaisseaux de guerre sont des articles de contrebande alors même qu'un traité ne les mentionne pas (1). C'est que la prohibition dérive de la nature même des choses! Au contraire, en ce qui touche les marchandises de la seconde classe, c'est à la lettre des actes qu'il faut s'en tenir, et l'on ne doit pas procéder par voie d'interprétation extensive. Les belligérants sont toujours libres d'attacher par leur silence une présomption générale d'emploi pacifique à une certaine catégorie d'objets qui peuvent servir aux usages de la paix ou de la guerre.

Ce qui distingue surtout les marchandises de la première et celles de la seconde classe, c'est que le commerce des unes est nécessairement un commerce de contrebande et que celui des autres peut être pacifique. Celles-ci ne sont des articles de contrebande que si leur destination guerrière est démontrée. On devra, dit Bluntschli (R. 805), se prononcer dans le doute contre l'admission de la contrebande. Calvo repousse cette théorie « de la contrebande par induction (2). » Mais cette théorie protège *les droits* des neutres! Elle *garantit leur commerce pacifique* contre l'injuste attaque d'un belligérant! Elle leur permet de prouver leur innocence et d'obtenir d'importantes restitutions devant les conseils des prises! Le même publiciste classe parmi les articles de contrebande les matières premières pour la fabrication des armes, les munitions navales, les machines à vapeur, etc. : le commerce maritime ne peut que gagner à ce que le belligérant, avant de sévir, constate la destination de tous ces objets. Pendant la guerre d'Orient, l'Angleterre ne faisait pas saisir indistinctement la houille par ses croiseurs; on peut la blâmer d'en avoir trop facilement présumé la destination guerrière, mais non d'en avoir, en principe, subordonné la saisie à certaines vérifications.

La première classe de marchandises est sujette à confiscation. Le droit des gens naturel et le droit des gens conventionnel sont ici d'accord.

Mais que décider quant aux marchandises de la seconde classe? La question me semble très-délicate. La plupart des traités ne distinguent pas. On conçoit très-bien, en effet, qu'il ne faille pas

(1) p. 109 et 110. — (2) § 1114.

regarder à la légère comme un acte hostile le transport de ces marchandises ; mais nous supposons l'acte indubitablement hostile et ce point entièrement réglé ! Le neutre n'a-t-il pas dès lors violé le même devoir ? Ne doit-il pas subir la même peine ? Cependant on fait remarquer que, s'il s'agit de ces objets pouvant à la fois servir aux usages de la paix et de la guerre, « l'acte est moins décidément hostile (1) » : par exemple, la vente d'un bâtiment marchand, dût-il servir à la guerre, n'entraîne pas les mêmes conséquences que la vente d'une frégate. Quelques traités, en très-petit nombre d'ailleurs, substituent donc ici la préemption à la confiscation. Par exemple, le traité du 17 juin 1801 réservait à l'Angleterre le droit de retenir, moyennant paiement, le chargement des vaisseaux suédois quand il se composait de poix, de résine, de goudron, de chanvre, et généralement d'objets non manufacturés servant à l'équipement des navires. Il serait très-désirable, dans l'intérêt du commerce maritime, que cette pratique se généralisât. Mais les neutres feront bien de ne pas compter, en l'absence d'un pacte formel et dans l'état actuel du droit des gens, sur la préemption (2).

Le navire qui transporte des objets de contrebande est-il, comme la marchandise elle-même, sujet à confiscation ? Notre règlement du 26 juillet 1778 (art. 1er) s'exprime en ces termes : « Les bâti-« ments et le surplus de leur cargaison seront relâchés, à moins « que lesdites marchandises de contrebande ne composent les « trois quarts de la valeur du chargement, auquel cas les navires « et les cargaisons seront confisqués en entier. » Cette distinction nous semble arbitraire et contraire au droit des gens naturel : le navire, qui n'est pas l'accessoire de la marchandise prohibée quand elle compose les deux tiers du chargement, ne saurait le devenir parce qu'elle en compose les trois quarts. La première de toutes les règles est la liberté du commerce maritime : elle ne doit pas être restreinte au-delà de ce qu'exige le droit du belligérant. Or, le droit du belligérant, qui limite ici celui du neutre, c'est d'empêcher le transport des objets qui vont accroître la force militaire de son ennemi. La contrebande de guerre une fois saisie, le bâtiment neutre lui échappe. J'ai réfuté par là même cette autre

(1) Massé, n° 213. — (2) Bluntschli s'exprime en ces termes (R. 806, note 1) : « Le charbon sera confisqué s'il est destiné à la flotte ennemie ; si cette in-« tention ne peut être constatée, on mettra temporairement le charbon sous « séquestre en indemnisant les propriétaires parce que, si le navire arri-« vait à sa destination, l'ennemi achèterait évidemment la cargaison et « s'en servirait pour faire la guerre. »

thèse de l'ancien droit des gens conventionnel (1), encore approuvée par Phillimore (2) et par Wheaton (3), d'après laquelle le navire serait confiscable s'il appartenait au propriétaire de la contrebande.

Il me paraît encore plus injuste et, disons-le, souverainement absurde de regarder la marchandise innocente comme l'accessoire de la marchandise prohibée. « Est irrégulière, dit Bluntschli « (R. 806), la confiscation des objets non suspects qui se trouvent « à bord en même temps que la contrebande. »

Il faut opposer (4) au règlement de 1778 le traité du 8 vendémiaire an IX entre la France et les Etats-Unis qui, après avoir prescrit la confiscation de la contrebande, ordonne de laisser libres le bâtiment et le reste de la cargaison, « soit qu'ils appartiennent « à un même ou à différents propriétaires. »

Mais il n'existe pas en cette matière, Bluntschli le reconnaît lui-même (R. 806, note 3), de règle internationale unanimement suivie. Le règlement danois du 16 février, le règlement autrichien du 3 mars 1864, justement critiqués par Hautefeuille (5), s'expriment en ces termes : « Seront de bonne prise les navires dont « le chargement entier consiste en contrebande de guerre. » D'autre part, le juge Chase (tribunal suprême de l'Union américaine) déclara, dans l'affaire du *Springbock,* non sujet à confiscation le navire neutre dont le propriétaire ignorait la destination finale de la marchandise (décembre 1866) (6). Le règlement russe de juin 1877 n'autorise, en thèse générale, que la confiscation de la marchandise (art. 6). Toutefois (art. 7), après avoir assimilé à la contrebande de guerre le transport de troupes ennemies, celui de dépêches et de la correspondance de l'ennemi, la fourniture de navires de guerre à l'ennemi, il ajoute : « Les navires neutres « pris en flagrant délit de semblable contrebande peuvent être, « selon les circonstances, saisis et même confisqués (7). »

25. Sauf la contrebande de guerre et la quasi-contrebande provenant d'un commerce partial, les marchandises des belligérants,

(1) Traités de 1648 et de 1650 entre l'Espagne et la Hollande, de 1655 entre la France et la ligue hanséatique. — (2) Com., v. III, § 275 s. — (3) 4ᵉ partie, c. III, § 26. — (4) V. Massé, nº 219. — (5) *Revue contemp.* du 15 avril 1864. — (6) Cf. R. 810 de Bluntschli. — (7) La confiscation des navires de guerre fournis à l'ennemi est indubitablement légitime : elle porte sur l'objet même de la contrebande. — Les journaux de Constantinople ont publié et l'*Officiel* français du 13 mai 1877 a reproduit les instructions données au serdar Ekrem au sujet de la navigation du Danube : on y lit : « En tous cas la contrebande de guerre est saisissable et entraîne la con- « fiscation du *navire* et de *toute* la cargaison. »

transportées par les neutres, ne sont pas saisissables en pleine mer. Le pavillon couvre la marchandise.

En effet le commerce maritime des neutres, essentiellement libre, n'est limité que par le devoir issu de la neutralité. Ils ne peuvent s'adonner à un commerce hostile ou partial qui constituerait une participation indirecte à la guerre, mais restent à l'abri de toute atteinte quand ils transportent les huiles ou les savons d'un belligérant. Ce transport peut enrichir un belligérant; qu'importe ? Le neutre ne cherche par là qu'à s'enrichir lui-même, aujourd'hui comme hier, ne se préoccupant des hostilités que pour n'y pas concourir : de quel droit l'en empêcher ? On le rencontre dans la haute mer, où le bâtiment emporte avec lui la nationalité qui lui est propre : en vain le belligérant croit avoir le droit de saisir la propriété privée de son ennemi partout où il la rencontre; encore faut-il qu'il la puisse atteindre. Or, le neutre n'ayant pas rompu sa neutralité, son navire reste inviolable comme le territoire même qu'il prolonge, et la juridiction du belligérant ne saurait s'y exercer. En vain la marchandise ennemie serait à destination des ports mêmes de ce belligérant : il appliquera quand il le pourra, comme il le pourra, par exemple au lieu de destination, cette règle du droit des gens conventionnel qui prohibe le trafic entre ennemis. Maître absolu de son commerce pacifique et maître sur son bâtiment, c'est-à-dire chez lui, le neutre n'est pas comptable de ce trafic, et ces prohibitions, qui ne peuvent aller jusqu'à ruiner le commerce du monde entier, ne le regardent pas.

Ce principe a prévalu, non sans de vifs débats qui se sont prolongés pendant deux siècles et demi. L'Angleterre l'avait admis, au moins dans ses rapports avec l'Espagne, la Hollande et la France, quand elle signa le traité d'Utrecht (1713); mais elle le combattit presque sans interruption jusqu'en 1856. La France, après quelques tâtonnements, le fit au contraire passer dans sa propre législation (règlement du 26 juillet 1778) et lutta presque sans interruption jusqu'à la même époque pour le faire prévaloir. Enfin le congrès de Paris le proclama solennellement. Il est vrai que M. Lindsay en 1857, M. Percy Wyndham en 1877 conviaient encore, à la chambre des communes, l'Angleterre à s'en départir; mais lord Clarendon, au nom du gouvernement, le défendit à la chambre haute (1); M. Bourke le défendit au nom du même gouvernement, le 3 mars 1877, à la chambre des communes, faisant

_____

(1) Un peu mollement, il est vrai. V. la *Revue contemp.* du 31 janvier 1862, article d'Hautefeuille.

ressortir avec un grand sens pratique l'immense avantage qu'avait l'Angleterre, puissance amie de la neutralité, à ne pas laisser les belligérants arrêter et visiter ses bâtiments neutres, dispersés sur toutes les mers, sous le seul prétexte d'y rechercher des marchandises ennemies. C'était un des trois points auxquels les Etats-Unis eussent adhéré si la Grande-Bretagne n'avait repoussé l'adhésion scindée des Etats-Unis. Mais leurs publicistes, leurs tribunaux, leurs diplomates (1) l'ayant presqu'invariablement accepté, cette partie de l'œuvre du 15 avril 1856 paraît consacrée par l'assentiment unanime (2). C'est, on peut le croire, un progrès acquis et, pour le commerce maritime international, un nouvel élément de liberté.

26. Le congrès de Paris proclamait en même temps cet autre principe : « La marchandise neutre, à l'exception de la contre-« bande de guerre, est insaisissable même sous pavillon ennemi. »

La propriété neutre est, en effet, à l'abri de toute capture. Elle ne devient saisissable que si le neutre viole les lois de la guerre, par exemple lorsqu'il transporte des articles de contrebande ou tente de forcer un blocus. Or si le trafic n'est pas libre entre belligérants, il est libre entre belligérants et neutres. Il ne reste donc plus qu'à déterminer si ceux-ci, en mettant leurs marchandises sur le navire d'un belligérant, méconnaissent un des devoirs que la neutralité leur impose. Quel devoir méconnaissent-ils ? Le neutre ne peut-il pas être propriétaire en pays ennemi ? S'il peut confier sa propriété mobilière au territoire, il peut la confier au navire du belligérant. Enfin il importe peu que ce navire soit saisissable, parce qu'il serait déraisonnable de regarder la marchandise neutre comme l'accessoire du bâtiment ennemi.

Telle était la pratique du moyen-âge, ainsi que l'atteste le 231e chapitre du *Consulat de la mer* (3). Longtemps abandonnée, cette doctrine est redevenue depuis la déclaration du 15 avril 1856 une règle internationale. La cour suprême des Etats-Unis, ainsi

---

(1) V. Wheaton, part. 4, c. III, § 21 et 22. Cf. Calvo, § 1095. V. aussi traités du 6 février 1778, du 14 novembre 1788, entre la France et les Etats-Unis, du 8 octobre 1782 entre la Hollande et les Etats-Unis, du 3 avril 1783 entre la Suède et les Etats-Unis, de 1795 entre l'Espagne et les Etats-Unis. — (2) La maxime « navires libres, marchandises libres » est également reconnue par l'Espagne. En 1839, elle était inscrite dans sept traités conclus entre l'Espagne et diverses autres puissances. V. Calvo, § 1094, note 11. — (3) Cf. la note savante de Pardessus (collect. II, p. 303), mentionnant les traités de 1221 entre Arles et Pise, les traités d'Edouard III avec les villes maritimes de Biscaye et de Castille (1351) et avec celles du Portugal (1353), conçus dans le même sens.

qu'il résulte d'une note adressée à Londres le 28 avril 1854 par le cabinet de Washington, admet que, dans tous les cas non expressément prévus (1), les marchandises neutres naviguant sous pavillon ennemi ne sont pas sujettes à confiscation (2). Ce haut tribunal a même jugé que les biens d'un neutre espagnol, trouvés à bord d'un navire ennemi, n'étaient pas saisissables malgré le silence du traité de 1795 entre l'Espagne et l'Union et quoique le droit public interne de l'Espagne l'autorisât à capturer les biens des neutres américains trouvés sous pavillon ennemi. « La cour, dit Wheaton, n'a pas « admis le principe de la réciprocité, se croyant liée par le droit « des gens général qui forme partie du droit du pays (3). » On peut supposer que l'Espagne ne rencontrerait pas toujours la même courtoisie si elle prétendait appliquer son règlement de 1779, en contradiction formelle sur ce point avec la déclaration de 1856 (4).

27. Puisque les belligérants peuvent s'opposer au commerce hostile ou partial des neutres, il faut bien qu'ils puissent constater la neutralité des bâtiments et la nature de la cargaison : de là le droit de visite qui restreint encore, en temps de guerre, la liberté du commerce maritime. Ce droit s'exerce plus fréquemment et prend une extension nouvelle (*very extensive*), ainsi que le faisait observer le 3 mars 1877 M. Bourke à la chambre des communes, à mesure que la jurisprudence internationale étend la liste des objets désignés sous le nom de contrebande de guerre.

Le droit de visite n'est pas expressément revendiqué par le règlement russe du 4 juin 1877 ; mais le règlement turc du 19 avril/1er mai 1877 est formel : « afin d'empêcher la contrebande « de guerre, le gouvernement ottoman usera du droit de visite « tant en haute mer que dans les eaux ottomanes et lors du pas- « sage par les détroits des navires neutres en destination d'un port « russe ou d'un port de la côte occupée par l'ennemi ou même, en « cas de suspicion, en destination d'un port ottoman ou neutre. »

D'après la pratique générale, le belligérant doit manifester son intention de procéder à la visite en hissant son pavillon hors de la portée du canon (5), et en se servant du porte-voix ou plutôt en

---

(1) La maxime contraire est, en effet, consacrée par les traités des Etats-Unis avec la Colombie (1825), avec le Brésil (1828), avec le Mexique (1831), avec le Chili (1832), etc. — (2) V. Calvo, § 1095. — (3) 4ª partie, c. III, § 22. — (4) V. toutefois art. 5 du règlement russe du 4 juin 1877, déjà cité. — (5) Quelques traités disent : « à la portée du canon. » V. sur ce point spécial les explications très-judicieuses de M. Massé, nº 311.

tirant un coup de canon à poudre, dit de semonce. Le navire
neutre est tenu de s'arrêter ou de mettre en panne s'il ne veut
s'exposer à être semoncé à boulets. Dès qu'il a mis en travers, le
croiseur détache un de ses canots armés, placé sous le commandement d'un officier, pour procéder à la visite (1).

Le capitaine est tenu de remettre à cet officier les pièces de bord
« par lesquelles il puisse apparoir non seulement de la charge,
« mais aussi du lieu de sa demeure et résidence et du nom tant du
« maître ou patron que du navire même, afin que par ces deux
« moyens on puisse connaître s'il porte des marchandises de
« contrebande et qu'il apparaisse suffisamment tant de la qualité
« dudit navire que de son maître ou patron, auxquels passeports
« et lettres de mer se devra donner entière foi et créance. » Cette
clause du traité des Pyrénées (7 novembre 1659), un des premiers
qui aient réglementé le droit de visite, peut être encore aujour-
d'hui regardée comme une règle internationale (2).

Hautefeuille s'en tient à ces derniers mots : « auxquels passeports
« et lettres de mer se devra donner entière foi et créance. » A ses
yeux, la règle est absolue : si les papiers sont réguliers, « la
« visite est terminée (3). » Il blâme donc très-vivement les
règlements danois (art. 10 et 13) et autrichien (art. 5) du 16 février
et du 3 mars 1864 qui autorisent le premier « l'ouverture des
« cachettes regardées comme suspectes, » le second la visite « de
« la cale et des réceptacles suspects. » N'y a-t-il pas là quelque
inconséquence? Si l'on peut substituer la *recherche* à la visite
quand les papiers ne sont pas réguliers, c'est qu'on soupçonne la
fraude. Dès lors quand le belligérant a des soupçons graves non
plus sur la régularité, mais sur la légitimité de ces pièces, comment serait-il désarmé? « Personne n'ignore, dit Ortolan(4), que,

(1) « On procède quelquefois dans le sens inverse, c'est-à-dire que le ca-
« pitaine visité est tenu de se rendre lui-même avec ses papiers à bord du
« croiseur qui l'a semoncé. » (Calvo, § 1214.) — (2) L'article 3 de l'ordonnance publiée le 11 mai 1877 par la *Gazette officielle* de Vienne est ainsi
conçu : « Dans l'attente légitime que le commerce neutre sera dûment
« respecté par les puissances belligérantes et que l'application des mesures
« usitées en pareil cas sera faite conformément aux principes du droit pu-
« blic et aux dispositions particulières contenues dans les conventions
« existantes, il est enjoint par la présente aux navires marchands de na-
« tionalité austro-hongroise se trouvant en pleine mer, de se soumettre à
« toute visite réclamée par les croisières des belligérants, de produire sans
« hésiter les papiers et documents prouvant leur neutralité, de ne point
« noyer ou détruire ces pièces et encore moins garder à bord des papiers
« faux ou secrets. » — (3) V. la *Revue cont.* du 15 avril 1864. — (4) T. II,
p. 240 s.

« malgré les règlements et la surveillance des gouvernements, la
« vente des faux papiers de mer est organisée et pratiquée en
« temps de guerre. Les navires marchands ennemis ont souvent
« à bord plusieurs expéditions fausses destinées à cacher leur
« véritable caractère, et ils se servent des unes ou des autres sui-
« vant l'occasion... Un droit de vérification sur le chargement
« doit nécessairement être exercé, outre l'examen des papiers, si
« l'on soupçonne à bord de la contrebande de guerre. » Telle est,
en effet, la coutume internationale : Hautefeuille (1) doit reconnaître que la France elle-même est amenée à pratiquer le droit de
recherche. Toutefois cette coutume internationale entraîne un inconvénient qui saute aux yeux : un soupçon très-sérieux de fraude
peut seul légitimer la substitution de la recherche à la visite; or
où commence, où s'arrête le soupçon très-sérieux de fraude ? Le
neutre est à la discrétion du belligérant. Mais l'inconvénient nous
semble inévitable.

En tout cas, le règlement autrichien du 3 mars 1864 dépasse la
mesure lorsqu'il autorise le croiseur à visiter lui-même la cale et
les réceptacles suspects : il n'a que le droit de faire ouvrir les cachettes et les ballots suspects par les gens du navire (2). Ainsi
procède le règlement danois.

L'art. 10 de ce dernier règlement traite comme suspects et
permet en conséquence de conduire dans un port belligérant les
navires qui n'auront pas obéi à la semonce. D'après Hautefeuille,
il fallait se borner à dire qu'ils seraient contraints à subir la visite
et, si la régularité de leurs papiers était reconnue, les autoriser à
continuer leur route. M. Massé (3), s'appuyant sur l'art. 12 du
titre IX de l'ordonnance de 1681 et sur l'art. 57 de l'arrêté du
2 prairial an XI, ainsi conçu : « Tout navire qui refuse d'amener
« ses voiles après la semonce qui lui a été faite peut y être contraint :
« en cas de résistance et de combat, il est de bonne prise », propose
la distinction suivante : s'il y a résistance et combat, le navire
doit être confisqué; s'il n'oppose qu'une résistance passive, par
exemple la fuite et qu'il n'ait d'ailleurs aucune marchandise suspecte à son bord, on doit le relâcher. Cette distinction me paraît
conforme à l'équité naturelle et, si le législateur français n'a pas
voulu la consacrer, il faut convenir qu'il s'est bien mal expliqué.

Mais, en fait, elle est condamnée par une pratique universelle,
L'Angleterre a, par une série d'actes, déclaré depuis plus de deux
siècles que toute résistance opposée à la visite soumet le neutre à

(1) Même article. — (2) Cf. Ortolan, ib. — (3) Nº 312.

la saisie et à la confiscation. Le règlement espagnol de 1718 a remplacé cette phrase de notre ordonnance « en cas de résistance « et de combat » par les mots « en cas de résistance *ou* de « combat (1). » Les publicistes américains (2) ont adhéré à cette doctrine. Le Danemark n'a pas hésité à l'approuver en 1864. Calvo a pu l'envisager comme une règle générale sanctionnée « par la jurisprudence internationale. »

La confiscation du navire entraîne-t-elle celle du chargement? Oui, dans tous les cas, d'après M. Massé (3), « parce que le « chargeur est responsable des faits du capitaine dont il est le « commettant. » Quand le navire et la marchandise appartiennent au même armateur ou au même capitaine, cette solution n'est pas contestable. Mais William Scott, Ortolan (4), Wheaton (5) en tempèrent la rigueur par une équitable distinction : le navire est-il neutre ? le capitaine viole un devoir et par conséquent expose à la saisie la propriété de son commettant : si le navire est ennemi, le capitaine a le droit et le devoir de s'échapper : pourquoi punir le neutre commettant ? J'ajoute que, dans cette hypothèse, le navire est, d'après la pratique internationale, saisissable en tant que propriété ennemie ; c'est là qu'est le motif dominant de la confiscation : or, si l'on confisque aussi la marchandise, on heurte un des principes énoncés dans la déclaration du 15 avril 1856. La doctrine de M. Massé redeviendrait évidemment applicable si les belligérants s'étaient engagés à ne pas capturer les navires ennemis : ceux-ci n'auraient plus de prétexte pour se soustraire à la visite et devraient, comme les neutres, supporter les conséquences de leur résistance active ou passive.

28. Mais le navire convoyé, c'est-à-dire escorté par des vaisseaux de guerre, participe à leur inviolabilité : comme eux, il échappe au droit de visite. Dès que la régularité, la sincérité des « passeports et lettres de mer » est reconnue, le droit du belligérant est épuisé. Or c'est l'autorité chargée de délivrer ces pièces qui vient en affirmer elle-même la régularité absolue : on ne peut exiger une garantie plus positive, et toute vérification supplémentaire est une injure gratuite au pavillon neutre.

Toutes les puissances de l'ancien et du nouveau monde, à l'ex-

(1) Exposé de sir W. Scott dans l'affaire de la *Maria*, reproduit par Calvo, § 1217. — (2) Wheaton, 4ᵉ partie, c. III, § 29 s. — (3) Nᵒ 312 *bis*. — (4) T. II, p. 257 s. — (5) 4ᵉ partie, c. III., § 29-31.

ception de l'Angleterre, admettent l'inviolabilité des navires convoyés.

J'admettrais toutefois avec Ortolan (1) que le belligérant peut demander au commandant du convoi de procéder lui-même à une vérification, si « par exemple, à la faveur de la nuit, d'une brume « ou d'un gros temps qui ont rompu l'ordre de marche d'une flotte « marchande nombreuse, des navires étrangers à cette flotte se « sont glissés au milieu d'elle en empruntant son pavillon, malgré « la surveillance des convoyeurs. »

Il est clair que, si les navires neutres sont escortés par une escadre ennemie, celle-ci ne peut pas leur communiquer une immunité qu'elle ne saurait revendiquer pour son compte. Marcher en cette compagnie, c'est provoquer le soupçon de fraude et légitimer la visite. La cour d'amirauté anglaise est allée plus loin; elle a vu là un motif péremptoire de confiscation (2). Cette question fut entre les cabinets de Washington et de Copenhague l'objet d'un débat qui dura vingt ans, de 1810 à 1830, sans qu'on parvint à s'entendre sur le principe. Nous croyons avec le gouvernement, les tribunaux (3) et les publicistes américains (4) que le bâtiment neutre doit être relâché s'il prouve l'innocence de son commerce. Il n'a pas dépouillé son caractère neutre pour s'être placé sous la protection d'un belligérant, et Gessner (5) exige encore trop en lui demandant de prouver qu'il ne s'est fait convoyer dans de telles conditions que pour se mettre à l'abri des violences d'un tiers. Notre opinion est celle de tous les publicistes français.

29. L'Angleterre émit la prétention soit pendant la guerre de 1756, soit pendant les guerres de l'indépendance américaine, de la Révolution et de l'Empire de restreindre à un nouveau point de vue la liberté du commerce des neutres : elle s'opposa formellement à ce qu'ils fissent avec les colonies des belligérants un commerce nouveau, c'est-à-dire un commerce dont ils étaient exclus pendant la paix (6).

Mais il importe peu (7) qu'un tel commerce n'ait pas été fait pendant la paix, puisqu'il n'a pas un rapport direct avec la guerre.

(1) T. II, p. 271. — (2) Affaire du trois-mâts le *Sampson.* Cf. Calvo, § 1221. — (3) Aff. de la *Néréide.* Cf. Calvo, *ib.* — (4) V. Wheaton, 4ᵉ partie, c. III, § 32. — (5) p. 311 s. — (6) V. dans ce sens Phillimore, com. v. III, § 212 s. et l'exposé de sir W. Scott dans l'affaire de l'*Emmanuel* (Calvo, § 1100, note 1.) — (7) V. sur cette question Massé, n° 279, et Bluntschli, p. 446 et 447 de la seconde édition française.

Un commerce nouveau n'est pàs un commerce hostile. Un neutre
peut charger à destination des pays belligérants des marchandises
dont l'importation était défendue pendant la paix : pourquoi n'aurait-il pas le droit de faire avec leurs colonies un commerce interdit
avant la guerre ? N'est-ce pas là d'ailleurs un dédommagement
des autres pertes, à peu près inévitables, que la guerre inflige à
son commerce ? Les belligérants en profitent ! Sans doute; ils profitent aussi du commerce, ordinairement plus actif, mais toujours
licite s'il est impartial, que les neutres ne cessent pas d'entretenir
avec eux. D'ailleurs, dans l'état actuel du monde civilisé, il n'est
plus permis de chercher à nuire arbitrairement aux citoyens paisi-
bles sous le seul prétexte de diminuer les ressources de l'ennemi.
Sur quel fondement étayer l'ancienne prétention du gouvernement
anglais ? J'adhère donc sans réserve à la 799e règle de Bluntschli :
« Le principe de la liberté du commerce neutre doit être maintenu
« même dans le cas où l'un des Etats belligérants autoriserait
« pendant la guerre une branche spéciale de commerce, qu'il
« interdisait avant la guerre et qu'il restreindra peut-être quand
« la guerre sera terminée. »

30. Nous verrons plus loin que la plupart des puissances
maritimes réservent le cabotage à leurs nationaux. S'il est permis
aux neutres pendant la guerre, ceux-ci peuvent-ils s'y livrer sans
rompre la neutralité ?

Le gouvernement britannique l'avait admis en 1675 (1) et en
1713 (2). Mais, depuis 1756, il s'est efforcé de faire prévaloir la
doctrine contraire, qui a été encore soutenue par Phillimore. Cette
question doit être résolue comme la précédente et par les mêmes
motifs. La formule de Bluntschli (R. 800) me semble irréprochable : « Lorsque, en temps de paix, le commerce entre les
« différents ports d'un même Etat (cabotage) est exclusivement
« réservé à la marine nationale et que l'une des parties belligé-
« rantes donne pour la durée de la guerre aux neutres l'auto-
« risation de faire ce commerce, les navires neutres qui profitent
« de cette permission ne violent pas les lois de la guerre. »

31. Le droit d'*angarie* apporte une restriction très-fâcheuse
au libre commerce des neutres.

M. de Bismark, dans une note diplomatique remise au gouvernement anglais le 1er février 1871, rappelle la définition suivante de Phillimore : « Le droit d'angarie consiste en ce qu'une
« puissance belligérante requiert et emploie des navires étrangers,

(1) Traité avec la Hollande. — (2) Traité avec la France.

« ceux mêmes qui ne sont pas dans les eaux intérieures, mais
« dans des ports et des rades placés sous sa juridiction, et force
« les équipages à transporter des troupes, des munitions ou même
« des instruments de guerre. »

C'était mal à propos, ce semble, que M. de Bismark invoquait
cette définition du jurisconsulte anglais, car elle ne prévoyait pas
le fait qu'il voulait justifier. Le 21 et le 22 décembre 1870, un déta-
chement prussien avait capturé six bâtiments anglais mouillés
dans la Seine à la hauteur de Duclair, où ils prenaient du lest
pour retourner en Angleterre. Les hommes d'équipage avaient été
contraints de débarquer sans qu'on leur laissât le temps d'emporter leurs effets, leur argent, etc. On avait crevé le pont des
bâtiments, puis on les avait coulés en travers du fleuve. C'est une
véritable innovation, Bluntschli lui-même est forcé de le reconnaître, que d'invoquer à propos de tels actes le droit d'angarie ;
il fallait dire : le droit du plus fort (1). La note prussienne met sur
la même ligne l'*emploi*, dont parle Phillimore, et la *destruction*,
dont il ne parle pas. Le vieux droit d'angarie, celui dont il est
question soit au Digeste (2) et au Code (3), soit dans le *De jure
maritimo* de Loccenius (4), soit dans le traité de Stypmanus sur
les lois maritimes hanséatiques (5) est purement et simplement un
droit de réquisition.

Même en le maintenant dans ses plus étroites limites, nous n'en
admettons guères la légitimité. Comment un belligérant en vient-il
à imposer aux neutres des corvées et des prestations ? Qu'il s'adresse
à ses sujets, rien de mieux ; mais qu'il interrompe à son profit le
commerce inoffensif de gens sur lesquels il n'exerce aucune juridiction et auxquels il n'a rien à reprocher, c'est un étrange abus.
Je sais que la prestation n'est pas gratuite et que, d'après l'usage,
le belligérant paie le service ainsi rendu. Mais outre que certains
belligérants ne sont pas très-solvables, on n'indemnise pas l'armateur de toutes les pertes qu'on lui cause. Il n'avait pas équipé
son navire pour transporter des soldats, des chevaux ou des armes.
Que devient sa première cargaison ? Qu'advient-il de ses engagements ? Quelle source de préjudice dans leur inexécution !

Cependant la pratique est telle que certaines puissances maritimes, pour se soustraire à l'abus ou à l'exercice du droit d'an-

----

(1) C'est ce que Bluntschli appelle « le droit des autorités militaires de
« faire sur le théâtre de la guerre tout ce que la sûreté des troupes exige. »
R. 735 *bis*, note 1. — (2) L. 4 *de Veteranis*. — (3) L. 7, C. *de Fabricen-
sibus*. — (4) L. I, c. V. — (5) Part. V, c. I.

garie, ont jugé prudent d'introduire une stipulation formelle dans leurs traités (1). L'incident de décembre 1870 prouve qu'elles feront bien de ne pas perdre cette habitude.

Telles sont les principales restrictions que l'état de guerre apporte à la liberté du commerce maritime.

(1) V. Massé (n° 329) qui cite le traité de 1753 entre Naples et la Hollande (art. 18), le traité de 1787 entre la France et la Russie (art. 23).

CHAPITRE II.

DÉFINITION, ÉTAT CIVIL, NATIONALITÉ, NATURE JURIDIQUE DES NAVIRES.

SECTION I.

DÉFINITION. — ÉTAT CIVIL.

SECTION II.

NATIONALITÉ.

SECTION III.

NATURE JURIDIQUE.

CHAPITRE II.

DÉFINITION, ÉTAT CIVIL, NATIONALITÉ, NATURE JURIDIQUE DES NAVIRES.

SECTION I.

DÉFINITION, ÉTAT CIVIL.

32. Le deuxième livre du code de commerce français est intitulé : *Du commerce maritime.*

Le titre premier de ce livre est intitulé : *Des navires et autres bâtiments de mer.*

Ce mot « navire » a, même dans la langue du droit, deux acceptions distinctes. On l'entend quelquefois dans un sens très-large. Ainsi d'après deux définitions d'Ulpien (1), d'après celles de Stypmanus (2) et de Casaregis (3), le navire est tout ce qui peut servir à la navigation. Valin dit aussi : « Sous ces noms de « navires... sont compris même les chaloupes, les esquifs et les « plus petits bateaux parce que tout cela sert à la navigation (4). »

---

(1) L. I, § 14, ff. de fluminibus, l. I, § 6, ff. de exercit. actione. — (2) 3ᵉ partie, c. I, nᵒ 8. — (3) Disc. I, nᵒ 29. — (4) Comment. du titre X du livre II de l'ordonnance de 1681. Wedderkop (Introd. in jus nauticum, lib. II, tit. I, § 3) compte cinq espèces de navires : *naves bellicæ, mercatoriæ, piscatoriæ, trajectitiæ, lusoriæ.*

33. Mais c'est assurément dans un sens plus restreint que le code français et généralement les autres codes de commerce européens emploient le même mot. Un commentateur du nôtre ne pourrait pas dire avec Ulpien : « *Navim accipere debemus sive maritimam sive fluviatilem.* Le livre II est consacré, son titre l'indique, au seul commerce maritime : il ne s'occupe pas de la navigation fluviale. L'étude des travaux préparatoires ne peut laisser subsister aucun doute sur ce point : les tribunaux d'appel de Bruxelles, de Rouen et de Toulouse exprimèrent inutilement le vœu qu'on ajoutât au projet quelques dispositions sur la navigation intérieure (1). Malgré la rubrique « Des navires et autres bâtiments « de mer, » le conseil supérieur de Cologne demanda si les mots « Tous navires et autres bâtiments » par lesquels débutait le premier article du livre II s'appliquaient à tous les bâtiments sans distinction : la réponse du législateur fut catégorique : là où le projet ne portait que ces mots : « les bâtiments, » il écrivit : « les bâtiments de mer (2). » Quand il a voulu parler des deux navigations, il l'a dit expressément, par exemple dans l'art. 335 où on lit que l'assurance peut être faite « pour tous voyages et transports « par mer, rivières et canaux navigables. » On fait encore observer que l'art. 107, placé dans le premier livre, assimile le transport par eaux intérieures au transport ordinaire par commissionnaires et voituriers (3). Enfin tous les auteurs remarquent qu'il est impossible d'appliquer à la navigation fluviale un grand nombre de règles inscrites au livre II, par exemple le mode de purge des art. 193 et 194.

Nous croyons donc que la cour de Rennes s'est trompée quand elle a, le 21 mars 1812, appliqué l'art. 215 aux bâtiments de rivière sous ce prétexte que le titre deuxième du livre II était précédé de cette rubrique : *De la saisie et vente des navires,* « et qu'on avait « toujours entendu par cette dénomination toutes les constructions « destinées à la navigation intérieure ou extérieure (4). » La cour de Bordeaux a, le 5 juillet 1870 (5), nettement répudié cette doctrine, déclarant que les articles 196, 215, 216, 433, 435, 436 ne s'appliquent pas à la navigation fluviale. La cour de cassation, ayant à juger si le droit de suite que les articles 190 et suivants accordent aux créanciers du vendeur, en cas de vente volontaire,

(1) Observ. des trib. I, p. 124, 269 ; II, 2ᵉ partie, p. 541. — (2) Ib. II, 2ᵉ partie, p. 332. Cf. Dufour, I, p. 120. — (3) Cresp et Laurin I, 49. — (4) V. le rapport de M. d'Oms à la chambre des requêtes. D. 1874 .I, p. 290. — (5) D. 1871, 2, 138.

s'applique aux bâtiments de rivière a, le 7 avril 1874, consacré les mêmes principes (1).

Il ne faut pas déduire de ces règles une conséquence excessive : les tribunaux, appelés à statuer sur une question de navigation intérieure, ne sont pas tenus de fermer le code de commerce et de n'en jamais emprunter, par voie d'analogie, les dispositions. Mais l'emprunt n'est possible, comme le dit très-bien Dufour, que si ces dispositions sont l'expression et l'application du droit commun.

34. Le titre I du livre II du code italien de 1865 est simplement intitulé *Des navires (Delle navi)*. Toutefois Luigi Borsari, commentant l'art. 284 de ce code, adopte l'opinion des jurisconsultes français : « Sont comprises sous la dénomination générique « de navire, dit-il, toutes les constructions et embarcations « propres à parcourir *la mer*, quelle que soit leur dimension ou « leur grandeur, depuis la plus humble chaloupe jusqu'au plus « grand *clipper*. »

Le tribunal d'Alexandrie, adoptant la même règle, a décidé le 1er avril 1876 qu'il n'y a pas lieu d'appliquer aux embarcations voyageant sur le Nil les prescriptions du code maritime promulgué en 1875 (2).

Certaines navigations fluviales sont néanmoins assimilées par l'usage à la navigation maritime. Le tribunal de commerce d'Anvers a jugé le 8 mai 1876 que la navigation de l'Escaut devant Anvers avait toujours été considérée comme une navigation maritime et devait être exceptionnellement régie par les dispositions du livre II du code de commerce (3).

Certaines dispositions du code portugais s'appliquent exceptionnellement à la navigation fluviale. Par exemple les priviléges des sauveteurs et des pilotes, des ouvriers employés au radoub, du constructeur et du vendeur peuvent être exercés sur les bâtiments « uniquement destinés à la navigation intérieure du royaume » (art. 1303).

---

(1) D. 1874, 1, 291. Cf. Cass. 20 février 1844, D. v° Droit marit., n° 1268. V. dans le même sens Dufour I, p. 118 et s.; Cauvet, Revue de droit commérc., t. II, p. 191; Boistel, précis du cours de droit commerc., p. 823'; Alauzet, comm. du code de com., n° 1626; Cresp et Laurin, I, p. 49 et 50. — (2) Journal du droit intern. privé III, p. 493. — (3) Toutefois aux termes d'un jugement du tribunal de Malines du 20 octobre 1875 *(jurispr. d'Anvers,* 1877, 2, 53), les articles 435 et 436 co. ne sont pas applicables au cas d'abordage dans les eaux intérieures du pays, et la circonstance que le flux et le reflux se font sentir dans un endroit déterminé ne suffit pas pour rendre applicables les règles spéciales à la navigation maritime.

Le code hollandais a fait en 1838 ce qu'avaient inutilement réclamé quelques tribunaux d'appel quand on rédigeait le nôtre. Le
titre XIII du second livre est intitulé : « Des navires et bateaux
« naviguant sur les rivières et les eaux intérieures. » Après les
avoir assimilés, en règle générale, aux bâtiments de mer (art. 748),
le législateur examine dans quinze articles quelles exceptions
doivent être apportées à cette règle.

Il est certain que la définition du navire donnée par le préambule du *Merchant shipping act* (1854) (1) n'exclut pas les bâtiments
employés à la navigation fluviale, que la classification des navires
en trois catégories, faite par le même préambule *(foreign-going
ships, home-trade ships, home-trade passenger ships)* (2) ne les
exclut pas davantage. Toutefois, sans prétendre qu'aucune disposition de cette grande loi maritime ne s'applique aux bâtiments de
rivière (3), nous pensons quelle a été faite en vue de régler la navigation maritime : alors même qu'il s'agit des bâtiments adonnés
à la navigation locale *(home trade ships)*, le législateur anglais
de 1854 suppose qu'ils prennent la mer (V. notamment art. 155).

35. Mais comment distinguer les bâtiments de mer des bâtiments
de rivière ? Dufour avait ainsi résolu la difficulté dans son commentaire de l'art. 190 (4) : « Tout se résume à une question de fait :
« le navire va-t-il en mer ? » Il ajoutait que les tribunaux pourraient trouver un grave élément de décision dans les registres de
l'administration des douanes, car on n'assujettit pas à la francisation les bâtiments qui naviguent en rivière. La cour de Bordeaux
s'est approprié cette sage solution dans son arrêt du 5 juillet 1870 (5).
Deux gabares naviguaient sur la Charente dans les limites de
l'inscription maritime et pratiquaient ainsi une navigation dite
maritime par le décret du 19 mars 1852 ; elles devaient être munies
d'un rôle d'équipage, d'un congé ou d'un certificat de jaugeage :

(1) « Le navire *(ship)* est tout bâtiment employé dans la navigation qui ne
« se fait pas à la rame *(vessel used in navigation not propelled by oars).* »
— (2) Les *foreign-going ships* sont les navires au long cours faisant le commerce au-delà de Brest et de l'Elbe ; les *home-trade ships* sont les navires
adonnés à la navigation locale qui font le commerce au-dedans des limites
suivantes : le Royaume-Uni, les îles de la Manche, le continent entre Brest
et l'Elbe ; les *home-trade passenger ships* sont tous les navires *(every)*
employés à la navigation locale qui font le transport des passagers. —
(3) V. notamment la quatrième partie (art. 291 s., mesures de sûreté et de
précaution contre les accidents). Il est certain que plusieurs articles du *Merchant shipping act* de 1862 (v. notamment art. 31 et 32), amendant cette
partie de l'acte de 1854, règlementent la navigation fluviale comme la navigation maritime. — (4) N° 56. — (5) D. 1871, 2, 138.

elles étaient inscrites au quartier maritime de Saintes. La cour
déclare néanmoins que les bagares, en dépit de ces prescriptions
purement administratives, étaient des bâtiments de rivière parce
qu'elles n'avaient jamais navigué en mer, le moyen le plus sûr de
distinguer les bâtiments de mer des bâtiments de rivière se trouvant dans la nature même de la navigation à laquelle ils se livrent.
L'arrêt fait enfin remarquer que le *René* et l'*Aline* n'avaient jamais été pourvus d'un acte de francisation. Ainsi la qualification
du bâtiment dépend non de sa forme ou de sa capacité, mais de sa
destination : rien n'empêche, comme le faisait justement remarquer M. d'Oms le 7 avril 1874 (1), le propriétaire d'un bâtiment de
rivière de le transformer en un bâtiment de mer ; il lui suffit de le
consacrer à un service maritime.

36. Abstraction faite de la navigation fluviale, les tribunaux
ont eu quelquefois à caractériser les bâtiments de mer, quand il
s'est agi de savoir si telle ou telle disposition de notre code était
applicable à un certain genre d'embarcations. Il arrive parfois que
la loi tranche elle-même la difficulté : c'est ainsi qu'elle défend
d'hypothéquer les navires au-dessous de vingt tonneaux (art. 29
l. 10 décembre 1874). Mais quels bâtiments peuvent être affectés
aux priviléges énumérés et classés au titre premier du livre II?
C'est une question délicate. Il résulte du procès-verbal de la séance
du 7 juillet 1807 au Conseil d'Etat que les rédacteurs du code
n'ont pas voulu appliquer aux plus petits bateaux le second
paragraphe de l'art. 190. Ce serait une grave erreur que de
s'attacher uniquement à la dimension des embarcations. Les
petits bateaux qu'on a entendu excepter, dit très-bien M. Bédarride (2), sont ceux qui sont destinés au service du port
ou de la rade, qui non-seulement ne voyagent pas, mais n'ont
rien de ce qui pourrait les mettre à même de voyager, par exemple
ler remorqueurs à vapeur que chaque port possède aujourd'hui.
L'article 311 dit que le contrat à la grosse doit énoncer le nom du
navire : pouvait-on ranger sous cette dénomination les barques de
certains pêcheurs associés au Tréport pour la pêche de la marée?
La cour de cassation l'a décidé par de bonnes raisons : « il faut
« entendre par bâtiments de mer, a-t-elle dit le 20 février 1844 (3),
« quelles que soit leurs dimensions et dénominations, tous ceux
« qui, avec un armement et un équipage qui leur sont propres,
« remplissent un service spécial et suffisent à une industrie parti-

(1) Rapport à la chambre des requêtes. D. 1874, 1, 290. — (2) I, n° 47.
— (3) D. v° *Droit marit.*, n° 1268.

« culière. » Il a fallu trancher cette autre question : faut-il distinguer, au point de vue de l'insaisissabilité de la solde entre les matelots engagés dans de certaines conditions usitées au port de Boulogne sur certains bâtiments de pêche et les matelots engagés sur tout autre bâtiment de mer ? Non, répond encore la cour de cassation par un arrêt du 14 mai 1873 (1) : « la marine marchande « comprend dans sa généralité tous les bâtiments naviguant dans « un intérêt privé et dans un but de lucre et de négoce. » Ces deux décisions sont juridiques, et les tribunaux feront bien de s'en inspirer quand ils voudront, en interprétant les textes du code français, caractériser les bâtiments de mer.

37. Le navire forme un tout. Il se compose d'une coque et de certains accessoires. La coque, avec ses bas mâts, ses porte-haubans et ses chaînes ou lattes de porte-haubans forme ce qu'on nomme en douane le *corps* du navire : on oppose souvent dans la langue du droit maritime le corps aux facultés, c'est-à-dire à la cargaison.

Le mot « navire », employé dans les textes législatifs, comprend non-seulement le *corps* du navire, mais encore les agrès et apparaux : ceux-ci comprennent (2) non seulement les accessoires qui ne pourraient être détachés du navire sans le briser, comme les mâts et le gouvernail, mais encore les objets qui y sont seulement attachés ou même qui sont simplement affectés à son service, tels que les vergues, les poulies, les cabestans, les ancres, etc. *Omnia quæ conjuncta navi sunt*, disait la loi romaine (3), *veluti gubernacula, malum, antennæ, velum quasi membra navis sunt.* Emérigon disait après Loccenius (4) et Kuricke (5) : « Les « agrès font partie du navire. »

On sait que les jurisconsultes romains se demandaient si la chaloupe est un de ces agrès : « *Scapha navis non est instrumentum* « *navis,* » disait Labéon (6) : Paul professait l'opinion contraire. Adoptée au seizième siècle par Straccha (7), l'opinion de Paul fut suivie soit au dix-septième siècle par Targa (8), Loccenius et Kuricke (9), soit au dix-huitième par Emérigon (10) : « La cha- « loupe du navire est comprise dans les agrès, dit ce dernier, « parce quelle est absolument nécessaire pour la navigation. Il en

(1) D. 1874, 1, 105. — (2) Cf. Boistel, Précis du cours de droit comm., p. 824. — (3) L. 44, ff. *De evict.* — (4) L. I, c. II, n° 9. — (5) Quœst. 5. — (6) L. 29, ff. *De instruct. legat.* — (7) De navibus, part. II, n. 14 — (8) Ch. 52, n. 5. — (9) *Loc. cit.* — (10) Traité des assur., c. VI, sect. 7.

« est de même du canot. » Wedderkop, résumant les usages des
mers du Nord, disait de son côté : « *Scapha, si non ad membra,*
« *tamen ad instrumenta navis referri possit...* *Nave publicata,*
« *scapha simul publicata censeatur* (1). »

Lord Stowell (2), le chief-justice Abbott (3) ont exposé la même
doctrine, et Dixon l'adopte pleinement dans son traité de droit
maritime américain (4). « Les agrès et apparaux, dit l'art. 443
« du code allemand, comprennent tous les objets qui sont destinés
« à l'usage permanent du navire pendant la navigation maritime.
« Les chaloupes en font notamment partie. Dans le doute, les
« objets consignés à l'inventaire du navire sont considérés comme
« faisant partie des agrès et apparaux. »

38. Valin assimile les munitions aux agrès et apparaux (5),
mais sans développer cette opinion. Il faut distinguer entre les
munitions de guerre et les munitions de bouche.

« L'artillerie d'un bâtiment et autres munitions de guerre, dit
« Boulay-Paty, ne sont pas indispensables pour le faire navi-
« guer : » elles ne feraient donc pas partie du navire. M. Laurin,
invoquant le texte de l'art. 200, qui ne distingue pas entre les agrès
et les munitions, regarde au contraire les munitions de guerre
comme une dépendance nécessaire du navire parce qu'elles sont
« des intruments obligés de toute navigation, même mar-
« chande (6). » MM. Bédarride (7) et Dufour (8) ont, à mon avis,
mieux résolu la question. Ces objets ne sont pas, par leur nature,
les accessoires d'un bâtiment : ils en dépendent ou n'en dépendent
pas selon qu'ils servent à son usage perpétuel ou n'y ont été placés
qu'accidentellement et temporairement.

L'art. 200 ne distingue pas davantage entre les agrès et les provisions. Aussi M. Laurin va-t-il jusqu'à classer les munitions de
bouche parmi les accessoires du navire. M. Bédarride (9), au contraire, les envisage comme « une propriété distincte et séparée. »
Ces objets, à mon avis, sont, moins encore que les munitions de
guerre, les accessoires naturels du navire : la convention seule
peut les y rattacher. Voet suppose qu'un navire entièrement
approvisionné se vend *ita uti nunc est :* il est clair que les provisions sont, en pareil cas, comprises dans la vente. Mais, en règle

---

(1) L. II, tit. I, § 9. — (2) In the case of the Dundee, 1 Hagg. Adm.
Rep. 109. — (3) Gale *v.* Laurie, 5 B et C. 156. — (4) p. 5 (3ᵉ éd.) Maclachlan, dans son traité de droit maritime anglais (éd. 1876), p. 16, paraît
incliner vers l'opinion de Labéon. — (5) I, p. 344. — (6) I, p. 55. — (7) I,
n. 41. — (8) II, n. 527. — (9) I, n. 41.

générale, abstraction faite d'une intention contraire, elles ne me semblent pas faire partie du bâtiment.

Telle est aussi l'opinion formellement exprimée par L. Borsari dans son commentaire du code italien (1).

La chambre civile de la cour de cassation vient de rejeter, au rapport de M. Merville et sur mes conclusions (janvier 1878) un pourvoi dirigé contre un jugement qui avait classé parmi les accessoires du navire « un baril de clous et 426 feuilles de zinc, « dont plusieurs étaient déjà percées pour recevoir les clous, le « tout embarqué par l'armateur d'une goëlette afin de servir à « son doublage... » : « Attendu, dit l'arrêt, que dans ces cir- « constances de fait, le tribunal, en considérant lesdits objets « comme les accessoires du navire, les a justement qualifiés. » Nous persistons à regarder cette doctrine comme juridique.

D'après les codes du Brésil et de Buenos-Ayres, à moins d'une convention spéciale, tous les objets appartenant au navire et se trouvant à bord au moment de la vente sont compris dans cette vente, lors même qu'il n'en est pas fait mention expresse dans l'acte (2).

On s'est demandé si, quand un navire est vendu avec « ses ap- partenances et dépendances » la vente comprend le chronomètre qui se trouve à bord. Le tribunal de commerce de Marseille a, le 28 décembre 1875 (3), adopté la solution négative « attendu que « les appartenances et dépendances ne pouvaient se référer qu'aux « objets qui attenaient nécessairement au navire ou à son matériel « sans pouvoir en être détachés ni séparés » : solution juridique et conforme à la pensée qui guida le ministère de la marine en 1868 lorsqu'après avoir consulté diverses chambres de commerce, il décida de ne point imposer le chronomètre aux navires marchands. Les tribunaux des Etats-Unis ont statué de la même manière (4).

Les tribunaux anglais ont eu plusieurs fois à résoudre la ques- tion de savoir si, quand un navire est vendu avec son matériel, le lest est compris dans la vente, et l'ont résolue négativement (5). Ils ont jugé (6) que tous les engins de pêche d'un baleinier sont

---

(1) Ma deve intendersi altrimenti rapporto alle *armi, munizioni* (da guerra, artiglierie) e delle provvisioni da bocca che per verita non si com- penetrano nella idea-nave, e non ne fanno parte integrante. — (2) V. art. 468- 469 du code brésilien, 1017 et 1018 du code argentin. — (3) Rec. de M. 1876, I, 160. — (4) Richardson v. Clarke, 15, Maine Rep. 421 (cité par Dixon qui adhère à cette solution, p. 5). — (5) Lano v. Neale, 2 Stark. 105, Kinter's Case, Leon. 46. — (6) The Dundee, 1 Hagg. Ad. 109; Gale v. Laurie, 5 B. et C. 156, S. C.

compris dans le mot navire, au point de vue spécial où se plaçait une loi de Georges III (53 Geo. 3, c. 159), limitant la responsabilité des propriétaires de navires dans certains cas de dommage causé par leurs bâtiments. Cependant ces engins de pêche ne sont pas compris dans l'assurance quand un navire a été assuré avec ses cordages, ses apparaux et son matériel (aff. Hoskins v. Pichergill) (1). Lord Mansfield a dit sans doute que ces termes généraux embrassaient même la chaloupe d'un navire : il est cependant d'un usage général, fait observer Maclachland (2), de désigner expressément les chaloupes dans les polices.

39. En France, les navires portent un nom. L'article 6 de la loi du 19 mars 1852 est ainsi conçu : « Le nom et le port d'attache de « tout bâtiment ou embarcation exerçant une navigation maritime « seront marqués à la poupe, en lettres blanches de 8 centimètres « au moins de hauteur, sur fond noir, sous peine d'une amende « de 100 à 300 francs s'il est armé au long cours ; de 50 à 100 « francs s'il est armé au cabotage ; de 10 à 50 francs s'il est armé « à la petite pêche. Défense est faite, sous les mêmes peines, d'effacer, altérer, couvrir ou masquer lesdites marques. » Les navires sont traités comme les personnes (3) : on a très-sagement voulu qu'ils eussent une sorte d'état civil ; or il n'y avait pas de moyen plus simple et plus court de les désigner et de les retrouver.

Aussi cette prescription est-elle commune à toutes les législations. Citons l'art. 34 du *Merchant shipping act* de 1854 aux termes duquel le nom et le port d'attache de tout bâtiment doivent être marqués en un endroit apparent de la poupe, sur fond noir, en lettres blanches ou jaunes de quatre pouces au moins de hauteur : défense est faite d'effacer ou d'altérer les marques de la poupe si ce n'est pour échapper au danger d'une capture, et le propriétaire ou le capitaine ne doit désigner ni laisser désigner son bâtiment sous un nom qui diffère du nom officiel. De même, aux Etats-Unis, le nom du navire et le port auquel il appartient doivent être peints sur la poupe en lettres de trois pouces au moins de hauteur (acte du 31 décembre 1792).

« La même liberté qu'on a de donner à son navire tel nom qu'on « trouve bon, disait Emérigon, permet de changer celui qu'on lui « avait déjà donné. Il suffit que l'acte qui renferme ce changement « soit enregistré au greffe de l'amirauté (4). » L'arrêté ministériel du 14 septembre 1826 avait consacré cet usage en soumettant, dans

---

(1) 2 Marsh. Ins. 735. — (2) p. 17. — (3) V. Boistel, p. 825 et la note. — (4) Traité des assur., ch. VI, sect. I.

l'intérêt des tiers, les changements de noms à certaines conditions
de publicité. La loi du 5 juillet 1836 (1) l'a supprimé : la prohibition du changement est absolue. De même, en Angleterre, le nom
d'un navire enregistré ne doit jamais être changé (2). En Norwège,
(art. 4 du code de 1860), le nom du navire peut être changé avec
l'autorisation royale, et il est délivré alors un nouveau certificat
de nationalité. En Autriche, aux termes d'une loi récente (3), le
nom d'un navire ne peut être changé que sous la condition d'une
déclaration faite au fonctionnaire chargé de tenir le registre et
d'une autorisation donnée par lui : on ne peut pas donner à un navire destiné à la navigation au long cours ou au grand cabotage
un nom déjà porté par un navire de la même catégorie.

40. Après le nom, le domicile : tout navire doit avoir un port
d'attache. Est réputé port d'attache d'un navire, dit le *Merchant
shipping act* de 1854 (art. 33), celui où le navire est enregistré
(*the port or place at which any British Ship is registered for the
Time being shall be considered her Port of Registry or the Port
to which she belongs*). Il y a de même aux Etats-Unis un *home
port*. Le *home port* n'est pas nécessairement le port où le navire
a été construit, mais celui où il doit être enregistré (4). En Suède,
d'après l'art. 4 du nouveau code maritime, le lieu où un navire a
obtenu la lettre de nationalisation est réputé port d'attache.

« On entend par port d'attache, dit l'art. 170 du règlement gé-
« néral du 7 novembre 1866, le quartier ou le sous-quartier où
« l'immatriculation sur les registre de l'inscription maritime est
« effectuée. » Le port d'attache, on vient de le voir, doit être
marqué sur la poupe comme le nom lui-même. Il peut être changé.
Le propriétaire doit alors faire une déclaration à la douane du
port auquel son navire était attaché; on lui délivre un certificat
qui est communiqué au commissaire de l'inscription maritime pour
l'expédition de la pièce nécessaire à l'inscription du bâtiment dans
le nouveau port. Cette pièce, établie en double expédition, est
adressée au commissaire du quartier dans lequel le bâtiment doit
être immatriculé. Une des expéditions est renvoyée au quartier
auquel il appartenait avec l'annotation de la date, du folio et du
numéro de la nouvelle immatriculation (5).

D'après quelques législations étrangères, la détermination du
port d'attache sert à trancher d'importantes questions de compé-

---

(1) Art. 8. — (2) Art. 34 du *merchant shipping act* précité. — (3) V. l'annuaire de législ. étrangère de 1877, p. 356. — (4) The Charlas Mears, Newb.,
197 (Dixon, p. 389). — (5) Art. 172 du règlement de 1866.

tence. C'est ainsi qu'aux termes de l'art. 455 du code allemand
« l'armateur peut être poursuivi comme tel devant le tribunal du
« port d'attache à raison de toute créance, qu'il soit personnel-
« lement responsable ou qu'il n'ait engagé que le navire et le
« fret. » Aucune règle de ce genre n'est écrite dans le code français. Toutefois MM. Cresp et Laurin (1) croient que ce port, étant
réputé le domicile du navire, détermine pour lui le lieu de la
juridiction, et le tribunal de commerce de Marseille paraît avoir
adopté cette doctrine en jugeant le 1ᵉʳ août 1866 (2) que le tribunal du port d'immatricule était compétent pour connaître de
la demande en frais de rapatriement formée contre l'armateur,
domicilié dans une autre place de commerce, par l'administration
de la marine. Devant quel tribunal, en effet, pourrait-on assigner,
en règle générale, par application de l'art. 418 du code de procédure, si ce n'est devant le tribunal du port d'attache? En tout cas,
c'est là que doivent se faire les mutations en douane exigées en
cas de transfert de la propriété à l'égard des tiers et, le navire une
fois construit, c'est le receveur des douanes de ce port qui, par
l'inscription sur un registre spécial, constate la publicité des hypothèques maritimes (art. 6 l. 10 décembre 1874).

41. Le *jaugeage* est un autre élément constitutif de l'état
civil du navire. Avant de procéder aux actes relatifs à la francisation, le propriétaire doit faire opérer le jaugeage par les agents
de la douane (3). Le nombre de tonneaux obtenu est gravé au
ciseau sur les faces avant et arrière du maître-bau (4), c'est-à-
dire de la poutre transversale qui correspond à la plus grande
largeur du bâtiment. Cette opération est faite soit lors de la mise
à l'eau, soit lorsque, par suite de réparations importantes ou pour
toute autre cause, le jaugeage doit être recommencé (5).

Le tonneau de jauge est une mesure de capacité. Il ne s'agit pas
de déterminer par le jaugeage le tonneau-poids qui est de 1000 kilogrammes en France et de 1016 kilogrammes en Angleterre.
Chez les Anglais, d'après le *merchant shipping act* de 1854, le
tonnage est destiné à représenter le nombre exact de tonneaux-
volumes de 100 pieds cubes, que renferme l'espace libre pour le

---

(1) I, p. 61 et 280. — (2) Rec. de Mars, 1866, I, 326. — (3) Art. 142 et
143 du règlement de 1866. Les choses se passent de même aux Etats-
Unis : « Avant qu'un bâtiment puisse être enregistré, dit Dixon (p. 391),
« il doit être jaugé par un inspecteur. » — (4) Décr. 24 déc. 1872, art. 1.
— (5) Art 144 du règlement de 1866.

chargement des marchandises et le logement des passagers (1).
Le décret du 24 mai 1873 est calqué sur la législation anglaise.

La méthode à suivre pour calculer le volume utilisable du navire avait été déterminée par la loi du 12 nivôse an II. Une loi du
5 juillet 1836 décida que cette méthode pourrait être modifiée par
de simples ordonnances royales : la modification fut presqu'aussitôt
opérée par les ordonnances du 12 novembre 1837 et du 18 août
1839. Le décret du 24 mai 1873 a remplacé ces dispositions su-
rannées. Après avoir indiqué la manière d'obtenir très-approxi-
mativement le volume total en mètres cubes du vide intérieur du
navire, il prescrit de diviser le résultat par le nombre 2.83 (art. 8,
10, 11, 13). Cette opération donne le volume principal du navire.
On y ajoute le volume des constructions qui peuvent exister au-
dessus du pont et l'on en déduit, pour les navires à vapeur, le volume de la place occupée par les machines (art. 14 à 19) : on obtient ainsi le tonnage officiel, c'est-à-dire le chiffre qui indique
officiellement la capacité utilisable du navire. Cette méthode, dite
méthode Moorson, a été adoptée par le Danemark, par les Etats-
Unis, par l'Italie, par l'Autriche-Hongrie, par l'Allemagne (ord.
du 5 juillet 1872) (2), par la Norwège (loi du 31 mai 1873) (3), par
les Pays-Bas (loi du 3 juin 1875) (4).

Le code de commerce lui-même (art. 290), nous le verrons plus
tard, suppose que la jauge officielle peut ne pas exprimer la véritable capacité du navire. Un tribunal faisait remarquer autrefois
que le port réel du navire était presque toujours inférieur au tonnage officiel (5). On fait remarquer, dit aujourd'hui M. Boistel (6)
que le diviseur 2.83 est notoirement trop fort et que, par conséquent, le nouveau tonnage est inférieur au port réel. Il faut bien
qu'il en soit ainsi quelquefois, puisqu'on a dû, les droits de quai
se percevant en Algérie par tonneau d'affrètement effectif, faire la
loi du 12 mars 1877 pour le cas où le nombre de tonnes portées et
débarquées serait supérieur au tonnage officiel (7). Cependant
d'après M. Amé, directeur général des douanes (8), on n'aurait
tenu compte autrefois dans le mesurage ni des rouffles et autres
constructions supérieures ni des cloisons intérieures, des vai-

(1) V. le traité des appareils à vapeur de navigation par Ledieu, I, p. 641 s.
— (2) Observations de M. Ozenne (Procès-verb. de la commission chargée
d'examiner les moyens de venir en aide à la marine marchande. Paris, 1874,
p. 164. — (3) Annuaire de législ. étr., 1874, p. 431. — (4) Annuaire etc.,
1876, p. 645. — (5) Marseille 5 janvier 1830. Rec. de Mars, t. XI, 1. 233. —
(6) p. 828. — (7) V. ci-dessus, n° 10. — (8) Mêmes procès-verb., p. 165.

grages, etc. : ces tolérances abusives ont amené l'Angleterre à
changer son système de jauge. Au demeurant les navires à voiles,
avec la nouvelle méthode, jouissent, d'après les explications de
MM. Ozenne et Amé, d'une réduction qui varie entre 5 et 14 0/0 :
au contraire cette méthode est désavantageuse aux bâtiments à
vapeur : l'écart entre les deux modes de jaugeage au préjudice de
ces bâtiments serait très-sérieux, d'après les gens les plus compétents (1). Comme les droits de quai se perçoivent, sauf en Algérie, non par tonneau d'affrètement effectif, mais par tonneau
de jauge, la marine à vapeur se plaint vivement de ce traitement
inégal et dénonce le nouveau système. L'usage anglais s'est,
ainsi qu'il arrive souvent en ces matières, imposé à tous les peuples.
« Le système Moorson, disait M. Le Cesne le 16 juin 1876, est
« accepté trop généralement pour qu'il y ait lieu d'en discuter
« l'opportunité (2). »

Cette uniformité dans le mode de jaugeage offre d'ailleurs des
avantages sérieux. « Les navires étrangers qui suivent la règle
« anglaise, dit le *Merchant shipping act* du 29 juillet 1862 (art. 60)
« sont dispensés de l'obligation de se faire jauger en Angleterre. »
« Les navires étrangers, dit la loi hollandaise du 3 juin 1875 (art.
« 5 et 6) seront, à leur première arrivée dans un port néerlandais,
« mesurés d'après le même système que les navires nationaux.
« S'ils sont munis d'un certificat de jaugeage délivré à l'étranger
« par une autorité compétente, la capacité du navire pourra être
« déterminée par voie de réduction en mesure néerlandaise...
« Les navires originaires de pays qui auront adopté le même
« système de mesurage que celui en vigueur aux Pays-Bas pour-
« ront être dispensés du mesurage par décret royal, à charge de
« réciprocité et sans préjudice d'autres conditions requises. »

En revanche, aux termes d'un acte du parlement anglais du
5 août 1873, « tout navire français qui n'est pas muni, à son ar-
« rivée en Angleterre, d'un certificat de jauge délivré en France
« depuis le 1er juin 1873 ou d'un titre de même nature de l'autorité
« britannique ayant moins de deux ans de date, est assujetti à une
« nouvelle opération de jaugeage donnant ouverture à une taxe
« qui varie de 1 à 10 livres sterling. » Nos pêcheurs se sont élevés
contre cette lourde taxe, et le ministre de la marine n'a pu que leur

(1) D'après M. Cyprien Fabre, l'écart entre les deux méthodes serait
énorme (de 615 à 880 tonneaux). (Ib., p. 168.) Ces chiffres contredisent les
appréciations de M. le directeur général Amé (Ib., p. 165). — (2) Exposé
des motifs, etc. *Officiel* du 1er juillet 1876.

conseiller de se mettre en règle en France, où le jaugeage a lieu gratuitement par les soins de l'administration des douanes.

Ajoutons qu'aux termes du *Merchant shipping act* de 1876 (art. 23) les conséquences du jaugeage sont singulièrement aggravées pour les bâtiments étrangers comme pour les bâtiments anglais : avant la promulgation de cette loi, les droits de tonnage n'atteignaient point tout ce qui était porté à découvert sur le pont et s'appliquaient seulement à ce qui était renfermé dans la capacité de la carène mesurée sous pont. Désormais « lorsqu'un navire anglais ou « étranger, autre que les caboteurs définis par l'acte de 1854, por- « tera comme cargaison sur le pont, c'est-à-dire dans tout espace « découvert sur le pont ou dans tout espace couvert non compris « dans le *jaugeage constituant le tonnage officiel,* du bois de char- « pente, des approvisionnements ou autres marchandises, tous « les droits payables sur le tonnage du navire seront dus comme « si dans ce tonnage était compris l'espace occupé par lesdites « marchandises au moment où ces droits devaient être perçus. » Ce changement de législation a été porté sur le champ à la con- naissance des armateurs français par une circulaire du ministre du commerce (30 octobre 1876).

42. Puisque les navires ont un état civil, il doit y avoir pour eux, comme pour les personnes, des registres de l'état civil. En effet l'ordonnance du 31 octobre 1784 (1) enjoint aux commissaires des classes de tenir « des états des bâtiments de commerce appar- « tenant aux ports de leur quartier en désignant leurs espèces, « noms et ports en tonneaux. » Cette ancienne prescription ad- ministrative a passé dans le règlement général du 7 novembre 1866. Il y est dit (art. 7) que les commissaires et administrateurs de l'inscription maritime tiennent la matricule des bâtiments de com- merce et des bateaux de pêche appartenant à leur quartier ou sous-quartier ; ils y mentionnent les dates d'armement, de désar- mement, de vente, de naufrage, de démolition, etc. L'art. 168 répète : « Tous les navires destinés à naviguer avec un rôle d'é- « quipage sont portés sur la matricule des navires du commerce « tenue dans les quartiers ou sous-quartiers maritimes et centra- « lisée au ministère de la marine. Les yachts, chalands et em- « barcations naviguant sans rôle sont portés sur un registre « spécial. »

Ce registre-matricule doit donc reproduire exactement tous les changements qui s'opèrent dans l'état civil du navire. Lorsqu'un

_____

(1) Titre VII, art. 7.

bâtiment est vendu à un étranger, le vendeur doit en faire la déclaration au bureau de l'inscription maritime « afin que les radia-
« tions nécessaires aient lieu sur la matricule des navires du
« commerce (1). »

SECTION II.

NATIONALITÉ.

43. Les navires, comme les individus, doivent avoir une nationalité.

Ainsi l'exige l'intérêt particulier du navire lui-même. Quelle
protection pourrait-il invoquer au cours de ses voyages soit en
pleine mer, soit dans les eaux étrangères s'il était dépourvu de
tout caractère national ? Rien ne pourrait le préserver des agres-
sions brutales ni le venger des coups de force. Il ne pourrait réclamer le concours des agents nationaux ni pour le règlement des
contestations entre le capitaine et les gens de l'équipage ni dans le
cas de saisie ou d'arrêt du navire par ordre d'une puissance ni pour
le rapatriement des marins ni pour le désarmement et le réarme-
ment par suite de vente, d'abandon, de réparation ni dans le cas
de naufrage ou de sauvetage, etc. Il faut qu'un navire puisse, à
chaque moment de son existence, invoquer son origine et revendiquer sa patrie.

C'est ce que réclame encore l'intérêt général de toutes les nations commerçantes. Que deviendrait autrement la sécurité de la
navigation maritime ? Le droit des gens qui régit la communauté
d'usage de la mer ne serait plus qu'un mot. Si certaines violations
de ce droit universel étaient commises et qu'aucune nation n'en
pût accepter la responsabilité, chacun se ferait justice et la mer
serait le théâtre d'un conflit perpétuel.

Enfin tel est encore l'intérêt de chaque peuple pris isolément.
Aussi les puissances maritimes savent-elles garantir par des pé-
nalités rigoureuses l'exécution des lois relatives à la nationalité de
leurs navires. L'Angleterre confisque soit les navires qui prendront illégalement la nationalité britannique, soit les navires an-

(1) Art. 173 du règlement général de 1866.

glais dont la nationalité sera dissimulée ou qui prendront une nationalité étrangère (art. 103 du *Merchant shipping act* de 1854).
Le port illégal du pavillon britannique entraîne en outre une
amende de 500 livres. En France, toute personne qui prête son
nom à la francisation d'un bâtiment étranger, qui concourt à cette
fraude d'une manière quelconque ou qui commande en connaissance de cause un bâtiment induement francisé est passible d'une
amende de 6000 francs; le capitaine est en outre déclaré incapable
de commander un bâtiment français (1).

Quelques peuples ont sans doute admis une large assimilation
des pavillons; mais là même où les pavillons sont le plus complé-
tement assimilés, on juge indispensable de réserver certains
avantages à la marine locale.

44. C'est ainsi que les bâtiments étrangers furent soumis par
notre loi du 27 vendémiaire an II à un droit de 50 sols par tonneau, tandis que ce droit n'était que de 3, 4 ou 6 sols pour les
bâtiments français. La loi du 6 mai 1841, en supprimant le droit
de tonnage pour les seconds, le maintint pour les premiers : il
avait fini par s'élever à 4 fr. 50 c. par tonneau sauf les réductions
ou suppressions inscrites dans les traités spéciaux de commerce,
quand l'article 4 de la loi du 19 mai 1866 plaça les navires de toute
provenance sur le pied de l'égalité.

C'est ainsi que la loi du 21 septembre 1793 avait prohibé l'importation par des bâtiments étrangers de toutes denrées, productions ou marchandises étrangères. A cet inexécutable système de
prohibition absolue la loi du 17 décembre 1814 substitua les surtaxes de pavillon pour les marchandises de grand encombrement.
Le régime des surtaxes fut généralisé par la loi du 28 avril 1816,
puis à partir du 24 juin 1822 successivement abrogé pour les importations directes par de nombreux traités de commerce. La loi
du 5 mai 1860 abaissa les tarifs et prépara cette redoutable innovation : la suppression complète des surtaxes applicables aux produits importés des pays de production (art. 5 l. 19 mai 1866.)
Notre marine marchande s'affaiblit promptement et la loi du
30 janvier 1872 rétablit les surtaxes de pavillon. Mais un traité
conclu avec l'Autriche défendait d'appliquer le nouveau régime à
la marine autrichienne, et les conventions internationales permettaient à la plupart des autres pays d'invoquer le traitement de la
nation la plus favorisée. L'Angleterre, le Danemark, la Grèce,

(1) Art. 149 du règlement général de 1866 (art. 15 l. 27 vendémiaire an II).
Cf. décr. péruvien de 1839, Hoechster et Sacré, I, p. 43.

les Etats-Unis payèrent seuls les nouveaux droits (1). 'Les Etats-Unis frappèrent de surtaxes très-dures notre navigation indirecte, l'Angleterre annonça des représailles (2). Le remède parut plus dangereux que le mal lui-même et la loi du 28 juillet 1873 abrogea les articles 1 et 2 de la loi du 30 janvier 1872.

Le régime des surtaxes était complété par un régime de droits différentiels d'après lequel les denrées exotiques arrivant sous pavillon français étaient plus ou moins imposées selon qu'on les avait chargées dans des contrées plus ou moins rapprochées de la France et par la réduction d'un cinquième des droits d'entrée en faveur des produits naturels, le sucre excepté, importés directement par navires français des pays situés au-delà des îles et passages de la Sonde (3). Ce système a disparu. Les départements ministériels compétents ont interprété l'art. 5 de la loi du 19 mai 1866 comme abolissant jusqu'aux taxes différentielles de permis et de certificats établis par la loi du 27 vendémiaire an II (4). Une seule exception subsiste, nous écrivait le 14 février 1877 M. le directeur général des douanes : elle concerne le certificat spécial, appelé *passeport* des navires étrangers, pour lequel on a maintenu le droit d'un franc parce que le congé, qui est l'acte analogue délivré aux bâtiments français, est imposé à un droit égal ou supérieur (art. 6 et 26 l. 27 vendémiaire an II).

On désignait sous le nom de pacte colonial l'ensemble des mesures qui présidaient aux relations des colonies avec la mère-patrie : ces dispositions se résumaient dans les points suivants : 1° Réserve de la production coloniale au marché métropolitain; 2° Réserve du débouché colonial à la production métropolitaine; 3° Navigation intercoloniale réservée au pavillon national (5). La Convention nationale maintint ce privilège du pavillon français avec une grande rigueur (6). Partiellement abrogé par de nombreuses mesures législatives et règlementaires, le système des lettres-patentes de 1727 fut entièrement aboli par le décret du 9 juillet 1869, ainsi conçu : « Les produits de toute nature et de toute « provenance peuvent être importés par tous pavillons dans les

(1) Conseil supérieur du commerce (séance du 19 juin 1873), p. 30 et 31 (Paris, imprimerie nationale, 1873). — (2) Ib., p. 85 (séance du 21 juin). — (3) Ord. du 8 juillet 1834, loi du 2 juillet 1836, ord. 11 septembre 1838, l. 6 mai 1841. V. l'étude sur les tarifs de douane et les traités de commerce par M. Amé (Paris, impr. nat., 1876), t. II, p. 163. — (4) On applique, quel que soit le pavillon, le droit de 50 centimes. — (5) Cette définition du pacte colonial est empruntée à l'exposé des motifs du projet de loi relatif au tarif général des douanes, présenté à la chambre des députés le 9 février 1877 (*Journ. off.* du 25 mars 1877). — (6) L. 21 septembre 1793.

« établissements français d'outre-mer où l'acte de navigation du
« 21 septembre 1793 est encore en vigueur. Les produits chargés
« dans ces mêmes établissements peuvent être exportés pour toute
« destination et par tout pavillon. »

Au demeurant la marine nationale n'a gardé que le monopole
de la pêche côtière et celui du cabotage.

45. La pêche de tous poissons, crustacés et coquillages autres
que les huîtres, dit l'art. 1 du décret du 10 mai 1862, est libre pendant toute l'année à une distance de trois milles au large de la
laisse de basse mer. En effet le décret entier règlemente la pêche
« en dedans de trois mille des côtes. » « La pêche côtière, dit un
« rapport de M. Ozenne au ministre du commerce (1873) est ex-
« clusivement réservée à nos pêcheurs qui, seuls, peuvent exercer
« leur industrie dans un espace de trois milles à partir de la côte
« française (1). »

Cette proposition est trop générale. L'auteur du rapport sur la
pêche côtière adressé le 8 novembre 1876 au ministre de la marine (2) se demande s'il existe sur la côte un rayon en dedans
duquel la pêche soit réservée aux nationaux. « Le législateur,
« dit-il, s'est abstenu de trancher cette question dont la solution
« appartient plutôt au droit international et qui a paru ne devoir
« être réglée, le cas échéant, que par des conventions conclues
« avec les puissances intéressées. C'est ainsi que le traité d'amitié
« et d'union, dit *Pacte de famille,* conclu le 15 août 1761 entre la
« France, l'Espagne et le royaume des Deux-Siciles, a autorisé
« les marins catalans et napolitains à pêcher librement sur nos
« côtes et à vendre leur poisson sur nos marchés. Ce privilège,
« étendu plus tard aux pêcheurs sardes, s'exerce toujours dans
« nos eaux méditerranéennes (3). A l'inverse, la convention du
« 2 août 1839 entre la France et l'Angleterre a interdit aux marins
« de chacune des deux nations de pêcher sur le littoral de l'autre à
« une distance moindre de trois milles marins comptés depuis la

(1) Procès-verb. des séances de la commiss. chargée de venir en aide à la
marine marchande. Paris, imprim. nat., 1874, p. 6. — (2) *Journ. off.* du 7
décembre 1876. — (3) Aux termes de l'art. 9 de la convention du 8 décembre
1877, « sont et demeurent abrogés les articles relatifs au commerce et à la
« navigation des anciens traités conclus entre la France et l'Espagne et
« l'article 2 additionnel au traité signé le 20 juillet 1814. » Tous les avantages, tous les privilèges assurés aux deux nations par les traités, dit le
rapport de M. Pagézy au Sénat, ont toujours été accordés en France aux
Espagnols, mais ont cessé depuis longtemps d'être accordés aux Français
en Espagne. Le gouvernement a donc eu raison de demander l'abrogation
des anciennes conventions relatives au commerce et à la navigation.

« laisse de basse mer. Il n'existe pas d'autres stipulations à cet égard
« pour la pêche côtière. En fait, cette industrie ne se trouve nulle
« part, si ce n'est dans la Méditerranée, en contact avec des con-
« currents étrangers en dedans les limites de la mer territoriale, »

Un décret du 1er juin 1864 avait accordé aux étrangers domiciliés en Algérie des immunités pour la pêche du corail sur les côtes
de l'Algérie et de la Tunisie (1). Un décret du 19 décembre 1876,
« considérant que les immunités accordées aux étrangers domi-
« ciliés en Algérie par le décret du 1er juin 1864 ne peuvent avoir
« une durée indéfinie, » modifia cet état de choses. « Il n'y aura
« plus à l'avenir, y lit-on, que deux catégories de pêcheurs de
« corail, les Français indigènes ou naturalisés exonérés de tous
« droits et les étrangers payant patente (2). Pour être admis à la
« gratuité de la pêche, les bateaux devront avoir été construits en
« France ou en Algérie ou être Français et appartenir à des Fran-
« çais ou naturalisés ; le patron et les trois quarts au moins de
« leurs équipages devront être Français indigènes ou naturalisés.»

La vente des produits de la pêche nationale sur nos marchés est
d'ailleurs protégée par un droit (5 francs par 100 kilog.) qui frappe
l'importation du poisson frais de pêche étrangère en vertu de la loi
de douanes du 1er mai 1867, Le droit est de 10 francs par 100 kilogrammes pour le poisson salé ou fumé de pêche étrangère autre
que la morue. Le droit sur la morue de pêche étrangère est de
40 francs les 100 kilog. (48 francs avec les décimes). Quelque
complète réciprocité qu'établissent nos traités de commerce, ils
réservent invariablement « les avantages dont les produits de la
« pêche nationale sont ou pourront être l'objet (3). »

46. Le cabotage est la navigation qui s'exerce d'un port à
l'autre du même pays (4). En France, le petit cabotage est celui qui

(1) V. le traité du 24 octobre 1832 par lequel le bey de Tunis a cédé à la
France l'exploitation de la pêche sur les côtes de cette régence. — (2) L'art. 1
du décret maintient le taux de la patente à 800 fr. — (3) V. par ex., art. 25
du traité du 11 juillet 1866 entre la France et le Portugal, 17 du traité du
29 juillet 1867 entre la France et les Etats pontificaux, rendu applicable à
l'Angleterre, à la Belgique, au Zollverein, à l'Italie, à la Suisse, à la Suède
et à la Norwège, aux villes de Brême, Hambourg et Lubeck, au grand-duché
de Mecklembourg-Schwerin, aux Pays-Bas, à l'Autriche et au Portugal
par le décret du 23 octobre 1867. V. encore l'art. 13 du traité des 17-20 juin
1874 entre la France et la Russie. — (4) On sait que le mot cabotage a deux
acceptions distinctes. Il ne faut pas confondre le c.... .n marine avec
le cabotage en douane (V. Beaussant, code maritime, I, 502). Il s'agit ici
du cabotage en douane et non de la navigation au cabotage telle qu'elle est
admise par les règlements de la marine, en opposition avec la navigation
au long cours (art. 377 co.).

se pratique d'un port à l'autre de la même mer, le grand cabotage celui qui se fait également d'un port français à un autre port français, mais de l'Océan dans la Méditerranée ou de la Méditerranée dans l'Océan. L'importance de cette navigation ne saurait être contestée : le poids total des marchandises ainsi transportées en 1870 était de 1,798,725 tonnes, et la moyenne des cinq années antérieures atteignait 2,101,768 tonnes (1).

Déjà, pendant l'administration de Fouquet, quelques mois avant que Cromwell promulguât son fameux acte de navigation, Louis XIV avait assujetti à un droit de 50 sous par tonneau les navires étrangers faisant le cabotage. En 1740, en 1765 on se contentait de les soumettre à un droit de fret. Mais la Convention nationale substitua le régime prohibitif au régime protecteur. L'art. 4 de la loi du 21 septembre 1793 réserve exclusivement le cabotage aux bâtiments français. « Il n'y a qu'une seule exception « en faveur du pavillon espagnol, disait en 1873 M. Ozenne (2). « Elle résulte du traité du 15 août 1761 connu sous le nom de « *Pacte de famille*, lequel a été remis en vigueur par le traité de « Paris du 20 juillet 1814 (3). »

Toutefois il faut encore excepter les bâtiments étrangers frétés pour le gouvernement. « En temps de paix ou de guerre, dit « l'art. 3 de la loi du 27 vendémiaire an II, les bâtiments français « ou étrangers frétés pour le compte de la république sont ex- « ceptés de l'acte de navigation. »

MM. Hoechster et Sacré (4), comme M. Caumont (5), paraissent croire que le cabotage algérien est toujours réglé par le décret du 7 septembre 1856. C'est une erreur. Au début de la colonisation, l'administration avait fait un appel inutile aux marins français pour créer le cabotage nécessaire au transport des denrées importées de France à Alger et qui devaient être réparties dans les autres ports de la colonie. Des marins étrangers, pour la plupart italiens ou espagnols, organisèrent ce service. On leur accorda la protection du pavillon national; on permit que les navires algériens fussent possédés, commandés, équipés par des étrangers. Mais un tel régime ne pouvait être que provisoire : il a été transformé par le décret du 16 octobre 1867. Ce décret, après avoir étendu les limites du cabotage algérien, astreint les patrons à la naturalisation fran-

(1) Tableau ge.. ....mouvements du cabotage, p. V (Paris, imprimerie nationale, décembre 1872). — (2) Rapport au min. du commerce (Proc. verb. des séances de la commiss. chargée de venir en aide à la marine marchande, Paris, impr. nat., 1874, p. 6). — (3) V. ci-dessus, p. 93, note 3. — (4) Manuel de droit comm., I, p. 7 et 10. — (5) Dict. univ. de droit marit. (2° éd.) v° Cabotage.

çaise et décide que leurs équipages devront être composés, conformément à l'acte de navigation du 21 septembre 1793, pour les trois quarts au moins, de marins français ou naturalisés français. Toutefois l'art. 9 de la loi du 19 mai 1866, qui réserve encore au gouverneur général de l'Algérie la faculté d'accorder aux navires étrangers l'autorisation de faire le cabotage d'un port à l'autre de cette possession française, n'a pas été abrogé.

MM. Hoechster et Sacré ajoutent, après M. Caumont, qu'une autre exception a été admise en faveur « des bâtiments liguriens « qui veulent faire tonnage pour se rendre des ports de Cette et « d'Agde jusqu'à Toulouse par les canaux. » D'après les renseignements qu'a bien voulu nous fournir à ce sujet le ministère de l'agriculture et du commerce, ces règlements spéciaux sont tombés en désuétude. Mais l'article 12 du traité conclu le 13 juin 1862 (1) entre la France et l'Italie est ainsi conçu : « Par mesure « de réciprocité les navires italiens à vapeur sont autorisés à faire « soit la navigation d'escale, soit la navigation de côte ou de ca- « botage dans tous les ports français de la Méditerranée y com- « pris ceux de l'Algérie sans être assujettis à d'autres ou à de plus « forts droits que ceux qui sont imposés aux navires natio- « naux (1). » Il ne s'agit, on le voit, que des bateaux à vapeur.

Au contraire le traité de commerce conclu le 13 juillet 1873 entre la France et l'Angleterre renferme la disposition suivante : « Les « navires français et leur cargaison dans le Royaume-Uni de la « Grande-Bretagne et d'Irlande, les navires anglais et leur car- « gaison en France et en Algérie, à leur arrivée d'un port quel- « conque et quel que soit le lieu d'origine ou de destination de « leur cargaison, jouiront sous tous les rapports du même traite- « ment que les navires nationaux et leur cargaison. Il est fait « exception à la disposition qui précède pour le cabotage, dont le « régime demeure soumis aux lois respectives des deux pays. » Le traité des 15-26 octobre 1873 entre la France et la république orientale de l'Uruguay (2) contient la même réserve. L'article 10 du traité franco-russe signé à Pétersbourg le 1er avril 1874 (3) est ainsi conçu : « Les dispositions du présent traité ne sont point ap- « plicables à la navigation de côte ou cabotage, laquelle de- « meure exclusivement réservée dans chacun des deux pays au

---

(1) La convention, qui prenait fin le 1er juillet 1876, a été prorogée d'abord jusqu'au 1er avril 1877, puis jusqu'au 1er avril 1878 (Lettres échangées le 20 dé- cembre 1877 entre le ministre des affaires étrangères de France et l'ambas- sadeur d'Italie à Paris). — (2) D. 74, 4, 15. — (3) D. 75, 4, 11.

« pavillon national. Toutefois les navires français et russes pour-
« ront passer d'un port de l'un des deux Etats dans un ou plusieurs
« ports du même Etat soit pour y déposer tout ou partie de leur
« cargaison apportée de l'étranger, soit pour y composer ou com-
« pléter leur chargement. » On trouve des stipulations analogues
dans les traités du 11 juillet 1866 entre la France et le Portugal
(art. 29), du 29 juillet 1867 entre la France et les Etats pontificaux
(art. 13), etc. (1).

Ainsi donc la règle établie par l'art. 4 de la loi du 21 septembre
1793 subsiste toujours. Le gouvernement français ne s'est départi
de cette pratique que temporairement et dans des cas d'absolue
nécessité, par exemple en 1871, alors que, pendant la guerre, plusieurs millions d'hectolitres de vin s'étaient entassés dans le midi
de la France : une loi du 22 juillet concéda jusqu'au 31 octobre
aux navires étrangers la faculté de charger des vins dans un port
français à destination d'un autre port français (2).

On comprend assez difficilement pourquoi cette exclusion des
pavillons étrangers fut critiquée dans l'enquête de 1870. Un maître
de forges fit alors remarquer que, grâce à leur intervention, la
concurrence amènerait bientôt une baisse dans le prix des transports (3). Cette opinion n'a rencontré que de rares partisans (4).
Ces derniers invoquent l'exemple des Indes Orientales anglaises
qui, depuis 1850, ont, pour le cabotage des ports indiens, assimilé
les navires de toutes les nations aux navires anglais, des Etats-
Unis qui, depuis l'acquisition de la Californie, ont fini par admettre
le pavillon anglais au bénéfice du cabotage entre leurs ports de
l'Atlantique et du Pacifique (5), de la Suède, de la Hollande, etc.,
qui, modifiant leurs lois prohibitives, ont accepté la concurrence
des marines étrangères pour la navigation au cabotage, à titre de
réciprocité (6), de l'Angleterre qui, par un acte du 23 mars 1854,
s'est dessaisie du monopole tout en se réservant de le rétablir plus
ou moins complètement à l'égard des peuples qui n'admettraient
pas la libre concurrence. Notre marine marchande n'est pas assez
prospère pour s'aventurer dans une telle voie. Il est donc probable
qu'elle maintiendra la protection du cabotage national conformé-

_____

(1) V. ci-dessus n° 45, dernière note, l'énumération des Etats auxquels
ce dernier traité a été rendu applicable par le décret du 23 octobre 1867. —
(2) Cf. loi du 24 février 1847. D. 47, 3, 55. — (3) V. le rapport précité de
M. Ozenne. — (4) V. toutefois un article de M. T.-N. Bénard dans le Dic-
tionnaire universel de commerce et de navigation. — (5) En échange de
certaines facilités qui leur furent accordées pour le commerce avec le Ca-
nada. — (6) Même article de M. T.-N. Bénard.

7

ment à l'ancienne tradition de la plupart des pays maritimes : « Le
« commerce entre les ports du Portugal, les îles et les possessions
« portugaises dans toutes les parties du monde, dit encore l'art.
« 1315 du code portugais, ne peut être fait que par des navires
« portugais, tant pour l'importation que pour l'exportation. » « Le
« commerce de cabotage sera exclusivement fait par des navires
« espagnols, dit l'art. 591 du code espagnol, sauf les exceptions
« résultant de traités de commerce avec les puissances étran-
« gères. » « La navigation du cabotage d'un port de l'Empire à
« l'autre, dit la loi russe, n'est autorisée qu'en faveur des sujets
« russes sur des bâtiments russes. »

47. Après avoir établi pourquoi les navires ont une nationalité,
nous devons chercher les conditions qui la déterminent. Elles
concernent : 1º la construction ou l'origine du navire ; 2º son propriétaire ; 3º le capitaine et les officiers qui le commandent ; 4º l'é-
quipage qui le monte.

Construction ou origine du navire.

Une constitution des empereurs Honorius et Théodose défendait
sous peine de mort d'enseigner aux ennemis l'art de fabriquer les
navires (1). Les Basiliques édictent aussi la peine de mort contre
ceux qui l'enseigneront aux barbares (2). *Nec tacendum est*, disait
encore Straccha (3) au seizième siècle, *capite plectendos esse
qui hostes instruunt in fabricandis navibus.* Le code géorgien,
rédigé par le prince Vakhtang à la fin du dix-septième siècle,
disait avec les Basiliques : « On coupera la tête à celui qui ensei-
« gnera aux infidèles l'art de construire des barques et de grands
« navires (4). »

On ne se gardait pas seulement des ennemis, des infidèles et
des barbares, mais aussi des étrangers, quels qu'ils fussent.
L'ancien droit maritime de Brême défendait à tout bourgeois de
faire construire des navires pour des étrangers (5). « Personne, dit
« un recès de 1441, ne doit construire des navires dans une ville
« hanséatique, à moins qu'il ne soit bourgeois de cette ville. »
Il est vrai que cette législation fut modifiée au dix-septième
siècle : « Un étranger, dit un recès de 1614, peut construire un
« navire dans une ville hanséatique avec la permission spéciale de
« l'autorité du lieu. » Cependant le statut de 1255 (art. 93) détermine avec un soin minutieux les conditions de la naturalisation :

(1) L. 25 c. de pœnis. — (2) L. 60, tit. LI, c. 66. — (3) De navibus, pars
II, § 24. — (4) 2ᵉ partie, § 34 (Pardessus, collection, etc., t. III, p. 530).
— (5) Rôle notoire de 1450, art. 107.

« on y trouve, dit Pardessus (1), la source des nationalisations
« de navires. » Le statut maritime d'Ancône de 1397 (art. 76), les
vieux statuts génois du quatorzième siècle (2) contenaient aussi
des prohibitions rigoureuses : à Gênes, à partir de 1602, il suffit,
pour construire un navire, d'obtenir l'autorisation du Sénat (3).
L'ancien droit suédois ne regardait comme nationaux que les
navires construits en Suède (4), etc.

D'après un tableau publié en 1874 par le ministère du commerce (5), la construction doit être purement et simplement nationale en Grèce (6), nationale sauf exceptions rares en Portugal (7),
aux Etats-Unis (8), au Mexique (9), nationale ou étrangère sous
certaines conditions au Brésil (10), indistinctement nationale ou
étrangère en Angleterre, en Autriche, en Belgique, en Danemark,
en Espagne, en Italie, en Norwège (11), dans les Pays-Bas, en

(1) Collect. t. V, p. 54. — (2) Ib., t. IV, p. 518. — (3) Ib. — (4) V. Anthoine de St-Joseph, concord. des codes de commerce, p. 364. — (5) Commission chargée d'examiner les moyens de venir en aide à la marine marchande, p. 493. — (6) D'après MM. Hoechster et Sacré, la législation
grecque (ord. du 14 novembre 1836) subordonne à la preuve d'un intérêt majeur la naturalisation du navire construit à l'étranger et acquis par
un grec : en fait, les autorités administratives admettraient sans difficulté l'existence de cet intérêt majeur. — (7) L'art. 1317 du code portugais
est ainsi conçu : « Ne seront enregistrés comme portugais que les navires
« et embarcations de construction portugaise, ceux capturés légalement et
« jugés de bonne prise et ceux achetés par des sujets portugais depuis le
« paiement du droit exigé. » — (8) Sont admis à l'enregistrement (et par
conséquent à la jouissance des droits inhérents à la nationalité américaine),
d'après Dixon, p. 387 : 1° les bâtiments construits aux Etats-Unis et appartenant à des nationaux ; 2° les bâtiments construits hors des Etats-
Unis, mais appartenant à des nationaux ; 3° ceux capturés en guerre par
des citoyens américains, déclarés de bonne prise et entièrement possédés
par des citoyens américains ; 4° ceux confisqués et vendus pour infraction
aux lois de la république, étant d'ailleurs exclusivement possédés par des
citoyens américains ; 5° ceux construits en pays étranger, ayant fait naufrage dans les eaux des Etats-Unis, achetés et réparés par un citoyen américain jusqu'à concurrence des trois quarts de leur valeur (acte du 22 décembre 1852). — (9) Décrets des 28 janvier 1826, 30 novembre 1829, 16 août
1830, 9 janvier 1856. V. Hoechster et Sacré, t. I, p. 44. — (10) V. décret du
24 octobre 1846. D'après MM. Hoechster et Sacré (I, p. 38), « un bâtiment
« brésilien peut avoir été construit dans le pays ou à l'étranger. Mais la
« naturalisation d'un bâtiment étranger autre que celui qui a été capturé
« en guerre et déclaré de bonne prise est soumise au paiement de 30 0/0 ;
« de plus le vendeur doit justifier de l'assentiment du consul de la nation
« à laquelle le navire appartient. » — (11) D'après l'art. 1 du code norwégien de 1860, sont « considérés comme propriété norwégienne les navires
« qui... sont construits en Norwège ou qui ont été naturalisés dans le
« pays. »

Allemagne (1), en Russie (2), en Suède, à Buenos-Ayres, au Chili, à Haïti, au Pérou, dans les Etats du Salvador, de l'Uruguay et de Venezuela.

Le règlement du 24 octobre 1681 autorisait les Français à construire des navires à l'étranger pourvu qu'ils fissent une première déclaration au siége d'amirauté de leur domicile aussitôt après avoir donné l'ordre de construction, une seconde après l'achèvement du navire, indiquant le lieu de la construction, le port et le voyage auxquels le bâtiment était destiné, les noms de ses propriétaires (art. 5). Ils devaient aussi rapporter un certificat du consul français établi au lieu de construction, « contenant l'état et qualité du vaisseau » (art. 7). L'achat à l'étranger, la construction à l'étranger étaient mis sur la même ligne (art. 6) (3). Ces dispositions furent confirmées par un règlement du 1er mars 1716 (4).

On sait dans quel esprit fut conçu l'acte de navigation du 21 septembre 1793. A partir du 1er janvier 1794, aucun bâtiment ne dut être réputé français s'il n'avait été construit « en France ou « dans les colonies ou autres possessions de France, » à moins qu'il ne fût déclaré de bonne prise faite sur l'ennemi ou confisqué pour contravention aux lois de la République. La loi du 27 vendémiaire an II confirma la règle en défendant aux bâtiments français de se faire radouber ou réparer en pays étranger « sous « peine d'être réputés bâtiments étrangers » si les frais de radoub excédaient 6 livres par tonneau, à moins de nécessité constatée dans une certaine forme; elle y ajouta toutefois une exception écrite dans son article 7 : les navires échoués sur les côtes de France ou d'une possession française qui recevraient en France ou dans une possession française des réparations s'élevant au quadruple du prix de la vente durent être réputés français. Une décision ministérielle du 1er juin 1832 leur assimila les navires trouvés épaves en pleine mer, dont le sauvetage donne aux inventeurs droit à la délivrance du tiers en nature ou en argent et qui sont vendus publiquement par l'administration de la marine à dé-

---

(1) Art. 54 de la constitution de l'Empire allemand du 16 avril 1871 : « Les navires de commerce de tous les Etats de la Confédération cons- « tituent une seule marine marchande. » — (2) Il résulte du traité conclu le 1er avril 1874 entre la France et la Russie (articles séparés) que les navires construits en Russie et appartenant à des sujets russes sont exempts des droits de navigation pendant les trois premières années. Il est expressément dérogé, à ce point de vue, au principe de réciprocité. — (3) V. le texte de ce règlement au premier volume du comm. de Valin, p. 565. — (4) Ib.

faut de réclamation présentée en temps utile. L'art. 141 du règle
ment général de 1866 reproduit ces quatre exceptions.

Le principe prohibitif que l'acte de navigation avait inscrit dans
nos lois subit des exceptions d'abord à titre temporaire, puis en
vertu de traités conclus avec l'Angleterre, la Belgique, le Zollverein
et l'Italie. D'après les tarifs conventionnels, les bâtiments en fer
ou en bois pouvaient être importés et francisés en payant les premiers 60 francs, les seconds 20 francs par tonneau de jauge. Un
décret du 17 octobre 1855 autorisa l'importation et la francisation
des bâtiments construits à l'étranger moyennant un droit de
10 0/0, en même temps que l'importation en franchise temporaire
de toutes les matières brutes entrant dans la construction des navires ; mais ce régime exceptionnel ne dura que jusqu'au 17 octobre 1858. Enfin la loi du 19 mai 1866 vint tout bouleverser en
soumettant l'importation et la francisation soit des coques en bois
ou en fer, soit même des bâtiments à voiles ou à vapeur, gréés et
armés, au paiement d'un simple droit de 2 francs par tonneau de
jauge. La commission formée par décret du 18 octobre 1873 en
exécution de la loi du 28 juillet précédent n'a pas eu de peine à
démontrer qu'il ressort de la loi du 19 mai 1866 un véritable privilége en faveur des constructeurs étrangers (1). En vain l'on a fait
observer (2) qu'elle avait par son article premier, pour rétablir
l'équilibre, permis aux constructeurs français d'importer en franchise complète de droits tout ce qui leur est nécessaire non seulement pour la construction, mais pour l'armement de leurs navires,
comme les machines à feu, les voiles, la literie, etc. L'équilibre
a été rompu. Le chiffre de nos constructions navales, qui montait
à 64,000 tonneaux en 1865, n'atteignait que 47,000 tonneaux en
1869, 36,000 en 1870, 27,000 en 1871. De Dunkerque à Bayonne,
nos chantiers étaient déserts (3). La loi du 30 janvier 1872 essaya
de remédier à cette situation. Son article 5 est ainsi conçu : « Les
« droits à l'importation des bâtiments de mer sont fixés comme
« suit : *Bâtiments gréés et armés* : A voiles, en bois, 40 francs ;
« à voiles, en bois et fer, 60 francs ; à voiles, en fer, 60 francs par
« tonneau de jauge. A vapeur, droits ci-dessus augmentés du
« droit afférent à la machine. *Coques de bâtiments de mer* : En
« bois, 30 francs ; en bois et fer, 40 francs ; en fer, 50 francs par
« tonneau de jauge. »

(1) V. le rapport de M. Dupuy de Lôme (Procès-verbaux de la commission de la marine marchande, p. 464 s. Paris, 1874). — (2) Conseil supérieur
du commerce, etc. (Paris, 1873), p. 85 s. Observations de M. Ozenne. —
(3) Rapport de M. Ancel. D. 1872, 4, 26.

L'essai fut infructueux. L'Autriche ne voulut pas abandonner la clause de son traité de commerce d'après laquelle les bâtiments construits dans ses ports pouvaient entrer en France moyennant un droit de 2 francs par tonneau (1). Les conventions internationales permettaient d'ailleurs à la plupart des autres pays d'invoquer le traitement de la nation la plus favorisée. La loi du 28 juillet 1873 intervint. Cependant elle n'abroge pas les articles 5 et 7, mais seulement les articles 1 et 2 de la loi du 30 juin 1872. « Ces articles « 5 et 7, dit M. Dupuy de Lôme dans l'enquête sur la marine mar- « chande (2), sont non seulement inapplicables en raison des « traités, mais en outre virtuellement condamnés en raison de la « suppression des surtaxes de pavillon. C'est, en résumé, pour « nos constructeurs, le retour au régime édicté par la loi du « 19 mai 1866. »

Ainsi donc non seulement il est permis de nationaliser les bâtiments étrangers, mais encore la construction nationale reste à l'état d'exception, l'importation et la naturalisation sont devenues la règle. Le chiffre des importations n'atteignait que 12,600 tonnes en 1865 : il s'élève à 31,000 tonnes en 1869, à 33,000 en 1870, à 39,000 en 1871, à 45,000 en 1872.

48. *Nationalité du propriétaire.*

La nationalité d'un bâtiment se détermine en second lieu par celle de ses propriétaires.

Dans la plupart des anciennes législations, on n'admettait pas non seulement qu'un étranger possédât un bâtiment national et par conséquent pût jouir des priviléges inhérents à la nationalité, mais encore qu'un bâtiment fût vendu pour être dénationalisé. Tels étaient les vieux usages de la ligue hanséatique. « A partir de « Pâques prochain, dit un recès de 1412, on ne devra vendre aucun « navire aux étrangers sous peine d'une amende égale au prix de la « vente des navires ; et chaque ville hanséatique où l'on construit « les navires doit prendre des cautions de ceux qui en achètent ou « en exportent afin qu'aucun individu étranger à la ligue ne s'en « rende acheteur ou n'y acquière une part ou un intérêt. » « La « ville qui tolèrerait une contravention à cette prohibition paierait « au profit des autres villes hanséantiques une amende de dix marcs « d'or, » ajoute un recès de 1434. « Nul ne peut, dit enfin un recès « de 1447, vendre ou louer de navire à une personne étrangère « à la confédération sous peine de confiscation et d'une amende

(1) V. Conseil supérieur, etc., p. 57 s. Observations de M. Chesnelong. — (2) p. 463.

« de trois marcs d'or et de perdre les droits hanséantiques. » L'ancien droit espagnol n'était pas moins sévère (1). Le statut de 1397 (ch. 96) ne permettait aux Anconitains de vendre à des étrangers que des chaloupes ou des gondoles. Plusieurs lois conçues dans le même esprit, notamment les statuts de 1232 (art. 26) et de 1255 (art. 93) défendaient aux Vénitiens de vendre des navires aux étrangers (2). D'après le chapitre 43 du statut de l'office de Gazarie, nul, à Gênes, ne pouvait vendre un navire à un étranger *nisi habita licentia ab officio Gazariœ* (3) : le chapitre 91 du même statut interdisait sous les peines les plus sévères toute cession d'intérêt à un Sarrasin (4).

D'autres législations ne contenaient qu'une prohibition relative, En Norwège, au milieu du dix-huitième siècle, les étrangers pouvaient acheter des navires qu'ils avaient détenus pendant dix ans (*per decennium usurpatas*). A la même époque, la prohibition ne subsistait en Danemark (édit du 11 mai 1634), à Hambourg (recès de 1603 et de 1618) et d'après la coutume de Stralsund que pendant un certain délai à partir de la construction. Ce délai avait été de sept ans, puis de trois ans à Lubeck (5) ; il n'était que de l'an et jour à Dantzig (6). A Dantzig la vente d'un navire à un étranger entraînait en outre le paiement d'une redevance spéciale.

D'après le tableau dressé par le ministère du commerce en 1874, les étrangers sont exclus de la propriété des navires nationaux en Angleterre (7), en Portugal, au Brésil, au Mexique, dans l'Uru-

---

(1) Raumburger, Instit. select. de cambiis aliisque caussis mercantil. Append., § 13. — (2) V. l'histoire de la législation italienne par le comte F. Sclopis, t. II, c. VIII. — (3) Pardessus, collect. t. IV, p. 496. — (4) Cette prohibition spéciale du droit génois n'est pas isolée. Par exemple, d'après l'ancien droit de l'île de Malte (ch. 17 de la pragmatique de 1640), la vente d'une frégate ou même d'une barque à des esclaves infidèles délivrés ou affranchis était punie non seulement par la confiscation du bâtiment et du prix, mais encore par cinq ans de galères (Pardessus, VI, p. 360). — (5) Marquardus, lib. II, c. V, n. 66. — (6) Wedderkop, lib. III, tit. II, § X. — (7) « En Angleterre, disait également M. Peulvé le 22 décembre 1873, il n'est « pas permis à un étranger d'avoir des intérêts sur un navire anglais. » Aux termes de l'art. 18 du *Merchant shipping act* de 1854, peuvent être propriétaires d'un navire anglais : 1° les sujets anglais (*natural born British subjects*); 2° les étrangers ayant obtenu des lettres de *denization* ou naturalisés soit par une loi soit conformément à une loi, pourvu qu'ils résident sur le territoire anglais ou, s'ils ne résident pas, qu'ils soient membres d'une factorerie anglaise ou associés d'une maison de commerce fonctionnant sur le territoire et qu'ils aient prêté serment de fidélité à la reine (*oath of allegiance*); 3° les corporations soumises aux loi du Royaume-Uni ou y ayant leur principal établissement.

guay, en Autriche (1), en Espagne (2), en Norwège (3), en
Suède (4), aux Etats-Unis (5), à Haïti (6), dans l'Etat de
Venezuela (7), au Salvador sauf admission des étrangers naturalisés et des Centre-Américains établis dans l'Etat, au Pérou sauf admission pour moitié dans les sociétés des étrangers naturalisés. Au Danemark, pourvu qu'un armateur danois
soit responsable et abstraction faite du commerce d'Is-

(1) Le *Reichsrath* a adopté en troisième lecture, dans sa session de
1876, un projet de loi sur l'enregistrement des navires de commerce déjà
voté en mai 1874 par le *Reichstag* hongrois. Le projet consacre une importante innovation. Jusqu'ici un navire, pour avoir le droit de porter
le pavillon national, devait appartenir exclusivement à des Autrichiens;
il suffira désormais qu'il appartienne à des Autrichiens pour les deux
tiers (ann. de législ. étrangère 1877, p. 355). — (2) « Un décret du
« 2 novembre 1868, disent MM. Hoechster et Sacré, a abrogé la dis-
« position qui prohibait l'acquisition d'un navire espagnol par un étranger
« non naturalisé (art. 584 et 592 du code de commerce) en permettant à
« tous les étrangers d'acquérir les navires aux même titre que les na-
« tionaux. » — (3) Aux termes de l'art. 1 du code norwégien de 1860, les
navires appartenant à des sociétés en actions sont réputés appartenir à des
bourgeois norwégiens lorsque la direction de la société a son siège en Norwège et se compose de citoyens norwégiens, actionnaires de la société. —
(4) L'étranger admis à jouir des droits du citoyen suédois peut armer un navire construit en Suède. La part d'un armateur étranger ne peut être de plus
d'un tiers dans tout autre navire s'il ne jouit déjà depuis trois ans des droits
de citoyen et s'il n'a rempli toutes ses obligations de bourgeois : encore ne
peut-il posséder ce tiers que si ses copropriétaires sont nés et élevés en
Suède ou domiciliés depuis plus de trois ans dans une ville suédoise (ord.
2 juillet 1816, § 3). Hoechster et Sacré, I, p. 31. — (5) D'après l'acte de 1792,
le propriétaire d'un navire construit dans un des ports de l'Union et enregistré doit : 1° résider sur le territoire de l'Union ; 2° être au moins associé
à une maison résidant aux Etats-Unis et y exerçant le commerce. D'après
l'acte du 27 mars 1804, c. 52, les naturalisés ne peuvent séjourner plus d'un
an dans leur pays natal ni plus de deux ans à l'étranger sans perdre les
avantages attachés à l'enregistrement du navire. Dixon (p. 88) admet que
si le bénéfice de l'enregistrement est perdu pendant la résidence à l'étranger, on le recouvre par le retour aux Etat-Unis (1 Opinions of Attorneys-
General, 523). Aux termes de l'acte du 31 décembre 1792, art. 16 (Dixon,
p. 399), si un bâtiment enregistré est vendu ou transféré à un étranger, en
tout ou en partie, par quelque voie détournée, la confiscation doit être prononcée. La vente faite par un copropriétaire à un étranger, si les autres
copropriétaires sont de bonne foi, n'entraîne d'ailleurs que la confiscation
de la part cédée. La jurisprudence paraît étendre cette disposition rigoureuse à la vente des bâtiments de moins de vingt tonneaux, assujettis à la
simple licence (Phillips v. Ledley. 1 Washington's Circuit Court Rep. 226).
— (6) Le tableau officiel ajoute : « condition généralement éludée. » —
(7) Le tableau ajoute : « Dérogation spéciale pour une compagnie de va-
« peurs. » Cf. Hoechster et Sacré, t. I, p. 45.

lande, les étrangers peuvent avoir une part d'intérêt dans un bâtiment national (1). La propriété des bâtiments allemands doit être entièrement nationale (2); les sociétés doivent être établies et avoir leur siége en Allemagne; dans les commandites, les associés solidaires et responsables doivent être nationaux (3). Le bâtiment russe peut appartenir à tout sujet russe, le bâtiment d'origine étrangère aux marchands de la première et de la deuxième guildes (4). La propriété des bâtiments belges et hollandais doit être nationale pour les cinq huitièmes (5), celle des bâtiments grecs doit l'être pour moitié (6). D'après le même tableau, les propriétaires de bâtiments italiens devraient être nationaux ou domiciliés depuis dix ans : toutefois l'art. 40 du code spécial à la marine marchande n'exige qu'un domicile de cinq ans et ce même code permet aux étrangers d'être intéressés dans la propriété d'un navire jusqu'à concurrence du tiers (7). La propriété des bâtiments chiliens est réservée soit aux Chiliens, soit aux étrangers ayant trois ans de résidence avec établissement (8). La Nouvelle-Grenade admet sur le pied de l'égalité les étrangers et les nationaux qui reconnaissent les lois du pays (9). Enfin le code égyptien promulgué depuis la publication du tableau officiel de 1874 réserve aux sujets ottomans la propriété des navires portant pavillon ottoman (10).

(1) Même tableau. — (2) « Le droit allemand, dit Bluntschli, est plus li-« béral que les autres en se bornant à exiger que le propriétaire du navire « soit citoyen de l'Empire (l. du 25 octobre 1867). » — (3) Même tableau. En ce qui touche les sociétés, cette règle est établie *pour la Prusse* par l'art. 53, § 1 de la loi prussienne du 24 juin 1861, qui a introduit en Prusse le code général de commerce allemand. — (4) Même tableau. — (5) Ib. — (6) Ib. — (7) Le navi nazionali, per esser tali, devono appartenere « a citta-« dini delle stato o a persone che vi abbiano domicilio da cinque anni al-« meno (art. 40). » Noi però non escludiamo gli stranieri, potendo essi par-tecipare « alla proprietà delle navi nazionali sino alla concorrenza di un « terzo » (Luigi Borsari II, p. 69). — (8) Même tableau. — (9) Ib. — (10) Art. 1 du code maritime : « A moins d'être sujet ottoman, nul ne peut « être propriétaire en tout ou en partie d'un navire portant pavillon otto-« man ni faire partie d'une société quelconque formée pour l'exploitation de « tels navires. » Art. 2 : « Les sujets ottomans peuvent acquérir la pro-« priété d'un navire étranger et le faire naviguer sous pavillon ottoman aux « mêmes conditions que les navires nationaux; mais le contrat de leur ac-« quisition ne peut renfermer aucune clause ou réserve contraire à l'article « précédent au profit d'un étranger sous peine de confiscation du navire. » Dans l'imanat de Mascate, il faut, en principe, que le navire appartienne à un sujet de l'iman; néanmoins les Banians, sujets britanniques, et les Européens résidant à Zanzibar sont autorisés à faire naviguer leurs bâtiments sous pavillon mascatais (Calvo, § 369).

Louis XIV, par le règlement du 24 octobre 1681 (art. 4), réserva la propriété des bâtiments nationaux aux Français domiciliés dans le royaume (1). Ce principe fut consacré par le règlement du 1er mars 1716 (art. 11) (2). Une ordonnance du 18 janvier 1717 prohiba toute copropriété de navires entre étrangers et Français, quelle que fût la nationalité des navires (3). Enfin la déclaration du 21 octobre 1727 (4) étendit la prohibition aux naturalisés et aux Français mariés à l'étranger à des filles étrangères.

L'acte de navigation du 21 septembre 1793 exigea que tout bâtiment national fût entièrement possédé par des Français. Un second décret du même jour obligeait l'armateur à déclarer par écrit qu'aucun étranger n'était intéressé directement ou indirectement dans la propriété. Ce système fut complété par les articles 9, 11, 12 et 13 de la loi du 27 vendémiaire an II. Le propriétaire dut affirmer à serment « qu'il était citoyen français, qu'il était seul pro-« priétaire ou conjointement avec des Français, qu'aucun étranger « n'était directement ou indirectement intéressé dans le bâtiment. » Le Français résidant en pays étranger fut assimilé à l'étranger, comme par le règlement d'octobre 1681, « à moins qu'il ne fût as-« socié d'une maison française faisant le commerce en France ou « possession de France » et ne prouvât en outre par un certificat du consul français au lieu de sa résidence sa soumission à la juridiction consulaire française. Le propriétaire qui faisait sortir son navire de France dut donner soumission et caution de le représenter : il lui était défendu de s'expatrier. Forcé de rentrer au port avec le pavillon français, ne pouvant en outre vendre son navire d'après les articles 17 et 18 de la même loi que pardevant nos officiers publics et moyennant inscription de la vente totale ou partielle au dos de l'acte de francisation, ce propriétaire ne pouvait dénationaliser le navire. Un bâtiment d'origine française devait vivre et mourir français.

Cette dernière partie du système disparut dès les premières années de la Restauration. L'art. 2 de la loi du 21 avril 1818 permit l'exportation des navires français moyennant un droit de 2 francs par tonneau. Dès lors la vente put être faite au profit des étrangers comme au profit des nationaux.

Toutefois, jusqu'à la dernière guerre, les étrangers n'étaient pas admis à se porter acquéreurs des bâtiments capturés dont la vente est effectuée par les soins de l'administration de la marine. L'in-

(1) V. Valin, t. I, p. 566. — (2) V. Emérigon, t. I, p. 192. — (3) V. Valin, ib., p. 567. — (4) Emérigon, ib., p. 193.

terdiction prononcée à cet égard par les cahiers des charges résultait des dispositions d'un arrêté du 14 floréal an III et d'un décret du 24 janvier 1854. Des réclamations furent adressées au gouvernement : les ministres des finances et de la marine s'accordèrent à reconnaître que ces dispositions restrictives n'avaient plus de raison d'être, et elles furent abrogées par une décision du ministre de la marine (9 juin 1871) (1). Il resta bien entendu que les navires allemands ainsi vendus à des étrangers prendraient la nationalité des acquéreurs et ne seraient point admis à naviguer sous pavillon français.

La première partie du système ne fut abrogée que par la loi du 9 mai 1845. Un bâtiment fut désormais réputé national quand il appartint pour moitié à des nationaux. Les articles 12 et 13 de la loi du 27 vendémiaire an II étaient modifiés par la même loi conformément à ce nouveau principe. Cette innovation se justifiait avant la suppression des surtaxes de pavillon : elle pouvait amener les capitaux étrangers à se porter sur les navires français. La loi du 9 mai 1845 n'offre plus guère aujourd'hui qu'un inconvénient grave : au moment d'une guerre, la moitié de notre marine marchande pourrait être aux mains d'un peuple ennemi (2).

En outre, ainsi que l'avait remarqué la commission instituée en octobre 1873, la plupart des compagnies importantes qui dirigent les services réguliers ayant divisé leur capital en actions, les étrangers y prennent la part qui leur convient. La loi de 1845, en fait, cesse alors d'être applicable ; et, pourvu que la société soit constituée en France, des étrangers peuvent sans contrôle posséder toutes les actions d'une grande compagnie d'armements maritimes (3).

49. *Nationalité du capitaine et des officiers.*

La nationalité d'un navire se détermine en troisième lieu par celle du capitaine et des officiers qui le commandent.

Les textes du vieux droit maritime sont assez généralement muets sur cette question. Cependant un recès de 1447 est ainsi conçu (art. 15) : « Aucun anséatique ne devra confier des mar- « chandises ni affréter des navires, si ce n'est à des patrons ansé- « atiques, sous peine d'une amende de deux marcs d'or. » Une ordonnance de 1542, spéciale à Lubeck, décide que tous les patrons doivent être citoyens de cette ville et prêter serment au vénérable sénat. Wedderkop, qui résume avant tout les usages du Nord, a

----

(1) S. 1871, 2, 104. — (2) Cf. Cresp et Laurin, t. I, p. 81. — (3) Commission chargée d'examiner les moyens, etc., p. 494.

pu dire encore en 1757 : *quemquem velint magistrum constituunt, attamen… nec alium quam qui jus civitatis adquisierit* (1). En France, d'après le règlement du 24 octobre 1681 (art. 8), confirmé par la déclaration royale du 17 janvier 1703, « le capitaine, maître ou patron, ensemble « les autres officiers » devaient être Français, « actuellement demeurans dans le royaume. » Toutefois l'ordonnance du 20 octobre 1723 n'imposait la condition de nationalité qu'au capitaine, au capitaine en second, au lieutenant, à l'enseigne, au maître, au premier pilote, « d'où il s'ensuit, dit « Valin, que les autres officiers mariniers peuvent être étrangers. » S'il s'agissait d'un bâtiment construit ou acheté à l'étranger, il fallait que tous les officiers mariniers fussent Français (déclaration du 24 décembre 1726).

Quelques législations étrangères n'imposent au capitaine lui-même aucune condition de nationalité : par exemple la Belgique, les Pays-Bas, la Russie depuis 1846, l'Angleterre depuis le 20 août 1853, l'Allemagne, la Norwège (2), les Etats-Unis de Colombie (3).

D'autres adoptent un moyen terme. Ainsi, d'après les lois de la république argentine, une fois le rôle d'équipage inscrit sur le registre des matricules, tous les hommes qui composent cet équipage sont, tant qu'ils appartiennent au navire, réputés citoyens (4). Aux Etats-Unis les navires nationaux proprement dits doivent être commandés par des officiers nationaux ; mais la prohibition est levée en ce qui touche les navires non enregistrés (5).

D'après les législations de l'Angleterre, de l'Espagne, de la Grèce, du Danemark, de l'Italie, de Haïti (6), les officiers doivent être nationaux. Le Portugal, le Brésil, le Mexique, le Pérou, l'Etat de Venezuela n'imposent la condition de nationalité qu'au capitaine (7), l'Autriche l'impose, même depuis la loi votée en 1876 par le *Reichsrath*, au capitaine et au second quand le bâtiment fait la grande navigation au long cours. En Suède, celui qui veut obtenir le commandement d'un navire est tenu d'acquérir le droit de bourgeoisie dans un port de mer ou dans une ville de construction de navires (8). Ce droit, d'après une ordonnance du 8 juillet 1816, n'appartient qu'à ceux qui sont nés ou qui ont été élevés en Suède,

(1) *Introd. in jus nautic.*, L. I, tit. I, § 5. — (2) Tableau officiel précité. — (3) Calvo, § 360. — (4) Calvo, § 357. — (5) V. Hoechster et Sacré, t. I, p. 38. — (6) Même tableau. En ce qui touche Haïti, « conditions générale-« ment éludées. » — (7) Même tableau. — (8) Résol. roy. du 19 janvier 1757, règlement du 30 mars 1748 et du 12 juin 1773, *manif.* du 3 janvier 1827 et ord. du 1er mars 1827.

sauf dans sept villes (1) où les étrangers peuvent devenir capi-
taines-bourgeois à la condition de prouver qu'ils ont exercé dans
un de ces ports le commandement d'un navire avec probité (2) :
les officiers et sous-officiers examinés par l'amirauté n'ont pas
même besoin d'acquérir le droit de bourgeoisie (3).

En France, aux termes de l'article 2 de l'acte de navigation
(21 septembre 1793), aucun bâtiment n'est réputé Français si les
officiers ne sont pas Français. L'art. 113 du règlement général de
1866, placé sous la rubrique « officiers du navire, » comprend
sous cette dénomination le capitaine, les seconds, les lieutenants,
et, par application du décret du 21 septembre 1864 (art. 1), le mé-
canicien en chef ainsi que les mécaniciens chargés en sous-ordre
de la direction de la machine.

50. *Composition de l'équipage.*

La nationalité du navire peut être enfin subordonnée à la composition de l'équipage.

Le règlement du 24 octobre 1681 (art. 8) permettait d'appeler un
tiers de matelots étrangers. Bien plus, dans l'intérêt de notre marine marchande et pour attirer ces étrangers, un édit d'avril 1687
les exempta du droit d'aubaine et leur conféra tous les avantages
des régnicoles après cinq ans de services (4). Cette disposition fut
reproduite dans l'ordonnance du 15 avril 1689. Mais tout ce système
fut renversé par le règlement du 1er mars 1716 (art. 3) qui défendit
d'admettre à l'avenir un seul étranger dans les équipages. Le
commerce réclama (5). Dès le 20 octobre 1723, il fallut rétablir
l'ancien état de choses et permettre d'employer des matelots étrangers jusqu'au tiers de l'équipage, mais non au delà, sous peine
d'une amende de 1500 livres et de confiscation tant du navire que
de son chargement.

D'après la loi du 21 septembre 1793, aucun bâtiment n'est réputé
Français si les trois quarts de l'équipage ne sont pas Français. On
a vu qu'un décret du 16 octobre 1867, visant expressément l'acte
de navigation, applique cette disposition au cabotage algérien.

(1) Stockholm, Gothenbourg, Gefle, Norkœping, Carlskrona, Carlshafen,
Calmar. — (2) Cependant il doivent, dans le délai d'un an, amener leurs
femmes et leurs enfants mineurs sous peine de perdre le droit de bourgeoisie. — (3) V. Anthoine de St-Joseph, p. 364; Hoechster et Sacré, I, p. 31.
— (4) A condition néanmoins de faire profession de la religion catholique.
Cf. Valin I, p. 558. — (5) « Sur ce qu'il a été représenté à S. M. qu'il était
« nécessaire pour l'avantage du commerce de son royaume de permettre
« d'embarquer sur les vaisseaux français un tiers de matelots étrangers,
« etc. » (Préambule de l'ordonnance de 1723.)

L'ancienne monarchie avait peut-être mieux compris les intérêts de notre commerce maritime en permettant d'employer un tiers de matelots étrangers dans nos équipages.

Toutefois la règle actuelle n'est pas inflexible. Des dispositions concertées entre les départements des affaires étrangères, de la marine et des finances permettent à nos armateurs de composer comme ils le peuvent l'équipage d'un navire acheté ou armé à l'étranger pour être ramené en France. Dans les mers de l'extrême Orient (Chine, Cochinchine, Japon, Indes Néerlandaises, îles Philippines) et sur la côte occidentale d'Afrique, les navires qui font le cabotage local sont presqu'exclusivement montés par des marins du pays : on se contente d'exiger que le capitaine soit Français. En outre un décret du 22 avril 1872 a permis aux paquebots naviguant dans la mer Rouge ou dans l'Océan indien, même quand ils partent d'un port de France et y rentrent, de composer le personnel inférieur de leurs machines d'hommes nés dans les régions qu'ils traversent et plus capables que nos chauffeurs de résister à de tels voyages. La chambre de commerce de Bordeaux n'en a pas moins demandé que cette partie de l'acte de navigation fût abrogée : mais ce vœu n'a pas été accueilli par la commission nommée le 15 octobre 1873 pour examiner les moyens de venir en aide à la marine marchande (1).

Diverses facilités ayant été données à la navigation de plaisance, on avait cru qu'elle pouvait s'affranchir de la règle tracée par la loi du 21 septembre 1793. L'abus ayant été signalé par le contre-amiral commandant la division des Antilles, une circulaire ministérielle du 24 août 1876 informa les autorités maritimes « qu'aucun « yacht français ne pouvait armer si les trois quarts au moins des « hommes de l'équipage n'étaient Français. »

La proportion adoptée par le règlement d'octobre 1681 est encore admise aujourd'hui par l'Italie, par l'Espagne, par l'Autriche (2), par les Etats-Unis pour les navires américains proprement dits, par le Mexique (3). En Suède, d'après l'ordonnance du 2 août 1731, « la plus grande partie au moins de l'équipage doit « être composée de Suédois (4). » La proportion adoptée par l'acte de navigation est admise par le Portugal et par la Grèce ; elle est

(1) V. proc.-verb. (1874), p. 485. — (2) D'après la note publiée par l'annuaire de législation étrangère de 1877 sur le projet de loi voté en 1876, il suffirait désormais que le capitaine et le second fussent Autrichiens. — (3) Tableau officiel de 1874. — (4) Anth. de St-Joseph, p. 364. Le tableau officiel de 1874 se borne à l'énonciation suivante : « capitaine suédois. »

également indiquée dans divers traités conclus par le gouvernement brésilien. D'après les lois d'Haïti, du Salvador (1867) et du Paraguay, la moitié de l'équipage peut être recrutée à l'étranger. C'est le système que M. de Courcy proposait, le 22 décembre 1873, d'appliquer à la France.

D'après d'autres législations, le personnel des matelots étrangers peut être encore élevé, par exemple au Chili, d'après un décret du 5 février 1856 (1), et dans l'Etat de Venezuela jusqu'aux deux tiers, en Russie d'après un _ukase de 1846 jusqu'aux trois quarts, au Pérou jusqu'aux quatre cinquièmes (2). D'après une loi du 9 janvier 1834 (3), il suffit que le patron, citoyen d'Uruguay, ait avec lui à bord un compatriote. Enfin la Belgique, les Pays-Bas, l'Allemagne (4), l'Angleterre depuis l'acte du 20 août 1853, la Norwège, les Etats-Unis pour les bâtiments non enregistrés, la Nouvelle-Grenade n'exigent aucune condition de nationalité quant à la composition des équipages. Au contraire, d'après le tableau officiel de 1874, l'équipage entier d'un bâtiment danois doit être danois (5).

51. Mais il ne suffirait pas au navire de réunir les conditions essentielles de la nationalité s'il n'était mis à même de la prouver à l'aide d'un signe irrécusable. Ce signe apparent et distinctif du caractère national est le pavillon. Chaque Etat a des couleurs particulières sous lesquelles naviguent ses nationaux et qui ne peuvent être arborées sans sa permission. A l'article 54 de la constitution de l'Empire allemand, déclarant que « les navires de commerce de « tous les Etats constituent une seule marine marchande » succède immédiatement une autre disposition constitutionnelle, déclarant que le pavillon de la marine militaire et marchande est noir-blanc-rouge (6).

En France le pavillon national est formé des trois couleurs nationales disposées en trois bandes égales, de manière que le bleu soit attaché à la gaule, le blanc au milieu et le rouge flottant dans

(1) Le tableau officiel dit, quant au Chili : « Rien de bien réglé encore. » — (2) Encore cette proportion du cinquième cesse-t-elle d'être obligatoire dans bien des cas, et les matelots étrangers ayant servi honorablement sur un navire de l'Etat sont-ils assimilés aux nationaux. — (3) Hoechster et Sacré, I, p. 44. — (4) Il suffit, aux termes de la loi du 27 décembre 1872 (art. 5), que celui qui veut prendre du service comme matelot fasse constater sa nationalité devant l'autorité maritime (Ann. de législ. étrangère 1873, p. 193). — (5) « Il est admis, disent MM. Hoechster et Sacré (I, p. 30), que « tout matelot, danois ou étranger, qui a rempli les formalités légales et « qui, de plus, a obtenu l'autorisation spéciale du commissaire de la marine, « peut servir à bord des bâtiments danois. » — (6) V. ann. de législ. étrangère (ann. 1872), p. 255.

l'air (1). Il est porté à la poupe et, à défaut de mât de pavillon, à la corne d'artimon (2). Sur les rades françaises et étrangères, le plus ancien des capitaines de navires de commerce réunis au même mouillage peut arborer au mât de misaine une flamme aux couleurs nationales. La flamme n'est arborée en aucune autre circonstance par les navires de commerce, sauf le cas où ils sont frétés pour le service de l'Etat (3).

Quand un bâtiment est vendu à un étranger, s'il y a dans le port où s'opère la vente un agent consulaire de la nation de l'acquéreur, c'est sous le pavillon de cette nation que le navire doit être expédié. S'il n'y a pas d'agent consulaire qui puisse délivrer des expéditions à l'étranger devenu acquéreur, le navire peut être expédié sous pavillon français avec un passeport provisoire délivré par la douane.

Les navires de commerce ont, outre le pavillon national, un pavillon indiquant l'arrondissement maritime auquel ils appartiennent, et qui n'est hissé qu'en vue d'un port, en cas de rencontre d'un bâtiment, les jours fériés, lors des revues d'armement, enfin dans les circonstances qui intéressent le service et sur l'ordre des autorités maritimes ou consulaires. Le pavillon national doit toujours être arboré en même temps que le pavillon d'arrondissement (4).

Le droit international n'interdit pas en temps de paix à un Etat de conférer sa nationalité à des navires étrangers en leur accordant provisoirement le droit de porter son pavillon et en les faisant jouir de la protection qui s'y rattache. Il suffit que cet acte n'ait pas lieu dans une intention frauduleuse et ne puisse porter préjudice à des droits déjà existants (5). Il fut un temps où les navires des villes maritimes de l'Allemagne septentrionale naviguaient dans la Méditerranée sous pavillon danois pour éviter les attaques des pirates musulmans avec lesquels le Danemark avait conclu des traités. Le 13 mars 1877, le sous-secrétaire d'Etat Bourke rappelait avec orgueil à la chambre des communes qu'un bon nombre de navires marchands obtenaient de son gouvernement une faveur analogue et protégeaient ainsi leur navigation sur les mers lointaines à l'aide du pavillon britannique.

52. Aucun navire ne peut porter le pavillon français si son droit n'est constaté par la délivrance d'un acte spécial, qualifié « acte de francisation, » que signe le ministre des finances.

_____

(1) L. 27 pluviôse an II, art. 2, et ord. du 1er août 1830. — (2) Art. 7 ord. 3 déc. 1817. Cf. art. 190 règlement général de 1866. — (3) Décr. 15 août 1851, art. 23. Cf. art. 190 du règlement général. — (4) Règlement du 3 décembre 1817. Décr. du 15 août 1851. — (5) Cf. Bluntschli, R. 328.

L'acte de francisation doit être délivré non seulement aux navires construits en France ou dans les colonies françaises ou aux bâtiments étrangers admis à la naturalisation moyennant le paiement d'un droit de deux francs par tonneau de jauge, mais encore :

1° Aux navires déclarés de bonne prise faite sur l'ennemi (loi du 21 septembre 1793, art. 2). Le navire ainsi capturé est, de fait, devenu français avant d'être francisé ;

2° Aux navires confisqués pour contravention aux lois de la République (loi du 21 septembre 1793, art. 2). D'après une décision du ministre des finances (11 février 1835), cette dernière disposition s'applique nécessairement aux navires confisqués pour contravention aux lois de douanes ;

3° Aux navires échoués sur les côtes de France ou d'une possession française, tellement endommagés que leur propriétaire a dû les vendre et qui ont reçu en France ou dans une posssession française des réparations s'élevant au quadruple du prix de la vente (loi du 27 vendémiaire an II, art. 7). Cette estimation des travaux est faite par trois experts que nomment d'office la douane, la marine et le tribunal de commerce. Dans ce cas, on est censé n'avoir recueilli comme épaves que des matériaux de construction. Aussi, d'après les lettres ministérielles du 25 fructidor an VII et du 2 fructidor an IX, ne faut-il comprendre ni dans le prix de la vente ni dans l'estimation des travaux les objets accessoires non inhérents au corps du navire (cordages, ancres, voiles, canots, etc.) : c'est sur la coque que doivent porter tous les calculs ;

4° Aux navires trouvés épaves en pleine mer, dont le sauvetage donne aux inventeurs droit à la délivrance du tiers en nature ou en argent, et qui sont vendus publiquement par l'administration de la marine à défaut de réclamation présentée en temps utile par les propriétaires (1).

Le *certificat d'enregistrement* équivaut, en Angleterre, à notre acte de francisation. Aux termes du *Merchant shipping act* de 1854 (art. 44), une fois l'enregistrement du navire effectué, le *Registrar* doit délivrer ce certificat en conformité d'un modèle annexé à la loi (tableau D). Un certificat analogue est délivré aux Etats-Unis par les agents de la douane.

L'*acte de nationalité* équivaut, en Italie, à notre acte de francisation. Il énonce, aux termes de l'art. 37 du code spécial pour la

(1) Décision du 1er juin 1832.

marine marchande, le nom du navire, sa forme, son tonnage, le
nom des propriétaires, les parts d'intérêt appartenant à chacun
d'eux. Sur le même acte est aussi inscrit le passeport délivré au
navire.

Le *certificat d'immatriculation* équivaut, en Allemagne, à notre
acte de francisation. Il constate l'inscription au registre de navigation et en reproduit la teneur, c'est-à-dire énonce, comme ce
registre : 1° les faits à raison desquels le bâtiment a acquis le droit
de porter le pavillon national ; 2° les faits nécessaires pour constater l'identité et la propriété du bâtiment ; 3° le port d'attache du
bâtiment (1).

Le *certificat de nationalité* dont parle le code norwégien de 1860
ressemble à notre acte de francisation. Toutefois il n'est indispensable qu' « aux navires employés aux communications avec
« l'étranger (2). »

Le *registerbrief* délivré aux bâtiments autrichiens a la plus
grande analogie avec notre acte de francisation.

53. Préalablement à la délivrance de l'acte de francisation, le
propriétaire doit affirmer par serment sa propriété. Ce serment est
reçu dans la forme suivante soit par le juge de paix, soit par les
tribunaux de première instance et de commerce : « (*Nom, état et
domicile*) jure et affirme que (*le nom du bâtiment et le port auquel
« il appartient*) est un (*espèce, tonnage et description suivant le
« certificat du vérificateur des douanes*), a été construit à (*lieu de
« construction*) en (*année de construction*) (*s'il a été pris ou con-
« fisqué ou perdu sur la côte ou sauvé en mer, exprimer le lieu et
« le temps des jugements et ventes*); que je suis seul propriétaire
« dudit bâtiment ou embarcation ou conjointement avec (*noms,
« état, domicile des intéressés*) et qu'aucune autre personne n'y a
« droit, titre, intérêt, portion ou propriété (3). » L'acte constatant
la prestation de serment est remis à la douane par le propriétaire,
qui donne en outre une soumission et caution : de vingt francs par
tonneau si le bâtiment est au-dessous de 200 tonneaux ; de trente
francs par tonneau pour les bâtiments de 200 à 400 tonneaux ; et
de quarante francs par tonneau pour les bâtiments de 400 tonneaux

(1) Art. 435 du code allemand. Cet article est complété, pour la Prusse,
par l'art. 53 de la loi prussienne du 24 juin 1861. — (2) Art. 2 du code norwégien. — (3) Décr. 27 vendém. an II, art. 13 ; décis. 31 déc. 1819 ; l. 9 juin
1845, art. 11 ; art. 146 règlement général de 1866.

et au-dessus (1). Le propriétaire se soumet par le cautionnement
et sous peine de le voir confisquer à ne point vendre, prêter ou
donner l'acte de francisation ou en disposer autrement; à n'en
faire usage que pour le service du bâtiment auquel il est délivré, à
le rapporter au bureau des douanes si ce bâtiment est pris par
l'ennemi, brûlé ou perdu de quelque autre manière ou vendu pour
plus de moitié ou en totalité à un étranger; et ce, dans un mois, si
la perte ou la vente de la totalité du bâtiment a eu lieu en France
ou sur les côtes de France et dans trois, six ou neuf mois suivant
la distance des autres lieux de perte ou de vente.

Après quoi la délivrance de l'acte a lieu au bureau des douanes
du port auquel appartient le bâtiment.

Tout ce mécanisme administratif est si naturel et si simple qu'on
le retrouve, à peine modifié, dans la plupart des législations maritimes. En Angleterre, pour obtenir l'enregistrement en qualité de
owner of a ship, l'intéressé doit produire une déclaration de propriété conforme à un modèle annexé au *Merchant shipping act* de
1854 (tableau B), spécifiant ses droits (mot à mot sa qualification
d'être un propriétaire d'une part dans un navire anglais); l'époque
et le lieu de la construction (ou si le bâtiment est construit à l'é-
tranger et qu'il ignore l'époque ou le lieu de la construction, cette
double circonstance); le nom du capitaine; le nombre de parts
auxquelles a droit l'intéressé; certifiant enfin qu'à sa connaissance
aucun incapable (*any unqualified person*) ne figure parmi les copropriétaires. Un serment ou une déclaration du même genre doit
être fait aux Etats-Unis (actes du 31 décembre 1792 et du 29 juillet
1850) : sans ce serment, dit Dixon, l'enregistrement est de nul
effet et ne confère aucun des droits attachés à la nationalité américaine (2). En outre le propriétaire, en Amérique comme en
France, donne une soumission et caution qui varie avec le tonnage.
Il s'engage par là, comme en France, à ne point vendre ou prêter
son certificat ou à n'en pas disposer autrement, à le rapporter dans
le délai de huit jours après le retour du capitaine si le bâtiment est
pris par l'ennemi, brûlé, perdu de quelque autre manière ou vendu
soit totalement, soit partiellement à un étranger en pays étranger, etc. En Norwège, celui qui veut obtenir un certificat de nationalité présente habituellement un certificat de construction, attes-

<hr>

(1) Décr. 27 vendém. an II, art. 11. Le cautionnement n'est pas versé à
la douane, mais seulement stipulé dans l'acte de cautionnement. V. l'art. 147
du règlement général de 1866 et l'annotation officielle. — (2) p. 193. *Sic*
United states *v.* Bartlett, Davies' Rep., 9.

tant le mode de construction et la dimension approximative du navire. Le certificat de construction, s'il est perdu, peut être remplacé par l'attestation de personnages dignes de foi, déclarant que le bâtiment « a été considéré comme construit en Norwège à « l'époque où ils l'ont connu » ou par un certificat de la douane.

54. « Les bâtiments et embarcations de toute espèce qui vont « en mer doivent, quel que soit leur tonnage, être pourvus d'un « acte de francisation : » tel est le principe inscrit dans le règlement général de 1866, qui l'emprunte à la loi du 27 vendémiaire an II. Aussi les tribunaux, nous l'avons vu (n° 35), cherchent-ils d'abord, quand il s'agit de savoir si tel ou tel navire doit être classé parmi les bâtiments de mer, s'il est pourvu d'un acte de francisation.

Le règlement général de 1866 dispense de l'acte de francisation : 1° les canots et les chaloupes dépendant de navires français dans l'inventaire desquels ces canots et chaloupes sont mentionnés; 2° les embarcations qui naviguent dans l'intérieur d'une même rade; 3° les embarcations de deux tonneaux et au-dessous, employées à la pêche du poisson frais ou à la récolte des amendements marins; 4° les embarcations de deux tonneaux et au-dessous appartenant à des habitants voisins de la côte qui s'en servent pour leur usage personnel, à l'exclusion de tout transport de marchandises; 5° les embarcations de tout tonnage qui naviguent en rivière en-deçà du dernier port situé à l'embouchure dans la mer; 6° les bateaux dragueurs et les bateaux vasiers qui en sont les accessoires; 7° les bateaux de plaisance de dix tonneaux et au-dessous. Toutefois, aux termes d'une circulaire du ministre de la marine du 13 mars 1863, les yachts et embarcations de plaisance reçoivent un acte de francisation spécial, dont la production les exempte du paiement des droits de navigation dans la plupart des ports étrangers.

C'est ainsi qu'en Italie le code spécial de la marine marchande dispense de l'acte de nationalité « les bateaux et les barques qui « font la pêche côtière dans les eaux italiennes (*nello stato*) ou qui « sont destinés au service des ports ou des plages. »

55. Si l'acte de francisation d'un bâtiment est perdu, le propriétaire, en affirmant la réalité de cette perte, obtient un nouvel acte après avoir rempli les mêmes formalités et à la charge des mêmes cautionnement, soumission et déclaration que pour l'obtention du premier (1). Si le renouvellement a lieu pour cause de vé-

(1) L. 27 vendém. an II, art. 20. Cf. Merch. shipping act de 1854, art. 48 et, pour les Etats-Unis, act 31 déc. 1792, art. 13. V. Dixon, p. 396.

tusté ou parce que l'acte n'offre plus de place suffisante pour y inscrire les mutations de propriété, on ne perçoit que le prix du parchemin et du timbre (1). Si, après la délivrance de l'acte de francisation, le bâtiment est changé dans sa forme, dans son tonnage ou de toute autre manière, le propriétaire est tenu d'én établir un nouveau ; autrement le bâtiment est réputé étranger (2). Le renouvellement ne donne également lieu, dans ce cas, qu'au remboursement du prix du nouveau parchemin et du timbre (3).

Enfin l'acte de francisation disparaît avec le navire : par voie de conséquence, celui-ci doit être rayé du registre-matricule et les soumissions prescrites par la loi du 27 vendémiaire an II doivent être annulées. Pour obtenir ces radiations, il faut justifier de l'impossibilité de ramener le navire dans un port de France par suite de force majeure, telle que capture, confiscation, naufrage, échouement avec perte du bâtiment et condamnation à la suite d'avaries (4), ou déclarer à la douane que le bâtiment doit être dépecé par suite de son état de vétusté : la douane procède alors au jaugeage et constate que les dimensions du bâtiment sont celles énoncées dans l'acte de francisation : puis, l'identité reconnue, elle s'assure de la démolition effective et dresse un procès-verbal dont il est remis copie au propriétaire (art. 160 du règlement général). Quand un bâtiment perd la nationalité française, il est fait à la douane une déclaration de défrancisation.

Dans tous les pays maritimes, le législateur veille à ce que le certificat délivré par l'autorité publique au navire ne survive pas à ce navire. C'est ainsi qu'en Angleterre, d'après l'art. 53 du *Merchant shipping act*, si le bâtiment est perdu, pris par l'ennemi, brûlé, démembré, transféré à des gens incapables de posséder un navire anglais, etc., le certificat, sous peine d'une forte amende (100 livres) doit être rendu, directement ou par l'intermédiaire d'agents autorisés, au *Registrar* du port d'attache. La loi des Etats-

(1) Décis. du 31 déc. 1819; circul. du 25 octobre 1826 et du 24 novembre 1854. — (2) L. 27 vendém. an II, art. 21. — (3) Circul. du 30 juin 1828 et du 23 septembre 1832. — (4) Les pièces à produire à cet effet sont : si le navire a fait naufrage, le rapport circonstancié que le capitaine ou, à son défaut, les gens de l'équipage échappés au naufrage ont dû faire; s'il s'agit d'un navire perdu corps et biens, l'acte de notoriété publique attestant la perte et, si le bâtiment est assuré, la police d'assurance biffée et les autres pièces qui sont de nature à attester l'événement (la notoriété publique s'établissant après l'an et jour par un acte authentique du tribunal de commerce); si le navire a été pris par l'ennemi et condamné, une expédition authentique du jugement de condamnation (V. l'art. 159 du règlement général de 1866 et la note).

Unis est conçue dans le même esprit : le certificat doit être, dans les mêmes cas, rendu et annulé : le cautionnement souscrit par le propriétaire du navire est affecté à l'exécution de cette obliga- tion. De même, aux termes de l'art. 4 du code norwégien, si le navire ou une part de navire est vendu à l'étranger, le certificat de nationalité doit être rendu à la douane, qui l'annule.

La douane délivre quelquefois un acte provisoire de francisation qu'on nomme tantôt « lettre de francisation provisoire » et tantôt « brevet de francisation provisoire. » Avant de procéder aux actes relatifs à la francisation, avons-nous dit (n° 41), le proprié- taire doit faire opérer le jaugeage par les agents de la douane. Or le jaugeage n'est pas toujours praticable, par exemple si le navire est chargé. Dans un semblable cas, les droits sont provisoirement liquidés d'après le tonnage brut des papiers de bord, le proprié- taire consigne une somme en garantie des droits de francisation à liquider ultérieurement, et la douane délivre son brevet provisoire. On lit dans le décret du 25 août 1861 qui admet à la francisation les bâtiments de provenance américaine : « Nos consuls ou agents « consulaires dans les ports des Etats-Unis d'Amérique sont au- « torisés à délivrer des *lettres de francisation provisoire* aux bâti- « ments de mer achetés par ou pour le compte des sujets français. » Une circulaire ministérielle du 5 décembre 1866 porte : « Selon ce « qui avait été réglé pour l'exécution du décret du 17 octobre 1855, « nos consuls pourront autoriser les bâtiments de mer achetés à « l'étranger par des Français à se couvrir provisoirement du pa- « villon national. Au *vu des congés provisoires* qu'ils délivreront « aux capitaines et qui porteront obligation de se rendre directe- « ment dans un port français, les bâtiments et leurs cargaisons « seront admis au traitement national. » Ce que les consuls feraient à l'étranger, la douane peut assurément le faire en France. « S'il « arrivait, ajoute la circulaire, que des capitaines ou propriétaires « de navires importés dans ces conditions demandassent à relever « pour un autre port français ou pour l'étranger sans débarquement « de la cargaison, les droits pourraient être provisoirement liquidés « d'après le tonnage indiqué sur les papiers de bord moyennant « soumission cautionnée d'acquitter lors du premier débarquement « tel supplément de taxe qui pourrait se trouver exigible. Mention « de cette soumission sera faite sur le *brevet provisoire* de fran- « cisation. »

La cour de cassation, assimilant le brevet de francisation provi- soire à l'acte même de francisation, a décidé le 9 juillet 1877 que l'obtention par le créancier gagiste d'un semblable brevet indiquant ce créancier comme unique propriétaire constituait la mise en possession du créancier gagiste exigée pour la validité du nantissement. La cour d'Aix avait déjà jugé en termes plus généraux le 28 janvier 1822 qu'un acte de francisation provisoire régulièrement délivré par un consul doit protéger le navire tout comme un acte de francisation définitif. Ces solutions sont incontestables (1).

SECTION III.

NATURE JURIDIQUE DES NAVIRES.

56. La description juridique du navire serait incomplète si nous ne déterminions dans quelle classe de biens il doit être rangé.

Les navires sont-ils meubles ou immeubles ? Le droit romain n'hésitait pas : Paul les classe parmi les meubles (2). Cette doctrine ne fut pas universellement adoptée au moyen-âge. Dans les Pays-Bas, par exemple, les navires étaient assimilés aux immeubles. Il était encore décidé par le sénat d'Amsterdam, le 10 janvier 1537, que si, par l'effet d'une vente judiciaire, toutes les dettes ou charges dont le navire était grevé ne se trouvaient pas payées, le créancier pouvait surenchérir pendant six mois comme s'il s'agissait de maisons (3). Ce délai fut réduit à vingt-quatre heures par une décision du 11 avril 1541, confirmée le 15 juin 1570 (4). Toutefois, au dix-septième siècle, les jurisconsultes du nord, Loccenius (5), Stypmanus (6), Kuricke (7) se rallient à l'opinion de Paul. Avant eux l'italien Straccha l'avait énergiquement défendue (8). Après eux Wedderkop paraît la regarder comme indiscutable (9).

En France, on reconnaissait bien avant 1666 que les navires étaient naturellement meubles; mais on les assimilait, à certains

---

(1) V. dans le recueil de Sirey (1877, I, 369) la longue et savante note qui accompagne l'arrêt de cassation du 9 juillet 1877. Cf. Toussaint, *Code manuel des armateurs*, p. 32; Delamarre et Lepoitvin, V, n. 85, p. 145, note 2. — (2) L. 20, § 4, ff. *Quod vi aut clam.* — (3) Handvesten, t. II, p. 526. — (4) Ib. — (5) *De jure marit.*, l. III, c. 6, n. 4. — (6) *Ad jus marit.*, part. IV, c. 10, n. 3. — (7) *Quæst. illustr., quæst.* 9. — (8) De navibus, pars II, § 32 — (9) L. II, tit. I, § 10.

égards, aux immeubles. Cleirac, après avoir dit que les navires
sont véritablement meubles, ajoutait aussitôt : « Au regard des
« hypothèques et de la suite d'icelles, un navire est censé im-
« meuble, et fut ainsi jugé par arrest d'audience, en la grand'-
« chambre du parlement de Bordeaux, le 26 juin 1612 (1). »
Louis XIV pouvait dire encore dans le préambule de son édit d'octobre 1666 qu' « un usage s'était abusivement glissé particulière-
« ment dans les ports et havres de Provence, de considérer par
« fiction dans les contrats les navires et toutes sortes de vais-
« seaux au-dessus d'un certain prix comme immeubles. » Le
même usage existait en Bretagne (2). L'édit d'octobre 1666 déclara qu'aucun navire ne pouvait être, à l'avenir, rangé parmi
les immeubles. L'ordonnance de 1681 ne fut pas moins explicite :
« Tous navires et autres bâtiments de mer seront réputés meu-
« bles, dit-elle, et ne seront sujets à retrait lignager ni à aucuns
« droits seigneuriaux. » « *Idéoque*, disait aussi Wedderkop (3),
« *in nave cessare jus retractus nec laudemium ex venditione re-*
« *rum immobilium principi competens vendita nave deberi.* »
    Le code de commerce français a reproduit la règle de l'ordon-
nance : « Les navires, dit l'article 190, et autres bâtiments de mer
« sont meubles. » L'article 531 du code civil s'était exprimé d'une
façon plus générale et non moins précise : « Les bateaux, bacs,
navires... sont meubles. »
    La plupart des codes modernes ont adopté soit explicitement,
soit implicitement la thèse des jurisconsultes romains (4). Le livre II
du code hollandais débute ainsi : « Les navires sont meubles. »
La seconde partie du code portugais débute à peu près de même :
« Les navires sont réputés biens meubles, sauf les modifications
et les restrictions établies dans ce code. » Tel est aussi le principe
inscrit dans le droit maltais (5), dans le droit espagnol (6) et dans
les législations de l'Amérique méridionale (7). Le deuxième livre
du code italien commence par ces mots : « *Le navi sono mobili* » :
proposition tellement inhérente à la nature même des choses, dit
Luigi Borsari (8), qu'il était inutile de la consacrer législativement.
Enfin l'article 4 du nouveau code maritime égyptien est ainsi

---

(1) Jurid. de la marine, art. 5 nᵒˢ 11 et 12. — (2) D'Argentré, art. 265 de la
coutume, n. 7. — (3) *Loc. cit.* — (4) V. toutefois le résumé du droit ham-
bourgeois dans la concordance entre les codes de commerce, par A. de
St-Joseph, p. 263. — (5) Ib., p. 303. — (6) Art. 615 du code de commerce.
— (7) Codes du Brésil (art. 478), de la confédération argentine (art. 1014 et
1025), du Chili (art. 825). — (8) T. II, p. 11.

conçu : « Les navires et autres bâtiments de mer, *tout meubles* « *qu'ils soient*, ont droit de suite comme les immeubles entre les « mains des tiers. »

5 7. Les navires étant meubles, il faut leur appliquer, en règle générale, la législation qui régit les meubles. Ainsi, quand le propriétaire d'un navire se marie sans contrat, le navire tombe dans la communauté. Quand un navire appartient à un incapable, il peut être aliéné sans l'observation des formes et conditions prescrites pour l'aliénation des immeubles. Le tuteur n'a pas besoin de l'autorisation du conseil de famille pour revendiquer un navire qu'il prétend appartenir à son pupille ni pour acquiescer à la revendication formée par un tiers d'un navire qu'il possède au nom de ce pupille. La vente d'un navire n'est pas rescindable pour lésion de plus des sept douzièmes (1).

Mais il faudrait se garder plus encore aujourd'hui que sous l'empire de l'ordonnance de traiter les navires comme des meubles ordinaires. Plusieurs codes de l'Amérique méridionale, aussitôt après avoir décidé que les navires sont meubles, les assimilent aux immeubles pour la forme et les conditions de la vente judiciaire (2). C'est ainsi qu'en France et en Hollande, malgré la règle inscrite dans l'article 2114 de notre code civil et dans l'article 1208 du code civil hollandais, les navires peuvent être hypothéqués.

C'est ainsi que la règle française « En fait de meubles possession vaut titre » ne leur est pas applicable.

Cette dernière proposition n'a pas rallié tous les jurisconsultes. « De ce que l'art 190, dit Merlin (3), ne fait exception à la qualité « mobilière des navires que pour les affecter aux dettes du ven- « deur, il s'ensuit bien clairement qu'il les laisse à tous autres « égards sous l'empire de la règle établie par l'art. 2279. » Il cite à ce propos un arrêt décisif rendu le 9 mai 1823 par la cour de Bruxelles.

La solution contraire a justement prévalu (4). Dufour seul admet qu'il faille ici même suivre *en principe* l'art. 2279 « parce qu'il « régit indistinctement tous les meubles; » mais il en modifie si profondément l'application qu'il lui substitue, à vrai dire, une autre

(1) Ces exemples sont empruntés au comm. de M. Demangeat. Traité de droit commerc., t. IV, p. 6. — (2) Codes du Brésil et de la république argentine. — (3) Répertoire, v° Navire, § 1. — (4) Pardessus, III, n° 617; Dageville, II, n. 157; Boulay-Paty, I, n. 351; Alauzet, III, n. 1077; Goujet et Merger. dict. de droit commerc., v° Navire, n. 146; de Folleville, possess. des meubles, n. 60; Demangeat, IV, p. 13; Cresp et Laurin, I, p. 221.

règle (1). Le principe même doit être absolument écarté. La cour de Rouen ayant jugé le 3 juillet 1867 (2) que les navires, biens meubles, ne devaient pas être « possédés autrement et avec « d'autres conséquences de droit que les autres biens dans la « classe desquels ils se trouvent compris, » son arrêt a été cassé le 18 janvier 1870 « attendu qu'un navire, quoique meuble par sa « nature, est soumis quant aux saisies, adjudications ou ventes « dont il peut être l'objet, à des règles spéciales qui excluent en « cette matière l'application du principe suivant lequel en fait de « meubles possession vaut titre (3). » Rien de plus juridique.

En effet quand le code civil dit : « En fait de meubles, etc., » il entend parler des meubles qui se transmettent fréquemment et rapidement. Si l'acheteur prétendait se faire représenter les titres de propriété, le commerce de ces meubles devient impossible. En ce qui touche les navires, au contraire, les mutations de propriété ne sont ni plus fréquentes ni plus rapides que celles des immeubles. Si l'art. 2279 ne peut s'appliquer aux rentes et créances ordinaires, il s'applique bien moins encore aux navires.

Cette application serait d'ailleurs incompatible avec le droit de suite organisé par notre code de commerce. Puisque les priviléges sur les bâtiments de mer survivent non seulement à la vente volontaire, mais encore à la livraison faite au tiers acquéreur de bonne foi (art. 193), comment placer le propriétaire dans une condition inférieure à celle des créanciers privilégiés? Celui qui a pris possession d'un navire ne peut pas se prévaloir de l'article 2279 contre les créanciers privilégiés du vendeur : il serait bizarre qu'il pût l'invoquer contre le propriétaire. Depuis qu'un autre droit de suite, dérivant de l'hypothèque maritime, a été créé par la loi du 10 décembre 1874, l'opinion de Merlin est encore moins soutenable (4).

Luigi Borsari, commentant l'article 538 du code italien, fait observer que les bâtiments de mer, quoique naturellement meubles, échappent à la règle généralement applicable aux meubles : *che il possesso di buona fide vale titolo*. Cette règle est également écartée par l'article 587 du code espagnol.

---

(1) T. II, nᵒˢ 593-604. — (2) D. 68, 2, 62. — (3) D. 70, 1, 128. S. 70, 1, 145. V. dans le recueil de Sirey la note de M. Labbé. — (4) Cf. la note précitée.

CHAPITRE III.

ACQUISITION ET TRANSMISSION DE LA PROPRIÉTÉ DES NAVIRES.

CHAPITRE III.

58. La propriété d'un navire s'acquiert : 1° par la construction; 2° par les divers modes de transmission qu'autorise le droit civil; 3° par les moyens de droit commercial; 4° par les moyens qu'autorise le droit des gens. Cette classification appartient à M. Cresp : elle est exacte, et nous n'en cherchons pas une autre.

SECTION I.

CONSTRUCTION.

59. Il y a deux sortes de construction : la construction par économie, la construction à forfait.

Un armateur ou un négociant qui fait construire lui-même, c'est-à-dire sous ses ordres, en traitant directement avec les fournisseurs auxquels il achète leur matériaux et avec les ouvriers auxquels il loue leurs services construit par économie (1).

_____

(1) Telle est la terminologie de la déclaration du 16 mai 1747. Elle n'a pas été adoptée par Cresp. V. t. I, p. 223.

Là construction à forfait est le contrat par lequel un constructeur se charge, moyennant un prix ferme, de construire un navire, qu'il en fournisse ou non les matériaux, et de le livrer quand il sera terminé (1).

Le premier mode de construction était autrefois le plus usité. C'est à la construction par économie que se réfèrent les recès hanséatiques de 1572, de 1591 et de 1614, soit lorsqu'ils prescrivent au patron de s'adjoindre un ou deux co-intéressés dans la propriété du navire pour l'aider à payer les travaux et à bien acheter les matériaux, soit lorsqu'ils prennent des précautions contre l'avidité de ces co-intéressés, trop enclins à fournir l'un les bois, l'autre le fer au-delà du juste prix (2); c'est d'elle qu'il s'agit soit dans le code de Charles XI (3) lorsque l'ancienne loi suédoise règlemente les associations d'armateurs pour la construction des navires et charge les patrons de la diriger en achetant et faisant exécuter tout au comptant, soit dans les us et coutumes d'Olonne qui tracent une série de règles minutieuses au patron chargé de la construction « pour faire eslection d'un maistre charpentier », pour surveiller et rétribuer les simples charpentiers, « pour faire marché « au forgeur, » « pour faire marché au cloustier, » « pour acheter « bray, gouldron et autres choses (4), » etc. Le statut de Dantzick, modifié en 1457, allait jusqu'à dire : « Personne ne pourra cons- « truire des navires pour les vendre; quiconque voudra construire « ces navires ne pourra le faire que pour lui-même et ses co-ar- « mateurs. Chaque contravention sera punie d'une amende de cent « bons marcs (5). » Toutefois le consulat de la mer, après s'être occupé des constructions par économie, traite longuement dans un chapitre spécial (6) « du constructeur ou calfat qui travaillera « à forfait ». Enfin la construction par économie était encore « d'un usage presque universel lors de la rédaction de l'ordon- « nance de 1681 », comme le fait observer la déclaration royale du 16 mai 1747. « Depuis cette époque, ajoute la déclaration, les « progrès du commerce ayant multiplié les négociants et la cons- « truction ayant été perfectionnée, on a trouvé plus sûr et plus « commode de faire construire à forfait : » il fallut donc régler un état de choses auquel on n'avait pas songé soixante ans plus tôt.

60. Il n'y a plus guère en France de ces constructeurs-arma-

(1) Cf. note explicat. sur le projet de révision du code de comm. (août 1867), p. 10. — (2) Pardessus, collect. t. II, p. 500, 508, 530. — (3) 3e partie, ch. I. Pardessus, ib., t. III, p. 160. — (4) Ib., t. VI, p. 546. — (5) Pardessus III, p. 468. — (6) Le chapitre IX, d'après l'ordre adopté par le même jurisconsulte. Ib., t. II, p. 59.

teurs que Cresp (1) rencontrait encore à Marseille. Je doute même qu'il existe chez nous une compagnie assez audacieuse pour affronter cette opération : la construction, sans commande, d'un navire à vendre lorsqu'il sera terminé. Toutefois, en Angleterre où l'on fabrique des navires pour tout l'univers, un constructeur sur deux fabrique sans commande, et nous pourrions, en France même, dans des circonstances plus favorables au développement des constructions navales, assister au réveil de cette industrie. L'article 316 du code italien mentionne expressément la construction par économie (2).

Il est clair que la propriété du bâtiment construit par économie appartient au constructeur dès la mise au chantier.

Les anciens auteurs se demandaient si le constructeur serait encore propriétaire dans le cas où il aurait pris ou employé les matériaux d'autrui : s'il est de mauvaise foi, répondait Wedderkop, le navire appartient au propriétaire des matériaux (3). L'ancien code prussien (4) disait au contraire : « Est réputé propriétaire « du vaisseau celui qui a donné les ordres de le construire, « quoique les matériaux appartiennent à une autre ; mais, dans ce « dernier cas, il doit indemniser le tiers. » En France, aucun texte précis ne tranche la question, qu'il faudrait résoudre d'après les principes du droit commun, conformément aux articles 570 et 571 du code civil. Les tribunaux auraient à décider, dans chaque espèce, si la main d'œuvre surpasse de beaucoup la matière employée : c'est alors seulement que le constructeur serait propriétaire.

Quand un navire est reconnu innavigable par tous les intéressés et démoli de leur aveu, l'un d'entre eux peut-il revendiquer un droit de propriété sur le navire neuf qu'il a construit seul, de sa propre initiative, avec les vieux matériaux ? Oui, d'après M. Bédarride (5). Il me paraît bien difficile d'adopter cette solution dans le cas où la valeur des matériaux appartenant aux intéressés excèderait notablement et la valeur de la main-d'œuvre et la part du constructeur dans les débris du premier navire. S'ils préfèrent la co-propriété du second au remboursement des matériaux, comment les empêcher d'invoquer l'article 570 du code civil ?

(1) I, p. 223. — (2) ... del costruttore che avesse impresa la costruzione per proprio conto. — (3) *Introd. in jus nauticum*, lib. II, tit. I, p. 8... *Navis ex alienis tabulis constructæ dominium ligni domino competat, non ædificatori.* — (4) Art. 1393 et 1394. — (5) M. Bédarride invoque à l'appui de cette thèse un arrêt de la cour de Rennes du 27 janvier 1826. T. I, n° 354.

61. Le constructeur à forfait peut ne fournir que son industrie ou fournir à la fois son industrie et les matériaux.

Première hypothèse. Il importe peu, cette fois, que la main d'œuvre surpasse, même de beaucoup, la valeur de la matière employée : nous supposions tout à l'heure un constructeur par économie, mettant la main sur les matériaux d'autrui pour en faire un bâtiment, et l'art. 571 s'appliquait évidemment à cette hypothèse : il ne prévoit pas le cas où l'entrepreneur à forfait reçoit les matériaux de ceux qui viennent louer son industrie. Ces derniers sont, *ab initio,* propriétaires du navire ; car, ainsi que le dit Dufour (1), le navire n'est autre que leur chose façonnée. Ici s'applique la maxime du droit maritime italien : *Chi ordina la costruzione è il proprietario* (2). Peu importerait d'ailleurs que le constructeur se fût chargé de quelques fournitures accessoires : « Observez, dit « Pothier (3), que, pour qu'un contrat soit un contrat de louage, « il suffit que je fournisse à l'ouvrier la principale matière qui doit « entrer dans la composition de l'ouvrage. »

Les risques ne sont donc pas, avant la livraison, à la charge du constructeur : *res perit domino.* Toutefois les ouvriers perdraient leurs salaires si la perte était antérieure à la réception de l'ouvrage. Telle est la règle établie par l'article 1790 du code civil : il est d'autant plus nécessaire de l'appliquer que le navire reste, jusqu'à la livraison effective ou offerte, à la libre disposition de l'entrepreneur (4).

Mais le constructeur reste-t-il soumis à une responsabilité quelconque après la livraison ? Il échapperait évidemment à toute responsabilité si le navire était un meuble ordinaire : « on peut fa- « cilement, disait Bérenger au Conseil d'Etat (5), vérifier si un « meuble est conditionné comme il doit l'être ; ainsi dès qu'il est « reçu, il est juste que l'ouvrier soit déchargé..., mais il n'en est « pas de même d'un édifice, il peut avoir toutes les apparences de « la solidité et cependant être affecté de vices cachés qui le fassent « tomber après un certain laps de temps. L'architecte doit donc en « répondre pendant un délai suffisant pour qu'il devienne certain « que la construction a été solide. » Ce qui fait la difficulté, c'est en premier lieu que le navire est meuble, en second lieu que la disposition de l'art. 1792 est exceptionnelle et ne peut pas être

---

(1) Nº 558. — (2) Art. 31 du code de la marine marchande. Cf. comm. de L. Borsari sur le code de commerce, II, p. 68. — (3) Traité du contrat de louage, nº 394. — (4) Cf. Req. 13 août 1860. D. 61. 1. 105. — (5) Locré, t. XIV, p. 362.

étendue par voie d'analogie, en troisième lieu que tout le raisonnement de Bérenger s'applique avec une justesse parfaite aux bâtiments de mer comme aux bâtiments inhérents au sol.

Les auteurs, obligés de choisir entre l'article 1790 et l'article 1792, n'appliquent entièrement ni l'un ni l'autre.

Ils n'appliquent pas l'article 1790 et reconnaissent que la responsabilité survit à la réception. C'est raisonnable. Comment assimiler le navire à ces meubles qu'un court examen permet de vérifier ? L'examen le plus minutieux ne suffit pas toujours à le faire connaître.

Mais il déclarent en même temps que cette responsabilité ne peut se prolonger pendant dix ans. « Ce terme, disent MM. Delamarre et Lepoitvin, est évidemment trop long à l'égard des « constructions maritimes. Mais dès que la loi est silencieuse, elle « s'en rapporte à l'équité du juge (art. 4 c. civ.) et nous pensons « que l'action doit être reçue pourvu qu'elle soit intentée au retour « du voyage et sans perte de temps (1). » Telle est aussi l'opinion de Dufour (2). Je m'y attache non seulement parce que le texte de l'art. 1792 s'applique exclusivement aux immeubles, mais encore parce qu'il serait absurde d'engager pendant dix ans la responsabilité du constructeur nautique.

S'il faut attribuer les imperfections du navire à la mauvaise qualité des matériaux, le constructeur a commis une faute en les acceptant; mais le négociant qui les a fournis en a commis une autre. J'inclinerais, en cas pareil, à diviser la responsabilité proportionnellement aux fautes de l'un et de l'autre. C'est ce que la chambre des requêtes a décidé en matière de constructions immobilières (3); encore ne pourrait-on invoquer contre cette solution, en matière de constructions nautiques, ni le texte de l'art. 1792 ni les travaux préparatoires du code civil (4). On peut se demander

(1) T. V, n° 212. « Toutefois, ajoutent ces auteurs, si, au cours du voyage, « le capitaine a relâché après avoir découvert le vice, il doit le déclarer « dans son consulat et préciser l'époque de la découverte, laquelle doit être « mentionnée sur le livre de bord. L'omission de certaines formalités pour- « rait, en certaines circonstances, déterminer le juge à rejeter la de- « mande. » — (2) N° 560. — (3) Req. 12 novembre 1844. V. Dalloz, v° Louage d'ouvrage, n° 138. Req. 1er décembre 1868. D. 72, 1. 65. Dans ces deux espèces, il est vrai, la cour de cassation constate que l'architecte n'avait pas construit à prix fait. Mais v. pour l'explication de ces deux arrêts. D. V° Louage d'ouvrage, n° 138 in fine et la longue note de l'arrêtiste. D. 72, 1, 65. — (4) Le Conseil d'Etat repoussa la disposition du projet exemptant l'architecte de toute responsabilité s'il avait fait au propriétaire « les « représentations convenables pour le dissuader de bâtir sur le sol. »

9

si la cour de cassation a bien fait d'appliquer ici l'art. 1382 du code civil aux constructions immobilières : je n'aperçois aucun motif de l'écarter dans l'appréciation des erreurs commises en matière de constructions nautiques.

62. *Deuxième hypothèse.* Le constructeur fournit les matériaux et son industrie.

Dans la pratique, celui qui commande la construction d'un navire fait au constructeur des avances plus ou moins importantes, versées au fur et à mesure des travaux (1). Il arrive souvent que les termes sont ainsi fixés : un tiers du prix quand le navire s'élève sur quille, un tiers après la pose des précintes (2), un tiers après la mise à l'eau (3).

Le paiement des deux premiers termes implique-t-il la transmission de la propriété jusqu'à concurrence des deux tiers?

En thèse générale, il est bien clair que, pendant la construction, le navire appartient au constructeur. Il ne s'agit plus cette fois d'un louage d'industrie, mais conformément aux principes généraux du droit civil, d'une véritable vente, et nous jugeons inutile de suivre Dufour dans sa longue démonstration d'une doctrine aussi certaine (4). La forme particulière de la convention n'a été qu'un moyen pour le constructeur de vendre et pour l'armateur d'acheter un navire. Toutefois la vente est manifestement subordonnée à la condition que le navire sera construit, et reste imparfaite jusqu'à l'accomplissement de cette condition.

Le versement des à-comptes auxquels Delamarre et Lepoitvin (5) refusent la dénomination de paiements ne modifie pas cette situation juridique et n'attribue pas progressivement la propriété du bâtiment à celui qui l'a commandé (6). Ce que l'entrepreneur s'engage à livrer, comme l'ont très bien expliqué les mêmes auteurs, ce n'est pas une coque, un gouvernail, un pont, une partie quel-

(1) Note explicative sur le projet de révision, etc. (1867), p. 11, 13, 38. — (2) Fortes pièces de bois qui lient le navire en dehors. — (3) Cf. Delamarre et Lepoitvin, t. V, n° 85. D'après le nouveau code suédois (v. art. 1 à 3), la construction du navire est réputée achevée, sauf convention contraire, quand la coque est calfatée et prête à être mise à flot et que le navire est muni de ses agrès de bois ou de feraisin que de tous autres accessoires. Il est procédé à trois vérifications successives : la première quand la charpente est terminée ou, s'il s'agit d'un bâtiment en fer, quand il est élevé d'un empan; la seconde quand le navire est prêt à sortir du chantier; la troisième quand il est entièrement achevé. — (4) N°s 561-563. — (5) T. V, n° 91. — (6) V. toutefois en sens contraire Aix, 7 décembre 1826 (Rec. de Mars, 8, 1, 65); Caen, 20 février 1826 (Rec. de Rouen et de Caen, t. 7, p. 344); trib. de la Seine, 19 mars 1858 (le *Droit* du 27 mars 1858).

conque des constructions qui formeront le navire, mais le navire
même que la construction aura formé. C'est ce que des jurisconsultes modernes, s'inspirant de Florentinus (1), nomment un
marché *per aversionem*, c'est-à-dire en bloc. Un navire est un
tout : l'ouvrage est indivisible; l'obligation de livrer l'est également. Telle est d'ailleurs la règle générale, écrite dans l'article 1788
du code civil : si, dans le cas où l'ouvrier fournit la matière, la
chose vient à périr de quelque manière que ce soit avant d'être
livrée, la perte en est pour l'ouvrier, et le projet de révision du
livre II du code actuel (août 1867), loin d'innover, s'était référé
purement et simplement à cette règle en disant (art. 223) : « Le
« navire en construction appartient au constructeur ou à l'arma-
« teur suivant les distinctions établies par les articles 1788 et 1789
« du code Napoléon. » Enfin le rapporteur de la loi du 10 décembre 1874, pour mieux faire comprendre à l'Assemblée nationale les avantages de l'hypothèque maritime, expose que,
le navire restant jusqu'à la livraison la propriété du constructeur, il en résulte un grand danger quant aux avances, toujours réclamées par le constructeur et faites, dans l'usage,
jusqu'aux quatre cinquièmes du prix. « Contre ce danger, pour-
« suit-il, l'hypothèque sera un préservatif efficace; avant de
« faire ses avances, le bailleur de fonds vigilant aura désormais
« le moyen de s'assurer un droit de préférence sur le navire (2). »
Il semble donc que la loi du 10 décembre 1874 ait dû mettre un
terme à toute controverse.

Même avant cette loi, la jurisprudence s'était nettement prononcée (Rennes, 24 janvier 1870. D. 71. 2. 140, Rennes, 23 juillet
1873. S. 1874. 2. 36, Rennes 21 avril 1874 S. 1874. 2. 212, Civ. rej.
20 mars 1872. S. 1872. 1. 101). Elle n'a pas varié depuis cette
époque (Civ. rej. 17 mai 1876) (3).

Dufour, après avoir posé ces principes, a reculé devant leur application. Si le constructeur tombe en faillite, dit-il, l'armateur peut
revendiquer le navire inachevé. L'éminent jurisconsulte invoque,
pour justifier cette contradiction, l'article 1178 du code civil, aux
termes duquel « la condition est réputée inaccomplie lorsque c'est

---

(1) L. 37 ff. *Locati conducti.* — (2) Cf. Cresp et Laurin, t. I, p. 240. —
(3) « Attendu qu'il est constant que les deux navires dont Mahé avait en-
« trepris la construction à forfait pour le compte des armateurs... étaient
« inachevés et se trouvaient encore sur les chantiers du constructeur au
« moment où ce dernier a été déclaré en faillite; que, la propriété de ces
« navires résidant encore sur la tête de l'entrepreneur, etc. »

« le débiteur obligé sous cette condition qui en a empêché l'ac-
« complissement. » Appliquant cet article à la faillite du constructeur à forfait, il déclare que le navire, inachevé par la faute du
débiteur, doit être réputé construit. Donc la masse ne peut s'opposer à la réclamation de l'armateur. L'erreur est manifeste. Il
faudrait au moins, comme l'a très-bien expliqué M. Laurin (1),
qu'il y eût un navire : s'il n'y a pas de navire par l'inaccomplissement même de la condition, le créancier pourra bien la tenir à un
certain point de vue pour réalisée, c'est-à-dire non seulement répéter ses avances, mais encore se faire allouer en produisant à
la faillite les mêmes dommages et intérêts que si le navire achevé
n'était pas livré : ce qu'il ne pourra pas, c'est revendiquer un navire inexistant. La cour de cassation n'a pas commis cette inconséquence : puisque le navire appartenait au constructeur, dit-elle,
il appartient à sa faillite, sauf les justes dommages et intérêts dus
pour l'inexécution de l'engagement (2).

Dufour conteste le principe des dommages et intérêts en invoquant l'article 445 du code de commerce : le créancier d'une somme
d'argent n'ayant plus droit aux intérêts, seule indemnité que la loi
lui accorde, il serait injuste d'en accorder une au créancier dont le
seul titre est l'inexécution d'une obligation de faire (3). Mais si la
condition est réputée accomplie, quelle analogie établir entre une
simple créance d'intérêts et la créance de l'armateur procédant
d'un défaut de livraison, c'est-à-dire de la vente elle-même ? C'est
d'ailleurs, aux termes de l'article 445, le jugement déclaratif qui
arrête le cours des intérêts (4) : or la créance de l'armateur existe
tout entière au moment du jugement déclaratif. Elle ne serait, dans
tous les cas, assimilable qu'à une créance d'intérêts échus avant
ce jugement.

La propriété du navire se trouve-t-elle rétroactivement acquise
à l'armateur *ab initio* par l'accomplissement fictif de la condition?
Telle est l'opinion de Dufour (5); d'après cet auteur, tous les
droits que le constructeur aurait accordés *pendente conditione* s'é-
teignent en même temps que la propriété lui échappe. Il est alors
à peu près inutile de reconnaître au constructeur le droit d'engager
à la garantie de ses obligations le navire inachevé (6) : peu de gens
se contenteraient de cette affectation éphémère. La question pou-

(1) I, p. 238. — (2) Arrêt précité du 20 mars 1872. — (3) N° 586. Marseille,
19 janvier 1843. Rec. Mars, 22, 1, 241-243. — (4) Cf. Bravard, t. V, p. 185.
Req. 17 novembre 1862. D. 63, 1, 305 et la note. — (5) N°s 571 et 572. — (6) Ib.,
n° 569.

vait néanmoins être sérieusement discutée avant la loi du 10 décembre 1874, quoique même alors il fallût bien, dans le système
de Dufour, faire plier la règle *Resoluto jure dantis resolvitur jus
accipientis* en faveur des fournisseurs et des ouvriers constructeurs (1). Mais la loi du 10 décembre 1874, en permettant d'hypothéquer le navire en construction (art. 5) n'a pas voulu dire, à
coup sûr, que ce droit réel s'évanouirait au moment où la propriété
échapperait au constructeur. « Au nom de quel intérêt, lit-on dans
« le rapport de M. Grivart, se refuserait-on à admettre l'hypo-
« thèque sur un navire en construction ? Dans l'intérêt du créan-
« cier qui, acceptant pour gage une chose inachevée, peut craindre
« que le débiteur ne lui donne jamais le complément dont elle a
« besoin ? Le créancier mesurera lui-même l'étendue de ce risque
« et, s'il prête, on peut croire qu'il ne le fera qu'à bon escient. »
Voilà donc tout ce que le créancier peut craindre. L'intention du
législateur se révèle clairement. Il y aurait d'ailleurs trop d'inconséquence à laisser subsister dans ces deux cas les droits conférés
aux tiers et à les effacer dans tous les autres. La vente, après
tout, produira son effet ordinaire : en droit commun, l'acheteur
n'acquiert-il pas le navire grevé de tous les priviléges du chef du
vendeur (2) ?

Enfin il est clair que, la propriété résidant sur la tête du constructeur, les risques sont à sa charge. Telle était sur cette question
spéciale, dès le dix-septième siècle, l'opinion de Loccenius (3).

63. Ici s'appliquent nos précédentes réflexions sur la responsabilité du constructeur à forfait sauf, bien entendu, quant à la
répartition proportionnelle de cette responsabilité dans l'hypothèse
où de mauvais matériaux lui auraient été livrés, puisqu'il fournit
cette fois les matériaux comme la main d'œuvre.

La responsabilité du constructeur doit être, dans notre seconde
hypothèse, encore plus sévèrement appréciée. Il s'est présenté
comme un habile homme, versé dans toutes les branches de son
industrie, sachant à la fois discerner, employer et juxtaposer les
matériaux : or quelles ne sont pas les conséquences de cette
inexpérience (4) ! Le code italien va jusqu'à autoriser la résiliation
du contrat pour impéritie manifeste du constructeur ! (art. 317).

Delamarre et Lepoitvin (5) affirment que, d'après « les *us et*

(1) Ib., n° 572. — (2) Cf. Laurin, I, p. 233. V. toutefois l'art. 21 de la
loi du 10 décembre 1874. — (3) *De jure marit.*, l. I, c. II, n. 4. —
(4) V. Dufour, n° 588 et la citation de Stypmanus. — (5) T. V, n° 206.

« *coutumes* de notre plus vaste ressort maritime (le ressort de « Rennes), l'article 1644 du code civil ne s'applique pas aux na- « vires qui n'ont pas encore navigué. » Quels que soient ces us et coutumes, il suffit que ce navire soit manifestement impropre à la navigation pour que l'article 1644 soit immédiatement applicable. Delamarre et Lepoitvin reconnaissent eux-mêmes qu'il y a lieu de résilier en pareil cas, mais, ajoutent-ils, « moins sur le vice ré- « dhibitoire que sur l'inexécution de la convention, » ce qui est une subtilité pure. Si l'on n'a découvert le vice que pendant le premier voyage, l'armateur n'aura sans doute contre le constructeur que le droit de faire réparer, avec indemnité de retardement, dans le cas où le vice sera réparable et où la réparation devra laisser subsister les caractères essentiels du navire promis et livré (1); mais, si le vice est irréparable, il aura le choix entre l'action ré- dhibitoire et l'action *quanti minoris*.

Quand les experts choisis par le constructeur et par l'armateur, après avoir procédé en leur présence, ont déclaré le navire en bon état, puis qu'il y a eu délivrance et paiement du prix, la responsa- bilité du premier n'est pas dégagée. L'exploration des experts peut, il est vrai, leur faire reconnaître des vices qui échapperaient au premier venu; mais ils peuvent ne pas découvrir certains vices cachés : la convention de non-garantie (2) ne peut donc avoir un équivalent absolu dans une expertise ou dans tout autre fait anté- rieur à la délivrance. Par exemple le constructeur pourrait être assez longtemps responsable de la détérioration d'un doublage en cuivre : la cour d'Aix constata le 9 janvier 1875 qu'un dou- blage de ce genre, au lieu de durer trois ans et demi, n'avait duré que quatorze mois, soit parce que l'alliage des métaux n'a- vait pas été assez homogène, soit parce que le laminage avait été défectueux, et donna gain de cause à l'armateur malgré la réception, malgré le long emploi du doublage, malgré le dé- faut de convention expresse sur la garantie (3). Cet arrêt nous semble juridique.

Mais la cour d'Aix décidait en fait que la détérioration ne pou- vait être attribuée à des événements de mer. Il faut bien recon- naître que la réception suivie du paiement fait naître une présomp- tion en sens contraire et que l'armateur, au retour du voyage,

(1) Delamarre et Lepoitvin, t. V, n° 207; Caumont, v° Armateur, n° 63. — (2) Cf. Delamarre et Lepoitvin, t. V, n° 211. — (3) Marseille, 31 juillet 1874 et, sur appel, Aix, 9 janvier 1875 (Rec. Mars 1874, 1, 232, 1875, 1, 249).

devra la combattre en démontrant catégoriquement l'existence du vice caché. Dans certaines circonstances, cette preuve sera difficilement admise, par exemple s'il s'agit d'une ancre ou d'un arbre de guindeau (1).

Ce que nous disons de l'expertise amiable s'applique au certificat de visite délivré en exécution de l'art. 225 du code de commerce et au permis de navigation : ces documents établissent en faveur du bon état du navire une présomption, mais qui peut être détruite par la preuve contraire (2).

Les tribunaux devront aussi se garder de mettre à la charge du constructeur des faits postérieurs à la délivrance et personnels à l'armateur. En 1850 des armateurs de Saint-Servan avaient acheté des feuilles de cuivre affectées à un doublage et des clous destinés à le fixer : la liaison de feuilles d'un titre élevé avec des clous d'un titre inférieur, opérée par les armateurs eux-mêmes, avait amené la prompte détérioration de ce doublage. La cour de Rennes avait admis le 30 février 1855 la responsabilité des vendeurs par cela seul qu'ils avaient fabriqué les feuilles et les clous composant le doublage et que, quoiqu'ils les eussent séparément vendus, ils devaient connaître le vice relatif dont, liés ensemble, ils seraient infectés : cet arrêt fut cassé le 14 janvier 1857, et devait l'être.

64. Nous verrons plus loin que la vente d'un navire doit être faite par écrit.

Or qu'est-ce que le marché à forfait dans lequel le constructeur fournit à la fois la main-d'œuvre et les matériaux ? Il ne s'agit plus cette fois, disions-nous, d'un louage d'industrie, mais conformément aux principes généraux du droit civil, d'une véritable vente. Un tel marché doit être constaté par écrit, comme la vente elle-même. Nous renvoyons donc purement et simplement à notre commentaire de l'art. 195.

Telle est la solution du droit maritime italien : « Les contrats « pour la construction des navires, dit l'art. 316 du code de com- « merce, les pactes qui s'y réfèrent (*i patti relativi*), les explica- « tions, modifications, changements ou annulations de ces mêmes « contrats doivent être passés par écrit et transcrits sur les re-

(1) Cf. Nantes 30 janvier 1860 (Rec. Nantes, 60, **1**, 92). — (2) Ce sont les expressions mêmes d'un arrêt de la chambre des requêtes du 25 mars 1854. Cf. Bordeaux, 1er mars 1828 (D. 28, 2, 132), Paris, 20 avril 1840 (D. 41, 2, 181), Bordeaux, 8 mars 1841 (D. 42, 2, 118), Aix, 10 mars 1857 (D. 58, 2, 62), etc.

« gistres du département maritime où doit s'exécuter la construc-
« .tion, sous peine de nullité (1). »

65. Les jurisconsúltes anglais placent au premier rang des
modes d'acquisition de la propriété des navires l'acquisition par la
construction (*acquisition by construction*) (2). Ils attachent une
grande importance au contrat de construction : il est d'autant plús
utile d'en exposer rapidement après eux les principales règles que,
depuis la décadence de nos constructions navales, un plus grand
nombre d'armateurs français font appel à l'industrie britannique.

On admet généralement, par interprétation d'une loi votée sous
le règne de Georges IV (3), que le contrat de construction doit être
rédigé par écrit.

Maclachlan (4) commence par reconnaître que, même si des
à-comptes sont payables, à certaines époques fixes, au fur et à
mesure des travaux, la propriété doit *prima facie* résider sur la
tête du constructeur jusqu'à l'achèvement et la délivrance du navire, tout au moins jusqu'à ce que le constructeur soit mis à
même, par la réception des travaux, d'opérer la délivrance. Dans
l'affaire Mucklow *v.* Mangles (5), un constructeur avait terminé
l'embarcation conformément à la loi du contrat, reçu le montant
de son prix et même peint sur la poupe le nom de celui qui en

(1) L'art. 316 ajoute : « Les déclarations de participation ou cessions de
« parts d'intérêt dans un navire en construction de la part soit du commet-
« tant, soit du constructeur qui a entrepris la.construction du navire pour
« son propre compte doivent être également rédigées par écrit, à peine de
« nullité ; et elles n'ont d'effet à l'égard des tiers qu'autant qu'elles ont été
« transcrites sur les registres du département maritime où a été transcrit
« le contrat de construction. » Aux termes de l'article 317, le constructeur
ne·peut résilier le contrat que dans le cas de force majeure. En cas de mort
du constructeur, le contrat est résolu conformément aux dispositions des
art. 1642 et 1643 du code civil, en vertu desquels le commettant est tenu de
payer aux héritiers du constructeur proportionnellement au prix fixé par
la convention le montant des travaux faits et des matériaux préparés,
autant que ces travaux et ces matériaux pourront lui être utiles. Le commettant peut demander la résiliation *per manifesta imperizia o frode del
costruttore*. Hormis ces cas, le marché ne peut être résilié qu'en conformité de l'art. 1641 du code civil (le commettant peut résoudre à son gré
le marché, quand même le travail serait déjà commencé, en indemnisant
l'entrepreneur de toutes ses dépenses, des travaux déjà effectués et du bénéfice que l'entreprise aurait pu lui rapporter). — (2) V. Maclachlan,
éd. 1876, p. 1. Les jurisconsultes des Etats-Unis procèdent de la même manière. Cf. Dixon, p. 1. L'ouvrage de Dixon débute ainsi : « La propriété
« d'un navire peut être acquise par la construction. » — (3) 9 Geo. 4, c. 14,
§ 7 (Lord Tenterdin's act). — (4) p. 2. — (5) 1 Taunt. 318.

avait commandé la construction : la propriété n'en fut pas moins adjugée aux créanciers de sa faillite. La doctrine de cet arrêt, quoique critiquée, continue à être invoquée et appliquée (*to be an authority*) dans des cas analogues (1). En pareille occurrence, celui qui a commandé la construction n'aurait pu, bien entendu, transférer à autrui un droit quelconque de propriété, dont il était lui-même privé (2).

Mais cette règle comporte de nombreuses exceptions.

D'une part il se peut que la délivrance elle-même n'opère pas transmission de la propriété. Dans l'affaire Miles v. Dawson, un constructeur avait envoyé le bâtiment construit à son acheteur, en Afrique, et celui-ci l'avait renvoyé en Angleterre avec une cargaison de retour; mais le constructeur, avant d'expédier le navire l'avait enregistré sous son propre nom et n'avait remis aucun *bill af sale* : la faillite de l'acheteur ne put, en dépit de la délivrance, faire prévaloir ses prétentions (3).

D'autre part les tribunaux admettent facilement que le constructeur peut avoir, par dérogation aux principes rigoureux du droit, investi son acheteur d'une fraction dans la propriété du navire, corrélative aux avances payées. Ils le décident ainsi non seulement quand un pacte formel les y oblige, comme dans l'affaire Baker v. Gray (4), mais encore quand un ensemble de circonstances les y autorise. Maclachlan (5) cite un procès où l'acheteur, étant propriétaire du chantier dans lequel le navire était en construction, fut réputé avoir stipulé une sorte de mainmise sur ce navire, comme garantie de ses avances. Dans l'affaire Woods v. Russell (6), la cour déclara l'acheteur propriétaire parce qu'il avait reçu du constructeur le certificat qui le mettait à même d'enregistrer le navire sous son propre nom. Dans l'affaire Woods v. Bell (7), le prix était payable par à-comptes, le bâtiment était construit sous la surveillance d'un agent désigné par l'acheteur; au cours des travaux le constructeur avait, sur la demande de l'acheteur, peint son nom sur la quille du navire pour le lui affecter plus sûrement; quoique refusant à la fin d'obtempérer à l'assignation, il avait plusieurs fois reconnu que la propriété de son œuvre résidait sur la tête de l'acheteur : la cour déduisit de toutes ces circonstances que cette propriété avait réellement passé à l'acheteur au fur et à mesure des travaux qui complétaient le navire (*as she advanced*

---

(1) V. Tripp v. Armitage, 4 M. et W. 687, 698, etc. — (2) Stringer v. Murray, 2 B. et Ald. 248. — (3) Peak, add. cases, 54. — (4) 17 C. B. 462. — (5) p. 3. — (6) 5 B. et Ald. 942, 947. — (7) 5 E. et B. 772.

in her progress towards completion). La jurisprudence anglaise paraît s'engager de plus en plus dans cette voie (1) : les arrêtistes se tirent d'embarras en faisant observer, comme à propos de l'affaire Simpson, qu'il a été statué « moins d'après les principes géné « raux du droit que d'après les clauses particulières de la conven « tion. » On sait bien mieux à quoi s'en tenir avec la jurispru dence française.

Les agrès et apparaux compris dans le contrat de construction, mais encore séparés du navire au moment où le constructeur tombe en faillite, ne sont pas devenus la propriété de l'acheteur, à moins qu'ils n'aient été l'objet d'une réception préalable et distincte. Un arrêt de révision rendu à la suite d'une procédure *in error* dans l'affaire Woods *v.* Bell décida que les ferrures fabriquées pour le navire en conformité d'un plan, le bordage et les « couples » gisant sur le chantier n'appartenaient pas à l'acheteur. Même armé d'un contrat qui lui permettait d'employer les pièces fabriquées dès qu'elles seraient susceptibles d'adaptation, l'acheteur qui les avait placées dans la carcasse du navire sans les adapter effectivement au navire n'a pu s'en faire adjuger la propriété (2).

S'il peut être démontré qu'un délai a été imparti pour l'exécution et la livraison et si la construction est en retard, l'évaluation du dommage est en règle générale, équivalente à la somme qu'aurait gagnée le bâtiment, employé à un voyage ordinaire du moment où la livraison a dû être faite jusqu'à celui où elle a été faite (3).

SECTION II.

MODES DE TRANSMISSION DU DROIT CIVIL.

66. La propriété d'un navire se transmet par succession *ab intestat*, par donation entre-vifs et testamentaire.

Cresp se demande si les navires sont compris dans un legs de marchandises et paraît adhérer à cette opinion de Pardessus : « Un navire ne serait pas compris dans la clause d'un acte ou dans « la disposition d'une loi qui ne concernerait que les marchan « dises. » M. Laurin, tout en rappelant, d'accord avec la plupart

(1) V. Simpson *v.* The Creditors of Duncannon, Aug. 2, 1786. — (2) Ba ker *v.* Gray, 17 C. B. 462, Brown *v.* Bateman, L. R. 2, C. P. 272. — (3) Wil liams *v.* Allsup, 30 L. J. (CP.), 853 ; 10 C. B, N. S. 417.

des auteurs, qu'il y a ici avant tout une question de fait et une interprétation de volonté, soutient avec raison (1) que, dans la plupart des cas, quant au legs de marchandises, la solution inverse devrait être adoptée. Le navire, ainsi que le dit Cresp lui-même, est un intrument et un objet de commerce : un constructeur ou un armateur qui lègue toutes ses marchandises n'a-t-il pas entendu léguer ses navires? « Attendu, disait le 17 novembre 1862 la cour « de cassation (2) interprétant l'art. 486 du code de commerce, que « ces expressions : effets mobiliers et marchandises embrassent « toutes les valeurs de la faillite à l'exception des immeubles; « qu'elles comprennent donc les navires... » Toutefois cette interprétation du mot marchandises ne devrait pas être inflexiblement étendue aux dispositions testamentaires, par exemple au testament d'un négociant qui ne serait ni armateur ni constructeur.

67. J'arrive à la vente. Elle peut être volontaire ou forcée. Je vais m'occuper de la vente volontaire.

L'art. 195 du code de commerce est ainsi conçu :

« La vente volontaire d'un navire doit être faite par écrit et « peut avoir lieu par acte public ou par acte sous seing privé.

« Elle peut être faite pour le navire entier ou pour une portion « de navire,

« Le navire étant dans le port ou en voyage. »

Cette étude peut être ainsi divisée :

> § I.   De la nature de la vente et des choses qui peuvent être vendues.
> § II. Formes de la vente.
> § III. Effets de la vente.
> § IV. Vente à l'étranger.
> § V.   Droit fiscal.

§ I.

De la nature de la vente et des choses qui peuvent être vendues.

On a cessé d'hésiter sur le sens des articles 1582 et 1583 du code civil; il est certain que la vente a pour objet de conférer à l'acheteur non pas seulement la libre possession de la chose à titre de propriétaire, mais la propriété. C'est pourquoi les tribunaux, avant d'imprimer à un contrat cette qualification, doivent se demander

---

(1) T. I, p. 241. — (2) D. 62, 1, 532

si les contractants ont eu réellement la translation de la propriété pour objet. C'est la question qu'avait à résoudre le tribunal de commerce de Marseille le 2 juin 1875. (1). L'acte réservait au prétendu vendeur le droit de reprendre le navire après un délai fixé en remboursant les sommes reçues avec intérêt à un taux déterminé, faute de quoi il serait vendu aux enchères, et stipulait d'autre part que, pendant le même délai, ce prétendu vendeur paierait les dépenses de la navigation, encaisserait les bénéfices, supporterait les pertes. Ce n'était pas une vente sérieuse, et c'est à bon droit que le tribunal dénia au prétendu acheteur l'exercice des droits que l'art. 232 du code de commerce eût conférés à l'acheteur réel, devenu propriétaire du navire (2).

On déguise souvent, dans la pratique commerciale, un nantissement de navire sous une vente simulée. Aux termes de l'article 2076 du code civil, le privilége n'existe sur le gage que si ce gage a été mis et est resté en la possession du créancier ou d'un tiers convenu. Pour ne pas priver le débiteur de la possession de son navire, la jurisprudence admet, nous le verrons plus loin, qu'une vente apparente faite soit au créancier, soit au tiers désigné par lui peut équivaloir au nantissement lui-même (3). Mais il faut tout au moins alors, nous le verrons aussi, que l'accomplissement des formalités requises par la loi de vendémiaire an II permette d'opposer la vente aux tiers. Dans une espèce où, la vente demeurant occulte, le créancier n'avait pas été mis en possession effective du navire vendu, la cour de cassation a pu juger qu'il n'y avait pas eu constitution de gage, mais que « la possession conservée par le « débiteur avait eu pour but de limiter l'effet de la vente et de per- « mettre au vendeur de reprendre, à l'expiration d'une participa- « tion, la chose vendue (4). » Les tribunaux ont donc à démêler, le cas échéant, s'il y a constitution de gage ou vente. C'est à eux qu'il appartient d'apprécier l'intention des parties et de donner au contrat sa physionomie véritable.

La vente des navires consistant, comme toutes les autres, dans une translation de la propriété, la vente du navire d'autrui est nulle conformément à la règle générale posée dans l'article 1599 du code civil. Cette nullité pourrait d'ailleurs être couverte même par une ratification tacite, mais pourvu qu'on invoque à l'encontre

(1) Rec. Mars 1875, I, 281. — (2) « Attendu que la propriété du navire avec « ses risques, que l'exploitation même du navire avec ses chances de bénéfice « ou de perte sont donc restées aux sieurs Piancos frères et que le sieur « Embericos est un simple créancier, etc. » — (3) V. notamment civ. cass. 9 juillet 1877, S. 1877, 1, 369. — (4) Req. 25 mars 1872. D. 72, 1, 368.

du propriétaire dépouillé des actes volontaires d'exécution impliquant de sa part l'intention bien nette de renoncer à son droit (1).

Le droit de suite des créanciers privilégiés s'éteignant après un voyage en mer sous le nom et aux risques de l'acquéreur, cette cause d'extinction est-elle applicable au droit de propriété survivant à la prise de possession de bonne foi par un acheteur *a non domino ?* Pardessus l'a pensé. Mais ainsi que le fait observer M. Bédarride (2), on dépouillerait ainsi le vrai propriétaire avant qu'il connût la vente et la nécessité d'agir. Les privilèges s'éteignent d'ailleurs par des causes multiples, notamment par des modes de purge dont la propriété est affranchie. Il serait contraire à l'économie générale de notre législation, M. Labbé l'a très-bien démontré, d'étendre d'office au droit de propriété la cause d'extinction des privilèges écrite dans l'article 194 (3).

68. La propriété du navire se décompose, d'après nos usages maritimes, en vingt-quatre parts ou quirats. Il est à peine utile de faire remarquer que ces parts sont elles-mêmes susceptibles de subdivision.

Ce fractionnement a existé dans tous les temps et dans tous les lieux. « La nef est à deux hommes ou à trois, » dit l'article premier des rôles d'Oléron. Les vieilles lois islandaises (4), celles des pays riverains de la Baltique (5), la coutume d'Amsterdam (6), les lois hanséatiques, le consulat de la mer, le statut anconitain de 1397 (7), l'ancien droit maltais (8), la coutume de Valence (1250) (9), l'ordonnance aragonaise de 1340 (10) et une foule d'autres documents consacrent ce régime de la propriété des navires et en règlent les conséquences juridiques.

Les rédacteurs de notre code, en décidant que la vente pourrait être faite pour le navire entier ou pour une portion de navire, ont entendu proclamer la liberté complète des quiratiers quant à l'aliénation de leur part. Il n'était pas inutile d'énoncer cette règle. Beaucoup d'anciennes lois maritimes, par exemple le statut de la ville de Wisby (11), les recès hanséatiques de 1591 et de 1614 (12), le code maritime suédois de Charles XI (13) réservaient aux copro-

---

(1) Civ. cass. 18 janvier 1870. S. 70, 1, 145. — (2) 2ᵉ éd. I, n° 161 *ter.* — (3) S. 70, 1, 145. — (4) Gragas, sect. X, ch. 2; Jons-bog, c. 25. Pardessus, III, 62, 84. — (5) Statut de la ville de Wisby, code danois de 1683, ib. III, 123, 179. — (6) Art. 29 s., Pardessus, I, 416. — (7) Ib. V, p. 116 s. — (8) Pragmatique du 1ᵉʳ septembre 1697, tit. III, ch. 2. Le patron doit avoir trois parts. Pardessus, VI, 339. — (9) Rubr. XVI, § 3, ib. V, p. 334. — (10) Art. 25, ib. V, p. 361. — (11) Ch. XVII. — (12) Pardessus, II, 536. — (13) 3ᵉ partie, ch. V., Pardessus, III, 562.

priétaires un droit de préemption (1). Le consulat de la mer conférait un droit de ce genre au patron (*senyor de la nau*) (2). D'après Cleirac, au contraire, les participants ne peuvent exercer la préemption qu'à l'encontre du maître (3) parce que la transmission de la part, entraînant celle de la maîtrise, pouvait les exposer à un danger tout spécial. Rien de tout cela ne subsiste, et le législateur a bien fait de s'en expliquer.

Le code allemand s'explique encore plus catégoriquement (art. 470) : « Tout copropriétaire, dit-il, peut en tout temps et sans le « consentement des autres copropriétaires aliéner tout ou partie « de sa part d'intérêt dans le navire. Les copropriétaires n'ont « aucun droit à la préemption légale. Toutefois l'aliénation d'une « part d'intérêt qui entraînerait pour le navire la perte du droit de « porter le pavillon national ne peut être valablement effectuée « qu'avec le consentement de tous les copropriétaires (4). » L'article 1323 du code portugais n'est pas moins net : « Tout copro- « priétaire peut céder, transférer ou vendre sa part d'un navire « sans avoir prévenu les intéressés et même contre leur volonté. » Le code italien se contente d'assimiler incidemment la vente du navire et la vente d'une portion de navire, et Luigi Borsari, commentant l'art. 288, fait observer que le navire est une entité idéalement divisible en parts minimes. Le code maritime égyptien procède de même (art. 1 et 3). Le code espagnol, au contraire, maintient franchement le droit de préemption (5). De même, en Nor-

(1) Cf. sur le droit de préemption Wedderkop, lib. III, tit. II, § X et XI. Ce droit devait s'exercer dans un certain délai à partir du jour où les *consortes* avaient appris la vente. L'ancien droit prussien ne leur accordait que trois jours. D'après la même législation, si plusieurs copropriétaires se présentaient, le plus diligent devait être préféré (*prœvenientis partes sint potiores*). — (2) ... « Alors seulement (au retour) il (le navire) peut être li- « cité entre un actionnaire et le patron, à la demande de l'un ou de l'autre. « Mais l'actionnaire doit toujours donner au patron le choix de prendre sa « part ou de lui abandonner la sienne, et ce choix est laissé au patron à « moins qu'il n'y ait enchère publique. » — (3) Jurid. de la mar., art. 2, n. 16. Rôles d'Oléron, art. n° 4. — (4) L'art. 471 ajoute : « Le copropriétaire « qui a aliéné sa part d'intérêt est considéré comme copropriétaire vis à « vis les autres armateurs tant que l'aliénation n'a pas été notifiée par lui « et par l'acquéreur aux copropriétaires ou à l'armateur correspondant, et « demeure responsable comme tel envers les autres armateurs de tous les « engagements contractés avant cette notification. Toutefois l'acquéreur de « la part d'intérêt est tenu dès l'époque de l'acquisition comme coproprié- « taire envers les autres armateurs... » — (5) Art. 612 : « Les cointéressés « jouiront, à prix égal, du droit de préférence sur la vente de la part de l'un « d'eux pourvu que la proposition en soit faite dans les trois jours de l'acte « de vente et que le prix soit consigné. »

wège, « personne n'a le droit de vendre sa part dans un navire
« sans offrir cette part à ses coarmateurs au prix même qui lui est
« proposé. Si une part est vendue en violation de cette règle, les
« coarmateurs peuvent la rechercher en payant la somme fixée
« par le tribunal, pourvu qu'ils agissent dans le délai de trois
« mois après avoir connu la vente (1). »

Le *Merchant shipping act* de 1854 (art. 37) contient sur cette
matière des dispositions spéciales qu'il est bon de signaler. La propriété d'un navire est divisée en soixante-quatre parts (par. 1). Toutefois on ne peut enregistrer à la fois plus de trente-deux personnes
(*individuals*) comme propriétaires d'un seul navire (par. 2) (2).
Nul ne peut être enregistré comme propriétaire d'une fraction de
part (*fractional part of a share*), mais toute réunion de personnes
n'excédant pas cinq peut être enregistrée comme propriétaire
d'une ou plusieurs parts (par. 3). Les copropriétaires sont, dans ce
cas, enregistrés sous un seul nom et ne peuvent disposer isolément
(*in severalty*) de leur portion (par. 4). Une corporation peut être
enregistrée comme propriétaire sous sa dénomination (par. 5) (3).

Aux Etats-Unis, on distingue entre les copropriétaires non associés (*part owners*) et les copropriétaires associés (*partners*).
L'état de *part ownership* est la règle et se présume : l'état de
partnership est l'exception. Nous parlerons ultérieurement des
partners. Quant aux *part owners*, chacun d'eux peut vendre sa
part d'intérêt sans le consentement des autres copropriétaires.

69. Il importe peu, dit encore l'art. 195, que le navire soit dans
le port ou en voyage. Il n'en était pas de même au moyen-âge.
« Si quelque actionnaire, dit le consulat de la mer (4), veut vendre
« la portion d'intérêt qu'il a dans le navire, il doit auparavant en
« donner connaissance au patron (*senyor de la nau*), ce que doit
« faire aussi l'acheteur. Si le patron s'y refuse, l'acheteur ne peut
« entrer en possession de la part qu'il veut acquérir jusqu'à ce
« que le navire ait terminé son voyage, par la raison qu'il pour-
« rait par malveillance ôter le commandement au patron. C'est
« par ce motif que les actionnaires ne peuvent pas provoquer la

(1) Art. 7 du code de 1860 : « Quand une part de navire, ajoute cet article,
« est vendue à l'encan public et que les armateurs en sont informés, les sti-
« pulations de ce paragraphe ne reçoivent pas d'application. » — (2) Sans
préjudice des droits des tiers non portés sur le certificat d'enregistrement
(*represented by or claiming under or through any registered Owner or
joint Owner*). — (3) Cf. art. 39, 55-60 et les états E et F annexés au *merchant shipping act.* — (4) Ch. X, Pardessus, t. II, p. 62.

« licitation, du navire contre le patron jusqu'à ce qu'il ait achevé
« le voyage... »

Il est d'ailleurs certain que ces mots « dans le port ou en voyage »
doivent être entendus *lato sensu*. Le navire, absent ou présent,
peut être l'objet d'une vente volontaire.

Il n'est pas moins clair que, si le navire absent avait péri au
moment du contrat, la vente serait nulle : on ne peut pas vendre
un navire qui n'existe plus (1) (art. 1601 c. civ.) Exceptons avec
Delamarre et Lepoitvin (2) le cas où les parties auraient nettement
voulu faire un marché aléatoire « à toutes chances » : on a moins
vendu le navire, comme dit Dufour, que la chance de l'existence
du navire (3).

Mais, dans ce cas, si la chose vendue était assurée, l'acheteur,
en cas de perte, ne sera-t-il pas subrogé de plein droit à l'indemnité d'assurance ? Il en pourrait être ainsi en Belgique où la loi
du 16 décembre 1851 (art. 10) subroge l'indemnité aux biens assurés (cf. art. 10, § 3, l. 11 juin 1874) (4) : en France, la solution négative est généralement adoptée par la doctrine et par la jurisprudence (5). L'effet des conventions, aux termes de l'article 1165 du
code civil, se concentre entre l'assureur et l'assuré : l'indemnité à
payer par l'assureur n'est d'ailleurs ni l'équivalent ni la représentation ni le résidu du navire perdu, mais la compensation de
la prime annuelle, le produit d'un contrat entièrement distinct de
la vente du navire et absolument étranger à l'acheteur : donc elle
ne saurait à aucun titre lui être attribuée.

Aux yeux de M. Laurin, cette solution n'est pas conciliable avec
la loi du 10 décembre 1874. On sait qu'aux termes de cette loi
(art. 17), les droits des créanciers hypothécaires s'étendent à l'indemnité d'assurance par l'effet d'une subrogation de plein droit (6).
Or peut-on admettre que cette indemnité, quand elle est ouverte
et acquise, soit envisagée comme « la représentation du navire (7) »

---

(1) Ainsi l'avait déjà décidé la cour de cassation par arrêt du 5 frimaire
an XIV, dont les faits étaient antérieurs à la promulgation de nos lois modernes (Merlin, Rép., v° Vente, § 1, art. 1. — (2) T. III, n°s 70 s. — (3) II, p. 194.
— (4) V. ann. de législ. comparée 1875, p. 423 et la note 1. — (5) Cf. civ.
cass. 28 juin 1831 ; Req. 20 déc. 1859 et le rapport de M. Nachet (J. d. p. 1860,
p. 147); Douai, 3 janvier 1873 (J. d. p. 1873, p. 1107); Troplong, Hypoth. IV,
n° 890 ; Quénault, assur. terr., n° 314 ; Goujet et Merger, v° assur. terr.,
n° 288, etc. V. encore civ. cass., 11 août 1863, D. 63, 1, 363. — (6) « Ils s'exer-
« cent également dans l'ordre des inscriptions sur le produit des assurances
« qui auraient été faites par l'emprunteur sur le navire hypothéqué. » —
(7) Rapport de M. Grivart.

à l'égard des créanciers hypothécaires et cesse de l'être à l'égard des autres intéressés, par exemple de l'acheteur (1)?

J'ai consulté sur cette question spéciale l'honorable rapporteur de la loi du 10 décembre 1874. M. Grivart m'a répondu qu'on s'était précisément demandé, dans le sein de la commission nommée par l'Assemblée nationale, si la subrogation de plein droit à l'indemnité d'assurance devait être exclusivement restreinte aux créanciers hypothécaires et qu'on avait affirmativement résolu la question : cette « innovation considérable (2) » n'avait d'autre but que de favoriser l'essor et le développement de l'hypothèque maritime (3). Je n'adhère pas à l'opinion de M. Laurin.

En tout cas, il ne s'agit dans la loi du 10 décembre 1874 que de la subrogation au droit « sur le produit des assurances. » Si l'indemnité n'est pas acquise, les créanciers hypothécaires ne sont pas subrogés au droit éventuel qui ne s'ouvrira peut-être jamais. Il est impossible même aux partisans du système que nous venons de réfuter de concevoir dans la même hypothèse que l'acheteur soit subrogé légalement aux droits et aux obligations des vendeurs assurés. Peut-être eût-il répudié ce contrat; soit que la prime lui parût trop forte, soit que la compagnie d'assurances fût peu solvable, etc., etc. La subrogation ne pourrait résulter que d'une clause expresse assimilable à une véritable cession de la police.

§ II.

Formes de la vente.

70. Valin, commentant le titre X (art. 3) du livre II de l'ordonnance de 1681, suppose qu'un bâtiment de mer peut être vendu verbalement. Notre loi du 27 vendémiaire an II consacre un tout autre système : « Toute vente de bâtiment ou de partie de bâtiment, « dit-elle (art. 18), sera faite par devant un officier public. » L'article 195 du code fut d'abord ainsi rédigé : « La vente volontaire « d'un navire peut être faite par acte public ou par acte sous si- « gnatures privées. » La règle législative de l'an II était clairement abrogée; mais on aurait pu se demander si celle de 1681 subsistait encore. Jaubert proposa d'exprimer « plus positivement » que la vente devrait « toujours » être faite par écrit, et cette disposition

(1) V. Laurin, t. I, p. 278. — (2) Même rapport. — (3) Cf. Rev. crit. de législ. et de jurispr. ann. 1877, p. 143 (article de M. Lyon Caen).

additionnelle fut adoptée (1). La « valeur et l'importance spé-
« ciale (2) » des navires ont amené cette dérogation à l'article 109
du code de commerce.

La plupart des législations modernes reconnaissent, comme la
nôtre, la nécessité d'un acte écrit. L'article 288 du code italien
exige un écrit, public ou privé, à peine de nullité (*sotto pena di
nullità*). « La propriété des navires en tout ou en partie, dit l'ar-
« ticle 309 du code hollandais, ne pourra être transférée qu'en vertu
« d'un acte écrit et transcrit sur un registre public à ce spéciale-
« ment destiné. » « Un navire de plus de six tonneaux, disent
« les codes portugais (art. 1290) et argentin (1015) ne peut être
« vendu en tout ou en partie que par acte écrit (3). » Quelques
codes plus rigoureux adoptent le système qui prévalut chez nous
en l'an II : l'Espagne exige un acte public (4), l'Egypte un acte
public devant un tribunal de commerce ou une chancellerie commerciale si la vente a lieu dans l'empire ottoman et par devant
un consul de la Sublime-Porte si elle est faite en pays étranger (5), etc.

Ce point est réglé par onze articles du *Merchant shipping act*
de 1854, précédés de la rubrique *Transfers and transmissions*
(art. 55-65). La question de savoir si la vente devait être nécessairement faite par écrit avait été longuement débattue. La cour du
banc de la Reine avait jugé qu'un acte écrit n'était pas absolument indispensable (6). Cette doctrine perdait chaque jour un peu
plus de terrain quand elle fut définitivement condamnée par lord
Stowell, « la plus grande autorité qui puisse être invoquée dans
« une question de ce genre, » dit Maclachlan (7). Un navire enregistré, dit l'art. 55 de l'*act*, quand on veut en disposer au profit
de gens aptes à être propriétaires de navires anglais, est transféré
par un acte de vente (*bill of sale*), et ce *bill of sale* doit contenir
une description du bâtiment semblable à celle qui se trouve déjà
sur le certificat d'enregistrement : le transfert doit s'exécuter en
présence d'un témoin au moins et être attesté par lui. Un modèle

---

. (1) Locré, t. XVIII, p. 296-305. — (2) Expressions d'un arrêt de la cour de
cassation du 16 mars 1864. — (3) Le code argentin ajoute : « ... transcrit
« sur un registre public tenu à cet effet. » — (4) Art. 586 du code de commerce. — (5) Art. 3 du code marit. Cf. art. 468 du code brésilien. La vente
des navires destinés à la navigation de haute mer doit être faite par acte
public enregistré au tribunal de commerce du domicile du propriétaire ou
armateur (Oudin, concord., p. 136). — (6) Benyon *v* Creswell, 8. Q. B. 899.
— (7) V. le texte de la solution de lord Stowell dans l'ouvrage de Maclachlan
(éd. 1876), p. 81.

de *bill* est annexé à l'*act* (modèle E) : après les déclarations relatives au nom, à l'origine du navire, à son port d'enregistrement, à ses dimensions, à son tonnage, etc., ce modèle contient la formule suivante : « Je soussigné, de..., dans le comté de..., étant « propriétaire de... parts dans le navire ci-dessus décrit, en con- « sidération de.., livres payées à moi, par C. D, de... dans le « comté de..., transfère par les présentes audit..., lesdites « parts. » L'acheteur doit faire des déclarations analogues, énumérées dans plusieurs autres modèles annexés à l'*act*. Le *bill of sale* et la déclaration de l'acquéreur sont remis au bureau d'enregistrement : l'enregistreur enregistre chaque transfert dans l'ordre où ces documents lui sont produits (art. 57). Il ne s'agit, on le voit, dans ce chapitre de l'*act*, que de navires ayant obtenu la nationalisation dans les formes légales et destinés à naviguer sous pavillon anglais. MM. Hoechster et Sacré font observer avec raison que la loi ne trace aucune forme particulière de transmission quand il ne s'agit plus que des navires construits en Angleterre pour être vendus à des étrangers (1). « Si un bâtiment cons- « truit à l'étranger, dit en outre Maclachlan (p. 25), est vendu en « Angleterre, il est valablement aliéné par le seul effet du *bill of* « *sale*, universel instrument de transfert d'après la coutume de « tous les pays maritimes et aux seules conditions qu'exige la loi « de son port d'attache. » Le *Merchant shipping act* règle toutefois, je l'ai dit plus haut, le cas où le bâtiment est vendu à des gens sans qualité pour posséder des navires anglais et partant cesse d'être anglais; il faut prévenir dans un certain délai, sous peine d'amende, l'enregistreur du port d'attache, à défaut tout autre enregistreur, ou même, à défaut d'enregistreur, le consul anglais, et déposer aux mains d'un de ces fonctionnaires le certificat d'enregistrement, afin que le bureau du port d'attache puisse à la fois recouvrer ce titre de nationalité britannique et mentionner sur ses registres ce changement définitif dans la propriété (art. 53) (2).

L'américain Dixon rappelle, dans son traité de droit maritime,

----

(1) Les mots *registered* ou *British ship* se retrouvent à chaque ligne de ces onze articles. Le mot *British* est toujours souligné. — (2) L'art. 62 prévoit en outre le cas où, par suite de décès ou de mariage, un navire *anglais* est transmis à une personne n'ayant pas qualité pour le posséder : celle-ci peut s'adresser au tribunal compétent et requérir la vente : ce tribunal peut accorder ou refuser l'ordre de vente (*order for sale*) : s'il l'accorde, il investit à cette fin un tiers du droit de transférer légalement le navire comme s'il en était propriétaire.

l'opinion du juge Story, conçue en ces termes (1) : « L'usage
« général des nations civilisées veut que la translation de la pro-
« priété des navires s'opère par un *bill of sale* ou par tout autre
« acte écrit. La nature de ce grand instrument de transport, les
« intérêts du commerce et de la navigation, la nécessité de fournir
« dans les ports étrangers et sur l'Océan certaines preuves de pro-
« priété indépendamment de la simple possession ont proba-
« blement conduit à l'adoption de cet usage. Je n'ai pas été ca-
« pable de trouver dans la jurisprudence anglaise une seule espèce
« où il ait été jugé que la propriété d'un navire pouvait être
« transférée par la simple délivrance et sans acte écrit (2). » Aux
Etats-Unis, le statut dit *of Registration* dispose que, dans un cas
quelconque de vente ou de transfert, il faudra présenter un *bill of
sale* ou tout autre acte écrit analogue : autrement le bâtiment ne
pourrait pas être l'objet d'un nouvel enregistrement. Dixon déduit
de ce texte qu'une translation de propriété purement verbale, même
suivie de possession, ne donne pas à l'acquéreur le droit de réclamer un nouveau certificat d'enregistrement, propre à manifester sa propriété *(setting forth his ownership)*. Mais il ne faudrait
pas aller plus loin. Rien, dans le statut, n'empêche que la propriété n'ait passé du vendeur à l'acheteur. Le navire non enregistré aura purement et simplement perdu, avec son caractère
national, les priviléges attachés à la nationalité américaine. Il
semble toutefois qu'aux termes d'une loi du 29 juillet 1850 (3) la
propriété ne puisse plus être transmise à l'égard des tiers s'il
n'existe un *bill of sale* ou tout autre acte écrit, cette loi ne
maintenant l'effet du contrat qu'entre les contractants jusqu'à
l'inscription de l'acte *(bill of sale, mortgage, hypothecation or
conveyance)* sur un registre public.

Le code allemand n'a pas adopté la règle du nôtre : « En cas
« de vente d'un bâtiment ou d'une part d'intérêt dans un bâtiment,
« dit l'art. 439, l'acte translatif de propriété requis par le droit
« civil peut être remplacé par une convention portant que la pro-
« priété passera immédiatement à l'acquéreur. Dans tous les cas
« de vente d'un bâtiment ou d'une part d'intérêt dans le navire,
« dit l'art. 440, chacune des deux parties *peut* demander qu'il lui
« soit délivré à ses frais un acte en bonne et due forme constatant
« l'aliénation. »

Les savants jurisconsultes qui rédigèrent en 1867 un projet de

(1) Ohl *v.* Eagle, Ins. Co., 4 Mason, 390. — (2) V. toutefois l'arrêt précité
de la cour du banc de la Reine. — (3) V. Dixon, n° 17.

révision du livre II du code de commerce préféraient le système
de notre ancien droit et du code allemand au système consacré
par le législateur de 1870. Le nouvel article 194 était ainsi rédigé :
« La vente d'un navire peut être établie par tous les moyens de
« preuve énoncés en l'article 109. Néanmoins la vente totale ou
« partielle d'un navire n'est opposable aux tiers qu'autant qu'elle
« est mentionnée sur l'acte de francisation. » La « note explie-
« cative » jointe au projet nous fait connaître le mobile de la commission : « Entre le vendeur et l'acheteur, y lit-on (1), les tri-
« bunaux se sont vus dans la nécessité de méconnaître, faute de
« preuve écrite, des ventes dont l'existence était certaine pour
« leur conscience, et la mauvaise foi des contractants a trouvé un
« refuge assuré dans le formalisme de la loi. » Je crois, en effet,
qu'on pourrait se passer d'un acte écrit quand il ne s'agit que de
prouver la vente entre les parties contractantes. Mais c'est le code
de 1807 qu'il s'agit de commenter.

71. La vente volontaire d'un navire, dit l'art. 195, peut avoir
lieu par acte public. Cela signifie qu'elle peut être faite par devant
les officiers publics compétents.

Quels sont ces officiers publics ?

En premier lieu les notaires. L'article 3, tit. X, l. II de l'ordonnance de 1681 dit que « la vente d'un vaisseau étant en voyage
« *ou faite sous seing privé* ne pourra préjudicier aux créanciers
« du vendeur. » « Il y a omission dans l'article, dit Valin (2),
« et avant ces mots *ou faite sous seing privé*, il faudrait supposer
« ceux-ci : *qu'elle soit faite par devant notaires*, de manière que je
« voudrais lire l'article comme s'il était conçu en ces termes : *La*
« *vente d'un vaisseau étant en voyage, qu'elle soit pardevant no-*
« *taires ou faite sous seing privé, etc.* » Ainsi quand Valin veut
opposer une vente par acte public à la vente sous signatures privées, il suppose que la vente se fera pardevant notaires, et ne
cherche pas une autre formule.

Le code de 1807 n'a pas enlevé ce droit aux notaires. Mais, en
fait, cette classe d'officiers publics n'en profite guère. Un membre
de la chambre de commerce de Marseille, que nous consultions
sur ce point, nous écrivait que les notaires de cette ville n'avaient
pas, depuis vingt ans, prêté leur concours à plus de deux ventes
volontaires et non publiques de bâtiments de mer.

En fait la plupart de ces ventes se font par l'entremise des courtiers maritimes, que le code de commerce appelle « courtiers in-

(1) p. 22. — (2) T. I, p. 610.

« terprêtes et conducteurs de navires. » Ni l'ordonnance de 1681
ni le code de 1807 ne leur avaient conféré cette attribution. « Leur
« spécialité, dit un arrêt de Douai (20 décembre 1872) (1), leur
« donne une aptitude spéciale pour tout ce qui se rapporte aux né-
« gociations relatives aux navires. » La cour de Douai pouvait
invoquer, outre cette « aptitude spéciale, » l'article 2 de l'ordon-
nence du 14 novembre 1835, ainsi conçu : « Les tarifs à percevoir
« par les courtiers maritimes, qui nous seront soumis par notre
« ministre du commerce, distingueront les rétributions affectées
« aux différents services dont les courtiers pourront être requis,
« savoir... 3° la vente des bâtiments. » A Marseille, ces officiers
publics prêtent leur concours à presque toutes les ventes d'un navire entier : on ne s'en passe guère que dans les ventes partielles.
Il arrive encore quelquefois dans ce port que le courtier maritime,
après une vente sous seing privé, est constitué « dépositaire de
« l'acte pour le communiquer aux parties suivant leurs conve-
« nances. »

Les courtiers maritimes ont le droit exclusif de procéder à la
vente publique et volontaire des navires.

L'article 1 de la loi du 28 mai 1858 est ainsi conçu : « La vente
« volontaire aux enchères, en gros, des marchandises comprises
« au tableau annexé à la présente loi, peut avoir lieu par le minis-
« tère des courtiers sans autorisation du tribunal de commerce. »
Toutefois ce premier tableau ne comprenait pas les bâtiments de
mer. Mais ceux-ci figuraient sur les tableaux dressés dans la plupart de nos ports en exécution du décret du 17 avril 1812
(art. 2) (2).

Aussi les commissaires-priseurs de Calais ayant, en 1860, con-
testé à un courtier maritime de cette ville le droit de procéder à la
vente sur licitation d'un navire, provoquée d'un commun accord
par des copropriétaires majeurs, leur prétention fut repoussée par
le tribunal civil de Boulogne (3), « attendu qu'aux termes de la
« loi du 28 ventôse an IX, il a été créé près des bourses de com-
« merce des courtiers chargés à divers titres des négociations
« commerciales et qu'une ordonnance du roi, en date du 14 no-
« vembre 1835, publiée pour l'exécution et l'application tant de la

(1) D. 73, 5, 150. — (2) « Dans les autres villes de notre Empire, les tribu-
« naux et les chambres de commerce dresseront un état des marchandises
« dont il pourrait être nécessaire, dans certaines circonstances, d'autoriser
« la vente à la Bourse et aux enchères par le ministère des courtiers de
« commerce. » — (3) D. 61, 3, 48.

« loi précitée que de l'arrêté du 29 germinal an IX, a compris la
« vente des bâtiments au nombre des opérations attribuées à ceux
« des courtiers de commerce désignés comme interprètes conduc-
« teur de navires ; que les navires sont compris dans le tableau
« dressé par les membres du tribunal de commerce de Calais. »

Un décret des 8-22 mai 1861 (1) vint ajouter les navires, agrès
et apparaux au tableau des marchandises qui pouvaient être vendues aux enchères par le ministère des courtiers, conformément à
la loi du 28 mai 1858. Un décret du 30 mai 1863 (2) rangea de
nouveau les « agrès et apparaux de navires, » « les navires et
« autres bâtiments » au nombre des marchandises dont la vente
publique est réservée aux courtiers. Dans l'intervalle d'un décret
à l'autre avait été promulguée la loi du 3 juillet 1861 qui conférait
aux courtiers le droit de procéder à toutes les ventes aux enchères
de marchandises de toute espèce, autorisées ou ordonnées par les
tribunaux de commerce soit après décès ou cessation de commerce
et dans les autres cas de nécessité dont l'appréciation leur est
soumise, soit dans les divers cas prévus par le code de commerce.
« Le projet, lisait-on dans l'exposé des motifs de cette dernière
« loi, n'entend point innover en ce qui touche les ventes de navires
« faites sur saisie, qui sont réglementées par les art. 197 et suiv. c.
« com., et dont la connaissance appartient aux tribunaux civils....
« Il ne s'agit que des ventes ordonnées ou autorisées par la jus-
« tice consulaire. »

La loi du 3 juillet 1861 fut appliquée par la cour de Rouen dès
le 29 décembre 1861 (3) à la licitation d'un navire indivis entre
plusieurs négociants associés en participation, ordonnée ou autorisée par le tribunal de commerce du Havre. L'arrêt rappelle que
les ventes de navire sur saisie, ordonnées par la justice civile,
échappent seules à l'application de la loi du 3 juillet 1861. « Cette
» solution est d'autant plus certaine, ajoute-t-il, que d'après les
« motifs et la discusssion de cette loi, le législateur a voulu donner
« en cette matière plus d'extension au pouvoir des tribunaux con-
« sulaires et aux attributions des courtiers pour remédier au dom-
« mage qu'éprouvait le commerce maritime par les prescriptions
« trop restreintes de la loi du 28 mai 1858. »

Mais, parmi les courtiers de commerce, auxquels le législateur
réservait-il le droit exclusif de procéder à la vente volontaire et
publique et aux ventes qu'il y assimile ? « Le décret du 30 mai 1863,
« dit Alauzet (4), est de nature à faire naître un conflit d'attribu-

(1) D. 61, 4, 61. — (2) D. 63, 4, 122. — (3) D. 62, 2, 86. — (4) II, n° 752.

« tion entre les courtiers de marchandises et les courtiers mari-
« times. » A notre avis comme au sien ni la loi du 28 mai 1858 ni
le décret du 30 mai 1863 ne se sont prononcés sur cette question, et
l'ordonnance du 14 novembre 1835 reste intacte. La cour de Douai
a donc bien fait de refuser aux courtiers de marchandises et de
garder aux courtiers interprètes, « conformément à l'usage immé-
« morial et universel, » la vente publique des bâtiments de mer
(20 décembre 1872) (1). Deux commissaires priseurs de Dunkerque
ayant procédé le 20 novembre 1875 à une opération de ce genre et
invoquant un usage qui se serait établi soit à Dunkerque, soit à
Calais, quant aux navires échoués, en faveur de leur corporation,
la même cour a non moins justement repoussé leur prétention,
proclamant une fois de plus pour toutes les ventes publiques et volontaires de navires la « compétence spéciale et privilégiée » des
courtiers maritimes (3 mai 1876).

On sait que la loi du 18 juillet 1866 n'atteignit pas les courtiers
maritimes. La commission du corps législatif (2) avait refusé tout
d'abord de « reconnaître dans leurs fonctions les éléments consti-
« tutifs de l'office public, *munus publicum,* qu'on retrouve toujours
« dans les fonctions de notaire, d'avoué ou d'huissier (3) » et
proposait de proclamer en cette matière comme en toute autre la
liberté du courtage. Mais le Conseil d'Etat n'adhéra point à cette
opinion, qu'avait combattue par anticipation l'exposé des motifs (4). M. Nogent-Saint-Laurens (5) démontra que les courtiers
conducteurs et interprètes « exercent de véritables fonctions no-
« tariales et doivent, par cette raison, à la différence des courtiers
« de marchandises, être considérés comme des officiers publics » :
bref les courtiers maritimes gardèrent leurs charges et leur monopole.

« Les différentes catégories de courtiers, dit l'arrêt du 20 dé-
« cembre 1872, destinées à répondre à des besoins divers, ont été
« investies d'attributions tellement distinctes qu'on ne saurait citer
« un seul genre d'opérations qui, d'après notre législation, puisse
« rentrer dans les attributions de deux classes de courtiers. » Cependant on admet généralement (et le texte de la loi du 28 mai
1858 se prête à cette interprétation) que, dans les lieux où il
n'existerait pas de courtiers maritimes, les courtiers de marchandises pourraient procéder à la vente *publique* et volontaire des
navires. Toutefois, dit Alauzet, « ils n'hériteraient pas du privilège

(1) D. 73, 5, 150. — (2) Rapport de M. Pouyer-Quertier. — (3) D. 66, 4, 123.
— (4) D. 66, 4, 118. — (5) Ib., p. 125.

« accordé aux premiers; la loi du 18 juillet 1866 deviendrait appli-
« cable. » Il existerait encore, à notre avis, pour ces opérations
un privilége en faveur des courtiers inscrits qui sont, on le sait,
assermentés et soumis à la juridiction d'une chambre syndicale.
En effet (art. 4 l. 18 juillet 1866) « les ventes publiques de mar-
« chandises aux enchères et en gros qui, dans les divers cas pré-
« vus par la loi, doivent être faites par un courtier, ne peuvent
« être confiées qu'à un courtier inscrit sur la liste dressée confor-
« mément à l'art. 2 ou, à défaut de liste, désigné sur la requête
« des parties intéressées par le président du tribunal de com-
« merce. » Ainsi donc toute personne est libre d'exercer la profession de courtier de marchandises (art. 1 l. 18 juillet 1866); mais,
à défaut de courtiers maritimes, toute personne n'est pas libre de
vendre publiquement des navires.

Il est utile de remarquer que, si le ministère des courtiers est
nécessaire en principe pour les ventes de navires ordonnées ou
autorisées par la justice consulaire, aucun texte ne soustrait cette
catégorie de marchandises à la règle générale posée par l'art. 2
de la loi du 3 juillet 1861. Le tribunal de commerce reste donc
libre, dans les cas prévus par cet article, de déroger au principe en
désignant expressément pour la vente une autre classe d'officiers
publics : il est bien entendu d'ailleurs que ceux-ci remplacent alors
purement et simplement les courtiers et ne peuvent procéder à la
vente aux enchères que sous les conditions et avec les tarifs imposés aux courtiers.

Il est évident que, dans les lieux où il n'y a pas de courtiers
maritimes, la vente volontaire et *privée* des navires, agrès et apparaux peut aussi se faire par l'entremise des courtiers ordinaires.
Toutefois ceux-ci n'ont reçu du législateur, pour ce genre d'opérations, aucune attribution privilégiée. L'article 4 de la loi du 18
juillet 1866 n'a trait qu'aux ventes publiques. Par conséquent,
toute personne étant libre d'exercer la profession de courtier de
marchandises, toute personne est libre de concourir à la vente
privée des bâtiments de mer.

Mais il me paraît bien difficile de regarder comme une vente par
acte public la vente accomplie dans de semblables conditions. Qu'on
se reporte aux préliminaires de la loi du 18 juillet 1866. « Le ca-
« ractère d'officier public, dit l'exposé des motifs, n'est pas mo-
« tivé, pour le courtier de marchandises, par la nature de ses
« fonctions. Dans les opérations de vente et d'achat de gré à gré,
« le courtier de marchandises ne peut à aucun degré être considéré
« comme ayant une délégation de l'autorité... Son rôle se borne

« à rapprocher les parties, à porter les paroles de l'une à l'autre.
« Ses livrés ne servent même pas de preuve authentique pour
« constater les accords des parties, et les bordereaux qu'il délivre
« n'ont de valeur probante que quand ils sont signés des contrac-
« tants eux-mêmes. » Il en est ainsi à plus forte raison depuis la
promulgation de la loi du 18 juillet 1866. Ce rôle que le premier
venu peut jouer, il ne le peut jouer comme ayant une délégation
de l'autorité.

C'est pourquoi, si je ne m'abuse, là même où il existe des courtiers maritimes, les ventes de gré à gré peuvent se faire par l'entremise des courtiers de marchandises. MM. Dalloz écrivaient dès
1858 (1) : « S'il s'agissait de la vente d'un navire faite de particu-
« lier à particulier, elle pourrait être consentie bien évidemment
« par l'entremise d'un courtier de commerce comme par celle de
« tout autre mandataire ayant des pouvoirs suffisants. » Il en est
de même a fortiori depuis 1866. La question n'aurait pu devenir
douteuse que si la vente sous signatures privées était interdite.
Comment empêcher ces courtiers de chercher acheteur à qui veut
vendre, vendeur à qui veut acheter, de rapprocher les parties, de
porter les paroles de l'une à l'autre (2) ?

En fait, les courtiers de marchandises ne disputent pas ce
genre d'affaires aux courtiers maritimes.

72. Le code exige un acte écrit, mais seulement pour la preuve
du contrat, *ad probationem tantum, non ad solennitatem.* Si donc
la vente est avouée par les contractants, elle sera obligatoire entre
eux et devra s'exécuter. Ajoutons le serment à l'aveu (3) : le serment est un genre de preuve et, pour écarter l'application de l'art.
1358, il faut se placer dans une hypothèse où la loi rejette la preuve
des conventions. Il est d'ailleurs évident que l'effet de ces recon-
naissances ne peut nuire aux tiers : à leur égard la vente n'existe
que du jour où l'aveu fait, le serment prêté devant le juge ont engendré un contrat judiciaire constaté par écrit. Cette doctrine est
presqu'unanimement acceptée (4).

Delamarre et Lepoitvin (5) paraissent toutefois admettre que la
vente est nulle, même entre les parties, quand elle n'est pas constatée par un acte public ou par un acte sous seing privé. Pour
démontrer cette proposition, ils invoquent les travaux préparatoires
du code qui ne tranchent pas la question et qu'ils analysent d'ail-

---

(1) V° Ventes publique de navires, n° 4. — (2) Cf. exposé des motifs de la
loi du 18 juillet 1866. — (3) Cf. Laurin, I, p. 259. — (4) V. une excellente
note de M. Lyon Caen, S. 72, 2, 185. — (5) V, n° 89.

leurs inexàctement, le texte de l'art. 226 et la nécessité d'exécuter les lois de douane. Aux termes de l'art. 226, le capitaine est tenu d'avoir à son bord l'acte de propriété du navire; mais cette disposition réglementaire a été introduite par erreur dans notre code et n'est pas appliquée. Le dernier argument pèche au moins par trop de généralité, comme le fait observer Dufour (1), car la vente d'un navire sur chantier ne peut pas être transcrite en douane. S'il s'agit d'un navire francisé, la douane, quoi qu'ait pu dire M. Bédarride (2), ne se contentera pas, selon toute vraisemblance, « de la comparution et du consentement du vendeur qu'elle cons-« taterait dans l'acte même. » Mais qu'importe? Ainsi que le jugeait très-bien le 14 juillet 1862 le tribunal de Marseille (3), est-ce que, si le navire vient à périr après une vente non transcrite, le défaut de transcription empêchera l'acheteur de supporter la perte? La cour de cassation, dans son arrêt du 25 mars 1872, n'a-t-elle pas qualifié vente et regardé comme vente valable un contrat par lequel les propriétaires des navires n'en abandonnaient pas la possession, mais stipulaient au contraire que la vente demeurerait occulte et ne serait point transcrite au dos de l'acte de francisation? Cette vente existe, entre les parties du moins, avant qu'elles se soient transportées dans les bureaux de la douane : dès lors, l'écrit n'étant pas requis *ad solennitatem*, comment l'aveu et le serment décisoire ne feraient-ils pas foi du contrat entre les contractants?

73. Si la vente est déniée, pourra-t-elle être prouvée par témoins? Non : l'art. 195 est formel.

Pourrait-elle être prouvée du moins par les livres et correspondances des parties, par bordereaux, factures, etc.? La solution affirmative, enseignée par M. Demangeat (4), a été récemment adoptée par la cour de Bordeaux (12 avril 1872) (5). « On ne voit « pas, dit cette cour, pourquoi la correspondance ne suffirait pas « pour établir entre le vendeur et l'acheteur la convention qu'ils « auraient faite. » Il est pourtant facile de l'apercevoir. L'aveu, le serment mettent un terme à la contestation : quand ils ne l'ont pas tranchée, ce n'est pas dans l'art. 109, mais dans l'art. 195 qu'il faut chercher le mode de preuve légal. Or l'art. 195 exige formellement un acte écrit. Le projet primitif (art. 151) exigeait même n acte public : quand on le modifia sur les observations de quelques tribunaux, ce ne fut pas pour embrasser un système inverse,

(1) Nº 481. — (2) T. I, nº 156. — (3) Rec. de Mars 1862, 1, 204. Cf. Delamarre et Lepoitvin, t. V, nº 101. — (4) IV, p. 20. — (5) S. 72, 2, 185.

mais pour ajouter limitativement à l'acte écrit l'acte sous seing privé. Le législateur se bornait donc à reproduire les deux premiers paragraphes de l'art. 109 : « Les achats et ventes se constatent : 1° par actes publics; 2° par actes sous signatures « privées. » S'il avait entendu parler de la correspondance, des livres ou de quelque autre mode de preuve mentionné dans un autre paragraphe de cet article, il se serait expliqué (1).

Puisqu'à défaut d'un acte public un acte sous signatures privées est nécessaire, on se demande si cet acte peut être fait en un seul original. « La disposition de l'art. 1325, disent MM. Aubry « et Rau (2), ne s'applique point aux conventions synallagmatiques « qui constituent à l'égard de toutes les parties des actes de com- « merce. » Mais cette doctrine a rencontré de nombreux contradicteurs, parmi lesquels MM. Massé et Demangeat (3). Nous n'avons pas à discuter ici la question à un point de vue général. Dans le système de M. Massé, la théorie « des doubles » est évidemment applicable. Il faudrait même l'appliquer à la vente des navires, selon nous, dans le système de MM. Aubry et Rau. On peut soutenir, en effet, que, dans le cas où le législateur admet la preuve testimoniale, « qui peut le plus peut le moins », partant qu'une convention susceptible d'être prouvée par la simple audition de témoins peut l'être par la production d'un acte exprès, fût-il dressé en un simple original, sauf pour la partie adverse le droit de justifier que cet acte est resté à l'état de simple projet (4). Mais quand le législateur, dérogeant à la règle du droit commercial, exige un acte écrit, l'art. 1325 reprend son empire (5).

74. La preuve testimoniale, la correspondance, les livres, etc., s'ils ne suffisent pas à prouver une vente translative de propriété, suffisent à prouver un engagement de vendre, dont l'inexécution entraîne une condamnation à des dommages-intérêts. Le législateur de 1807 échapperait ainsi au reproche que lui adressaient les auteurs du projet de 1867, et « la mauvaise foi d'un contractant « ne trouverait pas un refuge assuré dans le formalisme de la loi. »

(1) V. dans ce sens Cass. 26 mai 1852. (D. 52, 1, 178), Bordeaux, 5 juin 1861 (Rec. de M. 1861, 2, 114), Dufour, II, n° 481, Cresp' et Laurin, I, p. 260, la note précitée de M. Lyon Caen (S. 72, 2, 185) et Massé, IV, n° 2562. — (2) VI, § 756. — (3) V. Massé, IV, n° 2411 s., Demangeat, II, p. 453. — (4) Cf. Cresp et Laurin, I, p. 262. — (5) *Sic* Marseille, 25 septembre 1833 (Rec. de Mars, 14, 1, 97). Le tribunal de commerce de Marseille a sans doute admis le 10 janvier 1862 (Rec. de M. 1862, I, 51) qu'un acte qualifié « sous-seing privé » avait pu être dressé en un simple original; mais la vente avait été conclue par l'intermédiaire d'un courtier, constitué dépositaire de l'acte.

La cour de cassation semble avoir adopté cette solution le
26 mai 1852 (1) en admettant que « les conventions... n'avaient
« pas le caractère et les effets de ventes régulières de navires,
« n'ayant été constatées ni par actes authentiques ni par actes
« sous signatures privées, *et qu'il n'avait pu en résulter que des*
« *créances au profit des demandeurs* qui seraient réglées dans la
« liquidation de la maison A et C comme celles des autres créances
« chirographaires de cette maison. » Dufour s'est approprié cette
thèse juridique (2) et l'a développée avec un grand talent. Ni
l'une ni l'autre des parties ne serait recevable à faire la preuve de
la vente elle-même ; mais quand elles prétendent trouver dans leur
correspondance, par exemple, la trace d'une obligation purement
personnelle, pourquoi les soustraire à l'empire de la loi commerciale et les empêcher d'invoquer un des modes de preuve énumérés
en l'art. 109 ? Le vendeur, appuyé sur l'art. 195, ne pourra jamais
être contraint à transférer la propriété ; mais les juges donneront
à ces mots « je vous vends, je vous achète » le seul sens qui puisse
leur assurer quelque effet.

Cette doctrine est approuvée par M. Lyon-Caen (3), mais non
par M. Laurin (4). Ce dernier fait observer qu'il ne s'agit dans les
deux hypothèses que « de l'exercice de l'action *empti* ou *venditi* » :
il s'agit, à notre avis, de deux choses distinctes ; dans un cas, de
la propriété du navire à la suite d'un contrat translatif et dans
l'autre de dommages-intérêts à la suite d'une convention qui a
laissé reposer la propriété sur la même tête. Or l'art. 195, dérogeant au droit commun, doit être restreint aux seuls cas qu'il ait
prévus.

75. La nécessité d'un acte écrit s'impose encore à l'acheteur,
du moins à l'acheteur d'un navire français dans ses rapports avec
l'administration de la douane. Le décret du 21 septembre 1793
(art. 4), abrogé sur ce point, imposait à tout armateur l'obligation
de prouver sa propriété par *titres* sous peine de saisie, de confiscation et de vente avec attribution de la moitié du produit au dé-
nonciateur. La douane, aujourd'hui, se contenterait de refuser un
congé ; or « aucun bâtiment français, quelle que soit sa conte-
« nance, ne peut prendre la mer sans un congé (5). »

L'article 153 du règlement général de 1866, que reproduit partiellement l'art. 18 de la loi du 27 vendémiaire an II en l'adaptant

(1) Arrêt précité. D. 52, 1, 178. — (2) Nᵒˢ 483-487. — (3) Note précitée sur
l'arrêt de Bordeaux du 23 avril 1872. — (4) I, p. 260. — (5) Circulaire du 24 février 1809 reproduite par le règlement général de 1866 (art. 162.)

à notre article 195, est ainsi conçu : « Toute vente de bâtiment ou
« de partie de bâtiment, même par acte sous seing privé, doit con-
« tenir la copie de l'acte de francisation. » Il est clair qu'une vente
ne peut pas contenir la copie de l'acte de francisation, si elle n'est
pas constatée par un acte écrit.

Cette dernière prescription accomplie, l'administration de la
douane, chargée de transcrire le contrat, ne peut conserver aucun
doute sur l'identité du navire vendu.

Le Conseil d'Etat vise, dans un arrêt du 8 janvier 1875 (1), l'article 18 de la loi du 27 vendémiaire an II, et y rappelle en termes
exprès que « toute vente de bâtiment doit contenir la copie de
« l'acte de francisation. »

L'article 154 du règlement général de 1866 reproduit partiellement l'article 17 de la même loi : « La vente de tout ou partie du
« bâtiment, y lit-on, est inscrite au dos de l'acte de francisation
« par le chef du bureau des douanes, qui en tient registre. » Il faut
reconnaître que, même en l'absence d'un acte écrit, il n'est pas
impossible de mentionner la vente sur le registre-souche ou de
l'inscrire sur l'acte de francisation. Il en est souvent ainsi, nous le
verrons, pour les achats de bâtiments étrangers.

La loi de vendémiaire disait : « Les ventes de partie du bâti-
« ment... ». Le règlement de 1866 dit : « La vente de tout ou
« partie du bâtiment... » On avait discuté sur le premier texte:
puisqu'il n'avait parlé que des ventes partielles, ne faudrait-il pas
qu'un nouvel acte de francisation fût dressé lorsque la mutation
porterait sur la propriété de tout le navire? La loi du 5 mai 1841
avait tranché la question : « Ne sera plus perçu, disait-elle (art. 20),
« le droit de 6 francs établi par l'art. 17 de la loi du 27 vendé-
« miaire an II pour l'inscription au dos de l'acte de francisation
« des ventes de *tout ou partie* des navires. »

De même, en Angleterre, quand un changement quelconque se
produit dans la propriété enregistrée (*the registered ownership*)
d'un bâtiment anglais, il faut apporter dans le plus bref délai possible le certificat au *Registrar* afin qu'il y mentionne ce changement (*Merchant shipping act* de 1854, art. 42) (2).

---

(1) D. 75, 3, 116, S. 76, 2, 276. — (2) D'après les législations anglaise et
américaine, il suffit d'un changement de capitaine pour qu'il faille remettre
à la douane et faire modifier le certificat d'enregistrement (art. 46 *merch
shipping act* : v. dans l'ouvrage de Dixon, p. 398, le chapitre intitulé *When
the master of a vessel is changed; must it (the certificate) be report
to the collector?*)

Cette formalité garantit, en France, l'exécution de la loi qui défend aux étrangers d'acquérir plus de la moitié dans la propriété d'un navire français.

Toutefois ce n'est pas seulement dans un intérêt administratif ou politique qu'ont été conçues ces diverses prescriptions de la loi de vendémiaire an II, comme semblent le croire les auteurs de la note explicative jointe au projet de révision de 1867 (1).

§ III.

Effets de la vente.

76. D'après les articles 4 et 9 du règlement de Strasbourg (octobre 1681), les acquéreurs de navires devaient faire une déclaration de propriété pardevant les officiers de l'amirauté et faire enregistrer leur contrat au greffe de l'amirauté du lieu de leur demeure. Or Valin, visant ces articles dans son commentaire de la grande ordonnance (liv. II, tit. I, art. 16), disait : « Il faut une « nouvelle déclaration relative aux changements, sans quoi le « vaisseau est réputé appartenir aux mêmes intéressés, déclarés « d'abord. » La loi de vendémiaire an II n'a fait, dans cet ordre d'idées, que substituer la douane aux amirautés. Dès lors on peut penser qu'aujourd'hui comme sous l'ancien régime l'accomplissement ou l'inexécution des formalités administratives peut exercer quelque influence sur les droits privés.

La jurisprudence est entrée décidément dans cette voie. Un arrêt de la cour de Rennes avait, le 17 mars 1849 (2), rattaché la loi de vendémiaire aux anciennes ordonnances, visé les articles 13 et 17 de cette loi et ajouté « que ces formalités ne sont pas établies uni- « quement dans des vues d'intérêt politique et de police, qu'elles « ont aussi pour but d'assurer l'intérêt des tiers qui ne peuvent « connaître d'autre propriétaire que celui dont les droits sont con- « sacrés par cet acte public et solennel » (l'acte de francisation). La cour de cassation, cassant un arrêt de Bordeaux, précisa cette doctrine en la fortifiant d'un nouvel argument (3 juin 1863) (3) : « Il importe peu, dit-elle, que l'arrêt attaqué déclare ces ventes « sincères et ajoute que leur date est fixée au besoin par les

---

(1) p. 22 et 23. — (2) D. 52, 1, 179. — (3) D. 63, 1, 290.

« comptes établis dans les livres des vendeurs; ces considéra-
« tions sont sans force à l'égard des tiers qui, tant que l'acquéreur
« n'a rien fait pour les avertir d'un changement de propriété, ont
« dû considérer comme leur gage les navires qui n'ont pas cessé
« d'être immatriculés et de voyager sous le nom seul de l'arma-
« teur avec lequel ils ont traité : c'est ce qui ressort à l'évidence
« de la disposition de l'art. 196 qui, pour déclarer que la vente
« d'un navire en voyage ne préjudicie pas aux créanciers du ven-
« deur, se fonde nécessairement sur ce qu'ils n'ont pu en avoir
« connaissance. » Cette thèse juridique est reprise et développée
sous toutes ses faces dans un second arrêt de la chambre civile
(16 mars 1864) (1) qui casse encore un arrêt de Bordeaux. La cour
de Bordeaux elle-même paraît avoir accepté le 5 juillet 1870 cette
interprétation de la loi de vendémiaire an II. Nous adhérons entièrement à la jurisprudence de la cour de cassation et nous
croyons avec elle que, si la vente du navire en voyage ne nuit pas
aux créanciers du vendeur (art. 196), c'est que les formalités de
la mutation en douane n'ayant pas été remplies, l'aliénation n'a
pu recevoir la publicité nécessaire. A l'égard des tiers, il n'y a de
propriétaire, en règle générale, que celui qui est inscrit comme
tel dans l'acte de francisation (2). Ainsi le créancier nanti, inscrit
sur l'acte de francisation et propriétaire apparent, serait assuré-
mént tenu des dettes du navire à l'égard des tiers : pour ceux-ci
le propriétaire réel n'existe pas (3).

Ces lignes étaient écrites quand la cour de cassation eut à décider si un tel créancier, propriétaire apparent, se trouvait, aux
termes de l'art. 216 co., civilement responsable des faits du capitaine et tenu des engagements contractés par ce dernier pour ce
qui est relatif au navire et à l'expédition. La question fut résolue
affirmativement et devait l'être (4).

<hr/>

(1) B. civ. 1864, p. 72. — (2) V. Bédarride, 2ᵉ éd. nᵒ 155. — (3) Le Havre,
12 mai 1874 (Rec. de mars 1875, 2, 58; Marseille, 13 juin 1876, ib. 76, 1, 197).
« Attendu, dit ce dernier jugement, que vainement Roman fils objecte que
« cette part de quatre vingt-quatrièmes ne lui a été donnée par le capitaine
« que comme paiement et en garantie des bois qu'il avait fournis à ce ca-
« pitaine pour les besoins de la construction du navire Marie-Henriette;
« que les fournisseurs de ce navire, en faveur de qui un droit existe contre
« les propriétaires, n'ont point à rechercher les causes de cette propriété;
« qu'il suffit pour eux qu'elle existe et soit constatée en la forme régulière. »
— (4) Civ. rej. 27 mars 1877. « Attendu, en droit, que de la combinaison de
« l'art. 17 de la loi du 27 vendém. an II avec les art. 193 et 196 co., il résulte
« que la vente volontaire, totale ou partielle, d'un navire n'est valable à l'é-

Mais quoique la vente non inscrite au dos de l'acte de francisation ne soit pas, en principe, opposable aux tiers, que décider dans
le cas exceptionnel où les tiers auraient traité avec le nouveau
propriétaire en tant que propriétaire, sachant qu'il avait acheté le
navire ? La jurisprudence n'admet pas que cet acheteur puisse se
retrancher derrière l'article 17 de la loi de vendémiaire (Caen,
25 août 1868. D. 70. 2.78; Rennes, 27 novembre 1874. Rec. de
Nantes 1875. 1.139; Marseille, 9 mai 1876; Rec. de M. 76. 1.186).
Dans cette dernière affaire le capitaine, après avoir fait une avance
à son armateur, qui venait d'acheter le navire, prétendait se la
faire rembourser par le propriétaire précédent qui, pour garantie
de son prix de vente, était resté inscrit sur l'acte de francisation :
le tribunal n'admit pas que les créanciers de l'acheteur, après
avoir « traité avec lui en sachant que les sieurs L. S. et fils, ven-
« deurs, n'étaient plus les propriétaires du navire, pussent les ac-
« tionner. ». Cette solution me semble sage. Pourquoi, dans la
sphère des droits et des intérêts privés, la mutation en douane
a-t-elle été jugée nécessaire ? C'est qu'on voulait porter la vente à
la connaissance des tiers. Or, quand c'est à raison de cette connaissance que ces tiers ont contracté, à quel titre se plaindront-ils ?
Ajoutons avec M. Laurin (1) qu'il n'y a pas lieu d'appliquer par
voie d'analogie l'article 3 de la loi du 23 mars 1855. Il s'agit ici
d'une vente mobilière et commerciale. La mutation en douane
n'est pas la transcription.

Le code de commerce italien s'est inspiré du système français.
« La vente, y lit-on (art. 288), n'a aucun effet à l'égard des tiers si
« elle n'est pas transcrite sur les registres du département mari-
« time où le navire est inscrit... Dans tous les cas, la vente doit
« être mentionnée (2) sur l'acte de nationalité. En conséquence les
« administrateurs de la marine marchande ne peuvent transcrire
« l'acte de vente et les agents consulaires à l'étranger ne peuvent
« le recevoir ni l'enregistrer si l'acte de nationalité ne leur est pas
« présenté. »

« gard des tiers et ne peut leur être opposée qu'autant que cette vente a
« été inscrite au dos de l'acte de francisation ; que, par une juste réci-
« procité, si une vente de navire a été inscrite sur l'acte de francisation
« et que le navire ait voyagé avec un congé délivré au nom de l'acheteur,
« cet acheteur doit, à l'égard des tiers, être réputé le vrai propriétaire du
« navire, quand même il établirait que la vente a été simulée et déguisait
« en réalité un contrat de nantissement ou autre ; que c'est donc lui qui,
« aux termes de l'art. 216, se trouve en ce cas civilement responsable. »
— (1) I, p. 268. — (2) Dev'essere fatta annotazione della vendita.

Aux termes de l'article 830 du code chilien, la vente d'un navire de plus de dix tonneaux n'est valable à l'égard des tiers que si elle est faite par acte authentique sur un registre à ce destiné.

En Angleterre, le registre public dont j'ai parlé plus haut règle absolument, à l'égard de tous, les droits des propriétaires et les charges de la propriété. La relation légale qui unit au navire le titulaire inscrit au registre du navire ne peut être contestée par qui que ce soit, dit Maclachlan (1), si ce n'est dans le cas de fraude évidente ou parce que le *bill of sale* serait lui-même déclaré nul (2).

Aux Etats-Unis, aux termes d'une loi du 27 juillet 1850, ch. 27, art. 1, aucun acte ayant transféré la propriété du navire ou grevé ce navire d'un droit réel (*mortgage, hypothecation*) n'est opposable aux tiers s'il n'est inscrit sur le registre du collecteur des douanes du district où ce bâtiment était enregistré (*of her last prior registry*) (3).

77. L'article 288 du code italien ajoute immédiatement :
« Dans le concours de plusieurs ventes, la date de la mention sur
« l'acte de nationalité détermine la préférence. »

La même solution doit être adoptée par les tribunaux français, au moins quand il s'agit d'un navire francisé : l'acheteur préféré

---

(1) p. 25. — (2) Orr *v.* Dickinson, 1 Johnson, 1 ; 28 L. J. (Ch.) 516 S. C. Read *v.* Fairbanks, 13 C. B. 692. Il a été soutenu devant la cour de Rouen le 31 juillet 1876 (S. 1877, 2, 129) que, d'après la loi anglaise, la mention de la vente sur l'acte de nationalité n'est pas nécessaire pour la translation de la propriété à l'égard des tiers. Les prescriptions de l'art. 45 du *Merchant shipping act* de 1854 ne seraient alors conçues que dans un intérêt administratif et politique. Maclachlan dit, en effet : « A vessel registered .... is « in the absolute disposal of the persons appearing on the register as « owners, » sans parler du certificat. Cependant la cour de Rouen s'est exprimée ainsi : « Qu'il est reconnu que l'acte du Parlement de 1845 exigeait, « pour que la vente transférât la propriété au respect des tiers, qu'elle fût « transcrite, comme en France, au dos de l'acte de nationalité ; qu'on pré- « tend, il est vrai, qu'un autre acte du Parlement de 1854 aurait abrogé « cette condition de la transcription, mais que l'abrogation n'est pas ex- « presse ; que même les articles 44 et 45 de ce dernier acte prescrivent de « mentionner les changements de propriété au dos de l'acte de nationalité « et que ces recommandations sont reproduites en caractères imprimés sur « tous les actes de cette nature ; que les susdits articles peuvent être sus- « ceptibles de se combiner avec la loi de 1845 ou emporter pour sanction de « leur inexécution, comme en France, l'invalidité des actes de vente au res- « pect des tiers. » V. en outre ci-dessous, n° 77, la note. — (3) M. Lyon-Caen (Journal du droit intern. privé, IV, p. 484) fait observer, en citant l'art. 4192 des statuts révisés, que la législation américaine, à la différence de la lé- gislation française, n'exige pas en outre pour la validité de la translation à l'égard des tiers la mention au dos de l'acte de nationalité.

sera celui qui aura le premier fait transcrire en douane, parce que l'autre vente non transcrite ne lui est pas opposable. Si le navire n'était pas francisé, il est clair qu'il faudrait s'en tenir à la date des contrats. L'article 1141 du code civil, qui donne la préférence à l'acheteur mis en possession, ne s'étend pas à la vente des navires, puisqu'il ne fait qu'appliquer à un cas particulier soit la règle de l'article 2279, soit cette autre règle du droit commun que les meubles n'ont pas de suite (1).

La cour de Rouen a jugé le 3 mars 1857 que la législation anglaise s'attachait également à la date de la « mention par endos-« sement sur l'acte de nationalité. (2). »

78. L'obligation de livrer la chose et celle de la garantir s'imposent en cette matière, comme en toute autre, au vendeur.

Les anciens auteurs avaient imaginé divers modes de tradition fictive pour remplacer la tradition manuelle qu'ils jugeaient indispensable, mais dont les navires n'étaient pas susceptibles. Toutefois Stypmanus (3) s'éloignait déjà de ces subtilités lorsqu'il lui semblait suffire que le vendeur abandonnât le bâtiment et que l'acheteur le touchât du pied ou même l'embrassât du regard, et Straccha s'en était tout à fait débarrassé en reconnaissant que le navire pouvait être livré sans tradition (4). Delamarre et Lepoitvin (5) qualifient encore « tradition civile et virtelle d'un quirat » l'inscription d'une vente partielle au dos de l'acte de francisation. Cette explication n'est pas nécessaire. L'art. 1606 pose une règle générale applicable à toutes les ventes mobilières : la délivrance peut s'opérer par le seul consentement des parties. Il en est de même dans le droit germanique, et le nouveau code allemand a jugé inutile de reproduire l'art. 1396 de l'ancien code prussien décidant que, si le contraire n'a pas été stipulé, la tradition est « censée effectuée » du moment où le contrat est passé.

Le droit américain lui-même ne nous semble guère s'écarter de cette règle, quoiqu'on lise dans l'ouvrage de Dixon : « Pour com-« pléter le titre de l'acheteur et le rendre parfait, la possession du « navire devrait accompagner le *bill of sale*. » Mais Dixon restreint aussitôt sa proposition au bâtiment qui se trouve dans le port et qu'on est à même de livrer. En effet si le navire est à la

_____

(1) V. sur ce point la longue démonstration de Dufour, n° 605. — (2) Aff. Castrique c. Troteux. Plusieurs ventes du navire anglais *Ann-Martin* avaient été successivement consenties en cours de voyage. — (3) *Jus marit.*, pars IV, c. IX, n° 9. — (4) *De navibus*, pars II, n° 13 (V. Dufour, n. 523). — (5) V, n° 87.

mer, le statut du 29 juillet 1850 déclare que l'inscription sur le registre des transferts équivaut à la délivrance. On conçoit dès lors
très-bien que, d'après la loi du Massachusset, la perfection de la
vente, même à l'égard des tiers, ne soit pas subordonnée à la livraison (1).

La propriété d'un navire, dit Maclachlan examinant les effets
de la vente dans le droit maritime anglais, ne ressemble pas aux
autres propriétés (2); elle ne se transmet pas par la tradition; la
détention n'est pas un titre : il n'y a pas de marché public pour
les bâtiments de mer.

Quoique le vendeur soit, en règle générale, astreint à la délivrance, le défaut de délivrance n'altère pas essentiellement et nécessairement le contrat : nous avons cité plus haut un arrêt de la
cour de cassation (25 mars 1872) rendu dans une affaire où les
sieurs P..., vendant aux frères D... certaines parties de leurs navires, n'en avaient pas « abandonné la possession » et « ne s'étaient
« pas dépouillés de la chose mobilière qui leur appartenait : » le
contrat est expressément qualifié « vente » et la chambre des requêtes décide que « la possession conservée par les sieurs P...
« a eu pour but de limiter l'effet des ventes. » Cette interprétation
n'a rien de contraire aux principes généraux, la délivrance n'étant
pas empêchée par le fait du vendeur.

La clause « vue en sus » peut d'ailleurs être insérée dans une
vente de navires; mais la perfection de cette vente est alors subordonnée à une condition suspensive : la propriété n'est transférée
qu'après que l'acheteur a vu et agréé le bâtiment (3).

Le navire doit être délivré dans l'état où il se trouve au moment
de la vente, conformément à l'article 1614 de notre code civil, et
avec tous ses accessoires. J'ai, dans le précédent chapitre, expliqué quels étaient ces accessoires.

L'art. 1614 décide encore que tous les fruits appartiennent à
l'acquéreur depuis le jour de la vente. Cette règle est évidemment
applicable. Comment le vendeur continuerait-il à percevoir le fret
produit par un bâtiment depuis qu'il en a perdu la propriété? Par
un motif semblable le fret antérieur à la vente appartient au ven-

---

(1) Journal du droit intern. privé, II (1875), p. 27 (article de M. Magne,
avocat à la Nouvelle-Orléans). Cependant on lit dans le même article que,
d'après le droit louisianais, la vente d'un navire n'est pas complète à l'égard
des tiers si la livraison n'en est effectuée. Il faut probablement concilier la
loi louisianaise avec la loi générale de 1850. — (2) A ship is not like an or-
dinary personal chattel. — (3) Marseille, 2 mars 1846 (Rec. de M. 25, 1, 270).

deur, sauf convention contraire : les fruits civils, qui s'acquièrent jour par jour, ne pouvaient être acquis qu'au propriétaire. Je ne pense pas qu'il faille entendre autrement la règle posée par Wedderkop : « *si quid post emptionem factam ex vecturis navis perce-* « *perit venditor, emptori restituere esse obligatum* » (Lib. III, tit. II, § IX).

Je crois avec Dufour qu'il faudrait excepter la vente du navire en mer faite à toutes chances : ce qu'on a vendu, c'est la chance du retour et, je crois qu'on peut le présumer, du retour avec toutes ses conséquences. C'est la compensation naturelle du risque auquel le vendeur s'est exposé. Il perd tout si le navire a péri même avant le contrat : il gagne tout dans l'autre hypothèse.

Plusieurs législations étrangères s'écartent ici du système français. Le code espagnol (art. 595) attribue le fret à l'acheteur à moins que le navire n'ait atteint le port de sa destination. Le code brésilien (art. 469) contient une disposition analogue. Le code allemand favorise aussi l'acheteur en lui conférant un droit d'option : « Si la vente d'un bâtiment ou d'une part d'intérêt dans le navire, « dit-il (art. 441), s'effectue pendant que le bâtiment est en cours « de voyage, à défaut d'autre stipulation pour fixer la situation « respective du vendeur et de l'acquéreur, ce dernier peut reven- « diquer les bénéfices du voyage commencé ; mais alors il doit en « supporter les pertes. » Rien n'autorise à transporter dans notre droit ces diverses règles d'interprétation, qui ne maintiennent pas les contractants sur le pied de l'égalité.

Les jurisconsultes anglais font remarquer que la vente peut embrasser le navire et le fret. Il a été jugé dans l'affaire Douglas *v.* Russell (1) que le contrat peut être maintenu quant au navire, annulé quant au fret, à moins que la transmission du fret n'ait été inséparablement liée, dans la pensée des parties, à la transmission de la propriété du navire (2).

79. Les risques sont à la charge de l'acquéreur à partir de la vente : *omne lucrum omneque periculum, etiam absque traditione, spectare ad emptorem*, disait Wedderkop (3) en s'appuyant sur l'ancien droit prussien (4). Delamarre et Lepoitvin, se demandant qui doit supporter les risques entre la vente et l'inscription réglée par la loi de vendémiaire an II, résolvent sans difficulté la question contre l'acheteur, « la douane ne pouvant pas plus refuser la

(1) 4 Sim. 524 et en appel 1 My. and K. 488. — (2) Cf. Maclachlan, éd. 1876, p. 17. — (3) L. III, tit. II, § 9. — (4) Cf. art. 1396 précité de l'ancien code prussien.

« transcription de ce titre que le conservateur des hypothèques la « transcription d'une vente immobilière (1). » Le tribunal de commerce de Marseille a, nous l'avons vu plus haut, pleinement adopté cette doctrine (14 juillet 1862).

Dans la vente du navire en mer faite « à toutes chances, » l'acheteur supporte, nous l'avons indiqué tout à l'heure, même les risques antérieurs au contrat : la perte est prévue et la possibilité de cette perte a, sans nul doute, influé sur les conditions de la vente, déterminé l'abaissement du prix, etc. L'acheteur a d'ailleurs une compensation, puisqu'il peut gagner tout le fret.

La responsabilité du vendeur se règle d'après les principes généraux. Il doit, comme un vendeur ordinaire, la garantie d'éviction et la garantie des vices rédhibitoires. Il nous paraît superflu d'entrer à ce sujet dans de longs développements. Nous renvoyons soit aux commentaires du code civil, soit à nos propres explications sur la responsabilité du vendeur-constructeur en faisant encore observer que celle du vendeur ordinaire doit être appréciée moins sévèrement.

8 0. Les armateurs français achetant aujourd'hui la plupart de leurs navires en Angleterre, il nous paraît indispensable de résumer brièvement les principales règles de la jurisprudence anglaise quant à la garantie due par le vendeur d'un navire à son acquéreur.

En principe, d'après la tradition anglaise, l'acheteur doit plutôt compter sur lui-même que sur la loi. La maxime *caveat emptor* est inscrite dans tous les traités de jurisprudence. La plupart des ventes de navires renferment la clause suivante : le bâtiment et ses agrès doivent être pris avec tous leurs défauts tels qu'ils se comportent (*are to be taken with all faults as they lie*). D'après un jugement de lord Kenyon, il se serait agi là seulement des défauts que l'acheteur aurait pu découvrir ou que le vendeur aurait ignorés; mais ce vendeur restait astreint à révéler tous les défauts cachés qu'il aurait connus lui-même (2). Lord Ellenborough a refusé de souscrire à cette doctrine : à ses yeux, ces mots « avec tous les défauts » exonèrent le vendeur de toute respon-

_____

(1) T. V, n° 101. Cependant il peut arriver que la transcription soit refusée par la douane, par exemple pour cause d'innavigabilité. Ce serait là, disent les savants auteurs, une condition résolutoire dont l'évènement remettrait les parties au même état que si la convention n'avait jamais existé. Mais la règle qui met les risques à la charge de l'acheteur à partir du moment où la vente est parfaite n'en reçoit aucune atteinte. — (2) Mellish v. Motteux, Peake, R. 156.

sabilité pour les défauts de toute nature, à moins qu'il n'ait usé d'artifice pour les dissimuler (aff. Baglehole *v.* Walters) (1) : cette dernière solution a complètement prévalu dans la jurisprudence (2).

Cependant, en cas de fraude, les tribunaux cherchent à protéger l'acheteur, que la fraude soit imputable au propriétaire-vendeur ou à son agent, qu'elle ait été commise à l'insu du premier par le second ou à l'insu du second par le premier (3). Un navire avait été délaissé à une compagnie d'assurances avec une carène vermoulue et une quille brisée ; il fut vendu avec cette clause que le « corps (*hull*) était à peu près en aussi bon état qu'au moment de « la mise à la mer ; » le capitaine avait pris d'ailleurs toutes les précautions possibles pour le soustraire à certaines investigations en le tenant constamment à flot : les vendeurs soutinrent inutilement soit que la garantie était expressément limitée au *corps*, soit qu'ils étaient déchargés par la clause *with all faults* (aff. Schneider *v.* Heath) (4). Mais qu'on y prenne garde : quand même le bâtiment est acheté pour un certain usage, quand même les vendeurs savent qu'il n'y pourra pas être affecté, leur simple réticence, en l'absence d'un acte frauduleux, ne donnera pas ouverture à l'action en garantie (5).

En général l'acte de vente contient une description du navire (6). Quand les éléments de cette description sont les éléments mêmes du contrat, la jurisprudence assimile cette partie de l'acte à une stipulation formelle de garantie (7) : l'acheteur a le droit d'exiger un bâtiment tel qu'on le lui a décrit, c'est-à-dire tel qu'il a entendu l'acquérir. Mais, dit Maclachlan (8), il est souvent privé de cette ressource parce qu'il oublie de transporter dans l'acte écrit certains détails qui ont fait l'objet des pourparlers et ont ensuite déterminé la convention. Le jurisconsulte anglais cite à ce propos l'affaire Pickering *v.* Dowson, où les défendeurs, après avoir acheté pour leur compte un navire avec inventaire complet et cette mention dans l'acte : *a été réparé de fond en comble et pourrait être mis à la mer à très-peu de frais*, avaient, au moment de mettre à la

(1) 3 Camp. 154. — (2) Pickering *v.* Dowson, 4 Taunt. 779 ; Shepherd *v.* Kain, 5 B. and Ald. 240, etc. — (3) Hern *v.* Nichols, 1 Salk. 289 ; Doe *v.* Martin, 4 T. R. 39, 66 ; Udell *v.* Atherton, 30 L. J. (Ex.) 337. — (4) 3 Camp. 506. — (5) Keates *v.* Earl of Cadogan, 10 C. B. 591. Cf Maclachlan, p. 11, note 5. — (6) V. dans les annexes du Merchant shipping act de 1854 la formule E. — (7) Pasley *v.* Freeman, 3 T. R. 51, 57 ; Lysney *v.* Selby, 2 Ld. Rayon 1118 ; Crosse *v.* Gardner, Carth. 90, etc., etc. — (8) p. 10.

mer, revendu en montrant l'inventaire et les clauses du premier contrat ; mais le nouvel acheteur eut l'imprudence de ne faire insérer aucune clause semblable dans le second acte et de ne pas même se référer au premier : il échoua donc dans son action, quoique le navire eût été déclaré innavigable aussitôt après avoir pris la mer (1). On trouve dans la formule officielle du *bill of sale* annexée au *merchant shipping act* de 1854 la phrase suivante : *comme il appert du registre dudit navire.* Une simple référence au registre peut être très-utile à l'acheteur : dans l'affaire Fletcher *v.* Bowsher (2), il résultait du *bill of sale* que le bâtiment avait été vendu « en conformité du registre et de l'inventaire : » or comme le registre portait : *construit et lancé en 1816* tandis que le lancement remontait à 1815, l'acheteur eut gain de cause. Une simple référence à l'inventaire est habituellement insuffisante parce que l'inventaire, d'après l'usage suivi dans les ventes de navires anglais, est restreint à l'armement et à l'équipement.

81. L'article 196 du code de commerce est ainsi conçu : « La « vente volontaire d'un navire en voyage ne préjudicie pas aux « créanciers du vendeur. — En conséquence, nonobstant la « vente, le navire ou son prix continue d'être le gage desdits « créanciers qui peuvent même, s'ils le jugent convenable, atta- « quer la vente pour cause de fraude. »

Nous nous demanderons :

1° Quelle est l'origine de cet article ;

2° Quel y est le sens précis des mots « un navire en voyage; »

3° Quelles ressources le droit commun laisse aux créanciers du vendeur ;

4° Quelles ressources spéciales leur donne l'article 196.

La première phrase de l'article 196 est à peu près textuellement copiée sur l'article 3 du titre X du livre II de l'ordonnance de 1681. Dufour, étudiant les documents du droit maritime européen antérieurs à l'ordonnance, explique très-bien pourquoi ses rédacteurs ont cru devoir se prononcer catégoriquement sur ce point. On trouvait alors dans le droit maritime de Lubeck, auquel beaucoup de gens recouraient comme à la raison écrite quand la législation locale était muette, un article ainsi conçu : « Lorsque « celui qui a affecté un navire à une dette le conduit en pays « étranger et le vend, le droit de gage est éteint; mais s'il revient « dans notre ville et dans ses eaux, le créancier reprend son

---

(1) 4 Taunt. 779. — (2) 2 Stark. 562.

« droit sur le navire (1). » Aux dix-septième siècle, cette règle était admise par les jurisconsultes du Nord (2), qui débattaient une seule question : le retour du navire faisait-il renaître le droit du créancier quoique le bâtiment eût changé de propriétaire pendant le voyage? L'affirmative était soutenue par Loccenius (3), la négative par Stypmanus (4).

Les auteurs de l'ordonnance n'adoptèrent pas cette doctrine, et firent bien de l'écarter par un texte formel. « Un vaisseau en « voyage, dit Valin (5), est naturellement, pour ne pas dire né- « cessairement chargé de quantité de dettes privilégiées, telles « que sont celles causées pour fourniture de cordages, voiles, « munitions de bouche et de guerre et autres choses nécessaires « pour son équipement : dettes qui ne se payent presque jamais « que trois ou six mois après le départ du navire. Or, sans compter « les autres créanciers qui n'ont peut-être fait crédit au proprié- « taire que sur la sorte d'assurance que leur donnait le navire, « on conçoit de quelle conséquence il est que, par une vente « secrète et après coup, le propriétaire du navire n'ait pas la « faculté d'ôter à ses créanciers leur gage naturel et de les priver « ainsi de leur dû. » C'est la condamnation très-bien motivée du système qui avait prévalu non-seulement à Lubeck, mais encore en Hollande, en Danemark et en Prusse (6).

82. Il importe d'abord d'observer que le mot « voyage » est à diverses reprises (art. 191, 193, 196) employé par ce titre du code dans des acceptions distinctes. Mais quel en est le sens précis dans l'art. 196 ?

Premier système. Le navire doit être réputé en voyage dès qu'il ne se trouve pas dans son port d'attache ou d'immatricule, c'est-à-dire dans le port où il a été francisé. De quelques arguments ingénieux que M. Laurin (7) ait étayé cette opinion, nous ne saurions nous y rallier. Un navire ancré dans un port qui est le centre de son activité commerciale quoiqu'il n'y ait pas été francisé, et qui cherche inutilement à prendre la mer, ne peut pas être, à notre avis, réputé en voyage : conçoit-on un bâtiment qui voyagerait toujours et ne partirait jamais ?

(1) Code de 1586, l. III, tit. IV, art. 6. Une disposition analogue se trouvait dans le code de 1240 (art. 146). — (2) Wedderkop disait encore au dix-huitième siècle (lib. II, tit. I, § 13) : « *Quod si quis navem pignori obli-* « *gatam peregrinis in oris vendat, pignus exstinguatur.* » — (3) De jure marit., l. III, c. III, n. 3. — (4) *Jus marit.*, pars IV, c. V, n. 3. — (5) I, p. 606. — (6) V. Dufour, t. II, p. 359 et les auteurs cités en note. — (7) I, p. 279. Dufour réfute ce système avec une grande prolixité.

Deuxième système. Tant que le bâtiment n'est pas de retour au port de départ, il voyage (1).

Un bâtiment est frété à Bordeaux pour aller porter des vins aux colonies et rapporter des cotons au Havre. Il arrive en effet au Havre, décharge ses cotons, désarme, subit de longues réparations et prépare lentement une expédition nouvelle. Peut-il être censé voyager pendant son séjour au Havre? Il avait pris, on peut aussi le supposer, son chargement pour Bordeaux et pour le Havre. Quand il est revenu à Bordeaux, c'est-à-dire à son port de départ, dira-t-on que le voyage est fini (2)? Poser ces deux questions, c'est les résoudre.

La solution est donc encore trop absolue.

Troisième système. Valin, commentant l'article précité de l'ordonnance, rattache le commencement du voyage aux « expéditions du navire prises au nom du propriétaire vendeur. » Sur la foi de ces expéditions, dit-il, les créanciers du vendeur ont droit de se tenir tranquilles, sans aucun soupçon d'une pareille vente (3). Je crois qu'il faut suivre ici l'opinion de Valin. Le code ne faisant que reproduire l'ordonnance, le même terme est employé dans le même sens et doit être interprété de la même manière. Cette interprétation est d'ailleurs logique. Pourquoi recherche-t-on si le navire a commencé son voyage? Afin de savoir si la navigation doit être réputée faite sous le nom de l'acheteur et peut servir à éteindre le droit de suite des créanciers (art. 193). Or la délivrance des expéditions détermine le nom sous lequel s'accomplit le voyage. Le vendeur en est nanti! Dès ce moment le voyage est, à l'égard des tiers, commencé pour son compte, et ses créanciers, sûrs que leur droit ne sera pas purgé conformément à l'article 193, peuvent fermer les yeux (4).

Quant au terme du voyage, les expéditions le détermineront encore. Le navire a-t-il atteint la destination qu'elles assignent? Il est arrivé. N'est-ce pas conforme à la nature des choses? N'est-il pas logique de déterminer la fin du voyage par les expéditions quand elles en déterminent le début? Les objections de M. Laurin me paraissent peu concluantes. Le voyage de retour, ayant la durée légale, devrait alors, dit-il, purger les priviléges, et pourtant il ne les purgera pas, ne pouvant se faire sous le nom de l'acheteur! La réponse est très-simple : le voyage de

(1) Pardessus, III, n° 950 ; Alauzet, III, n° 1078. — (2) J'emprunte ces deux exemples à Dufour, II, p. 167. — (3) T. I, p. 606. — (4) Cf. Dufour, II, p. 363; Pardessus et Alauzet, *loc. cit.*

retour produira l'effet qu'y attache l'art. 193 quand il s'accomplira dans les conditions prévues par cet article. La loi, d'ailleurs, ne désarme pas les créanciers en cas de fraude, nous l'allons voir.

83. Quels sont les créanciers dont parle l'article 196 ? Tous les créanciers, privilégiés ou chirographaires (1). Le texte ne distingue pas, et nous ne saurions oublier que l'article 190 n'affecte pas seulement le navire aux dettes privilégiées du vendeur.

Mais Valin propose une autre distinction : « Il est entendu, « dit-il (2), que cet article et le précédent ne concernent que les « créanciers du vendeur au temps de la vente et nullement ceux « qui ne le sont devenus que depuis. » C'est la solution contraire qu'il faut adopter si l'on suppose que les créances sont sérieuses et que les fournitures ou les prêts ont été faits de bonne foi. Le avire voyage avec les expéditions délivrées au vendeur ! Donc, l'égard des tiers, le vendeur était propriétaire : ils ont compté sur e navire. Qui prêterait au capitaine en cours de voyage, lorsqu'il a nécessité de radoub ou d'achat de victuailles, si la disposition de l'article 196 ne concernait pas ceux des créanciers qui ne le ont devenus que depuis la vente ? On ne saurait jamais à quoi 'en tenir.

Or ces créanciers peuvent, d'après le droit commun :

1° Par application de l'article 1166 c. civ. exercer les droits de eur débiteur et poursuivre l'acheteur qui ne paie pas soit en paie- ent du prix, soit en résolution de la vente;

2° Par application de l'article 1167 faire prononcer la nullité de a vente conclue en fraude de leurs droits ;

3° Former saisie-arrêt entre les mains de l'acheteur afin qu'il aie son prix non au vendeur, mais à eux-mêmes.

L'article 196 ne rappelle expressément que la faculté conférée ar l'article 1167 c. civ. « Ils peuvent même, s'ils le jugent con- « venable, attaquer la vente pour cause de fraude. »

Cette phrase est, aux yeux de Cresp, une « addition malheu- euse, sans but, sans aucun sens (3). »

Comme Valin avait, par une erreur que tous les auteurs si- gnalent, admis dans son commentaire du titre X du livre II de 'ordonnance une action révocatoire hors le cas de fraude lorsque e navire avait été vendu dans le port, il se peut que le code ait oulu proscrire cette doctrine à propos de la vente du navire en

(1) Demangeat, IV, p. 27. — (2) II, p. 612. — (3) I, p. 282.

voyage en consacrant l'opinion émise par Treilhard au Conseil
d'Etat dans la séance du 7 juillet 1807 : « La vente nouvelle ne
« doit être annulée que lorsqu'il y a fraude. »

Mais j'attache en outre un sens précis à cette dernière partie de
l'article 196. J'incline à penser avec M. Demangeat qu'elle ôte, en
principe, aux créanciers, le cas de fraude écarté, le droit de s'attaquer au navire lui-même et de le faire revendre s'ils trouvent
qu'il n'a pas été vendu assez cher. Le paragraphe final de l'article
reprend alors une signification.

84. Mais il devient malaisé de déterminer quelle ressource
spéciale l'article 196 donne alors aux créanciers du vendeur.
« Nonobstant la vente, y lit-on, le navire ou son prix continue
d'être le gage desdits créanciers. » Les commentateurs sont di-
visés sur l'interprétation des mots « le navire ou son prix. »

Premier système. Dageville (1) raisonne ainsi : puisque la
vente n'est annulable qu'en cas de fraude, le créancier, hors le cas
de fraude, n'a de droits que sur le prix. Cette opinion ne saurait
être admise. Le projet primitif était ainsi conçu : « Les privilèges
« passent sur le prix en provenant. » C'est sur la demande
expresse de Siméon (2) qu'on substitua aux mots « le prix en pro-
« venant » les mots « le navire ou son prix. » On ne peut pas
faire abstraction de cette rédaction nouvelle.

Deuxième système. On lit dans le commentaire de Valin (3) :
« Que l'acquéreur ait payé le prix ou non, c'est la même chose :
« les créanciers sont également en droit de l'obliger de leur faire
« l'abandon du navire, si mieux ils n'aiment se contenter de lui en
« faire rapporter le prix. » D'après MM. Cresp et Laurin (4), les
créanciers auraient, sous l'empire du code, conservé ce droit absolu d'option.

Il me semble que c'est revenir indirectement à l'action révocatoire, formellement proscrite, hors le cas de fraude, par le législateur de 1807. Si les créanciers ne provoquent pas l'annulation
de la vente et ne réclament pas le navire en nature, c'est qu'ils
préfèrent un équivalent pécuniaire. Mais ils peuvent, au demeurant, exercer l'action révocatoire quand bon leur semble. Enfin, si
cette opinion devait prévaloir, il faudrait effacer la dernière phrase
de l'article 195. Au lieu de permettre la vente du navire en voyage,
le législateur aurait dû la subordonner expressément au bon plaisir
des créanciers.

(1) II, p. 54. — (2) Locré, t. XVIII, p. 306. — (3) I, p. 606. — (4) I, p. 283
et 284. Ce système avait été adopté par Boulay-Paty, I, p. 171.

Troisième système. Dufour (1) et M. Demangeat (2) me paraissent avoir mieux compris le sens des travaux préparatoires et la
portée des mots « le navire ou son prix. » Le navire reste assurément le gage des créanciers : ceux-ci peuvent donc le faire saisir
et vendre. Rien ne les en empêchera si l'acheteur a été assez imprudent pour payer son prix entre les mains du vendeur et que celui-
ci soit devenu insolvable. Mais à son tour l'acheteur porteur d'un
titre sincère peut arrêter cette exécution en offrant son prix et
rien que son prix. Les droits de tous sont ainsi respectés, et l'article 196 est rigoureusement appliqué dans toutes ses parties. Ce
système est seul en accord avec la loi du 10 décembre 1874, qui
permet à l'acquéreur de soustraire le navire aux créanciers hypothécaires en leur faisant offre du prix.

§ IV.

Vente à l'étranger.

85. Trois principales questions sont à résoudre : A. Comment
se fait à l'étranger la vente d'un navire français ? B. Comment
se fait en France la vente d'un navire étranger ? C. Comment se
fait à l'étranger la vente d'un navire étranger à un Français ?

A.

Le navire français qu'on aliène à l'étranger peut être vendu
soit à la chancellerie du consulat, soit hors de la chancellerie.

Dans le premier cas, on s'adresse aux agents du gouvernement
français; ceux-ci ne peuvent appliquer que la loi française. Le
chancelier, dit l'ordonnance du 29 octobre 1833 (art. 32), se diri-
gera pour les formes de la vente d'après les dispositions de la loi
du 27 vendémiaire an II, et le consul en donnera sur le champ
avis à l'administration de la marine du port où le navire était immatriculé. Pour assurer l'exécution de l'art. 237 du code de commerce
qui interdit au capitaine de vendre son navire sans pouvoir
spécial des propriétaires, hors le cas d'innavigabilité constatée,
l'ordonnance ajoute que « le pouvoir donné au capitaine sera
« annexé au contrat, après avoir été par lui certifié. »

Les mêmes règles sont applicables à la vente faite en chancel-

(1) II, p. 374. — (2) IV, p. 27.

lerie soit à un étranger, soit à un Français établi en pays étranger à qui nos lois ne permettraient pas de posséder un bâtiment jouissant des priviléges de la francisation. Toutefois le consul retient alors les actes de francisation, passe-ports, congés et autres pièces établissant la nationalité, qu'il envoie en France : nous avons vu que le *merchant shipping act* de 1874 (art. 53) contient une disposition analogue.

Le consul, en pareil cas, doit retenir ces documents, que la vente se fasse à la chancellerie ou hors de la chancellerie, car il faut absolument, dans toutes les hypothèses, que la dénationalisation soit constatée sur la matricule des navires de commerce. C'est pourquoi, dans une espèce où les contractants avaient produit au vice-consul de France à Cardiff une copie authentique de l'acte de vente délivrée par le consul général de Londres, mais non l'acte de francisation, le Conseil d'Etat approuva la conduite de l'agent consulaire qui, faute par le vendeur français de produire cet acte de francisation, s'était opposé au désarmement du navire (1) (8 janvier 1875.)

Le Conseil d'Etat rappelle en termes exprès dans cet arrêt que « toute vente de bâtiment doit contenir la copie de l'acte de francisation (2). » Il ne faudrait pas en conclure que la loi française s'imposât aux contractants quand la vente est faite hors de la chancellerie. Tout ce qu'exige alors l'ordonnance de 1833, c'est un certificat du consul, attestant la régularité du pouvoir donné par les propriétaires au capitaine. Cette réserve faite, la règle *locus regit actum* reprend son empire.

Mais il ne faut pas s'exagérer la portée de cette règle. Je suppose qu'un Français ait, dans les eaux espagnoles, vendu par un acte sous seing privé son navire à un autre Français : si les difficultés que peut soulever l'exécution du contrat ne se produisent que devant les tribunaux français, ceux-ci pourront juger, conformément au droit commun, que les contractants se sont référés aux lois de leur pays et les ont préférées à celles du lieu où ils se sont obligés (3).

Si le bâtiment français acheté dans un port étranger doit rester français, il est clair qu'on ne pourra pas, en invoquant la règle *locus regit actum*, le soustraire à l'application de la loi de vendémiaire an II. Quand le vendeur et l'acheteur auraient pu se lier verbalement en pays étranger, celui-ci devra présenter un écrit à la douane le

_____

(1) D. 75, 3, 116, S. 76, 2, 276. — (2) V. ci-dessus n° 75. — (3) V. sur le caractère facultatif de la règle *locus regit actum*, M. Massé, t. I, n° 572.

jour où il voudra se faire délivrer un congé. Or il faudra bien que cet écrit contienne une copie de l'acte de francisation, et la douane ne manquera pas d'inscrire la vente au dos de cet acte. S'il en était autrement, il suffirait aux contractants de vendre ou d'acheter à l'étranger les bâtiments de mer français pour les soustraire aux mesures de surveillance et de protection organisées dans un intérêt public. La loi serait sans cesse éludée. Il s'agit d'ailleurs ici de régler bien moins la forme que les effets et l'exécution du contrat (1).

B.

86. Certaines législations étrangères épargnent au juge français le soin de chercher dans les principes généraux du droit la solution de la seconde question.

Les articles 310 du code hollandais, 1291 du code portugais, 1016 du code argentin, 828 du code chilien décident que, si les navires appartenant à des régnicoles sont transmis en pays étranger à des étrangers, la propriété s'en transfère d'après les lois et usages des lieux où s'effectue la vente. Ces codes, on le comprend très-bien, ne présument pas que l'acheteur ait entendu se soumettre ni soumettre le bâtiment qu'il acquiert à la loi du vendeur. Quand le statut du vendeur étranger ne trancherait pas cette question de droit, l'acheteur français est assurément tenu de suivre les lois de sa patrie, qui seules l'obligent (2).

Ces codes laissent indécise la question de savoir quelle loi devrait être appliquée dans l'hypothèse où un régnicole vendrait à l'étranger et, pour préciser l'hypothèse, en France son navire à un autre régnicole. Je crois que les tribunaux français pourraient encore, en pareil cas, se conformer à la règle *locus regit actum.* Cette règle ne fléchit que si, l'acte devant être exécuté dans le pays des contractants, les contestations qu'il soulève sont déférées

(1) Cf. un remarquable article de M. Lyon-Caen (Journal du droit intern. privé IV, p. 488). Le savant professeur va plus loin et croit que la loi du pavillon du navire doit invariablement servir à fixer les formalités de publication requises pour la translation de la propriété, même quand le navire se trouve dans un pays étranger. Il fait remarquer que ces formalités sont prescrites dans un intérêt supérieur de publicité : si la loi française ne cesse pas d'être applicable à ce point de vue malgré la vente à l'étranger, ne serait-il pas juste d'admettre que la loi étrangère continuât d'être applicable, quant aux formalités de publicité, malgré la vente dans les eaux françaises? — (2) V. M. Massé, *ib.*

aux tribunaux de ce pays. Alors, comme le dit M. Massé, il suffira que les autorités étrangères trouvent l'acte conforme à leurs
lois, qui sont celles des deux parties. Mais nous supposons au contraire que les tribunaux français sont saisis, c'est-à-dire que les
difficultés d'exécution et les contestations se sont produites en
France.

Le code italien ne laisse pas aux sujets italiens le droit d'option
que l'ordonnance de 1833 donne aux Français. Il décide (art. 288)
que la vente effectuée en pays étranger doit être faite par acte,
reçu dans la chancellerie du consulat royal devant l'agent consulaire et transcrite sur les registres de ce consulat. Tel est aussi le
système du code russe (1) et du code égyptien (2).

Les étrangers qui enfreindraient en ce point le statut de leur
pays s'exposent aux sanctions pénales qui peuvent en garantir
l'exécution (3). Mais le juge du lieu où le contrat a été passé serait-il lié par une semblable disposition législative ? Je suppose
qu'un Italien vende à un Français, dans un port français, un navire italien par un simple acte sous seing privé hors de la chancellerie du consulat royal. En thèse, les tribunaux français ne
sauraient hésiter sur la validité d'une telle vente : il leur suffirait
que l'acheteur régnicole eût suivi sa propre loi. Toutefois un contrat de ce genre pourra susciter à cet acheteur de grandes difficultés, par exemple si des tiers, créanciers italiens, viennent
soutenir que la vente, non transcrite sur les registres du consulat
et par suite sur ceux du département maritime où le bâtiment est
inscrit, ne leur est pas opposable. L'acheteur français devra donc
prendre ses précautions et, d'une part, ne payer qu'à bon escient (4), d'autre part, s'il ne veut lui-même s'exposer à l'amende
édictée par l'article 45 de la loi de vendémiaire an II (5), ne présenter à la francisation qu'un navire régulièrement dénationalisé.

(1) « Les Russes ne peuvent vendre leurs navires dans les ports étrangers
« sans l'intermédiaire des consuls de leur nation. Dans les ports où il n'y a
« point de consuls, les navires peuvent être vendus par l'intermédiaire des
« autorités locales, des notaires ou des courtiers, à la charge d'en donner
« avis au consul le plus voisin. » (A. de St-Joseph, concord., p. 56.) —
— (2) Art. 3 précité. — (3) Cf. Merchant shipping act de 1854, art. 53. —
(4) Il ne faut pas oublier la prescription de l'art. 289 du code italien, ainsi
conçu : « Les agents consulaires à l'étranger ne peuvent recevoir les actes
« de vente des navires s'il n'est pas pourvu au paiement ou à la garantie
« (al pagamento o alla sicurezza) des créances privilégiées inscrites sur
« l'acte de nationalité. » — (5) Reproduit par l'article 149 du règlement général de 1866.

Plusieurs de nos consuls à l'étranger, notamment en Angleterre, demandent à l'acheteur français d'un bâtiment étranger un certificat de la douane étrangère constatant qué ce bâtiment est dénationalisé (1), et subordonnent à cette production la délivrance du congé provisoire.

C.

8 7. Un Français peut acheter à l'étranger un navire étranger. Il devra se conformer au statut du pays où s'effectue la vente. Toutefois si les tribunaux français apprécient seuls la validité du contrat, il suffira que les contractants se soient conformés à la loi française.

Quand un Français achète à l'étranger un navire étranger pour le faire naturaliser et immatriculer dans un port français, le consul, après s'être assuré par tous les moyens possibles que le navire est acquis « pour compte français » délivre au capitaine des papiers de bord provisoires (2). Ces papiers sont, d'une part, une copie certifiée de la déclaration authentique d'achat du navire dressée en chancellerie sous forme de procès-verbal, d'acte de notoriété ou de certificat, et d'autre part un rôle d'équipage, un congé ou un journal de mer, tous intitulés provisoires et portant cette mention : *valable pour se rendre du port de... à... avec retour en France ou au port de... (France) pour être annulé après le dépôt entre les mains du service des douanes.*

Autant que possible, le bâtiment doit être immédiatement commandé, son équipage immédiatement composé selon les prescriptions de la loi du 21 septembre 1793. Cependant si l'on ne parvient pas à recruter parmi des nationaux les officiers et les trois quarts de l'équipage, le consul pourrait toujours autoriser l'expédition ;

---

(1) Mais cette pratique n'est pas universelle. — (2) D'après le code allemand, les lois de chaque Etat décident si, pour un bâtiment acheté à l'étranger, un acte consulaire peut provisoirement tenir lieu de l'inscription au registre de navigation (art. 434.) D'après la loi prussienne du 24 juin 1861, art. 53, § 7, lorsqu'un navire étranger, en devenant la propriété d'un sujet prussien, acquiert le droit de porter le pavillon prussien, l'inscription sur le registre de navires et le certificat d'immatriculation peuvent être remplacés pendant la durée d'un an par un certificat provisoire délivré par le consul de Prusse dans l'arrondissement duquel la mutation a eu lieu. D'après le *merchant shipping act* de 1854 (art. 54), un certificat provisoire, valable pour six mois ou jusqu'à l'arrivée du navire dans un port d'enregistrement, peut être délivré par le consul britannique à tout navire devenu anglais en pays étranger.

12

mais il devrait alors munir le capitaine d'un certificat constatant
que l'équipage réglementaire n'a pu être constitué (1).

Aussitôt après la promulgation de la loi du 19 mai 1866, on avait
maintenu l'obligation d'amener directement en France les navires
achetés à l'étranger en leur accordant exceptionnellement la
faculté de faire des opérations de commerce dans les ports placés
sur leur route. Mais la faculté d'affréter le navire, au lieu même
où il était acheté, pour toute destination venait, au demeurant, en
déduction des frais d'achat et, par conséquent, devait être reven-
diquée par les armateurs français. Il fut donc décidé, de concert
entre les ministères des finances et de la marine, que les navires
achetés à l'étranger pourraient à l'avenir prendre des chargements
ou relever sur lest pour *tout pays*, à certaines conditions spécifiées
par les circulaires ministérielles du 10 mai 1867 et du 20 juillet
1875 (2). Cette dernière circulaire a été faite pour assurer le paiement des droits dans le cas où le navire viendrait à périr pendant
la traversée. Le consul doit, avant de délivrer le brevet provisoire,
exiger, en même temps que le droit de mutation, le droit d'importation dû à l'administration des douanes, calculé sur le tonnage
mentionné dans les papiers de bord, et tenir compte au trésor de
cette double perception par l'envoi au département des affaires
étrangères de traites spéciales payables à Paris, à l'ordre du
receveur de l'enregistrement des actes administratifs. Les traites
doivent être accompagnées d'une soumission par laquelle l'acquéreur du navire s'engage « à acquitter ultérieurement, à la pre-
« mière réquisition de l'administration de l'enregistrement et, au
« plus tard, au moment de la francisation, les suppléments de
« droits qui seront reconnus exigibles (3). » Si des difficultés
s'élèvent sur la quotité des droits, sur les motifs d'exemption invo-
qués, sur les bases de la perception, les consuls doivent en référer
au ministère des affaires étrangères en faisant exactement connaître l'origine de la propriété du navire : le brevet de francisation
est délivré dans ce cas sous toutes réserves, le départ du navire

(1) V. les circul. du départ. des aff. étrangères du 22 décembre 1855, du
10 janvier 1862, du 27 avril et du 11 novembre 1866. — (2) Circ. du départ.
des aff. étrangères. (Cf. instruct. n° 2523 de l'administration de l'enregistrement (14 septembre 1875.) — (3) D'après la jauge effective : cette dernière
condition s'explique par la difficulté d'opérer dans un port étranger le mesurage exact du navire d'après les méthodes rigoureuses de jaugeage usitées en France et constitue une facilité de plus pour l'armement provisoire
au dehors des bâtiments destinés à accroître notre matériel naval. Cf. De
Clercq et Valat, 3° éd., t. II, p. 215.

ne pouvant être ajourné jusqu'au moment où les difficultés auront été réglées.

Quand le navire est arrivé en France, l'acheteur, après avoir prêté devant le juge compétent le serment prescrit par la loi de vendémiaire an II, c'est-à-dire après avoir fait connaître le lieu de la construction du navire et le port étranger auquel il était attaché, se rend à la douane pour obtenir un acte de francisation. La douane n'exige pas alors la production d'un acte écrit (1). Elle ne l'exige pas même quand le navire étranger a été acheté en France, à moins que la vente n'ait été conclue par l'entremise d'un courtier. L'acheteur d'un navire étranger peut, en règle générale, se contenter de produire : 1° l'acte de prestation de serment ; 2° la quittance des droits d'enregistrement perçus sur sa déclaration écrite. Si la vente a été faite par l'entremise d'un courtier français, la douane exige la production de l'acte, et la déclaration écrite devient inutile.

88. Aux termes d'un récent arrêt (Rouen, 31 juillet 1876) (2), les navires étrangers vendus hors de France à un étranger, qui se trouvent dans un port français, seraient soumis comme les navires français aux dispositions de la loi du 27 vendémiaire an II, et aucune vente non inscrite sur l'acte de nationalité ne pourrait, au cas de saisie pratiquée en France, être opposée aux créanciers du vendeur, alors que la loi du pays où ces navires ont leur port d'attache et où ils auraient été vendus ne contiendrait aucune disposition semblable. Cette question est délicate. Les créanciers français n'étant pas avertis, dans l'espèce, que plus des trois quarts du navire étaient transférés à un tiers en pays étranger n'avaient, peut-on dire, prêté à leur débiteur, seul inscrit sur l'acte de nationalité, qu'en « contemplation des lois « françaises : » leurs droits pouvaient-ils être sacrifiés ? La cour de cassation n'admet pas qu'on argumente *a contrario* de l'art. 3 c. civ. pour soumettre nécessairement à la loi étrangère les

(1) Cf. le parag. II de l'instruction du 10 mai 1872. Ce paragraphe débute ainsi : « A défaut de représentation d'acte, l'agent des douanes devra, en « général, et aussitôt après que l'armateur aura souscrit la déclaration « tendant à obtenir la francisation ou l'immatricule et avant qu'il soit pro- « cédé à l'instruction de la demande, transmettre l'un des doubles de cette « déclaration au receveur de l'enregistrement de sa résidence. Ce dernier « suivra le recouvrement du droit proportionnel de 2 % et, s'il y a lieu, « il exigera de la partie, conformément à l'article 16 de la loi du 22 fri- « maire an VII, la déclaration estimative qui serait nécessaire pour asseoir « régulièrement la perception. » (2) S. 1877, 2, 129.

meubles possédés par des étrangers, « tout au moins dans les
« questions de possesion, de privilége et de voies d'exécu-
« tion (1) : » n'est-ce pas une question de possession légale qu'il
s'agit de trancher ? Si, par une conséquence du principe de la
souveraineté, la loi française est applicable aux navires mouillés
dans un port français quant au règlement des droits de preférence,
ne leur est-elle pas encore applicable quand il s'agit de déterminer non plus la constitution de droits réels accessoires, mais la
transmission à l'égard des tiers du premier des droits réels et
jusqu'à quel point elle est opposable aux créanciers français ? Cependant la vente était, on le suppose, parfaite *erga omnes* dans le
lieu, même où le bâtiment avait son port d'attache et où il a été
vendu ! Comment cesserait-elle de l'être à la suite d'un voyage en
France ? Que peut donc se reprocher l'acheteur étranger de ce navire étranger s'il est de bonne foi ? Peut-il d'avance, en prévision
d'une saisie faite n'importe où, dans une des cinq parties du
monde, se conformer aux lois en vigueur au lieu de la saisie pour
être en mesure d'opposer son contrat aux tiers ? « Avec un pareil
« système, a dit très-bien M. Lyon-Caen (2), il n'y aurait plus de
« sécurité pour les propriétaires de meubles : ayant acquis la
« propriété dans un pays, ils pourraient n'être plus réputés
« propriétaires par cela seul qu'ils transporteraient le bien mobilier
« par eux acquis dans un autre pays soumis à une législation dif-
« férente. Cela serait désastreux surtout pour les navires qui, d'a-
« près leur destination même, traversent les contrées les plus
« diverses. »

§ V.

Droit fiscal.

89. Les mutations de propriété de navires étaient assujetties
par la loi de frimaire an VII (art. 69, § 5, n° 1) au droit proportionnel de 2 0/0. A ce droit proportionnel la loi du 21 avril 1818
substitua, pour favoriser le développement du commerce maritime,
un droit fixe de 1 franc.

L'article 5 de la loi du 28 février 1872 est ainsi conçu : « Sont
« soumis au droit proportionnel d'après les tarifs en vigueur....
« 2° les mutations de propriété de navires soit totales, soit par-
» tielles. Le droit est perçu soit sur l'acte ou le procès-verbal de

---

(1) Req. 19 mars 1872. D. 74, I, 465. — (2) Article précité.

« vente, soit sur la déclaration faite pour obtenir la francisation
« ou l'immatricule au nom du nouveau possesseur. Les articles
« 56 et 64 de la loi du 21 avril 1818 sont abrogés. » M. Raoul Duval
proposa le 14 décembre 1876 à la chambre des députés de substituer un droit fixe de 2 francs au droit proportionnel ; mais, sur les
observations de la commission du budget, il retira cette proposition.

On remarque que, si l'achat a lieu à l'étranger, la déclaration
faite pour obtenir la francisation ou l'immatricule au nom du nouveau propriétaire donne ouverture à la taxe. Le droit proportionnel est donc perçu sur les ventes faites à l'étranger comme sur
les ventes faites en France. Le législateur a voulu expressément,
le rapport de M. Mathieu-Bodet en fait foi, assurer l'égalité
d'impôt entre les unes et les autres.

Pour mieux assurer la perception de la nouvelle taxe, l'administration de l'enregistrement a enjoint à tous ses directeurs du littoral de se concerter avec leurs collègues des douanes afin qu'à
l'avenir aucune francisation, aucune mutation dans l'immatricule
des navires ne pût avoir lieu sans qu'il eût été justifié du paiement
des droits d'enregistrement (1).

Ces droits de mutation sont d'ailleurs entièrement indépendants
des droits d'importation perçus non sur le prix, mais par tonneau
de jauge soit en vertu de la loi du 19 mai 1866, soit en vertu de la
loi du 30 janvier 1872. M. Raoul Duval, en soutenant, le 14 décembre 1876, que le paiement du droit d'importation dispensait
d'acquitter le droit proportionnel de mutation, commettait une
erreur matérielle qui fut relevée par M. Wilson au nom de la
commission du budget.

Pour les navires étrangers acquis par des Français, c'est bien
sur une déclaration faite à la douane, ainsi que le précise en termes
exacts un jugement du tribunal civil de Nantes (2), que la taxe
doit être perçue (sauf dans le cas de vente par l'entremise des
courtiers). Telle est aujourd'hui la pratique constante de la régie.
Ce système offre un grave inconvénient. Les importateurs de bâtiments étrangers peuvent abaisser à leur gré le chiffre réel de la
vente, et le trésor est ainsi frustré. C'est pourquoi tandis que le
produit net de la taxe était évalué en 1872 à 800,000 francs (3), la
commission du budget devait constater en décembre 1876 qu'il
atteignait seulement un chiffre de 400,000 francs. Le fisc n'est as-

(1) Circul. du 29 février 1872. Cf. Nantes, 3 mai 1875. J. du droit intern.
privé III , 183. S. 76 , 2 , 57. — (2) Ib. — (3) Rapport de M. Mathieu-Bodet.

suré de percevoir un droit proportionnel au prix réel que si la vente est faite par l'entremise d'un courtier.

J'ai dit plus haut que le constructeur à forfait, fournissant les matériaux et son industrie, devait être regardé comme un vendeur. Cependant l'acquisition opérée dans de telles conditions ne devrait pas être soumise au droit proportionnel de 2 0/0. La loi dit en effet : « Les mutations de propriété, etc. » Or, à partir du moment où le navire a commencé d'exister, il appartenait au négociant qui l'a fait construire. Celui-ci, pour le fisc, est le propriétaire originaire. « Si l'examen des documents présentés, dit « l'instruction du 10 mai 1872, fait reconnaître que la construction « a eu lieu sur commande, que, de plus, le navire est neuf et qu'il « n'a jamais navigué que pour venir du port de construction au « port d'attache, le receveur fera mention au pied de la déclara- « tion que les formalités de douane peuvent être accomplies sans « paiement préalable des droits d'enregistrement. Cette déclara- « tion sera mentionnée par l'agent des douanes, lors de la déli- « vrance de l'acte de francisation, sur le registre spécial. »

Quand le navire est acquis à l'étranger, le droit proportionnel étant perçu « sur la déclaration faite pour obtenir la francisation », il semble qu'elle établisse une présomption de mutation. Il appartient au déclarant de la combattre et de la détruire en établissant que le navire est neuf et a été construit *sur son ordre* à l'étranger, en un mot, qu'il en est le premier propriétaire.

Il est à peine utile de faire remarquer que, le législateur employant l'expression générale « mutation de propriété », le droit est dû non-seulement sur les ventes, mais encore sur toutes les mutations entre vifs ou par décès (1).

« Lorsqu'il s'agira d'une mutation par décès, dit l'instruction « du 10 mai 1872, l'agent des douanes exigera de la partie la « production d'un certificat spécial, délivré par le receveur de « l'enregistrement, sur papier non timbré, et attestant que la « mutation a subi la perception du droit proportionnel qui lui est « propre. »

Toutefois on peut se demander si ce droit est dû sur la déclaration de défrancisation faite en douane pour constater la vente d'un navire français à un étranger. Pourquoi, dira-t-on peut-être, en affranchir un tel contrat ? Le législateur ne doit pas favoriser cette dénationalisation : il faut donc s'en tenir à la règle compréhensive qu'il a posée. Le tribunal civil du Havre soustrait indistinctement

---

(1) Circulaire précitée du 29 février 1872.

à l'impôt de semblables ventes (1). Son raisonnement est juste. L'administration de l'enregistrement ne peut exiger dans ce cas la représentation d'un acte ; elle ne pourrait donc établir sa perception que sur la déclaration écrite ; mais le droit ne peut être perçu que « sur la déclaration faite pour obtenir la francisation. » Or on ne remet aux autorités françaises l'acte de francisation que pour le faire annuler. Il est impossible de raisonner par analogie.

La régie elle-même a fini par reconnaître (solut. 17 octobre 1876) (2) « que les mutations de propriété de navires ne sont pas « soumises au régime des mutations immobilières. En effet la loi « du 22 frimaire an VII, qui a organisé ce régime, a eu soin « d'exprimer que la mutation serait prouvée à l'égard du Trésor « par l'inscription au rôle, par des baux, transactions, etc., et « enfin par *d'autres actes* constatant la propriété du nouveau pos- « sesseur. Le législateur de 1872 s'est exprimé bien différemment « pour les navires. Il s'est borné à dire que le droit sera perçu « soit sur le procès-verbal de vente, soit sur la déclaration de « francisation, ce qui exclut virtuellement les autres actes... Le « législateur a voulu faire aux transmissions de navires une si- « tuation privilégiée, et son motif se justifie par la situation « intéressante de la marine marchande. »

90. La propriété des navires peut-elle s'acquérir par pres- cription ? Oui, tous les auteurs le reconnaissent. « Toutes les « actions, tant réelles que personnelles, sont prescrites par trente « ans sans que celui qui allègue cette prescription soit obligé d'en

---

(1) 1ᵉʳ mars 1876, S. 76, 2, 153. *Junge*, Nantes 17 mars 1876. (Rec. de M. 1877, 2, 57). Ce dernier tribunal juge que la vente d'un navire français à un étranger, faite à l'étranger n'est point passible du droit proportionnel établi par l'art. 5, § 2 de la loi de 1872 « attendu que l'art. 5, revenant aux disposi- « tions de la loi de frimaire an VII, rétablit le droit proportionnel de 2 °/₀ ; « puis, innovant, déclara que le droit serait perçu soit sur l'acte ou le procès- « verbal de vente, soit sur la déclaration faite pour obtenir la francisation « ou l'immatricule au nom du nouveau possesseur; attendu que le texte « de l'art. 5 est précis ; qu'il ne prête à aucune ambiguïté ; que les lois fis- « cales doivent être strictement interprétées; qu'il est dès lors impossible « d'admettre que la vente d'un bâtiment français à l'étranger à un étranger, « qui ne demande ni la francisation ni l'immatricule, puisse donner ouver- « ture à la perception de la taxe; que l'on doit également repousser ces « autres prétentions qui autoriseraient la régie à rechercher par tous les « moyens cette sorte de transactions; que cette faculté ne lui ayant été « donnée que pour les cessions de fonds de commerce et de matériel, il lui « est interdit par là même de se livrer à de telles investigations quand il « s'agit de ventes de navires, etc. » — (2) S. 1877, 2, 123

« rapporter un titre ou qu'on puisse lui opposer l'exception dé-
« duite de la mauvaise foi » (art. 2262 c. civ.). Cette règle est
universelle. D'ailleurs l'article 430 du code de commerce, en défendant au capitaine d'acquérir la propriété du navire par voie de
prescription, suppose que d'autres peuvent ainsi l'acquérir.

Nous avons expliqué dans notre précédent chapitre pourquoi la
maxime « en fait de meubles possession vaut titre » ne s'appliquait
pas aux bâtiments de mer.

Quel est le temps requis pour prescrire ?

A défaut de titre, il est clair qu'il faudra posséder pendant
trente ans. Le code portugais (1) n'admet pas même que la possession trentenaire sans titre d'acquisition soit suffisante. Mais il
faut s'en tenir, en France, aux principes du droit civil français.

L'article 587 du code espagnol énonce formellement cette règle :
« La possession d'un navire sans titre d'acquisition n'attribue la
« propriété au possesseur qu'autant qu'elle a été continue pendant
« l'espace de trente ans. »

Le code italien abrège les délais de la prescription : « L'action
« pour revendiquer la propriété du navire, dit-il, (art. 538), se
« prescrit par dix ans sans que le manque de titre ou de bonne foi
« puisse être opposé. » Eu égard à la nature et à la durée de l'objet
qu'il s'agit de prescrire, le législateur italien a bien fait de substituer la prescription décennale à la prescription trentenaire, et
L. Borsari a pu représenter cette innovation comme un progrès.

Le code italien ajoute : « Celui qui possède un navire en vertu
« d'un titre corroboré par la bonne foi, dûment transcrit et non
« annulable pour vice de forme, prescrit par cinq ans à compter
« de la transcription et de la mention sur l'acte de nationalité. » Le
droit français contient-il une règle analogue? Nous ne le pensons
pas. Toutefois M. Labbé, dans une savante dissertation (2) que
nous avons déjà citée, soutient l'opinion contraire. Il remarque
que le code civil exige du possesseur de bonne foi tantôt dix ans,
tantôt vingt ans de possession suivant la situation de l'immeuble
comparée au domicile du propriétaire (art. 2265). Or on ne saurait,
l'éminent professeur le reconnaît, assimiler, sans forcer le sens
des mots, le port d'armement au lieu de la situation. « Mais,
« ajoute-t-il, l'abréviation à vingt ans ne peut pas être refusée au
« propriétaire du navire ayant juste titre et bonne foi; car cet
« abrègement du délai dérive uniquement de la bonne foi du
« possesseur et non pas d'un rapprochement constaté entre le

(1) Art. 1292. — (2) S. 70, I, 145.

« domicile du propriétaire et la situation de la chose. » C'est là, comme l'ont dit MM. Demangeat (1) et Laurin (2), refaire la loi. L'article 2265 ne s'applique qu'aux immeubles, et le navire est meuble. C'est donc une nouvelle prescription qu'il s'agirait d'introduire dans nos lois civiles, et ce droit n'appartient qu'au législateur.

La possession à fin de prescrire doit réunir tous les caractères énumérés en l'article 2229. Il faut donc posséder « à titre de « propriétaire. » Or, d'après M. Bédarride (3), la manifestation de ce dernier caractère ne peut résulter que de la mutation opérée sur les registres de la douane. « De là (4) cette consé- « quence que la prescription ne court que du jour de cette mu- « tation. » La mutation en douane est à la fois, assurément, un signe éclatant de la jouissance et le plus efficace des moyens de contradiction opposables au véritable propriétaire. Mais il est d'autres signes et d'autres moyens. Par exemple que le premier possesseur perçoive le fret entier, contribue aux réparations, paie les primes d'assurance, le tout *proprio nomine*, méconnaîtra-t-on qu'il possède à titre de propriétaire (5)? supposera-t-on qu'il possède à titre de locataire, de dépositaire, de mandataire alors que, d'après une règle incontestée, le détenteur est toujours présumé posséder pour lui? L'absence de mutation en douane n'implique pas même la clandestinité puisqu'il suffit, pour empêcher le propriétaire d'invoquer ce vice, que le possesseur ne lui ait pas caché ses actes de possession. En poussant à sa conséquence logique l'opinion de M. Bédarride, on arrive à transporter dans le code français la théorie du code portugais, c'est-à-dire à stériliser la possession sans titre, car la mutation en douane implique le titre, la douane ne mentionnant pas le transfert sur son registre-matricule et sur l'acte de francisation si le possesseur n'établit pas qu'il possède en vertu d'une cause juridique et légitime d'acquisition.

C'est pourquoi le code italien ne parle de la transcription sur les registres du département maritime qu'à propos de la prescription quinquennale, c'est-à-dire de la prescription qui repose sur le titre et la bonne foi.

« Les maîtres et patrons, disait l'ordonnance de 1681 (art. 2, « tit. XII, l. I.), ne pourront, par quelque temps que ce soit, pres- « crire le vaisseau contre les propriétaires qui les auront établis. » « Le capitaine, dit l'art. 430 du code de 1807, ne peut acquérir la

---

(1) IV, p. 29. — (2) I, p. 289. — (3) V, n° 1932. — (4) Ib., n° 1933. — (5) Cf. Laurin I, 292.

« propriété du navire par voie de prescription. » Cette disposition,
reproduite par plusieurs codes étrangers (1), ne fait qu'appliquer
à un cas particulier la règle générale écrite dans l'article 2236 du
code civil. « Un dépositaire, dit à ce propos Valin, ne peut jamais
« prescrire le dépôt, pas plus que le fermier le bien qu'il tient de
« ferme... » Le capitaine ne peut pas prescrire parce qu'il possède pour autrui. Pour qu'il en fût autrement, il faudrait que le
titre de sa possession se trouvât interverti (2).

Cresp (3) assimile au capitaine le copropriétaire d'un navire.
« Il n'est jamais censé, dit-il, l'avoir possédé que pour lui-même
« et à proportion de son intérêt. » C'est une erreur. « Comme
« tout possesseur ordinaire, le copropriétaire par indivis qui jouit
« exclusivement et pendant trente ans d'une portion de la chose
« commune acquiert par la prescription la propriété exclusive de
« cette portion » (4). L'interversion du titre n'est pas nécessaire.
Mais les tribunaux exigeront sans doute des actes de jouissance
très-clairement exclusifs pour admettre que le communiste a
étendu les limites de son droit (5) : ils regardent souvent, en pareil
cas, la possession comme équivoque (6), et c'est un autre obstacle
à la prescription.

Le projet de révision de 1867 supprimait purement et simplement l'article 430 comme étant « la répétition d'une règle vulgaire
« du droit commun » (7). L'article 430 pouvait être, en effet, supprimé sans inconvénient.

SECTION III.

MODES DE TRANSMISSION DU DROIT COMMERCIAL.

91. Il est en outre, en droit commercial et maritime, des
moyens spéciaux d'abdiquer et de transmettre à autrui la propriété
des bâtiments de mer. Ainsi le propriétaire qui veut s'affranchir

(1) Art. 587 du code espagnol, 538 du code italien, 267 du code égyptien,
etc. — (2) Cf. le comm. de L. Borsari sur l'art. 538 du code italien (II,
p. 663). — (3) I, p. 291. — (4) Req. 35 mars 1851 (D. 54, 5, 578). — (5) Cf. la
note de M. Laurin sur le passage précité de Cresp. — (6) Req. 8 août 1870.
D. 72, I, 17. — (7) Note explic., p. 139.

de la responsabilité résultant des faits et engagements du capitaine peut faire abandon de son navire aux créanciers (art. 216). En cas de sinistre majeur, l'assuré peut délaisser aux assureurs ce qui reste de sa chose, moyennant le paiement qui lui sera fait de la somme convenue (art. 369). Nous étudierons ces deux cas particuliers d'acquisition en commentant les troisième et dixième titres du livre II du code de commerce.

Nous croyons devoir, comme M. Laurin (1), rattacher à cette catégorie de modes d'acquisition la disposition de l'ordonnance de 1681 qui attribue au sauveteur le tiers des effets naufragés.

92. Le droit de naufrage n'était pas consacré, même du temps de Plaute (2), par la législation romaine. Le sénat finit par appliquer la loi *Cornelia de sicariis* à ceux qui s'empareraient d'objets échoués à la suite d'un naufrage. Claude, Adrien, Antonin, Constantin, Honorius protégèrent successivement les propriétaires des objets naufragés contre les entreprises des pillards et contre les revendications du fisc (3). Ces règles furent maintenues par les Basiliques (4).

« Je remarquerai, dit Grotius (5), qu'il y a des lois civiles tout-« à-fait injustes, comme celle qui confisque les biens échappés « du naufrage, » et le publiciste hollandais cite parmi les peuples qui confisquaient ou pillaient autrefois les biens des naufragés les Bretons (6), les Anglais, les Siciliens, les Grecs, les Danois. Néanmoins les érudits du dix-neuvième siècle doutent qu'un pareil usage ait été, à une époque quelconque, sanctionné législativement. Un document du neuvième siècle met sans doute au rang des revenus de l'évêque d'Utrecht le dixième du produit des naufrages, et la coutume de Zélande, ch. X § 13 déclare que le droit aux effets naufragés appartient au comte (7); en 1465 et 1469, Louis XI énonce encore le droit de naufrage comme une branche des revenus de l'apanage de son frère : mais on se demande s'il ne s'agit pas là seulement du droit aux objets non réclamés par le propriétaire dans un certain délai. Il est certain que la plupart des monuments du vieux droit maritime, en attestant l'usage condamné par

(1) I, p. 293. — (2) Le Rudens, acte IV, scène 7. — (3) L. 3, § 8, 4, 7, 12, ff. De incendio, ruina, naufragio; l. 4, § 1, ff. De lege Rhodia; l. 8 et 44, ff. De adquirendo, etc.; l. 7, ff. Pro derelicto; l. 43, § 11, ff. De furtis; l. 1 et 5 C. De naufragiis. V. Pardessus, collect., t. I, p. 78. — (4) L. LIII, tit. 3. — (5) Livre II, c. VII, § 1. — (6) Il est certain que le droit de naufrage était exercé par les ducs de Bretagne au 10ᵉ et au 11ᵉ siècles (D'Argentré; Hévin, questions concernant les matières féodales, p. 350). Cf. Pardessus I, 316. — (7) V. Pardessus, collect. t. IV, p. 16.

Grotius, attestent un perpétuel effort tenté pour l'abolir. Dès le sixième siècle, Alaric II fait insérer dans le recueil d'Anien un fragment des sentences de Paul édictant des peines contre ceux qui pillent dans un naufrage. Au dixième siècle les lois islandaises (1) règlent avec un soin minutieux la revendication des objets naufragés. Le *gulaping* norwégien de 940 (2) proscrit également le droit de naufrage et se contente de réserver au roi les objets sans maître jetés par la mer sur le rivage. Plus tard c'est Venise qui ordonne de rendre dans les trois jours tous les objets dérobés à la suite d'un naufrage sous peine d'avoir à restituer le double de leur valeur (3), c'est Frédéric II qui, dans une constitution faite pour les Deux-Siciles, édicte la peine capitale contre les pillards et condamne les héritiers à la restitution du quadruple (4), c'est la coutume de Valence qui défend de prendre aucune chose pour droit ou occasion de naufrage (5), c'est le *fuero real* de 1255, appliquant les peines du vol à quiconque recueillera quelque chose d'un naufrage sans la volonté des propriétaires (6), c'est plus tard un recès anséatique qui punit de mort les acheteurs de marchandises pillées ou rejetées par la mer (7), c'est plus tard encore Philippe II, dans son ordonnance de 1563 faite pour les Pays-Bas, condamnant les pillards à être, suivant certaines distinctions, brûlés ou pendus (8). Il serait facile de multiplier ces exemples.

Mais il fallait à la fois proscrire le vol et convier les habitants des côtes à secourir les naufragés : il était sage de proscrire le droit de naufrage; mieux valait encore le remplacer par un droit de sauvetage. Les rôles d'Oléron, tout en édictant des peines terribles contre les pillards (art. 36 et 38), ordonnent de « remu-
« nérer les saulveurs selon Dieu et raison et conscience et leur
« estat et selon que justice ordonnera » (art. 36). Dès cette époque, on se demande si la promesse faite en cas de péril est obligatoire, et la question est résolue négativement. « Et si ainsi estoit que le
« mestre et les marchantz promeissent as giens qui lor aident à
« saufver lesdicts biens et la neef, la tierce partie ou la moitié de
« la neef et desdictes darrées qui purroient estre saufvées... »

(1) Landabrigpa-balkr, ch. 71. — (2) Pardessus, collect. III, p. 21. — (3) Statut criminel de 1232, c. I. — (4) Constit. de 1231. V. Pardessus, collect. V, p. 252. — (5) Alcuna cosa per dret o per occasio de naufraig. Lib. IX, Rub. XVII, § 1 (ann. 1250). — (6) Lois des provinces méridionales et occidentales de l'Espagne. Pardessus, VI, p. 15. — (7) Recès de 1447, art. 9. — (8) Tit. IV, art. 13.

« la justice du pays doit bien garder quelle peine et quel labeur
« ilz auroient mis à les sauvfer, et selon cette peine, non con-
« trestant la promesse..., les guerdonner. » Les assises de
Jérusalem donnent à l'inventeur la moitié des objets nageant sur
l'eau, le tiers des objets trouvés « à fons de la mer », mais ne lui
attribuent aucune quotité si le navire échoue à terre (1). Le
consulat de la mer (art. 207) fait une distinction du même genre :
les marchandises ont-elles été trouvées en port, en plage ou sur
le rivage (en plaia ò en port ò en ribera), mais non jetées à terre ?
l'inventeur peut en garder la moitié, mais doit remettre l'autre
moitié à l'autorité qui, si nul ne s'est présenté dans l'an et jour, en
fait deux parts, garde la première et affecte la seconde à des
prières pour l'âme du propriétaire : sont-elles jetées sur la terre
ferme ? l'attribution d'une quotité cesse et l'inventeur ne reçoit
plus qu'une récompense déterminée par les prud'hommes du lieu :
toutefois, au bout de l'an et jour, la répartition est opérée comme
dans le premier cas. Enfin si les inventeurs ne se présentent pas
dans le délai de dix jours à l'autorité, celle-ci peut les faire rechercher comme voleurs. Les recès anséatiques du quinzième siècle
(1417, 1418, 1447) accordent au sauveteur une récompense proportionnée à son labeur : un recès de 1614 ordonne la remise des
objets naufragés à l'autorité du lieu le plus proche et attribue à
l'inventeur, pour le dédommager de ses peines, le quart s'il est
allé chercher les marchandises en mer sur un récif, le vingtième
dans les autres cas.

A l'époque où parut le *Guidon de la mer*, les principes du droit
maritime étaient déjà fixés : cependant l'auteur de ce recueil, après
avoir proscrit le droit de naufrage et consacré le droit de sauvetage
(c. V, art. 22), ajoute (art. 23) que, « s'il y a coustume du pays
« au contraire, comme en aulcuns endroits du pays de Bretagne, »
le capitaine doit prendre un bref : autrement si « le navire se perd
« ou submerge en la coste, le tout est applicable au seigneur du
« lieu (2). » Il paraît que la coutume était bien fortement enra-
cinée en Bretagne, car, même après l'édit général de 1543, il fallut
rendre pour cette province une ordonnance spéciale (1567). L'édit
de février 1543, que Valin cite avec éloge, reconnut aux naufragés
le droit de recouvrer leurs propriétés, qu'elles eussent échoué sur

(1) Assises des bourgeois, ch. XLVI. — (2) Cf. Valin II, p. 583. Valin
explique comment St Louis, en 1231, amena le duc de Bretagne à renoncer au droit de naufrage à condition que les navigateurs prendraient de
lui des brefs.

le rivage ou que la mer les eût englouties, mais en ordonnant au surplus que, à défaut de réclamation dans l'an et jour, un tiers de ce qui aurait été tiré de mer à terre ou du fond de la mer appartiendrait à ceux qui l'auraient sauvé, un tiers à l'amiral, un tiers au roi (art. 11 et 12). Toutefois le parlement de Paris, par son arrêt de vérification (12 mars 1543), modifiant l'art. 12, attribua le tiers des effets sauvés au sauveteur, même en cas de réclamation. La règle, ainsi modifiée, passa dans le grand édit de 1584 (art. 20), dans l'ordonnance de 1629 (art. 447) et de là dans l'art. 27, livre IV, titre IX de l'ordonnance d'août 1681, dont le texte presqu'entier reste en vigueur.

Cet article est ainsi conçu : « Si toutesfois les effets naufragez « ont esté trouvez en pleine Mer ou tirez de son fond, la troisième « partie en sera délivrée incessamment et sans frais, en espece « ou en deniers, à ceux qui les auront sauvez ; et les autres deux « tiers seront deposez pour estre rendus aux Proprietaires, s'ils « les reclament dans le temps cy-dessus ; après lequel ils seront « partagez esgalement entre Nous et l'Admiral, les frais de Justice « préalablement pris sur les deux tiers. »

93. L'article ne parle que des effets naufragés ; mais, « à « l'exemple des effets naufragés trouvés en pleine mer, dit « Valin (1), il est naturel de conclure que si un navire abandonné « de son équipage soit après l'échouement, soit pour éviter le « danger d'un naufrage imminent, soit enfin par la crainte d'être « pris des pirates ou des ennemis est trouvé en pleine mer et « sauvé, le tiers en appartiendra à celui qui l'a sauvé. » Comment admettre, en effet, que la loi donne le tiers au sauveteur d'un ballot et le refuse au sauveteur d'un navire ? Le sauvetage d'un navire est plus long, plus difficile, plus périlleux, quelquefois impraticable si le sauveteur ne se détourne de sa route et ne retarde sa propre navigation. Affaiblir la rénumération, c'est peut-être empêcher le sauvetage (2). Cette thèse a été pleinement adoptée par un excellent arrêt de la cour d'Aix (3) (27 février 1817) et consacrée dès lors par une jurisprudence invariable.

Le texte dit sans doute : « en espèce ou en deniers ; » mais, ainsi que le fait observer M. Laurin (4), cela n'entame en rien le principe. Si la chose n'est pas matériellement divisible, il faut bien arriver à une licitation pour donner à chacun ce qui lui revient (5). L'attribution de propriété n'en subsiste pas moins.

(1) II, p. 636. — (2) Cf. Bédarride I, n° 34. — (3) Cité textuellement par M. Bédarride I, n° 36. — (4) I, 294. — (5) Cf. Valin, ib.

94. Il importe de déterminer à un autre point de vue la portée de cette disposition législative.

Elle ne s'applique pas aux navires échoués et trouvés sur le rivage. Aux termes de l'arrêté du 17 floréal an IX (art. 1), à défaut « des armateurs, propriétaires, subrécargues ou correspondants, « l'officier en chef de l'administration de la marine est » alors « chargé du sauvetage. » « Les voituriers, charretiers et mariniers « sont, aux termes de l'article 7, livre IV, titre IX de l'ordon- « nance d'août 1681, tenus de se transporter avec chevaux, har- « nais et bateaux au lieu du naufrage » à la première réquisition qui leur est faite. Ensuite, comme le dit l'art. 11 du même titre, l'officier de l'administration de la marine fera « taxe raisonnable « aux ouvriers pour leurs salaires sur les états de leur travail. » Valin, commentant cet article, refusait énergiquement aux entrepreneurs de pareils travaux le droit d'exiger le prix qu'ils jugeraient à propos d'y mettre. Par une déduction logique, il réputait nulles les « conventions et compositions à forfait qui pouvaient « avoir été faites entre les charpentiers, machinistes, mariniers, « plongeurs ou autres..., et les propriétaires des navires nau- « fragés ou les gens de l'équipage. »

L'article 27 ne s'applique pas davantage aux navires naufragés en pleine mer ou à la portée des côtes *sans qu'il en reste aucun vestige permanent à la surface des eaux*. Dans ce cas (art. 2 et 3 de la déclaration du 15 juin 1735), si les propriétaires ou intéressés n'ont pas fait dans le délai de deux mois « à compter du jour de « la nouvelle du naufrage » « leur déclaration... qu'ils entendent « entreprendre... le sauvement des bâtiments... et effets sub- « mergés... et à faute... de faire travailler au sauvement dans « le... délai de six mois, » l'entreprise en est concédée à des tiers qui ont droit aux huit dixièmes des objets sauvés. Les deux autres dixièmes appartiennent aujourd'hui à la caisse des invalides.

95. Pour que le sauveteur puisse réclamer le tiers, il faut d'abord qu'il ait, aux termes mêmes de l'article 27, *trouvé* le navire naufragé, ce qui implique que ce navire était complètement abandonné par son équipage. Le législateur dérogeant aux règles ordinaires du droit par l'attribution d'une quote-part, cette attribution doit être évidemment restreinte au seul cas qu'il ait prévu. Le navire est *trouvé*, par exemple, ainsi que l'a jugé la cour d'Aix (1), quand « il flotte avec de graves avaries, la cale pleine d'eau, et

(1) 23 mars 1868. D. 70, 2, 78.

« ne se soutenant que grâce à la nature de sa cargaison » ou, comme l'a jugé la cour de Rouen, quand on ne voit plus à son bord que des cadavres ou des hommes « devenus tout à fait inca-« capables de tenter le moindre effort (1). » Il ne l'est pas quand on l'a simplement remorqué, même dans des circonstances difficiles et dangereuses, mais alors qu'il avait à bord son capitaine et ses matelots (2). Il ne l'est pas même quand un seul homme reste à bord pour le gouverner, luttant encore pour la conservation du bâtiment et pour son propre salut (3). Dufour (4) remarque que la rémunération exceptionnelle de l'article 27, restreinte à de tels termes, est justifiée : le service est d'autant plus grand que le na-vire privé de toute manœuvre, courait inévitablement à sa perte et que, la détresse n'étant manifestée par aucun signal, le sauve-teur se dévoue pour rendre au propriétaire un bâtiment délaissé c'est-à-dire irrévocablement perdu.

Pour que le sauveteur puisse réclamer le tiers, il faut en outre que le navire ait été trouvé *en pleine mer.* « L'esprit de l'ordon-« nance, disait déjà Valin, est que ceux qui auront sauvé des « effets naufragés autrement qu'en les trouvant sur les flots en « pleine mer ou en les tirant de son fond n'en puissent prétendre « le tiers. » La jurisprudence contemporaine a consacré cette an-cienne règle. « Si les lois maritimes, dit la cour d'Aix (5), ac-« cordent à celui qui a recueilli au large et hors de la vue des « côtes un navire abandonné, le tiers des objets sauvés, il n'en est « pas de même lorsque le navire est échoué à la côte ou en vue des « côtes, dans ce cas, le sauveteur n'a droit qu'aux frais de sau-« vement. » Quand le navire est trouvé hors de la vue des côtes, les chances et les moyens de sauvetage sont, en règle générale, d'autant moindres, la récompense doit être d'autant plus élevée. Cependant il faut reconnaître que cette règle comporte des excep-tions nombreuses et que, même le navire étant en vue des côtes, les sauveteurs peuvent jouer leur tête. La distinction des lois françaises n'est admise ni par les Anglais ni par les Américains (6). Pour que le sauveteur puisse réclamer le tiers, il faut enfin que

(1) 2 décembre 1840, Rec. de Rouen 1840, p. 485. — (2) R. 1871, D. 72, 2, 115. — (3) Rennes, 22 mai 1867, D. 70, 2, 77. — (3) 26 juillet 1866, D. 1868, 2, 8. *Sic* Beaussant, Code marit. ; Caumont, Dict. de droit marit., v° sauvetage, n. 13 ; Toussaint, nuel des armateurs, p. 374 ; Dufour I, p. 361. — (6) « Partout où « a été sauvé, en mer ou sur la côte, disait Story, il y a sa « le sens de la loi maritime. » (The Schooner « Emulous », 1 Cf. Dixon, p. 661.

le navire ait été *sauvé*, c'est-à-dire amené dans le port et mis à l'abri de tout danger. Les intentions, dit l'américain Dixon, quelque bonnes qu'elles soient, les efforts, quelque héroïques qu'ils puissent être, ne suffisent pas en cette matière (1). En-deçà comme au-delà de l'Atlantique, le sauvetage ne serait pas accompli. C'est pourquoi s'il y a tout à la fois un inventeur et un sauveteur, l'indemnité leur appartient collectivement (2), pourvu, bien entendu, que l'un et l'autre aient réellement contribué au sauvetage (3) : elle devrait être alors répartie entre eux dans « la mesure du péril « qu'ils ont couru et du secours qu'ils ont fourni (4).

96. L'article 27 de l'ordonnance a son complément dans l'article 1 de la loi du 26 nivôse an VI, ainsi conçu : « Le droit de « sauvetage est des deux tiers des objets sauvés en pleine mer, « quand ces objets sont des propriétés ennemies. Le tiers restant, « après déduction de tous frais, est versé dans la caisse des in- « valides de la marine. »

97. Cette attribution d'une quotité fixe à laquelle d'ailleurs, nous le verrons plus tard, les sauveteurs peuvent renoncer, est admise par quelques législations étrangères. C'est ainsi qu'en Suède(5) les navires étrangers qu'on débarrasse des glaces paient un droit de 10 0/0, les navires étrangers sauvés loin de la côte un droit de 25 0/0 (6). En Italie les articles 121, 126, 131 du code maritime spécial établissent une rémunération proportionnelle à la

(1) Jurispr. const. des tribunaux américains. — (2) Rouen, 2 décembre 1840 (déjà cité); 18 mars 1852 (Rec. de Rouen 52, 1, 81). — (3) Cf. Cons. d'Etat, 10 février 1816, aff. Guessin c. Caisse des invalides. — (4) Expression d'un arrêt de la chambre des req. du 6 nov. 1855. D. 56, 1, 256. Quand plusieurs embarcations ont concouru au sauvetage d'un même navire abandonné, le partage est opéré en raison du nombre respectif des hommes composant leurs équipages. La subdivision s'opère ainsi : si le bâtiment est armé au mois ou au voyage, un tiers au propriétaire, deux tiers aux gens de l'équipage proportionnellement à leurs salaires ; s'il est armé à la part, répartition conforme aux conditions du contrat. (Décis. 17 nov. 1826; circ. 3 février 1827.) Aux termes de l'art. 93 du code norwégien, quand le sauvetage est fait par un bâtiment de mer, l'indemnité se répartit entre le capitaine et les matelots à proportion de leurs gages. Quand il s'agit de sauveteurs ordinaires, la répartition doit être faite d'après les efforts déployés, le matériel employé, la capacité montrée, le péril supporté. V. dans le journal du droit intern. privé (ann. 1876, p. 483) un jugement du tribunal de commerce d'Anvers du 3 mai 1875 répartissant l'indemnité de sauvetage entre l'affréteur (30 %), l'armateur (60 %), le capitaine (5 %), l'équipage (5 %). — (5) Décision du 10 juin 1801, § 10, règlement de 1802, § 11. — (6) Les navires suédois, les navires étrangers assurés en Suède paient dans le premier cas tantôt 6, tantôt 8 %, dans le second seulement 20 %.

valeur des objets sauvés (1). En Russie, aux termes d'un ukase du
31 mai 1836, si le navire ou la marchandise s'est perdu par suite
de naufrage ou d'un sinistre à une *verste* de la côte ou au-delà,
la prime est du quart; à moins d'une *verste*, la prime est du
sixième. En Norwège, aux termes de l'art. 92 du code maritime,
quand il s'agit d'une marchandise ou d'un navire abandonné par
l'équipage, flottant sur les eaux ou englouti, l'indemnité ne peut
être inférieure au quart ni supérieure à la moitié. En Danemark,
aux termes des ordonnances de 1705 et de 1770, l'indemnité de
sauvetage n'est pas déterminée : toutefois celui qui a trouvé un
objet en reçoit un tiers ou même la moitié (s'il l'a trouvé en pleine
mer) quand le propriétaire ne s'est pas présenté dans l'an et jour.
En Hollande, on distingue le salaire pour l'assistance et le salaire
pour le sauvetage : le premier se règle d'après la promptitude et
la nature du service, le temps employé, le nombre des gens employés, le péril qu'ils ont couru : le second se règle en outre
d'après la valeur des objets sauvés (art. 560, 561, 562 du code
hollandais).

L'attribution d'une quote-part est également repoussée par la législation anglaise (2). Une indemnité de sauvetage, dit le *Merchant
shipping act* de 1854 (art. 458), est due par le propriétaire du navire à toute personne (le receveur des naufrages excepté) qui a
aidé à secourir le navire, à sauver les agrès et apparaux, la cargaison et l'équipage, comme aussi à toute personne qui a recueilli
une épave (3). Nous croyons aux Etats-Unis comme en Angleterre, écrit Dixon (4), que l'attribution d'une quote-part invariable
au sauveteur ne se justifie par aucune raison sérieuse. Le même
jurisconsulte établit que le sauveteur n'acquiert pas un droit de
propriété sur le navire : l'ancien propriétaire ne doit pas être
réputé avoir abandonné volontairement son droit quand même il
aurait perdu tout espoir de garder son bâtiment, mais avoir simplement abandonné sa possession sous l'empire de la nécessité.

---

(1) V. le comm. de L. Borsari sur le code de comm., t. II, p. 148.—
(2) V. arrêts de la cour d'amirauté du 16 juillet et du 17 novembre 1874. Journal du droit intern., t. I, p. 196 ; t. II, p. 206. — (3) Il peut être utile de
rappeler au commerce français les dispositions de l'art. 19 du *Merchant
shipping act* du 14 août 1855. « Toutes les fois que des objets quelconques
« provenant d'un navire étranger naufragé ou de sa cargaison seront trou-
« vés sur la côte, le consul général de la nation à laquelle appartient le
« propriétaire de la chose sauvée ou tout autre officier consulaire autorisé
« à cet effet par traité ou convention sera, en l'absence du propriétaire,
« réputé son représentant en ce qui touche la garde des objets et le droit
« d'en disposer. » — (4) p. 663.

Cette possession vacante, le sauveteur la trouve et l'acquiert pour son propre compte. En conséquence il a un droit de rétention jusqu'à ce qu'il ait été rénuméré de ses services ou jusqu'à ce que le bâtiment soit sous la garde régulière des autorités chargées de fixer cette rémunération (1). Les tribunaux anglais laissent quelquefois aux sauveteurs, il est vrai, la moitié du bâtiment et des marchandises (2). Dans l'enquête provoquée par la circulaire ministérielle du 3 février 1865, le tribunal de commerce de Paimpol, la chambre et le tribunal de commerce de Granville, la chambre de commerce de Saint-Brieuc, le tribunal de commerce de Morlaix signalèrent avec énergie les prétentions exhorbitantes des sauveteurs anglais, encouragées par cette jurisprudence. La chambre de commerce de Saint-Brieuc alla jusqu'à dire qu'il fallait parfois repousser les sauveteurs anglais par la force comme des pirates. Cependant les savants rédacteurs du *journal du droit international privé* croient que, sur ce point, le système anglais est préférable au nôtre (3). En effet la grande majorité des chambres et des tribunaux de commerce (4) demandait en 1865 qu'on abrogeât l'article 27 et qu'on donnât au juge la faculté de fixer, en cas de contestation, l'indemnité de sauvetage.

On peut citer en cette matière le code allemand complété par la loi du 17 mai 1874. Il attribue un droit de sauvetage au tiers qui met en sûreté un navire en détresse ou sa cargaison quand le navire a été soustrait à l'action de l'équipage et abandonné : hors ce cas, à peu près comme dans le code hollandais, ce tiers ne peut réclamer qu'un droit de secours (art. 742). A défaut d'arrangement amiable, celui qui réclame une rétribution doit s'adresser au bureau de la côte, qui transmet la demande avec son avis à l'autorité de surveillance (aufsichtsbehorde) ; celle-ci l'accueille ou la repousse par voie de sentence, sauf appel au tribunal : le chiffre des droits est fixé en argent d'après les principes de l'équité (art. 744 du code allemand modifié par les art. 36, 37, 38 et 39 de la loi du 17 mai 1874) : ces droits ne peuvent être convertis sans le consentement des parties en une quote-part de la valeur

<hr/>

(1) The "Bee" Ware, 339; the "Amethyst", Davies, 20; the "La Belle Créole", 1 Peters' Ad., Dec. 35. — (2) Arrêt de la cour d'amirauté du 28 mars 1873. — (3) I, p. 196. — (4) Chambre et tribunal de commerce de Bordeaux, chambre de commerce de Bayonne, tribunal de la Rochelle, chambre et tribunal de Granville, tribunaux de St-Martin (île de Ré), de Vannes, de St-Tropez, d'Antibes, de St-Valery, de Marseille, chambres de commerce de Calais, de la Rochelle, de Rouen.

des objets sauvés (art. 747). Le montant des droits de sauvetage ne peut excéder le tiers de la valeur des objets sauvés : il peut être exceptionnellement élevé jusqu'à la moitié de cette valeur si le sauvetage a été laborieux, périlleux et n'a porté que sur des objets de mince valeur (art. 748). Les droits de secours doivent toujours rester au-dessous du chiffre que les droits de sauvetage eussent atteint dans des circonstances semblables (art. 749). Cette distinction a été critiquée dans le sein de la commission qui a préparé la loi du 17 mai 1874. On a fait remarquer qu'au lieu de porter secours au navire pour prévenir le naufrage on pourrait être tenté de le laisser s'accomplir afin de réclamer ensuite la prime plus élevée de sauvetage. Néanmoins le code de commerce n'a pas été modifié en ce point (1).

98. Les conventions à forfait conclues entre le propriétaire ou le capitaine et les entrepreneurs de sauvetage me paraissent aujourd'hui, comme dans notre ancien droit, susceptibles d'annulation. Ceux-ci imposent leur concours, ceux-là ne l'acceptent pas librement. Telle est la solution du code norwégien (art. 91). Les tribunaux peuvent abaisser le chiffre fixé par la convention quand elle a été faite soit pendant le sauvetage, soit pendant les vingt-quatre heures qui l'ont précédé ou suivi. Ils doivent alors vérifier si le sauvetage a été difficile et périlleux, si les sauveteurs ont éprouvé quelque préjudice, si le navire n'était pas abandonné de son équipage (auquel cas l'indemnité doit être élevée), si les objets sauvés avaient une grande valeur et ont été préservés d'une perte imminente par l'arrivée des sauveteurs. Telle est la jurisprudence anglaise. Le 30 septembre 1875, *the Medina*, ayant 550 pèlerins à son bord, touchait un rocher dans la mer Rouge. Les pèlerins, réfugiés sur le rocher, auraient couru les plus grands dangers si le mauvais temps était survenu. Le capitaine du navire anglais *the Timor* qui se trouvait alors dans la mer rouge demanda 4,000 livres sterl. pour transporter les pèlerins à Jeddah, et sa proposition dut être acceptée. Un arrêt de la haute cour (1er mai 1876) annula cette convention, non librement consentie, et alloua 1,800

(1) Les gouvernements respectifs ont la faculté de nommer d'avance des experts pour représenter habituellement les intéressés, au cas de sauvetage. Mais les parties peuvent toujours choisir un autre représentant. Il pourra être établi par les gouvernements respectifs des postes d'avertissement où on devra tenir un registre constatant les objets trouvés et le lieu où ils sont déposés (art. 17 et 24, l. 17 mai 1874). V. ann. de législ. comparée 1875, p. 136.

livres au capitaine (1). Les tribunaux américains n'admettent pas non plus qu'on puisse tirer un avantage abusif de la situation d'un navire en détresse (2). Mais il s'en faut que tous les codes modernes tranchent ainsi la question. D'après la législation danoise, toute convention relative au sauvetage, faite par le capitaine, doit être maintenue (3). Telle paraît être aussi la jurisprudence des tribunaux russes (4). Le code allemand résout mieux le problème : « Si pendant le danger même, dit-il, les parties conviennent de la « quotité des droits de sauvetage ou de secours à payer, le con- « trat peut être attaqué pour lésion énorme et réduit à des pro- « portions équitables » (art. 743). « Toute convention ou transac- « tion relative aux salaires pour assistance ou sauvetage du navire « ou des marchandises en danger, dit le code hollandais, pourra « être modifiée ou annulée par le juge si elle a été faite en pleine « mer ou au moment de l'échouement » (art. 568). L'article 1608 du code portugais contient la même disposition.

99. Le propriétaire, dit notre règlement général de 1866 (art. 141), doit présenter sa déclaration en temps utile. L'article 24, livre IV, titre IX de l'ordonnance lui donne l'an et jour. Tel est l'antique usage remontant aux rôles d'Oléron (art. 37), inscrit au consulat de la mer (art. 207), adopté tout à la fois au nord et au midi de l'Europe (5), et qui devint peu à peu le droit commun des pays civilisés. Le délai, doublé par la loi russe (ukase de 1836) (6), a été maintenu chez nous par l'arrêté du 2 prairial an XI. Un édit de 1584 le faisait courir du jour de la perte : telle est encore la règle admise par le *Merchant shipping act* de 1854 (art. 470) (7) :

(1) Journ. du droit intern. privé III, p. 289. Cf. ib. IV, p. 60, un arrêt de la cour d'appel d'amirauté à peu près conçu dans le même sens, lequel annule un jugement de sir R. Phillimore. — (2) Cf. Dixon, p. 671. — (3) Anthoine de St-Joseph, concord., p. 181. — (4) Le navire *Herta* était en danger de se perdre quand deux autres bâtiments l'aperçurent et vinrent à son secours. Leurs capitaines imposèrent comme prime de sauvetage le quart de la valeur du navire et de la cargaison. Le capitaine de la *Herta* soutint que le contrat était nul. Le tribunal de commerce de Pétersbourg lui donna tort (8 mars 1873) « attendu que la convention ne tendait pas à un but pro- « hibé par les lois et qu'il n'y avait pas dans le code russe une interdiction « spéciale de fixer conventionnellement la prime de sauvetage. » (Journal du droit intern. II, p. 161.) — (5) Droit suédois attesté par Loccenius (l. I, c. VII, n. 10) et recès hanséatiques ; droit castillan, lettres-patentes de 1364 citées par Valin. — (6) D'après l'art. 558 du code hollandais, le propriétaire des objets sauvés a, pendant dix ans, le droit de réclamer le montant du prix de la vente. — (7) Aux termes de l'art. 90 du code norwégien, un avis officiel est inséré trois fois dans les journaux : si le propriétaire se déclare moins d'un an après le troisième avis, les effets sauvés (ou leur valeur en

l'ordonnance de 1681, plus équitable, s'exprime ainsi : « l'an et
« jour de la publication. » La publication n'étant plus en usage
au milieu du dix-huitième siècle, Valin pensait qu'il fallait compter
le délai à partir de la clôture du procès-verbal de sauvetage : telle
est encore la règle.

Par exception, le commissaire de l'inscription maritime peut,
aux termes d'un décret d'août 1791, faire procéder à la vente im-
médiate des effets qui ne sont pas susceptibles d'être conservés :
l'urgence est alors constatée par des experts assermentés (1). Au
bout d'un mois on vend encore, s'il n'y a pas réclamation, les
marchandises « les plus périssables » (2). La coque même du navire, disent MM. Dalloz (3), pourrait être alors vendue sur l'avis
de trois constructeurs (4).

D'après le code norwégien, l'*amtmand* (fonctionnaire de l'ordre
administratif) décide s'il n'y a pas lieu de vendre immédiatement
aux enchères les objets qui dépériraient promptement ou dont la
conservation entraînerait des frais excessifs (art. 89).

Si le propriétaire ne s'est pas présenté dans l'an et jour ou même
plus tôt dans les cas prévus par le décret d'août 1791, la vente du
navire a lieu par un acte administratif du commissaire de l'inscription maritime sur l'autorisation qui lui est donnée par le
préfet maritime ou le chef du service du sous-arrondissement. Il
est remis aux acheteurs pour titre de propriété un extrait du
procès-verbal de vente (5).

C'est aux navires étrangers ainsi vendus que doit être délivré
l'acte de francisation.

---

cas de vente) seront rendus contre remboursement de l'indemnité de sauvetage et des autres frais. Si nul ne se déclare dans le délai légal, les effets
sauvés et non encore convertis en argent sont vendus à l'encan ; le montant
du prix, déduction faite de l'indemnité de sauvetage et des autres frais,
est déposé à la Banque de Norwège, où on peut encore le réclamer pendant
cinq ans : passé ce délai, ce prix est acquis à l'État. — (1) Décr. 9-13 août
1791, tit. I, art. 6. Circ. 5 mai 1837. — (2) Expressions de l'art. 6 précité. —
(3) V° Organisation maritime, n° 702. — (4) Cf. déclar. de janvier 1770. —
(5) Déclar. de 1770, art. 22 et 23 ; circ. min. 20 avril 1832. C'est après la
vente qu'est dressé, conformément à la dépêche ministérielle du 16 juin 1826,
l'état liquidatif du sauvetage. V. Dalloz, v° organ. marit. n° 707 s.

SECTION IV.

100. La propriété des navires est transmise de plein droit à l'Etat quand les tribunaux, par application d'une loi pénale, en ordonnent la confiscation.

C'est ainsi qu'aux termes de la loi des 21-23 avril 1818 (art. 34) « la contrebande faite sur les côtes maritimes hors de l'enceinte « des ports de commerce est punie des mêmes peines que celle « faite sur les frontières de terre. » Or, aux termes de la loi du 28 avril 1816 (art. 41), l'importation par terre de marchandises prohibées entraîne la confiscation des moyens de transport. Aussi la cour de cassation n'a-t-elle pas manqué d'annuler en cas pareil les arrêts qui omettaient ou refusaient de confisquer le bâtiment avec les objets de contrebande (1).

C'est ainsi que les navires saisis pour avoir servi à la traite des noirs doivent être confisqués par application de la loi du 15 avril 1818, art. 1 (2).

C'est encore ainsi que si quelque gouvernement belligérant, dans ses rapports avec ses propres sujets, défend le trafic avec l'ennemi, la propriété des navires contrevenants est, d'après la règle générale du droit public européen, attribuée à l'Etat par les tribunaux compétents (3).

La *prise* est un dernier mode d'acquisition de la propriété des navires. La propriété des bâtiments, dit le traité de Dixon (4), peut encore être transférée en temps de guerre par la prise sur l'ennemi pourvu que cette prise soit sanctionnée par les tribunaux

(1) Cf. crim. cass. 24 nivôse an VII, 19 décembre 1807, 27 février 1808, 15 avril 1808, 2 décembre 1824. — (2) Cf. crim. cass. 23 mai 1823. Mais quand la saisie n'a pas eu lieu, la confiscation est, aux termes de l'art. 5 l. 4 mars 1831, remplacée par une amende égale à la valeur des objets saisissables. Le paragraphe premier de cet article 5 dispose encore : « Dans « tous les cas prévus par les articles ci-dessus, le navire et la cargaison « seront saisis et vendus. » — (3) V. notre premier chapitre, n. 16. — (4) p. 11 et 12.

compétents. Jusqu'à ce que ces tribunaux aient statué, disait lord Stowell, le navire n'a pas pu changer de maître (1). C'est par une application de cette règle générale qu'une transaction en matière de prises ne peut pas être exécutée, d'après la jurisprudence française, sans l'approbation du conseil des prises (2). Même en Turquie, les prises ne sont définitives que par la sanction d'un tribunal spécial dont les jugements sont déférés en dernier ressort à la cour de cassation de Constantinople (3).

(1) Hudson *v.* Guestier, 4 Cranch, 293. Maclachlan, dans son traité de droit maritime anglais, p. 20, tout en enseignant qu'un droit est acquis immédiatement après la capture, que ce droit peut être revendiqué en justice, garanti par une assurance, transmis de différentes manières, reconnaît que la propriété n'est définitivement consolidée sur la tête du capteur que par la décision des tribunaux auxquels la règle internationale attribue compétence. — (2) C. des prises, 13 prairial an VIII (sur les conclusions de Portalis). V. Dalloz, v° Prises, n. 300. — (3) V. instructions données au serdar Ekrem au sujet de la navigation du Danube. (*J. officiel français* du 13 mai 1877.)

CHAPITRE IV.

PRIVILÉGES SUR LES NAVIRES.

SECTION I.

DU DROIT DE SUITE SUR LES NAVIRES.

SECTION II.

ÉNUMÉRATION ET CLASSIFICATION DES PRIVILÉGES.

SECTION III.

JUSTIFICATION DES PRIVILÉGES.

SECTION IV.

EXTINCTION DU DROIT DE SUITE.

CHAPITRE IV.

SECTION I.

DU DROIT DE SUITE SUR LES NAVIRES.

1 0 1 . « L'édit du mois d'octobre 1666, dit Valin, avait autorisé « la vente volontaire des navires de manière que l'acquéreur ne « pouvait être recherché sous aucun prétexte par les créanciers du « vendeur. Mais au fond, quoique cette décision eût pour motif « l'intérêt de la navigation et du commerce (1), il en pouvait ré- « sulter des abus et des fraudes... Car enfin un navire, pour être « au rang des meubles, n'en est pas moins un objet sur lequel les « créanciers de celui à qui il appartient ont naturellement plus de « droit de compter que sur ses autres effets (2). » Aussi ce sys- « tème fut-il abandonné par l'ordonnance de 1681. « Tous navires

---

(1) On lit dans le préambule de l'édit : « Il importe pour la liberté de la « navigation que les vaisseaux puissent être négociés, achetés et vendus « promptement, *en toutes sûretés.* » — (2) I, p. 603.

« et autres bâtiments de mer seront réputés meubles, » dit l'article 1, tit. X, l. II : « seront néanmoins, dit l'article 2 du même
« titre, tous vaisseaux affectés aux dettes du vendeur jusqu'à ce
« qu'ils aient fait un voyage en mer sous le nom et aux risques d'
« nouvel acquéreur, si ce n'est qu'ils aient été vendus par décret. »
La généralité de ces expressions « affectés aux dettes du vendeur »
a frappé tous les commentateurs de l'ordonnance et du code.
Valin n'hésite pas à penser qu'en dépit de la maxime coutumière
« meubles n'ont suite » il s'agit là de « toutes dettes tant simples
« chirographaires qu'hypothécaires et privilégiées, » et cette interprétation de l'ordonnance n'a jamais été contredite.

L'article 190 du code français, après avoir énoncé que les
navires et autres bâtiments de mer sont meubles, ajoute : « Néanmoins ils sont affectés aux dettes du vendeur et spécialement à
« celles que la loi déclare privilégiées. »

On conçoit difficilement comment quelques jurisconsultes (1)
ont pu nier que le droit de suite fût indistinctement conféré à tous
les créanciers du vendeur. Ces jurisconsultes font observer que
l'art. 190 n'ajoute pas, comme l'article 2, tit. X, l. II de l'ordonnance : « jusqu'à ce qu'ils aient fait un voyage en mer. » Leur
oppose-t-on l'article 193, qui contient précisément cette règle ?
Ils répondent que l'article 193 débute par ces mots : « Les privilèges des créanciers seront éteints... » Le droit de suite n'existerait donc qu'au profit des créanciers privilégiés. Il est facile de
réfuter cette argumentation.

D'abord il n'est pas présumable que les rédacteurs du code, en
reproduisant à peu près les expressions de l'ordonnance, en
aient abandonné la doctrine.

Il résulte même très-clairement des travaux préparatoires qu'ils
ont voulu la maintenir. Il n'a pas été fait droit aux réclamations
du tribunal de commerce de Marseille, demandant (2) qu'on substituât aux mots « dettes du vendeur » les mots « dettes contractées à raison du navire ou autre bâtiment. » D'autre part, il
est certain que ces mots « les privilèges des créanciers seront
« éteints » ont remplacé dans l'article 193 cette phrase du projet
« Les droits des créanciers privilégiés et autres seront éteints, »
non pour en modifier la doctrine, mais pour empêcher qu'une interprétation fautive n'appliquât aux créances elles-mêmes ti

(1) Cauvet, Rev. crit. de législ. et de jurispr., t. III, p. 275 ; Houzard
Revue pratique, t. XXIII, p. 174. — (2) Observ. sur le projet du code
co., t. II, 2e partie, p. 47.

ode d'extinction du droit de suite (1). Le mot privilége est donc
urement et simplement synonyme, dans l'article 193, des mots
roit de suite.

Puis quand l'article 190 affecte le navire aux dettes du vendeur
« et spécialement » à celles que la loi déclare privilégiées, com-
ent soutenir qu'il l'affecte exclusivement aux créances privilégiées ?

Enfin, ainsi que nous l'avons expliqué dans le précédent cha-
itre, l'article 196 ne distingue pas entre les créanciers privi-
égiés et les créanciers-chirographaires.

La jurisprudence a consacré sur ce point l'opinion enseignée
ar la plupart des auteurs (2) (Rennes, 7 février 1813. D. v° *Droit
marit.*, n. 99; Aix, 20 août 1819. Rec. de Mars, II, 2, 268; Rouen,
0 mai 1863. Rec. de M. 1864, 2, 18). Cependant un arrêt de Bor-
eaux (22 août 1860, D. 1863, 1, 288) fait remarquer que l'ar-
icle 190 « est loin d'avoir, en ce qui concerne l'affectation générale
dont il parle, la précision de l'art. 2, tit. X, t. II de l'ordonnance
de 1861, » et n'admet que par pure hypothèse que le code de
ommerce « attribue aux créanciers non privilégiés une sorte de
droit réel » sur le navire. La chambre civile de la cour de cas-
ation, en annulant l'arrêt de Bordeaux, réfutait incidemment
tte doctrine dès le 3 juin 1863 (3). Elle la contredit encore plus
xpressément dans son arrêt du 16 mars 1864 : « Les navires,
quoique déclarés meubles par l'art. 190, sont affectés, dit-elle,
aux dettes chirographaires ou privilégiées du vendeur... »

Par une déduction logique du principe reconnu par la doctrine
t par la jurisprudence, le tribunal de commerce de Marseille a
écidé que, dans le cas où un créancier pour fournitures faites au
avire avait formé, en vertu de l'ordonnance du juge, opposition
la sortie de ce navire, l'acheteur était mal fondé à en demander
a main levée, quoique le créancier n'eût pas rempli les formalités
rescrites par la loi pour la conservation de son privilége (4). Il
ffisait, en effet, qu'il eût conservé sa créance pour conserver
n droit de suite et pour en user.

Comme la vente totale ou partielle d'un navire n'est pas oppo-

---

(1) Locré, t. XVIII, p. 303. — (2) Pardessus III, n⁰ˢ 941-949; Délamarre et
epoitvin V, n⁰ˢ 166-167; Bédarride I, n. 45; Dufour I, n. 40; Alauzet III,
1053; Caumont, Dict. v° Navire; Demangeat IV, p. 29; Laurin I, p. 89.
(3) « Attendu que les navires, quoique déclarés meubles par loi, ont été
soumis à des règles spéciales... quant au mode de purger les dettes chirographaires ou privilégiées auxquelles ils sont affectés du chef du vendeur. » — (4) Marseille, 25 janvier 1861. Rec. de M. 1861, 1, 68.

sable aux tiers tant qu'elle n'a pas été mentionnée sur le registre matricule du port d'attache et inscrite au dos de l'acte de francisation, les créanciers du vendeur exercent leur droit de suite sur le navire dont la vente n'a pas reçu cette publicité, quand bien même cette vente serait sincère et quand sa date, antérieure à la créance, serait fixée par les comptes établis dans les livres de ce vendeur. L'arrêt de Bordeaux, qui avait jugé le contraire (22 août 1860) en s'appuyant sur l'opinion de Valin, devait être cassé et le fut en effet (1).

Nous renvoyons, pour de plus longs développements, au précédent chapitre, où nous avons commenté l'art. 196, qui explique et complète l'art. 190.

102. Tout le monde reconnaît, je crois, qu'il faut maintenir le droit de suite sur les navires au profit des créanciers privilégiés et des créanciers hypothécaires. Les dettes hypothécaires et privilégiées, ainsi que l'expliquent très-bien les auteurs du projet de réforme du livre II de notre code (août 1867), se rattachent aux besoins les plus impérieux du commerce maritime. Dans l'intérêt de ce commerce, il est bon d'attirer par des avantages particuliers les prêteurs ou les fournisseurs auxquels la convention ou la loi donne une hypothèque ou un privilège. Le navire est d'ailleurs un gage mobile que son absence soustrait souvent aux voies d'exécution : si ces créanciers n'avaient pas le droit de le poursuivre même dans des mains tierces, il serait trop facile au débiteur de faire évanouir leur gage par une vente subreptice en cours de voyage, et le crédit des armateurs serait atteint par cette liberté funeste.

Dufour approuve en outre très-énergiquement le législateur de 1807 d'avoir abandonné la règle commune en conférant un droit de suite aux créanciers chirographaires : par la confiance qu'on inspire aux tiers, dit-il, on développe le crédit des armateurs (2). C'est le motif que j'invoquais tout à l'heure en faveur des créanciers privilégiés. Toutefois j'incline à penser avec les auteurs du projet de 1867 que, lorsqu'il s'agit de créances étrangères au navire, d'autres considérations devraient faire prévaloir la suppression de ce droit (3). La disposition trop générale du code

(1) « Ces considérations sont sans force à l'égard des tiers » (Civ. cass. 3 juin 1863. D. 1863, 1, 290). — (2) I, n° 43. — (3) Le nouvel article 190 était ainsi rédigé : « Les navires et autres bâtiments de mer sont meubles; néan- « moins ils peuvent être hypothéqués. Les créanciers ayant privilège ou « hypothèque inscrite sur un navire le suivent, en quelques mains qu'il « passe, pour être colloqués et payés suivant l'ordre de leurs créances ou « inscriptions. »

actuel entrave la transmission des navires par l'obligation de purger toujours cette créance indéfinie qui les grève et les suit. Elle retarde nécessairement le paiement du prix; car « s'il est pos- « sible d'évaluer approximativement les dettes privilégiées, qui « sont peu nombreuses, et mieux encore les dettes hypothécaires « qui sont inscrites, cette évaluation est impossible pour toutes « les dettes du vendeur... » Les créanciers ordinaires, après tout, « ont fait crédit à la personne plutôt qu'à la chose, et l'on ne voit « pas pourquoi le navire serait à leur égard autrement affecté que « les autres biens du débiteur (1). » Il serait très-utile au commerce maritime que le règlement des ventes de navires pût se terminer promptement par des combinaisons amiables.

103. L'adoption de ce projet aurait mis la législation fran- çaise en harmonie avec celle de plusieurs pays maritimes.

Le code allemand contient un titre précédé de cette rubrique : *Des créanciers du navire* (titre X du livre V). Après avoir énuméré (art. 757) les actions qui donnent ouverture au droit du créancier sur le navire, il ajoute (art. 758) : « Les créanciers *du navire* « auxquels le navire n'est pas déjà engagé à la grosse ont un « droit de gage sur le navire, ses agrès et apparaux. Le privilège « peut se poursuivre contre les tiers détenteurs du navire. » On n'accorde pas le droit de suite aux créanciers ordinaires.

« La propriété des navires, dit le code hollandais, ne se trans- « met qu'avec ses charges et sauf *les droits et privilèges* énoncés « aux articles 313 et 315. » L'article 315 permet d'affecter spécia- lement le navire aux créances ordinaires pourvu qu'elles soient sti- pulées par acte ayant date certaine et inscrites sur un registre public.

Le code italien s'exprime en ces termes (art. 284) : « Les « navires sont meubles. Ils sont affectés jusque dans les mains « du tiers détenteur (*anche presso il terzo possessore*) au « paiement des dettes que la loi *déclare privilégiées.* » Telle est aussi la doctrine des codes espagnol (2), portugais (3) et

---

(1) La note explicative ajoute (p. 8) : « Ils profiteront donc indirectement « de la purge faite au respect des privilégiés et des hypothécaires; elle les « avertira de la vente et les portera à faire opposition sur le prix; mais, « pour ce qui les concerne directement, cette purge n'est plus obligatoire; « ils n'ont plus le droit de suite : le navire, une fois passé en mains tierces, « échappe à leurs atteintes. » — (2) Art. 599 du code espagnol. « Les « créanciers à *l'un des titres mentionnés en l'art. 596* conserveront leurs « droits sur le navire, même après sa vente, pendant tout le temps qu'il de- « meurera dans le port où a eu lieu la vente, et soixante jours après qu'il « aura mis à la voile au nom et pour le compte du nouveau propriétaire. » — (3) L'art. 1307 du code portugais est calqué sur l'art. 599 du code espagnol.

14

brésilien (1). Le code maritime égyptien de 1875 paraît s'en
être inspiré (2).

La diversité des législations en cette matière soulève un certain nombre de questions délicates.

104. Aucune difficulté ne peut naître si, deux Français
ayant contracté à l'étranger, le créancier poursuit l'exécution de
l'obligation sur le navire de son débiteur au moment où il le
trouve en France. Ils seront réputés s'être référés au statut français. Le créancier sera, sans nul doute, irrecevable à se prévaloir
d'un privilége étranger qu'il aurait stipulé à son profit et contrairement à la loi de son pays, ainsi que l'a jugé le 1er mars 1875 la
cour de Rennes à propos d'une hypothèque consentie en Angleterre d'après la loi anglaise par un Français au profit d'un autre
Français au mois de mars 1874 (3); mais il pourra toujours, par
application de l'article 190, exercer son droit de suite.

Si les deux contractants sont étrangers ainsi que le navire, mais
que la faillite du propriétaire de ce navire ait été déclarée en
France, ils auront assurément à lutter contre des créanciers français. S'agit-il encore de quelque privilége non admis par la loi
française ou paralysé par l'inexécution des conditions qu'elle impose ? Le créancier étranger ne pourra s'en prévaloir en France.
« Si l'article 3 du code civil, dit à ce sujet la cour de cassation (4)
« (il s'agissait de la constitution du *mortgage* anglais en Angle-
« terre au profit de créanciers anglais sur un navire anglais ap-
« partenant à un sujet anglais), en disant expressément que les
« immeubles possédés par des étrangers sont régis par la loi
« française, garde le silence sur les meubles, rien n'autorise à en
« conclure que ces derniers, dans la pensée du législateur, doivent
« être toujours et nécessairement soumis à la loi étrangère : il ne
« saurait en être ainsi, tout au moins, dans les questions de pos-
« session, de privilége et de voies d'exécution; l'article 3, qui con-
« sidère l'étranger comme soumettant sa personne, par le seul

---

(1) V. Hoechster et Sacré, t. II, p. 1326. — (2) Cet article est assez mal
rédigé : « Les navires et autres bâtiments de mer, tout meubles qu'ils soient,
« ont droit de suite comme les immeubles entre les mains des tiers ; c'est-
« à-dire que s'ils viennent à être vendus à des tiers par leurs propriétaires
« *débiteurs du chef de ces navires*, leurs créanciers peuvent faire saisir
« lesdits navires entre les mains des tiers acheteurs... *En conséquence* ces
« sortes de navires sont affectés aux dettes du vendeur et spécialement à
« celles que la loi déclare privilégiées. » — (3) V. Journal du droit intern.
privé, t. II, p. 270. Cf. trib. civ. de Marseille, 13 juin 1874 (ib.). — (4) Req.
19 mars 1872. D. 74, 1, 465.

« fait de sa présence en France, à toutes les lois de police et de
« sûreté, n'a pu vouloir mettre les meubles de cet étranger hors
« de l'atteinte des créanciers français dans tous les cas où ceux-ci
« pourraient agir si les meubles appartenaient à un Français. »
En effet chaque peuple exerçant sa souveraineté dans toute l'étendue
de son territoire et y appliquant exclusivement, en principe, son
propre statut, on concevrait difficilement qu'il fût dérogé à cette
règle dans la constitution et dans le règlement des droits de préférence. Non seulement d'ailleurs, en thèse générale, ainsi que le
disait la cour de Rouen le 22 juillet 1873 (1) à propos d'une collocation faite à Buenos-Ayres par le tribunal de Buenos-Ayres,
« l'existence des priviléges et l'ordre dans lequel ils s'exercent
« sont régis par la législation particulière à chaque Etat; » mais
tel est l'esprit spécial de la législation française clairement ma-
nifesté par les dispositions des articles 2123 et 2128 du code civil.

C'est pourquoi la cour de Caen (2) et la cour de cassation
(même arrêt) jugeaient que le *mortgage* anglais ne pouvait être
assimilé ni au nantissement ni au privilége du constructeur (3), à
cause de l'inaccomplissement des conditions auxquelles la loi
française subordonne dans l'un et l'autre cas le droit de préférence.
La cour d'Aix, repoussant la demande en collocation privilégiée
d'un créancier étranger sur le prix du brick autrichien *Federico*,
admettait la même doctrine : « Attendu, dit-elle, que Garelli ne
« peut point réclamer un privilége qui lui est accordé par la loi
« française, s'il ne justifie de l'accomplissement des formalités qui
« sont exigées par cette même loi (4). »

Cette solution s'applique également, par les mêmes motifs, au
créancier français qui aurait contracté à l'étranger avec un
étranger.

Ce créancier, français ou étranger, ne pourra-t-il pas du moins
invoquer l'article 190 de notre code et se prévaloir du droit de
suite ? Oui sans doute s'il a contracté dans un pays et par conséquent sous un statut qui donne, comme le statut français lui-même,
le droit de suite à tout créancier.

Oui, dirons-nous encore, si la créance dont il se prévaut, dépouillée de son caractère privilégié par le statut français, garantis-
sait néanmoins le droit de suite à l'étranger. On laisse en effet à
la convention passée en pays étranger tout l'effet légal compatible
avec l'exécution de la loi française. Comment enlever à ce créan-

(1) D. 74, 2, 181. — (2) 12 juillet 1870, D. 74, 1, 466. — (3) La cour de Caen,
seule, examine cette seconde question. — (4) S. 71, 2, 115; D. 74, 2, 176.

cier le droit de suite que l'article 190 confère à tous les créanciers, quand il n'a peut-être contracté qu'en vue du droit de suite, assuré par son propre contrat ? On concilie ainsi deux principes : les tribunaux français ne peuvent, en pareille matière, que se conformer au statut français; les conventions doivent s'apprécier et leurs effets se déterminer d'après la loi du pays dans lequel elles ont été formées.

Mais que décider si le créancier non privilégié, après avoir contracté, par exemple, en Italie, en Espagne, en Portugal où il ne pouvait invoquer le droit de suite, prétend l'exercer en France? Il semble étrange, au premier aspect, qu'on puisse lui répondre : dans les questions de possession, de privilége, de voies d'exécution (1), vous opposeriez inutilement le statut étranger au statut français et nous irons, s'il le faut, jusqu'à modifier la situation que la convention vous avait faite ; mais si vous entendez vous prévaloir du statut français pour réclamer ce droit de suite, les tribunaux français seront liés par cette convention. Nous croyons toutefois que, dans cette unique circonstance, le droit de suite ne pourrait pas être exercé. Où, quand et comment ce créancier l'aurait-il acquis ? À l'étranger ? Par sa convention ? Non sans doute. Comment pourrait-il tirer d'une circonstance fortuite, l'exécution dans un pays régi par un autre statut, un profit auquel il ne pouvait s'attendre et que ne lui réservait pas la loi sous l'empire de laquelle il a contracté ? Mais, dira-t-on, les tribunaux français cesseraient d'appliquer la loi française! « Le contrat, combiné avec la « loi étrangère qui le régit, dit Dufour (2), équivaut à une conven- « tion conclue en France, dans laquelle le créancier aurait renoncé « à exercer le droit de suite sur les navires de son débiteur. » Il ne s'agit pas seulement en effet, qu'on le remarque, d'un mode d'exécution du droit, mais de savoir si le droit subsiste encore après que le navire a changé de mains (3).

(1) Arrêt précité de la chambre des requêtes du 19 mars 1872.— (2) I, n° 65. — (3) Le tribunal de commerce de Marseille a, le 25 juillet 1872, opposé la loi grecque à un créancier français dans les circonstances suivantes (Rec. de M. 1872, 1, 221). D'après la loi grecque, dit ce jugement, les navires ne sont affectés au paiement des dettes contractées par le vendeur qu'à une condition : leur inscription sur un registre spécial que le capitaine doit avoir à son bord. Le négociant grec, qui achète d'un autre grec un navire de nationalité grecque, est donc fondé à payer comptant s'il ne trouve sur le registre l'inscription d'aucune dette : cette vente et le paiement ne peuvent être attaqués comme frauduleux par le créancier, même français, qui a négligé de requérir l'inscription de sa créance. Cf. sur le conflit entre la loi française et le code hollandais, Dufour, I, p. 137.

Par une déduction des mêmes principes, le créancier, après avoir contracté en France, ne pourrait se prévaloir à l'étranger d'un privilége non admis à l'étranger ni invoquer le droit de suite, pour une créance dépouillée du caractère privilégié, dans les cas où ce droit ne serait pas garanti par le statut étranger. Dufour (1) suppose que la loi étrangère, sans accorder elle-même le droit de suite, en garantisse les effets quand il a été stipulé. Or, dit-il, d'après la loi française, le droit de suite existe sans stipulation ou, pour mieux dire, *la loi le stipule pour la partie* : donc la stipulation existe et, par conséquent, le droit de suite pourra s'exercer. Il est à désirer pour les créanciers français ayant contracté en France que les tribunaux étrangers adoptent ce raisonnement, qu'ils cherchent avant tout l'intention des contractants et regardent la loi française comme incorporée, pour ainsi dire, à leur convention. Peut-être répondront-ils que le navire n'était pas destiné à demeurer dans les eaux françaises, qu'il appartenait aux créanciers de tout prévoir et de fortifier par une stipulation la garantie légale.

SECTION II.

ÉNUMÉRATION ET CLASSIFICATION DES PRIVILÉGES.

105. Nos anciens jurisconsultes étaient fort embarrassés quand ils avaient à énumérer et à classer les priviléges sur les navires. « C'est ici une matière difficile, écrivait Emérigon dans « son traité des Contrats à la grosse (ch. XII), soit à cause de la « différence qui se trouve entre nos usages et les lois romaines, « soit parce que l'ordonnance de la marine a omis de développer « divers points essentiels, auxquels il n'est permis de suppléer « que par la disposition du droit commun. »

La législation romaine n'offrait d'ailleurs sur ce point que de médiocres ressources. D'après deux fragments empruntés à Paul et à Marcien par les rédacteurs des Pandectes (2), celui qui prêtait son argent pour acheter, construire, réparer ou gréer un navire

(1) I, n° 66. Il suppose qu'on veuille exercer le droit de suite en Angleterre. — (2) L. 26 et 24 De rebus auctorit. judicis possid.

et le vendeur avaient pour sûreté de leurs créances un privilége sur le navire même. Quel rang donner à ces créances ? comment les classer entre elles ? Marcien se contentait de dire : *habet privilegium post fiscum.* » Puis ces priviléges n'étaient-ils pas personnels et seulement opposables aux créanciers chirographaires ? Kuricke (1) avait bien essayé de soutenir après Accurse que les lois romaines conféraient un privilége absolu et une hypothèque légale à quiconque prêtait pour acheter, construire, réparer ou gréer un navire. Mais il était impossible de trouver un texte qui dérogeât pour ce genre de créances à la règle posée dans la loi 9 C. *qui potiores in pignore.* C'est pourquoi Stypmanus (2), Loccenius (3), Emérigon (4), comme Vinnius (5), Cujas et Pothier (6) devaient reconnaître que ces priviléges n'étaient pas opposables aux créanciers hypothécaires.

Toutefois, d'après le droit romain, si un créancier ayant déjà hypothèque sur le navire avait fourni de l'argent pour le réparer ou pour renouveler les provisions *(cibaria)* pendant le voyage, il était préféré aux autres. Sans ce prêt, en effet, le navire n'arrivait pas sauf *(salva pervenire non poterat)* : ce créancier avait donc conservé le gage commun *(salvam fecit totius pignoris causam)* (7). De même si un créancier ayant hypothèque sur les marchandises chargées dans le navire avait prêté pour en réparer les avaries *(ut merces salvœ fiant)* ou pour en payer le fret, il était préféré aux autres créanciers hypothécaires.

Les documents législatifs du moyen-âge ne coordonnent pas le système incomplet et confus du droit romain.

Le consulat de la mer (ch. 9) accorde aux ouvriers impayés qui ont travaillé pour le compte d'un constructeur à forfait, ignorant d'ailleurs l'entreprise à forfait et par conséquent ayant pu compter sur le patron, le droit de séquestrer l'ouvrage jusqu'à ce qu'ils soient payés de leurs créances et même de tous dommages-intérêts. Il énonce plus ou moins explicitement à six reprises (ch. 13, 18, 94, 113, 148, 182) que les loyers des matelots sont préférables à toutes les autres dettes du navire. « Le patron, dit « le chapitre 94, doit payer les salaires aux matelots aussitôt qu'il « aura reçu le fret et avec la même espèce d'argent qu'il recevra « des marchands... Il faut que les matelots aient leur salaire quand « même on devrait vendre le navire, même pour un prix qui ne

---

(1) Quœst. 13. — (2) Pars IV, c. V, n. 18. — (3) Lib. III, c. II, n. 2. — (4) II, p. 556. — (5) p. 100 et 233. — (6) Pandectes. Notes sur la loi 26 ff. *Qui potiores.* — (7) V. l. 5 et 6 ff. *Qui potiores* et la note de Pothier.

« procurerait pas de quoi y suffire. » Enfin l'article 62 est ainsi
conçu : « Lorsque le patron manque d'argent et n'en trouve pas,
« comme il a été dit, s'il est dans un lieu désert où il ait besoin
« d'argent pour mettre le navire en état et si les marchands n'ont
« pas de fonds, ils doivent vendre de leurs marchandises pour
« mettre le navire en état. Aucun prêteur précédent ni aucun ac-
« tionnaire ne peuvent s'opposer à ce que ces marchands soient
« payés avant eux, sauf le salaire des matelots; mais il faut en-
« tendre que le marchand voie et s'assure que ce qu'il prêtera est
« destiné à la mise en état du navire et nécessaire pour cet objet. »
Le chapitre 13 donne aux affréteurs, comme l'article 191 de notre
code, un privilége pour défaut de délivrance des marchandises
chargées : « S'il se perd quelque chose à bord, soit balle, ballots,
« marchandise, soit quelque autre objet que l'écrivain aurait ins-
« crit ou au chargement duquel il aurait présidé, il doit le payer :
« s'il n'a pas de quoi, le navire doit payer, dût-on le vendre
« (deu ho pagar la nau; si n'sabia esser venuda), sans préjudice
« du salaire des matelots. »
Le règlement de procédure devant les juges-consuls de Valence
concédé à Majorque en 1343, à Barcelone en 1347, à Perpignan
en 1348 complète le consulat de la mer avec lequel on l'a souvent
confondu (1). Les chapitres 32, 33, 34 et 35 de ce règlement contiennent un petit traité sur la matière, plus précis que le consulat
lui-même et qui paraît avoir été pendant plusieurs siècles la règle
d'un très-grand nombre de tribunaux. « Si, à la requête d'un
« créancier, dit le chapitre 32, un navire... nouvellement cons-
« truit... est vendu avant d'avoir fait aucun voyage, les journa-
« liers sont les premiers en droit pour être payés sur le prix,
« ainsi que les fournisseurs à qui il sera dû pour bois, poix, clous,
« étoupes et autres objets achetés pour les besoins du navire,
« qu'ils aient ou qu'ils n'aient pas de titre écrit, lors même que
« d'autres créanciers ou prêteurs pour la construction se pré-
« senteraient porteurs de titres écrits. » « Si le prix provenant de
« la vente dudit navire n'est pas suffisant pour payer les journa-
« liers et ceux qui ont fourni le bois, la poix, les clous, étoupes et
« autres objets nécessaires au navire, il doit être distribué entre
« eux au sou la livre, chacun d'eux ayant un droit égal sur ce prix

(1) Emérigon a commis cette confusion (V. traité des contrats à la grosse,
ch. XIII, sect. 2, 3, 4). Les anciennes éditions du consulat contiennent en
effet 42 chapitres qui n'appartenaient pas au consulat. V. sur cette question
Pardessus, collect., t. II, p. 1 et 2.

« et la priorité de temps ne devant point être prise en considé-
« ration entre ces sortes de créanciers. » On voit apparaître dans
le chapitre 34 une distinction qui s'est perpétuée jusqu'à nos jours
entre le cas où le navire n'a pas encore fait de voyage et le cas où
il a déjà navigué : « Si, sur la poursuite des créanciers, y est-il
« dit, un navire est vendu après avoir fait un voyage, on paiera
« sur le prix qui en proviendra : 1º les serviteurs et matelots pour
« ce qui leur sera dû de loyers, sans qu'ils soient tenus de donner
« caution de rapporter, parce que personne ne peut les primer en
« temps et en droits ; 2º les prêteurs et créanciers sur le navire, à
« savoir ceux qui, par la date de leur contrat, seront reconnus
« être les premiers, et ensuite les autres qui viennent dans
« l'ordre de la date de leurs créances, chacun donnant caution
« de rapporter le prix qu'il aura reçu... Dans le cas où le navire
« aura fait un voyage, s'il est dû quelque somme aux journaliers
« et fournisseurs de bois, poix, clous et étoupes, ces créanciers,
« s'ils n'ont pas de titre, n'auront dans ce cas aucune prérogative
« de droit et de temps sur les autres créanciers ou prêteurs ayant
« des titres. » Enfin le chapitre 35 admet la femme à faire opposition sur le prix de la part de son mari dans le cas où celui-ci
n'aurait pas d'autres valeurs sur lesquelles elle pût exercer ses
droits : « Si, par la date de son contrat de mariage, elle est an-
« térieure aux créanciers du navire, elle leur sera préférée sur
« les parts que sondit mari avait dans le navire (1). »

Le chapitre XIX du *Guidon de la mer* contient sur cette matière des dispositions beaucoup moins claires et dont on débrouille
malaisément le véritable sens. Il y est dit d'abord que « les obli-
« gations contractées par le maistre du navire pour subvenir au ra-
« doub, vivres, munitions ou autres choses pour voyages entrepris
« ont speciale hypotheque sur les deniers procedants du fret, au
« prejudice des debtes anterieures, soient mobiliaires, hypothe-
« quaires ou foncieres (2). » Après quoi le rédacteur de ce manuel
s'efforce d'entraver le *renouage*, c'est-à-dire le renouvellement
des anciens prêts qui doivent être primés, dans l'intérêt du commerce maritime, par un prêt fait pour le nouveau voyage et sans
lequel ce voyage serait peut-être impossible. « Non seulement
« dit le Guidon, telles novations n'obtiennent le privilége d'estre
« portées par speciale hypotheque sur les deniers du voyage, ains

---

(1) Pardessus ; collect. V, p. 389-391. — (2) L'article ajoute : « pourveu
« que le procedé soit en la premiere nature arresté ou poursuivy. » V. sur
l'explication de cette phrase obscure Pardessus, collect., t. II, p. 424, note 2.

« sont declarés puinées, » Je crois, dit à ce propos Emérigon (1),
que le créancier des deniers laissés par renouvellement doit avoir
un privilége qui soit *déclaré le puisné de tous* (2).

Enfin Cleirac (3) rangeait parmi les créances privilégiées les
frais de la saisie réelle et du décret.

Quelque imparfaite que fût en ce point la législation maritime
de la France et de l'Europe méridionale, elle l'emportait sur le
droit maritime des pays septentrionaux. L'ordonnance de Wisbuy
se contentait d'énoncer (art. 45) que « le marchand auquel appar-
« tenaient les marchandises (vendues pour les besoins du vais-
« seau) ou le créancier qui aura prêté auront speciale hypotheque
« et suite sur le Navire (4). » Le code suédois de 1668, après avoir
accordé au prêteur à la grosse (5) un privilége opposable à tous
autres créanciers, seulement quant aux objets affectés à ce prêt,
s'exprimait en ces termes : « Si l'on prête de l'argent pour faire
« construire un navire ou pour le libérer d'une dette faite pour
« ces causes et si l'on en prend une reconnaissance avec le témoi-
« gnage de deux magistrats ou de l'écrivain de la ville sans qu'il
« puisse y avoir aucun soupçon de fraude, ce contrat est appelé
« *billet de navire* et la dette est préférée à toutes autres, même au
« contrat à la grosse, qu'elle soit plus ancienne ou plus récente.
« Mais s'il y a plusieurs billets semblables, le plus récent sera
« préféré au plus ancien. » On retrouve une disposition analogue dans le code danois de 1683 (6), dans l'ordonnance de
Dordrecht de 1533 (7) et dans la coutume de Middelbourg
de 1570 (8). Dans les Pays-Bas, on affectait par des *water
brieven* ou des *byl brieven* le navire et ses apparaux à la sûreté de la somme empruntée pour acheter, construire, réparer
ou gréer ce navire : la perte du navire entraînait celle du

(1) Traité des contrats à la grosse, c. XII, sect. 4. — (2) Les art. 3 et 4
du ch. XIX du Guidon sont ainsi conçus : « En la concurrence de tous les
« deniers baillez à profit, ceux qui seront actuellement baillez sans re
« nouage prefereront, et sur tous iceux deniers ceux que le marchand fre-
« teur aura aussi baillé à semblable ou pareil profit, d'autant qu'il semble
« ostre baillé en forme d'avance sur le fret qui sera deu au retour pour
« avancer la navigation au profit de tous. Les autres qui auront baillé ar-
« gent à profit pour le mesme voyage ne viendront à la preference pour les
« autres debtes ou reconnoissances de leurs cedulles : toutesfois s'il y a assez
« d'argent, seront payez; sinon ils partiront ce qu'ils en trouveront... au
« marc la livre. » — (3) Jurisd. de la marine, p. 401, nº 15. — (4) Traduction
d'Emérigon. — (5) 4ª partie, ch. VIII. Pardessus, collect. III, p. 168. —
(6) Livre IV, c. V, § 9. — (7) Pardessus IV, p. 165. — (8) Ib., p. 167.

privilége, mais laissait subsister une créance chirographaire
contre l'emprunteur (1).

A en juger par le résumé de Wedderkop (2), cette partie du droit
maritime de l'Europe septentrionale ne s'était guère perfectionnée
en 1757. Le jurisconsulte danois reconnaît un privilége à ceux qui
prêtent de l'argent (3), fournissent des matériaux (4) ou louent
leurs services (5) *ad exstruendam, reparandam vel instruendam
navem.* D'après l'ancien droit prussien, s'il s'agit de réparations
faites à diverses époques, le plus récent créancier doit être préféré
au plus ancien. Wedderkop ajoute que, dans les trois cas, *le jus
pignoratitium* s'éteint soit par l'expiration d'un certain délai fixé
à deux ans par l'ordonnance de Rotterdam, à l'an et jour par la
législation prussienne, soit encore, d'après cette législation, par le
départ du navire (*simul ac navis locum debiti contracti relinquit*).
Enfin le capitaine est privilégié pour le prix du transport des passagers sur tous les objets qu'ils ont apportés dans le navire (6),
pour le fret sur les marchandises (7).

Le droit anglais du dernier siècle, qui est à peu près en cette matière le droit anglais contemporain, nous offre un modèle d'inco-
hérence. Dufour a commis une grave erreur (8) en écrivant que le
droit de suite n'existait pas en Angleterre s'il ne dérivait de l'hypothèque expressément stipulée ou de l'hypothèque tacite conférée
par le contrat à la grosse. Une lutte sans exemple (*an unexampled
struggle*), dit Maclachlan (9), s'engagea au dix-septième et au dix-
huitième siécles entre la cour d'amirauté qui voulait acclimater la
théorie des législations continentales et les cours de Wesminster
qui luttaient contre l'introduction ou l'extension des hypothèques
implicites ou des priviléges : il est vrai que les cours de Wesminster triomphèrent dans cette lutte où les soutenaient la chambre
des lords (10) et le conseil privé (11). Mais quelques priviléges
étaient tellement inhérents à la nature des choses (droits de sauvetage, de pilotage, de remorquage, gages des matelots, indemnité

---

(1) Au rebours de ce qui se passait pour le contrat de bodemerie ou prêt
à la grosse. V. Pardessus, *loc. cit.*, note 2 de la page 165. — (2) Lib. IV,
tit. IV, § 47. — (3) Ancien droit danois, ancien droit. prussien, statut de
Hambourg (part. II, tit. IV, art. 14) cités par Wedderkop. — (4) Ancien
droit prussien, même article des statuts de Hambourg et art. 269 de l'ordonnance de Rotterdam. — (5) Mêmes textes. — (6) Stat. Hamb., p. II,
tit. IV, art. 12. *Sic* Loccenius, De jure marit., l. III, c. 3, § 4. — (7) Statut
Fredericopolit. p. II, sect. II, tit. 6, art. 6, et ancien droit prussien. —
(8) I, nº 65. — (9) p. 63. — (10) Aff. Wood et autres *v.* Hamilton. — (11) Affaire du Neptune, 3 Knapp 94.

d'abordage) qu'ils conquirent ou gardèrent le droit de cité. De telles créances reposaient à ce point sur le navire qu'elles ne semblèrent pas pouvoir s'en détacher par un simple changement de propriétaire. On admit que l'acheteur avait à compter, abstraction faite des charges apparentes qui grevaient le navire, avec ces charges secrètes (1).

Notre ordonnance de 1681, quoique supérieure en ce point à différentes législations de l'Europe septentrionale, laissait elle-même beaucoup à désirer. « Les loyers des matelots employés au « dernier voyage, dit-elle (art. 16, tit. XIV, l. I) seront payés par « préférence à tous créanciers ; après eux, les opposants pour de- « niers prêtés pour les nécessités du navire pendant le voyage, en- « suite ceux qui auront prêté pour radoub, victuailles et équipe- « ment avant le départ; en quatrième lieu les marchands « chargeurs; le tout par concurrence entre les créanciers étant au « même degré de privilége. » Les priviléges sur le navire qui a fait un voyage sont non seulement énumérés, mais encore classés. Malheureusement (c'est le premier mot de Valin sur cet article) l'énumération est incomplète, et l'illustre commentateur a dû faire un véritable effort pour la compléter. Les rédacteurs du code de 1807 doivent beaucoup plus au commentaire qu'à l'ordonnance elle-même.

Il est ensuite question des priviléges sur le navire qui n'a point encore fait de voyage : « Si le navire vendu n'a point encore fait « de voyage, dit l'art. 17 du même titre, le vendeur, les charpen- « tiers calfateurs et ouvriers employés à la construction, ensemble « les créanciers pour les bois, cordages et autres choses fournies « pour le bâtiment seront payés par préférence à tous créanciers « et par concurrence entre eux. » Le législateur français, on le voit, s'était approprié cette distinction naturelle et nécessaire, qui remontait au règlement de 1343 et qui devait passer dans le code de 1807.

Le code de 1807 est, en ce point, très-supérieur à l'ordonnance. Il énumère et classe onze priviléges. Dans l'enquête de 1865, le tribunal de commerce de Caen signalait cette grande multiplicité de priviléges comme un vice de notre législation maritime. C'est, au contraire, l'indice d'un progrès véritable, et le projet de ré- forme d'août 1867 augmentait le nombre des priviléges au lieu de le diminuer.

106. L'article 191 de notre code débute ainsi : « Sont privi-

(1) Maclachlan, p. 64.

« légiées, et dans l'ordre où elles sont rangées, les dettes ci-après
« désignées : 1º Les frais de justice et autres faits pour parvenir à
« la vente et à la distribution du prix. »

Valin avait déjà dit (1) : « Quoique les matelots soient placés
« en tête pour leurs loyers, il est sans difficulté qu'avant eux doi-
« vent passer : 1º les frais de justice occasionnés par la sentence
« d'ordre ; 2º les frais de la saisie réelle et du décret, sans distin-
« guer les ordinaires des extraordinaires, comme dans le décret
« des immeubles, parce que jamais l'adjudicataire d'un navire
« n'est chargé d'aucuns frais, si ce n'est quelquefois de ceux de
« l'expédition du décret. »

La légitimité de ce privilége est incontestable. Le créancier qui
avance les frais fait évidemment l'affaire de tous en mettant le
gage commun sous la main de la justice, en commençant et en
poursuivant la procédure à la suite de laquelle ce gage commun
sera converti en argent. Il faut lui rembourser tout d'abord ses
avances puisque, sans son intervention, les créanciers eussent été
contraints de les faire eux-mêmes. Telle est aussi la raison d'être
du privilége sur la généralité des meubles, établi par l'art. 2101 du
code civil.

107. Mais tandis que le privilége établi par le code civil
affecte l'universalité des meubles et même des immeubles
(art. 2105), le privilége établi par le code de commerce est
spécial et n'affecte que le navire.

Celui qui aurait exclusivement agi dans son propre intérêt, par
exemple pour faire reconnaître sa créance ou la rendre exécutoire,
ne peut pas plus invoquer l'art. 191 § 1 qu'il ne pourrait invoquer
l'article 2101 § 1. Dans l'un comme dans l'autre cas, ces frais
sont nés d'un intérêt individuel : accessoires de la créance elle-
même, ils ne peuvent être privilégiés qu'au même rang, si la
créance est privilégiée.

L'unique difficulté que l'article fasse naître tient au sens des
mots *et autres* qui suivent immédiatement les mots *frais de justice*.
Trois explications ont été proposées.

Locré (2) pense qu'il s'agit de faux frais. Mais les dépenses
connues sous le nom de faux frais parce qu'elles concourent au
même but que les dépenses obligatoires sans avoir un caractère
de nécessité absolue, par exemple les honoraires des avocats ne
sont pas assimilables aux frais de justice. Cette opinion n'a été
adoptée par aucun commentateur.

(1) I, p. 362. — (2) Esprit du code de comm. III, p. 5.

D'après MM. Bédarride (1) et Demangeat (2), le législateur de 1807 aurait entendu parler des frais que l'adjudicataire est obligé de subir pour avoir la libre disposition du navire (droits de douane, sommes dues à la caisse des invalides). Mais, ainsi que le fait observer M. Laurin (3), les frais résultant de la mutation en douane ou, d'une façon genérale, « commandés par la nécessité de « dégager le navire d'obstacles administratifs qui s'opposent à sa « libre exploitation (4) » ne sont que les accessoires du prix de vente : ils « sont destinés, comme le dit M. Demangeat lui-même, « à rendre la vente efficace au profit de l'acheteur. » Puisqu'ils ne concourent pas à la réalisation du gage commun, l'acheteur ne peut pas, dans une distribution ouverte sur le prix de vente, les prélever comme frais de justice. Quant aux sommes versées à la caisse des gens de mer ou des invalides, ce sont là, comme le dit encore M. Laurin, de simples avances sur le prix, qui viennent en déduction de celui-ci, et l'acheteur, en tous cas, ne peut avoir un autre rang dans la distribution que celui des créanciers qu'il a désintéressés et auxquels il est subrogé (art. 1251 c. civ.)

Boulay-Paty (5), Dufour (6) et M. Laurin (7) croient qu'il s'agit ici d'accorder une collocation privilégiée non seulement aux frais de la procédure ordinaire, telle qu'elle est tracée par les articles 197 et suivants du code de commerce, mais encore à ceux qui sont occasionnés par des incidents, par exemple aux frais résultant d'un incident à la saisie (art. 210) ou même d'une instance en nullité de la vente du navire faite en fraude des créanciers. Le créancier saisissant, qui ne peut pas recouvrer ses dépens contre un plaideur insolvable, ne doit pas supporter seul les conséquences de cette insolvabilité. « Car enfin, sans cette lutte, le gage eût été « perdu pour tout le monde, et jamais on n'eût pu parvenir à la « vente (8). » Nous adhérons à cette opinion. L'art. 192, ainsi que l'a fait remarquer M. Laurin, ne dit plus : les frais de justice *et autres*, mais simplement : « les frais de justice seront constatés, « etc. » Les uns et les autres ne constituent donc qu'une créance ayant la même nature juridique, le même objet, le même mode de constatation.

Les rédacteurs du projet de révision (août 1867), en maintenant l'article 191 § 1, n'en avaient pas modifié le texte.

108. L'article 5 § 1 du code maritime égyptien, calqué sur

(1) I, nᵒˢ 56 et 73. — (2) IV, p. 35. — (3) I, p. 91. — (4) M. Demangeat, *loc. cit.* — (5) I, p. 112. — (6) I, p. 161. — (7) I, p. 92. — (8) Dufour, *ib.*

l'article 191 § 1 du code français, met au premier rang des créances privilégiées « les frais de justice et autres... »

L'article 596 du code espagnol contient la même énumération que notre article 191, sauf l'addition de ces mots au début : 1° *les créances du trésor royal contre le navire.* Les frais de justice n'y sont donc placés qu'au second rang.

Les articles 757 et 770 du code allemand placent au premier rang « les frais de vente forcée du navire y compris les frais de « répartition du prix en provenant, ainsi que les frais de garde, « dépôt et conservation du navire et ses agrès et apparaux depuis « l'introduction de la vente forcée ou depuis la saisie qui l'a pré- « cédée. »

L'article 285 du code italien place au premier rang « les frais « de justice pour la vente judiciaire du navire et pour la distribu- « tion du prix. » L. Borsari fait observer qu'on a supprimé dans le texte italien les mots *et autres* du texte français, dont l'interpré- tation est embarrassante.

109. L'art. 191 § 2 du code français place au second rang, immédiatement après les frais de justice, « les droits de pilotage, « tonnage, cale, amarrage et bassin ou avant-bassin. » L'ordon- nance de 1681 ne contenait rien d'analogue ; mais Valin regardait « les droits de calage et amarrage du navire depuis son arrivée « au quai » comme indubitablement privilégiés ; toutefois il ne les classait qu'au sixième rang.

L'Etat, par divers actes de protection, de simples particuliers par des services spéciaux rendus au navire ont contribué à la conservation du gage commun : telle est la cause logique et légi- time de ce second privilége.

110. Que faut-il entendre par ces mots : « droits de pilotage »

Le titre IV, livre II de l'ordonnance de 1681 est intitulé « Du « pilote » et comprend huit articles.

Il y a deux sortes de pilotes, dit Valin dans son commentaire du titre IV : le pilote hauturier pour la navigation en pleine mer et au long cours, et le pilote côtier, autrement appelé locman ou la- maneur pour la navigation de ports en ports et le long des côtes. Il n'est question, dans ces huit articles, que du pilote hauturier. Mais le titre III du livre IV, qui compte dix-huit articles, traite des pilotes lamaneurs.

La même distinction se retrouve dans l'ouvrage de Wedderkop, qui consacre un titre au *gubernator* (1), un autre au *ductor na-*

(1) Tit. IV du livre I.

ois (1). *Gubernatorem*, dit-il, *vocamus illum qui ad navis cursum juxta præcepta artis nauticæ dirigendum suam locavit operam :* c'est le pilote hauturier. *Navis ductor,* dit-il plus loin, *quem etiam vadorum exploratorem et pilotam vocant* (pilote) *dicitur navis gubernator qui ad navem per certa loca deducendam suam locat operam.*

Or le pilote hauturier rentre dans la catégorie des hommes de l'équipage, et ses salaires ne sont, par conséquent, privilégiés qu'au cinquième rang. L'art. 191 § 2 n'est applicable qu'à la rémunération du pilote lamaneur. Le sens donné dans la langue du vieux droit maritime au mot « pilotage » ne peut laisser subsister aucun doute sur la portée du même mot, employé par le code de 1807. « Pilotages, dit le Guidon de la mer (2), sont derivez des pi- « lotes qui se prennent par les maistres du navire, entrant ou « sortant des havres, ou passans par des costes et passages dan- « gereux. » « Lamanage, ajoute-t-il immédiatement, est pris pour « les barques ou petits bateaux qui vont au-devant des navires « quand ils entrent au port pour leur aider. » Mais je n'assimile pas aux pilotes hauturiers les pilotes spéciaux pris au mois conformément à nos règlements d'administration publique (3).

Les droits des pilotes lamaneurs sont aujourd'hui réglés par le décret impérial du 12 décembre 1806, qui a manifestement statué sur des matières législatives, mais qui, exécuté jusqu'à la Restauration et n'ayant été d'ailleurs, à aucun moment, déféré au sénat, ne pouvait être, aux termes de la jurisprudence générale de la cour de cassation sur les décrets de Napoléon Ier, regardé comme inconstitutionnel. Les tribunaux de commerce l'ont donc appliqué (4). Deux arrêts de la chambre des requêtes (11 août 1863) en reconnaissent incidemment la légalité : ils le qualifient « décret « ayant force de loi (5). »

1 1 1. Que peuvent exiger les pilotes à titre de droits de pilotage ?

« Ils ne pourront exiger, répond le décret de 1806 (art. 40), une « plus forte somme que celle portée au tarif dressé dans chaque « port, sous peine de la restitution de la totalité du pilotage qu'ils « auront reçu, d'être interdits pendant un mois et, en cas de réci- « dive, ils le seront à perpétuité. » L'ordonnance avait déjà posé ce principe : « Ne pourront, disait-elle (art. 13, tit. III, livre IV),

(1) Tit. X du livre I. — (2) Art. 13 et 14 du chap. V. — (3) V. le décr. du 29 août 1854, art. 16. — (4) Nantes, 4 novembre 1837; Brest, janvier 1838 (jugements cités par Dalloz, v° Organis. marit. n° 442). — (5) D. 1862, 1, 459.

« les lamaneurs et mariniers exiger plus grandes sommes que
« celles portées au règlement... » C'était, au dix-huitième siècle,
une règle assez générale : Wedderkop, tout en reconnaissant que
le salaire des pilotes peut être fixé par la convention, rappelle que
les pilotes hollandais, ceux de l'Elbe et de la Baltique, sont obligés
de se conformer à des tarifs établis par l'autorité publique.

Toutefois l'ordonnance ajoutait : « si ce n'est en temps de tour-
« mente et de péril évident, auquel cas leur sera fait taxe parti-
« culière par les officiers de l'amirauté, de l'avis de deux mar-
« chands, eu égard au travail qu'ils auront fait et au danger qu'ils
« auront couru. » Wedderkop (1) énonce la même règle, d'ailleurs consacrée par les lois hollandaises. Le décret de 1806 est à
peu près calqué sur l'ordonnance : « En cas de tempête et de péril
« évident, dit-il, une indemnité particulière, fixée par le tribunal
« de commerce, sera payée par le capitaine au pilote; elle sera
« réglée sur le travail et le danger qu'il aura couru. » Il annule
toutefois, comme l'ordonnance (2), « toutes promesses faites aux
« pilotes lamaneurs... dans le danger du naufrage. » En outre
ceux qui, sur la demande écrite d'un capitaine, lui laissent leur
chaloupe pour le service du navire, peuvent réclamer la somme
portée par le tarif arrêté dans le port pour chaque jour que cette
chaloupe aura été employée (art. 45). Enfin si, lors d'un gros
temps, la chaloupe, en abordant le navire à la mer ou en essayant
de le diriger après avoir pu l'aborder, reçoit quelques avaries,
« elle sera réparée aux frais du navire et de la cargaison (4) »
et payée entièrement si elle se perd en totalité.

Nous croyons avec Dufour (5) et M. Demangeat (6) que le lamaneur peut réclamer son privilége pour les différentes causes qui
viennent d'être indiquées. L'article 50 du décret les confond inten-
tionnellement en ordonnant que « les contestations relatives aux
« droits de pilotage, indemnités et salaires des pilotes seront jugées
« par le tribunal de commerce du port. » D'ailleurs on n'aperçoit
pas un motif logique de distinguer entre les droits ordinaires et les
droits extraordinaires (7).

Le pilote perd, dans certains cas, son privilége, le législateur
lui ôtant jusqu'au droit de réclamer son salaire, par exemple s'il
entreprend, étant ivre, de conduire un bâtiment (8) (art. 25), s'il

(1) L. I, tit. X, § 54. — (2) Art. 44 du même titre. — (3) Poitiers, 12 mai
1847. D. 47, 2, 110. — (4) V. sur ces mots « et de la cargaison » le premier
considérant de l'arrêt précité. — (5) N° 84. — (6) IV, p. 39. — (7) Terminologie de Wedderkop. — (8) Cf. ord. de 1681, art. 8, tit. III, l. IV.

quitte le navire non ancré dans la rade ou non amarré dans le port, ou s'il abandonne les bâtiments qui sortiront « avant qu'ils « soient en pleine mer, au-delà des dangers » (art. 35).

112. Quels navires doivent acquitter les droits de pilotage ? « Tout bâtiment qui entre dans un port ou qui en sort devant avoir « un pilote, dit le décret du 12 décembre 1806 (art. 34), si un ca- « pitaine refusait d'en prendre un, il serait tenu de le payer « comme s'il s'en était servi... Sont exceptés de l'obligation de « prendre un pilote les maîtres au grand et petit cabotage, com- « mandant des bâtiments français au-dessous de 80 tonneaux, « lorsqu'ils font habituellement la navigation de port en port et « qu'ils pratiquent l'embouchure des rivières. »

La règle est claire. Tous les navires acquittent les droits de pi- lotage quand ils ne sont pas dans un cas d'exception prévu par la loi. C'est pourquoi le tribunal de commerce de Saint-Malo a dé- cidé le 2 juin 1872 (1) qu'un navire neuf, incomplètement armé et n'ayant pas encore de propulseur, conduit des chantiers de cons- truction dans un autre port à l'aide d'un remorqueur, n'en est pas moins soumis pour l'entrée dans ce port aux droits de pilotage exigés des bâtiments du même tonnage entièrement équipés, s'il n'est pas dépourvu de tous moyens de naviguer par lui-même, et cette solution a été approuvée par M. Demangeat (2).

Mais le décret du 12 décembre 1806 est une véritable loi. Le dé- cret du 22 juillet 1859, rendu dans la forme d'un règlement d'ad- ministration publique, a-t-il pu décider (art. 144) que les bateaux à vapeur français faisant une navigation régulière « entre Cette « et un port français ou entre Cette et un port étranger étaient « entièrement exempts des droits de pilotage, à l'entrée comme à « la sortie ? » La cour de Montpellier (23 juin 1861) et, sur un pourvoi dirigé contre son arrêt, la chambre des requêtes (11 août 1862) (3) ont affirmativement résolu cette question. Peut-être est- il hardi de déclarer que soustraire certains bâtiments à la règle du décret législatif, ainsi conçue : « Tout bâtiment, etc., » c'est seulement mettre en œuvre le décret législatif. Mais on ne sau- rait contester que le décret de 1806 se plie difficilement à certaines nécessités de la navigation moderne et, sur ce terrain pratique, la doctrine des deux arrêts est indiscutable.

Wedderkop, résumant les usages des pays maritimes au dix- huitième siècle (1757), écrivait que le ministère du pilote lamaneur est obligatoire 1° dans les lieux dont le capitaine et le *gubernator*

(1) D. 73, 3, 55. — (2) IV, p. 38. — (3) D. 62, 1, 460.

n'ont pas la connaissance exacte ; 2° dans les lieux où l'autorité publique impose ce ministère, comme à l'embouchure de l'Elbe et dans la mer Baltique. L'ordonnance de 1681, en ne laissant au capitaine que la liberté du choix entre les lamaneurs (1), semblait lui ôter celle de refuser tout pilote lamaneur. On ne peut pas dire, à proprement parler, que le ministère des lamaneurs soit imposé par le décret de 1806, puisque l'article 35 de ce décret défend « aux « pilotes de monter à bord contre le gré des capitaines. » Mais l'article 34 est précis : qu'on prenne ou non le pilote, il faut payer un pilote. Ce qui est obligatoire, c'est l'acquittement des droits, quand les lois et règlements n'en ont pas expressément dispensé. Le tribunal de commerce de Nantes a souvent appliqué cette règle aux navires qui entrent dans la Loire sans employer un lama- neur (2).

L'article 34 du décret de 1806 ne parle que des bâtiments « en- « trant ou sortant d'un port. » Le décret du 29 août 1854, qui règle le pilotage du premier arrondissement maritime, a-t-il pu rendre le pilotage obligatoire, au moins quant à l'acquittement des droits, lorsque le lamaneur se présente en pleine mer ? Le tribunal de commerce de Honfleur ne l'avait pas pensé (30 sep- tembre 1863). Mais il fallait, pour aboutir à cette conclusion, re- connaître l'illégalité du décret de 1854, établissant (art. 216) que tout bâtiment en mer est tenu de recevoir le pilote qui se présente le premier sans pouvoir le refuser sous prétexte de trop grand éloignement et que les salaires sont augmentés d'un tiers pour les bâtiments abordés dans le rayon de 20 à 40 milles du cap de la Hève, de moitié pour les bâtiments pris au-delà de ce rayon (art. 257). Ce jugement a été cassé (16 janvier 1866) (3). Il est bien dif- ficile, on le conçoit, de soumettre au pouvoir législatif la règle- mentation détaillée du pilotage, et la cour suprême fait tous ses efforts pour concilier avec le décret-loi de 1806 les actes du pou- voir règlementaire auquel il faut ici laisser une grande latitude. La chambre civile a donc jugé que, « spécialement pour le port de « Honfleur, l'étendue de mer dans laquelle les navires sont obligés « de recevoir les pilotes et où ils sont ainsi considérés *comme* « *entrant dans le port* pour lequel ils sont en destination, a été « fixée à une distance qui peut s'étendre même au-delà d'un rayon « de quarante milles du cap de la Hève. » Il importerait peu,

---

(1) L. III, tit. IV, art. 17 (reproduit par l'art. 33 du décr. de 1806). — (2) 30 décembre 1865, 19 octobre 1867, etc. (Rec. de Nantes, 65, 1, 269 et 68, 1, 89.) — (3) D. 66, 1, 203.

ajoute l'arrêt, que le navire se trouvât encore dans les eaux anglaises. C'est là, ce me semble, une exagération. Il faut forcer le
sens des mots pour regarder comme entrant dans un port français
un bâtiment qui se trouve encore dans les eaux anglaises.

Mais, si c'est par sa faute que le pilote n'a pas été employé,
l'acquittement des droits reste-t-il obligatoire? Le tribunal de
commerce de Rouen (27 janvier 1873) (1) les a refusés à celui qui,
n'ayant pas les feux prescrits par l'article 8 du décret du 25 octobre 1862 (2), rencontre un navire pendant la nuit. Puisqu'il ne se
faisait pas régulièrement reconnaître, dit le jugement, le capitaine
a pu refuser de le recevoir. La solution nous semble juridique et
doit être généralisée. Quelque obligatoire que soit ce ministère, si
les pilotes eux-mêmes ne laissent pas au capitaine la faculté d'y
recourir, ils ne peuvent réclamer le prix d'un pilotage auquel
celui-ci ne s'est pas soustrait.

113. « Pourront les maîtres de navires, disait l'article 6,
« titre III, livre IV de l'ordonnance, au défaut de pilotes lama-
« neurs, se servir des pêcheurs pour les piloter. » Cette disposition est toujours applicable. Quand le lamaneur revêtu d'un caractère officiel ne se présente pas, il est sage que le capitaine
puisse recourir à un *pilote pratique*. Mais ce pilote pratique jouit-
il du privilége établi par l'article 191 § 2 ? « Si le lamaneur, ajou-
« tait l'ordonnance (art. 7 du même titre), se présente au maître
« qui aura un pêcheur à bord avant que les lieux dangereux soient
« passés, il sera reçu, et le salaire du pêcheur sera déduit sur
« celui du lamaneur. » C'est ce que répète le décret de 1806
(art. 27) en ajoutant seulement cette phrase : « ... eu égard à la
« distance du lieu que le pêcheur aura parcourue à bord du bâti-
« ment. » Le pêcheur est subrogé au lamaneur et, par conséquent,

(1) Rec. de M. 1873, 2, 62. — (2) Un décret du 30 juin 1874, « considérant
« que l'expérience a démontré la nécessité de substituer aux divers modes
« de signaux usités actuellement pour l'appel des pilotes pendant la nuit
« une règle uniforme, d'une exécution facile et qui soit en rapport avec les
« usages le plus généralement suivis par les navigateurs français et étran-
« gers, » a décidé : « Art. 1. Les signaux d'appel des pilotes pendant la nuit
« sont fixés de la manière suivante pour les bâtiments à la mer comme au
« mouillage : un feu blanc montré au-dessus des bastingages et caché plu-
« sieurs fois, à quinze secondes d'intervalle pendant une minute, accom-
« pagné, s'il y a lieu, de feux de bengale brûlés à intervalle d'environ quinze
« minutes. Art. 2. En réponse au signal d'appel les pilotes montreront et
« cacheront plusieurs fois, à quinze secondes d'intervalle pendant une mi-
« nute, le feu blanc qu'ils doivent déjà montrer tous les quarts d'heure,
« conformément aux prescriptions de l'art. 8 du décret du 25 octobre 1862. »

privilégié comme lui. Tout pilote pratique, autre que le pécheur, même fût-il choisi dans l'équipage du navire, pourra, ce me semble, invoquer l'article 191 § 2 : n'est-ce pas toujours « le droit « de pilotage qui sera partagé... à proportion du travail d'un « chacun (1) ? »

114. L'organisation actuelle du pilotage a été vivement critiquée dans le sein de la commission chargée par un décret du 15 octobre 1873 d'examiner les moyens de venir en aide à la marine « marchande. « Je croyais, disait M. Fraissinet le 4 décembre « 1873, que le pilotage avait été institué pour rendre des services « aux navigateurs et non pas comme une charge pour eux... Je « demande que les capitaines-caboteurs qui auront passé l'examen « de pilotage pour les côtes qu'ils fréquentent soient dispensés de « l'obligation de prendre un pilote quelle que soit la jauge de leur « navire. »

Au demeurant la commission pensa (2) que le service du pilotage était bien organisé sur nos côtes et qu'il fallait se garder d'y porter atteinte, car le corps des pilotes, une fois dispersé, ne se reconstituerait plus. Elle rappela que les tarifs proposés par des assemblées locales (3), mais seulement arrêtés par décret rendu en Conseil d'Etat, sont calculés pour chaque port de manière à peser le moins possible sur la navigation, tout en suffisant à l'existence des pilotes non salariés par l'Etat. Elle reconnut toutefois que, la nouvelle mesure de jaugeage d'après le système Moorson ayant élevé le nombre de tonneaux inscrits sur les papiers de bord de nos petits caboteurs, il convenait d'élever la limite actuelle de 80 tonnes au-dessous de laquelle la franchise de pilotage est de droit général. Elle émit donc le vœu que cette limite fût élevée de 80 à 120 tonneaux de jauge. Elle approuva, comme l'avait fait à un autre point de vue la cour de cassation le 11 août 1862, que les paquebots desservant une ligne régulière dans la Méditerranée, où les ports sont d'un accès plus facile, fussent exemptés de l'obligation de prendre un pilote. Elle alla jusqu'à demander que les navires, même de plus de 120 tonneaux, mais pourvus de capitaines au long cours ou de maîtres au cabotage ayant subi l'examen de pilotes du port où ils se présentent, eussent aussi la faculté de ne pas prendre de pilote, mais seulement à des conditions qui se-

---

(1) Expressions de Valin, t. II, p. 496. *Sic* Dufour, n° 87, et M. Demangeat, IV, p. 39. — (2) Proc.-verb., p. 436. — (3) Que compose le tribunal de commerce et qui comprennent deux juges à ce tribunal, deux armateurs, deux pilotes et le commissaire de l'inscription maritime.

raient fixées par des règlements spéciaux aux divers arrondisse-
ments maritimes (1).

Cependant, disait-elle, « la règle générale doit être que tout
« navire entrant dans le port doit payer le droit de pilotage. » Solution très-sage, car il serait contraire aux intérêts généraux de
notre marine d'anéantir le corps des pilotes et souverainement
imprudent de le désagréger sur les côtes de l'Océan. Le problème
difficile, c'est de concilier le maintien de cette règle avec le dernier
vœu que j'analysais tout à l'heure.

115. L'article 191 § 2 met les droits de tonnage, cale, amarrage, bassin ou avant-bassin sur le même plan que les droits de
pilotage.

Une déclaration du roi, du 20 juin 1659, établit sur tout navire
étranger un droit de fret de 50 sols par tonneau pour répondre aux
mesures prohibitives que Cromwell, « cet heureux scélérat (2), »
avait prises le 9 octobre 1651 (3) contre la marine marchande de
tous les pays. Le décret du 27 vendémiaire an II (art. 29 s.) remplaça le droit de fret par un droit de tonnage. Aux termes du décret du 4 germinal an II (tit. III, art. 12), le droit de tonnage doit
être perçu dans les vingt jours de l'arrivée et avant le départ du
bâtiment : il est dû même sur les navires au lest.

Nous avons expliqué d'une façon détaillée dans notre premier
chapitre (n° 10) ce que la loi du 19 mai 1866 avait conservé des
droits de tonnage et quel en est aujourd'hui le caractère. Nous
avons également parlé (même numéro) des droits de quai, qui sont
fixés par tonneau de jauge (loi du 30 janvier 1872) et qu'il faut
regarder comme de véritables droits de tonnage. Nous renvoyons
à ce premier chapitre. Les droits de quai sont indubitablement
privilégiés au même titre que les droits de tonnage proprement dits.

L'article 6 de la loi du 4 germinal an II s'exprime en ces
termes : « Si un bâtiment entre par détresse dans un port qui
« n'est pas celui de sa destination, le préposé de la douane per-
« mettra la décharge du bâtiment, la vente des objets de nature
« périssable... : le surplus pourra être déchargé et le bâtiment
« partir pour le port de sa destination en payant le droit de ton-
« nage. » Un arrêté du directoire du 16 ventôse an IV expliqua le

---

(1) La commission songeait surtout aux bateaux à vapeur de cabotage
naviguant en-deçà du détroit de Gibraltar, fréquentant habituellement Marseille ou les autres ports du cinquième arrondissement. — (2) Valin, t. I,
p. 619. — (3) V. sur l'acte de navigation du 9 octobre 1651 et sur le droit de
fret, Valin, ib.

sens de cet article : « La disposition de l'article 6 du titre II de la
« loi du 4 germinal an II relative au paiement du droit de tonnage
« sur les bâtiments entrés par détresse, dit-il, n'est applicable
« qu'aux bâtiments étrangers qui chargent et déchargent des mar-
« chandises et à ceux qui ont besoin d'être réparés dans les ports
« de la république dont la destination n'est pas pour un de ces
« ports. » Cet arrêté directorial fut appliqué le 3 juin 1812 (1) par
la cour de cassation, qui affranchit du droit de tonnage le brick
italien Arcangelo à destination de Marseille et en relâche forcée
dans le port de Bastia. Une circulaire ministérielle, évidemment
inspirée par cette jurisprudence, décida quelques mois plus tard
(27 novembre 1812) que le droit de tonnage n'était pas dû à la suite
d'une relâche motivée par un accident de mer, à moins qu'il n'y
eût déchargement des marchandises d'un dixième en volume, et
vente. Cette circulaire était sans nul doute applicable, avant la loi
du 19 mai 1866, aux droits de tonnage « affectés, comme garantie,
« au paiement des emprunts contractés pour travaux d'améliora-
« tion dans nos ports » et perçus alors sur les navires étrangers
ou français. Je ne la regarde donc pas comme abrogée par la loi
du 19 mai 1866, qui n'a laissé subsister que cette espèce de droits
de tonnage.

La loi du 27 vendémiaire an II avait établi un *droit d'expédition*
en raison du tonnage : « Les bâtiments étrangers, disait-elle,
« payeront pour frais d'expédition, d'entrée et sortie 18 livres s'ils
« sont de 200 tonneaux et au-dessous, 36 livres s'ils sont au-dessus.
« Les bâtiments français de 30 à 150 tonneaux payeront 2 livres ;
« de 150 à 300, 6 livres ; au-dessus de 300, 15 livres » (art. 35 et
36). MM. Dalloz (2) raisonnent comme si ce droit qui, s'il subsistait, serait privilégié (car « le droit de tonnage et le droit d'expé-
« dition ont toujours été considérés comme étroitement liés (3) »),
était encore perçu. M. le directeur général des douanes, que nous
avons consulté sur ce point, a bien voulu nous répondre (14 février 1877) que son administration regardait le droit d'expédition
comme aboli par la loi du 19 mai et par le décret du 27 décembre
1866.

Le droit d'acquit, créé par la loi de vendémiaire an II (art. 37)
affectait le bâtiment, comme le droit d'expédition. « Il a disparu,
« nous écrit M. le directeur général, avec les taxes auxquelles

(1) J'ai consulté la minute de l'arrêt au greffe de la cour de cassation.
— (2) V° Organisat. marit., n° 550. — (3) Lettre du directeur général des
douanes au procureur général près la cour de cassation (14 février 1877).

« il était rattaché et en vertu des mêmes dispositions législa-
« tives. »

La loi de vendémiaire ajoutait à ces droits de navigation des
droits de permis et de certificat, qui subsistent encore. Le permis
est l'acte au vu duquel les opérations d'embarquement ou de débarquement ont lieu (1). On comprend surtout sous le nom de
« certificats » les attestations que la douane délivre pour être produites en justice (2). « Ce droit, disent MM. Dalloz qui englobent
« dans une même proposition les droits d'acquit, de permis et de
« certificat (3), n'est pas perçu sur les marchandises. » « Les droits
« de permis et de certificat, nous écrit M. le directeur général des
« douanes, concernent les marchandises. » S'ils ne sont pas
payables par le bâtiment, il est clair qu'ils ne sont pas privilégiés
sur le bâtiment.

Le paiement des droits de tonnage et de pilotage peut être assimilé, dans certains cas, aux frais « faits pour la conservation de
« la chose » et engendrer une créance privilégiée sur le mobilier
du navire (art. 2102 § 3), alors même que le navire échappe au
privilége. Un mobilier ayant été placé par la compagnie des bateaux atlantiques sur le *Missouri*, fourni par l'Etat pour un service entre le Havre et New-York, et le mandataire de cette compagnie ayant emprunté une somme d'argent pour le paiement des
droits « de pilotage, tonnage et autres, » la cour de Paris infirma
un jugement du tribunal de commerce de Paris qui refusait à la
fois au prêteur le privilége de l'article 191 sur le navire appartenant non à la compagnie des bateaux atlantiques, mais à
l'Etat, et tout privilége sur le mobilier. La cour de Paris accorda
ce dernier privilége, et la cour de cassation n'annula point son
arrêt (4), qualifiant après elle le paiement des droits « frais faits
« soit pour faire entrer le *Missouri* au port de New-York, soit
« pour assurer le retour en France de ce navire et de son mobi-
« lier » et décidant dès lors que le juge d'appel n'avait violé ni
l'article 191 ni l'article 2102, puisqu'il avait regardé, en fait, la
somme comme dépensée pour la conservation du mobilier garnis-
sant le navire.

116. J'arrive aux droits de cale, d'amarrage, de bassin et
d'avant-bassin.

Il y avait, sous l'ancien régime, beaucoup d'autres taxes que la
loi du 27 vendémiaire an II a fait disparaître : outre les droits de

(1) Même lettre du directeur général. — (2) Même lettre. — (3) Vᵒ Org.
marit., nᵒ 551. — (4) Civ. rej. 18 août 1858, S. 59, 1, 172.

fret, les droits de feux, tonnes, balises, signaux, lestage et délestage, pontage, traversage (1), dont quelques-uns subsistent encore dans certains pays maritimes. Huit articles du *Merchant shipping act* de 1854 (*Sixième partie, Phares*) sont consacrés aux droits d'éclairage (*light dues*). Aucun navire ne peut être expédié (*cleared*) s'il ne produit son reçu des droits d'éclairage (art. 400). Faute par un navire de les acquitter, le receveur des douanes est autorisé à saisir les marchandises, munitions, cordages, agrès de toute nature jusqu'à parfait paiement et, si ce paiement n'est pas effectué dans les trois jours, il peut vendre les objets saisis et en appliquer le montant à l'acquittement de ces droits (art. 401). Le propriétaire, le capitaine, le consignataire ou tout autre agent chargé des comptes du navire au port d'arrivée ou de déchargement est responsable du paiement des droits de phare : ce consignataire ou cet agent peut se rembourser de ses avances sur les fonds du navire qu'il a entre les mains (*merchant shipping act* de 1862, art. 44 et 45). Aux termes du même acte du 29 juillet 1862 (art. 46 et 47), des droits peuvent être perçus par les autorités locales elles-mêmes en cas de construction, placement, réparation ou rétablisssement de phares, bouées ou balises. En France, les feux des phares étaient autrefois entretenus par l'amiral, qui percevait des droits à cette occasion : les ingénieurs maritimes des ponts et chaussées veillent maintenant à leur entretien qui est devenu charge publique. L'Etat ne perçoit pas non plus la rétribution jadis allouée à l'amiral (2) pour l'entretien des balises, c'est-à-dire des arbres ou mâts placés au fond de la mer, au-dessus de laquelle ils s'élèvent à une certaine hauteur, afin de signaler aux navigateurs une passe ou un écueil, ni des tonnes, c'est-à-dire des barriques flottantes ayant le même objet que les balises et retenues par un câble ancré au fond de la mer.

117. Valin avait déjà déclaré privilégiés, malgré le silence de l'ordonnance, « les droits de calage et amarrage du navire « depuis son arrivée au quai ; » mais il les plaçait au sixième rang (3).

Droits de cale. La *cale de construction* est un terrain qui sert de chantier pour poser la quille des bâtiments à construire ou à réparer. La *cale flottante*, inventée par l'amiral Decrès en l'an XI, est une espèce de ponton que l'on submerge en le chargeant de pierres et sur lequel on assujettit le navire qu'on veut caréner ou radouber. Les *cales de quais* sont des rampes construites en pente

(1) Cf. Beaussant, t. I, n° 445. — (2) V. Valin, I, p. 103 s. — (3) I, p. 362.

douce pour l'embarquement et le débarquement des marchandises, etc. On ne sait plus trop aujourd'hui dans nos ports ce que sont les droits de cale. Les armateurs de Marseille, que j'ai questionnés, m'ont répondu qu'ils n'acquittaient aucun droit de ce genre. Il résulte d'une ordonnance du 7 septembre 1720, faite par l'amirauté de La Rochelle (1), que les droits de cale étaient perçus par les propriétaires des quais et cales de cette ville « pour les « charges et décharges des marchandises. » Mais on ne les perçoit pas plus actuellement à La Rochelle qu'à Marseille (2). Le sens des mots « droits de cale » est d'ailleurs évidemment le même dans le code de commerce que dans l'ordonnance de 1720 (3).

Droits d'amarrage. Quand le capitaine est arrivé dans un port, il doit s'y amarrer. « L'amarrage des navires les uns aux autres, « dit Beaussant, aurait souvent des dangers. La solidité de l'a- « marrage... devait être constatée par l'autorité publique. L'a- « marrage a lieu aux boucles ou anneaux de fer ou de cuivre qui « sont attachés soit à la partie intérieure des murs du port, soit sur « les quais, soit sur les corps morts ou bouées flottantes ancrés « dans le milieu des ports. » « Ne pourront, dit l'art. 3, tit. I, « livre IV de l'ordonnance de 1681, les mariniers amarrer leurs « vaisseaux qu'aux anneaux et pieux destinés à cet effet, à peine « d'amende arbitraire. » Le Conseil d'Etat a, le 31 décembre 1869 et le 29 décembre 1870 (4), visé cet article et déclaré que l'infraction aux ordres des officiers du port concernant l'amarrage constituait une contravention de grande voirie. Le produit des droits de cale et d'amarrage était, d'après le même titre de l'ordonnance (art. 20 et 21), affecté à l'entretien des quais, cales, boucles et anneaux. Or ce bon entretien importait à la préservation du gage commun, et le privilége était par là même légitimé (5). Le droit d'amarrage, dit M. Dutruc (6), est payé pour l'arrêt du bâtiment dans un port au moyen d'une amarre. On ne le connaît pas à Marseille. On ne le connaît même plus à La Rochelle (7), où il avait été tarifé par l'ordonnance du 7 septembre 1720.

Droits de bassin et d'avant-bassin. Il s'agit des droits qui peuvent être imposés aux navires à raison de leur séjour dans

---

(1) Valin, II, p. 474. — (2) Lettre du parquet de La Rochelle au procureur général près la cour de cassation (16 février 1877). — (3) V. Dalloz, v° Droit marit., n° 81. Cf. Dufour, n° 89. — (4) D. 72, 3, 25. — (5) V. Valin, II, p. 475. — (6) Dictionn. du contentieux commercial. — (7) Même lettre du parquet de la Rochelle.

ces arrière-ponts ou enceintes de maçonnerie fermées par des portes, dans lesquels on maintient les vaisseaux à flot. On cite habituellement à titre d'exemple les droits de bassin imposés par les lois du 12 floréal an XI et du 22 février 1810 dans les ports du Havre et de La Rochelle.

En somme, il s'agit ici de diverses rétributions perçues dans un intérêt public, au nom ou par délégation de l'Etat. Il faut y joindre sans doute, ainsi que le pense Alauzet (1), les créances appartenant aux administrations des douanes, de l'enregistrement et des domaines. Il suffit, dit Dufour (2), qu'elles soient réclamées par les diverses régies qui représentent le trésor. Il faut encore, ajoutons-nous, qu'une de ces régies puisse être regardée comme créancière du navire même, car il ne s'agit pas ici d'un privilége ordinaire, mais d'un privilége spécial sur le bâtiment. L'Etat pourrait donc, ce me semble, réclamer un privilége pour le recouvrement des droits sanitaires énumérés au titre X du décret des 22 février-19 mai 1876. C'est bien là, comme le dit le décret lui-même, une « dette de l'armement, » une dette « payable par le navire, » sauf dans les cas où certains frais sont mis expressément à la charge de la marchandise elle-même (3). Ces droits qui sont, pour la plupart, perçus par tonneau (4), me paraissent être assimilables, comme dans les législations allemande, hollandaise et portugaise, aux droits de tonnage.

D'autre part, d'après le règlement du port de Marseille, les marchandises déchargées et laissées sur le quai plus de vingt-quatre heures après la vérification de la douane doivent être transportées dans un dépôt public et n'en peuvent plus être retirées qu'après le paiement, par les intéressés, du prix de transport, du droit de magasinage et de tous les frais accessoires. Il me semble évident que ce n'est pas là une dette « payable par le navire : »

---

(1) N° 1633. — (2) N° 89. — (3) V. art. 79 in fine du décret. — (4) A. *Droit de reconnaissance à l'arrivée* : navires naviguant à cabotage, de port français à port français, d'une mer à l'autre, par tonneau : 05. Navires naviguant au cabotage étranger, par tonneau : 10 c. Navires naviguant au long cours, par tonneau : 15 c. Paquebots arrivant à jour fixe d'un port européen dans un port de la Manche et de l'Océan, par tonneau : 05 c. Paquebots venant d'un port étranger dans un port français de la Méditerranée si la durée habituelle et totale de la navigation n'excède pas douze heures, par tonneau : 05 c. (les paquebots appartenant à ces deux dernières catégories pouvant contracter des abonnements calculés à raison de 50 c. par tonneau et par an, quel que soit le nombre des voyages). B. *Droit de station*, par tonneau, pour chaque jour de quarantaine, 03 c.

l'administration créancière de tels frais, ne pourrait pas invoquer l'article 191 § 2 du code de commerce.

Il est à remarquer que le projet de révision d'août 1867 maintient purement et simplement ce paragraphe de l'article 191.

118. La plupart des codes étrangers distinguent entre les droits de pilotage et les droits de port.

« Sont privilégiées dans l'ordre suivant, dit l'article 313 du code « hollandais, les créances ci-après spécifiées : 1° les salaires d'as- « sistance, de sauvetage, et ceux de pilotes ; 2° les droits de ton- « nage, fanaux, feux, quarantaine et autres frais de port (1). » L'art. 1300 du code portugais reproduit ces deux dispositions de la loi hollandaise. Les codes de Buenos-Ayres et du Chili disent avec plus de concision : « Les créances privilégiées viennent dans « l'ordre suivant : 1° les frais de secours et de sauvetage et les « droits de pilotage ; 2° les droits de port. » L'article 470 du code brésilien s'exprime à peu près dans les mêmes termes : « Sont « privilégiés : 1° les salaires dus pour services rendus au navire, « y compris les frais de sauvetage et droits de pilotage ; 2° les « droits de port et ceux de navigation. » On conçoit très bien ce système : les pilotes et les sauveteurs ont préservé le gage commun : sans eux le fisc lui-même aurait tout perdu : pourquoi leur serait-il préféré ?

Le code italien place au second rang les droits de navigation « tels que droits de tonnage, d'ancrage, de pilotage et autres établis « par les lois, » au troisième rang « les salaires des pilotes (i sa- « lari dei piloti), les dépenses, les indemnités et les primes de « sauvetage dans le dernier voyage. » L. Borsari n'explique pas cette distinction bizarre entre les droits de pilotage et les salaires des pilotes. Toutefois il spécifie que ces mots « droits de pilotage » s'appliquent à la rétribution des pilotes locmans, dont le concours est imposé par le gouvernement à l'entrée ou à la sortie des ports ou des fleuves. Il ne s'agit sans doute, dans le paragraphe suivant, que des salaires extraordinaires.

Le code norwégien de 1860 (art. 101) place au premier rang des créances privilégiées les frais de sauvetage et les salaires du pilote.

Le code allemand ne place qu'au troisième rang, après les frais de garde et de dépôt, « les droits publics de navire, de navigation

---

(1) Une loi hollandaise du 3 juin 1875 abolit les droits de phare, de tonnage et de balise, sauf quelques droits locaux d'un caractère spécial (Ann. de législ. comp. 1876, p. 645).

« et de port, notamment les droits de tonnage, de phare, de qua-
« rantaine et de havre. » Il en distingue soigneusement « les
« droits de pilotage et de lamanage ainsi que les frais de sauvetage,
« de secours, de rachat et de réclamation, » mais pour les rejeter
au cinquième rang, après les actions des hommes de l'équipage à
raison de leurs engagements.

L'article 5 § 2 du code maritime égyptien est calqué sur l'article
191 § 2 du code français.

La cinquième partie du *merchant shipping act* de 1854 est consacrée au pilotage : elle est précédée de la rubrique *compulsory
pilotage*, ce qui signifie pilotage obligatoire. L'article 353 maintient l'obligation du pilotage partout où elle existait avant la promulgation de cette loi générale. Mais l'acte du 29 juillet 1862 permet aux autorités préposées au pilotage d'exonérer les navires du
pilotage obligatoire comme aussi de modifier ou de réduire les
droits et de changer les limites des circonscriptions de pilotage
(art. 39) : le conseil du commerce peut même supprimer le pilotage
obligatoire dans une circonscription (même article). L'acte de 1862
décide encore que « les capitaines et propriétaires de navires sont
« dispensés du pilotage obligatoire dans les circonscriptions qu'ils
« ne font que traverser pour se rendre d'un point à un autre, si
« ces deux points sont situés en dehors desdites circonscriptions »
(art. 41). Tout capitaine ou officier d'un navire assujetti au pilotage
obligatoire peut, s'il fournit ses preuves de compétence, demander
au conseil du commerce un certificat de pilotage ; mais tout capitaine non pourvu de ce certificat, qui enfreint les règlements en
ce qui concerne le pilotage obligatoire, est passible d'une amende
égale au double du montant du pilotage qui eût été exigible (*merchant shipping act* de 1854, art. 355 et 353). Une amende de dix
livres est infligée aux pilotes qui reçoivent et aux capitaines qui
offrent une rémunération supérieure ou inférieure à celle du tarif
légal (art. 358). Les personnes non pourvues de licence peuvent
s'offrir comme pilotes, quand aucun pilote titulaire n'a offert ses
services ou fait les signaux nécessaires à cet effet ou bien quand
un navire est en danger (1) (art. 372); mais un pilote titulaire a le
droit de démonter un pilote pratique. Toutefois le capitaine paie à
ce dernier une somme proportionnée à ses services et la déduit de
la rémunération due au titulaire : en cas de désaccord, les autorités

---

(1) Ou même pour changer les navires de mouillage dans le port, pour
les faire entrer au bassin ou les faire sortir quand les règlements du port le
permettent (art. 362).

préposées au pilotage fixent la proportion (art. 360). Les navires étrangers ne peuvent être expédiés s'ils ne produisent un reçu des droits de pilotage, délivré par le receveur des douanes (art. 382). Les personnes responsables du paiement de ces droits sont le propriétaire et le capitaine ou tels consignataires ou agents chargés d'acquitter les dépenses ordinaires du navire. Si ces droits ne sont pas payés sept jours après la demande par écrit qui en a été faite, l'acte de 1854 ajoute que le recouvrement en peut être poursuivi par les mêmes voies que s'il s'agissait d'amendes (1). Enfin les consignataires ou agents (autres que le propriétaire ou le capitaine) qui ont payé les droits de pilotage peuvent en retenir le montant sur les sommes qu'ils ont entre leurs mains pour le compte du navire ou qui appartiennent au propriétaire (art. 364).

Nous avons dit plus haut que les droits de remorquage figuraient au nombre des créances privilégiées maintenues par la cour d'amirauté. Maclachlan, au quinzième chapitre de son *treatise on the law of merchant shipping*, place les droits de pilotage et les droits de remorquage sur la même ligne.

Aux Etats-Unis, tout ce qui concerne la tarification et le recouvrement des droits de pilotage est abandonné à la législature de chaque Etat (2). Dixon se contente d'énoncer deux ou trois règles générales. C'est ainsi que là où le pilotage est obligatoire soit à l'entrée, soit à la sortie d'un port, le capitaine est contraint de prendre un pilote dans la seconde hypothèse, mais n'est astreint, dans la première, qu'à faire tous ses efforts pour en trouver un (3). C'est encore ainsi que, si les navires sont en détresse ou se trouvent exposés à être en détresse, une indemnité particulière est due au pilote, comme dans la législation française : il fait alors plus que son devoir de pilote (4).

119. L'article 191 du code français place au troisième rang « les gages du gardien et les frais de garde du bâtiment depuis « son entrée dans le port jusqu'à la vente. »

Cleirac disait : *gardien solvable.* Mais, ainsi que le faisait observer Valin, « si cela devait s'entendre d'un gardien dont les fa-« cultés seraient suffisantes pour répondre de la valeur du vais-« seau, la chose serait impraticable. » Les commentateurs de notre code de procédure sont amenés à faire la même réflexion,

(1) L'article 518 du *merchant shipping act* règle le mode de recouvrement des amendes en se référant aux lois générales. — (2) Dixon, p. 231. — (3) p. 232. — (4) The Star 14, Law Rep., 487; The Frederick, 1 W. Rob 17; 8 Jurist, 365; The Wave, 1 Bl. et H. 235.

quoi qu'ait prescrit l'article 596 de ce code : « On ne peut exiger, « disent-ils (1), que l'huissier se montre bien rigoureux sur la « justification de la solvabilité du gardien. » D'ailleurs il ne s'agit pas ici d'appliquer cet article 596.

Valin ajoute dans son commentaire de l'article 2, titre XIV, l. I de l'ordonnance : « Soit à cause du danger du feu, soit pour pré- « venir le pillage des agrès, apparaux et ustensiles..., il n'est « point de navire dans le havre sur lequel on n'établisse un gar- « dien... » Celui-ci concourt donc, comme le pilote, à la préser- vation du gage. « Il paraît absolument nécessaire pour la « conservation des navires, écrivait le 12 mars 1754 aux officiers « de l'amirauté le ministre de la marine, que les fonctions de gar- « dien ne soient commises qu'à d'anciens officiers mariniers ou « matelots. »

Aussi Valin attribue-t-il au gardien dans son commentaire de l'article 16 (même titre et même livre) une créance privilégiée. Il la classe immédiatement après les frais de la sentence d'ordre, les frais de la saisie réelle et du décret, c'est-à-dire au troisième rang, dans termes suivants : « Les gages du gardien du navire « tant avant que depuis la saisie réelle du navire. »

Cette phrase détermine M. Laurin (2) à classer indistinctement au troisième rang les gages du gardien, même de celui que l'huis- sier, en vertu de l'article 200, a établi postérieurement à la saisie. Le commentaire de Valin, dit-il, ne permet pas de restreindre la portée de notre texte : ... « depuis son entrée dans le port jusqu'à « la vente. » Mais Valin, quoique donnant le même numéro d'ordre à ce privilége, lui assignait un meilleur rang que la loi de 1807, puisqu'il rejetait au sixième plan les droits de calage et amarrage. D'ailleurs il n'est pas d'explication historique qui puisse ici prévaloir contre un principe dérivant de la nature même des choses. Nous croyons avec Dufour (3) et M. Demangeat (4) qu'il s'agit dans l'article 191 § 3 du gardien établi avant toute saisie, quand le navire est entré dans le port et que les matelots ont été congédiés. Mais quant au gardien judiciaire, c'est bien celui dont parle l'article 596 pr. et dont les émoluments sont réglés par l'ar- ticle 34 du premier tarif civil. Ces autres frais de garde sont des frais de saisie. Ils n'ont pas été faits pour la conservation, mais pour la réalisation du gage. Ils doivent figurer au premier rang, comme les autres frais de justice.

_____

(1) Colmet-Daage, n° 857. — (2) I, p. 93. — (3) N°⁸ 91-93. — (4) IV, p. 42. *Sic* Rouen, 28 novembre 1856. Rec. de M. 35, 2, 65.

L'ordonnance de 1681 (article 2, tit. II, l. IV) exigeait qu'il y eût « toujours des matelots à bord des navires étant dans le port. » L'article 6 d'une instruction des officiers de l'amirauté de Dunkerque (23 décembre 1690) fut rattaché par les commentateurs à l'ordonnance elle-même et regardé comme son complément : « Les « propriétaires des vaisseaux qui sont dans le port, disait le règle- « ment de Dunkerque, y doivent avoir toujours un gardien. » Cette règle, à notre avis, n'est pas abrogée. Le tribunal de commerce de Marseille ne s'est pas trompé, le 20 octobre 1830 (1), en disant après Valin que « à l'égard des vaisseaux dont l'équipage « a été congédié, ils doivent avoir chacun un gardien aux frais « des propriétaires (2) » et en décidant que ceux-ci doivent toujours rembourser les frais de garde au capitaine.

Le gardien est substitué aux matelots. Ceux-ci, quand le navire est dans le port, doivent « larguer les amarres et faire toutes les manœuvres nécessaires, » aux termes de l'article 2, tit. I, liv. IV de l'ordonnance. Le gardien, dit Valin sur cet article, doit aussi, à l'occasion, larguer l'amarre. Il est évidemment privilégié, ainsi que l'a jugé le 16 mars 1873 le tribunal de commerce du Havre (3), pour les frais des mouvements qu'il est obligé d'exécuter, en accomplissement de son mandat, dans le port où il est amarré. « Tout navire amarré dans le port, dit l'article 9 du règlement des « ports de Marseille, doit avoir un gardien à bord. S'il devient « nécessaire de faire une manœuvre et qu'il ne se trouve pas sur « le navire assez d'hommes pour l'exécuter, les officiers de port « leur adjoignent le nombre d'hommes de corvée qu'ils jugent né- « cessaire. » Il me semble difficile de ne pas assimiler les salaires de ces auxiliaires aux gages du gardien lui-même.

Le projet de révision de 1867 maintenait au troisième rang « les « gages du gardien et les frais de garde du bâtiment, » mais en supprimant les mots « depuis son entrée dans le port jusqu'à la « vente (4) » malgré l'opposition de la chambre de commerce de Marseille (5).

120. Les codes hollandais (art. 313), portugais (art. 1300), égyptien (art. 5) classent au troisième rang, comme le nôtre, les « gages des gardiens et frais de garde du bâtiment. » C'est à peu près ce que répète l'article 1021 du code argentin en mettant au

---

(1) Rec. de M. 11, 1, 287. — (2) Valin, II, p. 454. — (3) Rec. de M. 1874, 2, 135. — (4) Le navire saisi dans un port, disaient les auteurs du projet, pouvant être saisi et conduit dans un autre port. — (5) V. projet de révision du livre II. Extrait des délibér., etc., p. 7 (Marseille, 1867).

troisième plan « les frais de dépôt et ceux faits pour la garde du
« navire. » L'article 470 du code brésilien assigne le même rang
aux « frais de garde du navire, » mais en assimilant aux frais de
garde les loyers, des magasins où sont déposés les agrès et apparaux, contrairement au système français. Le code du Chili s'écarte
également du système français en mettant indistinctement sur le
troisième plan les salaires des dépositaires et gardiens du navire
et les frais d'entretien du navire depuis son entrée au port jusqu'à
la vente. Le code italien fait figurer à la même place, en même
temps que les salaires des pilotes et les frais de sauvetage, dont
nous parlions tout à l'heure, « les gages du gardien et frais de
« garde du bâtiment depuis son entrée dans le port jusqu'à la
« vente. »

Le code allemand peut être, cette fois encore, cité comme un
modèle. Il fait figurer tous les droits de garde avant les droits publics de navire, de navigation et de port, c'est-à-dire au premier
ou au second rang : le fisc n'a-t-il pas, comme les autres, profité
de la garde et du gardien ? Parmi les frais de garde, les uns se
confondent avec les frais de justice et figurent au premier plan :
c'est, on l'a vu, les frais postérieurs à l'introduction de la vente
forcée ou à la saisie. Les autres frais de garde et de dépôt depuis
l'entrée « dans le dernier port » figurent au second rang et sont
primés par les frais de garde judiciaire (cf. art. 770). Nous venons
d'expliquer pourquoi le code français, à notre avis, consacrait une
distinction analogue.

121. L'article 191 du code français place au quatrième rang
« le loyer des magasins où se trouvent déposés les agrès et les ap-
« paraux. »

Valin (1), malgré le silence de l'ordonnance, faisait aussi figurer
ce privilége au quatrième rang, immédiatement après les gages
du gardien.

Si l'on avait suivi la règle ordinaire du droit civil (art. 2102
§ 1), le locateur du magasin n'aurait exercé son privilége que sur
les agrès, puisqu'il n'a conservé que les agrès. Mais on a dérogé à
cette règle.

« S'il se faisait, disait Berlier au Conseil d'Etat le 7 juillet
« 1807 (2), une vente séparée d'abord du corps du navire et en-
« suite des agrès et apparaux, il serait juste d'affecter spéciale-
« ment le privilége de chacun sur la partie à la conservation de
« laquelle il aurait particulièrement concouru ; mais s'il n'est pas

(1) I, p. 362. — (2) Locré, XVIII, p. 297.

« impossible qu'on vende séparément la coque et les agrès, il est
« sensible que cela doit être fort rare, parce que la division dimi-
« nuerait la valeur respective de chaque partie. *En s'arrêtant à ce*
« *qui se pratique*, il n'y a pas lieu de diviser le privilége sur le
« navire et sur les agrès en distinguant ces deux sortes de choses,
« puisque la vente s'est faite en bloc et moyennant un prix
« unique. » On le voit : le législateur s'est arrêté « à ce qui se
« pratique » : l'unité du gage commun a déterminé l'extension du
privilége.

Si quelque évènement de force majeure, l'innavigabilité par
exemple rompt cette unité, faudra-t-il accorder au locateur des
magasins un privilége sur le prix du bâtiment vendu seul ? Oui,
d'après Boulay-Paty (1). Mais cette opinion a été justement abandonnée (2). Le locateur des magasins ne devait cette faveur extraordinaire de la loi qu'à l'indivisibilité du gage : l'une et l'autre ont
disparu du même coup.

D'ailleurs il est clair que, dans la plupart des cas, les créanciers
du navire ont un intérêt à la vente en bloc : si quelqu'un d'entre
eux voulait faire vendre le navire sans ses agrès, les autres pourraient s'y opposer. Parmi les intéressés, recevables à former cette
opposition, figure évidemment le locateur (3).

Le locateur, à son tour, n'a pas, quand l'unité du gage subsiste,
de privilége spécial à réclamer sur les agrès et apparaux déposés
dans ses magasins. M. Bédarride démontre que ce créancier ne
pourrait pas bouleverser à son gré les conditions naturelles de la
vente en exigeant une ventilation condamnée soit par le texte,
soit par l'esprit de l'article 191 § 4 de notre code.

Par une conséquence très-claire des mêmes principes, si les
agrès ont été déposés chez deux locateurs, ceux-ci viennent par
concurrence sur le prix de la vente faite en bloc, sans pouvoir réclamer un privilége spécial sur ce qui garnissait chaque magasin.
Il est difficile de comprendre comment dans l'hypothèse de la
vente normale, c'est-à-dire de la vente en bloc, Boulay-Paty (4) a
pu les admettre à concourir d'abord au marc le franc sur le prix
du navire et à exercer ensuite un privilége sur la partie des accessoires que détenait chacun d'eux.

La règle est simple. Si le gage est indivisible, il faut appliquer
le droit spécial; si l'unité du gage est rompue, le droit commun.

_____

(1) I, p. 113. — (2) V. Dufour, n° 97; Demangeat, IV, p. 44 ; Laurin, p. 94.
Cf. Bédarride I, n° 62. — (3) Bédarride, n° 65. — (4) I, p. 114. Cf. en sens
contr. Dufour, n° 98 ; M. Demangeat, IV, p. 44.

16

Le projet de 1867 ne modifiait pas l'article 191 § 4 du code de commerce.

122. Les codes hollandais, portugais, égyptien, argentin, chilien reproduisent ici le code français. Le code brésilien, nous l'avons vu, place le loyer des magasins au troisième rang, comme les frais de garde. Le code allemand n'attache pas un privilége spécial au loyer des magasins, mais il le comprend évidemment dans « les frais de garde et de dépôt du navire et de ses agrès et « apparaux : » il le place donc au deuxième rang. On conçoit ce système : le locateur des magasins, le gardien extrajudiciaire concourent, pendant la même période, à la conservation de différentes parties du même navire : le législateur allemand les a donc mis sur le même plan.

L'article 285 § 4 du code italien est calqué sur l'article 191 § 4 du code français. L. Borsari discute, à propos de cet article, les opinions de Boulay-Paty, de Pardessus et de M. Bédarride. Tout en adressant certains reproches à ce dernier jurisconsulte, il termine en lui disant : « Donnons-nous donc la main puisque nous sommes d'accord. »

123. L'article 191 du code français place au cinquième rang « les frais d'entretien du bâtiment et de ses agrès et apparaux de- « puis son dernier voyage et son entrée dans le port. »

L'ordonnance de 1681 n'en parlait pas, mais Valin plaçait au cinquième rang, « si les voiles et cordages ont été raccommodés, « ce qu'il en a coûté pour cela, attendu que le prix de l'adjudication « en a d'autant augmenté. »

On a fait remarquer que les rédacteurs du code français, tout en s'inspirant de Valin, n'avaient pas reproduit sa pensée. Valin pouvait et devait placer au cinquième rang cette créance secondaire de raccommodage, qui avait seulement augmenté le prix de l'adjudication. Mais le texte du code comprend des réparations plus importantes sans lesquelles le gage commun eût peut-être péri. Pourquoi ne pas laisser de tels frais d'entretien en concurrence avec les frais de garde extrajudiciaire ?

Peut-être n'a-t-on pas voulu qu'un procès s'engageât sur l'importance du service rendu. Le code, en ne divisant pas les frais d'entretien, a tout simplifié. Les rédacteurs du projet de 1867 n'ont pas cru devoir modifier à ce point de vue le texte de 1807.

Ces mots « depuis son dernier voyage » ont induit en erreur M. Bédarride. « Ce privilége a, dit-il (1), un double objet : l'entre-

_____
(1) I, nᵒ 66.

« tien du navire pendant le dernier voyage, l'entretien depuis la
« fin du voyage et l'entrée dans le port où se consommera la
« vente. » Il ne s'agit ici que des frais d'entretien postérieurs au
dernier voyage. Ceux du dernier voyage sont classés au septième
rang.

C'est évidemment pour éviter toute confusion de ce genre que
les rédacteurs du projet de 1867 avaient retranché de ce para
graphe les mots « depuis son dernier voyage. » Ainsi s'explique
la suppression que ne comprenait pas la chambre de commerce de
Marseille (1).

124. Quelques lois étrangères, le code espagnol et le code
égyptien par exemple, reproduisent purement et simplement le
code français. Le code brésilien s'en rapproche en plaçant au
quatrième rang, c'est-à-dire après les frais de garde et les loyers
des magasins « les frais d'entretien du navire depuis le dernier
« voyage et ceux faits dans le port où a eu lieu la vente. »

Le code portugais place au cinquième rang « toutes les dépenses
« pour l'utilité du navire, ses agrès et apparaux, les gages du capi-
« taine et des gens de l'équipage, à compter du jour où le navire
« est prêt à faire voile jusqu'à l'époque de trois semaines après
« que le voyage est censé terminé. »

Le code chilien, au contraire, classe à part « les frais d'entre-
« tien du navire depuis son entrée au port jusqu'à sa vente, » mais
sur le même rang que les salaires des gardiens, c'est-à-dire au
troisième.

Le code allemand n'a pas consacré de paragraphe spécial aux
frais d'entretien postérieurs au dernier voyage : j'incline à penser
qu'il les comprend dans les frais « de dépôt et conservation » du
navire et de ses agrès placés, suivant leur date, au premier ou
second rang par l'article 757.

L'article 285 § 5 du code italien est calqué sur l'article 191 § 5 du
code français. Les mots « depuis son dernier voyage » sont tra-
duits « dopo il suo ultimo viaggio, » c'est-à-dire après son dernier
voyage, ce qui ne laisse pas subsister la moindre équivoque.

Il n'a été question jusqu'à présent que des créances nées après
le voyage (les droits de pilotage exceptés) : le législateur va s'occuper des créances nées pendant le voyage.

125. L'article 191 place au sixième rang « les gages et loyers
« des capitaines et autres gens de l'équipage employés au dernier
« voyage. » Les rédacteurs du projet de 1867 comblaient une la-

(1) Brochure précitée, p. 7.

cune du code actuel en faisant précéder ces « gages et loyers, » désormais relégués au septième rang, des « frais et indemnités dus « à l'occasion du sauvetage pour le dernier voyage. » Il serait logique de préférer les sauveteurs à l'équipage, alors même qu'ils ne réuniraient pas toutes les conditions requises pour l'attribution d'une quotité dans la propriété du navire, car ils ont conservé le gage du capitaine et des matelots. Telle n'est pas, il est vrai, la marche adoptée par le code allemand, qui place les frais de sauvetage et de secours au cinquième rang, immédiatement après les loyers de l'équipage. Mais on ne peut oublier que d'autres codes, par exemple ceux de la Hollande, du Portugal, du Brésil, de Buenos-Ayres, du Chili mettent les salaires de sauvetage au premier rang. Il ne faut pas oublier non plus qu'aux termes de la législation anglaise le receveur des naufrages peut, en vue d'assurer le paiement du sauveteur, retenir le navire, la cargaison, les épaves jusqu'à ce qu'on lui ait fourni caution ou même, en certains cas de retard dans le paiement, vendre ce navire, ce chargement ou ces épaves (*merchant shipping act* de 1854, art 458 et 459), et que la jurisprudence américaine confère aux sauveteurs un droit complet de rétention.

La classification du projet de 1867 nous paraît bonne.

126. L'ordonnance (art. 16, tit. XIV, l. I) s'exprimait ainsi : « Les loyers des matelots employés au dernier voyage seront « payés par préférence à tous créanciers ; » mais Valin complétait ici l'ordonnance et rejetait les salaires des matelots au septième rang, immédiatement après les droits de calage et amarrage. Pothier, dans son traité des louages maritimes (1), adhère à la classification de Valin.

La légitimité de ce privilége est évidente. Le capitaine et les autres gens de l'équipage ont par leur travail, par leurs fatigues, quelquefois au péril de leur vie, préservé le gage commun. D'ailleurs si le législateur ne favorisait pas de tout son pouvoir le paiement de ces gages sacrés, il n'y aurait plus d'équipages, c'est-à-dire plus de marine marchande. On a souvent cité ce fragment du consulat (2) : *lo mariner, si no y havia sino un clau de que s'pogues pagar, se deu pagar* (le matelot, quand il ne resterait qu'un clou pour le payer, doit être payé).

127. Il faut se demander avant tout qui peut revendiquer ce privilége. Il appartient sans nul doute au capitaine et aux gens de l'équipage s'ils sont engagés au voyage ou au mois. Leur appar-

(1) N° 227. — (2) c. 93 (éd. Pardessus).

tient-il encore s'ils sont engagés *au fret* ou *à la part?* La question est vivement débattue et très-difficile à trancher.

Pour la résoudre négativement, on peut invoquer un texte de Pothier. Celui-ci, après avoir expliqué que les matelots loués au voyage ou au mois ont contre le maître l'action *ex locato* (n° 226 du traité des louages maritimes), parle du privilége qui la garantit (n° 227). Un peu plus loin (n° 229), il s'exprime en ces termes : « A l'égard des matelots loués au fret ou au profit, leur engage- « ment renfermant un contrat de société, c'est l'action *pro socio* « qu'ils ont pour avoir leur part convenue dans le fret ou dans le « profit. » Il n'est plus question du privilége. En effet, puisqu'ils font partie d'une association, les chances heureuses ou malheu- reuses de l'exploitation les regardent comme l'armateur lui-même. D'ailleurs, en cas de perte du navire par naufrage ou autrement, les matelots engagés au fret ne peuvent exercer leur action réelle que sur les marchandises sauvées (art. 260 co.) : les matelots en- gagés au mois ou au voyage peuvent seuls être payés sur les dé- bris du navire (art. 259). Cela signifie qu'ils ont seuls un privilége sur le navire (1).

Les rédacteurs du livre II du code de commerce, peut-on ré- pondre, n'ont guère consulté le traité de louages maritimes, et d'ailleurs Pothier lui-même ne tranche pas la question. L'argu- ment tiré des articles 259 et 260 nous semble beaucoup plus sé- rieux sans être absolument irréfutable. Le navire a disparu. L'ar- ticle 191 ne prévoit pas cette hypothèse. Les règles ordinaires cessent d'être applicables. Il faut parer à une situation nouvelle et régler de nouveaux droits. Dufour est obligé de consacrer, dans son savant commentaire, un chapitre spécial aux « priviléges sur « le navire naufragé et ses débris (2) » Les gens de l'équipage engagés au fret peuvent être, dans le désastre général, privés d'un droit sur les débris sans que la loi les ait dépouillés du privilége sur le navire. Quand il s'agit du navire lui-même, l'article 271 ne distingue pas.

Comment ne pas remarquer d'ailleurs que, dans ce même ar- ticle 260, le législateur se sert du mot « loyers » pour qualifier la créance des matelots engagés au fret? Comment entendre dès lors dans une acception différente ce même mot employé dans l'ar- ticle 191 § 6? C'est abuser de l'action *pro socio* que d'accorder exclusivement à cet équipage un droit de copropriété sur le fret ou sur les profits de l'expédition. Il s'agissait, le 28 novembre 1866,

(1) *Sic* Dufour, n° 104; M. Laurin, t. I, p. 95 et 96. — (2) N°ˢ 245-260.

de savoir si les frais de subsistance, d'entretien et de conduite des hommes de l'équipage dans leurs quartiers restent à la charge exclusive de l'armemement, même quand l'équipage est engagé à la part ou au fret. « Ces frais, répond la cour de cassation (1), sont, « dans les armements au fret ou à la part, supportés par le « navire et subsidiairement par les portions de fret ou les parts « afférentes à l'armateur, les portions de fret ou parts attribuées à « l'équipage *étant considérées comme salaires* et ne pouvant dès « lors être affectées à ces dépenses. » Le tribunal de commerce de La Rochelle avait jugé que l'art. 262 co. aux termes duquel le matelot est payé de ses loyers s'il tombe malade pendant le voyage ou s'il est blessé au service du navire, ne s'applique pas aux matelots naviguant au profit parce que « les hommes ainsi engagés « ne sont pas pris à loyer. » Ce jugement fut cassé le 19 février 1872 (2), « attendu que cette disposition a pour but d'encourager « à la carrière de la marine, que ce motif indique par lui-même « qu'il s'applique aussi bien au matelot naviguant à la part qu'au « matelot engagé à *salaire en argent*. » On peut dire que la disposition de l'article 191 § 6 a aussi « pour but d'encourager à la « carrière de la marine. » Au demeurant le privilége est fondé sur le concours que les gens de l'équipage apportent à la préservation du gage commun : ce concours ne variant pas avec le mode d'engagement, le droit de préférence a, dans un cas comme dans l'autre, sa raison d'être (3).

C'est pour trancher cette controverse que les rédacteurs du projet de 1867 ajoutaient au texte actuel les mots suivants : « quel « que soit le mode de rémunération de leurs services. »

128. Quelle est l'étendue de la créance privilégiée ?

Le privilége n'est pas restreint aux loyers proprement dits; il comprend encore tout ce qui est une conséquence forcée du louage maritime :

1° Les frais de « la conduite de retour jusqu'au lieu du départ « du navire » (art. 252 co.) ou jusqu'au quartier d'inscription. L'art. 252 les met sur la même ligne. En effet comment les séparer ? est-ce que le matelot pourrait louer ses services s'il n'était pas assuré qu'on lui payât, au retour, ses frais de conduite ? C'est encore une rémunération du même labeur et l'exécution du même engagement.

2° Les frais de maladie (art. 262 co.) Le législateur stipule ici

---

(1) D. 66, 1, 501. — (2) D. 72, 1, 34. Cf. Caen, 3 février 1873 (S. 74, 2, 211; D. 74, 5, 48). — (3) *Sic* Bédarride, I, n° 70; Demangeat, IV, p. 47.

lui-même pour les gens de l'équipage et prohibe toute clause qui affranchirait l'armateur d'une semblable dette (1). C'est, comme le loyer même, une conséquence absolue du contrat.

3° L'indemnité due en cas de congédiement non justifié, aux termes de l'article 270 co. Ce droit du matelot est tellement inhérent au contrat de louage qu'il ne peut y renoncer en s'engageant (2). Cependant M. Demangeat s'exprime ainsi : « Le pro-« priétaire du navire ne devant jamais supporter cette indemnité, « il s'ensuit qu'il n'y a pas lieu d'admettre ici le privilége (3). » Mais l'article 270 dit simplement que le capitaine ne peut pas répéter le montant de l'indemnité contre les propriétaires du navire ; il ne règle que les rapports du capitaine et des propriétaires ! Ceux-ci sont « tenus », à l'égard des matelots comme de tous autres « des engagements contractés par le capitaine » (art. 216) (4).

129. Le privilége s'étend-il à la gratification accordée au capitaine sous le nom de droit de chapeau, pot de vin ou chausses ? La cour d'Aix a, le 29 novembre 1833 (5), résolu négativement cette question en faisant observer que l'article 191 n'avait pas compris le droit de chapeau parmi les créances privilégiées. Mais c'était résoudre la question par la question.

Dufour adhère à cette solution parce que le droit de chapeau n'est pas dû par le propriétaire du navire et ne peut être, en conséquence, réclamé sur le navire (6). On lit en effet dans Valin sur l'article 3 du titre des charte-parties (7) : « outre le prix du fret, il « est assez d'usage que le maître stipule une certaine somme « assez modique toutefois, ce qu'on appelle *le vin, le chapeau* ou « *les chausses* du maître. » Ce serait donc une dette de l'affréteur et non une dette de l'armement, « un présent, comme dit Cleirac, « que le marchand chargeur fait au maître par-dessus le fret (8). »

Il y a là, selon nous, une question préalable à résoudre. Si le juge reconnaît, en fait, que le droit de chapeau est dû par l'affréteur, le capitaine ne peut pas réclamer un privilége sur le navire.

Mais Emérigon (9), après Targa (10), attribuait le droit de chapeau à l'armement comme étant une partie du fret. « Le chapeau « et le primage, dit-il, sont des produits qui procèdent de l'affrète-« ment du navire. Il font partie des nolis, lesquels seraient stipulés « à un plus haut taux si l'on ne promettait ni primage ni cha-

(1) V. décr. 4 mars 1852, art. 1. — (2) Ib. — (3) IV, p. 46. — (4) *Sic* Laurin I, p. 97. Cf. Dufour I, n° 103. — (5) Rec. de M. XIV, p. 277. — (6) N° 106. — (7) I, p. 623. — (8) Contrats marit., tit. V, art. 18, p. 261. — (9) II, p. 23. — (10) *Ponder. mar.*, c. XII, n. 41 et c. XL, p. 43 et 225.

« peau. » Or il arrive souvent, en fait, que l'armateur lui-même, dans ses accords avec le capitaine, lui promette une somme (5 0/0 par exemple), prélevée sur ces « profits qui procèdent de l'affrète- « ment, » à titre de droit de chapeau. C'est ainsi que nous avons vu, dans de très-nombreux procès dont était saisi le tribunal de commerce de Marseille, le capitaine réclamer à l'armement son droit de chapeau, qui lui avait été promis par l'armateur lui-même et non par l'affréteur (1). J'incline à penser, comme le tribunal de Marseille (29 juillet 1858, 13 juillet 1862, 22 janvier 1866, 17 juil- let 1872) (2) et la cour de Paris (3), que le capitaine peut alors ré- clamer un privilége, pourvu, nous l'expliquerons un peu plus loin, que les accords soient portés sur le rôle d'équipage. Le droit de chapeau n'est alors qu'un supplément de loyers.

130. Le navire n'est pas l'unique gage de ces créanciers pri- vilégiés : le fret leur est encore affecté (art. 271 co.)

Il importe seulement de signaler ici que, lorsqu'ils réclament leur paiement sur le prix du navire, on ne peut pas les renvoyer à se pourvoir sur le fret. C'est ce qu'enseignait déjà Valin, faisant remarquer « qu'il est permis à un créancier qui a plus d'une voie « pour se procurer le paiement de son dû, de prendre celle qui lui « plaît le plus (4). » Le tribunal de commerce de Nantes a spécia- lement jugé le 1er juillet 1869 (5) que les créanciers privilégiés ne pouvaient renvoyer le capitaine et les matelots à se colloquer ex- clusivement sur le fret, à moins que l'un et l'autre ne fussent com- pris dans une seule et même distribution. Le tribunal civil de Marseille a refusé le 13 juin 1874 (Rec. de M. 1875. 2. 8) de surseoir à « la distribution du prix du bâtiment grec « l'*Enossis* « jusqu'à celle à ouvrir au profit des marins de l'équipage sur le « fret... » Nous examinerons plus tard, en commentant l'ar- ticle 271, si le privilége sur le fret ne doit être exercé qu'à défaut ou en cas d'insuffisance du privilége sur le navire.

Les gens de mer n'ont pas un privilége personnel sur les mar- chandises (6). Nous expliquerons plus loin comment ils peuvent, en exerçant les droits de l'armement et en subissant les déché- ances qui lui sont opposables, réclamer sur ces marchandises,

---

(1) V. p. ex. Marseille, 4 septembre 1867 (Rec. de M. 1867, 1, 304); Mar- seille, 25 janvier 1869 (Rec. de M. 1869, 1, 80). — (2) Rec. M. 36, 1, 297; 1862, 1, 205; 1866, 1, 54; 1872, 1, 219. — (3) 21 juillet 1865. Rec. Mars 1868, 2, 103. — (4) I, p. 363. — (5) Rec. de M. 1869, 2, 203. *Sic* Dufour, n° 112; MM. De- mangeat, IV, p. 48, et Laurin, I, p. 100. V. toutefois Emérigon, II, p. 233. — (6) Civ. rej. 20 mai 1857. D. 57, 1, 249.

pour la conservation du fret qui est leur gage, le privilége inscrit dans l'article 307 du code de commerce.

131. Quel est le sens des mots « dernier voyage » employés par l'article 191 § 6?

Il faut appliquer ici la définition de Straccha (1) : *comeatum et remeatum pro unica navigatione... accipi debere... Tunc enim... erfectum navigium, seu navigationem et mercatores et navigantes appellant cùm magister navis ivit et rediit.* L'ordonnance de 1681 s'en expliquait très-clairement : « Le matelot engagé pour un « *voyage*, disait-elle (livre II, tit. VII, art. 2), ne pourra quitter « sans congé par écrit, jusqu'à ce qu'il soit *achevé* et que le vais- « seau soit amarré à quai et entièrement déchargé. » C'est seule- ment alors, disait Valin, que « le maître et les gens de l'équipage « sont libres, comme étant quittes de leur engagement (2). » « Vis-à-vis de l'équipage, répète Emérigon (3), il ne s'agit que « d'un seul voyage et d'un même engagement pour l'aller et le ré- « tour. » Toute autre interprétation de l'article 191 § 6 serait incon- ciliable avec l'article 192 § 4 aux termes duquel la créance de l'équi- age doit être justifiée par les rôles d'armement et de désarmement déposés dans les bureaux de l'inscription maritime. L'armement et le désarmement constituent donc le terme *a quo* et le terme *ad quem* du voyage : le rôle de désarmement constate « l'accomplisse- « ment des opérations et des engagements que le voyage compor- « tait, c'est-à-dire la fin de ce voyage (4). » Aussi me paraît-il difficile d'admettre avec le tribunal de commerce du Havre (juge- ent du 16 mai 1873) (5) que le capitaine, s'il reste à bord jusqu'à a saisie du navire, garde un privilége pour ses salaires jusqu'à cette saisie, quoique le rôle de désarmement ait été déposé dès l'ar- ivée. Les rôles d'équipage contiennent d'ailleurs une double clause qui y est, en quelque sorte, de style : l'armateur se soumet à re- résenter l'équipage au bureau de l'inscription maritime du port où le navire fera son retour, l'équipage s'engage à reconduire le na- viré dans son port d'armement ou tout au moins dans un port de la métropole. Une pareille clause, dit très-bien la cour de cassation (6), implique virtuellement que le navire devra retourner au port d'ar- mement avec le même équipage et que le voyage ne sera terminé que par le fait de ce retour. Ainsi se détermine le sens des mots « dernier voyage » dans l'article 191 § 6 (7).

(1) De navigatione, § 16. — (2) I, p. 532. — (3) II, p. 232. — (4) Conclu- sions de M. le prem. av. général de Raynal (1er juin 1869). D. 69, 1, 397. — (5) Rec. de M. 1874, 2, 135. — (6) Civ. cass. 13 novembre 1871, D. 72, 1, 35. — (7) *Sic* Delvincourt, instit. du dr. comm., II, p. 204 ; Pardessus, II, n° 672;

Le « dernier voyage » peut donc très-bien se composer d'une longue série d'escales « qui constitue l'ensemble d'une navigation « au cabotage », ainsi que l'a jugé le tribunal de commerce de Rouen (1).

Mais si, par un cas de force majeure, le navire est désarmé avant d'avoir regagné son port de départ, le dernier voyage est terminé (2). Valin regardait le voyage comme achevé non-seulement quand le navire avait regagné son port de départ, mais encore quand il était « mis en lieu de sûreté, si le dessein du pro- « priétaire était de le faire radouber pour entreprendre un nou- « veau voyage. Ordonnance de Wisbuy, art. 54 (3). » Le dé- sarmement indique qu'il ne s'agit pas d'une escale et que tout est fini.

Si le navire est vendu après deux voyages successifs et si les matelots n'ont pas été payés de leurs loyers acquis pendant l'a- vant-dernier voyage, ils garderont assurément une créance chiro- graphaire pourvu que la prescription ne leur soit pas encore opposable, mais ils ne garderont qu'une créance chirographaire. La perte du privilège attribué aux marins sur le navire pour le paiement de leurs loyers laisserait d'ailleurs subsister à leur profit sur ce navire l'action réelle conférée à tous les créanciers par l'article 190 § 2 (4).

Les rédacteurs du projet de 1867 remplaçaient les mots : « em- « ployés au dernier voyage. » par ceux-ci : « employés depuis « l'ouverture du dernier rôle d'équipage. »

132. Il existe un établissement des invalides de la marine, placé sous la surveillance exclusive du ministre de la marine et essen- tiellement séparé du trésor public (5). Cet établissement est formé de trois services distincts : caisse des prises, caisse des gens de mer, caisse des invalides (6). La caisse des gens de mer est char- gée de recueillir et de conserver, à titre de dépôt, pour les marins absents ou leur famille, les sommes, valeurs, objets et produits qui leur sont attribués (7). La caisse des invalides centralise les produits résultant des versements faits aux deux premières caisses

Bédarride, I, n° 72; II, n° 476; Dufour, I, n° 107 s.; Demangeat, IV, p. 48; Laurin, I, p. 102; trib. de co. de Rouen, 15 oct. 1856 (Rec. de M. 35, 2, 107); Marseille, 9 avril 1862 (ib. 1862, 1, 30). Cf. cass. 4 août 1857. D. 57, 1, 343; cass. 13 nov. 1871, D. 72, 1, 35 et une longue note de B. Cazalens. D. 69, 1, 395. — (1) Jugement précité du 15 octobre 1856. — (2) Aix, 21 novembre 1833 (Rec. de M. 14, 1, 279); Laurin, loc. cit. — (3) I, p. 532. — (4) Marseille, 25 janvier 1861. V. ci-dessus, n° 101. — (5) Décr. 31 mai 1862, art. 780. — (6) Art. 781. — (7) Art. 785.

avec les autres revenus dont se compose la dotation de l'établissement et qu'elle perçoit directement, pour former un fonds de pensions en faveur des hommes de mer (1). Or, aux termes d'un règlement royal du 17 juillet 1816 (art. 43), la caisse des invalides opère, à l'armement et au désarmement, une retenue de 3 0/0 sur les gages des marins du commerce employés au mois et au voyage. A l'armement, « la retenue s'exerce sur les avances données par « l'armateur, d'après le rôle arrêté au bureau des classes. » Au désarmement, la retenue s'effectue « sur ce qui revient aux équi- « pages, déduction faite des avances. » La caisse a droit, en outre, à la moitié de la solde des déserteurs des bâtiments de commerce (2) et au produit non réclamé des salaires des marins décédés (3). Les armateurs prennent envers l'administration, dans les rôles d'équipages, l'engagement de payer « *directement* au « trésorier des invalides de la marine les droits de la caisse des « invalides trois jours après le désarmement. »

Il résulte de ces dispositions législatives ou réglementaires que l'administration de la marine peut agir à un double titre : pour la caisse des invalides, c'est-à-dire pour son propre compte quand elle réclame, par exemple, sa retenue de 3 %; pour les gens de l'équipage quand elle réclame la part qui leur appartient. Peut-elle, à l'un et à l'autre point de vue, revendiquer le privilége de l'article 191 § 6?

La cour de Bordeaux ne l'avait point pensé : par son arrêt du 1er août 1855 (4), tout en lui reconnaissant un privilége pour le recouvrement du 3 % sur les loyers et de la demi-solde des déserteurs, elle lui avait refusé le droit d'agir en justice pour le compte de l'équipage. La caisse des gens de mer est sans doute chargée, disait-elle, de recueillir et de conserver à titre de dépôt, pour les marins absents ou leurs familles, les valeurs et produits qui leur sont attribués; mais c'est là un rôle passif « qui tient moins « du mandat que du dépôt » et ne saurait conférer à l'administration le droit d'agir d'office, alors qu'aucune disposition formelle de la loi n'autorise une semblable dérogation au droit commun. La cour de cassation, tout en rejetant le pourvoi dirigé contre cet arrêt (5), déclara, en visant les articles 573, 575 et 583 de l'ordonnance du 31 mai 1838, que la caisse des gens de mer avait le droit d'agir pour opérer le recouvrement des valeurs, objets ou produits attribués aux marins, notamment de réclamer les loyers dus

(1) Art. 786. — (2) Ord. 22 mai 1816, art. 5. Décr. 31 mai 1862, art. 787. — (3) Ib. — (4) D. 57, 2, 44. — (5) Civ. rej. 20 mai 1857. D. 57, 1, 249.

aux matelots absents, et que la cour de Bordeaux avait méconnu, cette action tutélaire de l'administration de la marine (1).

Cela posé, comment refuser à la caisse des gens de mer, agissant pour les marins, le privilége accordé aux marins ?

Or le 3 % des invalides, étant une retenue que l'administration exerce pour le salaire des gens de mer, en fait évidemment partie et n'en saurait être séparé. La retenue et le salaire forment une seule et même créance (2). L'administration de la marine exerce ici, sans doute, un droit propre parce qu'elle est investie d'une délégation légale ; mais si l'on veut aller au fond des choses, c'est le salaire des marins qu'elle réclame et c'est dans leur intérêt qu'elle le réclame : elle est donc privilégiée (3) en vertu de l'article 191 § 6, soit qu'elle agisse au nom et pour le compte de l'équipage, soit qu'elle revendique en faveur de la délégation légale la retenue de 3 %, la demi-solde des déserteurs ou les gages non réclamés des matelots décédés.

133. Le code hollandais (4) met au cinquième rang « les gages « du capitaine et des gens de l'équipage » pendant le dernier voyage, c'est-à-dire « depuis le jour à partir duquel le navire a « été mis en état de voyager » jusqu'à l'expiration des vingt-un jours qui suivent l'arrivée de ce navire à sa destination, le voyage étant d'ailleurs censé terminé plus tôt quand les dernières marchandises ont été débarquées plus tôt.

Le code portugais place au même rang ces mêmes gages « à compter du jour où le navire est prêt à faire voile jusqu'à l'é- « poque de trois semaines après que le voyage est censé terminé, » en même temps que « toutes les dépenses pour l'utilité du navire, « ses agrès et apparaux. »

Le code brésilien met au cinquième rang « les loyers du capi- « taine et de l'équipage pour le dernier voyage. »

Le code chilien met au cinquième rang ces mêmes loyers pour le dernier voyage. Mais, afin de trancher toute controverse, il assimile expressément aux loyers les gratifications et déboursés du capitaine, spécifie que les voyages d'aller et de retour seront con-

<hr>

(1) Si l'on prétendait que, dans un cas donné, l'administration de la marine agit sans qualité pour le compte de l'équipage, ce ne serait pas là une exception d'ordre public, pouvant être invoquée pour la première fois devant la cour de cassation (Civ. rej. 27 mars 1877). — (2) Expressions d'un arrêt de la cour d'Aix du 13 août 1859. D. 60, 2, 86. — (3) V. surtout à l'appui de cette thèse Civ. cass. 20 novembre 1860. D. 61, 1, 5. Cf. Dufour, nos 113 et 114. — (4) *Adde* le code argentin.

sidérés comme n'en faisant qu'un seul, et refuse expressément le privilége aux marins engagés au profit ou au fret.

Le code italien place au sixième rang, comme le nôtre, les salaires et « les émoluments » (*gli emolumenti*) du capitaine et de l'équipage pour le dernier voyage. L. Borsari, commentant ce paragraphe de l'article 285, refuse le privilége aux matelots engagés au profit ou au fret.

D'après le code suédois de 1864, les loyers du capitaine et de l'équipage sont privilégiés au premier rang pour être payés sur le montant de la valeur du navire et sur le fret brut du voyage auquel ils se rapportent. D'après le code norwégien de 1860 (art. 101), les gages du capitaine et de l'équipage sont privilégiés au second rang. Ce privilége, aux termes de l'article 37 du même code, affecte à la fois le navire, le fret et le montant de l'assurance. Il n'existe que pour la solde « gagnée depuis le dernier départ du « domicile du navire » et doit être revendiqué dans les deux mois qui suivent son retour, à peine de déchéance.

D'après le code allemand, les « actions des hommes de l'équi- « page à raison de leurs engagements » sont privilégiées au quatrième rang, immédiatement après les droits de navigation et avant les droits de pilotage. L'équipage est également privilégié sur le fret, comme dans le système français ; mais aux termes de l'article 759 du code allemand, « le droit de gage de chacun des « créanciers du navire s'étend au fret brut du voyage, cause de la « créance. » Toutefois les gens de l'équipage ont en même temps un droit de gage sur le fret des voyages antérieurs à raison des créances nées d'un voyage subséquent, pourvu que les différents voyages aient été effectués sous l'empire d'un seul et même contrat d'engagement des matelots (art. 761).

Nous n'insistons pas sur les codes qui ont purement et simplement reproduit le code français (art. 596 du code espagnol, 5 du code égyptien, etc.)

La cour d'amirauté anglaise reconnaît aux gens de mer, pour leurs gages, un privilége sur le navire, privilége qui s'attache non seulement au navire lui-même, mais à sa dernière planche s'il reste une planche du bâtiment naufragé (1) ; privilége indélébile nonobstant la vente à un acheteur de bonne foi (2) ; privilége inamissible nonobstant la renonciation du créancier (3). C'est aussi

---

(1) The Neptune, Clark, 1 Hagg. Ad. 227, 238 ; The Reliance, Green, 2 W. Rob. Ad. 119, 122. — (2) The Sydney Cove, Fudge, 2 Dods. Ad. 7, 13 ; the Batavia, 2 Dods. Ad. 500, etc. — (3) No seaman shall by any Agreement forfeit his Lien upon the ship (merchant ship. act de 1854, art. 182).

le droit des gens de mer, si le navire ne suffit pas à les payer, de recouvrer par préférence sur le fret, distribué par le trésorier de la cour d'amirauté, le solde de leur créance (1).

La législation des Etats-Unis reconnaît également aux gens de mer, pour leurs gages, un privilége sur le navire. La loi du 7 juin 1872 (art. 31) mentionne expressément ce privilége. Les jurisconsultes américains enseignent que le matelot a dû compter sur le navire (*is presumed to engage on the credit of the ship*), que lui donner un droit de préférence sur ce bâtiment, c'est l'encourager à redoubler d'efforts pour le sauver au jour du péril, enfin qu'ayant mis par son labeur les autres créanciers à même d'être payés, il doit les primer (2). Il n'est pas déchu de son privilége pour avoir omis de faire saisir le navire au terme du voyage; il peut encore l'exercer après d'autres voyages et n'importe où, tant qu'il n'aura pas laissé périmer son titre (*until by lapse of time the claim has become stale*) (3). Ce privilége n'est pas même éteint par la saisie et la condamnation du bâtiment à l'étranger, si la restitution en est plus tard ordonnée; peu importe, ajoute Dixon (4), que la restitution s'opère en nature ou en espèces : le privilége grève la chose et partant ce qu'on a substitué à la chose. Si le produit du navire est insuffisant (*if the proceeds of the ship are insufficient*), le privilége peut être exercé sur le fret (5). En outre si le chargeur refuse ou néglige de payer le fret, les gens de mer peuvent procéder contre la marchandise jusqu'à concurrence du montant du fret dû pour cette marchandise (6).

134. L'article 191 place au septième rang « les sommes prê-« tées au capitaine pour les besoins du bâtiment pendant le der-« nier voyage, et le remboursement du prix des marchandises par « lui vendues pour le même objet. »

L'ordonnance de 1681 (art. 16, tit. XIV, l. I) place immédiate-ment après les gens de l'équipage « les opposants pour deniers « prêtés pour les nécessités du navire pendant le voyage. » Valin ajoute : « de même ceux dont les marchandises ont été vendues

---

(1) V. Maclachlan, p. 236, et les nombreux arrêts cités à la note 2.
(2) Farrel *v.* Mellea, 1 Dallas, 392; Brown *v.* Lull, 2 Sumner, 448, et un grand nombre d'autres arrêts cités par Dixon, p. 323. — (3) The Mary, Pain's R., 180; the Eastern star, Ware's R., 185. — (4) p. 324. — (5) En ce qui touche ce second privilége, voici la formule de Dixon (p. 325) : « De par « la loi maritime, les gens de mer ont un privilége sur le fret aussi bien « que (as well as) sur le navire. » — (6) Poland *v.* Brig Sparban, Ware's R., 134; the lady Durham, 3 Hagg. Adm. R., 200.

« pour même cause, qu'ils y aient consenti ou non. » Valin, cette fois encore, a guidé les rédacteurs de notre code (1).

La légitimité de ce privilége est évidente : privé d'un tel secours, le navire n'eût pu continuer son voyage (2) : *salva pervenire non poterat*, disaient les Pandectes (3).

Valin se demande même si de tels créanciers ne devraient pas concourir avec les gens de l'équipage. Mais il reconnaît aussitôt « qu'en quelque endroit que le navire eût été retenu ne pouvant « plus continuer son voyage, les matelots auraient trouvé le moyen « de se faire payer leurs gages sur le navire. » D'ailleurs « ils « contribuent plus efficacement encore par leur travail au retour « du navire que tous créanciers, prêteurs ou fournisseurs (4). »

Aussi les rédacteurs du projet de 1867 avaient-ils, comme le code actuel, placé ce privilége aussitôt après celui qui appartient à l'équipage pour le recouvrement de ses loyers, modifiant toutefois le paragraphe ainsi qu'il suit : « Les sommes prêtées à *la grosse* pour « les besoins du bâtiment pendant le dernier voyage, et le rem-« boursement du prix des marchandises vendues pour le même « objet. »

135. Les auteurs du projet de 1867 étaient conséquents avec eux-mêmes, puisqu'ils consacraient un titre spécial à l'hypothèque maritime (tit. VII du livre II). On conçoit que le créancier hypothécaire cède le pas aux donneurs à la grosse : on aurait peut-être moins facilement compris que le prêteur ordinaire lui fût préféré. La question s'imposait d'ailleurs à l'examen des jurisconsultes ; car si, en 1807, il n'était guère possible au capitaine de compter sur un emprunt ordinaire, à moins que l'armateur n'eût un correspondant au port de refuge, une dépêche télégraphique de l'armateur ou de son banquier peut aujourd'hui déterminer très-facilement une ouverture de crédit sans qu'il faille recourir au contrat à la grosse (5).

Toutefois les rédacteurs de la loi du 10 décembre 1874 n'ont pas modifié l'article 191 § 7, ainsi qu'on avait voulu le faire sept ans plus tôt. Le prêt ordinaire, à la condition que l'emprunt soit contracté pour les besoins du bâtiment, est encore privilégié. De là deux conséquences : les créanciers hypothécaires, s'il n'est pas prouvé qu'ils aient eux-mêmes prêté pour les besoins du navire, seront primés par ces simples prêteurs ; et comme, s'ils ont prêté

(1) Cf. Emérigon, II, p. 570 et 571. — (2) Cf. Marquardus, l. II, c. V, n. 23 (déjà cité par Dufour). — (3) V. ci-dessus n° 105. — (4) I, p. 363. — (5) Cf. M. Boistel : précis (2ᵉ éd.), p. 834.

pour les besoins du navire, ils ont un intérêt évident à se présenter en qualité de privilégiés, ils devront se garder d'invoquer alors leur droit hypothécaire : ils n'ont pas besoin de l'hypothèque. C'est un point, dit M. Laurin (1), que les auteurs de la loi de 1874 nous paraissent avoir oublié. Non, c'est à dessein qu'ils ont abandonné la rédaction de 1867. On lit, en effet, dans le rapport de M. Grivart : « Il ne pouvait être ques-« tion de porter atteinte au privilége accordé pour les prêts faits « au capitaine, en cours de voyage, pour les besoins du bâtiment. « *Comme les sommes ainsi prêtées ont contribué à conserver le* « *navire*, il est naturel qu'elles soient remboursées de préférence « aux créances hypothécaires. Le prêteur sur hypothèque devra « mesurer d'avance le risque résultant pour lui des emprunts con-« tractés en cours de voyage, et il aura le moyen de l'atténuer en « contractant une assurance. »

136. Le privilége s'étend aux fournitures faites directement au capitaine. On a cité vingt fois ce texte d'Emérigon (2) : « Peu « importe qu'on ait prêté de l'argent ou qu'on ait fourni les maté-« riaux. Le cas du fournisseur a même quelque chose de plus fa-« vorable, puisque les fournitures ne sont pas équivoques, au lieu « que l'utile emploi des deniers est toujours susceptible de quelque « doute ». Le tribunal de commerce de Marseille a, le 19 juin 1835, sainement interprété l'article 191 § 7 en réputant prêts au capitaine les fournitures faites à l'équipage, par son ordre, pendant une relâche, en logement, nourriture et blanchissage (3).

Le même tribunal a jugé le 20 décembre 1865 que les fournitures faites d'ordre de l'affréteur pour les besoins d'un bâtiment navi-guant pour le compte de cet affréteur ne donnent pas au fournis-seur un droit privilégié sur ce bâtiment, s'il a su qu'il ne traitait pas avec son véritable propriétaire (4). Cette distinction est bien hardie. Le même tribunal avait jugé quelques mois plus tôt (5) que « les fournitures faites en mer à un navire dans un moment de « détresse constituent une dette du navire et donnent action au « fournisseur contre l'armateur quoique le navire naviguât en « ce moment pour compte d'un affréteur, sauf le recours de l'ar-« mateur contre ce dernier. » La question, selon nous, se réduit à

---

(1) I, p. 103. — (2) Emérigon avait été consulté en 1755 sur la question de savoir s'il fallait assimiler aux donneurs avant le départ les fournitures de bois et cordages faites aux navires avant le départ. Mais il y a même raison de décider dans notre hypothèse. — (3) Rec. de Mars, 15, 1, 296. — (4) Ib., 1866, 1, 33. — (5) 7 juillet 1865. Ib. 1865, 1, 221.

ces termes : est-ce à l'affréteur pour les besoins de l'affréteur, est-ce au navire pour les besoins du navire que la fourniture a été faite? Dans ce dernier cas, où l'armateur n'eût pu autrement agir, l'affréteur n'a pas géré seulement sa propre affaire, et le fournisseur, en préservant le gage commun, a dû compter sur le gage commun.

Il suffit de relire l'article 191 pour se convaincre que si les sommes n'ont pas été prêtées, si les fournitures n'ont pas été faites, si les marchandises n'ont pas été vendues pour les besoins du navire, il n'y a plus de privilége. Or le prêteur, le fournisseur, le chargeur ne sont ici protégés par aucune présomption légale : nous verrons plus loin ce qu'ils ont au juste à prouver.

Si le prêteur, ne faisant pas les justifications requises, perd son privilége, il perd tout privilége : il n'en est pas de même du chargeur. A-t-on démontré contre lui que ses marchandises ont été perdues, vendues, dilapidées sous une forme quelconque par le capitaine? Il ne perd que son rang et passe du numéro sept au numéro dix, l'article 191 accordant aux affréteurs, dans son dixième paragraphe, un privilége pour le défaut de délivrance des marchandises qu'ils ont chargées.

137. Il n'en est pas du code français comme du code allemand, qui définit pour tout le titre X du livre V le sens du mot voyage (1). Il faut toujours l'interpréter, dans le titre I de notre livre II, *secundum subjectam materiam,* et l'interprétation change non-seulement d'un article à l'autre, mais encore d'un paragraphe à l'autre dans le même article.

Les mots « dernier voyage » n'ont pas dans l'article 191 § 7 la même signification que dans l'article 191 § 6. En ce qui concerne les gens de l'équipage, disions-nous après Valin, si, par un cas de force majeure, le navire est désarmé avant d'avoir regagné son port de départ, le dernier voyage est terminé. Mais le navire, monté par un équipage nouveau, peut faire une seconde expédition pour le compte d'un nouvel affréteur et n'être saisi qu'après son retour au port du départ. Si nous supposons qu'un prêt a été fait, une marchandise vendue, etc., pour les besoins du navire pendant la première période de ce voyage, le créancier, on s'accorde à le reconnaître, sera privilégié. Ce qui s'est passé plus tard s'est fait à son insu : puisqu'il n'était pas à même d'agir, il serait

(1) « Est réputé voyage dans le sens du présent titre celui pour lequel le « navire a été équipé de nouveau ou qui commence soit en vertu d'un nou- « veau contrat d'affrètement, soit après le déchargement achevé (art. 760). »

17

absurde de lui faire encourir une déchéance. Les matelots, au contraire, ont vu rompre le voyage et par là même ont été mis, pour ainsi dire, en demeure de réclamer leurs gages. Le dernier voyage sera donc censé accompli à l'égard des prêteurs, fournisseurs, etc., au moment où le navire sera rentré dans le port que les *expéditions* mises sous leurs yeux indiquaient comme celui où le voyage serait terminé (1).

138. Le code hollandais place au sixième rang, immédiatement après les loyers de l'équipage 1° la livraison de voiles, cordages et autres choses nécessaires et les frais d'entretien ou de réparation du bâtiment, de ses agrès ou apparaux, pourvu que la dette ait été contractée depuis le jour où le navire a été mis en état de voyager jusqu'à l'expiration des vingt-un jours qui suivent l'arrivée de ce navire à sa destination, le voyage étant d'ailleurs censé terminé plus tôt quand les dernières marchandises ont été débarquées plus tôt ; 2° « les sommes prêtées à la grosse pour acquitter les dettes en tout ou en partie, y compris la prime de « l'emprunt à la grosse, » pourvu que la dette ait été contractée « pendant le voyage. » Le code argentin place au sixième rang « les fournitures faites pour le navire et les frais d'entretien et de « réparation du navire et de ses apparaux, » pourvu que la dette ait été contractée dans la période déterminée par la loi hollandaise. Mais il rejette au septième rang « les sommes prêtées au capitaine » ou payées pour son compte pour les besoins du navire, ainsi que « le remboursement du prix des effets vendus pour couvrir les « dépenses nécessaires pendant le voyage, et enfin le principal et « le profit maritime des sommes prêtées à la grosse, » pourvu que, comme dans la loi hollandaise, la dette ait été contractée pendant le voyage. Le code portugais place indistinctement au sixième « rang « les sommes prêtées au capitaine ou payées par lui pour « les besoins du bâtiment..., le remboursement des marchandises « vendues pour payer ces dettes et enfin les sommes prêtées à la « grosse pour acquitter en tout ou partie les dettes, y compris la « prime de l'emprunt à la grosse, » pouvu que ces dettes aient été contractées pendant le dernier voyage, c'est-à-dire encore « à compter du jour où le navire est prêt à faire voile, jusqu'à « l'époque de trois semaines après que le voyage est censé terminé. »

•Le code chilien place au sixième rang toutes les dettes contrac-

(1) *Sic* Dufour, I, n° 123 ; MM. Demangeat, IV, p. 52 ; Laurin, I, p. 104; Caumont, v° Navire, n° 31.

tées par le capitaine pendant le dernier voyage au profit du navire
et pour satisfaire à une nécessité urgente : telles sont les dettes
contractées pour fourniture de vivres pour les passagers et celles
provenant de la vente justifiée d'une partie de la cargaison. Le
code brésilien place au sixième rang « le principal et le profit ma-
« ritime des emprunts à la grosse faits par le capitaine sur le na-
« vire ou sur le fret pendant le dernier voyage... » ; au septième
« le capital et le profit maritime des emprunts faits sur le navire
« et ses apparaux ou sur le fret, avant le commencement du
« voyage, dans le port de charge; » au huitième « les sommes
« empruntées à la grosse par le capitaine et les dettes par lui con-
« tractées pendant le dernier voyage pour les réparations ou la
« garde du navire. »

Le code suédois place au second rang (après les loyers de l'é-
quipage), pour être payées sur le montant de la valeur du navire
et sur le fret brut du voyage auquel elles se rapportent « l'indem-
« nité d'avarie, les sommes empruntées à la grosse par le capi-
« taine et les obligations qui résultent de la vente faite par lui
« d'une partie de la cargaison pour venir au secours du navire. »

Le code norvégien place au troisième rang, après les loyers de
l'équipage, l'indemnité d'avarie et les sommes empruntées à la
grosse (art. 101). Si le capitaine, pour continuer le voyage sans
contracter un emprunt à la grosse, fait une avance directe ou prend
un engagement personnel, il est privilégié au même titre et au
même rang que le prêteur à la grosse (art. 106).

L'article 757 du code allemand place au sixième rang, après les
droits de pilotage et les frais de sauvetage, les contributions de
navire aux avaries grosses, puis au septième « les actions des prê-
« teurs à la grosse à qui le navire est engagé ainsi que celles pour
« opérations de crédit conclues par le capitaine en cas de force
« majeure, pendant le séjour du navire en dehors du port d'at-
« tache » (art. 497 et 510). Il assimile immédiatement à ces actions
« celles ayant pour objet des fournitures ou des travaux faits au
« comptant au capitaine, pendant le séjour du navire en dehors
« du port d'attache, en cas de force majeure, pour la conservation
« du navire ou l'achèvement du voyage, pourvu que ces fournitures
« et travaux aient été commandés par les circonstances. »

D'après la loi grecque du 13 novembre 1851 concernant les prêts
à la grosse, les prêts faits dans l'intérêt du navire perdent leur
privilége exceptionnel et sont classés suivant l'ordre de leur
inscription, c'est-à-dire dégénèrent en simples prêts hypothécaires quand le bâtiment entreprend un nouveau voyage sans

que ces prêts aient été acquittés ou lorsque, le navire n'étant pas arrivé au lieu de sa destination, plus de six mois se sont écoulés depuis le jour du départ du lieu où a été constitué l'emprunt si le bâtiment voyage dans la Méditerranée, le Pont-Euxin, la mer d'Azow, le Danube ou après neuf mois dans tout autre lieu (1).

Nous n'insistons pas sur les codes qui ont reproduit le code français (art. 596 du code espagnol, 5 du code égyptien, etc.)

139. L'article 191 place au huitième rang « les sommes dues « aux vendeurs, aux fournisseurs et ouvriers employés à la cons- « truction, si le navire n'a point encore fait de voyage ; et les « sommes dues aux créanciers pour fournitures, travaux, main- « d'œuvre, pour radoub, victuailles, armement et équipement « avant le départ du navire, s'il a déjà navigué. »

L'art. 16, tit. XIV, livre I de l'ordonnance colloque aussitôt après « les opposans pour deniers prêtés pour les nécessités du na- « vire pendant le voyage » « ceux qui auront prêté pour radoub, « victuailles et équipement avant le départ, » ce qui comprend, dit, Valin, les charpentiers, calfateurs et les autres ouvriers qui ont travaillé au radoub ; les fournisseurs des bois, des planches et du fer qui y ont été employés; les fournisseurs de voiles et cordages et généralement de tout ce qui a servi à mettre le navire en état de faire le voyage, « et les cabaretiers qui ont fourni la nourriture aux « matelots et autres gens de l'équipage, par ordre du maître avoué « en cela par le propriétaire ou armateur. » « Il faut, poursuit le « jurisconsulte, joindre aussi à tous privilégiés le vendeur et le « ranger dans la même classe, par argument de l'article qui suit. » Or l'article « qui suit » est ainsi conçu : « Si le navire vendu n'a « pas encore fait de voyage, le vendeur, les charpentiers, calfa- « teurs et autres ouvriers employés à la construction, ensemble « les créanciers pour les bois, cordages et autres choses fournies « pour le bâtiment seront payés par préférence à tous créanciers « et par concurrence entre eux. »

Emérigon commente à son tour l'ordonnance, et place au pre- mier rang des privilégiés sur le navire qui n'a pas encore fait de voyage le vendeur, les ouvriers, les fournisseurs de matériaux. « Si le texte de l'ordonnance ne m'arrêtait point, dit-il (2), je dirais « que, par le moyen de la ventilation, il faudrait distinguer le corps « du navire, en l'état qu'il était lors de la vente, d'avec les répa- « rations qui y ont été faites, déférer au vendeur la valeur primi-

---

(1) Jugement du tribunal civil de Marseille du 13 juin 1874 (J. du droit intern. privé, II, p. 270). — (2) Des contrats à la grosse, c. XII, sect. 3.

« tive du vaisseau, laisser la plus-value aux fournisseurs et aux
« ouvriers. Mais l'ordonnance veut que les uns et les autres con-
« courent ensemble. »

140. L'article 191 § 8 confère un privilége à trois classes de
créanciers. Nous allons suivre l'ordre même du texte et parler
d'abord du vendeur.

Le législateur eût commis une inconséquence en n'appliquant
pas au vendeur d'un navire la règle générale des articles 2102 § 4
et 2103 § 1. Il en est du navire comme de toute chose vendue :
sans la vente, il « n'aurait pu devenir le gage de personne (1), »
c'est-à-dire des créanciers de l'acheteur, puisqu'il ne serait pas
entré dans l'actif du débiteur.

Mais il faut, pour que le privilége existe, que le navire n'ait pas
encore fait de voyage.

Cela ne signifie pas, comme l'avait cru d'abord M. Boistel (2),
que le vendeur ne pourrait plus réclamer un privilége si le bâtiment avait déjà navigué. Une pareille interprétation ne se justifie
par aucun motif plausible. Un armateur a fait naviguer dix fois
son navire pour son propre compte, il le vend, et les créanciers
de l'acheteur le saisissent avant qu'il ait repris la mer. Le vendeur conserve, ce point est hors de doute, le droit que lui confère l'article 191. Après ces mots : « n'a pas encore fait de
« voyage », il faut simplement sous-entendre ceux-ci : « depuis
« la vente ».

Mais le bâtiment a repris la mer ! Le vendeur garde-t-il un
privilége ? Deux systèmes sont en présence.

Premier système. MM. Bédarride (3) et Demangeat (4) soutiennent que le vendeur impayé conserve son privilége, à moins
que le navire n'ait accompli son voyage dans les conditions déterminées par les articles 193 et 194, c'est-à-dire à moins que le droit
de suite ne soit lui-même purgé. Telle était, à vrai dire, l'opinion
de Valin ; mais c'est à tort que M. Demangeat invoque aussi l'opinion d'Emérigon. Le jurisconsulte provençal, énumérant les priviléges qui grèvent le navire revenant de voyage (Des contrats à
la grosse, section IV du chapitre XII), place sans doute le vendeur au septième et dernier rang ; mais il explique ainsi sa
pensée : « Ce cas s'est souvent présenté parmi nous. Le privi-
« lége du vendeur a toujours été reconnu par les *créanciers ex-*

(1) Expressions du tribun Grenier. Fenet, XV, p. 492. — (2) Précis, 1ʳᵉ éd.,
p. 829. V. l'excellente réfutation de cette thèse dans la seconde édition du
même précis, p. 836. — (3) 2ᵉ éd., I, n° 99 *bis.* — (4) IV, p. 59 s.

« *ternes*, c'est-à-dire par les créanciers dont les titres n'ont
« aucune relation directe au navire. Mais les matelots, ceux qui
« ont prêté pour les nécessités du vaisseau pendant le voyage,
« ceux qui ont prêté pour radoub, victuailles et équipement avant
« le départ, et les marchands chargeurs sont préférés au ven-
« deur ». L'argument historique doit donc être écarté.

M. Bédarride raisonne ainsi : l'article 191 n'exige pas que le
voyage, pour entraîner la perte du privilége, soit fait « sous le
« nom et aux risques de l'acquéreur ». C'est là pourtant, nul ne
le conteste, une condition indispensable. Il faut donc compléter
l'article 191 par l'article 193. Or l'article 194 n'étant que la suite
et le complément nécessaire de l'article 193, il y aurait inconséquence à ne pas exiger que le départ et l'arrivée du bâtiment
eussent été constatés dans deux ports différents et trente jours
après le départ ou qu'il se fût écoulé plus de soixante jours entre
le départ et le retour dans le même port, etc. Cet argument pèche
par la base. Il est absolument inutile, ce me semble, de recourir
à l'article 193. Il s'agit uniquement de savoir si le bâtiment est
parti pour le compte de l'ancien ou du nouveau propriétaire. Tout
se résoudra par l'appréciation d'un fait et par la détermination
d'une date. On peut donc faire abstraction de l'article 193 aussi
bien que de l'article 194.

Peut-on admettre, dit M. Demangeat, que le vendeur perde
son droit de préférence tandis que ses propres créanciers, protégés par les articles 193 et 194, garderont leur droit de suite !
C'est méconnaître le principe élémentaire suivant lequel le droit
de suite est plus fragile que le droit de préférence. Mais nous ne
sommes pas ici sous l'empire de la règle commune. Le droit de
suite créé par l'article 190 n'est pas plus fragile que le droit de
préférence : le créancier privilégié, qui perd son privilége sans
perdre sa créance, exerce encore un droit de suite comme tous
les chirographaires. Dans l'article 191, le législateur détermine
les causes de préférence entre les créanciers ; l'article 193 complété par l'article 194 réglemente un mode de purger, dans l'intérêt d'un tiers acquéreur, les créances privilégiées et non privilégiées, ce qui est tout différent. L'article 193, ainsi que Dufour
l'explique à trois reprises (1), « quoiqu'il semble s'occuper de
« l'extinction des priviléges, s'occupe en réalité d'autre chose.
« Ce n'est pas, dit une excellente note de M. Guerrard (2), les

(1) Nos 41, 186, 193. — (2) Extraite du recueil de jurispr. comm. du Havre
et insérée par Sirey, 63, 2, 49.

« droits des créanciers les uns à l'égard des autres que l'art. 193
« a en vue, mais leurs droits à l'égard du tiers détenteur ou,
« si l'on veut, leur privilége, car c'en est un dans un certain sens
« vis-à-vis de l'acquéreur, privilége qui n'est autre, par rapport à
« lui, que le *droit de suite*. C'est de ce droit de suite que l'art. 193
« purge la chose... ». D'ailleurs si les art. 193 et 194 avaient un
autre but et se rattachaient par ce lien étroit à l'art. 191, il faudrait dire que la vente en justice, éteignant les priviléges, éteint
les droits de préférence, tandis qu'aux termes de l'art. 214 elle
permet et provoque, au contraire, la collocation des créanciers
« dans l'ordre prescrit par l'art. 191 ».

D'après M. Demangeat, interpréter autrement la loi, c'est faire
violence au texte et imputer aux rédacteurs du code une négligence
invraisemblable, en donnant à ces mots de l'art. 191, § 8 : « si le
« navire n'a point encore fait de voyage » un sens tout-à-fait différent selon qu'il s'agit du vendeur ou des fournisseurs et ouvriers
employés à la construction. En tout cas, M. Demangeat fait au
texte une bien autre violence : il ajoute à ces mots : « si le
« navire n'a point encore fait de voyage » les mots : « ou s'il
« a fait un voyage, mais en dehors des conditions prévues
« par les art. 193 et 194. » Le vendeur, dit-il formellement, obtient un privilége, soit que le navire vendu n'ait point encore
fait de voyage, soit qu'il ait déjà navigué. Il n'en pourrait
être ainsi, répondons-nous, que si l'art. 191, § 8 était remanié
de fond en comble.

Deuxième système. Boulay-Paty (1), Dufour (2) et M. Laurin (3)
soutiennent au contraire qu'un voyage quelconque après la vente
éteint le privilége du vendeur. J'adhère à leur opinion.

Elle respecte infiniment plus, si je ne m'abuse, le texte
de la loi. Celle-ci dit expressément que le vendeur sera privilégié si le navire n'a point encore fait de voyage : il cessera
donc de l'être s'il laisse le navire faire un voyage. Quoi de plus
simple ?

Elle aboutit à une classification plus logique. « Les créanciers
« qui viennent ensuite de la vente et pour le voyage du navire,
« disait Boulay-Paty, tirent tout leur droit du voyage qui a été
« fait ; quand ils ont prêté ou fourni, ils ont présumé le navire
« purgé ; sans cela sans doute, ils n'eussent point risqué leurs
« fonds. » Cet argument a été repris et développé par Dufour et

(1) I, p. 122. — (2) I, n°s 183 s. — (3) I, p. 105 et 106,

par M. Guerrard. « Il est équitable, dit ce dernier (1), que si le
« navire fait une navigation, ceux qui ont mis le navire à même
« de naviguer et de faire le voyage accompli soient préférables au
« vendeur qui, lui, ne contribue pas au voyage et qui ne saurait
« sans une grande injustice, parce que sa créance est occulte,
« venir partager avec ceux qui ont fait foi autant à la chose qu'à
« la personne ». Cette disposition de l'art. 191, a dit plus clairement encore la cour de Caen (12 mars 1861) (2), a été édictée
dans l'intérêt du commerce maritime, afin que les ouvriers ou
fournisseurs qui, après un premier voyage, ont procuré à l'armateur ou au patron les moyens d'en faire un second, aient la certi-
tude d'être payés de leurs travaux ou de leurs fournitures sur la
valeur du navire, ce qui ne peut avoir lieu qu'autant que ces derniers ne rencontreraient pas de priviléges antérieurs venant en
concours avec le leur.

Elle ne désarme pas le vendeur. Il est en faute, Boulay-Paty
l'avait déjà remarqué, de n'avoir pas mis opposition au départ du
navire pour conserver son privilége. Le vendeur, répète la cour de
Caen, peut toujours, s'il n'est pas payé, conserver son privilége
en s'opposant au départ du navire.

Elle laisse aux art. 193 et 194, ainsi que je viens de le démontrer, leur véritable portée. La cour de la Martinique ayant interprété non pas, sans doute, le paragraphe 8, mais l'ancien paragraphe 10 (aujourd'hui parag. 9) de l'art. 191 à l'aide des art. 193
et 194, son arrêt a été cassé par les motifs suivants : « Attendu
« que pour décider que ces voyages n'avaient pas fait perdre à
« cette compagnie son privilége..., la cour de la Martinique s'est
« fondée sur ce qu'ils ne réunissaient pas les conditions de l'art. 194
« du même code ; mais attendu que ces conditions ne sont exigées
« que pour éteindre, en cas de vente volontaire du navire, les
« priviléges des créanciers du vendeur ; que c'est ce qui résulte
« de la combinaison de l'art. 194 avec celui qui le précède et dont
« il n'est que le complément, ainsi que de sa disposition finale,
« qui ne donne au voyage en mer l'effet d'éteindre les priviléges
« qu'autant qu'il a lieu sans réclamation de la part des créanciers
« du vendeur... (3) ». Il n'y a pas de raison pour interpréter
autrement, à ce point de vue, l'art. 191, § 8.

141. Mais pour être primé par les privilégiés nantis des
créances maritimes qu'énumère l'art. 191, le vendeur, en concours

(1) Note précitée. — (2) S. 63, 2, 50. — (3) Civ. cass. 12 mai 1858. D. 58,
1, 208.

avec les créanciers *externes*, comme dit Emérigon, ne gardera-t-il pas son privilége de droit commun? C'est en prévision de cette hypothèse que l'illustre jurisconsulte écrivait : « Cependant par le « droit commun du royaume, par le statut de Marseille, p. 380, et « par la délibération de notre chambre de commerce de 1730, ho- « mologuée au parlement d'Aix, le vendeur à crédit peut réclamer « la chose vendue, qu'il trouve *extante et en nature entre les* « *mains de l'acheteur,* pour s'y payer de ce qui lui est dû, à l'ex- « clusion des autres créanciers... Il répugnerait aux règles les « plus triviales que le vendeur à crédit d'un navire qui revient de « voyage... fût forcé de venir en concours avec des chirogra- « phaires... » Pourquoi, s'il en était ainsi dans l'ancien droit, en serait-il autrement dans le nouveau? La loi commerciale ne prive pas le vendeur d'un navire du privilége que l'art. 2102 § 4 donne à tout vendeur d'effets mobiliers. Il a perdu son privilége maritime! Soit. Il ne peut pas se trouver dans une plus mauvaise position que si l'art. 191 l'avait passé sous silence.

Puisque le vendeur peut réclamer le privilége de l'art. 2102 § 4, il peut également exercer deux autres actions dont il est investi par le droit commun, en premier lieu, la revendication, pourvu, bien entendu que conformément au même article, la vente ait été faite sans terme, le navire existe encore en nature et soit en la possession de l'acheteur, l'action soit exercée dans la huitaine de la livraison ; en second lieu l'action résolutoire.

Il est d'ailleurs évident que le privilége de l'art. 2102, l'action en revendication, l'action résolutoire (2) ne seront point admis en cas de faillite (art. 550 co.)

Mais le privilége de l'art. 191 n'est pas effacé par la faillite. « Personne, à ma connaissance, dit M. Renouard (3), ni dans les « discussions publiques de la loi ni dans les commissions qui l'ont « préparée, n'a conçu la pensée de déranger en rien l'économie « d'une matière toute spéciale, que les art. 190 et suivants ont clai- « rement et complètement réglée... Si le nouveau législateur eût « voulu modifier l'art. 191, il eût cité cet article, comme il a « nommé l'art. 2102 du code civil. » L'opinion du savant rappor-teur est adoptée par tous les commentateurs de notre code (4), et devait l'être,

(1) *Sic* Dufour, nᵒˢ 195 et 196. — (2) Paris, 24 août 1839. D. 40, 2, 77. Caen, 2 janvier 1849. D. 51, 2, 103. Cf. arg. civ. cass. 3 août 1868. D. 68, 1, 449. — (3) Traité des faillites (2ᵉ éd.) II, p. 264. — (4) Dufour, I, nᵒ 148 ; Demangeat, IV, p. 63 ; Laurin, I, p. 105.

L'action résolutoire, en tant qu'elle doit nuire aux créanciers privilégiés en vertu de l'art. 191, ne saurait survivre au privilége spécial conféré par la loi maritime au vendeur. Le vendeur, déchu de ce privilége, ne peut pas aboutir, par l'exercice de l'action résolutoire, au même résultat que s'il l'avait gardé. Nanti du privilége écrit dans le code civil, il conserve encore, sans nul doute, l'action résolutoire (art. 1654 c. civ.) mais à la condition de ne pas l'exercer au préjudice de ces créanciers spéciaux. Il ne pourrait la faire accueillir qu'en les désintéressant, les créanciers « externes » ne pouvant eux-mêmes lui opposer que la loi commune. Déchu de l'un et de l'autre privilége, le vendeur perdrait évidemment toute action résolutoire, comme tout droit de revendication. On peut invoquer à l'appui de cette solution, ainsi que l'a fait M. Laurin, l'art. 7 de la loi du 23 mars 1855 (1), mais elle dérive des principes généraux et de la nature même des choses.

142. L'art. 191 § 8 parle ensuite des fournisseurs et ouvriers employés à la construction.

La légitimité de leur privilége est manifeste. Sans eux il n'y aurait pas de navire ou du moins le navire ne pourrait pas prendre la mer.

Ces ouvriers sont, comme le disait l'ordonnance, « les charpen-« tiers, calfateurs et autres ... employés à la construction. » Ces fournisseurs sont, comme le disait encore l'ordonnance, « les « créanciers pour les bois, cordages et autres choses fournies pour « le bâtiment. »

Tous les préparatifs du voyage sont terminés, je le suppose, le bâtiment est prêt à faire voile, mais n'a pas encore pris la mer : on le saisit. Faut-il assimiler à ceux qui ont fait des fournitures pour la construction ceux qui ont fait des fournitures pour l'armement ou l'équipement? On s'accorde à le reconnaître, au moins quand le navire est neuf et n'a jamais navigué. On ne peut guère dire des fournisseurs (2) qu'ils sont « employés à la construction. » Ce système aboutit sans doute à une conséquence bizarre : les fournisseurs pour armement vont concourir avec les fournisseurs pour construction sur le navire qui n'a pas voyagé, tandis que ces derniers, seuls, sont éliminés après le voyage du navire. Mais le texte me semble général comme à Dufour.

(1) « L'action résolutoire établie par l'art. 1654 du code civil ne peut être « exercée après l'extinction du privilége du vendeur au préjudice des tiers « qui ont acquis des droits sur l'immeuble du chef de l'acquéreur et qui se « sont conformés aux lois pour les conserver. » — (2) V. néanmoins civ. cass. 17 mai 1876, B. civ. 1876, p. 142.

S'il est général en ce qui touche les fournitures pour armement
et équipement, il est général en ce qui touche les fournitures faites
pour radoub, dans l'hypothèse où le navire une fois construit ayant
séjourné dans le port, on s'aperçoit au moment de le faire voyager
qu'un radoub est nécessaire. Comment et pourquoi distinguer?
A la fin de notre paragraphe, on met sur la même ligne les fournisseurs pour radoub et les fournisseurs pour armement avant le
départ du navire.

Mais si les fournisseurs pour radoub sont privilégiés, comment
ne pas reconnaître le même privilége aux ouvriers employés au
radoub du navire qui n'a pas voyagé? La distinction serait cho-
quante, absurde même, et je ne saurais m'y résoudre en l'absence
d'un texte formel. Dufour, qui l'admet, fait ce raisonnement :
« Si, par ouvriers employés à la *construction*, vous entendez les
« ouvriers employés au *radoub*, vous serez également obligés
« d'admettre que les mots main d'œuvre *pour radoub* comprennent
« aussi la main d'œuvre *pour construction*...; or le deuxième
« fragment du n° 8 accorde un privilége aux créanciers pour ra-
« doub avant le départ du navire lorsqu'il a navigué : il faudra
« donc l'accorder aussi aux ouvriers employés à la construction,
« et cependant toute la théorie de la loi dans le n° 8 repose sur
« cette idée que par le voyage du navire les ouvriers employés à la
« construction perdent leur privilége (1). » Le raisonnement
pèche par la base. On conçoit très-bien que le législateur désigne
sous ces expressions générales « employés à la construction » les
ouvriers constructeurs et les ouvriers occupés au radoub. Mais
lorsqu'il parle ensuite, dans le même paragraphe, de la main
d'œuvre pour radoub, il exclut évidemment la main d'œuvre pour
la construction. On donne sans doute encore des concurrents aux
constructeurs quand le navire n'a pas voyagé, sans les admettre
à la concurrence réciproque dans le cas opposé. Mais Dufour lui-
même était contraint de reconnaître cette inégalité en ce qui
touche les fournitures pour l'armement. On ne peut raisonner autrement quant aux fournitures et partant quant à la main d'œuvre
pour le radoub. Ajoutons que Valin, dans son commentaire de
l'art. 18, tit. XIV, l. I parle indifféremment des « ouvriers employés
« à la construction ou au radoub d'un navire. »

143. Mais quel est, à l'égard de ces créanciers, le sens des
mots: « si le navire n'a point encore fait de voyage ? »

Nul doute, à mon avis, en ce qui concerne les ouvriers employés

(1) I, n° 157.

à la construction. Il s'agit assurément du bâtiment qui n'a pas voyagé depuis la construction, c'est-à-dire qui n'a jamais navigué. Que décider à l'égard des autres ?

J'incline à penser qu'après le mot « voyage » il faut sous-entendre ceux-ci : « depuis la fourniture, ou depuis les travaux. » Ce système offre un avantage évident : on n'est pas obligé de donner aux mêmes expressions de l'art. 191 § 8 un sens tout à fait différent selon qu'il s'agit du vendeur ou des autres créanciers. Le vendeur, l'ouvrier constructeur, les fournisseurs, l'ouvrier employé au radoub peuvent réclamer leur privilége « si le navire n'a « pas fait de voyage » depuis la vente, depuis la construction, depuis les fournitures, depuis les travaux de radoub. Rien d'incohérent dans ce système. On ne substitue pas aux mots « n'a pas » fait de voyage » les mots « n'a jamais navigué » : si la synonymie se produit dans un cas, c'est qu'un bâtiment n'a pas pu naviguer quand il n'a pas fait de voyage depuis sa construction.

Voici l'objection de Dufour (1) : « Mais ce privilége appartient « aux créanciers qui ont vendu leurs fournitures avant le dernier « voyage effectué... Par suite, il est indispensable de restreindre « la première section de ce numéro au cas où jamais le navire n'a « voyagé puisque c'est le seul où les créanciers dont il s'occupe « ne soient point exposés à en rencontrer d'autres dont les four- « nitures ont servi à la navigation accomplie. » Je réponds : en premier lieu, le vendeur concourt avec ces fournisseurs et ces ouvriers de la première heure : or c'est notre texte qui met lui-même sur un seul plan le vendeur et les fournisseurs de la dernière heure ! on en est donc réduit à soutenir que « la situation de ce « vendeur ne pouvait pas être régie par le sens précis de la phrase « dans laquelle on l'encadrait (2), » c'est-à-dire à refaire la loi. En second lieu, il me semble inique d'enlever ce privilége à des ouvriers ou à des fournisseurs qui viennent de concourir, par exemple, au radoub d'un bâtiment délabré ; c'est leur travail, ce sont leurs matériaux qui rendent à ce bâtiment son ancienne valeur et qui préservent ou maintiennent le gage commun : est-il bien désirable que des créanciers antérieurs profitent, à leur exclusion, de cette valeur qu'ils n'ont pas créée ?

144. Le privilége des ouvriers et fournisseurs subsiste-t-il s'ils ont traité non pas avec celui qui doit être propriétaire du navire une fois construit, mais avec l'entrepreneur qui se charge, moyennant un prix ferme, de construire un navire, d'en

(1) I, n° 152. — (2) Ib., n° 141.

fournir les matières et la main-d'œuvre et de le livrer quand il sera terminé ?

La question était débattue sous l'empire de l'ordonnance, qui accordait indistinctement le privilége aux charpentiers, calfateurs et autres ouvriers employés à la « construction ». Or lorsque l'entrepreneur à forfait, après avoir traité seul et directement avec eux, ne put pas les payer, ceux-ci prétendirent exercer leur privilége sur le navire livré à l'armateur qui, de son côté, en avait lui-même payé le prix. Redoutable alternative : il fallait faire payer deux fois cet armateur ou ne pas payer les ouvriers. Ce qui augmentait encore la difficulté, c'est que grâce au mode de paiement nécessairement usité en matière de constructions navales, l'armateur, au moment où le navire est livrable, s'est déjà, par fractions, presqu'intégralement acquitté.

La déclaration du 16 mai 1747 essaya de trancher la difficulté. « Voulons et nous plaît, dit Louis XV, que lorsque les négo- « ciants font construire un navire à forfait par un maître cons- « tructeur, les marchands fournisseurs et ouvriers n'aient d'ac- « tion directe que contre ledit constructeur, sur les ordres duquel « ils auront fourni ou travaillé pour la construction dudit navire, « sauf à eux cependant à se pourvoir par voie de saisie et arrêt « ou opposition entre les mains du propriétaire armateur, sur la « somme qu'il en pourra devoir audit constructeur, sur laquelle « somme ils auront préférence à tous autres créanciers dudit cons- « tructeur. » Quelques parlements, ceux de Bretagne et de Nor- mandie, par exemple, enregistrèrent docilement cette ordonnance : celui de Bordeaux ne l'enregistra qu'avec une modification ; celui d'Aix ne l'enregistra pas du tout et nous le comprenons. La décla- ration royale sacrifiait à l'excès les droits des ouvriers et des fournisseurs. Emérigon la mentionne sans en tenir compte : Valin, qui écrivait en 1758, ne la mentionne pas. « Pour être en « état d'exercer le privilége, dit-il, il faut qu'ils aient travaillé « par ordre du propriétaire. S'ils ont été employés par un entre- « preneur à qui le propriétaire ait payé le prix convenu entre eux « deux, ils n'ont alors aucun privilége à prétendre sur le navire... « Tout cela s'entend néanmoins s'ils ont su que l'ouvrage était à « l'entreprise et qu'ils n'avaient à faire qu'à l'entrepreneur ». Emérigon s'exprime tout autrement : « Il n'est rien de si favo- « rable, dit-il, que le prix des ouvrages et fournitures faites pour « la construction d'un navire. Le commerce et l'Etat y sont inté- « ressés. Il est juste que les ouvriers et les fournisseurs jouissent « du privilége réel qui leur est accordé par l'ordonnance de la

« Marine, *tit. de la saisie, art. 16 et 17*. On ne peut les priver de
« ce privilége que dans le cas où il est prouvé qu'ils ont suivi la
« foi de la personne, non de la chose... Ils doivent jouir du pri-
« vilége à eux accordé, à moins que dans le principe on ne les
« ait avertis en due forme que, s'ils n'ont pas soin de se faire
« payer par l'entrepreneur, ils n'auront aucun privilége sur le
« navire. »

On était donc fort loin de s'entendre avant 1807 ; on ne s'enten-
dit pas davantage après la promulgation du code, qui ne tint
d'ailleurs aucun compte des modifications apportées à la législation maritime par la déclaration de 1747. Trois systèmes ont été
soutenus.

Premier système. La déclaration de 1747 est encore en
vigueur (1). Il importe peu qu'elle n'ait pas été enregistrée par
tous les parlements, puisqu'aux termes du décret-loi du 4 mars
1852 (art. 2), les *ordonnances, règlements* et *arrêts du conseil* concernant la marine, antérieurs à 1789 et auxquels il n'a point été
dérogé, sont applicables sans qu'il soit nécessaire d'administrer
la preuve de leur enregistrement.

Je ne crois pas que cette déclaration soit encore en vigueur. Elle
est implicitement abrogée par le code de 1807 qui, pouvant s'inspirer de l'ordonnance modifiée ou interprétée par cet acte législatif, s'est référé purement et simplement au système de 1681.
« Le code de commerce, dit la note explicative jointe au projet de
« révision d'août 1867 (2), s'est borné à reproduire le texte de
« l'ordonnance sans tenir compte de l'amendement introduit par
« la déclaration de 1747. » Il ne l'a donc pas laissé subsister, cet
amendement.

Aussi la cour de Rennes, dans son arrêt du 7 mai 1818, fut-elle
obligée de se rejeter sur l'art. 1798 du code civil, qui applique
aux constructions « de bâtiments ou d'autres ouvrages faits à
« l'entreprise » la décision de la déclaration royale sur un cas
déterminé. Quelle est la conséquence ? Si l'entrepreneur tombe en
faillite et si le maître, avec lequel les ouvriers et fournisseurs n'ont
pas traité, s'est acquitté avec cet entrepreneur, ils n'ont aucun
privilége à exercer, ne touchent qu'un dividende dans la faillite
de l'entrepreneur et n'ont rien à demander au maître. Une telle
solution, contraire à la véritable tradition maritime, eût au plus
haut point surpris Emérigon. Ces ouvriers et fournisseurs étaient
présumés, disait-il, avoir suivi la foi de la chose, non de la per-

(1) Dageville, II, p. 690; Rennes, 7 mai 1818. — (2) p. 11.

sonne. Il faut présumer, au contraire, dans ce système, qu'ils ont suivi la foi de la personne, non de la chose. Aussi Dufour, après avoir proclamé que, dans le silence de la loi spéciale, il faut ici recourir au droit commun, c'est-à-dire à l'art. 1798, est-il forcé de remanier complètement l'art. 1798 pour l'adapter à notre matière. Au demeurant cette première opinion est abandonnée.

Deuxième système. Dufour reprend l'opinion de Valin. Les ouvriers ont-ils su qu'ils avaient affaire à l'entrepreneur seul ? Ils n'ont pas de privilége. Ils gardent un privilége s'ils ont tout ignoré, parce qu'ils ont alors fait crédit à la chose, non à la personne (1).

Rien de plus arbitraire que cette distinction. Imagine-t-on que l'existence d'un privilége soit subordonnée aux renseignements pris ou à l'opinion conçue par les créanciers ? L'autorité de Valin ne suffit pas pour étayer une telle opinion. Quant à l'art. 1798, il consacre une autre doctrine : on a donc tort de l'invoquer à l'appui de ce système.

Troisième système. Les ouvriers et les fournisseurs sont les créanciers du navire. Or l'entrepreneur reste propriétaire de ce navire, quel que soit le montant des à-comptes, nous l'avons expliqué dans le précédent chapitre, tant que l'armateur ne l'a pas reçu et agréé. Donc les ouvriers et les fournisseurs, qui ont fait entrer ce navire dans ses biens, sont ses créanciers privilégiés : « Attendu, dit un récent arrêt de la cour de cassation, que la « propriété desdits navires résidant encore sur la tête de l'entre- « preneur, rien ne s'opposait en principe à ce que Dandeau, four- « nisseur des fers et cuivres ayant servi à leur construction, « exerçât sur les deux navires, dans la faillite Mahé et entre les « créanciers du constructeur, le privilége que l'art. 191, n° 8, « confère en termes généraux et absolus, aux fournisseurs et « ouvriers employés à la construction des bâtiments de mer (2). » C'est, à mon sens, parfaitement logique. La raison d'être du pri- vilége est dans la nature de la créance, non de la personne du débiteur. Que ce débiteur soit l'entrepreneur ou l'armateur, il n'importe : la créance des ouvriers et des fournisseurs n'est pas moins sacrée dans un cas que dans l'autre. Le navire appartient encore à l'entrepreneur ! de quel droit empêcher ces créanciers de l'entrepreneur d'exercer leur action privilégiée ?

(I) Dufour, n° 173 ; Caen, 21 mars 1827 ; Bordeaux, 4 août et 19 août 1856 (cités par Dufour). — (2) Civ. cass. 17 mai 1876, B. civ. 1876, p. 142. *Sic* civ. rej., 17 mai 1876. Dans cette seconde espèce, il s'agit d'un fournisseur de bois.

Peuvent-ils l'exercer encore après la mutation de propriété?
Oui, sans doute, en procédant contre l'armateur qui a pris livraison. Ils agissent en vertu du droit de suite (1). Cet armateur,
comme tout autre acheteur, n'acquiert le navire que grevé des
priviléges issus des obligations contractées par le vendeur (2).

Mais s'ils procèdent alors contre l'entrepreneur ou contre la
faillite, peuvent-ils obtenir une collocation privilégiée sur les paiements reçus de l'armateur pour solde du montant des travaux de
construction? La cour de Rennes l'avait ainsi jugé (29 mai 1874),
envisageant les sommes versées à ce titre comme la représentation
du navire; mais son arrêt a été cassé. La cour de cassation a fait
justement observer que ces sommes entraient dans les mains du
syndic pour la masse des créanciers comme elles seraient entrées
dans les mains de l'entrepreneur lui-même, sans affectation spéciale. Or, en matière de privilége, tout est de droit étroit. Le législateur accorde sans doute aux ouvriers et fournisseurs un privilége sur le navire, mais ne l'étend pas aux sommes versées par l'armateur à l'entrepreneur ou à ses représentants à titre de paiement.

Telle était d'ailleurs, sous l'ancien régime, la jurisprudence
constante du parlement d'Aix. Valin, il est vrai, n'y adhère pas
et tient évidemment pour maxime, avec le parlement de Bordeaux
« que le prix de la chose représente la chose (3). » Mais Emérigon (4) répondait avec une grande énergie que, « dans le cas
« où il s'agit d'un objet particulier, le prix ne succède point à la
« chose. *In particularibus pretium non succedit loco rei* (de
Luca, *de credito, disc.* 35, n. 55) (5). »

Ainsi se trouvait préjugée la question de savoir si les ouvriers
et fournisseurs avaient le droit d'exercer leur privilége sur l'indemnité due par les assureurs. Le parlement de Bordeaux lui-même
avait rejeté leur prétention (7 septembre 1758) en vertu de ce principe invoqué 118 ans plus tard par la cour de cassation « qu'il n'y a
« aucune loi qui autorise cette translation de privilége et que tout

(1) « Attendu, dit le premier des deux arrêts précités, qu'il est constant
« que Mahé avait, dès avant sa faillite, construit et livré le navire le *Gaulois*
« et qu'ainsi la propriété de ce bâtiment avait légalement passé de l'entre-
« preneur à l'armateur; que si, comme Dandeau le soutient, il a conservé
« son privilége de fournisseur, il ne peut plus l'exercer, après cette muta-
« tion de propriété, qu'en vertu d'un droit de suite sur le navire et en pro-
« cédant contre l'armateur qui a pris livraison. » — (2) Cf. M. Laurin,
I, p. 233. — (3) I, p. 317. — (4) Contr. à la grosse, ch. XII, sect. 7. —
(5) *Sic* Faber, def. 26 C. *qui pot. in pignore*; Dupérier, I, l. III, quœst. I,
Cf. l. 70, § 3, ff. *de legatis*, 2º; l. 3 C. *in quibus caus. pign.*

« privilége doit être fondé sur quelque loi. (1) » Valin critiqua cet
arrêt : car enfin le produit de l'assurance représente « aussi essen-
« tiellement le navire que le prix de la vente d'une chose représente
« cette chose. » « L'ordonnance, répondait encore Emérigon, n'ac-
« corde aux ouvriers et fournisseurs de privilége que sur le navire.
« Par conséquent ils n'en ont aucun sur les assurances. Si le na-
« vire était représenté par l'assurance, il faudrait que le privilége
« sur les sommes assurées fût accordé aux matelots et à tous les
« autres créanciers dont il est parlé dans l'art. 16, *tit. de la saisie.*
« Par ce moyen l'objet de l'assurance serait manqué. »

Boulay-Paty (2) suit l'opinion d'Emérigon, et je crois qu'il faudrait la suivre encore aujourd'hui, même depuis la loi du 10 décembre 1874. Je n'ignore pas que les droits des créanciers hypothécaires sont, aux termes de cette loi (art. 17), étendus à l'indemnité d'assurance par l'effet d'une subrogation de plein droit. Or,
d'après M. Laurin (3), il y a un argument *a fortiori* évident en
faveur des créanciers privilégiés. La loi de 1874, fait au contraire
observer M. Lyon-Caen (4), ne contient d'autre disposition sur les
priviléges maritime que celle qui supprime le privilége du prêteur
à la grosse avant le départ. Il faut en conclure que les priviléges
maritimes restent régis par les mêmes règles générales qu'avant
1874. A leur égard, l'indemnité n'est pas plus qu'antérieurement
subrogée au navire. C'est bien ainsi qu'on l'avait entendu, je
l'ai dit plus haut (5), dans le sein de la commission chargée de
rédiger cette loi spéciale.

Au contraire, aux termes de l'art. 778 du code allemand, « l'in-
« demnité en cas de perte ou de détérioration ou de grosses ava-
« ries tient lieu pour les créanciers du navire de l'objet auquel
« l'indemnité s'applique. » On sait déjà que les lois belges du 16
décembre 1851 et du 11 juin 1874 subrogent l'indemnité d'assurance aux biens assurés.

145. Enfin l'art. 191 § 8 accorde un privilége aux créanciers
pour fournitures, travaux, main-d'œuvre : 1° pour radoub, « ce
« qui comprend les charpentiers, calfateurs et les autres ouvriers
« qui ont travaillé au radoub ; les fournisseurs des bois, des
« planches et du fer qui y ont été employés (6) ; » 2° pour victuailles, c'est-à-dire à ceux qui ont fourni au navire les vivres nécessaires à son voyage : « il faut y joindre, dit Valin (7), les ca-
« baretiers qui ont fourni la nourriture aux matelots et aux autres

---

(1) Valin, *ib.* p. 316. — (2) I, p. 133. — (3) I, p. 633. — (4) *Rev. crit.*, 1877,
p. 143. — (5) N° 69. — (6) Valin, I, p. 363. — (7) Ib.

« gens de l'équipage, par ordre du maître, avoué en cela par le
« propriétaire ou armateur ; » 3° pour armement et équipement,
« ce qui comprend les fournisseurs de voiles et cordages et géné-
« ralement de tout ce qui a servi à mettre le navire en état de faire
« le voyage (1). »

L'ordonnance disait, on le sait : « ceux qui auront prêté pour
« radoub, victuailles et équipement. » Mais Emérigon expose à ce
propos qu'il fut consulté en 1755 « si le même rang devait être ac-
« cordé pour bois et cordages fournis au navire avant le départ. Je
« répondis que oui, poursuit-il ; car peu importe qu'on ait prêté de
« l'argent ou qu'on ait fourni des matériaux. Le cas du fournis-
« seur a même quelque chose de plus favorable, puisque les four-
« nitures ne sont pas équivoques... (2) »

Il est clair que les fournisseurs des matériaux pour construction et les ouvriers employés à la construction sont, par le seul fait
de la navigation, déchus du privilége inscrit à leur profit dans l'art.
191 § 8. La décision est rigoureuse. Je sais bien qu'on l'explique
ainsi : « pour faire cette navigation, il a fallu se procurer des
« vivres, équiper, armer le navire...; après la navigation, le cons-
« tructeur est éclipsé par ceux qui ont servi à la faire (3). » Mais
le fournisseur des bois de construction n'a-t-il pas aussi efficacement coopéré à cette première navigation que le fournisseur des
cordages ? Quoi qu'il en soit, le texte est formel.

146. Il ne reste donc plus qu'à déterminer la signification des
mots « si le navire a déjà navigué. » Je crois qu'il faut les entendre
dans leur sens naturel. Il ne s'agit pas ici d'une navigation accomplie dans les conditions déterminées par les art. 193 et 194, mais
d'une navigation ordinaire. Il est absolument inadmissible que si
le bâtiment a fait dix voyages en dehors des conditions prévues
par ces deux articles, les ouvriers employés à la construction
gardent leur privilége comme s'il n'avait pas pris la mer : telle
n'a pas été l'intention du législateur. Il n'a pas voulu davantage
que les travaux et fournitures affectés au dernier voyage fussent
en pareil cas assimilés aux travaux et fournitures affectés au
dixième : il faudrait pourtant aboutir à cette solution, absolument
contraire à l'esprit général de l'art. 191.

Il est à peine utile de faire remarquer, en effet, que les différents
travaux et fournitures dont il s'agit dans la section finale de ce
paragraphe doivent se rapporter au dernier voyage accompli. Les

(1) Valin, *ib.* — (2) Contr. à la grosse, ch. XII, sect. 4. — (3) Dufour,
n° 185.

créanciers pour fournitures analogues, faites à l'occasion des voyages antérieurs, ne sont que chirographaires. Ainsi que le fait très-bien observer Dufour (1), ces mots « avant le départ » insérés dans le texte à propos d'un navire qui vient, par hypothèse, de terminer un voyage, limitent la disposition de la loi à ce voyage, à l'exclusion de ceux qui l'auraient précédé. Il est d'ailleurs logique que le privilége *n'enjambe* pas ici d'un voyage sur l'autre parce que, chaque voyage amenant des réparations, cette garantie exceptionnelle doit protéger les travaux et fournitures affectés au dernier voyage.

147. Ce paragraphe 8 est mal rédigé. Il est extrêmement difficile de reconnaître quelle a été, sur plusieurs points, la pensée du législateur. Aussi le projet de révision de 1867 modifiait-il profondément le texte de 1807.

Il plaçait tout d'abord au neuvième rang, c'est-à-dire immédiatement après les sommes prêtées à la grosse pour les besoins du bâtiment pendant le dernier voyage « les sommes avancées pour « la construction d'un navire par celui pour le compte duquel le « navire est construit, si ce navire ne lui a point encore été livré. » Les rédacteurs du projet s'étaient placés dans l'hypothèse où le constructeur, après avoir touché suivant l'usage plusieurs fractions du prix, vient à tomber en faillite. Celui qui a versé les à comptes vient au marc le franc, puisqu'aucune disposition de droit commun ne lui confère un privilége, partager le prix d'une œuvre à peu près terminée dont son argent seul a fait les frais. « Cepen- « dant (2) il n'est pas un créancier comme les autres ; car, d'une « part, ses avances sont pour ainsi dire forcées ; elles sont au « moins motivées par la nécessité bien plus que par la confiance ; « et, d'un autre côté, pendant dix-huit mois ou deux ans qu'a duré « la construction, il n'a pu, comme les autres créanciers, se pro- « téger par aucune diligence. » C'est à cette situation qu'on voulait sagement remédier pour favoriser le développement des constructions maritimes.

Après quoi le projet de révision plaçait au dixième rang « les « sommes dues aux fournisseurs et ouvriers employés par le pro- « priétaire du navire à sa construction, si le navire n'a point encore « fait de voyage. » « Si ce navire a été construit à forfait par un « entrepreneur pour le compte d'un tiers *auquel il a été livré*, « ajoutait le nouvel art. 191 § 10, les ouvriers ont privilége sur le

(1) N° 199. — (2) Note explicative, p. 14.

« navire jusqu'à concurrence seulement de ce dont celui pour
« lequel ce navire a été construit se trouve débiteur envers l'en-
« trepreneur au moment où l'action est intentée. » On revenait
ainsi au système de 1747 dans l'hypothèse où la propriété du navire ne résidait plus sur la tête de l'entrepreneur. « Avec le privi-
« lége aveuglément accordé, avait dit Dufour (1), plus d'armateurs
« et encore moins de constructions. » C'est dans le même esprit
qu'on songeait à restreindre ou même, le cas échéant, à supprimer
au profit des armateurs le droit de suite des fournisseurs et des
ouvriers. On voulait avant tout, en 1867 comme en 1747, empêcher
que l'armateur ne fût « exposé à payer deux fois la valeur de son
« navire (2). » Il ne nous paraît pas démontré qu'il y ait lieu, sur
ce point, de retoucher le code.

Le projet rejetait ensuite au n° 11 « les sommes dues pour four-
« nitures, travaux, main-d'œuvre, réparations, victuailles, arme-
« ment et équipement avant le départ du navire s'il a déjà navigué. »
Cette rédaction est bien préférable à celle du code de 1807. Il s'agit
là de fournitures quelconques et de travaux quelconques. Ainsi
cesserait une anomalie que nous avons signalée. Si le navire, entièrement armé, était saisi avant d'avoir pris la mer, les fournisseurs pour armement ou pour radoub viendraient encore en concurrence avec les fournisseurs de matériaux pour la construction;
mais les seconds, aussi dignes de faveur que les premiers, ne seraient pas éliminés par eux après un premier voyage.

Enfin le projet reléguait au n° 12 « les sommes dues au vendeur
« du navire pour son prix. » Cette classification est plus conforme
au système général du code civil, puisque l'art. 2102 préfère « les
« frais faits pour la conservation de la chose, » sans distinction, au
prix d'effets mobiliers non payés. Nous avons vu (3) la jurisprudence et la doctrine invoquer l'intérêt supérieur des ouvriers
et des fournisseurs pour restreindre la durée de ce privilége.
La même pensée dictait une mesure qui répondait au vœu des
commentateurs : le vendeur changeait de rang. Le nouveau
texte pouvait alors contenir, quant à la durée de ce douzième
privilége, une autre innovation que nous approuvons sans réserve. Le droit privilégié du vendeur n'existe aujourd'hui que
si le navire n'a pas voyagé depuis la vente. Or si l'on comprend que le privilége des ouvriers et fournisseurs « n'enjambe »
pas d'un voyage sur l'autre (v. le numéro précédent), on n'a-

(1) N° 173. — (2) Dernière phrase du préambule de la déclaration de 1747.
— (3) N° 140.

perçoit pas, quand l'intérêt des ouvriers et fournisseurs n'est pas en cause ; pourquoi le vendeur perd le sien par l'effet d'un voyage.

148. Les codes belge, espagnol, égyptien, etc., reproduisent purement et simplement le texte du code français. Toutefois aux mots « les sommes dues aux vendeurs, » le code égyptien de 1875 a substitué ceux-ci : « le prix et les accessoires dus au vendeur. »

Le code chilien s'est inspiré du nôtre. Il place au septième rang les sommes dues au dernier vendeur du navire ou aux fournisseurs de matériaux, artisans et ouvriers employés à sa construction, si le navire n'a pas voyagé depuis la vente ou la construction ; et les sommes dues pour travaux, main-d'œuvre, les frais de réparations, équipement et approvisionnement du navire pour le dernier voyage, s'il a déjà navigué. Le privilége de ceux qui ont prêté des fonds pour la construction est étendu à ceux qui font des avances pour la réparation des avaries que peut souffrir un navire neuf avant son premier voyage. Le privilége des fournisseurs, artisans et ouvriers n'existe qu'autant qu'ils n'ont pas travaillé pour un entrepreneur à forfait ou qu'ils n'ont pas eu connaissance du forfait. Ils peuvent, alors même qu'ils n'auraient pas de privilége, réclamer du propriétaire du navire les sommes dont il est encore débiteur envers l'entrepreneur.

L'art. 285 du code italien scinde ce qu'avait réuni l'art. 191 du code français. Les sommes dues pour fournitures de matériaux, agrès, provisions, victuailles et main-d'œuvre, faites antérieurement au dernier voyage et directement au propriétaire du navire réparé, au capitaine ou à toute autre personne ayant mandat du propriétaire, et les sommes prêtées à la grosse sur le corps du navire et les agrès, avant le dernier voyage, figurent au huitième rang ; les sommes dues au constructeur, aux fournisseurs de matériaux pour la construction, aux ouvriers qui y ont été employés quand ces fournitures et prestations ont été faites directement au propriétaire, au capitaine ou à leur mandataire comme ci-dessus figurent au neuvième. Enfin « le prix du navire dû au vendeur » est relégué au douzième. Luigi Borsari (1) s'efforce de démontrer à quel point le code italien l'emporte ici sur le nôtre : ce sont les derniers services, dit-il, qui donnent au bâtiment l'impulsion décisive et le lancent pour ainsi dire, à la mer ; ils devaient donc être

(1) Il codice di commercio, etc., II, p. 23.

préférés aux créances qui se rattachent à la construction, les ouvriers constructeurs ayant d'ailleurs le droit de ne pas laisser
partir le navire avant d'être payés. Cette classification, ajoute-t-il,
est imposée par l'intérêt du commerce maritime : il importe que
ces indispensables auxiliaires de la dernière heure répondent sans
hésiter à l'appel de l'armateur et par conséquent ne redoutent pas
la concurrence des ouvriers et des fournisseurs antérieurs. Enfin
le jurisconsulte italien prouve aisément (1) qu'il est peu logique
de supprimer le droit privilégié du vendeur parce que le navire a
voyagé. Le projet français de 1867 adhérait pleinement, quant au
privilége du vendeur, on vient de le voir, à l'opinion du législateur
italien.

Le code hollandais (art. 313) place au septième rang « les frais
« du radoub nécessaire au navire et à ses apparaux, autres que
« ceux mentionnés au n° 6 (2), pendant les trois dernières années,
« à compter du jour ou le radoub a été achevé, » au huitième
« les dettes provenant de la construction du navire et les intérêts
« dûs pour les trois dernières années. » L'art. 315 ajoute : « Après
« les créances énoncées en l'art. 313, seront encore privilégiés sur
« les navires : 1° Le prix d'achat du navire non payé avec les in-
« térêts dus pour les deux dernières années... » Les art. 1021
§ 8 et 9, 1023 § 1 du code argentin reproduisent les articles 313 § 7
et 8, 315 § 1 du code hollandais. Tel est aussi le système du code
portugais, qui ajoute seulement à l'art. 313 § 8 du code hollandais
ces mots : « Si le contrat a été fait par écrit et avec date certaine. »
L'article 1302 du code portugais place au douzième et dernier
rang le prix d'achat du navire ainsi que les intérêts des deux
dernières années.

Le code brésilien, après avoir énuméré neuf catégories de priviléges dans son art. 970, s'exprime ainsi dans son art. 971 : « Sont
« également privilégiés, bien que contractés antérieurement au
« dernier voyage : 1° les frais de construction du navire, pendant
« trois ans, à compter du jour où la construction a été achevée ;
« 2° les frais de réparation du navire et de ses apparaux, pendant
« deux années, à compter du jour de l'achèvement des tra-
« vaux (3). » L'art. 275 du code suédois place au quatrième rang,
pour être payées sur le montant du navire et sur le fret brut du
voyage, les avances faites par un des copropriétaires du navire pour

(1) Ib., p. 28. — (2) V. ci-dessus, n° 138. — (3) On lit dans l'art. 473 du
même code : « Les créanciers sont colloqués sur le prix dans l'ordre indiqué par les art. 470 et 471. »

la construction , l'armement ou l'entretien et à raison desquelles il a un recours contre ses coparticipants. Celui pour le compte duquel le navire est construit et qui avance au constructeur des fonds ou des matériaux exerce également pour le recouvrement de ses avances ou de la somme qui les représente une action privilégiée (art. 3).

Aucune disposition du titre X, livre V du code allemand ne correspond à l'art. 191 § 8 du code français.

D'après la législation des Etats-Unis, quand des réparations ont été faites ou quand des fournitures indispensables ont été livrées à un bâtiment étranger ou à un bâtiment dans le port d'un Etat auquel il n'appartient pas, la créance est garantie par un privilége sur le navire (1). Elle n'est privilégiée que si la nécessité des réparations ou des fournitures est établie (2). Il suffit d'ailleurs, pour que le privilége puisse être revendiqué, que l'aspect du bâtiment révèle l'urgence des réparations (3). Bien plus, quand un navire est réparé ou s'approvisionne hors du *home-port*, la nécessité des travaux ou des fournitures se présume, toute espèce de preuve contraire étant bien entendu réservée (4). En ce qui touche la distinction entre le *home-port* et le *foreign-port*, chaque Etat de l'Union est regardé comme étranger aux autres : des ouvriers de New-York ayant radoubé un navire de Boston auraient donc un privilége en cour d'amirauté. La jurisprudence reconnaît formellement le droit de suite des ouvriers et des fournisseurs (5). D'après l'usage général, il est vrai, le privilége ne survit pas au voyage pour lequel ont été faits les travaux et les fournitures (6). Bien plus, d'après la législation spéciale du Massachusset, le privilége ne survit pas à l'arrivée du bâtiment dans un port quelconque d'un autre Etat (7).

149. L'art. 191 plaçait jadis au neuvième rang « les sommes prê- « tées à la grosse sur le corps, quille, agrès, apparaux pour radoub, « victuailles, armement, équipement avant le départ du navire. »

---

(1) The general Smith 4 Wheaton , 438 ; Peyroux c. Howard , 7 Peters , 324 ; The Nestor, 1 Sumner, 73 ; The Chusan, 2 Story's R., 455. V. un très-grand nombre d'autres arrêts cités par Dixon, p. 62. — (2) The Guy, 9 Wallace's R., 758 ; The Eledona, 2 Benedict's R., 31, etc., etc., (v. Dixon, ib.). — (3) Telle est du moins l'opinion de Dixon, mais il semble que la jurisprudence ait varié sur ce point. — (4) The Washington Irving, 2 Benedict's R., 318. — (5) Davis v. Brig., Gilpin's R., 473. — (6) The Boston, 1 Blatchford and Howland's R., 309. — (7) *Though it be a port of necessity* (The Sam Slick, 2 Curtis' C. C. R., 480 ; s. c. 1 Sprague's Decisions , 289). Cf. Dixon, p. 64.

Mais l'art. 27 de la loi du 10 décembre 1874 est ainsi conçu :
» Les paragraphes 9 de l'art. 191 et 7 de l'art. 192 co. sont
« abrogés. »

Le rapport de M. Grivart explique en termes excellents cette
innovation : « L'art. 27, y lit-on, a pour objet de faire disparaître
« un des priviléges admis par la loi commerciale, celui du prêteur
« à la grosse pour radoub, victuailles, armement et équipement
« avant le départ du navire. Ce privilége naît de la convention ;
« il n'est soumis qu'à une condition qui dépend de la volonté des
« parties, celle du dépôt d'une expédition ou d'un double de l'acte
« au greffe du tribunal de commerce dans les dix jours de sa date.
« N'est-il pas clair, dès lors, que son maintien est incompatible
« avec l'institution de l'hypothèque ? La garantie du prêteur hypo-
« thécaire serait illusoire s'il était loisible au débiteur, en contrac-
« tant un emprunt à la grosse, d'enlever son rang à l'hypothèque
« qu'il vient de constituer. Quels services, du reste, rend au
« commerce maritime le prêt à la grosse avant le départ ? Aucun,
« car il y a dans ce moyen de se procurer des fonds quelque chose
« de si anormal, il est si onéreux que nul armateur, soucieux de
« son crédit, n'oserait y recourir. On n'y recourt pas en effet, et
« nous avons recueilli ce témoignage que le prêt à la grosse avant
« le départ est resté sans application. Nous ne devions pas dès
« lors hésiter à sacrifier un privilége qui, dépourvu de toute utilité
« propre, eût été un très-grave obstacle au développement du
« crédit hypothécaire. »

Nous approuvons entièrement cette réforme. Les auteurs du
projet de révision que nous ne cessons de comparer au texte, parfois suranné, de notre code avaient déjà, sept ans plus tôt, déclaré
le prêt à la grosse avant le départ « impraticable » et constaté
qu' « il ne rendait pas de services. » Ils le rayaient de nos lois
commerciales. « Voilà, dit M. de Courcy dans ses questions de
« droit maritime (1), le contrat de l'ancien régime, celui qui était
« déjà presque entièrement tombé en désuétude avant de se
« trouver aboli de fait par la loi du 10 décembre 1874. »

L'ancien paragraphe 9 de notre art. 191 est encore reproduit
par le code belge, par le code espagnol et même par le code égyptien de 1875. Nous avons vu le privilége des prêteurs à la grosse
avant le départ figurer au huitième rang dans le code italien. Il
figure au même rang dans le code du Chili, au dixième dans les

(1) p. 31.

codes argentin et brésilien, au neuvième dans les codes hollandais (1) et portugais. L'art. 275 du code suédois place au second
rang, nous l'avons vu, sur le même plan que l'indemnité d'avarie
et les obligations résultant de la vente d'une partie de la cargaison
pour venir au secours du navire « les sommes empruntées à la
« grosse par le capitaine, » sans distinguer si elles ont été empruntées avant ou pendant le voyage. Le code allemand classe
sous le numéro 6 « les contributions du navire aux avaries grosses »
et sous le numéro 7 « les actions des prêteurs à la grosse à qui le
« navire est engagé ainsi que celles pour opérations de crédit con-
« clues par le capitaine, en cas de force majeure, pendant le sé-
« jour du navire en dehors du port d'attache (art. 497 et 510), que
« le capitaine soit copropriétaire ou seul propriétaire du na-
« vire (2); » mais l'art. 757 § 7 doit être combiné avec l'art. 681 du
même code, ainsi conçu : « Le capitaine (3) ne peut emprunter à
« la grosse que dans les cas suivants : 1° pendant le séjour du na-
« vire dans un port autre que le port d'attache, à l'effet d'achever
« le voyage selon les articles 497, 507 à 509 et 511 ; 2° pendant le
« cours du voyage, dans le seul intérêt des ayant-droit à la car-
« gaison selon les art. 504, 511 et 634. »
Aux Etats-Unis, d'après le résumé de Dixon, le prêt à la grosse
est privilégié, sans distinction, quand il est conclu sous l'empire
d'une nécessité rigoureuse (et l'on présume qu'il en est ainsi jusqu'à preuve contraire) : il est alors réputé sauver le navire, et
c'est là le fondement du droit de préférence.
Le prêt à la grosse avant le départ subsiste dans la législation
grecque. Un prêt de ce genre ayant été conclu à Hermopolis de
Syra avant la loi du 10 décembre 1874 et l'exécution en ayant été
demandée en France après la promulgation de cette loi, le tribunal
de Marseille décida le 8 avril 1876 (4) que ce privilége, désormais banni de la loi française, ne pouvait plus être revendiqué

(1) Mais le profit maritime, dit l'art. 363 § 9 du code hollandais, n'est
pas compris dans ce privilège. — (2) L'art. 757 § 7 ajoute : « Sont assi-
« milées à ces actions celles ayant pour objet des fournitures ou des travaux
« faits au comptant au capitaine pendant le séjour du navire en-dehors
« du port d'attache, en cas de force majeure, pour la conservation du na-
« vire ou l'achèvement du voyage, pourvu que ces fournitures ou travaux
« aient été commandés par les circonstances. » — (3) L'art. 680 est ainsi
conçu : « Le contrat à la grosse, dans le sens du présent code, est une opé-
« ration de prêt contractée par le capitaine en vertu des pouvoirs que lui
« confère le présent code, etc. — (4) Journal du droit intern. privé 1876,
p. 455.

devant les tribunaux français. Toutefois les art. 5 et 6 de la loi grecque du 13 novembre 1851 disposant que le privilége dégénère en simple hypothèque « lorsque le bâtiment entreprendra « un nouveau voyage sans que les prêts aient été acquittés ou « lorsque, le navire n'étant pas arrivé au lieu de sa destination, « plus de six mois se sont écoulés à dater du jour du départ du « lieu où a été contracté l'emprunt si le bâtiment voyage dans la « Méditerranée, le Pont Euxin, la mer d'Azow et le Danube, ou « après neuf mois dans tout autre lieu, » le même tribunal jugea que le prêteur, en Grèce, eût été valablement colloqué comme créancier hypothécaire en vertu de son titre et que cette collocation, ne se trouvant en conflit avec aucune disposition de la loi française actuelle, lui appartenait également en France.

150. L'art. 191 modifié par la loi du 10 décembre 1874 place au neuvième rang « le montant des primes d'assurances faites sur « le corps, quille, agrès, apparaux et sur armement et équipement « du navire, dues pour le dernier voyage. »

L'art. 16, tit. XIV, l. I de l'ordonnance ne parlait pas des assureurs. « Si cet article n'en a pas parlé, dit Valin, c'est vraisembla- « blement parce que l'ordonnance suppose en plusieurs articles du « titre des assurances que la prime se paie comptant au moment « de la signature de la police, tandis que par l'usage de cette « place (La Rochelle) et de plusieurs autres, elle ne se paie qu'a- « près l'arrivée du navire à bon port. Quoi qu'il en soit, l'assureur « du navire a sans difficulté un privilége sur le navire pour le « paiement de sa prime, comme l'assureur d'un chargement a pri- « vilége sur le même chargement. C'est ce qui résulte de la dispo- « sition de l'art. 18 du titre des contrats à la grosse... (1) »

Mais on s'accordait sur l'existence, non sur le rang de ce privilége. Emérigon préférait les donneurs avant le départ aux marchands-chargeurs, les marchands-chargeurs aux assureurs créanciers de la prime (2). Valin colloquait par concurrence l'assureur et le prêteur à la grosse : « de là il s'ensuit, ajoute-t-il, que « le prêteur à la grosse étant préféré par cet article (art. 16, tit. « XIV, l. I) aux marchands-chargeurs, l'assureur doit l'être aussi « tout de même (3). »

Les rédacteurs de notre code s'étaient conformés à l'opinion

---

(1) Ainsi conçu : « S'il y a contrats à la grosse et assurance sur un même « chargement, le donneur sera préféré aux assureurs sur les effets sauvés du « naufrage pour son capital seulement. » — (2) Contr. à la grosse, ch. XII, section 4. — (3) l, p. 364.

d'Emérigon en préférant les donneurs avant le départ aux assureurs et à l'opinion de Valin en préférant les assureurs aux marchands-chargeurs.

Emérigon (1) justifie le privilége de l'assureur en disant que « par « les risques dont il s'est chargé, il a donné le mouvement et la « vie à l'expédition maritime. » C'est exact et l'on conçoit cette faveur accordée au contrat d'assurance, puisque le commerce maritime ne peut pas se passer de l'assurance. Il serait injuste, ajoutons-nous, que les droits des créanciers hypothécaires pussent s'exercer sur le produit des assurances et que l'assureur, garantissant ainsi le recouvrement de leurs droits, ne leur fût pas préféré sur le navire pour le remboursement de la prime. De même, quand le montant de l'assurance est distribué aux créanciers chirographaires, l'assureur doit leur être préféré pour le montant de la prime, alors qu'il leur a, sinon conservé tout le gage commun, du moins procuré l'équivalent de ce qui manque au gage.

151. Y a-t-il antinomie entre l'art. 191 et l'art. 331 du code de commerce, qui admet le concours au même degré du prêteur à la grosse et de l'assureur ? A mon avis, les deux textes sont conciliables. Il s'agit dans l'art. 191 d'un navire saisi et vendu après son retour, dans l'art. 331 d'un navire qui a fait naufrage ; on suppose (2) dans l'art. 191 que l'assureur est créancier d'une prime, dans l'art. 331 qu'il a payé la perte sur laquelle il y a sauvetage (3). Cet article 331 soulève un assez grand nombre de questions difficiles qui se sont encore compliquées depuis que la loi du 10 décembre 1874 a supprimé le privilége inscrit en l'art. 191 § 9. Nous les examinerons ultérieurement.

152. Il ne faudrait pas argumenter *a contrario* des mots « *corps, quille, agrès ou apparaux, armement et équipement du* « *navire* » pour soutenir que, s'il s'agit d'une assurance sur facultés, la prime cesse d'être privilégiée. Dalloz, pour établir cette proposition, se contente de rappeler « qu'on ne peut suppléer au

---

(1) Traité des assur., ch. III, sect. 9. — (2) *Sic* Dageville, II, p. 672 ; Alauzet, IV, n° 1987. — (3) « Attribuer de préférence aux assureurs des « quatre cinquièmes, dit M. de Courcy (Quest. de droit marit., p. 38), un pri- « vilége exclusif sur le sauvetage au prêteur d'un cinquième de la valeur, « c'eût été rendre les assurances impossibles ou onéreuses et offenser les « intérêts du commerce maritime au lieu de les servir. Le concours s'im- « posait donc. Le prêteur était averti qu'en cas d'heureux retour il aurait « le gage entier pour garantie, outre le crédit personnel de l'emprunteur, et « qu'en cas de naufrage il partagerait les épaves avec les assureurs, aux- « quels l'opération ne pouvait donc pas être préjudiciable. »

« silence de la loi pour créer un privilége. » Mais l'art. 331, en
faisant concourir le prêteur et l'assureur sur le même navire et
« sur le même chargement, » suppose évidemment que l'assureur
sur facultés est privilégié, comme l'assureur sur corps, pour le
recouvrement de la prime. M. Laurin (1) emprunte un autre argument, non moins sérieux, à l'art. 320, qui déclare le chargement,
comme le corps du navire, affecté par privilége au capital et aux
intérêts de l'argent donné à la grosse. Le prêt à la grosse, dit-il,
contient une assurance implicite : c'est pourquoi dans l'ancien
droit, quoique l'art. 16, tit. XIV, l. I de l'ordonnance parlât exclusivement de ceux qui auraient « prêté pour radoub, victuailles et
« équipement avant le départ, » on admettait « sans difficulté (2) »
le privilége de l'assureur. Enfin on ne peut supposer que le législateur de 1807 ait voulu déroger à la pratique universelle, consacrée par l'opinion de Valin (3) et d'Emérigon (4). Je ne crois donc
pas qu'il faille imputer, sur ce point, une inconséquence à notre
code de commerce (5).

153. La prime n'est privilégiée que si elle est due pour le
dernier voyage. Quel est ici le sens des mots « dernier voyage? »

Il est indubitable qu'il ne faut pas, pour l'expliquer, recourir
aux art. 193 et 194. J'ai dit plus haut, en commentant notre paragraphe 8, que les conditions énumérées dans les art. 193 et 194
étaient uniquement exigées pour éteindre le droit de suite des
créanciers du vendeur en cas de vente volontaire. Le législateur
voulait encourager le commerce maritime en donnant une garantie
spéciale à ceux qui mettent le navire, revenant d'un voyage, à
même d'en entreprendre un nouveau : il eût manqué son but,
ainsi que l'a très-bien expliqué la cour de cassation, « si les gens
« de l'équipage n'avaient été privilégiés pour leurs gages, les as-
« sureurs pour leur primes qu'autant que le voyage aurait lieu
« dans les conditions de l'art. 194 (6). »

Par une conséquence nécessaire, on n'appliquera pas davantage
les articles 193 et 194 lorsqu'il s'agira d'apprécier si les voyages
accomplis après l'expiration du temps des risques ont fait perdre
à l'assureur son privilége. C'est la question même qu'avait à trancher la cour de cassation le 12 mai 1858. La *Madinina*, assurée
pour dix-huit mois de navigation, avait fait après l'expiration du

(1) l, p. 113. — (2) Valin : v. ci-dessus n° 150. — (3) V. ci-dessus n° 150.—
(4) V. la sect. 9 du ch. III (traité des assurances), intitulée : *hypothèque et
privilége de la prime.* — (5) Sic Aix, 16 mars 1857, Rec. de M. 35, 1, 81.—
(6) Civ. cass. 12 mai 1858, D. 58, 1, 208.

temps des risques et pendant plus de deux mois divers voyages de Porto-Rico à Saint-Pierre et de Saint-Pierre à Porto-Rico : comme ces derniers voyages ne réunissaient pas les conditions exigées par les articles 193 et 194, la cour de la Martinique décida que les assureurs n'avaient pas perdu leur privilége. Son arrêt fut cassé, et devait l'être (1).

Toutefois la cour de cassation semblait réserver une autre question, beaucoup moins facile à résoudre : « Attendu, lit-on dans « son arrêt, que, pour accorder à la compagnie d'assurances le « privilége qu'elle réclame, l'arrêt attaqué ne s'est pas fondé, « comme le suppose le pourvoi, sur ce que les voyages qui ont eu « lieu après la cessation des risques n'auraient été que la conti- « nuation de celui qui aurait été entrepris par la *Madinina* et qui « n'aurait dû prendre fin qu'au retour du navire dans le port de « France où il serait parti, que son seul motif a été que ces voyages « n'avaient pas eu la durée légale, etc. » Que faudrait-il donc dé- cider si l'on soutenait que le voyage postérieur à la cessation des risques était la pure et simple continuation du premier voyage?

Attachons-nous d'abord à l'hypothèse sur laquelle la cour de la Martinique avait statué le 14 décembre 1855. Un navire est assuré « pour dix-huit mois de navigation et de séjour en tous lieux à « compter du ... » « En matière d'assurance, disait Emérigon, « toute navigation assurée, si compliquée qu'elle soit, constitue « un voyage simple. » La durée du voyage est, on le reconnaît unanimement, dans le droit moderne comme dans l'ancien droit, la durée même du contrat : il n'y a qu'une navigation, à propre- ment parler, dans les rapports de l'assureur et de l'assuré quel que soit le nombre effectif des allées et venues depuis le premier jour du premier mois jusqu'au dernier jour du dix-huitième. Ce point est hors de controverse (2).

Mais à l'expiration du dernier mois, le bâtiment navigue encore. Que décider ? C'est, on peut le supposer, le même trajet qui s'a- chève : au bout d'une semaine, on peut le supposer encore, le na- vire aura regagné le port. Le privilége subsiste-t-il ? Deux systèmes sont en présence.

Premier système. Si l'on confond en un seul voyage tous ces voyages accomplis depuis dix-huit mois, c'est une pure fiction qui repose uniquement sur l'intention des contractants. En vain

(1) *Sic* Marseille, 5 déc. 1865. Assur. c. liquid. Rostand, Bonnet et Cⁱᵉ. Rec. de M. 1866, 1, 18. — (2) Rouen, 7 juillet 1828. Dev. 9, 2, 112. Trib. de co. de Bordeaux, 28 mars 1865. Rec. de M. 1865, 2, 124.

dix voyages se sont succédé dans cette période : jusqu'à ce qu'elle soit terminée, c'est, par interprétation d'une volonté commune, le même voyage qui se poursuit, puisqu'un seul et même voyage est protégé par le contrat d'assurance. Or dès que cette période est terminée, la fiction peut-elle se prolonger ? Une seconde assurance pourrait être contractée à l'expiration du délai marqué par le premier contrat, une troisième assurance lui succèdera peut-être, car le retour du navire, s'il peut être prompt, peut aussi se faire longtemps attendre, et la même règle doit être appliquée dans les deux hypothèses. Est-il conforme à l'esprit de la loi d'admettre le concours de ces différentes primes, se rattachant à des périodes distinctes de la navigation ? Le législateur n'a voulu parler, sans nul doute, que du voyage *assuré* : comment attribuer au mot voyage, quand le privilége de l'assureur est en jeu, un sens différent de celui qu'y ont attaché les contractants, dont l'un est précisément cet assureur (1) ? En dépit de la réserve que je mentionnais tout à l'heure, l'arrêt du 12 mai 1858 semble avoir consacré cette interprétation : « attendu, dit la cour de « cassation, que ce privilége ne peut plus être réclamé quand un « nouveau voyage a été fait par le navire après celui pour lequel « la prime d'assurance est due. » Or la prime est exclusivement due pour la navigation qui finit au temps fixé par la police. Ces arguments sont assurément sérieux et nous avions tout d'abord adopté l'opinion qu'ils fortifient.

Deuxième système. C'est pourtant, après une très-longue hésitation, à une autre interprétation de la loi, soutenue par Dufour et par M. Demangeat, que nous croyons devoir adhérer. On ne peut guère se livrer en cette matière à une série de déduction théoriques sans faire entrer en ligne de compte les nécessités de la vie commerciale. Il nous paraît bien difficile de soutenir que ce trajet d'une semaine postérieur au dix-huitième mois constitue « un dernier voyage » et qu'il faille prononcer alors la déchéance du privilége. L'arrêt de 1858 ne tranche pas la question, puisqu'il s'agit toujours de savoir si un *nouveau voyage* a été fait. Il semble au contraire que la déchéance n'eût pas été prononcée si le trajet postérieur « à la cessation des risques » n'eût été qu'une « conti- « nuation » de voyage. Nous inclinons à penser que l'art. 191 a voulu parler non du voyage assuré, mais du voyage réel. Le premier système aboutit, en effet, à des conséquences aussi peu

_____
(1) *Sic* Laurin, 1, 114.

pratiques que profondément injustes. Si la loi crée un privilége,
ce n'est pas pour que le créancier privilégié puisse en être dépouillé
sans avoir été mis à même de l'exercer. Or l'art. 191 deviendrait
pour l'assureur une lettre morte dans l'hypothèse fréquente où le
voyage réel dépasserait tant soit peu le voyage assuré. La cour
de Rouen, pour justifier cette contradiction, s'exprime ainsi : « Il
« est manifeste qu'une autre compagnie serait fondée, le cas
« échéant, à réclamer un privilége pour la suite du voyage qui,
« par rapport à elle, eût été le dernier voyage. (1) » *Par rapport
à elle !* C'est précisément la question qu'il s'agit de résoudre. Ne
peut-on pas admettre qu'il y avait alors deux assureurs pour le
dernier voyage, que tous deux auraient droit au privilége établi
par l'art. 191 § 10 et qu'ils viendraient dès lors en concours ? Cet
art. 191 § 10 ne cherche pas à déterminer les effets de l'assurance;
il accorde une faveur à celui qui a couru les risques de la navigation après laquelle le gage est vendu. Il semble donc, si l'on
remonte à la source du privilége, que la même faveur doive protéger les différentes primes stipulées à l'occasion de la navigation
tout entière, c'est-à-dire depuis le port de départ jusqu'au port
d'arrivée (2).

Nous inclinons également à décider par les mêmes motifs que,
si le navire prend la mer pour aller du Havre à New-York et
revenir de New-York au Havre, le privilége de l'assureur, dans
le cas où l'assurance est faite *pour l'aller seulement*, ne sera pas
perdu quand le navire aura quitté New-York pour revenir au
Havre. La cour de Bordeaux croit, au contraire, que, « le para-
« graphe 10 de l'article 191 déclarant privilégié sur le navire le
« montant des primes d'assurances dues pour le dernier voyage,
« si l'aller et le retour ont été l'objet d'assurances séparées, ils
« ont *nécessairement* constitué pour les assureurs deux voyages
« qui ne peuvent se confondre (3). » Cette conclusion ne semblait
pas inévitable à Casaregis : l'illustre juriconsulte (4) suppose qu'un
navire se rend de Gênes à Lisbonne et qu'il a dû faire escale à
Barcelone, à Alicante, à Cadix; diverses assurances, correspondant à chaque trajet partiel, ont été conclues *distinctis præmiis* :
la multiplicité des assurances n'implique pas la multiplicité des
voyages (*non recte infertur a diversis assecurationibus ad plura
navis viaggia*). On peut se convaincre en outre par la lecture de
ce texte que, dans la vieille langue du droit maritime, le mot

---

(1) Rec. de Rouen 1853, p. 61. — (2) Cf. Dufour, I, n° 221. — (3) Arrêt
du 5 mars 1861. D. 62, 2, 54. — (4) Disc. 67, n° 30.

« voyage », en matière d'assurances, embrassait à la fois l'aller
et le retour, si l'on ne s'était pas autrement expliqué (1). Mais la
raison déterminante est, ici comme tout à l'heure, dans l'intolé-
rable situation qui serait faite à l'assureur. Il ne pourrait plus
exercer son privilége au Havre, puisqu'il en serait privé par le
« voyage » de retour; mais il n'aurait pas pu l'exercer davantage
à New-York, parce que l'art. 215 défend de saisir un navire en
voyage. M. Laurin écarte, il est vrai, l'objection en niant que
l'art. 215 s'applique à cette situation. Nous croyons, au contraire,
avec tous les auteurs qu'il s'y applique. L'arrêt de Bordeaux supprime donc purement et simplement le privilége de l'assureur
quand l'assurance n'a été contractée que pour l'aller. Telle ne paraît
pas avoir été l'intention du législateur.

Les réformateurs de 1867 n'avaient qu'imparfaitement corrigé
l'ancien texte en proposant la rédaction suivante : « Le montant
« des primes d'assurances faites sur le corps, quille, agrès, ap-
« paraux et sur les armement et équipement du navire, dues
« pour le dernier voyage quand l'assurance est faite au voyage
« ou pour la dernière année quand l'assurance est faite à l'année. »

154. Quand l'assuré souscrit des *billets de prime*, ces billets
opèrent-ils novation dans la créance et l'assureur est-il déchu de
son privilége? Emérigon résolvait négativement la question :
« la police, qui est le titre commun des parties n'est point can-
« cellée, disait-il, et la novation ne s'opère ni par le nouveau
« délai accordé au débiteur ni par la nue réitération du titre (2) ».
Le parlement de Provence l'avait ainsi décidé le 21 juin 1776, et
la même règle devrait être appliquée sous l'empire des lois modernes (3).

Si le voyage est rompu avant le départ du navire, l'assurance
est annulée et l'assureur reçoit demi pour cent de la somme assurée
(art. 349). On s'est demandé, je ne sais pourquoi, si l'assureur
avait un privilége pour le recouvrement de cette indemnité. La réponse est simple : on ne crée pas des priviléges par induction.
D'ailleurs cette indemnité n'est pas assimilable à la prime : celle-
ci est la compensation des risques courus ; celle-là est une restitution à forfait des déboursés qu'a pu faire l'assureur.

155. Nous n'insistons pas sur les codes qui reproduisent pu-

(1) *Dari potest casus quod duo, tres et quatuor ac ulteriores assecu-*
rationes ex voluntate partium sequantur in unico et eodem navis viag-
gio, quinimo in solo itu navis vel reditu... — (2) Traité des assurances,
ch. II, sect. 9. — (3) *Sic* Dufour, I, n° 228.

rement et simplement notre art. 191 § 10, tels que les codes espagnol, portugais, égyptien. On sait que la législation des assurances en Belgique a été remaniée par la loi du 11 juin 1874, dont les six premiers chapitres (art. 1 à 32) tracent des règles communes à toutes les assurances. Or l'art. 23 est ainsi conçu : « L'assureur a un privilége sur la chose assurée. Ce privilége est « dispensé de toute inscription. Il prend rang immédiatement « après celui des frais de justice. Il n'existe, quel que soit le « mode de paiement de la prime, que pour une somme correspon- « dant à deux annuités. » Si ce texte fait passer le privilége de l'assureur avant tous les priviléges spéciaux de l'art. 191, hormis les frais de justice, l'innovation ne se justifie par aucun motif plausible.

Le code allemand n'accorde pas un droit de préférence aux assureurs pour le montant des primes (1). Il n'est pas non plus question de ce privilége dans le code hollandais ni dans le code suédois. Il n'en pouvait pas être question dans la législation russe, puisqu'une règle absolue prescrit de payer la prime au moment de l'assurance.

D'après la police de Trieste (2), en cas de faillite ou de cessation de paiements, l'assureur a le droit, si l'assuré réclame une indemnité, de déduire le montant de la prime, même si l'échéance fixée par la police n'est pas encore arrivée, et de retenir en outre toutes les autres primes déjà échues.

L'art. 470 du code brésilien place au huitième rang « les sommes « empruntées par le capitaine et les dettes par lui contractées pen- « dant le dernier voyage pour les réparations ou la garde du na- « vire, ainsi que les primes d'assurance de ces créances quand, « par ces emprunts, le capitaine a pu éviter de signer des lettres « de grosse, » au neuvième, en même temps que différentes indemnités, « les primes d'assurance sur le navire ou le fret. » L'art. 1021 du code argentin classe au n° 11 « les primes des « assurances faites, pendant le dernier voyage, sur le navire et « les apparaux. » Le code chilien classe au n° 9 les primes d'assurances dues pour le dernier voyage.

L'art. 285 du code italien classe au dixième rang les « primes de « l'assurance faite sur corps, agrès, armement ou équipement du « navire pour le dernier voyage, que le bâtiment ait été assuré au

_____

(1) V. art. 816. — (2) A Trieste, en matière d'assurances maritimes, on applique les clauses générales des polices et une clause spéciale qui se réfère subsidiairement au code de commerce italien.

« voyage ou à temps ; et s'il s'agit de pyroscaphes en navigation
« périodique assurés à temps, les primes afférentes au dernier
« semestre, et les répartitions et contributions dans les sociétés
« d'assurances mutuelles aussi pour les six derniers mois. » La
prime, remarque à ce propos Borsari, peut être unique quant à la
la constitution de la créance et divisible quant à la détermination
du privilége : dans la dernière hypothèse, la proportion de la
prime totale à la prime privilégiée sera celle de l'ensemble des
voyages garantis par l'assurance au dernier semestre de navigation : l'assureur sera créancier chirographaire du surplus. Si le
législateur eût autrement décidé, la prime afférente à certaines
navigations eût absorbé les priviléges inscrits aux numéros 11,
12 et 13 de l'art. 285.

156. L'art. 191 modifié par la loi du 10 décembre 1874 place
au dixième et dernier rang « les dommages-intérêts dus aux af-
« fréteurs pour le défaut de délivrance des marchandises qu'ils
« ont chargées ou pour remboursement des avaries souffertes par
« lesdites marchandises par la faute du capitaine ou de l'équi-
« page. »

L'ordonnance (art. 16, tit. XIV, l. I) avait dit purement et simplement : « en quatrième lieu, les marchands chargeurs. » Valin
fut moins concis : « Pour ce qui est de ces marchands chargeurs
« mis au rang des créanciers privilégiés, dit-il, on ne conçoit que
« deux cas où ils puissent se présenter. L'un est si les marchan-
« dises chargées pour leur compte dans le navire ne leur ont pas
« été remises, l'armateur du navire ou le capitaine les ayant rete-
« nues en tout ou en partie ; l'autre si, les marchandises leur ayant
« été délivrées, elles se sont trouvées avariées par le fait du
« maître ou des gens de l'équipage... Mais l'un et l'autre cas
« sont également difficiles à rencontrer, surtout le premier, un
« marchand chargeur étant, comme il est naturel, extrêmement
« attentif à demander la délivrance de sa marchandise et à la
« suivre partout, si le propriétaire et le capitaine refusent ou dif-
« fèrent de lui en faire la remise. Toujours est-il vrai que, hors
« ces deux cas, il n'y a pas de privilége à prétendre de la part des
« marchands chargeurs (1). » On voit à quel point le code s'est
inspiré de Valin.

Emérigon (2) reproche à l'ordonnance de n'avoir pas assigné
un meilleur rang aux marchands chargeurs. Ce reproche n'est

(1) I, p. 364. — (2) Contr. à la gr., ch. XII, sect. 4.

pas fondé. Pourquoi les marchands chargeurs sont-ils privilégiés ?
Ils n'ont ni réalisé ni conservé le gage commun. Tous les commentateurs du code répètent après Emérigon cette phrase de
Cleirac : « Le batel est obligé à la marchandise et la marchandise
« au batel. » Cette citation prouve l'usage et ne le légitime pas.
Mais le droit maritime est avant tout une collection d'usages et
celui-ci remonte au consulat de la mer (1). Les rédacteurs du code
de 1807 n'ont pas touché à ce privilége : les rédacteurs du projet
de 1867 n'y touchaient pas davantage et maintenaient le texte
actuel en ajoutant, au quinzième et dernier rang, « les dommages-
intérêts pour cause d'abordage. »

On justifiait toutefois la création de ce nouveau privilége et l'on
peut justifier le maintien du dernier privilége inscrit dans l'art. 191
par la considération suivante, que j'emprunte à la *note explicative*
imprimée en 1867 (2) : « Les créances qui résultent du préjudice
« causé par le navire ne sauraient être confondues avec les cré-
« ances chirographaires, qui n'ont aucun lien direct et ostensible
« avec le bâtiment. »

157. Tout le commentaire de cet article est dans la phrase de
Valin, que je citais plus haut : « Hors ces deux cas, il n'y a pas
« de privilége à prétendre de la part des marchands chargeurs. »
Il faut donc subordonner à l'art. 191, § 10, comme l'enseignent
MM. Bédarride (3), Demangeat (4), Laurin (5) et Dufour (6),
l'art. 280, ainsi conçu : « Le navire, les agrès et apparaux, le fret
« et les marchandises chargées sont respectivement affectés à l'exé-
« cution des conventions des parties. » Il est inadmissible que les
rédacteurs de notre code aient entendu consacrer deux doctrines
différentes dans deux titres du même livre : ils ont d'ailleurs trop
exclusivement écouté Valin pour n'avoir pas fait pénétrer toute la
doctrine de Valin dans l'œuvre législative de 1807 (7).

Toutefois M. Laurin pense que les dommages-intérêts alloués
pour simple retard dans la délivrance peuvent être privilégiés au
moins si le retard est tel qu'il doive être assimilé à un défaut de

_____

(1) V. ci-dessus nº 105. — (2) p. 13. — (3) I, nº 134. — (4) IV, p. 82. —
(5) I, p. 116. — (6) I, nº 232. — (7) *Sic* trib. civ. de Marseille, 3 mars 1870.
Rec. Aix 1871, p. 159. Le jugement du tribunal s'approprie la phrase suivante de Valin : « S'il ne s'agit que des dommages et intérêts prétendus par
« un affréteur qui, à l'occasion de la saisie réelle du navire ou autrement
« aura été obligé de retirer du navire les marchandises qu'il y avait char-
« gées ou qui aura été empêché d'y faire son chargement, il est évident qu'à
« cet égard sa créance est simple et ordinaire... »

délivrance. Il y a , sans nul doute , une question de fait préalable à trancher : les dommages-intérêts sont-ils dus pour un défaut de délivrance ou pour un retard dans la délivrance ? Mais si l'on se place dans la seconde hypothèse , je n'admets pas qu'un retard prolongé puisse transformer une créance chirographaire en créance privilégiée. C'est à bon droit que Dufour (1) invoque dans cette discussion le chapitre 13 du Consulat de la mer : « S'il « se perd quelque chose à bord (*E si res se pert en la nau*), » y lit-on : d'après ce texte, auquel il faut rattacher l'ordonnance de 1681 , le privilége n'est engendré que par le défaut absolu de délivrance. Valin n'enseigne pas autre chose, quoiqu'en dise M. Laurin : il ne s'agit pas dans cette phrase : « l'armateur du « navire ou le capitaine ayant retenu les marchandises en tout « ou en partie, » d'une rétention « provisoire (2) ». Valin ajoute, en effet, que « ce cas » est on ne peut plus « difficile à rencon- « trer, » le marchand chargeur étant extrèmement attentif à de- mander « la délivrance : » il eût tenu sans nul doute un autre langage s'il eût pu ne s'agir que d'une rétention provisoire exercée sur tout ou partie de la cargaison.

158. Nous n'insistons pas sur les codes qui reproduisent purement et simplement notre art. 191 § 11, tels que les codes belge, espagnol, portugais, argentin, égyptien. Le tribunal de commerce d'Anvers (15 juin 1863) (3), comme les tribunaux fran- çais, limite rigoureusement le privilége aux deux cas prévus par le texte.

Le code chilien se rapproche beaucoup du nôtre en classant au dixième rang « les indemnités dues aux chargeurs pour défaut « de livraison des marchandises et avaries souffertes par la faute « du capitaine ou de l'équipage et celles qui sont dues au passager « pour les objets confiés à la garde du capitaine. » L'art. 285 § 11 du code italien est également calqué sur l'art. 191 § 11 du code français : on a seulement ajouté aux mots « des avaries souffertes « par lesdites marchandises » les mots : « dans le dernier « voyage. »

Le privilége des affréteurs sur les bâtiments de mer n'est pas mentionné dans les art. 313 et suivants du code hollandais, et nous le retrouvons pourtant dans l'art. 750 du même code, au dernier

---

(1) I, n° 233. V. dans le même sens un jugement du tribunal de commerce de Marseille du 25 octobre 1865 (Rec. de M. 1865, 1, 323) subordonnant ex- pressément l'art. 280 à l'art. 191. — (2) M. Laurin, I, p. 119. — (3) Rec. d'An- vers, 63, 1, 349.

rang des dettes qui peuvent être exigées par privilége sur le produit des navires et bateaux naviguant dans les rivières et eaux intérieures (1).

L'art. 470 du code brésilien classe au neuvième rang, en même temps que les primes d'assurance « les indemnités dues pour dé-« faut de remise du chargement, et les indemnités dues pour « avaries ordinaires et généralement pour tous faits relatifs au « dernier voyage. »

Le code suédois ne mentionne pas le privilége des affréteurs sur le navire.

Comme les auteurs du projet de révision de notre code (1867) (2), les rédacteurs du code allemand (1861) ont pensé que les créances résultant du préjudice causé par le navire avaient un lien direct avec ce navire et ne devaient pas être confondues avec les créances chirographaires. Ils ont même poussé l'application de cette idée jusqu'à ses dernières limites. L'art. 757 classe sous le n° 8 « les actions à « raison de non livraison ou d'avarie des marchandises du charge-« ment et des effets des voyageurs mentionnés au deuxième para-« graphe de l'art. 674 (3), » puis sous le n° 9 « les actions non pré-« vues par un des paragraphes qui précèdent à raison d'actes con-« clus par le capitaine en vertu de ses attributions légales et non « en vertu d'un pouvoir spécial (art. 452 § 1), ainsi que les actions « non prévues ci-dessus à raison d'inexécution ou d'exécution in-« complète ou défectueuse d'un contrat conclu par l'armateur, « pourvu que l'exécution de ce contrat rentre dans les attributions « du capitaine (art. 452, § 2), » enfin sous le n° 10 « les actions « provenant de la faute d'une personne de l'équipage, même « lorsqu'elle a la copropriété ou la propriété entière du navire. » Ces textes élastiques étendent démesurément, selon nous, la liste des créances privilégiées : le projet de révision que nous citions tout à l'heure était, quoique conçu dans le même ordre d'idées, plus sobre et plus pratique. J'incline d'ailleurs à penser qu'il n'y a pas lieu de compléter, sur ce point, le code de 1807.

159. Nous avons énuméré tous les priviléges qui peuvent être exercés sur le navire en vertu de l'art. 191, mais non tous les priviléges qui peuvent être exercés sur le navire.

---

(1) Art. 750, 2° h. Les dommages et intérêts dus aux affréteurs pour défaut de délivrance des marchandises ou pour le remboursement des avaries occasionnées par l'infidélité ou la faute du capitaine ou de l'équipage. — (2) V. ci-dessus n° 156. — (3) C'est-à-dire des effets « reçus par le capi-« taine ou par un tiers chargé de les recevoir. »

Il faut nécessairement résoudre une première question : les privilèges généraux sur les meubles (art. 2101 du code civil, 549 du code de commerce) grèvent-ils les bâtiments de mer ? La réponse est facile : les navires sont meubles ; comment les soustraire à des privilèges établis « sur la généralité des meubles ? »

Par application du même principe, le privilège conféré à l'administration des douanes par les lois du 22 août 1791 et du 4 germinal an II atteint également les navires. La cour d'Aix avait, le 13 janvier 1823, soumis la *Bien-Aimée* au privilège général de la douane sur les biens meubles du redevable ; le pourvoi dirigé contre cet arrêt fut rejeté le 14 décembre 1824 (1), et devait l'être.

Il faut même admettre, malgré les difficultés pratiques qu'une telle solution doit susciter, que le navire peut être atteint par un des privilèges spéciaux inscrits dans l'article 2102 du code civil. Nous avons expliqué dans quels cas et à quelles conditions le vendeur pourrait se prévaloir de l'art. 2102 § 4.

M. Laurin (2) fait remarquer que les créanciers investis d'un privilège spécial par les art. 191 et 192 ne peuvent pas, à l'effet d'échapper aux déchéances prononcées par ces articles, faire revivre leur droit sous une autre forme en s'abritant derrière les art. 2101 et 2102. Cette proposition n'est pas rigoureusement exacte, puisque le vendeur, M. Laurin lui-même n'hésite pas à le reconnaître (3), peut, après avoir perdu le privilège de l'art. 191 § 8, opposer aux créanciers externes le privilège de l'art. 2102 § 4. Il est évident que les gens de mer, les fournisseurs, etc., ne pourraient pas davantage, en invoquant l'art. 2101 § 3, s'affranchir à l'égard des autres créanciers, privilégiés par la loi maritime, des règles imposées par cette même loi ; mais peut-on les traiter autrement que le vendeur et les empêcher d'opposer à la masse chirographaire le privilège attaché par la loi commune aux frais faits pour la conservation de la chose ?

Le tribunal de commerce du Havre, par son jugement du 28 août 1860 (4), la cour de Paris par son arrêt du 6 novembre 1866 (5) ne tranchaient pas, ce me semble, une question de ce genre. Il s'agissait de savoir si le capitaine (1re espèce) pouvait, en qualité de commis, revendiquer le privilège de l'art. 459 Co., si les marins (2e espèce) pouvaient, comme gens de service, revendiquer le

(1) Dall'oz, v° Privil., n° 625. — (2) I, p. 130. — (3) Ib., p. 109. — (4) D. 62, 3, 24. — (5) Rec. de M. 1867, 2, 132.

privilége de l'art. 2101. Il n'y a pas lieu de procéder par assimilation, est-il répondu, dans une hypothèse directement réglée par
la loi (1). C'est qu'en effet le privilége établi par l'art. 2101 § 4
pour le salaire des gens de service doit être renfermé dans les
termes limitatifs de cet article et ne peut dès lors être étendu aux
salaires de tous ceux qui louent leurs services dans le sens de
l'art. 1780. Le tribunal du Havre et la cour de Paris n'ont fait
qu'appliquer à un cas spécial la doctrine enseignée par Troplong
(2) et Valette (3) et consacrée à deux reprises par la cour de cassation (4).

160. Les navires peuvent-ils être donnés en nantissement ?
Le créancier nanti peut-il exercer le privilége inscrit dans
l'art. 2102 § 2 ? Oui, d'après une pratique universellement admise
dans nos ports de commerce (5).

Cette pratique est-elle conforme à la loi ? La chambre des requêtes et la chambre civile de la cour de cassation l'ont sanctionnée (6). Les navires ne sont-ils pas des meubles ? Un texte
quelconque a-t-il prohibé le nantissement de cette espèce de
meubles ?

Mais, la question doctrinale résolue, comment le nantissement
produira-t-il ses conséquences légales ? L'art. 2076 du code civil ne
laisse subsister le privilége sur le gage « qu'autant que ce gage a
« été mis et est resté en la possession du créancier ou d'un tiers
« convenu entre les parties. » Or le navire, étant fait pour naviguer, n'est pas un de ces meubles dont on puisse aisément laisser
la détention matérielle au premier venu. S'il faut, pour la garantie
d'un emprunt, que le navire passe aux mains du prêteur, il est
frappé d'indisponibilité et condamné à une inaction ruineuse.

Le créancier est sans doute réputé avoir « les marchandises »
en sa possession, aux termes de l'art. 92 du code de commerce,
lorsqu'elles sont à sa disposition dans ses magasins ou navires, à
la douane ou dans un dépôt public, et tout le monde reconnaît que
le mot marchandises doit être entendu *lato sensu.* L'art. 92 s'applique, je le concède, aux bâtiments de mer. Dès que la possession
matérielle peut être suppléée par des équivalents, il serait peu rai-

---

(1) Jugement du tribunal du Havre. — (2) Hypoth. I, nᵒ 142. — (3) Priv.
et hypoth., nᵒˢ 28 s. — (4) Req. 24 février 1864, Civ. cass., 9 juin 1873 (D.
64, 1, 135; 73, 1, 338). — (5) « Tel est l'usage général du commerce,
« comme l'attestent les juges consulaires de Nantes. » (Rennes, 29 décembre 1849. D. 52, 2, 9). — (6) Req. 2 juillet 1856. D. 56, 1, 428. Civ. cass.
9 juillet 1877. S. 77, 1, 375.

sonnable de ne pas étendre une telle règle à de tels méubles. Mais de quels faits la possession fictive va-t-elle résulter ? C'est ici qu'on cesse de s'entendre.

Je reconnais d'abord, non sans hésitation, mais il me semble difficile de ne pas reconnaître avec tous les tribunaux de commerce et la cour de cassation que le débiteur peut constituer un gage en recourant à une vente simulée, c'est-à-dire en vendant à son créancier le navire (sauf contre-lettre) pour le montant du prêt. « On « peut faire d'une manière indirecte, dit à ce propos la chambre « des requêtes (1), ce qu'on a le droit de faire directement : ainsi « l'on peut donner à gage un navire sous la forme d'une vente : il « suffit, pour la validité du gage, que l'acte de vente contienne « toutes les conditions exigées par la loi pour sa régularité, et « celles voulues par l'art. 2074 c. civ. pour le privilége sur la « chose remise en gage. » La cour de Rennes était même allée jusqu'à dire (2) : « Cette convention ne peut produire son effet que « sous la forme d'une vente, puisque la mutation sur l'acte de « francisation est le seul moyen d'opérer, à l'égard de l'adminis-« tration de la douane et surtout des tiers, la tradition d'un navire, « condition essentielle de tout nantissement, et le seul mode pra-« ticable pour conserver au créancier son privilége sur la chose. »

Il est à peine utile d'observer que toute vente simulée, quelle qu'ait été l'intention des parties, n'aboutit pas à la constitution du privilége. Dans une espèce où les propriétaires des navires, en vendant certaines parties de ces navires, n'en avaient pas abandonné la possession, mais avaient stipulé au contraire que la vente demeurerait occulte et ne serait point transcrite au dos de l'acte de francisation, la chambre des requêtes a jugé, le 25 mars 1872, qu'il n'y avait pas nantissement « puisque, d'une « part, les créanciers propriétaires des navires, ne s'étant point « dépouillés de la chose mobilière qui leur appartenait, n'avaient « pu recevoir cette chose à titre de gage, et que, d'autre part, « les débiteurs, n'ayant jamais reçu la possession de la même « chose, n'avaient pu transmettre cette possession à leurs créan-« ciers (3). » Dans une autre espèce où le vendeur avait stipulé que le navire serait francisé au nom d'un tiers, mais s'était borné à obtenir au nom de ce tiers un congé provisoire, la cour de Rouen jugea de même qu'il n'y avait pas nantissement; mais

_____

(1) Même arrêt. — (2) Arrêt précité du 29 décembre 1849. — (3) D. 72, 1, 367.

son arrêt fut cassé le 9 juillet 1877 « attendu... qu'un nantisse-
« ment sur navire peut être valablement constitué sous l'apparence
« d'une vente, pourvu que la convention intervenue et l'exécution
« qui lui a été donnée présentent virtuellement dans une forme
« appropriée au contrat de vente, l'accomplissement des conditions
« et formalités requises pour la validité du nantissement ; attendu
« que l'acte de vente du 29 mai 1873, fait par W. (vendeur) à L.
« (gagiste) et la lettre d'adhésion de G. (acheteur) du 7 août sui-
« vant satisfont aux conditions déterminées par la loi pour la sti-
« pulation d'une convention du nantissement ; attendu qu'il est
« constant et qu'il résulte de l'arrêt attaqué : d'une part, qu'aucune
« francisation et aucune inscription sur les registres de la douane
« n'ont été faites au nom de G... en vertu de la vente à lui con-
« sentie par W... le 28 mars 1873 ; d'autre part que L... a de-
« mandé et qu'il a obtenu de l'administration des douanes un congé
« provisoire en date du 11 août 1873, valable pour un an, lequel
« autorisait à naviguer sous pavillon français et avec les privilèges
« réservés à la navigation nationale le navire *Indépendance* ap-
« partenant (y est-il dit) à L..., ledit congé provisoire énonçant
« qu'il est délivré sous la foi des déclarations et soumissions sous-
« crites à l'effet d'obtenir l'acte de francisation, moyennant le ver-
« sement par L... d'une somme de 5,800 fr. pour droits dont il
« lui a été donné reçu en son nom ; qu'enfin le navire est inscrit
« sur les registres de la douane du Havre avec l'indication de L...
« comme unique propriétaire ; attendu que les faits et actes ainsi
« établis et constatés, qui seraient évidemment constitutifs de la
« délivrance entre vendeur et acheteur, suivant les règles propres
« au contrat de vente, constituent également, eu égard à la forme
« adoptée par les parties pour le contrat de gage qu'elles se sont
« proposé, ainsi qu'à la nature de la chose donnée en gage, la re-
« mise en la possession du créancier exigée pour la validité du
« nantissement ; qu'enfin et à raison du caractère de publicité des-
« dits faits et actes, l'intérêt des tiers a été sauvegardé conformé-
« ment au vœu de la loi... »

En tenant pour légal, soit après la délivrance du congé provisoire opérée dans de semblables conditions, soit *a fortiori*
après l'accomplissement des formalités requises par la loi de
vendémiaire an II, le mode de constitution du privilège, je ne
conseille à personne d'y recourir. Il ne faut pas oublier que le propriétaire apparent ne peut pas, aux termes de l'art. 1321 du code
civil, opposer sa contre-lettre aux tiers. Les tribunaux de commerce vont sans doute jusqu'à reconnaître qu'il a qualité, « comme

« intéressé à surveiller son gage », pour donner des ordres au capitaine et pour lui défendre, par exemple, d'entreprendre un voyage sans son autorisation (1). Mais ils jugent avant tout, ainsi que l'ont fait le tribunal de commerce de Nantes le 25 novembre 1865 et le tribunal de commerce du Havre le 12 mai 1874 (2), que le créancier nanti, inscrit sur l'acte de francisation comme propriétaire apparent, est tenu à ce titre « vis à vis des tiers », des dettes du navire. Rien de plus clair en ce qui touche les créanciers postérieurs à la vente simulée : quands ils feront valoir leurs droits, il ne pourra se faire colloquer lui-même avant eux, parce qu'il sera leur débiteur légal : propriétaire apparent, il ne pourra, comme tout propriétaire, se libérer que par l'abandon du navire et du fret, c'est-à-dire par le sacrifice de son gage (3). C'est lui, dit très-bien la chambre des requêtes (4), qui doit supporter les frais et les risques du voyage ; il est tenu personnellement des dettes contractées par le navire pendant le voyage et, si le navire vient à périr, c'est pour lui qu'il périt à l'encontre des tiers.

Mais croit-on que ce gagiste se débarrassera beaucoup plus facilement des créanciers antérieurs ? Il faut examiner successivement deux hypothèses.

Première hypothèse. Les créanciers du vendeur apparent ont conservé leur droit de suite par une opposition (art. 193 *in fine*) ou, ce qui revient au même, la contestation s'élève avant le départ du bâtiment. Ce bâtiment, diront les créanciers, n'a pas cessé d'être notre gage, et nos droits ne sont pas éteints. Vous prétendez, il est vrai, n'être qu'un gagiste et pouvoir exercer votre privilége. Mais nous invoquons des actes précis et publics ; vous ne pouvez leur opposer qu'une contre-lettre : or cette contre-lettre est dépourvue d'existence légale à l'égard des tiers (art. 1321 c. civ.). Que répondre à cette argumentation ? Le tribunal de commerce de Marseille en avait évidemment saisi la portée lorsqu'il refusait au propriétaire-armateur fictif, le 25 juillet 1832 (5), le droit d'exercer des poursuites contre le bâtiment et d'empêcher son départ au préjudice des affréteurs qui, avant toute poursuite, avaient déjà chargé leurs marchandises.

Deuxième hypothèse. Aucune opposition ne s'est manifestée.

(1) Marseille, 3 mars 1864. Rec. de M. 1864, 1, 92. — (2) Rec. de M. 1875, 2, 36 et 1866, 2, 149. — (3) V. dans ce sens tr. civ. de Marseille, 21 déc. 1866 (Rec. de Mars. 1868, 2, 90) et Marseille, 5 juillet 1867 (Rec. de M. 1867, 1, 268), mais non l'arrêt de la chambre des requêtes du 12 janvier 1847, auquel renvoie à tort M. Laurin. — (4) Arrêt précité du 2 juillet 1856. — (5) Rec. de M. 13, 1, 268.

Le voyage s'est accompli sous le nom et aux risques du gagiste dans les conditions déterminées par les art. 193 et 194. Les privilèges antérieurs sont-ils purgés ? Il semble tout d'abord qu'il en doive être ainsi, le créancier nanti ne pouvant être envisagé, selon le bon plaisir des tiers, tantôt comme un gagiste et tantôt comme un acheteur. C'est ce que jugeait, en effet, la cour de cassation le 2 juillet 1856, « attendu que l'acte du 10 février 1853, conservant « son caractère de vente entre les Mazurier (créanciers nantis) et « les tiers, créanciers de Durocher (vendeur apparent), lequel n'a « point été attaqué comme fait en fraude des droits de ces der- « niers, le voyage de seize mois qu'a effectué en mer la goëlette « *Louise-Eléonie*, après ledit acte et sa transcription sur les re- « gistres de la douane, sous le nom et aux risques des Mazurier, « acquéreurs, sans opposition ni réclamation d'aucun des créan- « ciers de Durocher, a eu pour effet, aux termes des art. 193 et « suivants, d'éteindre le privilége des créanciers de Durocher et « d'affranchir ledit navire de l'affectation des dettes de celui-ci. » Mais la solution est contestée (1) et me semble en effet contestable. Est-il juridique de rétorquer contre les tiers les dispositions de l'art. 1321 qui a été faite pour eux ? Les contre-lettres, dit cet article, n'ont pas d'effet contre les tiers, « d'où il suit, remarque « M. Demolombe (2), qu'elles peuvent avoir effet *pour les tiers* et « que, si elles ne peuvent pas leur *nuire*, elles peuvent leur *pro-* « *fiter*. » Je ne vois donc pas comment on empêcherait ces créan- ciers antérieurs de prouver que la vente dissimule un gage. Ils pourraient alors, puisant leur qualité dans leur intérêt, démontrer qu'il n'y a pas eu d'acquéreur, par conséquent qu'il n'y a pas eu de voyage en mer sous le nom et aux risques de l'acquéreur, et sauver ainsi leurs priviléges.

M. Grivart a fait ressortir la plupart de ces inconvénients dans son rapport du 21 mars 1874, qui fut la préface de la loi sur l'hy- pothèque maritime. « Il y a, dit-il, dans cet expédient, des incon- « vénients et des périls que révèle une pratique journalière. Le « créancier nanti sous l'apparence d'une cession transcrite en « douane dispose de la propriété du navire et, s'il n'est point hon- « nête, il peut abuser gravement des droits qui lui ont été con- « férés... Le créancier lui-même est exposé... En échangeant « son titre contre la qualité apparente de propriétaire, il perd le

(1) V. Laurin I, p. 132 et la note. — (2) Obligations, t. VI, n° 348. *Sic* Bonnier, n° 519 ; Larombière, IV, art. 1321, n° 11.

« droit de saisir le navire et de concourir avec les autres créan-
« ciers dans la distribution du prix. Ce qui est plus grave encore,
« en certains cas il encourt une responsabilité personnelle, car
« d'après la jurisprudence, au nombre des obligations contractée
« par l'armateur et le capitaine du navire, il y en a qui atteignent
« personnellement les propriétaires inscrits sur l'acte de francisa-
« tion sans qu'il soit permis de s'en affranchir au moyen d'un
« abandon. En se plaçant du reste dans un ordre d'idées pl
« général et plus élevé, on peut dire que la simulation dans les
« actes, source d'erreurs et de fraudes, a les inconvénients les
« plus graves et qu'il n'est bon ni de la tolérer ni surtout de l'en-
« courager. »

Un étranger pourrait moins aisément encore se faire conférer
un droit de gage par cette voie détournée sur la totalité d'un bâtiment français. S'il envoie un tiers à la douane, il devra toujours
la tromper et plutôt deux fois qu'une, car il faut éluder alors, outre
la loi du 27 vendémiaire an II (1), la loi du 9 juin 1845 : s'il se présente lui-même, la douane ne transcrira pas la vente (elle ne connaît et ne peut connaître que la vente!) sur ses propres registres
et par conséquent ne l'inscrira pas au dos de l'acte de francisation.

161. Pour couper court à tant de difficultés, on a cherché,
je le disais tout à l'heure, à remplacer la tradition réelle par une
tradition fictive. Mais on s'est heurté à des difficultés nouvelles.

Le tribunal de commerce de Marseille a déclaré hardiment le
30 mai 1855 (2) qu'il y avait dépossession dans le sens des
art. 2076 du code civil et 93 du code de commerce dès que le nantissement était mentionné sur l'acte de francisation déposé à la
douane. Il ne jugeait pas même nécessaire que cette mention se
trouvât sur le double de l'acte de francisation qui voyage à bord,
surtout s'il est indiqué sur ce double que toutes les pièces concernant la propriété du navire sont dans les bureaux de la douane. Il
faut convenir que, si ce moyen direct de donner un navire en gage
est légal, comme le croit Dufour (3), on a dépensé inutilement
beaucoup d'imagination en recourant au procédé tortueux de la
vente simulée. Mais est-il possible de confondre la publicité du nantissement avec la dépossession de l'objet donné en nantissement?

---

(1) Aux termes de cette loi, celui qui demande la francisation doit déclarer et affirmer sous serment, on le sait, qu'il est seul propriétaire du navire et qu'aucune autre personne n'y a droit, titre ou intérêt. — (2) Rec.
de M., 33, 1, 177. — (3) I, n° 238.

Je conçois qu'une simple mention sur les registres de la douane et au dos de l'acte de francisation établisse cette publicité, mais non qu'elle opère cette dépossession. Est-ce qu'il y a dépossession, ème fictive, quand, outre la détention matérielle, le débiteur garde, par exemple, la gestion et l'administration de son bâtiment? a cour de Caen, dans l'affaire Craven c. syndic Lethbridge, reconnaissait le 12 juillet 1870 que « sans doute la possession requise « en cette matière variait suivant la nature des meubles; qu'elle « pouvait, dans certains cas, résulter de la remise et de la déten-« tion des titres de propriété (art. 1689 c. civ.) », mais elle niait u'il y eût eu dépossession, même fictive, « alors que la remise du « titre de propriété n'avait pas été faite, » et la chambre des re-uétes rejeta le 19 mars 1872 (1) le pourvoi dirigé contre cet arrêt « attendu qu'aux termes de l'art. 2076, le privilége du créancier « sur le gage n'existe qu'autant que ce gage a été mis et est resté en sa possession; attendu qu'en admettant que cette condition « pût être jusqu'à un certain point suppléée par des équivalents « quand il s'agit d'un navire, à raison de la nature toute particu-« lière de cet objet mobilier, ces équivalents ne se rencontraient « point dans l'espèce. »

La remise des titres de propriété! Tel était aussi le moyen u'indiquait Pardessus (2) : « Le créancier, disait-il, doit se faire remettre par le débiteur les pièces qui constatent la propriété et « qui représenteront, entre ses mains, le navire que la nature des choses et l'intérêt commun exigent de laisser voyager; il se trouve en quelque sorte dans la même position que s'il avait reçu « en gage une créance dont les titres seuls peuvent lui être déli-« vrés. » Mais Dufour (3) remarque avec raison qu'il est impos-ible au débiteur de livrer à son créancier les titres de propriété u navire puisqu'aux termes de l'art. 226 du code de commerce es documents doivent rester sur le bâtiment comme pièces de ord. C'est pourquoi l'éminent jurisconsulte, écartant toute hypo-hèse intermédiaire, ne débat et ne résout que cette question : la imple mention sur les registres de la douane suffit-elle pour opérer a dépossession?

On concevrait encore l'hypothèse où la police d'assurance serait emise au créancier, qui se trouverait ainsi en possession de tous es droits du débiteur à l'assurance du bâtiment. Ne serait-ce pas à un signe suffisant de dépossession fictive, un de ces rares équi-

(1) D. 74, 1, 467. — (2) Dr. comm., IV, n° 1203. — (3) I, n° 238.

valents dont parle l'arrêt du 19 mars 1872 (1)? Toutefois il ne faudrait pas dissuader un créancier très-prudent de chercher d'autres sûretés. La cour d'Aix a formellement décidé le 7 mai 1866 que cette remise ne constitue pas un titre suffisant aux mains du créancier nanti pour qu'il soit réputé avoir la possession du navire lui-même (2).

Ce nantissement n'était-il pas, au demeurant, une hypothèque déguisée introduite de vive force, à l'aide d'habiles subterfuges, dans la loi maritime?

162. Le nantissement des navires était en faveur dans l'Europe septentrionale. On en trouve la trace dans les statuts de Lubeck (3). Le statut de Wisby recommande au gagiste de se faire délivrer les voiles et le gouvernail et de faire attester son droit par des témoins, le navire n'étant pas un objet qu'il puisse recevoir et garder dans sa maison. Il y a dans l'ouvrage de Loccenius un chapitre intitulé *De pignore navis et rerum in navi.* D'après la législation danoise, disent MM. Hoechster et Sacré (4), le navire peut être donné en nantissement comme les autres meubles. Cette constitution de gage, dont la condition essentielle est que le navire soit mis et qu'il reste en la possession du créancier, est possible en Danemark où les navires restent retenus dans les ports de la Baltique, bloqués par les glaces pendant de longs mois.

Le code de commerce général allemand ne règle pas lui-même le nantissement maritime, mais suppose (art. 780) que des droits de gage peuvent être acquis sur le navire, en conformité de la législation de chaque Etat, par la volonté des parties. En effet l'art. 59 de la loi prussienne du 24 juin 1861 est ainsi conçu : « La mise « en gage est inscrite au registre de navires (tenu par chaque tri-

(1) Le jugement du tribunal de commerce de Marseille du 30 mai 1855, dont je parlais tout à l'heure, invoquait, outre la mention sur l'acte de francisation, cette circonstance particulière. — (2) Rec. Aix 1867, p. 76. « Les po- « lices d'assurance, dit l'arrêt, ne sont pas la représentation du navire dont « elles garantissent seulement les avaries. Indépendantes de celui-ci, elles « ont pu être cédées à d'autres qu'au prêteur sur nantissement et fournir « elles seules l'aliment d'un gage. » Le tribunal de commerce de Marseille « disait au contraire une fois de plus le 2 août 1876 : « Attendu que c'est « le privilége du nantissement que les sieurs Servel et fils ont entendu sti- « puler...; que les conditions essentielles de la possession d'un navire à « l'égard des tiers consistent dans l'acte de francisation et dans la police « d'assurance, qui doivent être sous le nom du créancier; que les deux « conditions se rencontrent dans l'espèce... » — (3) Pardessus, Collect. III, 402. — (4) II, p. 1322.

« bunal de commerce pour tous les ports de son ressort). L'ins-
« cription se fait par le tribunal qui tient le registre. Elle contient :
« 1° le nom des créanciers ; 2° la dette qui a le gage pour objet ;
« 3° la mention de l'acte constitutif du gage, lieu et date compris;
« 4° la date de l'inscription. L'inscription au registre vaut consti-
« tution de gage. Tant que la mise en gage est inscrite au registre
« de navires, le créancier a les droits d'un véritable détenteur de
« gages. L'inscription doit être rayée dès que le droit de gage
« cesse. » Il s'agit bien d'un gage, la loi prenant soin de déclarer
que l'inscription au registre de navires équivaut à la détention.
Mais ce gage pourrait changer de nom sans inconvénient, tant il
ressemble à l'hypothèque. Non seulement il résulte d'une simple
inscription, mais les privilèges des gagistes se règlent d'après
l'ordre et la date des inscriptions.

De même en Italie où l'hypothèque maritime, au moment où ces
lignes sont écrites, n'est pas encore introduite, les navires
peuvent être donnés en nantissement. L'art. 285 du code italien
assigne le treizième et dernier rang au privilège du créancier
gagiste. En thèse le débiteur ne peut plus, par application des
principes généraux en matière de gage, détenir le navire. Il faut
donc le confier sinon au créancier lui-même, du moins à un tiers
détenteur, chargé de posséder pour le compte du créancier, sans
paralyser la propriété du débiteur. Voici comment le code de commerce a levé l'obstacle (art. 287) : « Le gage (*il pegno*) doit être
« constitué par écrit. L'acte constitutif du gage n'a aucun effet à
« l'égard des tiers s'il n'a été transcrit sur les registres du dépar-
« tement maritime où le navire est inscrit, quand cet acte a été
« fait dans le royaume, ou sur les registres du consulat royal du
« lieu où se trouve le navire quand il a été fait à l'étranger. Dans
« les deux cas, il en est fait mention sur l'acte de nationalité du
« navire. A cet effet les administrateurs de la marine marchande
« et les officiers consulaires à l'étranger ne peuvent transcrire sur
« leurs registres l'acte de gage que si on leur présente l'acte de
« nationalité. Pour l'efficacité du gage à l'égard des tiers, *il est*
« *nécessaire d'établir un gardien du navire dans le cas où le pro-*
« *priétaire de tout ou partie en est le capitaine.* Dans les autres
« *cas le capitaine lui-même est réputé gardien du navire pour le*
« *créancier (nell'interesse del creditore).* » Ce mécanisme est
inférieur au système de l'hypothèque maritime française : aussi
le gouvernement de Victor-Emmanuel a-t-il présenté lui-même
aux chambres italiennes un projet de loi manifestement inspiré
par notre loi du 10 décembre 1874.

163. Le consignataire du navire, c'est-à-dire le commissionnaire que l'armateur désigne au capitaine et auquel ce dernier doit
recourir dans les lieux d'échelle ou de décharge pour tout ce
qui a trait aux besoins du bâtiment, a-t-il un privilége sur ce bâtiment ?

Il est hors de doute que le consignataire, s'il a désintéressé certains créanciers privilégiés de l'armateur, est subrogé à leurs priviléges (1). Un autre aurait besoin de se faire subroger expressément, car on ne saurait si son intervention n'est pas provoquée par
le débiteur pour faire réputer payé par autrui ce qu'il a payé lui-
même et devenir ainsi le concurrent occulte de ses propres créanciers. Mais le consignataire est précisément chargé d'acquitter les
dettes du navire au lieu et place des propriétaires et doit être présumé les avoir acquittées pour leur compte (2).

Mais le consignataire peut avoir remis une somme d'argent au
capitaine sans qu'on puisse en déterminer l'emploi précis, ou simplement avoir payé au créancier chirographaire ! Est-il encore
privilégié ?

La réponse est écrite dans le code de commerce : « Tout com-
« missionnaire a privilége sur la valeur des marchandises à lui
« expédiées, déposées ou consignées… » Le mot *marchandises*
doit être entendu *lato sensu* dans l'art. 95 comme dans l'art. 92 (3).
Ajoutons immédiatement que, l'art. 95 étant applicable, « dans la
« créance privilégiée du » consignataire « sont compris avec le
« principal » c'est-à-dire avec les avances « les intérêts, commis-
« sions et frais. »

Mais ici renaissent les difficultés que nous examinions tout à
l'heure. En effet le privilége du commissionnaire est expressément
soumis par ce même article aux conditions que l'article 92 impose
au gagiste.

Il s'agit encore de savoir si la publicité résultant d'une inscription sur les registres de la douane équivaut à la dépossession du
débiteur. Dufour (4) reconnaît que cette inscription ne donne au
créancier ni la disposition matérielle ni même la disposition civile
et juridique de la chose, « car la qualité de consignataire n'a pas
« la même puissance, pour maintenir le navire en ses mains, que
« la possession d'un connaissement ou d'une lettre de voiture qui
« empêche absolument que les marchandises ne soient remises à
« d'autres. » Mais alors comment admettre qu'il soit satisfait au

(1) Marseille, 3 août 1832. Rec. de M. 1, 245. Cf. Laurin I, p. 134. —
(2) Dufour I, n° 181. — (3) V. ci-dessus n° 160. — (4) I, n° 243.

vœu des art. 95 et 92 co., exigeant que la « marchandise » soit en la possession ou à la disposition du créancier ?

La jurisprudence ne sait que faire : il n'est pas un de ses monuments qui ne trahisse à la fois l'embarras du juge et l'effort auquel il est contraint pour concilier ces exigences de la loi commerciale avec l'intérêt des consignataires. Le jugement du tribunal de commerce du Havre du 28 avril 1856 (1), que Dufour cite comme décisif, prend soin, après avoir mentionné l'inscription à la douane, d'ajouter que le navire, gage naturel du consignataire, « était en « ses mains par les conventions d'un affrètement. » Le tribunal civil du Havre (2) répète que les avances faites par le consignataire en vertu de son mandat lui donnaient un droit de rétention, « que le navire a été dans sa main jusqu'à la saisie. » Le jugement du tribunal de commerce de Marseille du 26 octobre 1869 (3) débute ainsi : « Attendu que les deux navires (le *Paquebot de* « *Cayenne* et la *Marguerite*) ont été *dans la possession de B. et G.* « *par les actes de francisation;* qu'ils ont d'abord garanti dans « leurs mains le prix d'achat et les frais de construction, etc. » Enfin M. Demangeat (4) constate la pratique sans la justifier et M. Laurin (5) en suspecte la légalité. Peut-être la jurisprudence hésitera-t-elle encore davantage lorsqu'il s'agira de préférer ce consignataire n'ayant vivifié son droit que par une inscription à des créanciers hypothécaires antérieurement inscrits. Les consignataires feront donc bien de se tenir sur leurs gardes et de corroborer un signe contestable de dépossession par un acte qui puisse être réputé avoir mis le navire à leur disposition.

Aucun des codes étrangers que j'ai consultés n'accorde expressément un privilége sur le navire au consignataire du navire (6).

164. J'ai dit plus haut que le projet de révision de 1867 comblait une lacune en assignant le sixième rang aux frais et indemnités dus à l'occasion du sauvetage.

Ce n'est pas qu'il soit possible de contester le privilége du sau-

---

(1) Rec. du Havre 1856, 1, 116. — (2) Ib., 2, 140. — (3) Rec. de M. 1869, 1, 313. — (4) IV, p. 83 et 84. — (5) I, p. 134. — (6) On peut se demander si le consignataire n'aurait pas le droit d'invoquer, au moins dans la plupart des cas, l'art 757 § 9 du code allemand, déclarant privilégiées « les actions « non prévues par l'un des paragraphes qui précèdent, à raison d'actes « conclus par le capitaine en vertu de ses attributions légales. » Le commissionnaire n'exercerait d'ailleurs, en règle générale, son privilége, en Allemagne comme en France, que « s'il se trouvait en possession de la « marchandise et s'il était en mesure d'en disposer » (art. 374).

20

veteur. La difficulté ne commence que s'il s'agit d'en déterminer le rang.

Il faut se placer successivement dans deux hypothèses.

Première hypothèse. Après le sauvetage, ce ne sont pas seulement des débris qui subsistent, c'est le navire lui-même.

Nous nous plaçons, bien entendu, hors des trois hypothèses prévues par l'art. 27, tit. IX, liv. IV de l'ordonnance, par la déclaration de 1735 et par la loi du 26 nivôse an VI, dans lesquelles une quote-part de propriété est attribuée au sauveteur. Il n'a, nous le supposons, qu'une simple créance.

Emérigon ne mentionne le privilége des sauveteurs que dans la septième section du chapitre 12 de son traité des contrats à la grosse, c'est-à-dire là où il s'occupe du concours des créanciers sur les *débris* du navire naufragé.

Toutefois les art. 24 et 26, tit. IX, liv. IV de l'ordonnance, en astreignant les propriétaires qui réclament dans l'an et jour leurs vaisseaux échoués à payer « les frais faits pour les sauver » et en ordonnant, si les vaisseaux échoués ne sont pas réclamés dans ce délai, de prendre préalablement, avant tout partage entre le roi et l'amiral, « les frais du sauvement et de justice, » conféraient indistinctement aux sauveteurs, avant la promulgation du code, un privilége sur les débris du navire et sur le navire.

Il est clair que les sauveteurs pourraient, sous l'empire des lois modernes, invoquer, à défaut de texte spécial, l'art. 2102 § 3 du code civil. Ils ont conservé le gage commun.

Mais on ne saurait faire, en cette matière, abstraction de la déclaration royale du 10 janvier 1770 (1). On y lit que, dans l'hypothèse où les officiers de l'amirauté devront nommer d'office un commissionnaire choisi parmi les négociants (2) pour avancer « les frais des ouvriers pour le sauvetage du vaisseau, effets et « marchandises », il sera « payé du tout par privilége et préfé- « rence sur les premiers deniers qui proviendront de la vente des « effets sauvés » (art. 4). On y lit encore que s'il ne se présente de réclamateur dans le délai de trois mois après que les effets auront « été sauvés, il sera procédé à la vente de quelques marchandises

_____

(1) Art. 2 l. 4 mars 1852 : « Les *ordonnances, règlements* et *arrêts du* « *conseil* concernant la marine, antérieurs à 1789 et auxquels il n'a point été « dérogé, seront appliqués sans qu'il soit nécessaire d'administrer la preuve « de leur enregistrement. » — (2) C'est-à-dire « en cas qu'il ne se présente « aucun commissionnaire ayant charge et pouvoir ou toute autre personne « qui offre d'avancer gratuitement les frais des ouvriers. »

« des plus périssables, *à l'effet de satisfaire au paiement des sa-*
« *laires des ouvriers et seulement jusqu'à concurrence de ce qu'il*
« *faudra de deniers pour payer lesdits salaires* » (art. 13). On
peut mentionner les art. 19 et 20 qui ne permettent aux propriétaires et commissionnaires de retirer les effets réclamés que
moyennant le paiement des « frais de sauvement » (1). Aucun autre
document législatif n'a caractérisé avec cette précision les droits
des sauveteurs.

Il faut citer en outre l'art. 6, tit. I de la loi des 9-13 août 1791,
qui modifie l'art. 13 de la déclaration, mais s'en inspire encore :
« Le juge de paix (2) pourra faire vendre de suite, sur la réquisi-
« tion du chef des classes, les effets qui ne seront pas susceptibles
« d'être conservés ; et, s'il ne se présente point de réclamation
« *dans le mois*, il procédera en présence du même chef à la vente
« des marchandises les plus périssables ; *et sur les deniers en pro-*
« *venant seront payés les salaires des ouvriers* suivant le règle-
« ment qu'il en aura fait provisoirement et sans frais. » Ajoutons
enfin à ces textes spéciaux l'art. 326 de notre code d'après lequel
« en cas de naufrage le paiement des sommes empruntées à la
« grosse est réduit à la valeur des effets sauvés et affectés au con-
« trat *déduction faite des frais de sauvetage.* »

La *prime d'avertissement* est encore aujourd'hui (3) privilégiée
aux termes de l'art. 1 de l'ordonnance du 10 janvier 1770, ainsi
conçu : « Il est payé par privilége et préférence, sur les premiers
« deniers de la vente des effets sauvés, à celui qui le premier a donné
« avis du naufrage et échouement à l'amirauté trois livres par
« lieue, l'aller et retour compris, du lieu du naufrage au lieu de
« résidence de l'amirauté. » On ne concevrait pas que ce droit de
préférence fût accordé s'il ne subsiste que des fragments du navire, et refusé si le navire existe encore.

165. L'article 331 du code de commerce est-il applicable dans
ce premier cas ? Oui sans doute, et ces mots : « le produit des
« effets sauvés du naufrage est partagé entre le prêteur à la
« grosse, *pour son capital seulement,* et l'assureur pour les

---

(1) Ou présentation d'une « bonne et suffisante caution de parfournir aux-
« dits frais. » — (2) La vente du navire et des marchandises par la volonté
de l'officier des classes se fait aujourd'hui par acte administratif dressé par
lui (Beaussant, II, n° 666). Le propriétaire qui ferait lui-même son sauvetage ferait procéder aux expertises et aux ventes par la voie de la justice
ordinaire (circ. 20 avril 1822). — (3) *Sic* Beaussant, II, n° 681, et Dufour, I,
n° 246.

« sommes assurées, au marc le franc de leur intérêt respectif »
ont trait assurément à l'hypothèse où le navire est encore un tout
comme à celle où l'assemblage ne subsiste plus. La pratique commerciale est ici d'accord avec la loi (1). Le concours cesse, il est
vrai, lorsque le prêt à la grosse a eu lieu pendant le cours du
voyage assuré, qu'il ait servi à réparer une avarie dont l'assureur
était tenu ou à prévenir la perte totale du navire, parce qu'alors le
prêt est fait dans l'intérêt même de l'assureur. Mais quand l'un
et l'autre contrat s'appliquent au même voyage et embrassent les
mêmes risques, l'assureur est investi *pour la somme assurée* du
même droit que le prêteur à la grosse pour son capital. D'ailleurs,
nous le verrons bientôt, le privilége ne disparaît pas où cesse le
concours. C'est là, comme on le voit, un privilége entièrement
nouveau, né du sinistre seul et que n'avait pas prévu l'art. 191.
Il était nécessaire, ainsi que le dit la cour de Bordeaux (2), qu'un
armateur dont le navire entreprend un long voyage et doit toucher
à des points divers pût, le cas échéant, le faire couvrir par des assurances successives, ce qui n'eût peut-être pas été facile si le
dernier assureur n'avait pas compté sur le concours avec les donneurs antérieurs à son assurance (3).

166. *Deuxième hypothèse.* Il n'existe que des débris du navire.
Il faut d'abord résoudre une question générale. L'art. 191 énumère dix catégories de créances privilégiées sur le navire. Ces
priviléges subsistent-ils sur les fragments auxquels on ne peut
plus donner le nom de navire ?

Emérigon le pensait : « Après le paiement des frais de sauvetage
« et des salaires, dit-il, le produit des débris, s'il en reste, sera
« distribué aux autres créanciers suivant l'ordre prescrit par
« l'art. 16, *tit. de la saisie.* » Pardessus adopte cette opinion :
il lui semble « évident » qu'un créancier peut exercer ses droits
sur les débris comme il l'aurait fait sur le navire lui-même (4).
Cependant rien n'est moins évident.

Nave legata dissoluta, disait le droit romain, *neque materia
neque navis debetur* (5). Cujas prévoit la même hypothèse (*si navis
dissolvatur tota*) et conclut ainsi : « *hoc genus mutationis pignus
« exstinguit* » (6). *Aliud est materia,* disait aussi Loccenius,
aliud corpus ex materia confectum (7). Ce n'est là d'ailleurs que

---

(1) Bordeaux, 2 décembre 1839 et 18 juillet 1849, J. du P. 1851, 1, 291. —
(2) Arrêt du 18 juillet 1849. — (3) V. ci-dessus, n° 151. — (4) Dr. comm. III,
n° 955. — (5) L. 88, § 2, ff. *De legatis* 3. — (6) In lib. 29 Paul. ad edict. I,
p. 1200 (cité par Dufour). — (7) De jure mar. III, c. 3, § 2.

l'application d'une règle générale, encore admise par la jurisprudence française. C'est ainsi que l'hypothèque établie sur une
maison ne s'étend pas aux matériaux de la maison détruite (1). Je
crois avec Dufour que le code de 1807 n'a pas dérogé sur ce point
aux principes de notre code civil. Ce qui le prouve, c'est que les
matelots engagés au fret. ont un privilége sur le navire et n'en
ont pas sur les fragments du navire. Le législateur a donc organisé
deux systèmes différents selon que le navire est ou n'est plus.

Mais rien n'empêche le sauveteur d'invoquer dans cette seconde
hypothèse comme dans la première l'art. 2102 § 3 du code civil.
Quel était le gage? Un navire. Il l'avait conservé. Le gage, ce
sont aujourd'hui les morceaux du navire : il a concouru dans ce
cas comme dans l'autre à la conservation de la chose.

Il peut d'ailleurs invoquer dans ce cas comme dans l'autre les
articles 1, 4, 13, 19 et 20 de la déclaration de 1770, 6 du titre I
de la loi des 9-13 août 1791, 327 du code de commerce. Rien de
plus évident si l'on se reporte aux textes.

La liste des priviléges sur les débris du navire est très-courte,
dès qu'on juge l'art. 191 inapplicable à cette matière spéciale. Elle
comprend, outre les salaires des sauveteurs, les frais de justice,
de garde et de magasinage, parce que sans ces frais le gage n'est
pas réalisable, les loyers des matelots engagés au voyage ou au
mois par application de l'art. 259, les droits des assureurs par application de l'art. 331 et les droits des prêteurs à la grosse pendant le dernier voyage (même article), la loi du 10 décembre 1874
ayant supprimé le privilège des prêteurs à la grosse avant le départ.

167. « Les créanciers compris dans chacun des numéros du
« présent article, dit l'art. 191, viendront en concurrence et au
« marc le franc en cas d'insuffisance du prix. »

En commentant, paragraphe par paragraphe, cet article 191,
j'ai tout à la fois décrit et classé les priviléges qu'il énumère.
Aucune difficulté ne pouvait d'ailleurs s'élever sur cette première
classification, l'article débutant ainsi : « sont privilégiées, et
dans l'ordre où elles sont rangées, les dettes ci-après désignées. »

Le législateur n'a pas moins clairement réglé le concours des
priviléges compris dans un même numéro de l'article. Ils viennent
au marc le franc.

Cependant il a fallu concilier la disposition de l'art. 191 qui

---

(1) Douai, 10 juin 1823 et sur pourvoi. Req. 9 août 1825, D, v° Biens
n° 59.

place au septième rang « les sommes prêtées au capitaine pour
« les besoins du bâtiment pendant le dernier voyage » avec la
disposition finale de l'art. 323 (titre des contrats à la grosse),
ainsi conçue : « s'il y a plusieurs emprunts faits pendant le
« même voyage, le dernier emprunt sera toujonrs préféré à celui
« qui l'a précédé. » Que décider dans l'hypothèse où plusieurs
prêts à la grosse ont été faits pendant le dernier voyage ? Faut-il
s'attacher à la vieille règle du droit maritime : *Novissimum pecuniæ
nauticæ instrumentum præfertur aliis similibus* (1) ou admettre
ces divers prêteurs en concurrence par application de l'art. 191 ?

Emérigon résout ainsi la question (2) : « Avant le départ de
« Marseille, un capitaine a pris à la grosse des deniers sur le
« corps. Il arrive à la Martinique, où il prend d'autres sommes
« pour les nécessités du voyage. Il relâche au cap français où il
« prend des deniers pour le même objet. Les troisièmes donneurs
« seront préférés aux seconds et ceux-ci aux premiers. *Sic erunt
» novissimi primi, et primi novissimi*. Mais les créanciers de
« chacune de ces trois classes seront rangés par concurrence
« entr'eux sans qu'on ait égard à la date de leurs contrats res-
« pectifs. » Ainsi la concurrence n'existe que pour les prêts faits
dans le même port.

Cette solution est excellente. Les donneurs dans le même port
ont fait à deux ou trois ce qu'un seul aurait pu faire : quelle raison
de préférer l'un à l'autre ? La cause d'une préférence est nettement
indiquée par Loccenius : « *Per illam postremam pecuniam factum
« est ut navis ex portu abiret*. » Or lequel de ces différents prêts a
plus particulièrement permis au navire de continuer sa route et
d'arriver au terme du voyage ? Au contraire ce sont assurément
les donneurs du cap français qui, par leurs avances, ont
conservé le gage des donneurs de la Martinique : ils devaient leur
être préférés. L'art. 323 procède d'ailleurs du célèbre « traité des
« contrats à la grosse » et ses rédacteurs ont assurément adopté
toute l'opinion d'Emérigon. La doctrine et la jurisprudence contemporaine s'y sont généralement ralliées (3).

Si le capitaine a dû vendre successivement des marchandises
pour les besoins du navire (art. 191 § 7), au fur et à mesure que

---

(1) Loccenius, l. II, c. VI, nº 8. — (2) T. II, p. 570. — (3) Dufour, nᵒˢ 126-
132 ; Alauzet, III, nº 1061 ; Cresp-Laurin, I, p. 137 ; Demangeat, IV, p. 53,
etc. ; Marseille, 6 avril 1830 (Rec. de M. 11, 1, 253) ; Aix, 5 juillet 1867 (Rec.
de M. 1867, 1, 78). *Contra* Vincent III, p. 303 ; Bravard, *Manuel*, 7ᵉ éd.,
p. 324.

ces besoins se sont manifestés, la préférence doit-elle être aussi
accordée aux chargeurs dont les marchandises auraient été vendues en dernier lieu? Telle est l'opinion de M. Bédarride (1). Mais
nous pensons qu'elle ne doit pas être suivie. L'art. 323 n'étant
pas applicable à cette hypothèse, on ne peut échapper à la règle
énoncée au dernier paragraphe de l'art. 191 : les créanciers compris dans le même numéro viendront en concurrence. D'ailleurs,
la vente s'opérant sans le concours du propriétaire intéressé, il dé-
pendrait du capitaine, par le choix qu'il ferait des marchandises
à vendre, de créer des causes de préférence parmi les chargeurs,
ce qui serait fort dangereux.

168. Quel sera le rang respectif des priviléges généraux
(art. 2101) et des priviléges spéciaux énumérés par l'art. 191? Le
problème est difficile à résoudre et beaucoup d'auteurs s'en tirent
en ne le résolvant pas. On sait d'ailleurs que les commentateurs
du code civil ne s'entendent pas sur la solution d'une question plus
large : quel est le rang respectif des priviléges généraux et des
priviléges spéciaux sur les meubles? « Aucune disposition, a dit
« le 19 janvier 1864 (2) la chambre civile de la cour de cassation,
« ne règle la préférence à établir, lorsqu'ils entrent en concur-
« rence sur les mêmes meubles, entre les priviléges généraux de
« l'art. 2101 et les priviléges spéciaux de l'art. 2102 : l'art. 2105
« fixe seulement l'ordre à suivre dans le cas où ces priviléges
« sont en concours sur les immeubles ; dans le silence de la loi,
« cette préférence doit, aux termes de l'art. 2095, se déterminer
« par les différentes qualités de ces priviléges. » Sans discuter la
question générale, dont l'examen ne rentre pas dans notre cadre,
nous croyons qu'il faut accorder ici la préférence aux priviléges
de l'art. 2101 sur les priviléges de l'art. 191 et qu'on peut, depuis
la promulgation de la loi du 10 décembre 1874, trouver un argument à l'appui de cette solution dans le texte même de l'arrêt du
19 janvier 1864. L'argument *a contrario* que la cour de cassation
tire de l'art. 2105 quand il s'agit de meubles ordinaires nous paraît
dépourvu de base quand il s'agit de meubles susceptibles d'hypothèque. « Le navire, dit M. Laurin (3), est, au regard de ces
« créances, un immeuble. » On a souvent écrit qu'il avait été
dérogé dans l'art. 2105 à la règle *generi per speciem derogatur*
eu égard à l'importance des valeurs immobilières, le législateur
ayant été amené à présumer que le prélèvement des créances

(1) I, n° 84. — (2) D. 64, 1. 80. — (3) I, p. 138.

modiques garanties par les priviléges généraux ne nuirait pas aux priviléges spéciaux : ce raisonnement s'applique plus que jamais aux navires, aujourd'hui « qu'une seule construction immobilise « un capital qui eût autrefois suffi pour l'achat et l'armement de « toute une flotte (1). »

Nous ne nous dissimulons d'ailleurs aucun des inconvénients qu'offre cette solution : le plus grave est à coup sûr la préférence qu'elle donne aux « salaires des gens de service pour l'année « échue et ce qui est dû de l'année courante » (art. 2101 § 4) sur les gages et loyers de ces autres serviteurs qui ont subi toutes les fatigues et couru tous les périls pour préserver le gage commun. Mais toute autre classification nous paraît offrir des inconvénients plus grands encore.

169. Quel sera le rang respectif des priviléges spéciaux énumérés par notre art. 191 et des priviléges issus de l'art. 2102 c. civ. ?. Je crois qu'il faut accorder la prééminence aux premiers. Comment en serait-il autrement ? Les frais faits pour la conservation de la chose sont privilégiés au troisième rang, d'après l'art. 2102, et priment les sommes dues aux vendeurs : au contraire l'art. 191 distingue entre ces frais, leur assigne des rangs distincts et en met une partie sur le même plan que le prix du navire impayé. La règle spéciale ne domine-t-elle pas ici la règle du droit commun ? Certains créanciers qui auront préservé le gage général essaieront-ils de primer les vendeurs en vertu de l'art. 2102 quand d'autre créanciers de même nature, non moins intéressants, des ouvriers et des fournisseurs par exemple, subiront le concours des vendeurs ? Que si l'on veut disloquer l'art. 191 en y intercalant les priviléges du droit commun, l'entreprise est encore plus impraticable. A quels frais assimiler ces autres frais faits pour la conservation de la chose ? Aux gages du gardien, au loyer du magasin, aux frais d'entretien depuis le dernier voyage? Le recours à l'art. 2102 n'est évidemment que subsidiaire, ainsi que nous l'avons expliqué en décrivant, à la suite d'Emérigon, les droits du vendeur, et les priviléges de droit commun ne sont opposables qu'aux « créanciers externes » (2).

170. Quant au créancier gagiste, il invoquerait inutilement selon moi, la phrase, souvent commentée, d'un arrêt de la chambre civile (3), où il est dit « que le gage confère à celui qui en est saisi

---

(1) Rapp. de M. Grivart. — (2) V. ci-dessus, nos 141 et 159. — (3) Civ. rej. 10 janvier 1864 précité.

« le droit d'être payé de préférence aux autres créanciers. » Les créances enfantées par les diverses navigations qu'il a laissé accomplir depuis le nantissement priment évidemment la sienne et je m'en réfère sur ce point à mes précédents développements (1).

En ce qui touche les créances antérieures au nantissement, je crois avoir établi que le gage déguisé sous la forme d'une vente n'empêcherait pas l'exercice du droit de suite. Mais j'admets, par hypothèse, que le gage ait été régulièrement constitué d'une autre manière, que le gagiste soit en possession et que le contrat ne tombe pas sous le coup de l'art. 1167. Il me paraît inadmissible que le débiteur puisse ainsi, par son fait, priver de leur rang et peut-être de tout rang utile des créanciers spécialement et justement favorisés par le législateur dans l'intérêt du commerce maritime : ce serait déjouer les prévisions mêmes de ce législateur. La loi du 10 décembre 1874 fait encore mieux ressortir les inconvénients d'un tel système. Comprendrait-on que les créanciers hypothécaires fussent primés par tous les créanciers privilégiés et que tous les priviléges, abstraction faite, sans nul doute, des frais de justice (2), fussent primés par la créance du gagiste ? L'art. 2073 c. civ. ne me paraît pas imposer cette solution, et j'estime que le privilége issu du nantissement d'un navire doit être traité comme les autres priviléges de l'art. 2102.

171. Il s'agit maintenant de classer les priviléges sur le bâtiment qui a fait naufrage, mais qui subsiste encore à l'état de navire.

Il faut d'abord payer les frais de sauvetage. Il est clair que, s'il s'agit de les prélever « sur les premiers deniers de la vente des « effets sauvés » conformément aux art. 1, 4 et 13 de la déclaration du 10 janvier 1770, il y a lieu d'adopter la classification de Dufour (3). Au premier rang les frais de vente, puisqu'il n'y a de produit que frais payés; au second rang, les frais de sauvetage; au troisième les frais de la contribution provoquée par le concours des divers créanciers qui vont suivre. Mais il ne s'agit pas là, sans nul doute, des priviléges sur le *navire*. Si l'on admet, par simple hypothèse, que le droit des sauveteurs s'exerce sur le navire seul, il faut évidemment se borner à cette classification : 1° les

(1) V. ci-dessus, n° 160. V. un arrêt d'Aix du 9 mai 1860 tranchant dans ce sens la question de priorité. Rec. de M. 1862, 1, 238. — (2) Cass. 25 avr. 1854, B. civ., 1854, n° 61. — (3) I, n° 253.

frais de justice, faits pour réaliser le gage de tous (Cass. 25 avril 1854 (1);) 2° les frais de sauvetage.

Nous croyons qu'il faut maintenir au rang assigné par l'art. 191, pour leurs loyers, les matelots engagés au fret. L'art. 259 suppose en effet, qu'on n'a sauvé qu'une partie du navire et que le droit des matelots s'exerce sur les *débris*. Or nous raisonnons dans l'hypothèse où leur droit peut encore être exercé sur le bâtiment lui-même. M. Demangeat, en commentant l'art. 259, déclare expressément que si les matelots engagés au fret perdent leur privilége, c'est que « les débris du navire ne sont pas le navire » et suppose, en citant Cujas, que le bâtiment même s'est disjoint (*si navis dissolvatur tota*). L'art. 191 § 6 doit être logiquement appliqué quand le navire a été poussé sur la côte avec des avaries plus ou moins importantes.

L'assureur et le prêteur à la grosse, avons nous dit, viennent pour leur capital au marc le franc de leur intérêt respectif sur le produit du bâtiment sauvé. Par exemple le capitaine a terminé la première partie d'un voyage : avant de repartir, il contracte un emprunt à la grosse pour subvenir aux nécessités de la navigation et fait couvrir en même temps par une assurance les risques de ce nouveau trajet. Bien que le prêt à la grosse ait lieu en cours de voyage puisqu'il est conclu après le premier départ, il est, au demeurant, antérieur au voyage assuré puisqu'il est contemporain de l'assurance : les deux contrats sont donc réputés n'en former qu'un seul (2), et l'assureur vient en concours avec le prêteur au rang que l'article 191 § 7 donne aux donneurs après le départ. Ainsi l'a très-bien jugé, le 5 janvier 1860, le tribunal de commerce de Marseille (3). Le contrat à la grosse n'est-il conclu qu'après ce second départ et postérieurement à l'assurance ? Le concours cesse, ainsi que nous l'avons expliqué plus haut (4). Mais quel rang assigner alors au privilége de l'assureur ? Faut-il l'assimiler au privilége du donneur avant le départ, aujourd'hui supprimé par la loi

(1) « Attendu qu'aux termes des art. 2101 et 2105 le privilége des frais « de justice doit primer tous les autres priviléges généraux ou spéciaux. » — (2) Cauvet. Traité sur les assurances, etc., I, n° 109. — (3) Rec. de Mars, 38, 1, 129. « Attendu que, d'après la loi, le sauvetage doit être attribué « à l'assureur et au prêteur à la grosse en concours ; que si dans l'espèce « l'emprunt à la grosse fait *en cours de voyage* était un titre de préférence « pour le porteur du contrat sur les assureurs antérieurs, il ne l'était pas « à l'égard de la compagnie de Dresde qui s'était rendue assureur à raison « d'une partie des dépenses qui avaient nécessité l'emprunt. » — (4) N° 165.

du 10 décembre 1874, ou lui donner la prééminence sur les créances énumérées au n° 8 de l'art. 191 ? C'est à ce dernier parti qu'il faut s'arrêter. Cet assureur antérieur doit être traité comme le donneur dans un premier port de relâche.

Le privilége ne disparaît pas où cesse le concours. S'il n'y a pas de prêt postérieur au départ, l'assureur après le départ ne perdra pas le rang que nous lui assignions tout à l'heure (art. 191 § 7). Son droit de prendre part au sauvetage du bâtiment dans la proportion où il a couru les risques de la perte ne peut pas plus être atténué que supprimé parce qu'il n'a rien à disputer au prêteur. Ce droit est sans doute écrit dans un article qui règle la question du concours; mais soutiendra-t-on qu'il dérive du concours ?

Nous tranchons par là même une question que soulève la loi sur l'hypothèque maritime. L'assureur avant le départ venait jadis, pour les sommes assurées, en concours avec le donneur avant le départ; mais l'art. 27 de la loi du 10 décembre 1874 est ainsi conçu : « Les paragraphes 9 de l'art. 191 et 7 de l'art. 192 sont « abrogés. » Or un privilége ne peut pas reposer sur un texte abrogé. Notre réponse est bien simple. Le privilége de l'assureur avant le départ en cas de naufrage dérive de l'art. 331, non de l'art. 191. Pour qu'il eût perdu son rang, il faudrait qu'on eût voulu le lui faire perdre ! Or les travaux préparatoires de la récente loi démontrent jusqu'à la dernière évidence qu'on s'est exclusivement attaqué au prêt à la grosse avant le départ (1).

172. Nous avons énuméré plus haut les priviléges qui subsistent encore sur les débris du navire. Ils doivent être classés d'après les mêmes principes.

173. Enfin l'art. 191 du même code est terminé par la disposition suivante, empruntée par le législateur de 1874 au projet de réforme de 1867 : « Les créanciers hypothécaires sur le navire « viendront dans leur ordre d'inscription après les créances privi- « légiées. » Un amendement proposé par M. Clapier assignait aux créanciers hypothécaires le rang que le code de 1807 réservait aux donneurs avant le départ. M. Alfred Dupont fit observer qu'on éloignerait ainsi les affréteurs, inscrits au paragraphe 11, de l'emploi des navires hypothéqués. L'amendement fut rejeté (2).

_____

(1) Telle est l'opinion du savant rapporteur de la loi du 10 décembre 1874 que nous avons expressément interrogé sur ce point. — (2) Il eût été logique d'aborder, immédiatement après cette étude sur les priviléges, l'exa-

174. Les codes belge, espagnol, égyptien reproduisent exactement la classification adoptée par le législateur français de 1807. Nous rappelons toutefois qu'en Espagne tous les priviléges sont primés par « les créances du trésor royal contre le navire » inscrites au n° 1 de l'art. 596 c. esp., et qu'en Belgique il faut combiner l'art. 191 du code de commerce avec la loi du 11 juin 1874 sur les assurances.

Nous avons successivement rapproché du texte français les neuf catégories de créances privilégiées énumérées en l'art. 313 du code hollandais et les onze catégories de créances privilégiées énumérées en l'art. 1300 du code portugais. L'art. 314 du premier code ajoute : « Les créances mentionnées au précédent article, « comprises dans le même numéro et contractées dans le même « port, viendront en concurrence; mais si, en poursuivant le « voyage, ces dettes ont été faites par nécessité dans d'autres « ports ou dans le même port lorsque le navire a dû y rentrer « après en être sorti, celles contractées postérieurement seront « préférées aux dettes antérieures. » Cette disposition est reproduite par l'art. 1301 du code portugais. C'est d'après le même principe que nous avons nous-même interprété notre art. 191 § 7. On sait encore que l'art. 315 déclare privilégiés, après ces neuf premières catégories de créances du code hollandais, le prix d'achat du navire non payé et « le montant d'autres créances pour « lesquelles le navire serait spécialement affecté, avec les intérêts « des deux dernières années, » et que la validité de ces deux derniers priviléges est subordonnée à une inscription : le rang entre ces priviléges est réglé par la priorité des inscriptions. On lit de même dans l'art. 1302 du code portugais : « A la suite des « créances portées en l'art. 1300, seront privilégiés : le prix d'a-« chat du navire non payé, ainsi que les intérêts dus pour les « deux dernières années : ces priviléges devront être inscrits sur « le registre général du commerce et seront réglés d'après leur « ordre de date d'inscription. » Enfin les deux codes décident (art. 318 et 1306) que « toutes les actions et créances à la charge « du navire seront, en cas de faillite ou d'insolvabilité du proprié-« taire, préférées aux autres créances de la masse. » La loi des

men de la loi du 10 décembre 1874 sur l'hypothèque maritime. Mais il nous a paru préférable d'attendre qu'une jurisprudence quelconque se fût formée sur cette œuvre législative de date récente. Nous espérons qu'il nous sera possible de traiter dans le même volume de l'hypothèque maritime et du contrat à la grosse.

Pays-Bas ajoute : . . . « sans que la préférence puisse s'étendre au
« prix de l'assurance. »

Les art. 473 et 474 du code brésilien reproduisent la classification établie par les art. 1301 et 1302 du code portugais, les
articles 1022 et 1023 du code argentin reproduisent la classification
établie par les art. 314 et 315 du code hollandais. Le système du
code chilien est calqué sur celui du code français. Le système du
code péruvien serait calqué sur celui du code espagnol si la loi
péruvienne n'avait admis l'hypothèque maritime ; les créanciers
hypothécaires sont classés, comme en France, après les créanciers privilégiés et d'après l'ordre des inscriptions.

L'art. 285 du code italien débute en déclarant privilégiées dans
l'ordre où elles sont rangées les treize catégories de créances qu'il
énumère ; il se termine ainsi : « Les créanciers compris dans
« chacun des numéros 3 (droits de pilotage et de sauvetage, etc.),
« 4 (loyers des magasins, etc.), 5 (frais d'entretien du navire depuis
« le dernier voyage), 6 (salaires de l'équipage, etc.), 7 (sommes
« employées aux réparations et aux besoins du navire pendant le
« dernier voyage, etc.), 8 (sommes dues au fournisseurs, etc., ou
« prêtées à la grosse avant le dernier voyage), 9 (sommes dues aux
« aux constructeurs, etc.), dont la créance a été contractée dans le
« même port ; viennent en concurrence, en cas d'insuffisance du
« prix ; mais si, pendant un nouveau voyage, de semblables dettes
« sont contractées postérieurement, les dernières créances sont
« préférées aux anciennes. » J'ai dit plus haut que, s'il y a concours
des gagistes, la préférence est déterminée par la date des trans-
criptions.

L'art. 757 du code allemand énumère, on le sait, dix classes de
priviléges. Quatre articles (770-773) en déterminent le rang. Aux
termes de l'art. 770, les frais de vente forcée du navire (art. 770 § 1)
et les frais de garde et de dépôt depuis l'entrée au dernier port
(art. 757 § 2) priment les autres droits des créanciers du navire,
les frais de vente forcée priment ceux de garde et de dépôt depuis
l'entrée au dernier port. L'art. 771 est ainsi conçu : « Les créances
« qui concernent le dernier voyage (art. 760) (1), au nombre des-
« quelles sont comptées les dettes contractées après le dernier
« voyage achevé, priment celles provenant des voyages antérieurs.
« En ce qui touche les créances qui ne concernent pas le dernier

(1) Art. 760 : « Est réputé voyage dans le sens du présent titre celui pour
« lequel le navire a été équipé de nouveau ou qui commence soit en vertu
« d'un nouveau contrat d'affrètement, soit après le déchargement achevé. »

« voyage, celles qui se rapportent à un voyage postérieur ont la
« préférence sur les créances résultant d'un voyage antérieur.
« Toutefois les créanciers du navire mentionnés en l'art. 757 § 4
« ont, pour les créances concernant un voyage antérieur, le même
« droit de priorité que celui qui leur appartient à raison des cré-
« ances provenant d'un voyage postérieur, pourvu que les diffé-
« rents voyages aient été effectués sous l'empire d'un seul et
« même engagement des gens de mer. Si le voyage grevé d'un
« prêt à la grosse comprend plusieurs voyages dans le sens de
« l'art. 760, le créancier à la grosse est primé par les créanciers
« du navire dont les créances concernent les voyages commencés
« postérieurement à l'achèvement du premier. » Ces principes
généraux posés, la classification de l'art. 770 est reprise dans
l'art. 772, ainsi rédigé : « Les créances qui concernent le même
« voyage et celles qui y sont assimilées (art. 771) sont acquittées
« dans l'ordre suivant : 1° les droits publics de navire, de naviga-
« tion et de port (art. 757 § 3); 2° les créances résultant des enga-
« gements des gens de l'équipage (art. 757 § 4); 3° les lamanages
« ainsi que les frais de sauvetage, de secours, de rachat et de ré-
« clamation (art. 757 § 5), les contributions du navire aux avaries
« grosses (art. 757 § 6), les créances à raison des contrats à la
« grosse ou autres emprunts conclus par le capitaine en cas de
« force majeure, de même que les créances qui leur sont assimilées
« (art. 757 § 7); 4° les créances pour non livraison ou avarie des
« marchandises ou effets de voyage (art. 757 § 8); 5° les créances
« énoncées à l'art. 757, §§ 8, 9 et 10. » Les créanciers compris
dans chacun des numéros de l'art. 772, sauf le n° 3, viennent en
concurrence. En ce qui touche les créances énoncées au n° 3, les
dernières sont préférées aux anciennes, celles qui sont simultanées ont les mêmes droits. Si le capitaine a fait plusieurs opérations pour le même cas de force majeure (art. 757 § 2), les créances
qui en résultent sont réputées simultanées. Les créances à raison
d'opérations de crédit, notamment de prêt à la grosse, contractées
par le capitaine pour acquitter les dettes antérieures de la nature
de celles prévues à l'art. 772 § 3, de même que les créances provenant de contrats conclus à l'effet de prolongation du terme de
paiement, de la reconnaissance ou du renouvellement de pareilles
créances antérieures n'ont que le droit d'antériorité afférent à la
créance antérieure, lors même que l'opération de crédit ou le contrat a été nécessaire pour pouvoir continuer le voyage (art. 773).
L'art. 779 ajoute : « En cas de concurrence entre les créanciers du
« navire poursuivant leur droit de gage avec d'autres créanciers

« gagistes ou créanciers ordinaires, les créanciers du navire
« priment les autres. » Nous avons cru devoir citer tous ces
textes, la classification du droit allemand étant la plus scientifique
et la plus fortement coordonnée que nous offre l'examen comparé
des diverses législations maritimes.

L'art. 275 du code suédois énumère quatre catégories de
créances privilégiées au rang que leur assigne l'ordre même de
ses numéros. Les diverses créances mentionnées sous les nᵒˢ 1
(loyers de l'équipage), 3 (autres engagements pris par l'armateur
et dont il répond jusqu'à concurrence de la valeur du navire et du
fret), 4 (avances faites par le copropriétaire du navire pour la
construction, l'armement ou l'entretien), jouissent d'un privilége
égal quand elles sont comprises sous le même numéro et résultent du même voyage. Les créances comprises sous le nᵒ 2 (l'indemnité d'avarie, les sommes empruntées à la grosse par le capitaine et les obligations qui résultent de la vente faite par lui
d'une partie de la cargaison pour venir au secours du navire),
jouissent d'un privilége égal quand elles ont été contractées dans
le même port, par suite du même sinistre et pendant le même
voyage. Aux termes de l'art. 101 du code norwégien, si ces der-
nieres créances sont nées « par suite de circonstances arrivées en
même temps, » elles viennent en concurrence; mais en règle générale elles se classent d'après leur date, de façon que les nouvelles priment les anciennes.

Je ne crois pas qu'un texte précis ait, dans la législation des
Etats-Unis, coordonné les priviléges maritimes. Toutefois il est
certain que le privilége des gens de mer prime celui des ouvriers
et des fournisseurs (1) : le privilége des ouvriers et fournisseurs,
tel que je l'ai décrit, prime celui des prêteurs à la grosse (2). Les
jurisconsultes américains expliquent que le prêt à la grosse lui-
même n'aurait pas mis le navire à la disposition des intéressés
si les matelots ne l'avaient pas ramené au port, etc., etc. (3). Le
dernier prêt prime d'ailleurs les prêts antérieurs pourvu qu'il
prenne sa source dans un événement de mer postérieur à l'accomplissement des premiers contrats (*provided it be given for the pur-
pose of repairing a disaster sustained by the ship after the execu-
tion of the first bond*) : il est alors bien réellement contracté (4)

---

(1) Ce privilége est le premier en rang, dit Dixon, et doit être le premier
payé : il est cloué (*nailed*) à la dernière planche du bâtiment. — (2) Cf. Dixon,
p. 632. — (3) Cf. The Mary, 1 Paine, C. C., 571 ; Blaine *v.* ship Ch. Carter,
4 Cranch, 328 ; the Virgin, 8 Peters, 358. — (4) Sumner's R., 137.

dans l'intérêt des premiers prêteurs. Enfin Dixon pose la question suivante : le prêt à la grosse prime-t-il une hypothèque antérieure? et répond ainsi : « Il la prime, si le *mortgagor* avait été « admis à rester en possession (1). »

SECTION III.

JUSTIFICATION DES PRIVILÉGES.

175. L'ordonnance de 1681 se référait au droit commun quant à la constatation des priviléges. Le législateur de 1807, au contraire, la soumit à des règles spéciales. Il lui parut « d'autant plus « indispensable de prendre ce genre de précautions que les cré-« ances privilégiées peuvent quelquefois absorber le gage commun « des créanciers ordinaires (2). » L'art. 192 débute ainsi : « Le « privilége accordé aux dettes énoncées dans le précédent article « ne peut être exercé qu'autant qu'elles seront justifiées dans les « formes suivantes... »

Ce texte est clair : les modes de justification qui vont être énumérés sont obligatoires. La créance pourra sans doute se prouver autrement s'il ne s'agit que de l'action personnelle ; mais quant à l'action réelle dérivant du privilége, l'art. 192, comme le dit M. Laurin (3), « n'admet en principe et sauf les cas d'impossibilité « ni remplaçants ni équivalents. » Il est d'ailleurs évident que, si cet article contient quelque lacune et, par exemple, omet d'assujettir à un mode particulier de constatation l'un des priviléges énumérés en l'art. 191, on pourra recourir à tous les genres de preuve admis en matière commerciale (4).

L'article 192 a servi de type aux rédacteurs de plusieurs codes étrangers, par exemple des codes espagnol, italien, grec, chilien, égyptien. Aussi ne peut-on qu'approuver les rédacteurs du projet de 1867 d'en avoir maintenu le préambule et par conséquent, le

---

(1) *It will, if the mortgagor was allowed to remain in possession.* 1 Paine's R., 671. Quand le créancier hypothécaire est en possession, qu'il perçoit le fret, administre le navire, etc., il est traité comme le propriétaire lui-même, et les gens de mer, ouvriers, fournisseurs, etc, peuvent l'actionner directement. V. les nombreux arrêts cités par Dixon, p. 13 et 14. — (2) Exposé des motifs, pr.-verb. du 8 sept. 1807, n° 1. — (3) I, p. 120. — (4) Civ. rej. 17 mai 1876.

système général. A vrai dire, la commission ne fut pas unanime. On fit remarquer qu'il s'agissait là de créances commerciales dont la constatation n'est assujettie à aucune forme particulière; « que « dès lors on ne comprenait pas bien pourquoi la loi se montre- « rait, pour leur accorder un privilége, plus exigeante qu'elle ne « l'est pour leur existence même. » Il s'agit, répondit-on, de prouver non-seulement l'existence de la créance, mais encore sa date précise, puisque la question de savoir si elle s'applique au dernier voyage exerce sur le privilége une influence déterminante. Or, à ce point de vue, les moyens de preuve ordinaires et notam- ment la preuve testimoniale présentent des incertitudes visibles. De plus, il importe que le règlement des dettes privilégiées sur le navire puisse se faire très-promptement, et c'est ce qui deviendra impossible si, jusqu'au dernier moment, l'existence des créances peut donner lieu à des contestations plus ou moins longues. Enfin depuis soixante ans l'art. 192 est appliqué sans réclamations ni difficultés. Ces considérations parurent décisives et nous semblent encore aujourd'hui justifier la pensée générale du législateur (1).

176. Le créancier étranger qui réclame le bénéfice d'un pri- vilége établi par la loi française devra manifestement, comme tout autre créancier, prouver l'accomplissement des formalités exigées par cette loi. Nous avons déjà traité cette question (2) qui se relie à d'autres, et nous ne reviendrons pas sur les principes exposés au début de notre chapitre. Ainsi le privilége accordé au prêteur qui a fourni des fonds pour les besoins du navire pendant le dernier voyage ne peut être exercé que si la nécessité de l'emprunt est jus- tifiée au moyen d'états arrêtés par le capitaine et les principaux de l'équipage : il en est de même quand cet emprunt aurait été contracté à l'étranger par un navire étranger et par un capitaine étranger ignorant la prescription de la loi française (3). Bien plus, alors que les gages et loyers de l'équipage doivent être justifiés par les rôles d'armement et de désarmement arrêtés dans les bu- reaux de l'inscription maritime, le tribunal de commerce de Mar- seille (4) n'admet pas que des matelots étrangers puissent, s'ils

(1) M. de Courcy (Quest. de droit maritime, p. 65), nous paraît aller bien loin lorsqu'il dit : « L'article 192 du code de commerce est donc une inno- « vation spéciale aux navires et qui me paraît, je l'avoue, fort malencon- « treuse. Elle est souvent puérile et presque niaise. » — (2) V. ci-dessus, n° 104. — (3) Marseille, 3 mars 1870 et, sur appel, Aix, 9 décembre 1870 (D. 74, 2, 175). V. toutefois Quest. de droit marit., par A. de Courcy, p. 49 et 50. — (4) Même jugement.

n'ont pas accompli cette formalité, revendiquer le privilége de l'art. 191 § 6, en invoquant leur qualité d'étrangers, non soumis aux règles de l'inscription maritime.

177. « Les frais de justice, dit l'art. 192 § 1, seront constatés « par les états de frais arrétés par les tribunaux compétents. »

Le projet contenait ces mots : *par le tribunal civil* (1). En effet les tribunaux civils sont seuls compétents pour connaître de la vente des navires saisis (2) et des difficultés auxquelles donne lieu la saisie (3). Cependant on a bien fait de modifier cette rédaction primitive, car il peut s'agir exceptionnellement de frais se rapportant à une instance ouverte devant le tribunal de commerce et à laquelle la masse des créanciers aurait défendu dans l'intérêt commun (4). Aussi le projet de réforme de 1867 s'exprima-t-il à peu près de même : « Les frais de justice, y lit-on, seront cons- « tatés par les états de frais arrêtés par les juges ou tribunaux « compétents. » Cette rédaction nouvelle, qui ne modifie pas le fond du droit, est en plus complète harmonie avec l'article 2 du décret du 16 février 1807, qui confie la liquidation des dépens dans les matières ordinaires à l'un des juges ayant assisté au jugement.

On a fait ressortir (et très-justement selon nous) une contradiction entre le premier et le troisième paragraphes de l'art. 192. « Les dettes constatées par les numéros 1, 3, 4 et 5 de l'art. 191, « lit-on dans le paragraphe 3, seront constatées par des états ar- « rétés par le président du tribunal de commerce. » L'antinomie est claire, quoi qu'aient prétendu MM. Bédarride (5), Demangeat (6) et Laurin (7). On ne peut pas dire avec les deux premiers que le renvoi concerne seulement les frais « autres que ceux de justice » ni avec le troisième qu'il concerne seulement les frais des instances commerciales, puisque l'art. 192 § 3 ne distingue pas deux catégories de dettes et fait uniformément constater par les mêmes états toutes les créances désignées au numéro 1 de l'art. 191. L'explication de M. Laurin ne permettrait plus d'ailleurs de comprendre pourquoi l'on a substitué au « tribunal civil », dans l'art. 192 § 1, les « tribunaux compétents ». Dufour (8) me paraît avoir démontré qu'il y a là une erreur matérielle. L'article proposé à la discussion du conseil d'Etat portait : « Les dettes dési- « gnées par les cinq premiers paragraphes de l'art. 2 (191) seront

(1) Locré, t. III, p. 23. — (2) Avis du C. d'Etat du 17 mai 1809. — (3) Aix, 10 mai 1858. D. 59, 2, 192. — (4) V. Laurin, I, p. 120, Dufour, n° 280. — (5) I, n° 57. — (6) IV, p. 37. — (7) I, p. 121. — (8) I, n° 279.

« constatées par des états arrêtés par le président du tribunal de
« commerce. » Treilhard fit remarquer que le n° 1 de l'art. 191
concernait les frais de saisie et que le président du tribunal de
commerce ne pouvait les arrêter puisque ce tribunal ne connaissait pas de l'exécution de ses jugements. Regnauld, accueillant
cette observation, proposa une rédaction qui détachait des attributions du président du tribunal de commerce la constatation des
frais de justice et même celle des frais de pilotage et autres. Ce fut
la rédaction définitive, et l'article fut adopté dans les termes suivants par le conseil : « Les dettes désignées par les paragraphes
« *trois, quatre* et *cinq*, etc. » Cependant le n° 1 de l'art. 191 a re-
paru dans le texte en compagnie des n°s 3, 4 et 5. Cela ne peut
s'expliquer que par une erreur matérielle, et il faut lire ce paragraphe 3 comme il a été voté (1).

Les codes espagnol, italien, égyptien reproduisent l'art. 192 § 1.
Le code italien substitue les mots « juge compétent » aux mots
« tribunaux compétents. » Le code égyptien dit : « par les tribu-
« naux compétents qui auront connu de la saisie et de la vente du
« navire (2). »

178. L'art. 192 § 2 est ainsi conçu : « Les droits de tonnage et
« autres par les quittances légales des receveurs. »

Cette rédaction a été critiquée : on a fait observer que la quittance n'est pas un titre de créance ; c'est la preuve du paiement et
par conséquent de l'extinction de la créance : il fallait dire, ajoute-
t-on, que ces droits seraient constatés par les états ou con-
traintes décernés par les préposés de l'administration (3). Le mot
de quittance qui emporte l'idée d'un paiement effectué s'explique
très-bien ici, dit au contraire M. Laurin (4), en ce sens que
l'administration se trouve généralement désintéressée avant la
vente du navire, les courtiers maritimes étant, aux termes de
l'art. 48 du décret du 12 décembre 1806, responsables du paiement
de ces droits ; ce sont donc ceux-ci seulement qui viennent à la
distribution en vertu de la subrogation légale qui s'est opérée en
leur faveur (art. 1251 § 3 c. civ.) et ils le font précisément en produisant les quittances. Mais l'art. 48 précité se borne à dire, il
importe de le faire remarquer, que « les courtiers et consigna-

---

(1) Locré, t. XVIII, p. 295-303. — (2) M. de Courcy juge très-sévèrement
cette partie de l'article 192 : « Je lis, dit-il, que les frais de justice seront
« constatés par les tribunaux compétents. Etait-ce vraiment la peine d'é-
« crire dans une loi une pareille naïveté ? » — (3) V. Dufour, n° 281. —
(4) I, p. 121.

« taires des navires étrangers sont responsables du paiement des
« droits de pilotage, d'entrée et de sortie. » Dans l'affaire Morro
c. Laplane et autres où le tribunal civil de Marseille admit les
courtiers maritimes à justifier de leurs créances par les quittances
des receveurs (1), il s'agissait du paiement des droits de pilotage
acquittés pour le compte d'un capitaine étranger.

On peut d'ailleurs très-bien admettre que le trésor n'a pas été
payé et que le receveur se présente en son nom à la distribution :
la quittance préparée par ce receveur constaterait suffisamment
par elle-même l'existence du privilége (2).

La commission de 1867, dans laquelle siégeait Dufour, avait
maintenu purement et simplement l'art. 191 § 2.

Les codes espagnol, égyptien, etc. sont calqués sur le code français. Aux termes de l'art. 286 § 2 du code italien, les droits de
navigation sont constatés par les quittances légales des receveurs.
Le code chilien s'exprime ainsi : « Les créances privilégiées se
« justifient comme il suit : 1º les gratifications et frais de sauve-
« tage par le certificat de l'autorité qui a présidé à l'opération ;
« 2º le pilotage par le certificat du gouverneur maritime ou de
« celui qui a employé le pilote ; 3º les droits de port par le certi-
« ficat du gouverneur maritime. »

179. « Les dettes désignées par les numéros 1, 3, 4. et 5 de
« l'art. 191, dit l'art. 192 § 3, seront constatées par des états ar-
« rêtés par le président du tribunal de commerce. » Il faut faire
abstraction, nous l'avons expliqué plus haut, des dettes désignées
par le nº 1. C'est ainsi que les auteurs du projet de 1867 avaient
rédigé le nouveau paragraphe 3 de cet article : « Les dettes dési-
« gnées par les numéros 3, 4, 5 et 6 de l'art. 192 par les états ar-
« rêtés par le président du tribunal de commerce (3) ».

Il ne s'agit dans l'art. 192 § 3 que du gardien extrajudiciaire,
puisque la créance du gardien judiciaire rentre dans les frais de
justice. La cour de cassation a décidé le 7 décembre 1869 (4) que
le juge taxateur peut réduire le salaire alloué au gardien judiciaire
par l'art. 34 du décret du 16 février 1807, s'il n'a veillé qu'incomplètement à la conservation des objets confiés à sa garde : nous
croyons avec M. Demangeat (5) que le président du tribunal de
commerce pourrait de même réduire, en cas de négligence, le

---

(1) 27 mars 1866, Rec. de M. 1867, 2, 32. — (2) Cf. Demangeat, IV, p. 41.
— (3) Le projet de réforme classait, on le sait, au nº 6 de l'art. 191 « les
« frais et indemnités dus à l'occasion du sauvetage pour le dernier voyage. »
— (4) S. 70, 1, 62. — (5) IV. p. 43.

montant de la somme allouée au gardien extrajudiciaire par l'usage local. Il est d'ailleurs évident que les créanciers ne sont pas obligés d'accepter la décision du président et peuvent porter la contestation devant le tribunal lui-même.

Les codes espagnol, égyptien, etc. sont calqués sur le code français. L'art. 6 § 3 du code égyptien de 1875 va jusqu'à reproduire l'erreur matérielle reprochée au législateur de 1807 en renvoyant au n° 1 de l'art. 5. Le code chilien dit que les frais de garde et d'entretien sont constatés par la taxe du juge de commerce qui les a autorisés et approuvés, le loyer du magasin où sont déposés les agrès et apparaux par l'attestation résultant de l'autorisation de dépôt. L'art. 286 § 3 du code italien est ainsi conçu : « Les sa-
« laires des pilotes, les frais, les indemnités et les primes de sau-
« vetage par les sentences, par les attestations des administrateurs
« de la marine marchande ou par toute autre preuve que l'autorité
« judiciaire croira devoir admettre selon les circonstances, le sa-
« laire du gardien et les frais de garde énoncés au n° 3 et les
« créances énoncées aux n°s 4 et 5 de l'art. 285 par des états ar-
« rêtés par le président du tribunal de commerce. »

180. L'art. 192 § 4 est ainsi conçu : « Les gages et loyers
« de l'équipage par les rôles d'armement et désarmement arrêtés
« dans les bureaux de l'inscription maritime. »

Nous nous étendrons un peu plus longuement sur le rôle d'armement ou rôle d'équipage lorsque nous commenterons l'art. 226. Il nous suffira de dire actuellement que le rôle d'armement, dressé par le commissaire de l'inscription maritime, comprend « les con-
« ditions d'engagement de toutes les personnes composant l'équi-
« page (1). » Lorsque le commissaire ne peut relater sommaire-
ment les conditions d'engagement sur ce rôle, à raison de leur nature ou de leur étendue, ces conditions y sont annexées au moyen de feuilles spéciales qu'il signe et sur lesquelles il appose son cachet (2). Les avances ou à comptes payés en cours de voyage pour achat d'effets ou pour toute autre cause doivent être autorisés et apostillés sur les rôles par le commissaire de l'inscription maritime ou par le consul, devant qui ils sont payés, et certifiés par leur signature ou, à défaut, par celle des agents qui les

(1) Art. 191 du règlement général de 1866. — (2) Edit de 1720, tit. VI, art. 7 et 18 ; ord. du 31 octobre 1784, tit. XIV, art. 9, 10 et 12 ; loi du 7 janvier 1791, art. 13 ; circ. du 22 novembre 1827 ; art. 194 du règlement général de 1866.

remplacent (1). Quant au rôle de désarmement, il est également dressé par ce commissaire, à qui le capitaine doit remettre son rôle d'équipage aussitôt après son arrivée au port de destination : le commissaire vérifie l'état de l'équipage et procède à la liquidation de ses comptes avec l'armateur ou avec le capitaine (2).

Nous avons dit plus haut que le créancier, pour faire prévaloir son droit de préférence, était astreint aux modes de justification énumérés en l'art. 192. Le rôle d'armement et les feuilles annexées ne peuvent pas être suppléés par des équipollents. L'engagement des matelots peut sans doute être constaté par la convention des parties comme par le rôle d'équipage (art. 250), mais l'acte authentique ou sous seing privé suffisant pour fixer les accords des parties et donner naissance à l'action personnelle ne garantirait pas le privilége. C'est ainsi que, dans l'affaire Lanne c. synd. Vaghi, le tribunal de commerce du Havre, quoique ne concevant aucun doute sur l'existence de la dette elle-même et tout en admettant le capitaine au passif de la faillite comme créancier chirographaire, le déclara « mal fondé dans sa demande en pri- « vilége, » la justification de cette créance n'étant pas faite par les rôles d'armement et de désarmement (3). C'est ainsi que, dans l'affaire synd. Reynaud c. Rodocanachi et autres, le tribunal civil de Marseille refusa d'admettre un matelot comme créancier privi- légié, malgré la production d'un billet signé par le capitaine et causé valeur pour les salaires de ce matelot et d'un jugement de condamnation contre le capitaine à raison de ce billet, parce que la créance n'était pas constatée par le rôle arrêté dans les bureaux de l'inscription maritime (4).

M. Demangeat (5) a fait justement remarquer que les gens de l'équipage peuvent, suivant les cas, avoir à produire encore d'autres pièces. Ainsi, quand il s'agit d'engagements à la part ou au fret, le double rôle peut bien attester le principe, mais non la quotité de la créance : il faudra produire en outre les connaisse-

---

(1) Déclar. du 18 décembre 1728, art. 3 et 6; arrêt du 19 janvier 1734; ord. du 1er novembre 1745; loi du 4 mars 1852; circ. du 18 déc. 1835; art. 197, § 1 du règlement général de 1866. — (2) « Afin de faciliter les opérations « de désarmement et d'épargner aux armateurs les frais de feuilles de rôles « spéciales, le désarmement peut être effectué sur le rôle même d'arme- « ment. » (Décret du 4 novembre 1865, art. 197 § 4 du règlement général de 1866.) — (3) 28 août 1860, D. 1862, 3, 24. — (4) 7 mars 1865. Rec. de M. 1865, 2, 38. Cf. Nantes, 21 février 1872; Rec. de Nantes 1872, 1, 305. — (5) IV, p. 50.

ments, les factures d'achat et de vente des marchandises. De
même pour certains autres frais accessoires, tels que les frais de
maladie, lorsque le matelot a été soigné à terre et que le capitaine
n'a pas consigné une somme préalable pour le traitement (art.
262 ; déc. 7 avril 1860, art 3), tels aussi que l'indemnité due en cas
de congédiement non justifié (art. 270). Dans cette double hypothèse, la quotité de la créance se trouvera établie par des états particuliers de frais, dressés et arrêtés par qui de droit ou par le jugement de condamnation (1). « Quant à l'indemnité pour droit de
« conduite, dit M. Bédarride (2), sa quotité ne saurait jamais faire
« naître des difficultés. » Un décret du 14 septembre 1864 a sans
doute fixé cette indemnité à « la somme nécessaire pour rallier le
« le quartier ou le port d'armement par la voie régulière la moins
« coûteuse » et décidé 1º que cette indemnité « comprend en
« outre le prix du transport des bagages et les frais de nourriture
« calculés à raison de 6 francs par vingt-quatre heures de route
« pour les capitaines au long cours et de 5 francs pour toute autre
« personne ; » 2º que les capitaines au long cours ont droit au
prix des places de deuxième classe sur les chemins de fer, de première classe dans les voitures, toute autre personne n'ayant droit
qu'au prix des places de dernière classe. Toutefois ce même décret
a prévu l'éventualité d'une contestation entre les armateurs et les
personnes réclamant la conduite : les commissaires de l'inscription maritime déterminent alors le chiffre de l'indemnité à allouer (3). Les gens de l'équipage auraient évidemment à produire,
en pareil cas, l'état liquidatif dressé par ces commissaires.

Les rédacteurs du projet de 1867 maintenaient l'art. 192 § 4 en
supprimant les mots « arrêtés dans les bureaux de l'inscription
« maritime », peut-être parce que « dans les localités autres que
« les chefs-lieux de quartiers ou de sous-quartiers, les syndics des
« gens de mer sont autorisés par l'art. 21 du règlement général de
« 1866 à viser les rôles d'équipage et à y faire les mutations d'em-
« barquement et de débarquement (4) »

L'art. 286 § 4 du code italien décide que les gages et loyers des
matelots seront justifiés par les rôles d'armement et de désarmement arrêtés dans les bureaux d'administration de la marine marchande, les autres indemnités par le rapport du capitaine et toutes

_____

(1) Cf. Laurin, I, p. 122. — (2) Nº 77. *Sic* Laurin, *loc. cit.* — (3) Cf. art.
277-279 du règlement général de 1866. — (4) Cf. ord. 31 octobre 1784, tit. XI,
art. 14. Cf. d'ailleurs les articles 16 à 27 du règlement général de 1866 sur
les syndics des gens de mer.

preuves légales des événements d'où dérive le droit. Les loyers du capitaine et de l'équipage sont constatés, d'après le code chilien, par le compte revêtu du visa et de l'approbation du gouverneur maritime, d'après le code égyptien par les rôles d'armement et de désarmement arrêtés dans les bureaux de l'office du port et à défaut dans ceux de la chancellerie commerciale. Le code espagnol est, cette fois encore, calqué sur le code français.

181. L'art. 192 § 5 est ainsi conçu : « Les sommes prêtées et « la valeur des marchandises vendues pour les besoins du navire « pendant le dernier voyage, par des états arrêtés par le capitaine, « appuyés de procès-verbaux signés par le capitaine et les princi- « paux de l'équipage, constatant la nécessité des emprunts. »

Nous nous occuperons successivement des emprunts et des ventes.

Emprunts. Le prêteur doit d'abord prouver que le navire avait besoin de réparations ou d'argent pour continuer son voyage. C'est ce qui ne saurait être matériellement démontré, neuf fois sur dix ; mais le code de commerce remplace ici la preuve matérielle par une preuve légale, qui résulte des procès-verbaux.

Il n'est pas indispensable que ces procès-verbaux constatent expressément la nécessité *des emprunts.* Il suffit qu'ils constatent la nécessité du radoub ou de l'achat de victuailles; car c'est là ce que doit contenir, aux termes de l'art. 234, le procès-verbal signé des principaux de l'équipage. Constater les besoins du navire, c'est d'ailleurs constater la nécessité de l'emprunt pour y satisfaire (1).

La cour de Rouen (2) est allée jusqu'à juger que la représentation du procès-verbal lui-même n'est pas rigoureusement nécessaire et peut être suppléée par la relation du procès-verbal dans un jugement autorisant l'emprunt. Nous inclinons à penser que cette large interprétation n'est pas contraire au texte de l'article 192 § 5. Le jugement ne remplace pas le procès-verbal, c'est le procès-verbal qui fait, pour ainsi dire, corps avec le jugement.

M. de Courcy critique amèrement cette disposition législative : « Sous le régime de notre ancien droit, dit-il (3), avant le code de « commerce, avant que le capitaine se pourvût de l'autorisation « du tribunal ou du consul qui a suivi toutes les opérations, il était

---

(1) Cf. Dufour, I, n° 293. *Sic* Rouen, 29 décembre 1831 (Rec. de Rouen 1832, p. 64). — (2) 4 janvier 1844. S. 44, 2, 454. — (3) Quest. de droit maritime, p. 50.

« admis que le procès-verbal des principaux de l'équipage n'était
« qu'une recommandation faite au capitaine, que l'ordonnance
« n'attachait aucune peine à l'inobservation de cette formalité,
« que la bonne foi du prêteur suffisait à lui assurer son privilége.
« Qu'est-ce donc, aujourd'hui que cette bonne foi a de plus la so-
« lennelle garantie d'un jugement ? On osera soutenir devant des
« tribunaux français que le jugement d'un tribunal français ne
« protége pas les intérêts de l'honnête négociant qui appelé, solli-
« cité par ce jugement, sera venu apporter son argent entre les
« mains du juge pour permettre au navire de continuer son
« voyage ? On osera prétendre que ce négociant, sous peine de
« perdre son privilége, c'est-à-dire son argent, aura dû vérifier
« si le jugement qui l'appelle a été précédé du vain formalisme
« d'un procès-verbal de quelques hommes de l'équipage ? Etrange
« manière d'attirer des prêteurs empressés, et de servir les inté-
« rêts de la marine ! Non, jamais je n'exprimerai assez énergique-
« ment le sentiment que j'éprouve en voyant que dans une grande
« ville maritime l'esprit contentieux, j'allais dire l'esprit de chi-
« cane ait pu aller jusqu'à cette énormité. » Que le législateur se
frappe donc la poitrine et reconnaisse son erreur, qu'on abroge
l'art. 192 § 5. Mais quand la loi dit : « Le privilége ne peut être
« exercé qu'autant que les créances seront justifiées par des états
« arrêtés par le capitaine appuyés de procès-verbaux, etc., » c'est
se moquer de la loi que de contester la nécessité de ces procès-
verbaux.

Mais l'article 234 exige en outre, pour la validité de l'emprunt
pendant le voyage, qu'il ait été autorisé par le magistrat compétent. La justification de cette seconde condition doit-elle être également fournie pour l'exercice du privilége ? La solution négative
semble d'abord difficilement conciliable avec le texte de l'art. 312,
ainsi conçu : « Tout prêteur à la grosse, en France, est tenu de
« faire enregistrer son contrat au greffe du tribunal de commerce
« dans les dix jours de la date, à peine de perdre son privilége ; —
« Et si le contrat est fait à l'étranger, il est soumis aux formalités
« prescrites à l'article 234. » Cela ne signifie-t-il pas que, si le
prêteur conserve son action personnelle contre le capitaine ou
l'armateur, la déchéance du privilége est attachée à l'inobservation
des formalités de l'art. 234 ? Cependant cette solution négative me
paraît devoir être adoptée. Puisque l'art. 192 ne mentionne pas
cette seconde cause de déchéance, il serait aussi peu juridique que
contraire aux intérêts du commerce maritime d'étendre un texte
semblable : il n'y a pas là de lacune à combler. Ce n'est pas que

les arrêts cités par M. de Courcy (1) aient à ce point de vue toute la portée que leur attribue cet écrivain. La cour de cassation a dit sans doute le 28 novembre 1821 (2) et répété trois fois (5 janvier 1841 (3), 9 juillet 1845 (4), 4 décembre 1866 (5)) que « les forma- « lités prescrites par l'art. 234 ne regardent que le capitaine res- « pectivement au propriétaire ; qu'elles n'ont eu d'autre objet que « de mettre le capitaine à portée de justifier de la nécessité de « l'emprunt et d'éviter tout recours de la part du propriétaire, « qu'elles ne concernent pas le prêteur qui a contracté de bonne « foi sans fraude avec le capitaine pendant le cours du voyage ; « que c'est ainsi qu'avait toujours été exécuté l'article 19 du titre « du Capitaine de l'ordonnance de 1681, lequel exigeait aussi des « formalités de la part du capitaine qui voulait emprunter à la » grosse. » Mais on ne saurait oublier qu'elle ajoutait immédia- tement dans un de ces arrêts (5 janvier 1841) « qu'aux termes de » l'article 312 le prêteur à la grosse n'est soumis aux formalités « de l'article 234 *que pour la conservation de son privilége*, d'où « il suit nécessairement qu'il conserve ses droits et son titre contre « le propriétaire ou armateur du navire. » Enfin M. de Courcy omet de citer l'arrêt du 23 mars 1869 : la compagnie Treeby ayant déféré à la cour de cassation un arrêt de la cour de Rennes du 24 février 1868 pour avoir maintenu le privilége du prêteur malgré le défaut d'autorisation, la chambre des requêtes au lieu de ré- pondre que ce défaut d'autorisation n'entraînerait pas la déchéance du privilége, s'efforça d'établir que, les dépenses ayant été effec- tuées d'après l'avis d'experts nommés par un juge de paix, les formalités de l'art. 234 avaient été observées (6). Je vais plus loin et je concède à M. de Courcy que, le texte de l'art. 192 n'en- chaînant pas cette fois les interprètes du code, la justification de l'autorisation d'emprunter donnée par les magistrats n'est pas indispensable à l'exercice du privilége (7).

Le prêteur doit-il établir la relation de l'emprunt avec les be- soins du navire ? L'art. 192 est muet sur ce point ; mais l'art. 191 § 7 impose une solution affirmative : il ne suffit pas, en effet, pour qu'il y ait un privilége, que les besoins du navire aient été constatés ; il faut absolument que l'emprunt ait été fait pour ces besoins. Dès lors comment se borner à exiger de ce prêteur qu'il prouve les be- soins du navire ? Mais puisque l'art. 192 est muet, ce créancier

(1) Quest. de droit maritime, p. 69. — (2) D. v° Droit maritime, n° 442. — (3) Ib. — (4) D. 45, 1, 313. — (5) D. 67, 1, 161. — (6) D. 70, 1, 304. — (7) *Sic* Dufour, n° 294 ; M. Demangeat, IV, p. 58.

peut recourir à tous les modes de preuves admis par la loi commerciale. Ainsi quand la réparation a suivi l'emprunt, il faut appliquer la règle autrefois posée par Casaregis : « *Quamvis non* « *possit dignosci ac percipi ex qua pecuniaid factum sit, attamen* « *præsumitur eam ipsam pecuniam impensam fuisse in refectionem* « *navis* (1). » Dufour est allé plus loin (2) : « Le créancier, dit-il, « satisferait au vœu de la loi en montrant d'une manière générale « qu'à la suite du prêt la condition du navire s'est améliorée ; qu'il « a repris la mer, et continué son voyage. » En effet les simples présomptions peuvent suffire au juge, ce qui n'empêche pas que la démonstration la plus sûre sera toujours dans les énonciations mêmes de l'acte d'emprunt.

En ce qui touche le prêt à la grosse contracté en France ou dans les colonies françaises, l'exercice du privilége est en outre, on vient de le voir (art. 312), subordonné à l'enregistrement du contrat dans les dix jours de sa date.

Il faut constater non seulement l'origine, mais encore la quotité de la créance. Or la loi semble exiger indistinctement que cette justification soit faite « par des états arrêtés par le capitaine. » Mais les auteurs s'accordent à reconnaître que cette formalité ne peut pas s'appliquer aux emprunts. En effet, le prêt suppose un acte de prêt : cet acte en établira le montant, et l'indication résultant du titre ne peut être détruite après coup par le fait du capitaine (3).

182. *Ventes.* L'art. 192 § 5 ne distinguant pas, le chargeur doit prouver la nécessité des ventes à l'aide de procès-verbaux signés par le capitaine et les principaux de l'équipage comme le prêteur doit prouver la nécessité des emprunts. Cela n'est pas juste, car, ainsi que le font observer la plupart des auteurs, si le prêteur pouvait exiger, avant de prêter, l'accomplissement de cette formalité, la vente se fait au contraire sans la participation du chargeur : tout se passe à son insu ! Mais le texte est formel.

Au contraire, nous n'assujettirions pas le chargeur à prouver que la vente a été autorisée par le magistrat compétent. Le texte de l'article 312 ne soulève ici d'ailleurs aucune difficulté, puisque cet article ne s'applique pas aux ventes de marchandises opérées pour les besoins du bâtiment.

---

(1) Disc. 18, n° 11 (déjà cité par Dufour). — (2) N° 296. — (3) *Sic* Nantes, 5 juillet 1872. Rec. de Nantes 1872, 1, 262. Cf. Rouen, 5 juillet 1844, S. 44, 2, 455. V. dans le même sens Dufour, I, n° 298 ; Demangeat, IV, p. 56 ; Laurin, I, p. 125.

Mais il faudrait établir la relation de la vente avec ces besoins constatés. Tout ce que nous avons dit à ce propos du prêteur s'applique au chargeur. La relation doit se présumer, conformément à la maxime de Casaregis, quand la réparation a suivi la vente.

Les états dressés par le capitaine établiront la quotité de la créance. Ils devront constater : 1° le détail des marchandises vendues ; 2° le cours des marchandises de mêmes nature et qualité dans le lieu de la décharge du navire au moment de son arrivée (art. 234). M. Bédarride (1) semble croire que le chargeur peut se passer de ces états et M. Laurin (2) assimile, à ce point de vue, le chargeur au prêteur. Mais il faudrait alors effacer complètement cette partie de l'art. 192 ! L'équité voudrait sans doute que, si le capitaine a négligé de dresser ces états, le créancier pût recourir aux divers modes de preuve admis par la loi commerciale. Mais le législateur paraît avoir plutôt songé à prévenir toute fraude au préjudice des autres privilégiés et des chirographaires qu'à garantir le chargeur contre la négligence du capitaine. En tout cas, le texte est formel (3).

Les réformateurs de 1867 avaient ainsi remanié l'art. 192 § 5 : « Les sommes prêtées à la grosse (4) et la valeur des marchan-« dises vendues pour les besoins du navire pendant le dernier « voyage par les autorisations données au capitaine à l'effet « d'emprunter et de vendre et par les actes d'emprunt passés en « conséquence conformément aux dispositions des art. 243, 337, 338 « et 339 ci-après (5). » C'était maintenir, en l'exagérant, le système de 1807, qui n'impose pas au chargeur, à notre avis, l'obligation de représenter la preuve des autorisations. Il est vrai que le projet de 1867 supprimait le procès-verbal dressé par les principaux de l'équipage.

Le code espagnol ne subordonne pas à des conditions aussi rigoureuses la justification de ce privilége : « Les dettes contractées « pour les besoins urgents du navire et de son équipage pendant « le dernier voyage et pour la vente des effets du chargement à la « charge du navire, dit l'art. 598, seront déterminées par le tri-« bunal de commerce sur le vu des preuves présentées par le ca-« pitaine pour en établir la nécessité. » Tel est à peu près aussi

_____

(1) I, n° 88. — (2) I, p. 125. — (3) *Sic* Dufour, I, n° 302, et Demangeat, IV, p. 56. — (4) On se rappelle que l'article 191, § 8 du projet était ainsi conçu : « Les sommes prêtées à la grosse pour les besoins du bâtiment, etc. » — (5) L'art. 243 du projet correspond à notre art. 234 ; les art. 337-339 du projet sont les trois premiers du titre du Prêt à la grosse.

le système du code italien : « Les fournitures faites pour les be-
« soins et les réparations du navire durant le voyage et les ventes
« des marchandises en cours de voyage pour le même objet, dit
« l'art. 286 § 5, par des états signés du capitaine et appuyés d'ex-
« pertises, actes de vente et procès-verbaux signés du capitaine
« et des principaux de l'équipage, ou par tous autres actes établis-
« sant la nécessité des dépenses. » Le code chilien s'exprime
ainsi : « Les dettes contractées pendant le dernier voyage se justi-
« fient par le livre de bord ; les achats de vivres et de vente de
« marchandises par les reçus signés du capitaine et des principaux
« de l'équipage. » L'art. 6 § 5 du code maritime égyptien modifie
à peine le texte français : « Les sommes prêtées et la valeur des
« marchandises vendues pour les besoins du navire pendant le
« dernier voyage par des états arrêtés par le capitaine et les prin-
« cipaux de l'équipage du navire, constatant la nécessité des
« emprunts. »

183. L'art. 192 § 6 est ainsi conçu : « La vente du navire par
« un acte ayant date certaine, et les fournitures pour l'armement,
« équipement et victuailles du navire seront constatées par les mé-
« moires, factures ou états visés par le capitaine et arrêtés par
« l'armateur, dont un double sera déposé au greffe du tribunal de
« commerce avant le départ du navire ou au plus tard dans les
« dix jours après son départ. »

Privilége du vendeur. On ne comprend pas bien ce que le législateur a voulu dire. Pourquoi cette date certaine et quelle date
certaine ? Il est clair qu'il ne s'agit pas de prouver la vente elle-
même : loin de la mettre en doute, les créanciers de l'acquéreur
la consacrent par leur demande en collocation contre le nouveau
propriétaire. On n'a pas songé davantage à empêcher le vendeur
de postdater son contrat pour échapper à la déchéance qui résulte
du voyage postérieur à la vente (art. 191 § 8) : rien ne peut, au demeurant, empêcher le vendeur de postdater son contrat et de lui
donner, par l'enregistrement, une date certaine au jour où il le
place (1). M. Demangeat (2) seul explique d'une façon plausible ces
premiers mots du paragraphe 6 : le législateur a voulu que l'acte
de vente eût date certaine avant la saisie : il ne faut pas qu'un
saisi puisse, d'accord avec un compère, passer un acte qui donne-

_____

(1) Ainsi que le fait justement observer Dufour (1, nº 304), on comprend
la nécessité d'une date certaine lorsque l'intérêt du créancier est de donner
à son titre une date ancienne, mais non lorsqu'il a intérêt à le placer sous
une date récente. — (2) IV, p. 62.

rait à celui-ci la qualité de vendeur et lui permettrait d'exercer un privilége sur le prix par préférence aux créanciers saisissants ou en concours avec eux (1). On s'explique ainsi que les rédacteurs du projet de 1867 aient encore astreint le vendeur à justifier son privilége « par un acte ayant date certaine au moyen de la mention « faite sur l'acte de francisation. »

Le vendeur est-il obligé de déposer un double de son acte au greffe du tribunal de commerce ? Oui, d'après Dageville (2). Il ne nous semble pas que la construction de la phrase se prête à cette interprétation et que les mots « dont un double sera déposé, etc., » rejetés à la fin du paragraphe, se rapportent à ces autres mots « un acte ayant date certaine. » Nous repoussons d'autant plus volontiers l'opinion de Dageville qu'il nous semble inutile d'astreindre le vendeur à cette formalité. Le projet de 1867 n'imposait pas l'obligation de déposer au greffe un double de l'acte de vente.

184. *Privilége des fournisseurs et ouvriers employés à la construction.* L'art. 192 § 6 ne les mentionne pas. C'est une lacune, d'après Dufour (3). M. Bédarride, au contraire, semble croire que le législateur a bien fait de laisser ces privilégiés, quant à la justification de leur créance, sous l'empire du droit commun. Que pouvait-on craindre ? Une simulation quant au fait même de la construction ? Non, sans doute, mais une exagération des mémoires, une dissimulation des à-comptes payés concertée avec le saisi : « la faculté que tous les créanciers ont de contester la créance, « d'en demander la réduction était le seul remède efficace, le seul « possible (4). » Tel est aussi notre avis, et nous ne sommes pas surpris que les rédacteurs du projet de 1867 aient autorisé la preuve, en pareil cas, par tous les moyens énoncés en l'art. 109. Quoi qu'il en soit, sous l'empire du code actuel, la solution n'est pas douteuse : « la loi, dit très-bien la cour de cassation (5), n'a établi « aucun mode particulier de preuve à l'effet de constater l'impor-

(1) Dans un procès jugé le 2 août 1876 par le tribunal de commerce de Marseille, un syndic de faillite objectait que le vendeur ne produisait pas un acte de vente ayant date certaine et par conséquent ne remplissait pas les prescriptions de l'art. 192, § 6 : « Attendu, répondit le tribunal de Mar- « seille, que la substance des conditions de la vente a été relatée dans un « jugement du tribunal de céans du 9 mai 1876 ; que par là la vente a acquis « date certaine à l'égard des tiers. » Dans l'espèce, le jugement qui relate la substance des conditions de la vente paraît avoir précédé la saisie (Rec. de M. 1876, 1, 211). — (2) II, p. 37. — (3) I, n° 318. — (4) I, n° 110. — (5) Civ. rej. 17 mai 1876. *Sic* Dufour, I, n° 318 ; Demangeat, IV, p. 68 ; Laurin, I, p. 127.

« tance des fournitures et de déterminer le montant de la créance
« privilégiée ; il s'ensuit que les ouvriers et fournisseurs, employés
« à la construction de plusieurs navires, peuvent établir ce qui
« leur est dû sur chacun d'eux par tous les modes de preuve
« admis en matière commerciale. » Ainsi le juge pourrait recourir
à une expertise à l'effet de vérifier, d'après les livres et factures des
parties et autres documents de la cause, le montant de ces fournitures.

185. Mais si l'on peut aisément constater ou évaluer des travaux de construction, il est difficile de constater ou d'évaluer des
fournitures consommées ou des réparations dont la trace est
effacée par le voyage. Le législateur se prémunit donc contre la
fraude, et subordonne la justification de cette créance à une triple
formalité : le visa du capitaine, l'arrêté de compte de l'armateur,
le dépôt au greffe du tribunal de commerce dix jours au plus tard
après le départ du navire.

Le capitaine reçoit les fournitures : son visa prouve qu'elles ont
servi au voyage.

Le mot « armateur » n'ayant pas été défini par le code de commerce, les commentateurs de l'art. 192 § 6 l'entendent ici dans
deux sens différents. D'après M. Bédarride, il ne peut s'agir que
du *dominus navis*. L'affréteur-armateur, quelle que soit l'étendue
de son contrat, n'est qu'un véritable locataire, il n'acquiert que la
jouissance du navire ; la propriété ne lui appartient pas. Comment
donc lui attribuer la faculté de la grever ? Tant pis pour les fournisseurs ! Ils doivent connaître la qualité de celui qui provoque
leur concours et, cette qualité connue, exiger que le propriétaire
autorise et garantisse les réparations.

Il nous semble difficile d'admettre cette interprétation. L'armateur n'est pas plus aujourd'hui qu'au seizième et au dix-huitième
siècle le « propriétaire du navire, » et cette phrase d'Ulpien « *sive
« is dominus navis sit, sive a domino navem per aversionem* (en
« bloc) *conduxerit,* » transcrite par Loccenius (1) et par Wedderkop (2) entre encore dans la définition classique de l'armateur.
Wedderkop, il est vrai, complète ainsi la règle : *navis domini sint
vel iisdem œquiparentur.* Il n'en faut pas davantage, et le tribunal
de Marseille n'a pas, par son jugement du 5 juillet 1825, consacré,
quoi qu'en pense M. Bédarride, une doctrine plus absolue (3). Je

(1) L. III, c. VII, § 2. — (2) L. I, tit. 1, § 1. — (3) « Attendu que le sieur
« Raspal a toujours conservé le titre et la qualité d'armateur du brick
« l'*Aimable-Pauline* ; que cela résulte à la fois des déclarations faites soit

ne regarderais pas même comme indispensable que le droit de
choisir le capitaine eût été conféré à l'affréteur du navire non
équipé (1) : les tribunaux, pour décider si cet affréteur est un
« armateur » au sens de notre paragraphe, auront à juger en fait
s'il peut-être réputé, d'après les termes et l'esprit de son contrat,
avoir mandat du propriétaire pour arrêter les mémoires ou factures (2). Quel intérêt et quel texte invoquerait-on pour enlever ce
pouvoir aux tribunaux ?

Les créanciers ne peuvent se passer soit du visa, soit de l'arrêté
de compte à moins que la force même des choses ne les oblige à
s'en passer. Tel est le cas où les fournitures seraient faites dans un
lieu autre que celui de la demeure de l'armateur : là où son autorisation n'est pas nécessaire (art. 232), son approbation devient
inutile (3). Tel est encore le cas où le capitaine refuserait obstiné-
ment son visa, l'armateur son approbation : « Considérant, disait
« très-bien la cour de Rennes (4), que Legal a présenté sa facture à
« Ezanneau, capitaine et armateur du *Gaulois*, dans le port même
« d'armement afin qu'Ezanneau, agissant en sa double qualité,
« visât et arrêtât ladite facture ; Que, celui-ci s'y étant refusé,
« Legal l'a déposée sur timbre et enregistrée aux greffes des tri-
« bunaux de Nantes et de Saint-Nazaire et que, peu de jours
« après, Ezanneau a été assigné pour se voir contraindre à viser et
« arrêter la facture et voir admettre les privilége de Legal sur son
« navire ; qu'ainsi ce dernier, *autant qu'il était en lui*, a satisfait
« aux prescriptions de l'art. 192. »

186. Le créancier doit enfin déposer au greffe du tribunal de
commerce un double des mémoires, factures ou états.

Ce qu'il doit déposer, remarquons-le bien, c'est un double visé
par le capitaine et arrêté par l'armateur. Un fournisseur n'avait
déposé qu'une copie de sa facture, gardant entre ses mains l'original visé et arrêté ; le tribunal de commerce de Nantes refusa de
l'admettre comme créancier privilégié (5).

« à la douane, soit à la marine, des procès-verbaux de visite du navire...
« et surtout de la charte-partie passée le 15 juillet 1824 où le sieur Raspal
« a expressément conservé le titre d'armateur et où le sieur Brès n'a pris
« que celui d'affréteur. » Le tribunal était amené naturellement à dire que,
dans de telles conditions, « la qualité d'armateur ne pouvait résulter pour
« le sieur Brès de ce que les victuailles et les salaires de l'équipage avaient
« été mis à sa charge, » et à juger qu'il y avait là une simple « augmentation
« de fret à laquelle Raspal avait entendu soumettre Brès. » — (1) *Sic* Dufour,
n° 309. — (2) Cf. Demangeat, IV, p. 70. — (3) Cf. Dufour, n° 311. — (4) 23 juillet 1873. D. 75, 5, 303. — (5) Nantes, 1er juin 1872. Rec. de M. 1874, 2, 3.

Cette prescription s'applique-t-elle exclusivement aux dépenses faites avant le départ du port d'armement ? Nous le pensons. Le navire *Célestine-Marie* avait relâché au port de Conquet, près de Brest : des réparations montant à plus de 7,000 francs furent faites par un sieur Le Guérannie : les factures et mémoires n'ayant pas été déposés au greffe, le tribunal civil de Brest refusa d'admettre le privilége; mais cette doctrine fut successivement condamnée par la cour de Rennes et par la cour de cassation, « attendu, dit « celle-ci, que des termes comme de l'esprit de l'art. 192 il résulte « que l'obligation de déposer au greffe le double des mémoires ne « s'applique qu'aux dépenses faites avant le départ du port d'ar- « mement; que cette obligation ne peut donc être étendue aux dé- « penses faites au cas de relâche forcée en cours de voyage... (1) » Cette solution nous paraît juridique. Les mots « avant le départ » ne peuvent pas avoir un autre sens dans l'art. 192 § 6 que dans l'art. 191 § 8. On est d'ailleurs amené nécessairement à remarquer que le législateur de 1807 ne soumettait à cette formalité du dépôt, outre les créanciers dont nous parlons, que les prêteurs à la grosse « avant le départ » (art. 192 § 7). Il n'est pas présumable qu'on ait, dans deux paragraphes successifs, employé la même formule pour exprimer deux idées différentes.

Le dépôt se fera donc presque toujours au greffe du tribunal du port d'armement. Mais je suppose que le fournisseur, domicilié dans une ville voisine où siége un autre tribunal de commerce, ait déposé sa facture au greffe de ce second tribunal. Sera-t-il déchu de son privilége ? Je ne le crois pas. La cour de cassation, inter- prétant l'art. 192 § 7 avant la promulgation de la loi du 10 décembre 1874 (2), remarquait que le code de commerce n'avait pas spécifié le tribunal au greffe duquel le contrat à la grosse devait être dé- posé et concluait très-juridiquement « qu'on ne peut ajouter aux « dispositions de la loi quand il s'agit d'établir des déchéances. » Le paragraphe 6 est aussi muet que le paragraphe 7 et doit être interprété de même.

En tout cas le dépôt fait au greffe du tribunal civil en conformité de l'art. 213, ayant pour unique objet le classement de la créance dans la distribution, ne saurait équivaloir au dépôt prescrit par l'art. 192 (3).

Mais notre paragraphe suppose que les comptes ont été arrêtés

_____

(1) D. 70, 1, 104. — (2) Civ. rej. 20 fév. 1844. S. 44, 1, 197. — (3) *Sic* Bé- larride, 2ᵉ éd., nᵒ 112.

d'accord. Si les fournisseurs ont été contraints de s'adresser au tribunal, la minute du jugement qui se trouve dans les archives du greffe ne leur suffit-elle pas et sont-ils encore astreints au dépôt? La cour de Caen a jugé le 28 février 1844 (1) qu'ils n'étaient pas dispensés de déposer leur mémoire au greffe, avec mention du jugement qui l'avait arrêté. Nous adhérons, comme Dufour (2), à cette doctrine. Le législateur, en prescrivant le dépôt au greffe, a voulu donner à ces créances privilégiées une certaine publicité. Or la minute du jugement qui arrête un compte n'en contient presque jamais le détail et d'ailleurs les tiers ne peuvent pas deviner l'existence de ce jugement. Dans le procès que la cour de Rennes a tranché par son arrêt du 23 juillet 1873, le créancier, qui n'avait pu se procurer le visa du capitaine et l'approbation de l'armateur, avait opéré le dépôt régulier de sa facture.

La facture est visée par le capitaine et arrêtée par l'armateur, mais le dépôt n'en a pas été fait; cependant le navire est saisi et vendu judiciairement avant le départ. Les fournisseurs sont-ils déchus? D'après M. Bédarride (3), le délai de dix jours avant le départ n'a été fixé que pour l'hypothèse la plus probable; « mais « il n'a pas été ni pu être dans l'intention du législateur que ce « délai, en cas que le navire ne parte pas, aboutît à ce résultat de « dispenser d'une formalité qui, pour les tiers exposés à subir « l'effet du privilège, est une garantie de la sincérité et de la légi- « timité de la créance. » Il nous semble que ce jurisconsulte cor- rige le texte au lieu de l'interpréter. Le législateur a peut-être mal fait d'écrire : « dans les dix jours *après son départ;* » mais com- ment effacer les mots « après son départ, » surtout quand il s'agit d'établir une déchéance? Le code a permis de faire le dépôt tant que le navire ne serait pas parti, alors même, ainsi que l'a jugé le tribunal de commerce de Nantes (4), que l'armateur serait tombé en faillite, car l'art. 448 ne règle pas cette hypothèse (5). Nous inclinons à penser, il est vrai, que l'acte de vente doit avoir « date « certaine » avant la saisie; mais on se rappelle que nous n'appli- quons pas au privilège du vendeur la disposition finale de notre paragraphe : s'il est d'ailleurs aisé de simuler une vente, il l'est moins de simuler des fournitures ou des réparations et l'on conçoit

(1) S. 44, 2, 295. — (2) I, n° 314. — (3) 2ᵉ éd., n° 112. M. Bédarride cite à l'appui de son opinion un jugement du tribunal civil de Marseille du 27 mars 1866 (Rec. de M. 1867, 2, 32). — (4) 27 janvier 1872. Rec. de Nantes, 1872, 1, 37. — (5) Cf. Laurin, I, p. 127.

que la justification de deux privilèges si distincts soit subordonnée
à l'accomplissement de formalités différentes.

187. Dans le projet de 1867, le paragraphe 6 de l'art. 192
était ainsi conçu : « les avances faites pour la construction d'un
« navire et les sommes dues aux ouvriers par le propriétaire du
« navire pour sa construction par tous les moyens de preuve
« énoncés en l'art. 109 » : suivait un paragraphe ainsi rédigé :
« les sommes dues aux ouvriers et les fournitures pour l'armement,
« l'équipement et les victuailles du navire par les mémoires, fac-
« tures ou états visés par le capitaine et arrêtés par l'armateur,
« dont un double etc. » (comme au paragraphe 6 de notre article);
le paragraphe 8 déterminait le mode de justification imposé au
vendeur (1).

Le code espagnol ne diffère guère ici du nôtre : « Les créances
« relatives à la construction ou à la vente du navire, dit l'art. 598,
« seront prouvées par des actes passés selon les formes de l'or-
« donnance concernant les registres-matricules des navires. Les
« provisions pour les agrès, apparaux et victuailles du navire se-
« ront justifiées par les factures revêtues du reçu du capitaine et
« visées par l'armateur, à condition que les duplicata auront été
« remis au secrétariat de la marine du port d'où venait le navire
« avant son départ ou au plus tard dans les huit jours qui l'ont
« suivi. » L'art. 286 § 6 du code italien reproduit l'art. 192 § 6 du
code français, mais en assimilant expressément les fournitures
pour la construction aux fournitures pour la réparation. « Les
« créances provenant de la vente ou de la construction du navire,
« dit le code chilien, par l'inscription sur le registre public du com-
« merce ; les fournitures de provisions ou de matériaux par le
« compte signé des fournisseurs, approuvé du capitaine et visé
« par l'armateur, pourvu qu'un duplicata en ait été déposé au
« greffe du tribunal de commerce avant la sortie du navire. »
Enfin l'art. 6 § 6 du code maritime égyptien corrige ainsi notre
paragraphe : « La vente de la totalité ou d'une partie du navire
« par un acte public conformément à l'art. 3 et les fournitures
« pour la construction, l'armement, l'équipement et les victuailles
« du navire seront constatées par les mémoires, factures ou états
« visés par le capitaine et arrêtés par le *propriétaire*, dont un
« double sera déposé au greffe du tribunal ou de la chancellerie
« de commerce avant le départ du navire ou, au plus tard, dans
« les dix jours après son départ. »

(1) V. ci-dessus n° 183.

188. L'art. 192 § 7 a été abrogé en même temps que l'art. 191 § 9 par la loi du 10 décembre 1873. Mais une disposition analogue subsiste encore dans les codes belge, égyptien, etc. Le code espagnol exige que les prêts à la grosse soient constatés « par des « contrats en due forme ; » le code chilien contient une prescription analogue ; le législateur italien enjoint au prêteur à la grosse de justifier sa créance par des écritures faites et transcrites conformément à la loi, et ajoute : « Le donneur n'est pas obligé « de prouver l'emploi effectif de l'argent qu'il a prêté de bonne foi « pour les besoins du navire. »

189. « Les primes d'assurances, dit l'art. 192 § 8, seront « constatées par les polices ou par les extraits des livres des cour- « tiers d'assurances. »

On sait que l'art. 332 autorise la rédaction des polices d'assurance par acte sous seing privé : dès lors on ne comprend pas comment les jurisconsultes se sont demandé s'il suffisait de présenter une police sous seing privé pour l'exercice du privilège. La cour de cassation (1) n'a pas hésité sur cette question qui ne pouvait susciter un débat sérieux.

Les notaires pouvant rédiger les contrats d'assurances comme les courtiers (art. 79 co.), il faut évidemment assimiler les extraits de leurs livres à ceux des courtiers (2).

On sait enfin que, dans le cas où la police est par acte sous seing privé, l'assureur la laisse quelquefois aux mains de l'assuré pourvu que celui-ci souscrive à son profit un billet de prime. Il nous semble impossible de refuser à l'assureur le droit de justifier à l'aide de ce billet sa créance privilégiée.

Le projet de révision de 1867 ne modifiait pas ce paragraphe de l'art. 192.

La créance privilégiée de l'assureur est constatée d'après le code espagnol « par les polices et les certificats des courtiers, » d'après le code chilien « par les polices respectives, » d'après le code égyptien « par les polices ou par les extraits des livres, régulière- « ment tenus, des compagnies d'assurances. » Aux termes de l'art. 286 § 8 du code italien, les primes d'assurances sont justifiées par les polices, par les bons signés de l'assuré et par les extraits des livres des courtiers, les répartitions et contributions dans les sociétés d'assurances mutuelles par les extraits des registres établissant que le navire y est admis.

---

(1) Req. 4 mai 1853, D. 1853, 1, 125. — (2) Cf. Laurin, I, p. 129.

190. Enfin l'art. 192 § 9 s'exprime ainsi : « Les dommages
« intérêts dus aux affréteurs seront constatés par les jugements
« ou par les décisions arbitrales qui seront intervenues. »

D'après Dageville (1) et Dufour (2), le jugement pourrait être
suppléé par une transaction, la transaction ayant entre les parties
l'autorité de la chose jugée en dernier ressort (art. 2052 c. civ.)
Cette solution est repoussée par MM. Bédarride (3), Demangeat (4),
Laurin (5), et nous la repoussons également. D'abord c'est par les
modes de preuve énumérés en l'art. 192, non par des équivalents
que se justifient les priviléges créés par la loi maritime. Puis la
transaction peut cacher plutôt que le jugement une fraude concertée
entre le capitaine et l'affréteur : on réserve sans doute aux intéressés le droit de prouver la collusion, mais la preuve n'est pas
toujours facile à faire. Enfin, comme le remarque M. Bédarride,
une transaction comporte l'idée de sacrifices mutuels : or on ne
peut pas admettre que l'armateur sacrifie le gage de ses créanciers
hypothécaires et chirographaires sans leur participation.

Le système français a passé dans les codes de l'Espagne, de
l'Egypte et du Chili. Aux termes de l'art. 286 § 9 du code italien,
« les dommages-intérêts dus aux affréteurs sont constatés par les
« jugements qui les liquident. Si, lors de la distribution du prix, le
« jugement est prononcé sans que les dommages soient encore li-
« quidés, les créanciers de l'indemnité peuvent être colloqués pour
« une somme approximative moyennant caution de restituer l'ex-
« cédant ou les créanciers postérieurs à ceux-ci peuvent être col-
« loqués moyennant caution de restituer, selon les cas. »

SECTION IV.

EXTINCTION DU DROIT DE SUITE.

191. L'article 193 s'exprime en ces termes : « Les priviléges
« des créanciers seront éteints, — Indépendamment des moyens
« généraux d'extinction des obligations — Par la vente en justice
« faite dans les formes établies par le titre suivant — Ou lors-
« qu'après une vente volontaire, le navire aura fait un voyage en

---

(1) T. II, p. 39. — (2) N° 326. — (3) I, n° 135. — (4) IV, p. 83. — (5) I, p. 129.

« mer sous le nom et aux risques de l'acquéreur et sans opposi-
« tion de la part des créanciers du vendeur. »

Il ne faut pas, nous l'avons dit incidemment (1), prendre à la
lettre, dans le préambule de cet article, le mot « priviléges. » Le
projet soumis au Conseil d'Etat portait : « Les droits des créanciers
« privilégiés et autres seront éteints... » Jaubert craignit qu'on
n'interprétât ces mots comme si l'extinction devait porter non sur le
droit de suite, mais sur la créance elle-même, et la rédaction fut
remaniée, mais assez mal remaniée (2). Le sens n'en est pas moins
clair : il ne s'agit pas, à proprement parler, de l'extinction des priviléges ; le législateur eût commis une trop grossière inexactitude
en laissant dans l'ombre différents modes d'extinction qu'il venait
d'énumérer lui-même (art. 191 § 6, 7 et 10; art. 192 § 6 et 7) :
d'autre part, il ne s'agit pas seulement des créances privilégiées ;
autrement on eût laissé subsister le droit de suite des créanciers
ordinaires en anéantissant celui des créanciers privilégiés, ce qui
eût été absurde. Il faut donc lire : « Le droit de suite des créan-
» ciers sur le navire sera éteint... (3) »

192. « Indépendamment des moyens généraux d'extinction
« des obligations... » poursuit l'art. 193 : « Les priviléges et hy-
« pothèques, lit-on dans l'art. 2180 du code civil, s'éteignent :
« 1° par l'extinction de l'obligation principale. » Il est clair que
tout l'accessoire disparaît où disparaît le principal. Nous renvoyons
purement et simplement à l'art. 1234 du code civil.

« Il n'est pas, dit M. Bédarride, commentant cette phrase de
« l'art. 193, de cause d'extinction plus énergique que la perte de
« la chose. Comment concevoir un privilége sur un objet qui a
« cessé d'exister ? » Le jurisconsulte provençal ne confond-t-il pas
la perte de la chose due (art. 1234, 1302 et 1303) avec la perte de
la chose grevée ? Pour que l'art. 1234 § 6 soit applicable, il faut
supposer que la créance garantie par le droit de suite sur un navire a elle-même pour objet un corps certain et que ce corps certain vient à périr.

Cela n'empêche pas que la perte de la chose grevée n'entraine,
comme la perte de la chose due, mais directement et non plus par
voie de conséquence, l'extinction du droit de suite.

193. Comment subsisterait-il, en effet, quand le navire sur
lequel il aurait pu s'exercer vient à périr ? Nous avons traité plus

(1) V. ci-dessus, n° 140. — (2) Locré, t. XVIII, p. 295-303. — (3) *Sic* Dufour,
1, n°s 40-42, II, n° 328; M. Demangeat, IV, p. 86. Rouen, 20 mai 1863. S. 63,
2, 234.

haut cette question dans ce chapitre même (1). Mais le navire est un corps composé de divers éléments; *corpus quoddam ex compositis*, comme dit Loccenius (2). Certains éléments changent, le navire reste. Jusqu'à quand subsiste-t-il? Grotius, dans une note célèbre (3), rappelle la dispute qui s'éleva entre les anciens philosophes et les jurisconsultes à l'occasion du vaisseau de Thésée, que les Athéniens conservèrent pendant plusieurs siècles en mettant de temps en temps de nouvelles pièces à la place de celles qui étaient usées, et déclare avec les jurisconsultes que c'était toujours le même vaisseau. Alfenus pensait également qu'un navire est toujours le même, quoiqu'il ait été refait peu à peu dans toutes ses parties et qu'il n'y reste aucune des planches dont il était d'abord composé (4). Ici, comme le dit très-bien Dufour (5), l'identité s'attache à l'ensemble et non aux détails.

Mais si le navire, au lieu d'être renouvelé par des réparations successives, a été à un moment donné démoli en entier, puis reconstruit avec les mêmes matériaux, est-ce toujours le même navire, est-il grevé des mêmes droits? Il y avait sur ce point antinomie entre un texte d'Ulpien (l. 10 ff. *Quibus modis ususfructus*) et deux textes de Paul (l. 83 § 5 ff. *de verb. oblig.*, l. 98 § 8 ff. *De solut. et liberat*). Loccenius (6) adoptait et résumait ainsi l'opinion de ce dernier jurisconsulte : « Si l'on a démoli le navire pour em- « ployer les matériaux à un autre usage, quand même un chan- « gement de volonté les ferait servir à la construction d'un bâti- « ment, l'ancien navire est mort. Mais si le démembrement n'est « opéré qu'en vue d'une reconstruction, c'est l'ancien navire qui « reparaît après l'assemblage de ses éléments dispersés. » Il faudrait évidemment se rallier à cette solution s'il ne s'agissait que d'appliquer la loi romaine.

Mais je crois fermement que cette distinction doit être aujourd'hui repoussée par les tribunaux français. Quoi! c'est à l'intention du propriétaire au moment de la démolition, mais non plus à l'intention du propriétaire au moment de la reconstruction qu'il faudrait s'attacher pour savoir si les droits dont le bâtiment peut être grevé du chef d'un tiers subsistent encore! C'est une bien grande subtilité que de résoudre une pareille question par l'appréciation

---

(1) No 166. — (2) Lib. I, c. II, § 6. — (3) L. II, c. IX, § III, note 8. Dufour a transporté cette note, en la développant, dans son savant commentaire. — (4) L. 76, ff. *de judiciis* (texte cité par Grotius). — (5) II, n° 340. — (6) *Loc. cit.*

d'une intention secrète et fugitive. L'intention suivie d'effet peut être seule, à notre avis, un élément sérieux de décision (1).

L'unique moyen d'éviter la fraude, c'est de maintenir le droit de suite sur le navire reconstruit.

194. La perte légale du navire éteindrait de même le droit de suite.

Tel est le cas de prise par l'ennemi.

Mais il faut que la prise soit consommée. Si le navire capturé tombe au pouvoir d'un autre navire de sa propre nation avant d'être devenu la propriété du premier capteur, il y a *reprise* et par conséquent il n'y a jamais eu perte légale ni extinction du droit des tiers : au contraire, si ce navire était déjà devenu la propriété de l'ennemi, il y a prise nouvelle et les conséquences de la perte légale ne sont pas effacées. Mais quand y a-t-il *reprise?* La coutume des Etats n'est fixée que sur un point : si le navire a été attribué au premier capteur par le tribunal des prises compétent, cette attribution a conféré un droit et le second capteur fait certainement une prise nouvelle. Mais quand le navire en litige n'a pas été attribué au premier capteur par le tribunal compétent, il n'y a point de règle internationale fixe pour décider s'il y a prise nouvelle ou reprise. « *Hodie naves ab hoste captæ*, disait Loccenius (2) au XVIIᵉ « siècle, *communi inter Christianos populos et Europœos sive jure* « *sive consuetudine postliminio non recipiuntur si per viginti* « *quatuor horas in potestate victoris fuerunt.* » MM. Funck-Brentano et Sorel (3) écrivent en 1877 : « Plusieurs Etats admettent « que, vingt-quatre heures après que le premier capteur s'est em-« paré du navire, a substitué ses matelots à ceux du navire capturé « et a opéré l'amarinage du navire, ce navire doit être considéré « comme sa propriété; par conséquent le second capteur fait une « prise nouvelle. D'autres Etats exigent un délai plus long; « d'autres n'en admettent aucun. »

En France, le délai de vingt-quatre heures est la règle. Aux termes de l'arrêté du 2 prairial an XI (art. 54), le navire français repris après une possession de 24 heures par des corsaires sur des ennemis de l'Etat (par exemple en cas de guerre contre l'Espagne ou les Etats-Unis) appartiendrait en totalité aux corsaires. Ce serait un cas de perte légale, et le droit de suite serait éteint. Il subsiste au contraire : 1° si la reprise est faite par un bâtiment de

---

(1) *Sic* Dufour, II, n° 345. — (2) L. II, c. IV, § 4. — (3) Précis du droit des gens, p. 426.

l'Etat (1); 2° si elle est faite par l'équipage même du navire capturé (2); 3° si elle est faite sur des pirates et réclamée dans l'an et
jour de la déclaration (3); 4° enfin si le navire, sans être recous,
est abandonné par les ennemis ou si, par tempête ou autre cas
fortuit, il revient en la possession des Français avant qu'il ait été
conduit dans un port ennemi et pourvu qu'il soit réclamé dans
l'an et jour (4). En effet dans tous ces cas, quoiqu'ayant été plus de
vingt-quatre heures entre les mains des ennemis, le navire est
rendu, sous certaines conditions, au propriétaire.

La confiscation est un autre cas de perte légale. D'après l'art. 11
du code pénal, elle semble n'atteindre le corps du délit que si « la
« propriété en appartient au condamné; » mais on sait qu'une
très-grande quantité de lois spéciales et que plusieurs articles du
code pénal lui-même dérogent à cette règle : « La confiscation
« d'une marchandises prohibée, disait la cour de cassation le 9 dé-
« cembre 1813 (5), n'a rien de personnel et doit atteindre cette
« marchandise en quelques mains qu'elle se trouve. » Si l'on confisque non plus le corps du délit, mais l'instrument du délit,
l'art. 11 du code pénal ne contient plus même cette réserve : on
applique alors, disait encore la cour de cassation, une mesure de
police préventive édictée dans une pensée de sûreté publique contre
le retour d'autres crimes ou délits (6); et le législateur se soucie
fort peu d'un droit de gage qui pourrait être exercé dans un intérêt
privé par les tiers (7). Le droit de suite est manifestement éteint.

195. Aux termes de l'art. 193, le droit de suite est éteint « par
« la vente en justice faite dans les formes établies par le titre sui-
« vant. »

Cette disposition se rattache 1° à l'art. 1, tit. XIV, l. I de l'ordonnance d'août 1681, ainsi conçu : « Tous navires et autres vaisseaux
« pourront être saisis et décrétés par autorité de justice, et seront
« tous priviléges et hypothèques purgés par le décret, qui sera fait
« en la forme ci-après; » 2° à l'art. 2, tit. X, l. II de la même ordonnance, qui s'exprime en ces termes : « Seront néanmoins tous

(1) Art. 54, arrêté 2 prairial an XI, § 2 : « Lorsque la reprise sera faite
« par un bâtiment de l'Etat, elle sera restituée aux propriétaires, mais
« sous la condidition qu'ils paieront aux équipages repreneurs le trentième
« de la valeur de la reprise si elle a été faite avant les vingt-quatre heures
« et le dixième si la reprise a eu lieu après les vingt-quatre heures. » —
(2) Valin sur l'ord., tit. des prises, art. 8; Emérigon, assur., ch. 12, sect. 25;
Cons. des prises, 13 fruct. an XI, 7 vendém. an XII. — (3) Art. 56 de l'arrêté du 2 prairial an XI. — (4) Art. 55. — (5) Crim. cass. B. cr., n° 258. —
(6) 6 mars 1856, B. cr., n° 97. — (7) Cf. cass. 13 déc. 1810, B. cr. n° 161.

« vaisseaux affectés aux dettes du vendeur jusqu'à ce qu'ils aient
« fait un voyage en mer, sous le nom et aux risques du nouvel ac-
« quéreur, *si ce n'est qu'ils ayent été vendus par décret.*
« ... N'y ayant, dit Valin (1), que le décret interposé en justice
« qui ait la vertu de purger dans l'instant les dettes auxquelles le
« navire pouvait être affecté. Mais aussi, dès que le décret est in-
« terposé, tous priviléges et hypothèques sont purgés, à défaut
« d'oppositions, comme en vente d'immeubles par décret, sauf
« aux créanciers opposants à faire valoir leurs droits sur le prix
« de l'adjudication du navire en se présentant à temps. »

196. Quand la vente en justice a lieu sur saisie, le droit de
suite est manifestement éteint. Ce *titre suivant*, dont parle
l'art. 193, est le titre II, intitulé *De la saisie et vente des navires*;
l'art. 197, par lequel ce titre II débute, répète que « le privilége
« des créanciers sera purgé par les formalités suivantes. »

Il en devait être ainsi : les criées et les affiches qui précèdent
cette espèce de vente (art. 202 s.) mettent les créanciers en demeure de se faire connaître : de plus, l'adjudicataire, devant payer
son prix dans les vingt-quatre heures ou le consigner au greffe
du tribunal de commerce (art. 209), doit, après avoir satisfait à
cette obligation, se trouver à l'abri de toutes les réclamations des
créanciers du saisi ; sans quoi personne n'oserait se porter enchérisseur.

Ce n'est d'ailleurs qu'une extension de la règle générale en matière immobilière, puisqu'aux termes de l'art. 717 pr. « le jugement
« d'adjudication dûment transcrit purge toutes les hypothèques,
« et les créanciers n'ont plus d'action que sur le prix. »

197. Mais la vente sur saisie produit-elle seule cette extinction ? La question, déjà fort délicate après la promulgation du code
de commerce, est aujourd'hui plus difficile encore à résoudre.

Certains auteurs, prétendant relier le code à l'ordonnance, font
dériver la purge de la saisie et de la saisie seule. Ce système avait
assurément prévalu en 1681, « n'y ayant que le décret interposé
« en justice qui ait la vertu de purger, » comme disait Valin.
Il faillit aussi prévaloir en 1807 puisqu'à cette phrase du projet
primitif « s'il y a vente judiciaire » on avait d'abord substitué
celle-ci : « le décret interposé en justice dans les formes établies
« par le titre suivant. » Mais au demeurant le Conseil d'Etat
remplaça les mots *décret interposé* par un terme beaucoup plus
large : « vente en justice (1). » Comment ne pas attacher un sens

(1) I, p. 342.

à cette correction ? M. Demangeat (2) va peut-être trop loin en affirmant que, hors le cas de saisie, le droit de suite ne peut pas être éteint par une vente publique.

L'art. 193 exige, il faut bien le reconnaître, que la vente soit faite en justice et qu'elle soit faite dans les formes établies par le titre II du second livre. Il est certain qu'on ne peut plus résoudre le problème comme l'a fait Dufour avant l'arrêt de la cour de cassation du 17 novembre 1862 et surtout avant la promulgation de la loi du 28 mai 1858, du décret du 8 mai 1861, de la loi du 3 juillet 1861, en soutenant que toutes les ventes judiciaires de navires doivent être accomplies selon les formes prescrites pour la vente des navires saisis. Mais je me demande si la seconde condition, c'est-à-dire l'accomplissement des formalités énumérées au titre II du second livre, s'impose avec cette inexorable rigueur et si rien ne peut y suppléer.

Je reconnais sans difficulté que la vente volontaire aux enchères, faite par application de la loi du 28 mai 1858, ne purge pas le droit de suite quand même les courtiers pourraient suivre les formes établies par les articles 202 et suivants. Il suffit que cette vente soit « volontaire » (3).

Mais d'autre part lorsque M. Caumont énonce (4) que le droit de suite est éteint par la licitation forcée entre majeurs, cette proposition me semble un peu trop générale. La loi du 10 décembre 1874, après avoir énoncé (art. 18) que, sauf dans deux cas, les hypothèques consenties durant l'indivision survivent à la licitation, s'exprime ainsi : « Toutefois si la licitation s'est faite en justice « dans les formes déterminées par les art. 201 et suiv. co., le « droit des créanciers n'ayant hypothèque que sur une portion du « navire sera limité au droit de préférence sur la partie du prix « afférente à l'intérêt hypothéqué. » C'est très-clair ; le droit de suite n'est purgé, le droit de préférence n'est transporté sur le prix dérivant de l'hypothèque que si la licitation est faite conformément aux art. 201 et suiv. du code de commerce. Mais ne faut-il pas raisonner de même quand il s'agit du droit de suite dérivant d'un privilége ? L'art. 193 peut-il être, à ce point de vue, autrement interprété que l'art. 18 de la loi du 10 décembre 1874 ? Ainsi

(1) Locré, t. XVIII, p. 296. Cf. Dufour, II, n° 350. — (2) IV, p. 90. — (3) La loi du 28 mai 1858 et le décret du 8 mai 1861 combinés décident que la vente volontaire aux enchères, en gros, des navires peut avoir lieu par le ministère des courtiers sans autorisation du tribunal de commerce. — (4) V° Navires, § 42.

quand la licitation aura été elle-même pratiquée à la suite d'une saisie (1), quand elle pourra être envisagée comme un moyen de réaliser cette saisie, elle lui empruntera naturellement les formes de sa procédure, et, par une conséquence inévitable, tous les droits de suite seront éteints.

Toutefois cet article 18, il faut le reconnaître, apporte un nouvel argument aux partisans d'une interprétation très-stricte de l'art. 193. Si la licitation n'entraîne la purge que dans ce cas précis, une vente judiciaire quelconque peut-elle l'opérer sans l'accomplissement de cette condition ? La règle doit être uniforme.

Ainsi, d'après la loi du 3 juillet 1861, les tribunaux de commerce peuvent, après décès ou cessation de commerce et dans tous les autres cas de nécessité dont l'appréciation leur est soumise, autoriser la vente aux enchères, en gros, des marchandises de toute espèce, et ces ventes, ainsi que toutes celles autorisées ou ordonnées par la justice consulaire dans les divers cas prévus par le code de commerce, sont faites par le ministère des courtiers (à moins que la justice ne désigne une autre classe d'officiers publics). L'intervention du juge et la publicité doivent-elles seules, en pareil cas, opérer la purge ? On peut le soutenir. Mais alors quelques formalités entièrement différentes de celles qu'énumère le titre II du second livre, peut-être même absolument incomplètes, suffiraient à purger un droit que le législateur de 1807 a voulu très-efficacement garantir. Pourquoi donc les créanciers privilégiés seraient-ils moins bien traités qu'au cas de licitation ? Il faudrait au moins qu'on pût appliquer à ces sortes de ventes les règles tracées par le titre II du second livre. Mais peut-on assimiler à des enchères reçues par le juge les enchères reçues par un officier public, même délégué du juge ? Ce courtier est-il maître, par exemple, de retarder l'adjudication définitive jusqu'après la troisième criée, d'accorder, même après cette adjudication, une ou deux remises de huitaine chacune et de procéder par conséquent à des adjudications nouvelles ?

Il nous faut ici résoudre une question plus délicate encore : la vente d'un navire dépendant d'une faillite, faite aux enchères publiques sur l'autorisation donnée aux syndics par le juge-commissaire et conformément à l'art. 486 co., purge-t-elle le droit de suite ? Non, d'après M. Demangeat (2). Mais que d'inconvénients pratiques à cette solution ! Quoi ! l'acquéreur achetant dans de

(1) Cf. art. 18, § 2, l. 10 déc. 1874. — (2) IV, p. 91.

telles conditions, sous le triple contrôle d'un magistrat, d'un
syndic, d'un officier public choisi par le syndic peut être encore
troublé par l'exercice du droit de suite ! Mais les créanciers privilégiés eux-mêmes souffriront indirectement d'une telle situation.
Les acheteurs sérieux s'écarteront et le navire se vendra mal.
Dufour prétendait sans doute qu'il fallait appliquer encore ici les
règles tracées par le titre II du livre second. Mais cette thèse a été
victorieusement réfutée par la cour de cassation le 19 novembre
1862 (1) : aucune disposition du titre des faillites, fait remarquer
l'arrêt, ne renvoie aux formalités de la vente des navires sur saisie ;
or il ne suffit pas de quelques raisons d'analogie pour suppléer au
silence de la loi à cet égard, surtout lorsque la loi spéciale, celle
des faillites, indique par son article 486 un mode de vente plus
simple et plus rapide. Je crois qu'il faut chercher une solution,
comme l'a fait la chambre des requêtes en matière immobilière (2),
dans les formes particulières aux faillites, dans la garantie offerte
par la présence du syndic représentant au nom de la loi tous les
intéressés, dans l'utilité de fixer un terme aux opérations de la faillite. Si la position de l'adjudicataire est définitivement réglée par
le jugement d'adjudication dans un cas, elle doit l'être également
dans l'autre : ajoutons, si l'on veut, avec M. Laurin (3), que cette
solution, peu conforme au texte de l'art. 193, est en harmonie avec
son esprit.

Que décider enfin pour les ventes prévues par les art. 945, 986
et 1000 du code de procédure ? « Lorsque la vente des meubles dé-
« pendant d'une succession, dit l'art. 945 pr. aura lieu en exécution
« de l'art. 826 c. civ., cette vente sera faite dans les formes pres-
« crites au titre des saisies-exécutions. » Pourquoi, dit M. Laurin (4), n'en serait-il pas de même du navire et ne renverrait-on pas
quant à lui, aux formes de sa saisie particulière, aux règles des
art. 197 et suivants ? D'accord, dans les cas où l'intervention du
tribunal de commerce « après décès » ne sera pas provoquée par
application de la loi du 3 juillet 1861. On peut appliquer le même
raisonnement aux ventes des navires qui dépendent d'une succession bénéficiaire (art. 986) ou d'une succession vacante (art. 1000).
Où l'on réunit à l'intervention du juge non pas une publicité quel
conque, mais l'ensemble des formes établies par les art. 197 et
suiv., le droit de suite est purgé.

(1) D. 62, 1. 530. — (2) Req. 19 mars 1851. D. 51, 1, 292. — (3) I, p. 170.
— (4) I, p. 169.

198. L'autorité administrative peut être amenée à se substituer au propriétaire pour opérer l'aliénation du bâtiment, par exemple après la déclaration de sauvetage faite au bureau de l'inscription maritime : l'administration de la marine, en l'absence du propriétaire, doit se saisir de la chose entière pour en faire la délivrance à qui de droit : à ce teffet, elle est souvent obligée de vendre le navire. Cette vente administrative purge-t-elle le droit de suite? Non, si l'on ne s'attache qu'au sens strict de l'art. 193. Mais ce résultat serait choquant, et l'on conçoit que la doctrine ait cherché le moyen de faire prévaloir une autre solution. Dufour (1) fait observer judicieusement que l'administration de la marine agit ici non seulement pour le compte personnel du propriétaire, mais pour le compte de tous ceux qui peuvent, à un titre quelconque, exercer des droits sur le navire. « Elle est, dit-il, une autorité « neutre qui intervient pour la conservation de tous les intérêts. « Dès là que les ayant-droit ne se présentent pas pour se protéger « eux-mêmes, ils sont censés abdiquer en ses mains. Ce sont « eux qui sont censés vendre par son intermédiaire, et, par con- « séquent, il y a de leur part renonciation implicite à demander « à l'adjudication autre chose que le paiement de son prix. » L'éminent jurisconsulte ajoute que, l'administration de la marine ne pouvant pas suivre la foi de l'adjudicataire et vendant nécessairement au comptant, on ne comprendrait pas un acquéreur obligé de payer comptant et restant néanmoins exposé au droit de suite des créanciers de l'ancien propriétaire : il suffit que ces derniers gardent le droit de faire opposition entre les mains de l'administration sur la portion de prix qui revient à leur débiteur après le paiement du sauvetage.

Telle est aussi notre opinion.

199. Les priviléges des créanciers sont encore éteints, aux termes de l'art. 193, « lorsqu'après une vente volontaire le navire « aura fait un voyage en mer sous le nom et aux risques de l'ac- « quéreur, et sans opposition de la part des créanciers du ven- « deur. »

Nous croyons avec M. Demangeat (2) que ces mots « vente vo- « lontaire » doivent être entendus *lato sensu* : il s'agit ici non seu- lement de la vente amiable proprement dite, mais encore des ventes intermédiaires qui ne purgent pas le droit de suite *ipso facto*. Comment en serait-il autrement ? Pourquoi les créanciers

(1) II, n° 363. — (2) IV, p. 91.

privilégiés mieux avertis par l'accomplissement de certaines formalités et par un certain degré de publicité seraient-ils plus favorisés dans la seconde hypothèse que dans la première?

200. Le législateur de 1807, après avoir cherché un mode
d'interpellation aux créanciers privilégiés assez énergique pour
qu'ils fussent vraiment avertis, assez simple pour que les ventes
amiables ne fussent pas entravées, s'est une fois de plus inspiré de
l'ordonnance d'août 1681 (l. II, tit. X, art. 2) qui affecte les vaisseaux aux dettes du vendeur « jusqu'à ce qu'ils aient fait un
« voyage en mer sous le nom et aux risques du nouvel acqué-
« reur. » Les rédacteurs du projet de réforme élaboré soixante
ans plus tard (août 1867) ont avec quelque raison déclaré ce mode
d'interpellation peu efficace et très-compliqué. Le fait d'un voyage
est si naturel dans l'existence d'un navire qu'il ne peut guère
provoquer l'attention des créanciers privilégiés; d'autre part il
n'est pas aisé de déterminer ce que c'est qu'un voyage sous le nom
et aux risques de l'acquéreur.

Quoi qu'il en soit, le dernier paragraphe de l'art. 193 subordonne
la purge à trois conditions :

1° Un voyage en mer ;

2° Un voyage en mer sous le nom et aux risques de l'acheteur ;

3° Un voyage terminé sans opposition des créanciers du vendeur.

201. Quand y a-t-il, à ce point de vue spécial, un voyage en
mer ? « Le voyage requis pour purger les dettes du vendeur, di-
« sait Valin (1), s'entend de tout voyage en mer, au simple cabo-
« tage comme au long cours, pourvu néanmoins qu'il y ait chan-
« gement d'amirauté. » Le projet de code de commerce (art. 151)
consacrait cette doctrine; mais quelques-uns des tribunaux consultés en signalèrent l'inconvénient : le navire voyageant au long
cours ne pouvait-il pas être soumis beaucoup trop longtemps au
droit de suite tandis que le bâtiment caboteur en serait trop
promptement affranchi ? Le Conseil d'Etat fit droit à ces observations. L'art. 194 du code actuel est ainsi conçu : « Un navire est
« censé avoir fait un voyage en mer lorsque son départ et son
« arrivée auront été constatés dans deux ports différents et trente
« jours après le départ; lorsque , sans être arrivé dans un autre
« port, il s'est écoulé plus de soixante jours entre le départ et le

(1) I, p. 605.

« retour dans le même port, ou lorsque le navire, parti pour un
« voyage de long cours, a été plus de soixante jours en voyage
« sans réclamation de la part des créanciers du vendeur. » Ainsi
la loi moderne distingue entre la petite et la grande navigation,
entre les voyages ordinaires et les voyages au long cours.

202. Elle s'occupe d'abord des voyages ordinaires.

Première hypothèse. Le navire a quitté un certain port et est
arrivé dans un autre port.

Que faut-il entendre par ces mots : « départ d'un port ? » La
question n'est pas difficile à résoudre.

Il n'y a pas départ, à proprement parler, si le navire n'est sorti
du port que pour aller se faire réparer ailleurs. « Il n'y aurait pas
« réellement de voyage, disait déjà Valin (1), n'étant question que
« d'un radoub, qui ne peut être qu'une préparation à un voyage. »
Tous les auteurs modernes adoptent et paraphrasent cette opinion.

Que faut-il entendre par ces mots : « arrivée dans un port diffé-
« rent ? » Il s'agit de l'arrivée au port de destination. Valin disait :
« Si le navire relâchait sans achever son voyage, ce ne serait pas
« avoir rempli la condition imposée à l'acheteur pour purger les
« dettes du vendeur (2). » Nous croyons qu'il en doit être encore
ainsi. Les créanciers, ainsi que l'explique très-bien Dufour (3),
informés du port de destination par les déclarations faites au port
de départ, ont pu calculer la durée probable du voyage et retarder
en conséquence l'exercice de leur droit. Mais, si la relâche eût été
assimilable à l'arrivée, ils eussent été déchus sans l'avoir pu prévoir.

« Il importerait peu, dit M. Bédarride (4), que l'entrée dans ce
« port ait eu lieu à titre d'*échelle* ou par fortune de mer et comme
« relâche; le résultat serait de même. » M. Laurin (5) donne une
raison plausible à l'appui de cette opinion : « Les créanciers, dans
« l'intérêt desquels ces délais ont été avant tout établis pourraient,
« dit-il, n'avoir pas le temps, en l'état de la brièveté du séjour des
« navires dans les ports d'échelle, d'y faire opposition et de sauve-
« garder leurs droits. » Toutefois nous croyons avec Dufour (6)
et M. Demangeat (7) que cette navigation scindée constitue en
réalité plusieurs voyages réunis dans une même expédition et que
le navire termine, à chaque échelle, chacun de ces voyages par-
tiels. Il y a donc *arrivée* dans un port différent. D'ailleurs il n'en

(1) Ib. — (2) Ib. — (3) II, n° 449. — (4) I, n° 150. — (5) I, p. 174. —
(6) II, n° 450. — (7) IV, p. 93.

est pas ici comme de la simple relâche : les échelles sont arrêtées d'avance, et les créanciers ont pu se renseigner par les déclarations faites à la douane.

Le départ et l'arrivée doivent être *constatés*, aux termes de l'art. 194. Le mode de constatation est tracé par l'art. 38 de la loi du 29 vendémiaire an II, ainsi conçu : « Le registre pour entrée et « sortie des bâtiments contiendra *la date d'arrivée ou départ*, « l'espèce, le nom du bâtiment, le nom du capitaine, le nombre « des officiers et matelots, la nation dont ils sont, *le lieu d'arrivée* « *ou destination...* »

Enfin le législateur exige qu'il se soit écoulé trente jours depuis le départ du navire.

La navigation même doit-elle avoir duré vingt jours ou suffit-il que la durée du séjour, ajoutée à celle du voyage, forme un délai de trente jours depuis le départ? La première opinion, soutenue par les anciens commentateurs du code (1), mais repoussée par la jurisprudence (2), a été réfutée par Dufour (3), et plus tard par MM. Demangeat (4), Boistel (5) et Laurin (6). Nous partageons l'avis de ces quatre jurisconsultes. D'abord le texte précis de l'art. 194 exige seulement que le départ et l'arrivée aient été constatés à trente jours de distance, dans deux ports différents, sans s'occuper de ce qui s'est passé dans l'intervalle. Ensuite beaucoup de petits bâtiments et presque tous les navires à vapeur ne tiennent pas la mer trente jours de suite : il serait donc impossible de les dégrever ! Quel intérêt auraient d'ailleurs les créanciers à ce que le navire restât effectivement en mer pendant les trente jours qui suivent son départ? Enfin M. Crétet (7), dans la discussion au Conseil d'Etat, déposa un amendement ainsi conçu : « Il vaut « mieux dire qu'il y aura voyage en mer toutes les fois que la na- « vigation aura duré trente jours. » « Ce terme, répondit M. Re- « gnauld de Saint-Jean d'Angely, serait trop long pour le cabotage « en temps de paix, » et l'amendement ne fut pas adopté.

Dufour va plus loin : il importe peu, croit-il (8), que le navire,

---

(1) Pardessus, III, n° 950; Boulay-Paty, I, p. 165; Dageville, II, p. 48; Bédarride, I, n° 150. — (2) Marseille, 10 mars 1830 (Rec. de M. 11, 1, 248); Saint-Malo, 27 octobre 1858 (Rec. du Havre, 4, 2, 294); Rennes, 24 décembre 1858 (*Ib.*, 5, 2, 1). Il n'y a pas lieu d'argumenter en sens contraire d'un arrêt de la chambre civile du 12 mai 1858 où on lit : « Attendu que « les numéros 6 et 10 de l'art. 191 n'exigent pas que trente jours s'écoulent « entre le départ du navire d'un port et son arrivée dans un autre. » — (3) N°s 452 s. — (4) IV, p. 93. — (5) Précis (2e éd.), p. 852. — (6) I, p. 174. — (7) Locré, t. XVIII, p. 303 s. — (8) N°s 457 s.

avant l'expiration des trente jours, soit rentré dans le port d'où il
est parti. Il rappelle que plusieurs services réguliers de navigation
relient entre eux les différents points de notre littoral et que les
trajets accomplis dans ces conditions sont ordinairement très-
courts : ce genre de commerce serait donc bouleversé si les navires
ne devaient pas, durant trente jours, reparaître au port de départ,
ou si l'on ne pouvait les y ramener qu'en laissant indéfiniment
planer sur eux toutes les menaces du droit de suite (1). Ce raisonnement est juste, mais à peu près inconciliable avec le texte de
l'art. 194. Le législateur a-t-il voulu qu'un voyage quelconque
éteignît le droit de suite ? Non sans doute, puisqu'il n'a pas laissé
subsister l'art. 151 du projet primitif, ainsi conçu : « Un navire
« est censé avoir fait un voyage en mer lorsque son départ et son
« arrivée auront été constatés dans deux ports différents. » Or,
dans le système de Dufour, un voyage de quelques heures suffirait, pourvu que le navire eût un instant touché le port d'arrivée.
Cependant s'il importe peu que le délai règlementaire s'écoule ici
ou là quand le navire est absent, cette absence éveillant par elle-
même l'attention des créanciers, un retour hâtif, après une expédition très-courte, ne peut-elle pas les tromper en leur donnant à
croire que le navire n'est pas parti ? Nous inclinons à penser (2)
que Dufour étend outre mesure le texte de l'art. 194. Cette difficulté grave est une de celles qui justifient le mieux les critiques
dirigées contre l'art. 194 par les auteurs du projet de réforme de
1867.

Si la mise en mer ne coïncide pas avec la délivrance du congé,
le point de départ du délai de trente jours est, à notre avis, déterminé par la mise en mer. Ainsi l'a jugé la cour de Rennes le
8 juin 1874 (3).

Le droit de suite est donc maintenu si les créanciers l'ont conservé par une opposition avant que soient réunis les divers éléments constitutifs du voyage, tels que l'art. 194 les énumère.
L'opposition ne serait pas tardive si elle se produisait plus de
trente jours après le départ, mais avant l'arrivée au port de destination (4).

203. *Deuxième hypothèse.* Le navire parti d'un port n'est
point arrivé dans un autre; mais il s'est écoulé plus de soixante
jours avant son retour au port de départ.

(1) *Sic* Demangeat, IV, p. 94. — (2) *Sic* Laurin, I, p. 176. — (3) Rec. de
Nantes 1874, 1, 338. — (4) *Sic* Dufour, n° 461 ; Demangeat, IV, p. 94. *Contra*
Rennes, 24 déc. 1858. Rec. du Havre, 5, 2, 4.

Il s'agit, par exemple, d'un bâtiment qui fait la pêche ou la course, ou bien encore d'un navire qui, le port de destination se trouvant bloqué, n'a pu se rendre dans un des ports voisins de la même puissance conformément à la prescription de l'art. 279. L'ordonnance de 1681 n'admettait pas qu'il y eût voyage en mer où il n'y a pas un voyage réel : sur la demande de la cour de cassation (1), le législateur de 1807 prend en mains les intérêts de l'acquéreur, paralysés par les exigences de l'ancien droit : une absence de soixante jours équivaut désormais au voyage réel.

Pourquoi le délai, fixé à trente jours dans le premier cas, est-il doublé dans le second ? Lorsque le navire arrive dans un autre port, remarque Dufour, il se produit une série de faits significatifs : les formalités dont il est l'objet, les déclarations à la douane, le choix des consignataires sont autant d'indices qui peuvent révéler la mutation de propriété. Les créanciers, dont la vigilance est ainsi éveillée, sont donc moins excusables s'ils n'agissent pas promptement.

Quoique quelques-unes des mêmes formalités soient remplies dans un port de relâche, il est clair que le navire n'est pas *arrivé* pour s'y être arrêté. Nous avons expliqué comment l'art. 194 § 1 était inapplicable à cette hypothèse : c'est donc l'art. 194 § 2 qu'il faut appliquer.

204. *Troisième hypothèse.* Voyages au long cours.

Sont réputés voyages au long cours, dit le code de commerce (art. 377), ceux qui se font au-delà des limites ci-après déterminées : au sud, le 30e degré de latitude nord; au nord, le 72e degré de latitude nord; à l'ouest, le 15e degré de longitude du méridien de Paris ; à l'est, le 44e degré de longitude du méridien de Paris.

Quand il s'agit d'un de ces voyages, le législateur n'exige plus, pour l'extinction du droit de suite, qu'un simple délai de soixante jours après le départ du navire. Nous l'avons déjà dit : le navire qui s'arrête dans un port de relâche n'en est pas moins en voyage ; le délai de soixante jours court donc pendant la relâche.

Beaucoup de navires voyageant au long cours arrivent à destination plus de trente jours et moins de soixante jours après le départ. L'acheteur peut-il alors invoquer la première disposition de l'art. 194 ? Aux yeux de Dufour (2), le texte de la loi condamne cette interprétation. Tel n'est pas notre avis. On conçoit que le législateur n'ait pas voulu laisser indéfiniment les intérêts des

(1) Observ. des trib., t. I, p. 11. — (2) No 468.

acheteurs en suspens quand le bâtiment au long cours ne doit toucher qu'après un très-long trajet au port de destination ; mais s'il y arrive au bout de trente jours, on ne voit pas pourquoi les créanciers conserveraient leur droit de suite quand ils en sont dépouillés par l'art. 194 § 1 dans l'hypothèse d'un voyage ordinaire. S'il en était autrement, la disposition finale de cet article tournerait généralement aujourd'hui contre ceux qu'on a voulu protéger (1).

205. Il ne suffit pas, pour l'extinction du droit de suite, que le navire ait fait un voyage : il doit l'avoir fait « sous le nom et « aux risques de l'acquéreur. »

L'ordonnance de 1681 (art. 2, tit. X, l. II) s'exprimait de la même manière : « Seront néanmoins tous vaisseaux affectés aux « dettes du vendeur jusqu'à ce qu'ils aient fait un voyage en mer « *sous le nom et aux risques du nouvel acquéreur.* » C'est là ce que Valin appelle la « formalité supplétive au défaut d'une tra- « dition réelle sensible pour donner à la vente du navire sa per- « fection et son effet contre les créanciers du vendeur (2) ». « Pour « purger les dettes de son vendeur, ajoute-t-il (3), il fallait néces- « sairement que l'acquéreur fît faire un voyage au navire sous « son nom et à ses risques ; qu'à cette fin il déclarât, par un acte « au greffe de l'amirauté, que le navire lui appartenait, comme « l'ayant acquis, et qu'en conséquence il prît les expéditions du « navire sous son nom ». Valin transcrivait purement et simple- ment l'art. 4 du règlement de Strasbourg (24 octobre 1681) repro- duit et confirmé par l'art. 11 de la déclaration du 1er mars 1716 : « Veut S. M. que les marchands et autres particuliers qui auront « fait bâtir ou acheter des vaisseaux bâtis dans les ports du « royaume, fassent leurs déclarations pardevant les officiers des « siéges d'amirauté de leur demeure ... et fassent enregistrer « au greffe les contrats de leur propriété. »

206. Quoique le code ait reproduit les expressions de l'or- donnance, un jurisconsulte a soutenu que, sous l'empire de l'art. 193, aucun fait précis n'avait la vertu exclusive d'imprimer à la vente les caractères de publicité nécessaires pour purger le droit de suite : « Supposez, a-t-il dit (4), que le nouvel acquéreur « ait fait assurer son navire ; qu'il ait fait des traités pour répara- « tions ou approvisionnements, surtout s'il a mis les fournitures

---

(1) *Sic* Bédarride, I, n° 150 ; Demangeat, IV, p. 95 ; Laurin, I, p. 177. — (2) I, p. 603. — (3) Ib. p. 611. — (4) Revue de législ. 1849, t. III, p. 273 s. (article de M. Cauvet). Cf. Alauzet sur l'art. 193.

« ou les réparations aux enchères, avec publicité; supposez qu'il
« ait contracté des emprunts avec affectation sur le navire ou
« bien qu'en qualité de propriétaire il ait soutenu des procès qui
« ont eu quelque retentissement : tous ces actes pourront, alors
« même que le transfert ne se serait pas opéré par la transcrip-
« tion en douane, être considérés comme suffisants pour donner
« à l'acquéreur le droit de soutenir que les priviléges sont éteints.
« En un mot, pour rendre l'art. 193 applicable, il n'y a que des
« circonstances abandonnées à l'appréciation du juge. » Tel n'est
pas notre avis. L'ordonnance avait imposé à l'acquéreur un mode
exclusif et déterminé de publicité : la déclaration de propriété, la
réquisition des expéditions du navire sous son nom. Le code n'a
pas pu vouloir que cet acquéreur eût à soutenir un procès contre
chaque créancier déchu, prétendant qu'on n'a pas assez fait pour
porter la vente à sa connaissance. Les choses doivent se passer
aujourd'hui comme autrefois. L'acte de vente doit être transcrit
dans le dépôt public chargé de recevoir cet enregistrement, c'est-
à-dire à la douane, qui remplace à ce point de vue les amirautés
(loi du 27 vendémiaire an II, art. 17). Au moyen de cette transcription, le navire est *aux risques* du nouveau propriétaire. Les
expéditions nécessaires à la navigation se réduisent aujourd'hui
au congé, sans lequel aucun bâtiment français ne peut sortir du
port auquel il appartient et à l'acte de francisation : au moyen de
la réquisition de ces deux pièces faite par l'acquéreur ou pour lui,
le navire voyage désormais *sous son nom* (1).

Cette thèse, développée par Dufour avec un grand luxe d'érudition, a été pleinement admise par la cour de cassation : « Le
« droit de suite ne s'éteint, d'après l'art. 193, a dit le 16 mars 1864
« la chambre civile (2), que quand le navire a fait, sans opposi-
« tion des créanciers du vendeur, un voyage en mer sous le nom
« et aux risques de l'acquéreur. Ce voyage ne peut avoir lieu
« dans ces conditions qu'autant que les formalités prescrites par
« les art. 9, 10 et 17 du décret du 27 vendémiaire an II ont été
« préalablement remplies. En exécution de ce décret, il est tenu,
« au bureau du port auquel appartient le bâtiment, un registre
« matricule qui doit contenir, entre autres mentions, celle des

(1) « Quoique la formule du congé, lorsqu'il s'agit de bâtiments de 30 ton-
« neaux et au-dessus, ne porte pas écrit en toutes lettres le nom du pro-
« priétaire à qui il est délivré, il est cependant vrai de dire qu'elle le nomme
« implicitement par sa relation à l'acte de francisation. » (Dufour, n° 381.)
— (2) D. 64, 1, 162. Cf. cass. 3 juin 1863. D. 63, 1, 289.

« changements de propriété qui peuvent survenir : ce registre,
« ouvert à tous les intéressés, leur permet de s'assurer si ce
« bâtiment appartient en tout ou en partie à la personne avec la-
« quelle ils veulent traiter. C'est sur le vu de ce registre que se
« délivrent le congé et l'acte de francisation au dos duquel les
« ventes de partie du bâtiment doivent être inscrites. Sans cet
« acte de francisation, que le capitaine est tenu d'avoir à bord aux
« termes de l'art. 226, le navire ne peut faire au nom de l'acqué-
« reur le voyage prescrit par l'art. 193 et reste, par conséquent,
« affecté aux dettes du vendeur... Ce qui était vrai sous l'empire
« de l'ordonnance de 1681 n'a pas cessé de l'être sous le code de
« commerce. »

207. Il faut enfin, pour l'extinction du droit de suite, que le
voyage se soit accompli sans opposition des créanciers.

Mais quels créanciers peuvent former cette opposition ?

Dageville (1) rappelle qu'il s'agit d'une matière commerciale et
croit que la vente du navire, si d'ailleurs elle paraît exempte de
fraude, peut être considérée comme ayant eu, même à l'égard des
tiers, toute son efficacité dès le jour de sa date et avant son enregistrement. Telle est aussi l'opinion de M. Dalloz (2). Ces auteurs
regardent à tort les créanciers du vendeur comme ses ayant cause,
sans tenir compte de l'inobservation des formalités prescrites par
la loi de vendémiaire an II.

« En l'absence de ces conditions, leur répond la cour de cassa-
« tion le 3 juin 1863 (3), les créanciers du vendeur ne sont pas ses
« ayant cause, obligés à ce titre de subir les conséquences de l'a-
« liénation totale ou partielle qu'il a faite; ils usent au contraire
« d'un droit qui leur est propre en soutenant que l'acquéreur ne
« peut, en cas de faillite du vendeur, leur être préféré sur le prix
« du navire qui leur reste affecté tant que le droit de suite n'a pas
« été éteint. » « Il importe peu qu'ils ne soient devenus créanciers
« que postérieurement à la vente, répète avec une précision qui
« ne laisse rien à désirer l'arrêt du 16 mars 1864; tant qu'elle n'a
« pas été inscrite au bureau du port d'attache, elle n'existe pas à
« leur égard : le navire est resté leur gage puisqu'il n'a pas cessé
« pour eux d'appartenir à l'ancien propriétaire avec lequel ils ont
« traité. » En un mot les créanciers qui peuvent faire opposition
sont les créanciers antérieurs à la mutation en douane (4).

(1) I, p. 56. — (2) Rép. v° Droit maritime, n° 291. — (3) D. 63, 1, 290. —
(4) *Sic* Bédarride, I, n° 152; Dufour, n° 519; Laurin, I, p. 179.

Nous rappelons toutefois que, si le navire vendu n'était pas francisé, il faudrait s'en tenir à la date des contrats (1).

208. Dans quelle forme l'opposition doit-elle être faite ?

La loi, ainsi que le dit un jugement du tribunal d'Angoulême du 17 juillet 1869 (2), n'a déterminé aucune forme spéciale pour cette opposition. On peut donc employer celle de tout acte judiciaire ou extra-judiciaire. Il est clair que la saisie du navire vendu en cours de voyage constituerait une opposition régulière (3).

Il n'est pas même indispensable que l'opposition formée entre les mains de l'acheteur soit signifiée au vendeur. Aucun texte ne l'exige, et je ne vois pas pourquoi l'on appliquerait par analogie l'art. 563 du code de procédure.

209. Quels sont les effets de l'opposition ? Elle empêche l'extinction du privilége. Mais comment le droit de suite sera-t-il exercé ?

Valin disait (4) : « Par la raison qu'il n'y a point d'hypothèque « qui puisse influer sur le navire, attendu qu'il est pur meuble, on « sent que l'action à former de la part des créanciers contre l'a- « cheteur ou cessionnaire n'est pas celle en interruption de pos- « session, affectation par hypothèque, paiement ou déguerpisse- « ment, qui ne peut s'appliquer qu'aux immeubles... L'action qui « compète en ce cas aux créanciers en général... ne peut être que « l'action révocatoire, fondée sur ce que l'acheteur n'a pu acquérir « le navire à leur préjudice. »

Avant la promulgation de la loi du 10 décembre 1874, Dufour avait réfuté cette thèse avec un grand luxe d'érudition. Il avait démontré que l'action en délaissement est un effet direct du droit de suite; qu'il faut donc se demander non si les navires sont susceptibles d'hypothèque, mais s'ils sont soumis au droit de suite. Reproduisant une phrase de Cleirac, il soutenait que les navires sont, quant au droit de suite, « censés immeubles » et concluait qu'il fallait puiser dans la législation concernant les immeubles les développements de ce droit dont la loi maritime lui avait emprunté le principe. Les créanciers devaient donc, à son avis, exercer leur droit de suite au moyen de l'action en délaissement, par application des règles posées au chapitre VI, tit. XVIII, liv. III du code civil. Cette doctrine, exposée avec une grande vigueur de déduction (5), avait déjà prévalu.

La loi du 10 décembre 1874 a beaucoup simplifié la question.

_____

(1) V. ci-dessus notre ch. III, n° 77. — (2) D. 71, 2, 138. — (3) Même jugement. — (4) T. I, p. 603. — (5) N°ˢ 395-397.

D'une part elle déclare les navires susceptibles d'hypothèque et sape ainsi le raisonnement de Valin, d'autre part elle organise elle-même l'action en délaissement (art. 18, 19 et suiv.) Les créanciers privilégiés et les créanciers hypothécaires n'ont pas deux instruments distincts pour l'exercice du droit de suite.

210. Dufour (1) croit que la procédure de délaissement doit débuter, comme dans notre ancien droit, par une véritable action en justice, le poursuivant demandant que la chose soit déclarée affectée à sa dette et que le tiers détenteur soit condamné à la lui délaisser, si mieux il n'aime satisfaire aux causes du privilége. Nous eussions adhéré très-difficilement à cette doctrine, même avant la loi du 10 décembre 1874. D'après le code civil, il suffit de mettre l'acquéreur en demeure par une sommation de délaisser. Il nous eût semblé bizarre d'emprunter à ce code la théorie du délaissement et de la modifier aussi gravement sans l'appui d'un seul texte. Nous eussions jugé suffisants le commandement au vendeur et la sommation à l'acheteur (2). La thèse de l'éminent jurisconsulte nous semble encore plus inacceptable depuis la promulgation de la loi sur l'hypothèque maritime.

Il serait tout à fait extraordinaire de faire coexister deux procédures en délaissement, lorsque le navire est à la fois grevé d'hypothèques et de priviléges. Or il nous semble à peu près incontestable que les auteurs de la loi du 10 décembre 1874 ayant reproduit en cette matière la procédure réglée par le code civil, *simplifiée autant que possible* (3), il faut s'en tenir à la forme classique du délaissement.

211. Le premier moyen qu'ait l'acquéreur de se défendre contre la *poursuite* des créanciers privilégiés, c'est la purge.

Ce moyen leur appartenait-il avant la loi du 10 décembre 1874? L'affirmative était enseignée par Dufour (4). M. Demangeat (5) soutenait la négative, faisant observer que la faculté accordée au tiers acquéreur de libérer la chose en payant simplement son prix d'acquisition est une faveur exceptionnelle, injustifiable si les créanciers n'ont pas le droit de repousser une pareille proposition en répondant que le prix d'acquisition ne représente pas la véritable

---

(1) N° 398. — (2) *Sic* Demangeat, IV, p. 100. « Du reste, ajoute cet auteur, « le commandement présupposant l'existence d'un titre exécutoire, si le « droit du créancier n'est pas déjà constaté par un titre en cette forme, il « faudra de toute nécessité qu'il obtienne un jugement contre le vendeur, « son débiteur. » — (3) V. rapport de M. Grivart, n° 27. — (4) N° 406. — (5) IV, p. 101.

valeur de la chose, en un mot s'ils n'ont pas la faculté de surenchérir. Or, ajoutait-il, tout le monde reconnaît que les créanciers
dont un navire est le gage n'ont point cette faculté, qu'aucune surenchère n'est admise par la loi en matière maritime. L'objection
ne subsiste plus puisque la surenchère est admise aujourd'hui en
matière maritime (1). Je n'hésite pas à penser pour mon compte
qu'on ne saurait actuellement dénier aux créanciers privilégiés la
faculté de purger, accordée par la loi du 10 décembre 1874 (art. 19
et suiv.) aux créanciers hypothécaires.

Dans quelle forme devra se faire la purge ? Puisqu'il existe une
purge en matière maritime, introduite par la loi du 10 décembre
1874, c'est au système de cette loi qu'il faut avant tout recourir.

En matière hypothécaire, l'acquéreur s'adresse aux créanciers
inscrits sur l'acte de francisation. Si le navire est grevé de priviléges, à qui s'adressera-t-il ? A tous les créanciers opposants
connus, répond Dufour (2); mais ce qu'il fait à l'égard de ceux
qui se sont montrés est censé fait à l'égard de tous. Il faut bien reconnaître avec M. Demangeat (3) que cette partie du système n'est
empruntée ni au code de commerce ni au code civil. Mais il faut
refuser aux créanciers privilégiés la faculté de purger ou suivre
la voie tracée par Dufour, aucune autre ne nous paraissant praticable. C'est ce parti que nous adoptons.

Dufour n'exigeait pas de l'acquéreur la notification du contrat,
dont le but est de permettre aux créanciers de surenchérir, parce
qu'il n'y avait pas de surenchère en matière maritime avant la loi
du 10 décembre 1874. Nous ne croyons pas qu'on puisse aujour-
d'hui le dispenser de cette formalité. Toutefois l'acquéreur notifie
aux créanciers hypothécaires : 1° l'extrait de son titre indiquant
la date et la nature de l'acte, le nom du vendeur, le nom, l'espèce
et le tonnage du navire et les charges faisant partie du prix ; 2° un
tableau sur trois colonnes, dont la première contient la date des
inscriptions, la seconde le nom des créanciers, la troisième le
montant des créances inscrites. Il est évident que ce tableau ne
peut pas être notifié aux créanciers privilégiés. L'acquéreur dé-
clarera par le même acte qu'il est prêt à acquitter sur le champ les
dettes privilégiées jusqu'à concurrence seulement de son prix,
sans distinction des dettes exigibles ou non exigibles (4).

Aux termes du droit commun, l'acquéreur est tenu de faire les

---

(1) Art. 21, l. 10 décembre 1874. — (2) Nº 409. — (3) IV, p. 101. — (4) Par
application de l'art. 20 de la loi du 10 décembre 1874. Cf. Dufour, nº 409.

notifications dans le mois, au plus tard, à compter de la première sommation : la loi du 10 décembre 1874 substitue le délai de quinzaine au délai d'un mois. Il faut évidemment appliquer cette seconde règle.

Le créancier privilégié peut requérir la mise aux enchères en offrant de porter le prix à un dixième en sus. On lit sans doute dans le rapport de M. Grivart : « Tout créancier inscrit peut surenchérir. » Mais je ne crois pas qu'il faille tirer du mot inscrit un argument *a contrario*. Le législateur lui-même s'est d'ailleurs autrement exprimé : « Tout créancier, dit l'art. 21, peut « requérir la mise aux enchères... » Il suffit, selon nous, pour qu'il en soit ainsi, que l'acquéreur puisse purger à l'encontre du créancier : le droit de surenchérir est le correctif de la purge. C'est une garantie qu'il faut donner aux créanciers privilégiés comme aux créanciers hypothécaires contre la négligence ou contre la fraude de leur débiteur.

La réquisition de mise aux enchères devrait être évidemment faite dans les dix jours par application de la loi spéciale et non dans les quarante jours par application du droit commun.

Il faudrait enfin assimiler le créancier privilégié au créancier hypothécaire soit quant à l'offre de donner caution pour le paiement du prix et des charges, soit quant à l'assignation qui doit accompagner la réquisition.

212. L'acquéreur, s'il ne veut purger, peut délaisser. Valin dit expressément (1) qu'il peut, « au lieu d'offrir de payer les créan- « ciers qui l'ont poursuivi avant le voyage achevé, abandonner « le navire. » Cette faculté d'abandon subsiste assurément dans le droit moderne. Les rédacteurs du code de commerce n'ont pas entendu déroger à la règle admise dans l'ancien droit, reproduite par l'art. 2172 du code civil, et la jurisprudence ne s'égare pas en l'appliquant aux acquéreurs de navires (2).

Aux termes de l'art. 2173 du code civil, le délaissement n'empêche pas que, jusqu'à l'adjudication, le tiers détenteur ne puisse reprendre l'immeuble en payant toute la dette et les frais. Le tiers détenteur qui délaisse ne fait donc qu'abdiquer la possession na-

---

(1) I, p. 604. — (2) Bordeaux, 5 juillet 1870. D. 71, 2, 138. La cour de Bordeaux, dans cet arrêt, exige que la vente ait été transcrite sur l'acte de francisation : autrement l'acheteur ne serait pas regardé comme un tiers débiteur, et il y aurait simplement lieu d'autoriser le saisissant à continuer ses poursuites sur un navire qui n'avait pas cessé d'appartenir à son débiteur.

turelle, « la simple détention et occupation, » comme disait Loiseau (1). Il en est ainsi pour le délaissement des navires. Valin n'attachait pas le même effet au déguerpissement; mais il est oiseux de s'épuiser, ainsi que le fait Dufour (2), à démontrer l'erreur de Valin. En premier lieu, c'est du délaissement, non du déguerpissement qu'il s'agit : il ne peut s'agir en second lieu d'un délaissement spécial, distinct de celui qu'organise le code civil. Voici la double conséquence à tirer de ces prémisses : si le navire périt par cas fortuit, l'acheteur ne sera pas libéré de l'obligation de payer son prix : si le prix d'adjudication dépasse les droits des créanciers, l'excédant sera pour l'acheteur (3).

Le délaissement ne pourrait se faire que dans la forme indiquée par l'art. 2174 du code civil. Il faudrait toutefois substituer le tribunal civil du domicile de l'acheteur à celui de la situation des biens. Dufour explique très-clairement (4) qu'il faudrait aller jusqu'à créer un curateur au navire comme on crée un curateur à l'immeuble délaissé. En effet comment dirigerait-on les poursuites aboutissant à la vente judiciaire contre le débiteur personnel qui n'est plus propriétaire de l'objet saisi ou contre le tiers détenteur qui, tout en gardant un droit réel abstrait, entend laisser par son abandon le champ libre à ces poursuites ? C'est donc contre un tiers nommé par la justice qu'il faudrait poursuivre l'exécution du navire délaissé.

213. Pour que la répartition du prix soit faite régulièrement, il faut évidemment que les délais d'opposition fixés par l'art. 194 soient expirés. L'opposition, pour s'être produite au dernier jour du délai, n'en a pas moins toute sa force.

Or si l'on suppose que ce prix a été offert par l'acquéreur sans nouvelle mise aux enchères, les créanciers du vendeur peuvent seuls y prétendre : ceux de l'acheteur, comme le dit Dufour (5), ont pu acquérir depuis la vente des droits sur le navire, mais n'en ont aucun sur la somme qui représente le prix d'acquisition.

Parmi les créanciers qui veulent alors exercer leur droit de suite, quelques-uns peuvent n'avoir pas formé cette opposition dans les délais fixés par l'art. 194. Quel sera leur sort ? L'intervention formée postérieurement au voyage achevé, disait Valin (6), ne pourra empêcher les créanciers plus diligents d'être payés, suivant cet axiome : *vigilantibus jura succurrunt*. Telle doit être encore la

(1) Du déguerpissement, l. VI, ch. III, n° 1. — (2) N°° 413 et suiv. — (3) Cf. Demangeat, IV, p. 102. — (4) N° 422. — (5) N° 431. — (6) I, 604.

règle, à la condition de l'appliquer ainsi qu'il suit. Lorsque l'acquéreur a commis l'imprudence de payer prématurément son prix et que, ne pouvant se soustraire aux conséquences rigoureuses du droit de suite, il est obligé de payer une seconde fois, il peut évidemment, si les oppositions ne se sont produites que jusqu'à concurrence de la moitié du prix, s'abstenir de consigner une plus forte somme en excipant contre les créanciers non opposants de la déchéance qu'ils ont encourue : les opposants peuvent à leur tour prendre en mains ce droit de leur débiteur et s'en armer à sa place contre les non opposants. Lorsque l'acquéreur est encore débiteur du prix, il n'a pas intérêt à se préoccuper de la distribution, et la somme entière appartient au vendeur ou à ses créanciers : mais si l'opposition ne transforme pas la nature des droits et ne fait pas d'une créance chirographaire une créance privilégiée, le défaut d'opposition fait évanouir le droit de suite ; donc, à l'égard du créancier non opposant, le prix ne représente plus le bâtiment et n'est plus plus qu'une somme d'argent sur laquelle il peut exercer un marc le franc, parce qu'elle est la propriété de son débiteur, mais rien qu'un marc le franc parce qu'elle ne tient plus la place du navire (1).

On peut encore supposer que le navire est saisi et vendu en justice à défaut de délaissement volontaire de la part de l'acquéreur. Celui-ci a payé prématurément au vendeur qu'il croyait à tort solvable : les créanciers de ce vendeur réellement insolvable n'ont pas tous formé leur opposition dans les délais légaux. L'acquéreur, obligé de subir sur le prix du navire revendu l'exercice des droits réels qui le grèvent, est évidemment protégé contre ceux qui les ont laissé perdre : ceux-ci ne peuvent pas concourir avec ceux-là dans la répartition du prix.

Nous appliquerons encore la même règle dans le cas où l'acquéreur a délaissé. Valin enseignait au contraire que, dans ce cas, les retardataires peuvent concourir avec les opposants parce qu'au moyen du déguerpissement les créanciers étaient rentrés dans tous leurs droits, tandis que l'acquéreur, seul capable dans l'origine de se prévaloir des déchéances, était désormais réduit à une impuissance absolue (2). Quoique cette opinion ait passé dans les écrits de plusieurs commentateurs, nous la repoussons : elle se rattache à la théorie du déguerpissement. Il ne s'agit plus aujourd'hui de déguerpissement, mais de délaissement. Or, comme l'explique

(1) Cf. Dufour, nᵒˢ 431-436. — (2) I, p. 604.

très-bien Dufour (1), le créancier qui n'a pas formé son opposition dans les délais de l'art. 194 n'est pas plus relevé de sa déchéance par le délaissement que le créancier hypothécaire dont l'hypothèque a péri par défaut d'inscription en temps utile. L'acquéreur, ai-je dit, garde l'excédant du prix d'adjudication parce qu'il n'a perdu que la possession du navire : donc il a qualité pour écarter ceux qui, ayant perdu leur droit de suite, voudraient l'exercer à son préjudice.

Enfin, dans l'hypothèse où le navire est revendu, il peut avoir repris la mer sous le nom et aux risques de l'acquéreur tandis que les créanciers du vendeur conservaient leur droit par une opposition. De nouvelles dettes ont été, je le suppose, contractées pendant ce dernier voyage. Les créanciers du vendeur primeront-ils les créanciers de l'acquéreur ? Oui, d'après M. Demangeat (2), qui prétend appliquer par analogie cette règle de l'art. 2177 § 2 du code civil : « Les créanciers personnels du tiers acquéreur, *après « tous ceux qui sont inscrits sur les précédents propriétaires,* « exercent leur hypothèque à leur rang. » Mais l'argument ne me semble pas décisif. On sait qu'en matière de priviléges et singulièrement dans notre droit maritime l'antériorité de la date n'est pas une cause de préférence : au contraire la règle se transforme et les derniers en date deviennent les premiers par le rang. Dès lors rien de plus périlleux qu'un tel emprunt au droit hypothécaire. Dufour (3) oppose avec raison, ce me semble, l'art. 191 aux créanciers du vendeur. M. Demangeat réplique, il est vrai : « C'est « seulement entre créanciers d'un même débiteur que, pour collo- « quer les différents privilégiés, on observe l'art. 191. » D'abord c'est résoudre la question par la question. Ensuite lorsque les créanciers du vendeur prétendent agir, au moyen de leur opposition, comme si le navire n'avait pas changé de mains, n'y a-t-il pas contradiction à invoquer sous un autre rapport le déplacement de la propriété (4) ? Les créanciers du vendeur, dira-t-on, ont maintenu leur privilége par leur opposition : ce qu'ils ont maintenu, c'est leur droit de suite à l'égard de l'acquéreur. Mais il s'agit de régler les droits de préférence, et c'est à l'article 191 qu'il faut alors se référer. Or, aux termes de cet article, les créances issues de l'avant-dernier voyage ne peuvent être préférées aux créances nées du dernier.

214. Les rédacteurs du projet de réforme de 1867 ont vivement critiqué le système du code actuel.

(1) N° 440. — (2) IV, p. 103. — (3) N°ˢ 441 et 442. — (4) *Sic* Dufour, *ibid.*

Le voyage en mer sous le nom et aux risques de l'acquéreur est-il bien l'interpellation la plus propre à provoquer les diligences conservatoires des créanciers? Ce fait est « tellement normal » qu'il ne saurait éveiller spécialement leur attention. Le texte de l'art. 193 est d'ailleurs obscur, et la jurisprudence n'est arrivée que difficilement à déterminer le sens des mots « un voyage en mer « sous le nom et aux risques de l'acquéreur. » Puis le législateur, « en prenant pour base le fait du voyage », a dû définir le voyage, c'est-à-dire prévoir des hypothèses nombreuses et pourtant incomplètes (art. 194). Enfin il a fallu expliquer dans l'art. 196 que la vente du navire en voyage ne préjudiciait pas aux créanciers du vendeur, c'est-à-dire que le voyage, même accompli dans les termes de l'art. 194, n'opérait pas alors la purge, ce qui a soulevé de nouvelles difficultés. Il faut convenir que quelques-unes de ces critiques sont fondées.

La commission proposait donc un système nouveau, reposant sur l'idée d'une publicité réelle à donner à la vente au moment où elle s'accomplit, car il s'agit avant tout de faire connaître cette vente aux tiers. Aux termes du nouvel article 193, l'acheteur, pour purger, devait : 1° faire mentionner la vente sur l'acte de francisation pour qu'elle fût opposable au tiers; 2° la faire publier dans le journal désigné pour les publications judiciaires de l'arrondissement du port d'attache, parce que là peuvent se trouver des dettes que le navire a laissées en partant; 3° enfin faire afficher la vente au mât ou à la partie la plus apparente du navire, afin de prévenir les créanciers du port où devait se trouver le bâtiment. Aux termes d'un paragraphe final, la déchéance encourue faute d'opposition ne devait faire évanouir que le droit de suite des créanciers, c'est-à-dire leur recours contre l'acheteur; mais le droit de préférence sur le prix devait continuer d'exister à leur profit jusqu'au paiement. La déchéance étant surtout établie au profit de l'acheteur qui a tout fait pour se libérer, il avait paru suffisant de la renfermer dans ces limites « sans frapper les créanciers au-delà « de ce qui est nécessaire. » Ce système est bien coordonné, simple, pratique et supérieur, selon nous, à celui du code.

215. Le code espagnol se rapproche du nôtre. Les créanciers privilégiés conservent leurs droits sur le navire même après sa vente, pendant tout le temps qu'il demeurera dans le port où a eu lieu la vente et soixante jours après qu'il aura mis à la voile au nom et pour le compte du nouveau propriétaire (art. 599). Si la vente a eu lieu aux enchères publiques et avec l'intervention de l'autorité judiciaire, toute responsabilité du navire en faveur des créanciers sera éteinte du moment où l'acte de vente aura été passé (art. 600). Si un navire était vendu en voyage, les créanciers ci-dessus désignés conserveront tous leurs droits contre lui jusqu'à ce que le navire rentre dans le port où il est immatriculé, et pendant les six mois qui suivront sa rentrée (art. 601). Les rédacteurs du code portugais et du code péruvien n'ont fait que transcrire ces dispositions du code espagnol. D'après le code de Buenos-Ayres (art. 1024), les priviléges sont éteints si le navire transmis à un autre a navigué pendant soixante jours, depuis sa sortie du port, sous le nom et pour le compte du nouveau propriétaire sans que les créanciers privilégiés aient protesté. La protestation suffit pour empêcher l'extinction du privilége. Si le navire est vendu pendant le voyage, les créanciers privilégiés conservent leurs droits pendant six mois depuis le retour du navire au port de sa matricule. Aux termes du code chilien, indépendamment des moyens généraux d'extinction des priviléges, indiqués par la loi civile, les priviléges sur le navire s'éteignent : 1° par la vente judiciaire du navire dans les formes légales ; 2° par la vente volontaire du navire qui se trouve dans le port quand, depuis ladite vente, le navire a voyagé au nom, pour compte et aux risques de l'acquéreur et qu'il a navigué pendant soixante jours sans opposition ni protestation des créanciers. Le navire est censé avoir voyagé au nom du nouveau propriétaire quand l'acte de vente a été transcrit sur le registre matricule.

Les articles 7 et 8 du code égyptien de 1875 reproduisent les articles 193 et 194 du code français. Toutefois l'article 7 contient un paragraphe final ainsi conçu : « L'opposition d'un créancier, « faite dans les formes prescrites en cette matière, ne profite qu'à « celui qui l'a faite. »

« Les priviléges des créanciers sur le navire, dit l'art. 290 du « code italien, sont éteints, indépendamment des moyens géné-« raux d'extinction des obligations : 1° par la vente en justice « faite dans les formes légales ; 2° par l'expiration d'un délai de « trois mois en cas de vente volontaire. Ce délai part de la date de « la transcription de la vente volontaire si le navire se trouve au « moment de cette transcription dans le département maritime où « il a été inscrit; de la date de son retour dans son département « si la transcription de la vente volontaire est faite quand le na-« vire en est déjà parti. Si, dans les délais susindiqués, le créan-« cier privilégié cite l'acquéreur en justice afin d'obtenir la décla-« ration de son privilége, l'extinction du privilége est inter-« rompue. » L. Borsari fait ressortir la supériorité de ce système

sur le système français. « Ainsi, dit-il (1), fut supprimée l'absurde
« distinction (*l'assurda differenza*) entre le navire vendu dans le
« port et le navire vendu en voyage, comme si une cause pure-
« ment accidentelle pouvait empêcher le même événement de pro-
« duire les mêmes effets juridiques. »

Le code de commerce allemand ne contient que la préface d'un
système : « Le privilége des créanciers du navire s'éteint, dit
« l'art. 767 : 1° par la vente forcée du navire effectuée par voie
« d'exécution dans le pays d'origine. Le prix en provenant se
« substitue alors au bâtiment pour les créanciers du navire. Ceux-
« ci doivent être invités par sommation publique à sauvegarder
« leurs droits, les règles concernant le mode de vente étant d'ail-
« leurs réservées à la législation particulière de chaque Etat;
« 2° par la vente du navire effectuée en cas de force majeure par
« le capitaine en vertu de ses attributions légales (art. 499); le
« prix en provenant, tant qu'il est dû par l'acheteur ou qu'il se
« trouve encore entre les mains du capitaine, se substitue alors au
« bâtiment pour le créancier du navire. » « Il est laissé aux lois
« particulières de chaque Etat, poursuit l'art. 768, de déterminer
« les cas dans lesquels les priviléges s'éteignent, par exemple
« lorsque les créanciers du navire ont été sommés sans résultat de
« faire valoir leurs droits de gage à l'autorité compétente dans le
« délai fixé après que le navire a mouillé dans le port d'attache
« ou dans un autre port du pays. » Enfin (art. 769) « l'art. 767
« n'est point applicable quand une ou plusieurs parts d'intérêt
« dans le navire ont été seulement aliénées et non le navire tout
« entier. »

Ce système est, en ce qui concerne la Prusse, complété par
l'art. 58 de la loi du 24 juin 1861, qui accorde aux créanciers privilégiés, pour la conservation de leur droit de suite, des garanties
plus précises : « Dans tous les cas d'aliénation de navire autres
« que ceux prévus à l'art. 767, y lit-on, les droits de gage des
« créanciers de navires inconnus à l'acquéreur s'éteignent lorsque
« ces créanciers ont été infructueusement sommés, à la requête
« des créanciers, de faire valoir leurs droits. Voici la procédure
« qu'on observe à cet égard : 1° la requête en sommation ne peut
« être faite qu'après l'inscription du navire au *registre des navires*;
« elle doit être adressée au tribunal qui tient le registre. Le requé-
« rant doit, pour justifier sa requête, notifier au tribunal les cré-

(1) II, p. 32.

« anciers de navire qui lui sont connus ; 2° le tribunal doit donner
« assignation devant un commissaire et inviter par sommation
« publique les créanciers de navire non dénommés à faire valoir
« leurs droits, à peine de forclusion, dans le délai prescrit. L'as-
« signation doit être faite à trois mois. . .; 3° L'audience tenue, le
« tribunal rend un arrêt de forclusion réservant les droits des
« créanciers de navire qui ont été dénommés par le requérant
« ou qui se seront présentés, et déclarant tout les autres créanciers
« de navire forclos; 4° L'expédition de l'arrêt de forclusion doit
« être affichée dans la salle d'audience ; la signification aux cré-
« anciers forclos est effectuée par l'exposition de l'expédition pen-
« dant quinze jours. Copie de l'arrêt doit être communiquée aux
« créanciers dont les droits ont été réservés. » Citons encore
l'art. 19 de la loi du 26 octobre 1863, spéciale à Lubeck : « Le
« privilége des créanciers du navire s'éteint également dans
« d'autres cas que ceux prévus à l'art. 767 lorsque, après l'ins-
« cription de la vente au registre de navigation, ils auront été mis
« en demeure par une sommation émanant du tribunal de com-
« merce dans un délai de trois à six mois et que forclusion s'en
« sera suivie. »

Nous n'apercevons pas, dans le code norwégien de 1860, une
théorie coordonnée de l'extinction des priviléges. L'art. 102 se
contente d'indiquer le délai dans lequel un créancier nanti d'une
lettre de grosse doit faire valoir son droit.

Maclachlan (1) fait remarquer qu'un changement de propriété du navire n'anéantit pas, même après un certain laps
de temps, les priviléges maritimes (*liens*) et que le droit anglais diffère à ce point de vue du droit français. L'acquéreur d'un navire devra donc supputer avec soin, ajoute-t-il,
les charges de cette nature qui peuvent grever le navire en sus
des charges révélées par les registres publics et stipuler de
son vendeur en conséquence une indemnité qui le mette à l'abri
de tous les risques.

L'extinction des priviléges n'est pas mieux organisée par la législation des Etats-Unis. Dixon se pose cette question (2) : y a-t-il
un délai déterminé dans lequel les gens de mer doivent procéder
pour faire valoir leur privilége (*their lien for wages*)? Il n'y en a
pas, répond-il; mais il apparaît que les gens de mer et les
autres créanciers privilégiés peuvent être dépouillés de leur pri-

(1) p. 64 (éd. 1876). — (2) Ed. 1873, p. 335.

vilége par une inaction prolongée d'une façon déraisonnable ou s'ils souffrent que le bâtiment soit vendu à un tiers ignorant leurs droits sans les porter à sa connaissance quand ils le pourraient faire (1).

(1) The Eastern star, Ware 185, 186, 212 ; Tramp *v.* The Ship Thomas; Bee's Adm., 86 (arrêts cités par Dixon).

CHAPITRE V.

SAISIE ET VENTE DES NAVIRES.

SECTION I.

QUELS NAVIRES PEUVENT ÊTRE SAISIS?

SECTION II.

FORMALITÉS DE LA SAISIE.

SECTION III.

INCIDENTS DE LA SAISIE.

SECTION IV.

FORMALITÉS DE LA VENTE.

SECTION V.

EFFETS DE L'ADJUDICATION.

SECTION VI.

DISTRIBUTION DES DENIERS.

CHAPITRE V.

216. Nous allons commenter le titre II du livre II de notre code de commerce, qui est précédé de cette rubrique : *De la saisie et vente des navires.*

Il est présumable que cette partie du code sera, dans un avenir assez prochain, complètement remaniée. Elle eût été déjà transformée sans nul doute, si d'autres préoccupations n'avaient absorbé le législateur français. Les rédacteurs du projet de 1867 avaient bouleversé le titre II. On le conçoit : ces dispositions de procédure ont été empruntées en 1807 à l'ordonnance de 1681 : elles ne se rattachent plus au système général qui pouvait les éclairer et ne concordent plus avec nos lois modernes sur les expropriations (1). Aussi le rapporteur de la loi du 10 décembre 1874 s'exprimait-il en ces termes : « Ces formes laissent beaucoup à désirer, « et depuis longtemps le commerce maritime réclame un chan- « gement dans cette partie de la loi de procédure... Votre com- « mission s'est demandé si elle ne devait pas... donner pour

_____

(1) Note explicative, p. 23.

« complément à la loi sur l'hypothèque maritime une organisation
« nouvelle de la procédure de saisie et de vente judiciaire des na-
« vires. Une telle réforme est urgente et nous l'appelons de nos
« vœux. » Ces vœux ont été stériles, et c'est le texte de 1807 qu'il
nous faut encore étudier.

217. Nous diviserons ce chapitre en six sections. I. *Quels navires peuvent être saisis?* — II. *Formalités de la saisie.* — III. *Incidents de la saisie.* — IV. *Formalités de la vente.* — V. *Effets de
l'adjudication.* — VI. *Distribution des deniers.*

SECTION I.

QUELS NAVIRES PEUVENT ÊTRE SAISIS.

218. L'ordonnance de 1681 (art. 1, tit. XIV, l. I) s'exprimait
ainsi : « Tous navires et autres vaisseaux pourront être saisis et
« décrétés par autorité de justice. » « Tous bâtiments de mer peu-
« vent être saisis et vendus par autorité de justice, » répète l'art.
197. M. Réal avait fait remarquer au Conseil d'Etat qu'il était
inutile « de poser ce principe abstrait (1). » On ne voit pas trop
pourquoi cette observation ne fut pas écoutée. Le projet de réforme
de 1867 supprimait « comme inutile l'art. 197 du code, portant que
« les navires peuvent être saisis ; sorte de déclaration de principe
« tout à fait surabondante (2). »

Il est évident que l'art. 197 ne s'applique pas aux bâtiments de
rivière. Nous avons déjà traité cette question dans notre second
chapitre en déterminant le sens juridique du mot navire.

219. Plusieurs législations de l'Europe et de l'Amérique accordent une grande faveur aux navires étangers : « Les navires
« étrangers mouillés dans les ports espagnols, dit l'art. 605 du
« code espagnol, ne peuvent être saisis pour des dettes qui n'au-
« raient pas été contractées sur le territoire espagnol et pour
« l'utilité de ces mêmes navires. » L'art. 1213 du code portugais
contient une disposition semblable, mais ajoute : « à moins que le-
« créancier originaire ne soit portugais. » L'art. 482 du code bré-

(1) **Locré**, t. XVIII, p. 311. — (2) Note explicative, p. 25.

silien apporte un autre tempérament au même principe : « Les
« navires étrangers mouillés dans les ports brésiliens, dit-il, ne
« peuvent être saisis, même alors qu'ils n'ont pas encore pris
« charge, pour dettes contractées sur le territoire brésilien pour
« les besoins du navire ou de la cargaison; il y a exception dans
« le cas où la dette résulte d'une lettre de grosse ou d'une lettre
« de change souscrite pour les besoins du navire et de la cargaison
« en pays étranger, mais payable sur une place de l'Empire. »
L'art. 1031 du code argentin étend encore l'exception : « Les na-
« vires étrangers mouillés dans les ports de l'Etat ne peuvent
« être saisis, bien qu'ils n'aient pas encore pris chargement, à rai-
« son de dettes qui n'ont pas été contractées sur le territoire de
« l'Etat, qui ne l'ont pas été pour les besoins de ces navires ou de
« leur cargaison ou qui ne sont pas payables dans l'Etat. » Le
code chilien reproduit le code espagnol en substituant aux mots
« pour l'utilité de ces mêmes navires » les mots « pour les besoins
« de l'expédition. » Enfin le code péruvien reproduit purement et
simplement le code espagnol. Ces différentes nations veulent attirer les navires étrangers dans leurs ports. Mais il n'est conforme
ni aux règles du droit civil universel ni peut-être même aux sains
principes de l'économie politique de soustraire ainsi aux créanciers les biens de leur débiteur qui sont leur gage naturel.
Dufour (1) approuve avec raison le législateur français de n'avoir
pas consacré ce droit d'asile d'un nouveau genre.

220. Les codes de l'Espagne, du Portugal et du Brésil sanc-
tionnent expressément le droit de saisie partielle ainsi que l'avait
fait l'ordonnance de 1681 (art. 18, tit. XIV, l.I). Il est certain que
ce principe n'a pas été répudié par le code français de 1807. Bor-
nons-nous en ce moment à l'hypothèse où le navire se trouve
encore dans le port sans être prêt à faire voile et constatons que
les participants étrangers à la dette n'éprouvent aucun préjudice
sérieux à l'occasion de la saisie partielle, celle-ci ne paraissant
devoir gêner ni l'affrètement ni le chargement. Il y a là sans
doute une dérogation à la règle générale du droit civil, la loi n'admettant pas qu'une poursuite puisse être exercée sur une portion
indivise en matière immobilière et contraignant le créancier à provoquer la licitation préalablement à la saisie (art. 2205). Mais il
n'en pouvait être de même quand il s'agit de navires, l'indivision
étant si fréquente « qu'on peut la considérer comme le régime ha-
« bituel de la propriété (2). »

(1) N° 619. — (2) Rapport de M. Grivart sur la loi du 10 décembre 1874.

Si plus de la moitié du navire est affectée au privilége, il n'est plus nécessaire de procéder par voie de saisie partielle et le bâtiment peut être saisi en totalité. C'est la déduction logique que le tribunal de commerce de Marseille avait tirée de l'art. 220, même avant la loi du 10 décembre 1874 (1). C'est la solution qu'impose aujourd'hui l'art. 18 § 2 de cette loi, ainsi conçu : « Si l'hypothèque « ne grève qu'une portion de navire, le créancier ne peut saisir et « faire vendre que la portion qui lui est affectée. Toutefois, si plus « de la moitié du navire se trouve hypothéquée, le créancier « pourra, après saisie, le faire vendre en totalité, à charge d'ap- « peler à la vente les copropriétaires. »

221. D'après les codes espagnol (art. 602 et 603), portugais (art. 1310 et 1311), brésilien (art. 480), péruvien et argentin (art. 1028 et 1029), le navire grevé de dettes privilégiées peut seul être saisi dans n'importe quel port : il ne peut être détenu ni saisi pour dettes chirographaires que dans le port où il est immatriculé. Cette distinction est, on le sait, formellement proscrite par la loi française. La différence entre les créances privilégiées et les créances chirographaires ne se manifeste qu'à la distribution du prix.

222. Un navire ne peut être saisi quand il est en mer. Cette première dérogation à l'art. 197 dérive de la nature des choses. Le Turc des *Fourberies de Scapin* « a fait mettre sa galère en « mer, » et quand Géronte s'écrie : « Va-t'en, Scapin, va-t'en dire « à ce Turc que je vais envoyer la justice après lui, » Scapin répond très-bien : « La justice en pleine mer ! Vous moquez-vous « des gens ? »

Mais la prohibition s'étend-elle au navire en rade ? L'article 5 du titre XIV de l'ordonnance de 1681 (liv. I) s'exprimait ainsi : « Les publications et affiches déclareront aussi le nom du vaisseau « saisi et son port, et le lieu *où il sera gisant ou flottant.* » Ces mots *gisant ou flottant*, disait Valin, font voir qu'il n'est pas nécessaire qu'un vaisseau soit amarré à quai pour pouvoir être saisi valablement et qu'il peut l'être tout de même, quoique flottant ; c'est-à-dire hors du havre étant à flot sur ses ancres. Or l'art. 204 de notre code répète : « Les criées, publications et affiches « doivent désigner... le lieu où le navire est gisant ou flottant. » Je ne puis croire que les rédacteurs du code, ayant sous les yeux le commentaire de Valin, aient répudié son interprétation en re-

(1) Marseille, 20 janvier 1833 (cité par Dalloz, vᵒ Droit maritime, nᵒ 1364).

produisant purement et simplement le texte commenté. Je comprends les critiques qui peuvent être dirigées contre ce système législatif : mais il s'agit d'apprécier quelle est, non quelle aurait dû être la pensée du législateur. D'ailleurs les raisons qui s'opposent à la saisie du navire en pleine mer n'existent pas absolument au même degré pour le navire en rade : dans un cas il est impossible, dans l'autre il n'est que difficile à l'huissier ou aux futurs adjudicataires de se présenter à bord. Nous ne saurions donc nous rendre aux raisonnements de Dufour (1) et de M. Demangeat (2), qui étendent la prohibition aux bâtiments en rade.

223. L'art. 215 est ainsi conçu : « Le bâtiment prêt à faire « voile n'est pas saisissable, si ce n'est à raison de dettes contrac- « tées pour le voyage qu'il va faire ; et, même dans ce dernier cas, « le cautionnement de ces dettes empêche la saisie. Le bâtiment « est censé prêt à faire voile lorsque le capitaine est muni de ses « expéditions pour son voyage. »

Cette disposition de la loi française se relie aux plus anciens documents de la législation maritime. Le chapitre III du *Constitutum usus*, de Pise, qui date de l'an 1160, est intitulé *De induciis propter taxedium*, (Des surséances pour cause de navigation) et contient un véritable traité de la matière. Il fallait, pour s'affranchir de l'action en justice, jurer que le départ s'effectuerait dans le délai de vingt jours : cependant les actions *commodati, depositi, furti*, etc. les procès intentés pour les salaires des matelots, pour le paiement du fret, pour la réparation des avaries étaient exceptés de la surséance. L'action ne pouvait être suspendue pendant plus d'un an pour certains voyages, pendant plus de huit mois pour les autres : *infra quem terminum dilationem postulans per se vel per idoneum defensorem placitum incipere et in causa procedere teneatur*. On peut encore citer le chapitre XXIII des priviléges de Pierre III, concédés à la ville de Barcelone en 1283, ainsi conçu : « Que les marchands et marins qui vont prendre la mer ne « soient pas tenus de répondre à de nouvelles assignations pourvu « qu'ils aient garanti leur comparution après le temps terminé... » Le chapitre 233 du consulat de la mer, intitulé *Du patron qui sera empêché de partir à cause de ses dettes* développe et généralise cette règle. Alors même que le patron du navire prêt à partir ne trouverait point de caution, « la justice ne peut pas retarder son « voyage... Encore on doit lui faire jurer qu'à son retour dans le

(1) Nos 622 et 623. — (2) IV, p. 106.

« pays où il doit payer, il viendra s'accorder avec son créancier
« d'une manière loyale parce que la justice ne peut pas retarder
« le voyage sous prétexte qu'il n'a point de caution, puisque son
« créancier... l'a laissé tranquille jusqu'au jour où il devait partir :
« encore, par une autre raison, savoir qu'il serait très-mal fait
« que les marchands qui ont mis et chargé leurs marchandises sur
« le navire fussent retardés et eussent leurs effets en chance et
« danger d'être perdus par la négligence de ce créancier qui n'a
« pas agi jusqu'au moment où le navire a été expédié. » « Je
« crois devoir avertir, écrivait encore Targa (1) au dix-septième
« siècle, que quand un navire ou autre bateau est resté amarré à
« quai et a enlevé son amarre pour venir au milieu du port, en
« mesure de mettre à la voile, il ne peut être saisi au préjudice de
« de son départ. Ainsi le décident notre statut, la raison commune
« et les usages maritimes. » Cependant l'ordonnance de 1681 s'é-
carta de cette tradition (2).

Le projet primitif du code, qui reproduisait les dispositions de
l'ordonnance fut combattu par la cour de cassation, par un grand
nombre de tribunaux et de conseils de commerce. Un amendement
proposé par le tribunal de Saint-Malo fut introduit dans la rédaction révisée, puis définitivement abandonné par la commission du
Conseil d'Etat, qui, renouant la chaîne des temps, présenta ce
projet radical : « Le bâtiment prêt à faire voile n'est pas saisis-
« sable. » « Quand on serait dans la nécessité, dit Regnauld de
« Saint-Jean-d'Angely, de froisser quelques intérêts, l'intérêt de
« l'Etat, l'intérêt du commerce, qui est inséparable de l'intérêt
« des affréteurs, devrait être préféré à tout autre. Or ils défendent
« de permettre la saisie du navire prêt à faire voile. » Le principe
général de l'insaisissabilité du navire prêt à faire voile fut, sauf
une restriction proposée par Berlier, consacré par le législateur
de 1807 (3).

Cette solution est bien plus conforme aux besoins généraux du
commerce maritime. Quand un bâtiment prêt à faire voile est saisi,
tous les intérêts groupés autour du navire sont atteints en même
temps que son propriétaire. L'engagement des matelots est brisé,
les marchandises des chargeurs sont arrêtées, l'industrie des

---

(1) Ponderaz. marit., c. 78 (texte déjà cité par Dufour). — (2) Art. 18,
tit. XIV, l. 1. — (3) Observ. des tribun., I, p. 13 ; II, 1re partie, p. 455 et
2e partie, p. 463 ; Révision du projet, p. 73 ; Locré, t. XVIII, p. 311, 323 s.
Ces divers documents sont cités et commentés par Dufour, II, n° 827.

transports est momentanément privée d'un de ses instruments (1).
L'ancienne pratique maritime était la bonne.

224. Quand un navire est-il prêt à faire voile ? Dans le silence de l'ordonnance, Valin (2) déclare que les mots « prêt à faire
« voile » devaient « non pas même être pris à la lettre, » mais
« s'entendre aussi bien d'un navire en chargement. » Le code définit ce que n'avait pas défini l'ordonnance : le navire est censé prêt
à faire voile lorsque le capitaine est muni de ses expéditions pour
son voyage.

Ainsi donc, s'il n'est pas muni des expéditions, c'est en vain
qu'il aura complété son chargement : s'il en est muni, c'est en
vain que les vents contraires le retiennent dans le port : « Le na-
« vire doit être considéré comme parti, disait Regnauld de Saint-
« Jean-d'Angely au Conseil d'Etat, s'il n'est retenu que par le
« vent (3). »

Les expéditions dont parle l'art. 215 sont les pièces de bord nécessaires à la navigation, c'est-à-dire l'acte de francisation, le
congé (art. 22 et 28 l. 27 vendémiaire an II), certaines pièces relatives au chargement, telles que les acquits des droits payés et
les acquits à caution.

Le navire ne peut pas sortir du port sans un permis que lui délivre le capitaine du port. Dufour (4), M. Demangeat (5), M. Laurin (6) se sont demandé si le bâtiment ne devenait insaisissable
qu'après la délivrance du *billet de sortie*. Il n'y a là très-certaine-
ment qu'un acte d'administration locale et si, pour éviter un encombrement, par exemple, le capitaine du port ne délivre pas le billet
de sortie quand on le lui demande, le navire n'en est pas moins
prêt à faire voile. Le tribunal de commerce de Marseille a jugé
plusieurs fois (7) que l'opposition à la délivrance du billet de sortie
était de nul effet : rien de plus logique puisqu'il ne s'agit que d'une
mesure de police intérieure et qu'on arriverait autrement à empêcher le départ d'un navire muni de ses expéditions.

Mais les créanciers ne peuvent-ils pas former opposition à la délivrance des expéditions ? M. Bédarride leur reconnaît ce droit (8) :
« La douane, dit-il, n'est pas juge de la régularité et de la validité
« de l'opposition. Elle n'a qu'à renvoyer les parties à s'entendre ou
« à se pourvoir et à refuser la délivrance des papiers et congé

(1) Cf. note explicative sur le projet de révision du code (1867). — (2) I, p. 370.
— (3) Locré, t. XVIII, p. 322. *Sic* Boulay-Paty, I, p. 245 ; Dufour, nº 830.
— (4) Nº 831. — (5) IV, p. 108. — (6) I, p. 163. — (7) 8 mai 1845 et 19 septembre 1851 (Rec. de M. 24, 1, 253 ; 30, 1, 236). — (8) I, nº 257.

« jusqu'à la main-levée de l'opposition soit volontaire, soit judi-
« ciaire. La conduite contraire pourrait l'exposer à une poursuite
« en dommages-intérêts si le navire était parti. » Tel n'est pas
notre avis. La cour de Rennes a justement signalé, le 28 février
1824, une semblable opposition comme « une voie de fait non au-
« torisée par la loi » et refusé de l'envisager comme une saisie-
arrêt puisqu'en fait les expéditions d'un navire ne sont pas des
effets mobiliers appréciables à prix d'argent et susceptibles d'être
vendus. La cour de Rouen s'est approprié cette doctrine le 2 février
1841, démontrant à son tour qu'il ne s'agit pas d'un saisie-arrêt,
que la douane ne peut être regardée comme un tiers en possession
réelle de la chose saisie; que son droit d'empêcher le départ d'un
navire constitue une mesure de police et non un fait de détention.
Le tribunal de commerce de Marseille a jugé de même le 20 février
1855 (1). Enfin, ainsi que l'a fait très-judicieusement observer
M. Demangeat (2), si le créancier qui ne s'est pas mis en mesure
pouvait à son gré retarder le moment où le navire sera « prêt à
« mettre à la voile, » le navire ne serait jamais insaisissable et
les intérêts que le législateur a voulu protéger contre les inconvénients d'une saisie tardive seraient sacrifiés. L'administration
aurait donc le droit de passer outre et de délivrer les expéditions.

Il faudra pourtant obtenir main-levée de ces oppositions si la
délivrance des expéditions n'est pas faite. Nous croyons avec Dufour (3) et M. Laurin (4), que le tribunal de commerce serait ici
compétent parce qu'il s'agit de statuer non sur la validité d'une
saisie-arrêt ou d'une saisie-exécution, mais sur une difficulté relative à une expédition maritime (art. 633 co.) (5), la situation du
navire étant d'allleurs attributive de juridiction : solution qu'implique l'art. 418 du code de procédure.

225. Si le navire est insaisissable au moment de mettre à la
voile, il reste insaisissable *a fortiori*, tant que son voyage n'est
pas terminé. Sous l'empire de l'ordonnance, Emérigon (6) citait
déjà ce texte de Cleirac : « Le bateau, pendant le voyage, ne doit
« être arrêté par aucune saisie faite soit par autorité de justice ou
« autrement. » Il serait encore bien plus onéreux pour les chargeurs, on le conçoit, de débarquer, à la suite d'une saisie, leurs
marchandises en cours de voyage.

(1) Rec. de M. 34, 1, 103. — (2) IV, p. 108. — (3) N° 836. — (4) I, p. 164. —
(5) Cf. Rouen, 15 août 1819; 10 février 1829; Rec. de Rouen 1826, 2, 285;
1829, p. 401 ; 1841, p. 45 ; *Sic* Marseille, 8 mai 1845. Rec. de Mars., 2 février
1841, 24, 1, 253. — (6) II, p. 386.

Quand le voyage sera-t-il, à ce point de vue spécial, réputé fini ? L'art. 215 étant muet sur ce point, les tribunaux apprécieront.

Mais le navire, insaisissable au port d'armement, l'est encore au port de relâche où les circonstances l'auraient forcé d'entrer; il le serait encore, ainsi que l'a jugé le 11 mars 1862 le tribunal de commerce de Marseille (1), s'il était contraint par un évènement de mer de revenir momentanément au lieu du départ. Peu importerait que, le capitaine étant obligé de déposer à la douane dans les vingt-quatre heures de son entrée, au port l'acte de francisation et le congé, le navire fût provisoirement dessaisi de ses expéditions. Ce dessaisissement momentané, commandé par la législation qui régit la police de la navigation, ne détruirait pas la présomption générale que la loi commerciale a tirée de leur remise.

Toutefois il se peut encore que le port d'échelle ou de relâche soit, à raison de circonstances spéciales, assimilable au port d'arrivée. Le tribunal de commerce de Marseille a pu dire le 12 mars 1830 : « Marseille ne saurait être considérée comme un lieu d'échelle « en l'état des circonstances que le tribunal a été à même d'ap- « précier dans la contestation qui a eu lieu par devant lui (2). » Par exemple, aux termes de l'art. 296 § 2, « dans le cas où le na- « vire ne pourrait être radoubé, le capitaine est tenu d'en louer « un autre » : le voyage de ce navire ainsi arrêté et nécessairement déchargé dans un port de relâche doit être réputé fini.

226. L'insaisissabilité s'étend aux navires étrangers : Boulay-Paty (3), Dageville (4) avaient soutenu l'opinion contraire. « Les « étrangers peuvent ne jamais revenir, s'écriait Boulay-Paty, il « serait donc dangereux de leur appliquer la faveur de la loi... Ce » ne sont plus à vrai dire des commerçants; ce sont des manda- « taires (?) qui n'offrent aucune garantie après leur départ. » MM. Bédarride (5), Dufour (6), Demangeat (7), Boistel (8) ont facilement réfuté cette thèse. D'abord la distinction des art. 16 c. civ. 166 n'est pas reproduite par l'art. 215; il faudrait donc ajouter à la loi. Cette addition serait-elle heureuse ? N'écarterait-on pas les bâtiments étrangers des ports français par une rigueur inopportune ? La saisie ne peut-elle pas nuire d'ailleurs à des chargeurs français ? Enfin si les créanciers français n'ont pas agi plus tôt, n'est-ce pas leur faute ? Luigi Borsari, dans son commentaire du

(1) Cap. Apostoly c. Robert, 1862, 1, 103. — (2) V. Bédarride, I, n° 258. — (3) I, p. 244. — (4) II, p. 110. — (5) I, n° 265. — (6) N° 846. — (7) IV, p. 110. — (8) Précis, p. 871.

code italien, déclare que « l'hospitalière et libérale Italie ne saurait
« professer une autre doctrine. » Mais si nous pensions autrement,
les nations les plus hospitalières pourraient à leur tour changer
d'avis.

227. L'art. 215, après avoir dérogé au principe de l'art. 197,
déroge aussitôt à l'exception par ces mots : « si ce n'est à raison
« de dettes contractées pour le voyage qu'il va faire. » Le meilleur
commentaire de cette phrase a été donné par Begouen dans son
exposé de motifs au corps législatif : « on peut supposer que, sans
« ces dettes, le bâtiment n'aurait pas été mis en état de faire voile.
« Il faut donc les payer. »

Saisissable avant de faire voile, « à raison de dettes contractées
« pour le voyage, » le navire l'est-il encore dans le port de relâche
à raison de ces mêmes dettes ? Nous ne le pensons pas. On peut al-
léguer sans doute que « sans ces dettes, » il ne serait pas en état de
continuer sa route comme il n'aurait pas été mis en état de la commencer. Mais cette interprétation doit être écartée dès qu'elle n'est
pas imposée par le texte de l'art. 215. On n'imagine pas, Dufour
l'a très-bien démontré (1), qu'une expédition puisse être ainsi
harcelée d'échelle en échelle. M. Laurin (2) objecte, il est vrai,
que le capitaine pourra toujours donner caution conformément à
la disposition finale de l'article. Mais il lui sera bien plus difficile
de trouver loin du port de départ des gens disposés à garantir
l'exécution pleine et entière de l'obligation du débiteur. L'affréteur, ajoute le savant professeur, pourra réclamer des dommages-
intérêts (art. 295.) Mais ce n'est là qu'une compensation parfois
très-insuffisante. De telles attaques, dirigées contre le navire loin
de ceux qui ont intérêt à le défendre, rendraient le commerce maritime impraticable.

« Je crois, disait Emérigon (3), qu'on devrait excepter le cas d'une
« dette contractée dans le lieu même de l'échelle. » Il faut faire
aujourd'hui la même réserve. Il s'agit bien alors, comme l'exige
l'art. 215, d'une dette contratée pour la navigation qui va s'accomplir.

Enfin, l'insaisissabilité étant la règle, un arrêt qui maintien-
drait une saisie sans déclarer expressément que les créances
sont relatives au voyage, serait évidemment cassé (4).

228. Même alors qu'il s'agit de dettes contractées pour le
voyage, le cautionnement de ces dettes, dit l'art. 215, empêche la
saisie.

(1) Nº 849. — (2) I, p. 166. — (3) II, p. 368. — (4) Civ. cass. 25 oct. 1814,
D. vº Droit mar., nº 107.

L'ordonnance (art. 18 du tit. XIV du livre II) s'exprimait ainsi :
« Les intéressés au navire dont on saisira quelque portion lors-
« qu'il sera prêt à faire voile pourront le faire naviguer en donnant
« caution jusqu'à concurrence de l'estimation qui sera faite de la
« portion saisie. » Mais l'ordonnance ne distinguait pas et voulait
un cautionnement, quelle que fût la dette. Les rédacteurs du code
n'admettent le principe du cautionnement qu'à propos des dettes
relatives au voyage, puisque celles-là seules peuvent motiver la
saisie.

Ces mots « jusqu'à concurrence de l'estimation qui sera faite de
« la partie saisie » nous font connaître quel était, dans l'esprit de
l'ordonnance, l'objet du cautionnement. Il ne s'agissait alors que
de garantir l'estimation de la partie saisie. Tel n'est pas, à notre
avis, le système du code.

MM. Bédarride (1) et Dalloz (2) se trompent en enseignant que
« le cautionnement a pour objet la représentation du navire à l'é-
« poque du retour déterminé par le congé. » D'une part le voyage
peut faire subir au bâtiment d'importantes dépréciations ; d'autre
part il peut faire naître de nouvelles créances qui seraient privilégiées : les premiers créanciers verraient probablement leur situation empirer malgré le cautionnement, ce que n'ont pu se proposer les rédacteurs du code. Dufour insiste donc avec raison
sur les termes de notre article : « Le cautionnement *de ces*
« *dettes...* » Il s'agit de garantir la créance même pour laquelle
la saisie allait être opérée. Ces créanciers avaient leur gage sous
la main : on le leur soustrait temporairement pour une expédition
maritime : ils doivent au moins pouvoir compter sur un paiement
intégral. Les derniers commentateurs du code se sont ralliés à
cette opinion (3). La caution s'engage donc à compléter ce qui
manquera pour payer le saisissant quand celui-ci, ayant repris et
exercé le droit de saisir après l'achèvement du voyage, n'aura pas
trouvé dans le prix de la vente son entier paiement.

Mais il ne faudrait pas aller plus loin : la caution ne garantit
pas le retour du navire dans le port d'armement afin que le créancier puisse y exercer la saisie. A quel texte, à quel principe juridique rattacherait-on cet engagement ? Le retour du navire n'a
peut-être, d'ailleurs, jamais dû s'effectuer dans le port d'armement.
Le créancier, au demeurant, n'a pas à se plaindre : s'il a les ennuis

(1) I, n° 262. — (2) V° Droit marit., n° 110. — (3) Demangeat, IV, p. 111 ;
Boistel, Précis, p. 871 ; Laurin, I, p. 167.

d'une poursuite lointaine, il est dédommagé par l'assurance du paiement intégral (1).

Enfin il est nécessaire d'admettre ici un terme implicite : les créanciers devront attendre la fin du voyage ou la perte du navire s'il vient à périr dans le cours de ce voyage.

Aux termes d'un arrêt de la cour de cassation du 10 août 1875 (2), toutes les parties intéressées au départ du navire sont astreintes à rembourser le cautionnement qui a servi à le libérer, les affréteurs aussi bien que le capitaine représentant l'armement. Peu importerait que ce dernier ne fût pas investi du commandement au moment où la dette a été contractée pour les besoins du voyage, pourvu qu'il le fût au moment de la saisie (3).

229. Nous avons expliqué plus haut qu'on pouvait, en thèse générale, saisir une portion de navire. Quand le bâtiment est prêt à faire voile, il n'est pas plus saisissable en partie qu'en totalité. Cette saisie partielle, aussi bien que la saisie du navire entier, empêcherait le voyage, et le législateur aurait manqué son but. Le bénéfice de cette insaisissabilité peut être revendiqué par tous les intéressés, c'est-à-dire non seulement par les copropriétaires, qui, sous l'empire de l'ordonnance, pouvaient déjà faire naviguer le bâtiment malgré la saisie en fournissant caution (4), par les chargeurs ou affréteurs, mais encore par le propriétaire de la part qu'on prétend saisir (5).

Il se peut enfin qu'un seul des copropriétaires soit personnellement tenu des dettes contractées pour le voyage à faire. Dans ce cas, en supposant que le privilège fût restreint à la part indivise, celle-

---

(1) *Sic* Dufour, II, n° 854. — (2) S. 76, 1, 124. — (3) « Attendu, dit la « chambre des requêtes, que l'arrêt attaqué constate que, sans le caution- « nement fourni par Lochard, le steamer le *Stannington*, chargé et prêt à « partir, serait resté dans les eaux de Nantes par suite de la saisie dont il « était frappé pour garantie de la créance de Fonteny ; qu'il suit de là que « toutes les parties intéressées au départ du navire, les affréteurs aussi bien « que le capitaine, étaient tenues de rembourser un cautionnement fourni « dans leur intérêt commun ; qu'il résulte d'ailleurs des motifs de l'arrêt « que R. Vincent n'a pas été mis en cause en son nom personnel, mais « comme représentant l'armement ; que c'est aussi en cette qualité seule- « ment qu'il a été condamné ; qu'il importe peu que R. Vincent ne fût pas « encore investi du commandement du *Stannington* à l'époque où Fonteny « a contracté avec Boutin puisqu'il l'était au moment où Fonteny a frappé « le navire de la saisie qui n'a pu être levée que par le cautionnement « fourni par Lochard... » — (4) Art. 18 du tit. XIV du livre I. — (5) Cf. Dufour, II, n° 840 ; Demangeat, IV, p. 112.

ci serait évidemment saisissable ; mais il est clair que la saisie serait arrêtée par le cautionnement.

230. Dans le projet de réforme de 1867, l'art. 215 était ainsi corrigé : « Le bâtiment dont le capitaine a reçu ses expéditions « pour son voyage n'est pas saisissable si ce n'est à raison de « dettes contractées pour le voyage qu'il va faire ; et, *dans tous les* « *cas*, la saisie d'un navire peut être empêchée ou levée moyen- « nant caution donnée au créancier de le payer dans un bref délai « convenu entre les parties ou fixé par le tribunal de commerce. » La commission s'apercevant que, pour les créances les plus favorisées, le cautionnement était un équivalent réel de la faculté de saisir, a généralisé la combinaison en l'appliquant non seulement au navire prêt à faire voile, mais au navire dans quelque situation qu'il fût.

231. Le système du code espagnol est semblable à celui du code français : « Le bâtiment prêt à faire voile, dit l'art. 604, n'est « pas saisissable si ce n'est à raison des dettes contractées pour « le voyage qu'il va entreprendre ; il sera donné main-levée de la « saisie si l'un des intéressés cautionnait la créance et s'obligeait « à rembourser dans le cas où le retour du navire n'aurait pas lieu « dans le laps de temps fixé par sa patente, lors même que le re- « tard proviendrait d'un cas fortuit. » L'art. 1312 du code portugais impose en outre au capitaine une obligation à laquelle il ne nous a pas semblé soumis par la loi française : « Le bâtiment prêt à « mettre à la voile, dit-il, n'est pas saisissable pour dettes de son « propriétaire quelle qu'en soit la nature, à moins qu'elles n'aient « été contractées pour le voyage à entreprendre et non pour un « voyage antérieur. Dans ce cas les effets de la saisie cesseront « lorsqu'une caution est donnée de la part des intéressés, *et lorsque* « *le capitaine se sera engagé par écrit à revenir au même port*. Le « capitaine qui ne remplit pas cette obligation est responsable du « montant de la dette, à moins de force majeure, et peut être « soumis à des poursuites criminelles. » Les codes argentin et péruvien reproduisent purement et simplement l'art. 604 du code espagnol. L'art. 843 du code chilien étend l'insaisissabilité : le navire prêt à mettre à la voile, c'est-à-dire ayant obtenu du gouverneur de la marine ses lettres d'expédition, n'est pas saisissable pour dettes de fournitures ou d'approvisionnements en vue du voyage projeté. Aux termes de l'art. 483 du code brésilien, aucun navire ne peut être saisi, exécuté ou arrêté pour sa valeur totale, à raison des dettes particulières de l'un des copropriétaires du navire ; le créancier ne peut faire valoir ses droits que sur la **part**

25

de son débiteur, et cela sans entraver la navigation du navire, pourvu toutefois qu'il soit donné caution par les coparticipants du débiteur.

L'art. 29 du code maritime égyptien de 1875 est calqué sur l'art. 215 du code français.

« Le navire prêt à faire voile, dit l'art. 310 du code italien, n'est « pas sujet à engagement ni à sequestre (*a pignoramento nè a se-* « *questro*)‚ si ce n'est à raison de dettes contractées pour le voyage « qu'il va entreprendre. Même dans ce cas on peut empêcher ou « faire révoquer l'engagement ou le sequestre moyennant cau- « tion. Le navire est réputé prêt à faire voile quand le capitaine « est muni de ses papiers de bord. » Ces mots « *non e soggetta a* « *pignoramento* » doivent être entendus en ce sens que le créan- cier gagiste ne puise pas dans sa qualité de possesseur le droit de faire procéder à la vente forcée du navire : le navire est insaisis- sable ou saisissable aux mêmes conditions pour tous les créan- ciers (1). C'est encore, au demeurant, le système du code fran- çais.

Enfin l'art 446 du code allemand, qui se trouve au titre premier du livre IV, intitulé « Dispositions générales » est ainsi conçu : « Un navire prêt à mettre à la voile (en partance) ne peut être « saisi pour fait de dettes. Toutefois cette disposition ne s'applique « point au cas où les dettes ont été contractées dans l'intérêt du « voyage. La saisie opérée pour fait de dettes sur des marchandises « qui se trouvent déjà à bord d'un navire ne peut avoir pous effet « le déchargement de ces marchandises que dans le cas où le « chargeur lui-même aurait encore le droit d'en demander le dé- « chargement, et ce seulement en exécutant les engagements que « ce dernier aurait alors à remplir. » Ces législations, diverses d'origine, ont dû nécessairement se proposer un même but : em- pêcher une grande perturbation dans les intérêts du commerce maritime en laissant s'accomplir une expédition dont tous les pré- paratifs sont terminés.

(1) Borsari, II, p. 64.

SECTION II.

232. L'art. 198 du code de commerce est ainsi conçu : « Il ne « pourra être procédé à la saisie que vingt-quatre heures après le « commandement de payer. » C'est l'application pure et simple de la règle générale posée dans l'art. 583 du code de procédure : « Toute saisie-exécution sera précédée d'un commandement... »

Il est inutile de rappeler ici les règles générales applicables aux commandements. Nous n'avons pas à commenter l'art. 583 du code de procédure.

Remarquons toutefois que le commandement doit être, aux termes de l'art. 583, « fait au moins *un jour* avant « la saisie, » tandis qu'aux termes de l'art. 198 la saisie peut être poursuivie vingt-quatre *heures* après le commandement. Quelque système qu'on adopte sur l'art. 583, il est clair que le délai fixé par l'art. 198 se compte d'heure à heure. Donc si la saisie est pratiquée le lendemain du jour du commandement et si ces actes ont été faits tous deux *avant* midi ou *après* midi, il serait nécessaire, à peine de nullité de la saisie, que l'heure fût mentionnée dans les deux actes et, de plus, que l'heure mentionnée dans la saisie fût postérieure à celle mentionnée dans le commandement.

Boulay-Paty (1), Dageville (2), Dalloz (3), Bédarride (4), Alauzet (5) enseignent que le commandement est périmé par l'expiration de l'an et jour. Ils adoptent ou plutôt ils exagèrent une opinion de Valin : « Si le commandement était *suranné*, disait « Valin (6), *il serait de la prudence* de le réitérer avant de procéder « par saisie. » Il est impossible d'apercevoir sur quel texte on étaierait aujourd'hui cette préremption. La cour de cassation a jugé le 27 mars 1821 (7) que le commandement tendant à saisie immobilière se périme par trente ans. « J'avoue, dit M. Deman-« geat (8), que je me fais difficilement à l'idée qu'un navire puisse « encore être saisi lorsque le créancier a laissé passer près de « trente ans depuis qu'il a fait faire commandement au proprié-

---

(1) I, p. 181. — (2) II, p. 69. — (3) V° Droit marit., n° 115. — (4) I, n° 171. — (5) IV, n° 1080. — (6) I, p. 343. — (7) S. 21, 1, 327. — (8) IV, p. 114.

« taire. » Il faut pourtant se faire à cette idée puisque le législateur n'a pas établi d'autre règle (1).

Il est évident que, s'il s'agit d'une saisie conservatoire, il n'y a pas de commandement préalable. Mais on discute la question de savoir s'il peut exister une saisie conservatoire des navires. Alauzet, à vrai dire, est seul à la résoudre négativement (2). En effet l'art. 417 du code de procédure ne distingue pas, et la marche tracée par l'art. 418 pr., dans les matières maritimes, quelque rapide qu'elle soit, peut ne l'être pas assez pour qu'il y ait lieu de recourir à la saisie conservatoire (3).

Enfin l'art. 199 est ainsi conçu : « Le commandement devra être « fait à la personne du propriétaire où à son domicile s'il s'agit « d'une action générale à exercer contre lui. — Le commande- « ment pourra être fait au capitaine du navire si la créance est « du nombre de celles qui sont susceptibles de privilége sur le na- « vire, aux termes de l'art. 191. »

Le meilleur commentaire de cet article est dans le discours prononcé au Conseil d'Etat par Berlier le 11 juillet 1807 : « S'agit- « il d'une action dirigée contre le propriétaire en vertu de juge- « ment ou titre non spécialement applicable au vaisseau ? Nul « doute qu'en ce cas le commandement ne doive être fait à la per- « sonne ou au domicile du propriétaire, puisque le capitaine ne le « représente que pour les affaires directement propres au navire « et ne saurait, dans les limites de son mandat tacite, répondre à « un commandement qui procéderait de causes étrangères à « l'équipement du navire , à son radoub , aux approvisionne- « ments, etc. » Mais il ne faut pas isoler ce commentaire du texte : pour que le commandement puisse être fait au capitaine lui-même, il ne suffit pas que l'affaire soit directement propre au navire, ainsi que le serait une créance de dommages-intérêts pour avaries causées par un bâtiment à un autre bâtiment dans un abordage, il faut qu'elle soit *susceptible d'un privilége.* La loï n'a pas dit *privilégiée,* mais susceptible de privilége. Nous croyons donc avec Dufour (4) et contrairement à l'avis de M. Demangeat (5) que si la créance,

---

(1) *Sic* Dufour, II , n° 642. — (2) III , n° 1099. — (3) « Pendant qu'on « dressera la grosse du jugement rendu, dit Dufour (n° 643), le capitaine « peut obtenir ses expéditions et rendre son navire insaisissable. C'est « pourquoi, je le répète, la saisie conservatoire est généralement autorisée « dans la pratique, sauf à être convertie en saisie exécution lorsque le « créancier est en possession d'un titre régulier. » — (4) II , n° 653. — (5) IV, p. 115.

après avoir été privilégiée, a perdu son privilége (par exemple parce qu'elle n'est plus relative au dernier voyage), le commandement peut encore être fait au capitaine seul.

Le créancier peut-il, par application de l'art. 201, faire le commandement au capitaine seul quand le propriétaire n'est point domicilié dans l'arrondissement du tribunal? Non sans doute : l'art. 201 n'est applicable qu'à la notification de la saisie : ainsi que l'explique très-bien Dufour(1), on peut, pour faire cette notification au débiteur déjà prévenu, donner des facilités qui n'ont pas la même raison d'être lorsqu'il s'agit précisément de lui révéler les poursuites par la notification du commandement.

Quand le propriétaire est présent, peut-on se contenter de la notification au capitaine? « Le commandement, disait encore Berlier au Conseil d'Etat (2), « peut se faire au capitaine *quand le* « *propriétaire est absent* et n'a point sur les lieux une autre per- « sonne chargée de ses pouvoirs spéciaux. » Quand le propriétaire est présent, en effet, le capitaine n'a pas, d'après les principes généraux de notre législation maritime, mandat de le représenter (art. 232). La question est plus délicate quand le propriétaire est représenté par une personne chargée de ses pouvoirs spéciaux. Il me paraît bien difficile de suivre le commentaire de Berlier dans la première hypothèse et de s'en écarter dans la seconde, ainsi que le propose Dufour (3). Est-ce que le propriétaire du navire n'est pas libre de restreindre en vue d'un cas déterminé le mandat du capitaine?

M. Bédarride fait encore observer que la faculté de notifier le commandement au capitaine cesserait d'exister si, dans le titre constitutif de la dette, le débiteur avait élu un domicile spécial. « L'effet de l'élection, tel qu'il est réglé par l'art. 111 c. civ., ajoute- « t-il (4), se réalise en matière commerciale comme en matière « ordinaire. Partout le législateur a accepté la loi que les parties « se sont imposée. » Je crois, en effet, que le créancier doit être alors réputé avoir renoncé au droit de faire le commandement au capitaine.

Que décider enfin si le saisissant procède en vertu de deux créances dont l'une est ordinaire, l'autre susceptible de privilége? On peut soutenir qu'il suffirait de notifier au capitaine, la dernière créance suffisant à justifier la saisie. Mais celui-ci pourrait, sur le commandement, faire offre du montant de la dette privilégiée,

---

(1) II, n° 646. — (2) Locré, t. XVIII, p. 313. — (3) II, n° 652. — (4) I, n° 173.

et la poursuite, n'ayant plus pour point d'appui qu'une créance ordinaire, se trouverait alors viciée dans son principe. Nous croyons donc avec Dufour (1) qu'il serait plus sûr, pour faire face à toutes les éventualités, de notifier le commandement au débiteur.

233. Le projet de réforme de 1867 maintenait, bien entendu, l'obligation du commandement. Il n'y était plus question du délai de vingt-quatre *heures* ni des créances *susceptibles de privilége*. Il ajoutait enfin que le délai n'était pas susceptible d'augmentation à raison des distances « pour ne pas laisser peser sur la procé-
« dure ultérieure une question que l'éloignement du débiteur pour-
« rait, dans les affaires maritimes, rendre quelquefois dou-
« teuse (2). » En voici d'ailleurs le texte. Art. 195 (nouveau) :
« La saisie de tout bâtiment de mer sera précédée d'un comman-
« dement fait à la personne ou au domicile du propriétaire débiteur.
« La saisie ne pourra être faite qu'un jour après le commande-
« ment, sans augmentation de délai en raison des distances. »
Art. 196 (*nouveau*) : « Le commandement de payer peut être fait
« au capitaine du navire si la créance est du nombre de celles énu-
« mérées dans l'art. 191. »

234. « L'huissier, dit l'art. 200, énonce dans le procès-verbal
« les nom, profession et demeure du créancier pour qui il agit; le
« titre en vertu duquel il procède ; la somme dont il poursuit le
« paiement; l'élection de domicile faite par le créancier dans le
« lieu où siége le tribunal devant lequel la vente doit être pour-
« suivie et dans le lieu où le navire saisi est amarré; les noms du
« propriétaire et du capitaine; le nom, l'espèce et le tonnage du
« bâtiment. Il fait l'énonciation et la description des chaloupes,
« canots, agrès, ustensiles, armes, munitions et provisions. Il
« établit un gardien. »

Il est à peine utile de rappeler que l'huissier doit se transporter à bord et se faire accompagner de deux témoins. Ce n'est là qu'une application du droit commun (art. 675, 587, 585 pr.) Au contraire le procès-verbal de saisie ne doit pas contenir itératif commandement puisque la saisie n'est pas faite au domicile du débiteur (art. 586 pr.). Dufour croit néanmoins (3) qu'il serait plus conforme à l'esprit de l'art. 586 d'adresser ce commandement itératif au débiteur, si celui-ci était sur le navire au moment où l'huissier s'y présente. Mais il me paraît évident que le procès-verbal ne serait pas annulable pour inexécution de cette formalité.

---

(1) II , n° 654. — (2) Note explicative, p. 26. — (3) II , n° 659.

L'élection de domicile est encore empruntée au droit commun.
On veut, comme le dit l'art. 584, que « le débiteur puisse faire à
« ce domicile élu, » quand le domicile réel du créancier est peut-
être fort éloigné, « toutes significations, même d'offres réelles et
« d'appel. » Ce qui est spécial au droit maritime, c'est la double
élection. Elle se comprend parce que l'exécution se poursuit en
deux endroits différents : d'abord dans le port, lorsqu'on saisit,
qu'on fait les criées et publications, ensuite devant le tribunal
quand on adjuge, et parce que la loi veut donner au saisi toutes les
facilités possibles pour offrir au poursuivant le montant de sa dette.
Aussi cette double élection de domicile était-elle maintenue par le
projet de réforme de 1867 et Dufour (1) la regarde-t-il comme
substantielle, quoique la jurisprudence des cours d'appel ait autrement interprété l'art. 584 pr. J'hésite à penser, pour mon compte,
dans le silence de la loi, que la double élection de domicile doive
être énoncée à peine de nullité dans le procès-verbal.

Il suffit, d'après le droit commun, que le débiteur soit nommé :
la loi maritime exige en outre que le procès-verbal contienne le
nom du capitaine. C'était indispensable, au moins dans l'hypothèse
prévue par l'art. 199 § 2, puisque le capitaine tient alors la place
du débiteur lui-même. Il est évident que, dans ce cas unique,
l'énonciation peut être substantielle.

L'huissier doit faire en outre l'énonciation et la description des
chaloupes, canots, agrès, ustensiles, armes, munitions et provisions. En un mot, il doit énoncer et décrire les accessoires du navire. J'ai, dans un précédent chapitre (2), exposé quels étaient ces
accessoires, et je ne reviens pas sur ce sujet.

La saisie frappe, en règle générale, tous les accessoires du navire, même ceux qui ont été omis dans le procès-verbal. C'est la
règle en matière immobilière (3) : nous croyons avec Dufour (4),
MM. Demangeat (5) et Laurin (6) qu'elle doit être appliquée à la
saisie des navires. On ne peut hésiter que sur la question de savoir
si ces accessoires, déposés dans des magasins et matériellement
séparés du navire au moment de la saisie, sont encore compris de
plein droit dans cette saisie. Nous pensons avec Dufour (7), auquel
il faut toujours revenir quand on étudie les deux premiers titres
du livre II du code de commerce, qu'il faut bien distinguer la

(1) II, n° 671. — (2) Ch. II, n° 37 et 38. — (3) V. entre autres documents de
jurisprudence Req. 29 juillet 1818 et 11 juillet 1833, D. V° *Vente publ. d'immeubles*, n° 518 et 519; Grenoble, 3 février 1851, D. 53, 2, 32. — (4) II, n° 666.
— (5) IV, p. 120. — (6) I, p. 142. — (7) II, n° 667 et 668.

vente ordinaire de la saisie, que si le doute, dans le premier cas, s'interprète contre le vendeur, il doit s'interpréter, dans le second, contre le saisissant. Voici des objets éloignés du navire et que ne mentionne pas le procès-verbal, même par le lieu qui les renferme : il est à présumer que les enchérisseurs n'en connaissent pas l'existence, qu'ils achètent sans y avoir égard ; ils ne doivent donc pas pouvoir les réclamer après l'adjudication (1).

Le sergent, ajoutait l'ordonnance (art. 2, tit. XIV, l. I), « éta- « blira un gardien solvable. » Ce gardien, disait Valin, est toujours quelque ancien matelot sur la probité duquel on croit pouvoir compter.

Commentant le mot « solvable, » Valin ajoutait : « Si cela de- « vait s'entendre d'un gardien dont les facultés seraient suffisantes « pour répondre de la valeur du vaisseau, la chose serait impra- « ticable. » Aussi les rédacteurs du code ont-ils sagement supprimé cette épithète.

« Il faut laisser sur le champ au gardien, disait enfin Valin, « copie du procès-verbal de saisie. » On sait que l'art. 599 pr. pose la même règle en matière de saisies-exécutions, exigeant en outre que le gardien, s'il sait signer, signe le procès-verbal en l'original et la copie. L'art. 599 est évidemment applicable.

La plupart des cours d'appel regardent les formalités de l'art. 599 pr. comme secondaires. Nous croyons de même que l'établissement du gardien, prescrit par l'art. 200, n'est pas une formalité substantielle. Le saisi ne peut pas se plaindre qu'on se soit fié à sa probité ; le saisissant, s'il regrette de s'y être fié, ne peut s'en prendre qu'à lui-même (2).

235. « Si le propriétaire du navire saisi, dit l'art. 201, de- « meure dans l'arrondissement du tribunal, le saisissant doit lui « faire notifier dans le délai de trois jours copie du procès-verbal « de saisie et le faire citer devant le tribunal pour voir procéder à « la vente des choses saisies. Si le propriétaire n'est point domi- « cilié dans l'arrondissement du tribunal, les significations et ci- « tations lui sont données à la personne du capitaine du bâtiment « saisi ou, en son absence, à celui qui représente le propriétaire « ou le capitaine, et le délai de trois jours est augmenté d'un jour « à raison de deux myriamètres et demi de la distance de son do- « micile. S'il est étranger et hors de France, les citations et les

---

(1) *Sic* MM. Demangeat et Laurin, *loc. cit.* — (2) *Sic* Dufour, II, n° 671 ; Demangeat, IV, p. 120

« significations sont données ainsi qu'il est prescrit par le code
« de procédure civile, art. 69. »

L'ordonnance avait déjà dit (art. 3, tit. XIV, l. I) : « Le procès-
« verbal sera signifié au domicile du saisi, s'il en a dans le ressort
« avec assignation pour voir procéder à la vente ; et s'il n'a do-
« micile dans le ressort, la signification sera faite et l'assignation
« donnée au maître; et si le saisi est étranger hors du royaume,
« le tout sera signifié à notre procureur, qui sera tenu d'en donner
« incessamment avis à notre procureur général. » « Rien n'est
« plus naturel, ajoutait Valin, que de signifier au saisi le procès-
« verbal de saisie; et cette formalité est si essentielle que son
« omission emporterait la nullité de toute la procédure décrétale. »
Le code de commerce ne fait encore aujourd'ui qu'appliquer une
règle de droit commun, écrite dans l'art. 677 pr.

Première hypothèse. Le saisi est Français. La loi distingue
selon qu'il demeure dans l'arrondissement ou hors de l'arrondis-
ment du tribunal appelé à connaître de la saisie (1). Dans le premier
cas, c'est à lui que la signification doit être faite. Il en est ainsi, selon nous, quand même le propriétaire ne ferait que *résider* dans
cet arrondissement. D'après le droit commun la saisie doit être dé-
noncée au saisi, et la jurisprudence ne juge pas absolument indispensable qu'elle le soit à son domicile véritable (2). De plus notre
article emploie indifféremment les mots *demeure* et *domicile* : il
pouvait le faire parce que le capitaine ne représente le propriétaire
que si celui-ci n'est pas présent ; or il peut être présent sans être
domicilié (3). Valin disait déjà, malgré les termes plus précis de
l'ordonnance : « La signification sera valable, étant faite à sa per-
« sonne comme à son domicile. »

Quand le propriétaire n'a ni domicile ni résidence dans l'arrondissement, la signification, dit notre article, est faite à la *personne*
du capitaine. Ces expressions doivent-elles être prises au pied de
la lettre?

Non, d'après M. Laurin (4) : elles n'excluent pas la signification
au *domicile* du capitaine. L'éminent professeur cite à ce propos
l'art. 1er, tit. XI, livre I de l'ordonnance de 1681, ainsi conçu :

(1) M. Demangeat fait très-justement observer que, en combinant cette
règle avec celle de l'art. 199, on arrive à ce résultat assez singulier qu'il
est telle hypothèse où le commandement peut être fait au capitaine tandis
que la signification du procès-verbal doit être faite au propriétaire, et telle
autre hypothèse où le commandement doit être fait au propriétaire et la
signification au capitaine (IV, p. 120). — (2) V. Req. 2 mars 1819. — (3) *Sic*
Dufour, II, n° 676; Demangeat, IV, p. 121. — (4) I, p. 144.

« Tous exploits donnés aux maîtres et mariniers dans le vaisseau,
« pendant le voyage, seront valables comme s'ils étaient faits à
« *leur domicile,* » et l'art. 419 de notre code de procédure. Le
système de M. Laurin n'offrirait que des avantages s'il ne laissait
au saisissant la faculté de notifier au domicile réel du capitaine.
Or, comme le suppose Dufour (1), voici un navire commandé par
un capitaine domicilié à Bordeaux, qui est saisi au Havre : permettre au créancier de notifier sa saisie au domicile de ce capitaine,
c'est tout combiner pour qu'elle lui reste inconnue le plus longtemps possible. Peut-être l'art. 419 pr. autoriserait-il la signification à bord (c'est-à-dire même à d'autres *mariniers* en l'absence
du capitaine), puisqu'il semble assimiler l'assignation à bord et
l'assignation à la personne, et j'inclinerais pour mon compte à
cette solution. Que si elle semble trop hardie, le système restrictif
de Dufour serait encore préférable au système extensif de M. Laurin. Il faudrait signifier à la personne du capitaine.

A défaut du capitaine, les significations et citations peuvent être
faites au représentant soit du propriétaire, soit du capitaine. Le
représentant du propriétaire sera le *consignataire* ou *recomman-
dataire* du navire ; celui du capitaine sera tel ou tel homme de
l'équipage, délégué en tout ce qui concerne l'intérêt du bâtiment.
Dufour (2) cite un jugement du tribunal du Havre du 4 novembre
1858 aux termes duquel l'expression de « représentant » est on ne
peut plus large et peut s'appliquer même au gardien commis en
cas de désarmement. Nous adhérons à cette doctrine (3).

« Si le propriétaire n'est point domicilié dans l'arrondissement
« du tribunal, dit l'art. 201, ... le délai de trois jours est aug-
« menté d'un jour à raison de deux myriamètres et demi de la
« distance de son domicile. » Ce texte est très-clair, et l'on ne
comprend pas pourquoi les anciens commentateurs se sont éver-
tués à y découvrir ce qui ne s'y trouve pas. Delvincourt (4) y vit
une erreur de rédaction et pensa qu'il devait s'agir du délai donné
au saisi pour comparaître sur l'assignation. Bravard reproduisait
encore cette explication dans la septième édition de son manuel (5).
Elle a été justement écartée par Dufour (6), par MM. Demangeat (7), Boistel (8) et Laurin (9). D'abord la disposition ne prête
pas à l'équivoque. Ensuite on conçoit très-bien que, pour le cas où
le propriétaire ne réside pas dans l'arrondissement du tribunal, les

(1) II, n° 677. — (2) II, n° 680. — (3) *Sic* Laurin, I, p. 145. — (4) II, p. 199.
— (5) p. 322. — (6) Nos 633 s. — (7) IV, p. 122. — (8) Précis, p. 868. — (9) I,
p. 146.

délais aient été augmentés suivant les distances, car en définitive
c'est lui qu'il s'agit d'atteindre, en la personne du capitaine et de
ses autres représentants.

Le délai n'est pas franc, puisque la notification doit avoir lieu
dans les trois jours; mais il ne commence à courir que le lendemain du jour où le procès-verbal se trouve définitivement terminé,
par application de la règle *Dies a quo non computatur in ter-
mino* (1).

Que décider si la signification n'est faite qu'après le délai?
« L'inexécution des prescriptions de l'art. 201, dit M. Bédarride (2),
« imprimerait à la procédure un caractère absolu d'irrégula-
« rité. Elle n'aurait pas pour effet d'annuler la saisie, mais elle lui
« enlèverait tout effet, en annulant tout ce qui l'aurait suivie. »
Nous ne comprenons pas cette subtile distinction : il nous semble
impossible, en tout cas, d'attacher un pareil effet aux lenteurs du
saisissant. Dufour (3) a proposé de décider par analogie de l'art.
602 pr. que les frais de garde ne tomberaient à la charge du saisi
qu'à dater du jour de la notification de la saisie : « le saisissant
« supporterait ainsi le préjudice du retard, et c'est un moyen sûr
« de l'éviter. » Nous adhérons à cette solution (4).

Deuxième hypothèse. Le saisi est étranger. Il est traité comme
un Français s'il réside en France. Mais s'il réside hors de France,
la signification est faite au procureur de la république, lequel vise
l'original et envoie la copie au ministre des affaires étrangères.
Faut-il faire en outre, dans cette deuxième hypothèse, la signification au capitaine? Quoique l'ordonnance fût muette sur ce point,
Valin s'exprimait ainsi : « Indépendamment de la signification à
« faire au procureur du roi tant du commandement que de la
« saisie, je pense qu'il est expédient de le faire aussi au maître
« ou capitaine du navire et que ce serait une irrégularité d'y man-
« quer. » L'art. 156 du projet primitif avait consacré la thèse du
grand jurisconsulte; mais le texte définitif n'en a pas gardé la
trace. Dès lors il serait impossible d'annuler pour défaut de signification au capitaine (5).

236. L'art. 201 exige que la signification soit accompagnée
d'une citation en justice. Il faut en effet, quoique le créancier pro-

(1) *Sic* Dufour, II, n° 687; Demangeat, IV, p. 122. — (2) I, n° 194. —
(3) II, 688. — (4) *Sic* Demangeat, IV, p. 123. — (5) Dufour (II, n° 691) conseille néanmoins au saisissant de faire la double signification et ajoute que
telle est la pratique généralement usitée. *Sic* Demangeat, IV, p. 124.

cède en vertu d'un titre exécutoire, que la vente d'un navire comme celle d'un immeuble soit ordonnée par la justice.

Mais devant quel tribunal le saisi doit-il être appelé ?

A un premier point de vue, devant le tribunal de la situation de l'objet litigieux parce que nous sommes en matière réelle.

A un second point de vue, devant le tribunal civil. La question pouvait être regardée comme douteuse jusqu'au 29 avril 1809 parce qu'il avait été question des tribunaux de commerce dans les articles 155, 156, 163 du projet primitif; mais un avis du Conseil d'Etat des 29 avril-17 mai 1809 mit un terme à la controverse : « Le Conseil d'Etat qui, d'après le renvoi ordonné par Sa Majesté, « a entendu le rapport de la section de législation sur celui du « grand juge, ministre de la justice, tendant à faire décider à qui « des tribunaux ordinaires ou des tribunaux de commerce il ap- « partient de connaître des ventes de navires saisis; Considérant « qu'aux termes de l'art. 442 pr., les tribunaux de commerce ne « peuvent connaître de l'exécution de leurs jugements ; que la « vente des navires saisis ne peut être faite sans le ministère d'a- « voués puisque l'art. 204 co. porte expressément que le nom de « l'avoué poursuivant doit être désigné dans les criées, publica- « tions et affiches ; que le ministère des avoués est interdit dans « les tribunaux de commerce par l'art. 414 pr. et par l'art. 637 co.; « que de ces diverses dispositions il résulte que la vente des na- « vires saisis ne peut avoir lieu devant les tribunaux de commerce; « qu'enfin il ne peut être établi aucune assimilation entre les tri- « bunaux de commerce actuels et les amirautés ; qu'il existait au- « près des amirautés un officier du ministère public ; que le mi- « nistère des procureurs, loin d'y être interdit, y était nécessaire « et qu'elles connaissaient de l'exécution de leurs jugements; que « si, dans cet état, les amirautés ont dû connaître des ventes de « navires saisis, la raison contraire en exclut les tribunaux de « commerce; — Est d'avis que la connaissance des ventes des « navires saisis appartient aux tribunaux ordinaires. » On s'é- tonne que la question ait pu être portée devant la cour d'Aix le 10 mai 1858 (1). Il est inutile d'ajouter que cette cour l'a tranchée conformément à l'avis du Conseil d'Etat.

Mais cette attribution de compétence a été de jour en jour plus vivement critiquée. Lorsque le gouvernement, en 1865, consulta les tribunaux et les chambres de commerce sur un certain nombre

(1) D. 59, 2, 192.

dê réformes à introduire dans le code de 1807, la chambre de commerce de Marseille (21 février 1865), le tribunal et la chambre de commerce de Granville (20 février 1865) (1) furent à peu près les seuls à demander que la juridiction civile ne fût pas dessaisie. Le projet de 1867 accueillit les vœux de réforme : « On sait, dit la « note explicative, que depuis longtemps le commerce maritime « se montre convaincu que le prétoire des tribunaux civils est peu « favorable à la vente des navires; que le public maritime regrette « l'appareil de la justice ordinaire et ne se rend pas à ces ventes ; « que par suite les navires saisis ne sont pas vendus au chiffre « qu'ils atteindraient dans un milieu plus commercial. Ces dolé- « ances se sont naturellement renouvelées dans l'enquête, et l'on « a vu que le Conseil supérieur avait précisément fait de cette « question un des articles du programme qu'il désirait voir sou- « mettre à l'examen d'une commission spéciale. D'un autre côté, « on ne saurait méconnaître que cette réforme demandée par le « commerce déroge au principe consacré par notre loi de procé- « dure que les tribunaux consulaires ne connaissent pas de l'exé- « cution de leurs jugements (art. 442 pr.) Et ici la dérogation est « d'autant plus remarquable qu'elle appellerait les tribunaux de « commerce à connaître de l'exécution, non seulement de leurs « propres jugements, mais encore le cas échéant de jugements « rendus par les tribunaux civils ou même de contrats revêtus de « la formule exécutoire. Ces considérations n'ont point échappé à « la commission; mais la persistance et l'énergie des réclamations « qui se sont produites lui ont paru devoir triompher de ces scru- « pules. »

La commission pensa en même temps (et très-justement, selon nous) qu'il était peu utile de saisir le tribunal entier pour lui de- mander purement et simplement la délégation de son pouvoir à un de ses membres. L'art. 198 du projet, qui correspond à notre ar- ticle 201, fut, en conséquence, ainsi rédigé : « Dans le délai de trois « jours le saisissant doit, par requête présentée au président du « tribunal de commerce, provoquer la nomination d'un juge com- « missaire devant lequel il sera procédé à la vente et notifier au « propriétaire du navire saisi copie du procès-verbal de saisie, « avec indication du juge commis. Si le propriétaire n'est point « domicilié dans le ressort du tribunal de commerce, la notifica-

(1) Le tribunal et la chambre de Granville demandaient une attribution de compétence au tribunal de commerce dans les lieux où il n'existe pas de tribunal civil.

« tion lui est faite èn la personne du capitaine du bâtiment saïsi
« ou, en son absence, en la personne de celui qui représente le pro-
« priétaire ou le capitaine. Lorsquè ni le capitaine ni le représen-
« tant du propriétaire ou du capitaine n'est sur les lieux, le délaï
« de trois jours est augmenté d'un jour à raison de cinq myria-
« mètres de la distance du domicile du propriétaire. Si le proprié-
« taire est étranger, hors de France et non représenté, la notifica-
« tion lui est faite ainsi qu'il est prescrit dans l'art. 69 du code de
« procédure civile. »

SECTION III.

INCIDENTS DE LA SAISIE.

237. L'art. 11 du titre XIV du livre I de l'ordonnancé était
ainsi concu : « Les oppositions à fin de distraire seront formées au
« greffe avant l'adjudication, après laquelle elles seront converties
« en opposition pour deniers. »

« Notre ordonnance, disait Valin, ne parle point de l'opposition
« à fin d'annuler, qui ne regarde absolument que le saisi ni du
« temps dans lequel ellé doit être formée...; mais cela n'empêche
« pas la partie saisie d'attaquer la saisie de nullité, ce qui vaut
« opposition à fin d'annuler, qui est recevable... » Nous n'avons
pas autre chose à dire, le code de commerce n'ayant pas spécialement réglementé les demandes en annulation de saisie.

Il n'est question, dans le code comme dans l'ordonnance, que
des oppositions à fin de distraire.

Les articles 210 et 211 sont ainsi conçus :

Art. 210. « Les demandes en distraction seront formées et no-
« tifiées au greffe du tribunal avant l'adjudication. Si les de-
« mandes en distraction ne sont formées qu'après l'adjudication,
« elles seront converties de plein droit en oppositions à la déli-
« vrance des sommes provenant de la vente. » Art. 211. « Le de-
« mandeur ou l'opposant aura trois jours pour fournir ses moyens.
« Le défendeur aura trois jours pour contredire. La cause sera
« portée à l'audience sur une simple citation. »

Valin définissait très-bien l'opposition à fin de distraire « une
« opposition formée par quelqu'un qui a part dans le navire saisi. »

Qui a part dans le navire saisi ? D'abord le propriétaire, si l'on a saisi sur Paul le navire de Pierre ; puis l'usufruitier, qui revendique un droit réel, après eux le propriétaire des agrès ; car, ainsi que le dit Emérigon (1), si les agrès font partie du navire, ils ne sont pas confondus avec le navire même et c'est pourquoi celui à qui ils appartiennent peut les revendiquer. L'affréteur, au contraire, ne pourrait pas former une demande en distraction pour revendiquer son droit de jouissance, purement personnel : il ne faut pas oublier que l'art. 1743 du code civil est inapplicable aux meubles (2). Aux termes de l'art. 18 de la loi du 10 décembre 1874, le créancier dont l'hypothèque ne grève qu'une part inférieure à la valeur de la moitié du navire ne peut poursuivre la vente que de la part qui lui est affectée : s'il prétendait étendre la saisie au navire entier, les autres copropriétaires pourraient former une opposition « à fin de « distraire. » Valin disait enfin (3) que, « si l'opposant est fondé « pour un quart dans le navire, on ne pourrait absolument faire « vendre que les trois quarts appartenant à la partie saisie. » Mais on sait que, d'après le même article de la même loi, si l'intérêt du créancier est supérieur à la moitié du navire, il peut, après saisie, le faire vendre « en totalité, » en se contentant « d'appeler à la « vente » les copropriétaires.

Nous croyons avec Dufour (4) et M. Demangeat (5) que la demande en distraction doit être formée contre le saisissant et contre le saisi. Ce n'est qu'une application du droit commun puisqu'aux termes de l'art. 608 pr. celui qui se prétend propriétaire des objets saisis peut s'opposer à la vente par exploit dénoncé au saisissant et au saisi. D'ailleurs la demande en distraction n'intéresse pas moins, au demeurant, le saisi que ses créanciers.

« Pour ce qui est de la manière de former opposition, poursui-« vait Valin (6), il est tellement essentiel de la former au greffe « que, si elle est faite entre les mains de l'huissier ou sergent du-« rant les criées, comme cela est licite, il y a nécessité de la réi-« térer au greffe. » C'est encore à l'aide de ce commentaire que doit être interprété notre article 210. Il est indispensable que la demande en distraction soit formée au greffe. Où l'ordonnance disait *formée,* le code ajoute, il est vrai, *notifiée :* c'est qu'il fallait autrefois, après ce dépôt au greffe, une signification au procureur du saisissant par le procureur de l'opposant, suivie d'une dénonciation par le procureur du saisissant au saisi : le saisissant et le

(1) I, p. 179. — (2) Cf. D., v° Louage, n° 874. — (3) I, p. 356. — (4) II, n° 784. — (5) IV, p. 139. — (6) I, p. 356 et 357.

saisi sont aujourd'hui regardés comme ayant élu domicile au greffe, et la demande, par cela seul qu'elle y est formée, leur est notifiée.

L'art. 211 accorde trois jours au demandeur pour fournir ses moyens. Quelques auteurs se sont demandé si ce délai était susceptible d'augmentation à raison des distances. Il importe peu, c'est de toute évidence, que ce demandeur demeure hors de l'arrondissement dans lequel se poursuit la vente. Le saisi lui-même ne serait pas fondé à réclamer une augmentation de délai à raison de l'éloignement de son domicile, car il est dans l'instance en vertu de la notification au greffe (1).

Le législateur, après avoir accordé au défendeur saisissant ou saisi trois jours pour contredire, ajoute que la cause sera portée à l'audience sur une simple citation. L'ordonnance s'était exprimée ainsi : « Les opposants à fin de distraire seront tenus de bailler « leurs moyens d'opposition dans trois jours après qu'elle aura été « formée pour y défendre dans le même délai et ensuite être la « cause portée à l'audience sur *un simple acte*. » Ces derniers mots se retrouvaient dans le projet primitif du code : la cour de cassation ayant fait remarquer que, dans les départements réunis nouvellement à la France, le mot « acte » n'avait pas le sens admis par notre pratique quotidienne (2), le mot « citation » fut introduit dans la rédaction définitive. Cette citation n'est assurément autre chose qu'un simple acte d'avoué à avoué (3).

L'article 211 énonce formellement que la demande en distraction doit être portée à l'audience. Il en est ainsi des divers incidents que la saisie peut susciter. Le juge commis à la vente n'a pas, comme le juge commissaire de la faillite, un mandat à part. Ainsi que l'a dit très-bien la cour de cassation (4), les articles 205 et 206, qui règlent les attributions de ce juge commis, ne lui confèrent exceptionnellement aucun pouvoir de juridiction : ce pouvoir, conformément aux principes du droit commun, continue d'appartenir au tribunal entier, auquel doivent être renvoyés les incidents contentieux. Par exemple, il n'appartiendrait pas au juge commis d'ordonner en cas de contestation l'insertion d'une clause au cahier des charges. En pareil cas la juridiction d'appel devrait annuler non-seulement l'ordonnance qui aurait indûment statué sur

_____

(1) *Sic* Boulay-Paty, 1, p. 231 ; Dageville, II, p. 101 ; Pardessus, III, p. 615 ; Dufour, II, n° 788. — (2) Observ. sur le projet de code de comm., t. I, p. 13. — (3) Dufour, II, n° 787 ; Demangeat, IV, p. 140 ; Laurin, I, p. 149. — (4) Req. 4 juillet 1859. D. 59, 1, 451.

ces contestations, mais encore l'ordonnance portant qu'il serait passé outre à la vente et tout ce qui aurait pu s'ensuivre (1).

Les délais impartis pour la demande en distraction s'appliqueraient évidemment à tout autre incident de la saisie.

238. Pour déterminer les effets de la demande en distraction, il faut distinguer trois périodes.

Si la demande est formée avant l'adjudication définitive, elle empêche la vente, du moins en ce qui concerne la partie distraite (art. 210 § 1).

Si la demande intervient après l'adjudication, mais dans les trois jours qui suivent (art. 210 § 2), elle vaut alors opposition à la délivrance du prix, ce qui signifie qu'elle est transportée de la chose sur le prix. L'opposant prélève sur le produit de la vente le prix de la portion dont il s'est fait reconnaître propriétaire et les frais qu'il a été obligé de faire. Je me sers à dessein du mot « prélève, » parce que cet opposant ne doit pas être traité comme un simple créancier ayant droit à un marc le franc proportionnel. Son droit, comme le dit très-bien Dufour, est celui d'un participant qui a consenti à la licitation de son navire. C'est donc à titre de propriété qu'il prélèvera sur le prix de l'adjudication la somme représentative de sa part dans le bâtiment.

Quel parti prendre si la demande intervient après les trois jours ? Il me paraît impossible de ne pas décider par application de l'art. 212 que, *pour valoir comme opposition*, la demande en distraction eût dû être intentée dans ce délai.

Telle était l'opinion très-nette de Valin : « L'opposition à fin de « distraire, disait-il dans son commentaire de l'art. 11 du titre « XIV du livre I, ne sera sujette à la conversion en opposition « pour deniers qu'au cas qu'elle soit formée dans les trois jours « après l'adjudication. » Commentant l'article 14 du même titre, le grand jurisconsulte ajoutait : « Faute d'opposition dans le temps « *de la part de ceux qui avaient quelque droit à prétendre*, tout « est purgé et les créanciers sont non recevables à se présenter « dans la suite, quelque privilégiées que soient leurs créances... « Il en faut dire autant d'un intéressé dans le navire qui, au lieu « de former son opposition à fin de distraire avant l'adjudication, « ne se serait de même présenté que hors le délai accordé par cet « article pour former opposition afin de conserver. » Puis, après s'être posé une objection et l'avoir réfutée : « Je le répète, pour-

(1) II, 794. Cf. Laurin, p. 149.

« suivait-il, si ce copropriëtaire ne se présente qu'après les trois
« jours de l'adjudication, tout son droit est purgé, et il ne peut
« empêcher que l'ordre ne se fasse à son préjudice *en faveur des*
« *créanciers opposants.* »

Or il me paraît bien difficile de soutenir que les rédacteurs du
code aient écarté la thèse de Valin. Aux termes de l'art. 212, les
oppositions ne sont plus admises après les trois jours qui suivent
l'adjudication. Aux termes de l'art. 210, les demandes en distraction postérieures à l'adjudication sont *converties de plein droit* en
oppositions. La conséquence n'est-elle pas forcée? Dufour, qui
prétend créer deux catégories d'opposants, c'est-à-dire distinguer
les opposants propriétaires des opposants créanciers ne fait-il pas
violence au texte et à l'esprit de la loi? Loin de répudier les idées
de Valin, le législateur de 1807 se les approprie manifestement
en mettant sur la même ligne, dans l'art. 211, « le demandeur ou
« l'opposant. » Il faut, pour repousser ce dernier argument, s'en
prendre à l'inadvertance du Conseil d'Etat.

239. Les rédacteurs du projet de 1867 avaient, sans perdre de
vue les demandes en distraction, posé des règles communes à tous
les incidents. Les moyens de nullité de la saisie soit en la forme, soit
au fond devaient être soulevés à peine de déchéance dans les huit
jours, augmentés du délai de distance, qui suivent la notification
du procès-verbal (art. 199). A ce moment, pensait-on, les formalités de la vente vont commencer, et il importe que toutes les discussions préalables soient vidées. La partie saisie, dûment pré-
venue, ne doit pas, si elle a des moyens sérieux à invoquer contre
la saisie, laisser s'organiser des procédures coûteuses, en se réservant de les faire tomber quand elles seront achevées (1).

Il doit être également permis, pensait-on, de critiquer les formalités ultérieures; mais cette critique ne doit pas être inspirée
par l'unique dessein de retarder l'adjudication. La commission
pensa donc qu'elle devait se produire assez tôt pour qu'il fût possible de l'apprécier avant le jour fixé pour la vente et sans qu'il
fût besoin de le retarder. Elle pensa de même que le demandeur
en distraction, lorsqu'il a laissé passer un certain délai sans s'opposer à la vente, peut être justement considéré comme ayant renoncé à exiger sa chose en nature et consenti à exercer ses droits
sur le prix seul. En conséquence le nouvel article 206 fut ainsi rédigé : « Les demandes en nullité de la procédure postérieure à la

(1) V. note explicative, p. 32.

« saisie, quels qu'en soient les motifs, et les demandes en distrac-
« tion doivent être formées dans le délai déterminé par l'article
« précédent (huit jours après la sommation de prendre communi-
« cation du cahier des charges), également à peine de déchéance.
« Les demandes en distraction doivent être mentionnées au cahier
« des charges et notifiées au poursuivant ; elles contiennent l'ex-
« posé sommaire des moyens. Lorsqu'elles sont formées après
« l'expiration du délai ci-dessus fixé, elles sont converties de plein
« droit en oppositions à la délivrance des sommes provenant de la
« vente. » Dans ce système, le demandeur en distraction n'aurait
pas été forclos par l'expiration du délai de trois jours.

Le projet n'élargissait pas les pouvoirs du juge commis. « Il est
« statué par le tribunal, dit l'art. 207, par un seul et même juge-
« ment, sur les contestations soulevées par les dires insérés au
« cahier des charges, les demandes en nullité de la procédure pos-
« térieure à la saisie et sur les demandes en distraction. Le juge-
« ment est rendu sur le rapport du juge commis. » « Le tribunal
« (art. 208) prononce, s'il y a lieu, et suivant la gravité des faits,
« la nullité de la saisie ou de la procédure postérieure et, dans ce
« cas, il ordonne la reprise des poursuites à compter du dernier
« acte valable (1). » La commission s'est abstenue à dessein de
dresser une liste des formalités prescrites à peine de nullité.
Tout en admettant que l'omission des formalités substantielles
devait faire annuler la procédure, elle a laissé aux tribunaux le
soin de se décider dans chaque circonstance d'après la gravité des
faits (2).

SECTION IV.

FORMALITÉS DE LA VENTE.

240. Art. 202. « Si la saisie a pour objet un bâtiment dont le
« tonnage soit au-dessus de dix tonneaux, il sera fait trois criées
« et publications des objets en vente. Les criées et publications

---

(1) L'art. 209 ajoutait : « Le jugement ne peut être attaqué par la voie
« de l'opposition. L'appel doit, à peine de déchéance, être interjeté dans les
« dix jours de la prononciation du jugement. Les arrêts par défaut ne sont
« pas susceptibles d'opposition. » — (2) Cf. note explicative, p 33.

« seront faites consécutivement, de huitaine en huitaine, à la
« bourse et dans la principale place publiqne du lieu où le bâtiment
« est amarré. L'avis en sera inséré dans un des papiers publics
« imprimés dans le lieu où siége le tribunal devant lequel la saisie
« se poursuit ; et s'il n'y en a pas, dans l'un de ceux qui seraient
« imprimés dans le département. »

Art. 203. « Dans les deux jours qui suivent chaque criée et pu-
« blication, il est apposé des affiches, — Au grand mât du bâtiment
« saisi ; à la porte principale du tribunal devant lequel on pro-
« cède ; dans la place publique et sur le quai du port où le bâti-
« ment est amarré, ainsi qu'à la bourse de commerce. »

Art. 204. « Les criées, publications et affiches doivent désigner
« — Les noms, profession et demeure du poursuivant, — Les titres
« en vertu desquels il agit, — Le montant de la somme qui lui est
« due, — L'élection de domicile par lui faite dans le lieu où siége
« le tribunal et dans le lieu où le bâtiment est amarré ; — Les
« nom et domicile du propriétaire du bâtiment saisi, — Le nom du
« bâtiment et, s'il est armé ou en armement, celui du capitaine,
« — Le tonnage du navire, — Le lieu où il est gisant ou flottant,
« — Le nom de l'avoué du poursuivant, — La première mise à
« prix, — Les jours des audiences auxquelles les enchères seront
« reçues. »

Art. 205. « Après la première criée, les enchères seront reçues
« le jour indiqué par l'affiche. — Le juge commis d'office pour la
« vente continue de recevoir les enchères après chaque criée, de
« huitaine en huitaine, à jour certain fixé par son ordonnance. »

Art. 206. « Après la troisième criée, l'adjudication est faite au
« plus offrant et dernier enchérisseur, à l'extinction des feux,
« sans autre formalité. — Le juge commis d'office peut accorder
« une ou deux remises de huitaine chacune. Elles sont publiées et
« affichées. »

La vente doit être environnée d'une certaine publicité. Il faut
évidemment appeler les enchérisseurs en aussi grand nombre
que possible.

Toutefois le législateur a cru devoir organiser cette publicité
d'une manière différente selon que le tonnage du bâtiment est de
dix tonneaux ou au-dessous ou bien supérieur à dix tonneaux.

1° *Bâtiments d'un tonnage au-dessus de dix tonneaux.*

241. Deux questions ont été diversement résolues par les auteurs.

Première question. L'avoué du saisissant doit-il dresser tout d'abord et déposer au greffe un cahier des charges contenant une mise à prix ? Non, d'après M. Laurin (1) : les publications et affiches peuvent, eu égard aux énonciations que la loi y a requises, tenir lieu du cahier des charges; on ne ferait dès lors qu'augmenter inutilement les frais. La question nous semble très-délicate. Dufour, qui soutient l'opinion contraire (2), fait observer que les conditions de la vente doivent toujours être annoncées par celui qui la fait : on ne peut pas demander, s'écrie-t-il, que le juge commis dresse lui-même ces conditions ! Ce travail ne peut émaner que du poursuivant ! Il s'agit de savoir si les criées, publications et affiches ne suffisent pas précisément à faire connaître ces conditions : ne doivent-elles pas contenir, par exemple, aux termes de l'art. 204, « la première mise à prix ? » L'art. 204 ne ne correspond-il pas à l'art. 690 pr ? Les criées, publications et affiches ne jouent-elles pas dans la saisie maritime le même rôle que le cahier des charges dans la saisie immobilière ? Après mûre réflexion, nous adhérons au système de Dufour. Ce n'est pas de l'article 690 pr., mais de l'art. 696 qu'il faut rapprocher l'art. 204. Se figure-t-on d'ailleurs que les clauses et conditions de la vente soient portées pour la première fois à la connaissance du public par une simple criée ? Ne doivent-elles pas avoir été fixées d'avance par un document officiel qui puisse être consulté, lu et médité par les intéressés ? Dans la pratique, l'avoué du poursuivant dépose au greffe un cahier des charges : il le fait souvent sur l'ordre exprès du tribunal qui, dans le silence de la loi, prescrit ce dépôt pour éviter toute difficulté (3).

242. *Deuxième question*. Les différentes formalités prescrites par le code de commerce doivent-elles être précédées d'un jugement ordonnant qu'il sera procédé à la vente ?

Un certain nombre d'auteurs enseignent que ce jugement n'est pas nécessaire. Sans chercher, à la suite de Dufour, quelle était au juste, sur ce point, la pensée de Valin et ce que l'ordonnance de 1681 a dû décider, il faut admettre que, sous l'empire du code, un jugement doit précéder les formalités de la vente. En effet l'art. 204 énonce que les criées, publications et affiches doivent désigner « les jours des audiences auxquelles les enchères seront reçues. » D'autre part, aux termes de l'art. 205, les enchères doivent être

---

(1) I, p. 151. — (2) II, n° 710. — (3) Cf. Dufour, II, p. 476, note 1. Cf. arrêt précité de la ch. des requêtes du 4 juillet 1859.

reçues par un juge commis et *aux jours qu'il fixe par son ordon-nance*. Or le juge ne peut fixer de jour avant qu'un jugement l'ait commis; donc ce jugement doit précéder les criées, publications et affiches. Il me paraît d'ailleurs impossible de soutenir avec M. Bé-darride (1) que le juge commis se borne à fixer le jour des se-condes et troisièmes enchères. D'abord ce serait une anomalie que de repousser son intervention dans un cas et de l'admettre dans les autres; ensuite, les enchères étant reçues après chaque criée de huitaine en huitaine, s'il appartenait au saisissant de fixer le jour des premières, il lui appartiendrait par là même de fixer celui des secondes et des troisièmes : le législateur n'aurait donc pas pu dire sérieusement que le juge commis reçoit les enchères après chaque criée, à jour certain fixé par son ordonnance (2).

243. Le mode grossier de publicité qu'a conservé le code de 1807 est emprunté à l'ordonnance de 1681 : « Les criées et pu-« blications seront faites ensuite par trois dimanches consécutifs, » disait l'art. 4 du titre XIV du livre I. Les « criées et publications » sont la lecture à haute voix par un huissier d'un placard portant les diverses énonciations prescrites par l'art. 204. Elles étaient faites autrefois à l'issue de la messe paroissiale; elles le sont aujourd'hui à la Bourse et dans la principale place du lieu où le bâtiment est amarré. Comme, le dimanche, les huissiers n'instrumentent pas et la Bourse est fermée, les criées et publications se font aujourd'hui n'importe quel jour, le dimanche excepté.

Les insertions doivent-elles précéder ou suivre la criée ? Dufour s'exprime en ces termes : « La publicité commencée par des criées « se continue par des insertions... » Il faut convenir que le texte de l'art. 202 ne se prête pas à cette interprétation : « Les criées et « publications seront faites consécutivement, dit-il... L'avis en « sera inséré... » L'avis ne doit donc pas s'insérer après coup. On avertit de ce qu'on va faire et non pas de ce qu'on a fait (3).

L'ordonnance disait que « les affiches seraient apposées le len-« demain de chaque criée au grand mât, sur le quai, à la princi-« pale porte de l'église et de l'auditoire de l'amirauté et autres « lieux accoutumés (art. 4 du titre XIV du livre I). » « Les publi-« cations et affiches, ajoutait l'article 5, déclareront aussi le nom « du vaisseau saisi et son port, et le lieu où il sera gisant ou flot-« tant, et indiqueront les jours d'audience auxquels les enchères

---

(1) I, n° 201. — (1) *Sic* Demangeat, IV, p. 128. Cf. Dufour, n°ˢ 708 et 709; Laurin, I, p. 151. — (3) *Sic* Bédarride, I, n° 202; Demangeat, IV, p. 128.

« auront été remises. » Telle est la préface historique des articles
203 et 204, que nous avons cités plus haut et auxquels nous nous
référons en ce qui touche l'apposition et la rédaction actuelle des
affiches.

Le code de commerce n'ordonne pas que ces formalités soient
observées à peine de nullité. Mais elles sont évidemment substantielles. Quelle efficacité, dit très-bien M. Bédarride (1), pourrait-on
attacher à une procédure irrégulière ? Quelle serait la sanction
des garanties que la loi a entendu donner au débiteur saisi s'il pouvait être définitivement dépouillé en dehors de ces garanties ? Sans
ces formalités, on ne connaîtrait pas même la vente, et il s'agit
d'une vente publique (2).

On pourrait néanmoins induire de certaines circonstances, par
exemple du silence gardé jusqu'à l'adjudication définitive, que les
demandeurs ont renoncé à se prévaloir de la nullité (3).

244. J'arrive aux enchères.

L'ordonnance disait (art. 6, 7 et 8 du titre XIV du livre I) : « Il
« sera procédé à la réception des premières enchères incontinent
« après la première criée, au jour désigné par l'affiche, et le juge
« continuera de les recevoir après chaque criée, de huitaine en
« huitaine, à jour certain et limité. Après la troisième criée, l'ad-
« judication sera faite par le juge au plus offrant et dernier en-
« chérisseur, sans autre formalité. Pourra toutefois le juge ac-
« corder une ou deux remises, qui seront publiées et affichées
« comme les précédentes. » Les articles 205 et 206, que nous
avons cités plus haut, reproduisent à peu près ces dispositions.

Le législateur, la plupart des auteurs le remarquent, n'a pas
indiqué le délai qui doit s'écouler entre l'accomplissement des différentes formes de publicité qu'il prescrit et le jour des enchères ;
il s'en est rapporté au juge commis.

Il est absolument évident que l'enchérisseur doit employer le
ministère d'un avoué, puisqu'on procède devant un tribunal civil.
L'opinion contraire, soutenue par deux auteurs (4), ne supporte
pas l'examen.

Il n'est pas moins certain que les procès-verbaux d'adjudication
provisoire ne doivent pas être signifiés au saisi. Valin disait (5) :
« Il y a nécessité de signifier les criées, à mesure qu'elles se font,
« à la partie saisie, ensemble les jugements qui donnent acte des

(1) I, n° 202. — (2) *Sic* Dufour, II, n° 715; Demangeat, IV, p. 128. —
(3) *Sic* Pardessus, III, n° 613; Bédarride, *loc. cit.* — (4) Delaporte, I, p. 406
et Boulay-Paty, I, p. 209. — (5) I, p. 348.

« enchères. » Mais aucun texte du droit moderne n'autorise cette procédure coûteuse.

Les mots « sans autre formalité » de l'art. 206 se trouvaient déjà dans l'ordonnance. « D'où il s'ensuit, écrivait Valin (1), qu'il « ne faut ni jugement de certification des criées ni congé d'ad- « juger ni d'observer les autres formalités prescrites pour la vente « par décret des immeubles; que deviendrait en effet un navire « pendant ce temps-là ? » Ce membre de phrase se passe de tout autre commentaire.

La vente des navires est-elle susceptible de surenchère ? Il faut, sans aucun doute, résoudre cette question négativement. Il n'y a de surenchère sur expropriation forcée qu'en matière immobilière (art. 708 pr.) et le navire est un meuble. Il est vrai que ce meuble est susceptible d'hypothèque et que la loi du 10 décembre 1874 admet la surenchère sur aliénation volontaire. Mais elle proscrit expressément, par son article 24, la « réquisition de mise aux en- « chères en cas de vente judiciaire. » « Les formalités imposées « par la loi pour ces sortes de vente, dit le rapport de M. Grivart, « sont d'une telle nature que les créanciers auront presque tou- « jours connu l'adjudication en temps utile et auront pu y con- « courir. » D'ailleurs on ne comprendrait plus le système des re- mises si le droit de surenchère existait.

245. Le juge commis peut accorder une ou deux remises de huitaine. Ces remises étaient autorisées, on l'a vu, par l'art. 8 du titre XIV du livre I de l'ordonnance; elles étaient même beaucoup plus usitées que sous l'empire du code actuel, car Valin, examinant la question de savoir si le dernier enchérisseur était tenu d'y ac- quiescer sans pouvoir rétracter son enchère, la résolvait affirma- tivement « parce que cet enchérisseur avait dû s'attendre à la re- « mise sur le fondement de cet article et de l'usage qui a presque « établi la nécessité d'accorder des remises après l'adjudication « sur la troisième criée. » Mais c'est déjà beaucoup trop que le code ait maintenu cet usage. Berlier le qualifiait ainsi (2) : « C'est « du temps et de l'argent perdus. » En effet les enchérisseurs re- doutent par-dessus tout de n'être adjudicataires que provisoirement. et, pour échapper à cette perspective, évitent précisément d'en- chérir.

Quoi qu'il en soit, le juge peut ordonner ces remises non-seule- ment sur la réquisition d'une partie, mais encore d'office. « Il en a

(1) Ib. — (2) Locré, t. XVIII, p. 317.

« le droit sans contredit, malgré le poursuivant même, » disait déjà Valin (1). Regnauld de Saint-Jean-d'Angely voulait que ce droit fût subordonné à la demande du saisi, mais son opinion fut repoussée par le Conseil d'Etat (2). Du reste on fit bien de la repousser : « La partie saisie n'a pas de voix en pareille occurrence, « disait très-sagement Valin (3) ; ce serait en vain qu'elle s'oppo- « serait à la remise en consentant à l'adjudication : elle ne serait « pas écoutée, ne pouvant pas faire la loi à ses créanciers, sans « compter qu'il se pourrait fort bien qu'il y eût de la collusion entre « elle et le dernier enchérisseur, qui ne ferait que lui prêter son « nom. »

Enfin, la remise étant prononcée, le dernier enchérisseur est-il lié, comme sous l'empire de l'ordonnance, de manière à rester adjudicataire pour le prix qu'il a offert, en supposant que lors de la nouvelle mise en vente personne n'offre un prix supérieur ? M. Bédarride (4) a soutenu la négative avec une très-grande énergie, invoquant les travaux préparatoires du code, faisant observer que la vente aux enchères ne cesse pas d'être régie par les principes de la vente volontaire, qu'elle ne saurait être parfaite sans le concours des volontés sur la chose et sur le prix, que ce concours n'a jamais existé lorsque sur une offre quelconque l'adjudication n'est pas définitivement prononcée, qu'il est peu équitable et peu juridique de laisser le vendeur libre de traiter avec un autre à des conditions plus avantageuses tandis que l'enchérisseur est définitivement lié. Mais les travaux préparatoires, ainsi que l'a démontré Dufour, sont plutôt contraires que favorables à cette thèse. Regnauld de Saint-Jean-d'Angély ayant déclaré que le dernier enchérisseur demeurait certainement lié, son opinion fut combattue par Bérenger : il répondit à son tour : « La question est « très-simple : il s'agit de savoir si l'on maintiendra la disposition « de l'ordonnance que la section n'a fait que copier, » et c'est alors que l'article fut définitivement adopté. D'ailleurs, en droit, ainsi qu'on l'enseignait sous l'empire de l'ancien code de procédure, avant la loi du 2 juin 1841, l'adjudicataire provisoire est regardé comme obligé par son enchère jusqu'à l'adjudication définitive; or la remise place l'enchérisseur dans la même situation que s'il avait porté son enchère à l'une des deux premières adjudications préparatoires (5). Enfin on peut dire avec M. Demangeat (6) que tout

(1) I, p. 351. — (2) Locré, ib. Cf. Dufour, II, n° 726. — (3) Ib. — (4) I n°° 210 et 211. — (5) Sic Dufour, II , n° 729. — (6) IV, p. 130.

enchérisseur s'engage sous une condition suspensive pour le cas
où son enchère ne serait pas couverte : dès lors, cette condition,
suspensive étant réalisée, le dernier enchérisseur doit être déclaré
adjudicataire.

2° *Bâtiments de dix tonneaux et au-dessous.*

246. Art. 207. « Si la saisie porte sur des barques, chaloupes
« et autres bâtiments du port de dix tonneaux et au-dessous, l'ad-
« judication sera faite à l'audience, après la publication sur le
« quai, pendant trois jours consécutifs, avec affiche au mât ou,
« à défaut, en autre lieu apparent du bâtiment et à la porte du
« tribunal. Il sera observé un délai de huit jours francs entre la
« signification de la saisie et la vente. »

Cette distinction est très-ancienne. Valin (1) la rattache à l'ancienne pratique de Bordeaux, attestée par Cleirac (jurisd. de la
marine, p. 401, n° 14). L'ordonnance avait, de même, simplifié la
vente judiciaire de ces bâtiments « parce qu'ils forment un objet
« peu considérable. » Le code de procédure (art. 620) les avait
assimilés aux bacs, galiotes, bateaux et autres bâtiments de
rivière ; mais, depuis la promulgation du code de commerce,
l'art. 620 pr. ne s'applique plus aux petits bâtiments de mer.

Encore faut-il que les barques et chaloupes puissent être réputés
« bâtiments de mer. » M. Bédarride (2) fait observer que la saisie
d'un bateau uniquement consacré à la montée et à la descente des
fleuves ne cesse pas d'être régie par l'art. 620 pr. : rien de plus
évident. Mais il faut aller plus loin. Les petites embarcations qui,
pour emprunter les expressions de la cour de cassation (arrêt précité du 20 février 1844) n'ont pas « un armement et un équipage
« qui leur soient propres, ne remplissent pas un service spécial et
« ne suffisent pas à une industrie particulière, » quoique n'étant
pas des bâtiments de rivière, ne sont pas non plus des bâtiments
de mer et leur saisie est encore réglée par le code de procédure
civile (3), non par le code de commerce. Cette solution proposée

(1) I, p. 352. — (2) I, n° 218. — (3) « Il sera procédé à leur adjudication, dit
« l'art. 620, sur les ports, gares ou quais où ils se trouvent : il sera affiché
« quatre placards au moins... et il sera fait, à trois divers jours consécu-
« tifs, trois publications au lieu où sont lesdits objets : la première publi-
« cation ne sera faite que huit jours au moins après la publication de la
« saisie. Dans les villes où il s'imprime des journaux, il sera suppléé à ces
« trois publications par l'insertion qui sera faite au journal de l'annonce de
« ladite vente, laquelle annonce sera répétée trois fois dans le mois précé-
« dant la vente. »

par Dufour (1), adoptée par M. Demangeat (2), nous semble très-pratique : il faut avant tout, quand il s'agit de pareilles embarcations, aller vite et réduire les frais. Leur adjudication ne se fera donc pas à l'audience.

L'adjudication des petits bâtiments de mer doit se faire, au contraire, « à l'audience, » non pas bien entendu devant le tribunal entier, comme l'a pensé un auteur trop asservi au texte (3), mais devant le juge commis, puisqu'il suffit d'un juge commis pour recevoir les enchères des grands bâtiments.

Il est inutile de reproduire une à une toutes les formalités ci-dessus énumérées pour constater qu'elles s'appliquent aux petits bâtiments de mer. La procédure est, au fond, la même ; mais on l'accélère à quatre points de vue : 1° les criées ou publications ont lieu trois jours consécutifs ; 2° l'affiche qui suit n'est plus apposée qu'au grand mât du bâtiment et à la porte du tribunal ; 3° il n'y a plus d'avis insérés dans les journaux ; 4° il n'est plus reçu d'enchères particulières après chaque criée ; il n'y a qu'une seule adjudication finale et définitive.

Toutefois on se demande si, dans ce cas comme dans l'autre, le juge pourrait accorder des remises. « Il n'est pas douteux, di-« sait Valin (4), que le juge ne puisse, même d'office, accorder « une ou deux remises pour l'adjudication définitive... comme à « l'égard des grands navires. » La question paraissait, au contraire, douteuse à Boulay-Paty (5). Dufour (6) et M. Bédarride (7) ont démontré par d'excellents arguments qu'il ne fallait pas interpréter l'art. 207 du code comme l'art. 9 du titre XIV du livre I de l'ordonnance. C'est dans la prévision d'une collusion entre enchérisseurs que le code organisait le système des remises : quand l'objet est de mince valeur et ne peut promettre un bénéfice assez important pour payer le silence de quelques-uns d'entre eux, on n'a plus à concevoir les mêmes inquiétudes. La remise n'est d'ailleurs utile que si elle reçoit une certaine publicité ; or Dageville et Pardessus, qui soutiennent la thèse de Valin, reconnaissent que, les publications se faisant de jour à jour, les remises ne pourraient être que d'un jour. Quelle mesure prendre dans ce court délai ? La remise ne serait connue que des enchérisseurs de la veille et la seconde audience se passerait comme la première. Remarquons encore les termes précis de l'art. 207 : « L'adjudication *sera* faite

(1) II, n° 747. — (2) IV, p. 131. — (3) Chauveau, journal des avoués, 1848, p. 258. — (4) I, p. 352. — (5) I, p. 215. — (6) II, n° 754. — (7) I, n° 219.

« après la publication, etc. » Enfin le système des remises, vicieux même pour les grands navires, n'est pas de ceux que, dans le doute, il faut étendre. Ces raisons suffisent à contrebalancer l'argument tiré des travaux préparatoires : la cour de cassation avait proposé une disposition additionnelle prohibant les remises (1), qui ne figure pas au texte définitif; mais il n'était pas indispensable de mentionner franchement la prohibition (2).

Tous les auteurs reconnaissent que, si la saisie porte à la fois sur de grands et de petits bâtiments de mer, il faudra suivre la procédure applicable aux premiers.

247. Le projet de réforme de 1867 supprimait d'abord toute distinction entre les petits et les grands navires. Il pouvait le faire sans inconvénient parce qu'il abandonnait, en ce qui touche ces derniers, les formalités excessives du code.

En effet il n'admettait plus la nécessité de trois criées, de trois insertions dans les journaux et de trois affiches. C'est là, lit-on dans la note explicative, une triple répétition moins indispensable que coûteuse et un souvenir inopportun de l'ancienne pratique. De plus la criée, moyen de publication restreint, était supprimée. « Quinze jours au moins et vingt jours au plus avant l'ad-« judication, dont le jour et le lieu seront fixés par le juge commis, « disait le nouvel article 200, l'avis de la vente sera publié dans « l'un des journaux désignés pour l'insertion des annonces judi-« ciaires, sans préjudice de toutes autres publications qui seront « autorisées par le juge commis. » « Dans les deux jours qui sui-« vent l'insertion de l'avis, ajoutait l'art. 201, il est apposé des af-« fiches : au grand mât ou sur la partie la plus apparente du bâ-« timent saisi; à la porte principale du tribunal devant lequel on « procède; dans la place publique et sur le quai du port où est « le bâtiment. »

Il faut toujours, avons-nous dit, que les conditions de la vente soient fixées par écrit, et c'est pourquoi nous avons pensé que, malgré le silence du code, il y avait lieu de déposer au greffe un cahier des charges. Aux termes du projet (art. 203), le poursuivant dépose au greffe du tribunal de commerce un cahier des charges contenant : 1° la désignation du navire et des accessoires mis en vente; 2° l'énonciation de la saisie ainsi que des actes et jugements intervenus postérieurement; 3° la mise à prix et les conditions de la vente. Dans les trois jours du dépôt (art. 204), il est fait à la

_____

(1) Observ. des trib., t. I, p. 13. — (2) *Contra* Laurin, I, p. 152. —

partie saisie sommation de prendre communication du cahier des charges et d'assister à l'adjudication. Enfin l'art. 205 fixe à huit jours le délai pendant lequel le saisi ou ses créanciers seront tenus, à peine de déchéance, de faire insérer dans le cahier des charges leurs dires et observations. Ce délai est court sans doute, disait la note explicative, mais il suffira aux droits vigilants, et il ne pourrait être plus long sans entraver gravement la marche de la procédure.

D'après le code la saisie doit être suivie d'une citation en justice, d'un jugement pour commettre un juge, d'une ordonnance de ce magistrat pour fixer le jour de l'adjudication. D'après le projet, au contraire, la saisie n'est point suivie de citation en justice, ce qui permet d'éviter un jugement. On se contente de deux requêtes : une au président, pour faire commettre un juge ; une au juge commis, pour faire fixer le jour de l'adjudication.

Les adjudications multiples, aussi peu utiles pour les navires que pour les immeubles, disparaissaient également. Il n'y avait plus, aux termes du nouvel article 211, qu'une seule adjudication au plus offrant et dernier enchérisseur. On voulait avant tout que l'adjudication fût prise au sérieux. C'est encore à ce point de vue que le système des remises était réorganisé. Tandis que, d'après le code, le juge commis reçoit d'abord les enchères et, d'après le résultat de l'adjudication, accorde une ou deux remises de huitaine chacune, ce qui redouble et prolonge, avec l'incertitude des enchérisseurs, l'inconvénient des adjudications préparatoires, c'est avant l'adjudication que la remise devait être désormais accordée ; elle ne pouvait l'être qu'une fois et pour quinze jours au plus, le nouveau jour fixé pour la vente devant d'ailleurs être annoncé et affiché comme l'avait été le premier (art. 210).

Les nouvelles formalités, depuis la saisie jusqu'à la vente inclusivement, pouvaient être à la rigueur accomplies en vingt jours, tandis que celles du code ne peuvent pas être accomplies en moins de quarante jours et peuvent durer soixante jours dans l'hypothèse d'une double remise. Le système de 1867 est, sans nul doute, préférable au système de 1807.

SECTION V.

248. « Le privilége des créanciers, dit le premier article de « notre titre, sera purgé par les formalités suivantes... » Il est à peine besoin de faire observer que le principal résultat de l'adjudication est, en effet, de transférer à l'adjudicataire la propriété du navire, franché et libre de tous les droits qui pouvaient le grever au profit de créanciers des précédents propriétaires.

Mais l'adjudicataire n'obtient cette translation qu'à la condition de remplir ses obligations d'enchérisseur. La plus importante est le paiement du prix, que l'art. 209 règle dans les termes suivants : « Les adjudicataires des navires de tout tonnage seront tenus de « payer le prix de leur adjudication dans le délai de vingt-quatre « heures ou de le consigner sans frais au greffe du tribunal de « commerce, à peine d'y être contraints par corps. A défaut de « paiement ou de consignation, le bâtiment sera remis en vente « et adjugé, trois jours après une nouvelle publication et affiche « unique, à la folle enchère des adjudicataires, qui seront égale- « ment contraints par corps pour le paiement du déficit, des « dommages, des intérêts et des frais. » L'ordonnance (art. 10 du titre XIV du livre I) s'exprimait à peu près de même : « Les ad- « judicataires, disait-elle, seront tenus, dans les vingt-quatre « heures de leur adjudication, d'en payer le prix, sinon de le con- « signer entre les mains d'un notable bourgeois, au greffe de l'a- « mirauté sans frais ; et le temps passé ils y seront contraints par « corps, et le vaisseau sera publié de nouveau à l'issue de la messe « paroissiale, et adjugé trois jours après à leur folle enchère. »

Dufour (1) explique ce bref délai de vingt-quatre heures en faisant observer que, les navires étant des objets dont la valeur est très-variable et dont l'usage peut entraîner des risques préjudiciables, les créanciers ont un intérêt manifeste à la prompte libération de l'acquéreur. Le code, à vrai dire, s'est avant tout inspiré de notre ancienne législation. La vente des navires se faisait « en « l'audience de l'amirauté, » et l'obligation de payer ou consigner

(1) II; n° 766.

dans les vingt-quatre heures était imposée dans toutes les ventes judiciaires de l'amirauté.

La plupart des auteurs (1) remarquent que l'adjudicataire commettrait une grave imprudence en payant directement au saisissant non seulement à un moment où des oppositions à la délivrance du prix se sont déjà produites, puisque les opposants peuvent primer ce saisissant, mais encore alors même qu'il n'en serait pas ainsi, puisque l'opposition faite dans les trois jours de l'adjudication conserve le droit intégral du créancier (art. 212). M. Bédarride (2), seul, paraît n'avoir pas aperçu cet effet nécessairement rétroactif de l'opposition. L'adjudicataire agira donc sagement en ne recourant pas à ce premier mode de libération.

S'il recourt au second, il devra consigner son prix au greffe du tribunal de commerce. L'ordonnance était logique en prescrivant la consignation au greffe de l'amirauté : tout se passait en l'audience de l'amirauté ! Le code a commis une véritable inadvertance en faisant intervenir le tribunal de commerce pour le dépôt du prix, quand tout se passe devant le tribunal civil. C'est une reproduction maladroite de l'ordonnance ou un souvenir inopportun du projet primitif, qui investissait les tribunaux de commerce. Quoi qu'il en soit, le texte est formel.

Aux termes de l'article 2, n° 6 de l'ordonnance du 3 juillet 1816, la caisse des dépôts et consignations reçoit « le prix que doivent « consigner conformément à l'art. 209 co. les adjudicataires de « bâtiments de mer vendus par autorité de justice. » N'est-ce donc plus désormais au greffe que ce prix doit être consigné ?

D'après quelques auteurs (3), l'art. 209 aurait été partiellement abrogé. Mais, pour faire prévaloir ce système, il faudrait démontrer qu'une ordonnance royale peut abroger une loi.

D'après M. Laurin (4), non-seulement le prix doit être versé au greffe par l'adjudicataire, mais le greffier n'en doit pas porter le montant à la caisse des dépôts, « car cette opinion fait du greffier « un intermédiaire absolument inutile et arrive par un autre che- « min à la violation de la loi. » Cet argument est sérieux : nous croyons toutefois, après mûre réflexion, devoir nous arrêter à l'opinion intermédiaire, généralement adoptée (5).

(1) Boulay-Paty, I, p. 24; Dageville, II, p. 35; Alauzet, III, p. 1092; Dufour, II, n° 767; Demangeat, IV, p. 134; Laurin, I, p. 153. — (2) I, n° 229. — (3) Goujet et Merger, v° Navire, n° 131; Devilleneuve et Massé, v° Navire, n° 143. — (4) I, p. 153-154. — (5) Pardessus, III, n° 614; Alauzet, III; n° 1092; Dufour, II, n° 769; Demangeat, IV, p. 134.

Le versement doit être fait au greffe : telle est la loi. Le greffier portera l'argent à la caisse des dépôts : telle est la prescription de l'ordonnance royale, et le pouvoir réglementaire était compétent pour la lui imposer. Mais cela ne regarde ni l'adjudicataire, ni les opposants ! Si le greffier méconnaît les dispositions de l'ordonnance, il n'en résultera pas la moindre déchéance, et la vente judiciaire aura néanmoins produit tous ses effets.

L'adjudicataire, s'il omet de payer ou de consigner dans les vingt-quatre heures, peut être poursuivi sur ses biens, mais n'est plus contraignable par corps depuis la promulgation de la loi du 22 juillet 1867.

Le navire peut être, en outre, remis en vente et sera le plus souvent remis en vente à la folle enchère de l'adjudicataire.

Valin disait (1) : « Le créancier saisissant non-seulement est « en droit, mais encore est dans l'obligation, surtout si les oppo- « sants le requièrent, de faire procéder à la revente du navire à « la folle enchère de l'adjudicataire, comme il se pratique en dé- « cret d'immeubles. » On ne peut induire aujourd'hui d'aucun texte que le législateur ait entendu constituer à cet effet le saisissant mandataire et mandataire nécessaire des autres créanciers. Quel est le motif de la revente sur folle enchère ? L'inexécution des clauses de l'adjudication. Qui peut se plaindre de cette inexécution ? Ceux envers qui l'adjudicataire s'était obligé, c'est-à-dire le saisi, le poursuivant, les créanciers, en un mot les personnes liées à la poursuite de la saisie immobilière. Telle est la règle commune : le code de commerce n'y a pas dérogé : il appartient à toutes ces parties intéressées d'exercer la poursuite.

Il nous semble difficile de ne pas appliquer par voie d'analogie l'art. 735 pr. La poursuite débutera donc par un commandement à l'adjudicataire. Après quoi, l'on procède à la revente. Il suffit d'une publication et d'une affiche. Valin faisait observer sur l'art. 10, tit. XIV, livre I de l'ordonnance que les significations devaient être faites à la partie saisie et à l'adjudicataire en demeure de payer. Telle est encore la règle commune, écrite dans l'article 736 du code de procédure. Il faut évidemment la suivre.

Le délai nous paraît être, comme à Dufour (2), de trois jours francs. L'adjudication ne peut avoir lieu « trois jours après » les formalités indiquées qu'autant qu'on ne compte ni le jour où elles ont eu lieu ni le jour de la vente.

(1) I, p. 354. — (2) II, n° 775.

Quant aux effets de la folle enchère, ils sont déterminés par le droit commun. Nous nous référons à l'art. 740 pr. comme Valin se référait au commentaire de Pothier sur la coutume d'Orléans.

L'art. 209 décide d'une manière générale que le premier adjudicataire est tenu des frais. Toutefois il est clair que, si le navire était revendu à un prix supérieur, cet adjudicataire serait aujourd'hui, comme sous l'empire de l'ordonnance, en droit d'exiger qu'on imputât les frais de la folle enchère sur cet excédant, qui constitue un gain pour les créanciers : « il ne supporterait de ces « frais, pour emprunter les expressions de Valin, que la portion « qui excéderait le bénéfice de la revente. »

Le projet de réforme de 1867 modifiait heureusement l'art. 209 en donnant aux adjudicataires (nouvel article 213) un délai de trois jours pour payer le prix de leur adjudication. Ce délai coïncidant avec celui des oppositions, ils auraient pu désormais, sans imprudence, recourir au premier mode de libération. Un nouvel article 214 était ainsi conçu : « Si, avant l'adjudication, le fol en- « chérisseur justifie de l'acquit des conditions de l'adjudication « et de la consignation d'une somme réglée par le juge commis « pour les frais de folle enchère, il ne sera pas procédé à l'adju- « dication. »

249. « L'adjudication du navire, dit l'art. 208 du code actuel, « fait cesser les fonctions du capitaine ; sauf à lui de se pourvoir « en dédommagement contre qui de droit. »

On regardait autrefois la maîtrise comme un droit inhérent au navire, susceptible de saisie sur la tête du maître : c'est ce qu'atteste Valin (1), qui cite à ce sujet un fragment de Cleirac (tit. de la jurisdiction de la marine, art. 5, n. 13, p. 399) : « si la dette « procède du fait du maître, il y comprendra la maîtrise. » Targa (2) s'exprimait encore plus catégoriquement : « Quell' jus, disait-il, è una specie di servitù o carico. » L'ordonnance de 1681 rompit avec « cet usage mal entendu (3) » : on ne devait plus, avec les progrès de la navigation, envisager les fonctions du capitaine comme un droit inhérent au navire, mais comme un simple mandat donné par le propriétaire du bâtiment : en conséquence (ce sont les expressions mêmes de l'art. 13, tit. XIV, l. I) « la maîtrise « du vaisseau ne « put être à l'avenir » saisie ni vendue, ... sauf

---

(1) I, p. 358. — (2) Ponderaz. marit., c. 89 (déjà cité par Emérigon). — (3) Expressions de Valin.

« au maître à se pourvoir pour son dédommagement, si aucun
« lui est dû contre ceux qui l'auront préposé. »

Telle est l'origine historique de l'art. 208.

Valin disait : « L'adjudicataire du navire est libre de garder le
« maître ou de le congédier à son gré sans que celui-ci ait rien
« à dire ni rien à prétendre contre lui. » Cette règle est encore
applicable. Quand l'art. 208 énonce que l'adjudication fait cesser
les fonctions du capitaine, cela signifie simplement que l'adjudicataire n'est pas lié par les engagements du précédent propriétaire
envers le capitaine.

Il n'y a, à cet égard, aucune différence, ainsi que l'a très-bien
expliqué M. Demangeat (1), entre le cas où le navire entier a été
saisi et vendu et le cas où ce qui a été saisi et vendu, c'est une
part indivise dans le navire, mais une part indivise excédant la
moitié de sa valeur (v. l'art. 220); dans un cas comme dans l'autre,
l'adjudicataire peut à son gré congédier ou garder le capitaine.

Qui le capitaine peut-il actionner ? L'ordonnance répondait nettement : « ceux qui l'ont préposé. » C'est en effet, comme le remarquait Valin, par le fait ou par la faute du propriétaire qui
l'avait établi maître qu'il perd le commandement du navire. Bien
que le code ait substitué aux mots « contre ceux qui l'ont pré-
« posé » les mots « contre qui de droit, » on ne concevrait pas,
aujourd'hui même, une autre thèse juridique. A qui le capitaine
pourrait-il s'adresser, si ce n'est à celui qui l'a préposé ?

Mais l'art. 208 soulève une question plus délicate. En établissant au profit du capitaine une faculté de dédommagement, se ré-
fère-t-il ou déroge-t-il à la règle de l'art. 218, aux termes duquel
il n'y a pas lieu à indemnité au profit du capitaine congédié s'il
n'y a convention par écrit ?

Premier système. Le capitaine congédié par le seul effet de l'adjudication, c'est-à-dire sans cause valable, a droit à un dédommagement.

Telle était l'opinion de Valin, fondée sur une distinction entre
le dédommagement et les dommages-intérêts, et le grand jurisconsulte allait jusqu'à déclarer absurde l'opinion contraire (2).

Il faut argumenter *a fortiori* de la suppression des mots « si
« aucun lui est dû, » que contient le texte de l'ordonnance et que
l'art. 208 ne reproduit pas.

En droit civil, quoique le mandant puisse, en thèse, librement ré-

(1) IV, p. 137. — (2) I, p. 359.

voquer le mandataire, celui-ci n'en a pas moins droit à une indemnité 1° lorsque le mandat est salarié ; 2° lorsque la révocation a lieu sans cause légitime et qu'elle peut nuire à ses intérêts ou à sa considération. Il faut appliquer ces principes généraux.

Même en droit commercial maritime, on peut, en s'appuyant sur l'article 272, atténuer ce que l'art. 218 a d'excessif. Tous les officiers ne sont-ils pas assimilés aux matelots quant à l'indemnité de congédiement (1) ?

Deuxième système. Nous pensons au contraire que l'art. 208 est subordonné à l'art. 218.

Il n'y avait, dans l'ordonnance, aucune disposition analogue à celle de l'art. 218. Valin, Emérigon pouvaient écrire que le capitaine congédié par le propriétaire sans cause légitime a toujours droit à une indemnité. Les prémisses étant changées, la conclusion ne peut pas rester la même.

« Les mots *si aucun lui est dû* ne peuvent raisonnablement si- « gnifier autre chose, disait Valin, sinon que la dédommagement « du maître sera plus ou moins considérable suivant les circons- « tances. » Dès lors on ne saurait argumenter *a fortiori* de leur suppression dans l'art. 208, quand il s'agit de trancher la question de principe.

Ce n'est pas au droit civil qu'il faut recourir. L'art. 218 pose une règle générale : le propriétaire a le droit absolu de congédier son capitaine, même sans cause valable. On ne saurait admettre à la légère une dérogation à une telle règle. Pourquoi, d'ailleurs, y serait-il dérogé dans l'hypothèse d'une vente sur saisie ? Dans le cas où aucune indemnité n'a été stipulée par écrit pour le cas de congédiement, le capitaine n'aura pas plus de recours à exercer s'il est congédié par l'adjudicataire que s'il l'eût été par le propriétaire lui-même (2).

Cette doctrine est pleinement adoptée par L. Borsari dans son commentaire de l'art. 302 du code de commerce italien.

L'art. 208 nous paraît être applicable non seulement aux ventes sur saisie, mais encore à toutes les ventes judiciaires. Pardessus (3) et M. Bédarride (4) soutiennent, il est vrai, que dans l'hypothèse d'une adjudication sur licitation, l'indemnité stipulée devient une charge du navire ; que le fait de la licitation, étranger au ca-

(1) *Sic* Boulay-Paty, I, p. 219; Dageville, II, p. 92; Bédarride, I, n° 224; Caumont, v° Navire, n° 80; v° Armateur, n°s 87 s.; v° Gens de mer, n° 60; Laurin, I, p. 155 et 156. — (2) *Sic* Pardessus, III, n° 627; Alauzet, III, n° 1091; Dufour, II, n°s 761 s.; Demangeat, IV, p. 137. — (3) Ib. — (4) I, n° 228.

pitaine, n'a pu lui enlever le bénéfice de son contrat ; que la convention doit donc être exécutée par le nouveau propriétaire comme par l'ancien, l'adjudicataire gardant d'ailleurs un recours contre cet ancien propriétaire, qui a commis une faute en dissimulant la situation véritable. Tel n'est pas notre avis. L'indemnité promise au capitaine n'est pas une charge du navire, mais une obligation purement personnelle. Dès lors c'est au vendeur seul que le capitaine peut s'adresser. Est-ce que les obligations personnelles du précédent propriétaire regardent l'adjudicataire ? Il est d'ailleurs impossible d'apercevoir un motif juridique de distinguer entre les deux catégories de ventes. La saisie enlève au capitaine le bénéfice de son contrat : pourquoi la licitation ne le lui enlèverait-elle pas ?

Le projet de 1867 maintenait la théorie du code, mais en remaniait le texte à l'aide de l'ordonnance : « L'adjudication du navire « fait cesser les fonctions du capitaine, y lisait-on (nouvel art. 212), « sauf à lui à se pourvoir en dédommagement, s'il y a lieu, *contre* « *celui qui l'aurait préposé.* »

SECTION VI.

DISTRIBUTION DES DENIERS.

250. Art. 212. « Pendant trois jours après l'adjudication, les « oppositions à la délivrance du prix seront reçues; passé ce temps, « elles ne seront plus admises. »

Art. 213. « Les créanciers opposants sont tenus de produire au « greffe leurs titres de créance dans les trois jours qui suivent la « sommation qui leur en est faite par le créancier poursuivant « ou par le tiers saisi ; faute de quoi il sera procédé à la distribu- « tion du prix de la vente sans qu'ils y soient compris. »

Art. 214. « La collocation des créanciers et la distribution de « deniers sont faites entre les créanciers privilégiés dans l'ordre « prescrit par l'art. 191, et entre les autres créanciers, au marc le « franc de leurs créances. Tout créancier colloqué l'est tant pour « son principal que pour les intérêts et frais. »

Ainsi les créanciers qui veulent être colloqués à leur rang doivent faire opposition à la délivrance des deniers dans les trois jours de l'adjudication. Tel était le système de l'ordonnance (art. 14,

uit. XIV, 1. I) : « Les oppositions pour deniers ne pourront
« être reçues trois jours après l'adjudication. » Cette disposition
n'a-t-elle été introduite dans le code de commerce que par suite
d'une inadvertance ? On serait tenté de le croire en lisant le procès-
verbal de la séance du Conseil·d'Etat du 14 juin 1807. Bigot-Pré-
anseneu avait fait observer que le code de procédure civile permet
au créancier de se pourvoir « tant que la distribution du prix n'a
« pas été faite. » Regnauld de Saint-Jean d'Angely dit que l'article avait pour objet d'accélérer les opérations. Bigot-Préameneu
répondit qu'elles n'étaient pas retardées par l'admission des oppositions antérieures à la distribution du prix. Regnauld de Saint-
Jean-d'Angely répliqua que ces oppositions nécessitent presque
toujours un nouveau travail. Après un long débat, Defermon déclara « que le législateur n'a pas de motifs pour admettre des dé-
« chéances en matière d'intérêts privés ; qu'il faut donc transporter
« ici la disposition du code de procédure civile. » Cette phrase est
suivie de la mention suivante : « *Cette proposition est adoptée.* »
Cependant la rédaction primitive de l'art. 212 a été maintenue.

Dufour critique très-vivement cet emprunt fait à l'ordonnance :
« La déchéance de l'art. 212, dit-il, ne rend pas plus la procédure
« rapide que le système contraire ne la rendrait lente. En effet,
« au moment où expire le délai de trois jours, le travail de la dis-
« tribution n'est pas encore commencé ; les créanciers ne sont pas
« même sommés de produire ; par conséquent, à la condition que
« les non opposants produisent spontanément dans le même délai
« que les autres, la circonstance qu'ils ont ou n'ont pas fait une
« opposition antérieure est insignifiante pour la marche de la dis-
« tribution. » Ces réflexions ne manquent pas de justesse. Cependant elles ne prévalurent pas auprès de la commission chargée
de rédiger le projet de 1867, qui comptait Dufour parmi ses
membres, et le nouvel article 215 fut ainsi rédigé : « Dans les trois
« jours qui suivent l'adjudication, les oppositions à la délivrance
« du prix sont reçues au greffe ; passé ce délai, elles ne sont plus
« admises. »

Mais si le code indique après quel délai l'opposition ne peut plus
être faite à partir de l'adjudication, il n'entend pas ordonner qu'elle
doive être nécessairement formée à partir de l'adjudication. « Il
« est utile de former opposition avant la fin des criées, » disait
Valin sur l'art. 11, tit. XIV, l. I de l'ordonnance. Les créanciers
peuvent encore aujourd'hui se porter opposants avant l'adjudication.

La déchéance prononcée par l'art. 212 a trait à l'exercice du

droit et non au droit lui-même. Le créancier, quoique non opposant, reste créancier. S'il perd la faculté de concourir avec les opposants, il ne perd pas celle de venir après eux à la distribution,
car l'excédant du prix qui leur a été distribué ne peut, en bonne
logique, profiter ni au saisi ni à l'adjudicataire.

Que décider si, parmi ces créanciers retardataires, il se trouve
un chirographaire et un privilégié? « Nous ne voyons, dit M. De-
« mangeat (1), aucune bonne raison pour ne pas payer d'abord le
« privilégié. En effet la loi veut sans doute que les créanciers re-
« tardataires ne soient pas admis au préjudice des opposants;
« mais en définitive nous ne voyons nulle part qu'elle ait pro-
« noncé contre ces retardataires déchéance absolue soit de leur
« créance, *soit même de leur privilége.* » Cependant Valin n'admettait pas que les privilégiés conservassent en pareil cas un droit
de préférence : « Leur privilége est purgé par le décret, disait-
« il (2), et cela avec un tel effet que s'ils se trouvent en concours
« avec d'autres créanciers également négligents, ils ne pourront
« toucher les deniers restants que par contribution au sol la livre
« avec eux, quoique les créances de ceux-ci soient simples et or-
« dinaires. » Dufour adopte cette opinion (3). Le privilégié, dit-il,
n'avait un droit de préférence que sur le navire ou sur le prix représentant le navire : or ce prix n'existe plus, en tant du moins
que représentant le navire; il a été distribué aux opposants. N'est-
ce pas bien subtil ? N'est-ce pas seulement au regard de ces opposants que la déchéance a été prononcée ? La distribution des
deniers en change-t-elle l'origine ? Pourquoi ne représenteraient-
ils plus le navire ? Dans le doute ne vaut-il pas mieux restreindre
les effets de la déchéance ? Nous inclinons à suivre l'opinion de
M. Demangeat.

D'ailleurs Valin, qui déniait si nettement au demandeur en distraction, intervenant après le délai de trois jours, le droit d'empêcher que l'ordre ne se fît à son préjudice *en faveur des opposants*
ne se résignait pas à le laisser désarmé en face des autres. « Ce-
« pendant, disait-il (4), si après tous les opposants satisfaits, il
« restait encore des deniers, je croirais volontiers qu'il devrait être
« admis à faire valoir son privilége sur ces deniers restants, à
« l'exclusion des créanciers non opposants à temps comme lui,
« par la raison que c'est au fond sa chose... » D'accord, et
nous croyons encore que la déchéance est exclusivement prononcée

(1) IV, p. 144. — (2) I, p. 360. — (3) II, n° 806. — (4) I, p. 361.

au regard des opposants. Mais on ne peut plus dire alors avec Dufour que le *prix* n'existe pas depuis la distribution et que la somme à laquelle prend part le non opposant ne se rattache au navire par aucun lien.

Les créanciers hypothécaires sont plus favorisés non-seulement que les chirographaires, mais encore que les privilégiés : « En « cas de distribution du prix d'un navire hypothéqué, dit l'art. 25 « de la loi du 10 décembre 1874, l'inscription vaut opposition au « profit du créancier inscrit. » On a voulu favoriser l'hypothèque maritime et, pour atteindre ce but, que le créancier fût à l'abri d'une surprise, c'est-à-dire que le prix du navire ne fût pas distribué à son insu après saisie opérée par un tiers.

251. Le code de commerce dit bien où les créanciers opposants seront tenus de produire leurs titres, mais non entre quelles mains l'opposition elle-même devra être faite.

Elle devra être faite, en principe, au greffe du tribunal civil, c'est évident. N'est-ce pas devant ce tribunal que toute la procédure se déroule ?

Elle ne pourra même être faite qu'au greffe de ce tribunal quand elle aura été formée avant l'adjudication. Il est impossible de concevoir que les créanciers se rendent au greffe du tribunal de commerce avant la consignation des deniers. Dans cette première hypothèse, le greffier, recevant une opposition, devra nécessairement la joindre au cahier des charges et par là tout le monde la connaîtra (1).

Mais une fois les deniers consignés au greffe du tribunal de commerce (art. 209), pourquoi n'y pourrait-on pas former également ment une opposition ? La cour de Poitiers est évidemment allée trop loin lorsqu'elle a dit le 9 mai 1848 (2) « que le prix du navire « devait légalement se trouver soit dans les mains de l'adjudica-« taire, soit dans celles du greffier du tribunal de commerce et « que, par une conséquence nécessaire, les oppositions ne pou-« vaient utilement être notifiées qu'à l'un ou à l'autre de ces dé-« tenteurs ou, par surcroît de précautions, à l'un et à l'autre ; *que* « *celle faite au greffe du tribunal civil serait demeurée sans ré-*« *sultat puisque le prix ne devait pas s'y trouver.* » Cette dernière raison n'est pas décisive : il faudrait un texte formel pour dépouiller le tribunal civil d'un droit qui dérive de sa compétence générale en cette matière. M. Bédarride tombe, à notre avis, dans

_____

(1) *Sic* Dufour, II, n° 809 ; Demangeat, IV, p. 144. — (2) D. 49, 2, 231.

une autre exagération quand, après avoir rappelé que la procédure en distribution se poursuit, devant le tribunal civil, que ce tribunal rend le jugement de clôture, que le poursuivant doit naturellement s'enquérir à son greffe des divers prétendants à la distribution, il pose ainsi la question : « Le quatrième jour après « l'adjudication, le poursuivant se rend au greffe du tribunal civil « et, prenant connaissance des oppositions, il fait signifier la « sommation de produire les titres. Cette sommation n'est pas « adressée à celui qui a fait notifier son opposition au greffe du, « tribunal de commerce, et les trois jours de la procédure expirent « sans qu'il ait produit ses titres. Pourra-t-il se faire relever de la « déchéance prononcée par l'art. 213 ? Nous ne le pensons pas. Le « poursuivant n'est pas en faute pour n'avoir tenu aucun compte « d'une opposition qu'il ne connaissait pas, dont il ne pouvait s'en- « quérir. La faute est tout entière à celui qui a mal connu la loi, « qui en a fait une fausse application. » Il faudrait d'abord démontrer cette fausse application. Puis, dans le silence de la loi, comment soutenir qu'elle s'est arrêtée à un système exclusif ? N'est-il pas d'ailleurs logique que l'opposition puisse avoir lieu là où se trouvent les deniers saisis ? Enfin pourquoi le poursuivant, après s'être rendu au greffe du tribunal civil, ne pousserait-il pas ses investigations jusqu'au greffe du tribunal de commerce, puisque les oppositions aboutissent au demeurant à l'un ou à l'autre ? Est-ce trop lui demander et les créanciers doivent-ils être à ce point sacrifiés ? En définitive, il nous paraît impossible d'annuler l'opposition par cela seul qu'elle est faite au greffe du tribunal de commerce, une fois que cette opposition est connue et que le droit des créanciers est suffisamment révélé.

252. Après la demande en collocation, la production des titres.

Les créanciers opposants sont mis en demeure par une sommation « qui leur est faite par le créancier poursuivant ou par le « tiers saisi » et doivent produire dans les trois jours. L'art. 660 du code de procédure ajoute : « à peine de forclusion. » On sait que la cour de cassation entend ces derniers mots *stricto sensu* (1), et déclare forclos d'une manière absolue les créanciers qui n'ont pas fait leur production dans le mois réglementaire. Cette dernière phrase : « faute de quoi il sera procédé à la distribution du « prix de la vente sans qu'ils y soient compris » équivaut aux mots « à peine de forclusion. » Toutefois, ainsi que l'a jugé le tri-

(1) Req. 3 juillet 1834, 23 août 1843 ; civ. rej. 2 juin 1835.

bunal civil de Marseille le 3 mars 1870 (1), il suffirait pour sauver le créancier de la déchéance que la production eût lieu alors même que le titre ne serait pas conforme aux prescriptions de l'art. 192 si, aux termes de ce même article, le créancier avait encore un certain délai pour régulariser sa situation : par exemple si le créancier justifie plus tard que le contrat à la grosse souscrit à son profit a été déposé au greffe du tribunal dans les dix jours de sa date, le rang auquel il a droit doit lui être rendu au moment où cette justification est faite.

253. Après quoi, le juge commissaire peut procéder au règlement provisoire.

Il colloquera : 1° les créanciers privilégiés « tant pour leur prin-
« cipal que pour les intérêts et les frais; »

2° Les créanciers hypothécaires conformément à l'art. 27 de la loi du 10 décembre 1874. Mais, d'après l'art. 13 de cette même loi, l'inscription garantit seulement au même rang que le capital deux années d'intérêt en sus de l'année courante;

3° Les chirographaires tant pour leur capital que pour les intérêts et les frais;

4° Les demandeurs en distraction, les privilégiés, les chirographaires ayant encouru la déchéance, à leur rang et conformément aux distinctions que nous avons établies plus haut.

Une fois que le juge-commissaire a dressé son règlement provisoire, il faut bien revenir aux règles générales tracées par le code de procédure dans le titre de la *Distribution par contribution*. Les articles 663, 664, 665, 666, 667, 668, 669, 670, 671, 672 de ce code sont applicables à notre matière. Dufour remarque avec raison (2) que le délai de quinzaine accordé aux créanciers par l'art. 663 pour examiner le réglement provisoire est bien long quand on le compare aux délais de trois jours accordés aux créanciers soit pour former opposition, soit pour produire. C'est une anomalie qu'effaçait le projet de réforme de 1867. D'après le nouvel article 218 le juge commis, sur la remise faite par le poursuivant des originaux des sommations, devait dans les huit jours constater les productions sur son procès-verbal, dresser l'état des collocations et le déposer au greffe. D'après le nouvel article 219 le poursuivant, ce premier délai de huit jours expiré, dénonçait le procès-verbal contenant l'état des collocations à tous les créanciers produisants et au saisi, avec sommation d'en prendre communication et de contredire sur le procès-verbal dans un second délai de huitaine.

(1) Bull. jud. d'Aix 1871, p. 156. — (2) II, n° 821.

254. On lisait dans l'ordonnance (art. 16 *in fine*, tit. XIV, l. I) :
« Et quant aux créanciers chirographaires et autres non privilé-
« giés, ils seront payés suivant les lois et coutumes des lieux où
« l'adjudication aura été faite. » Valin corrigeait ce texte avec une
hardiesse singulière : « Les mots *où l'adjudication aura été faite*
« font naître, dit-il, une question qui est de savoir si le statut est
« réel en cette partie ; c'est-à-dire s'il déroge ou non à la règle
« ou maxime générale qui veut que les meubles soient régis par
« la coutume du lieu du domicile de celui à qui les meubles
« appartiennent... Je réponds sans hésiter, poursuit le grand
« jurisconsulte, que c'est la coutume du domicile du débiteur
« saisi qu'il faut suivre absolument, au lieu de celle de l'ad-
« judication du navire, et que cet article n'a du tout point entendu
« changer la règle suivant laquelle les meubles doivent être régis
« par la coutume du domicile... » Il semble néanmoins que le
contraire eût été précisément décidé par l'ordonnance. Dufour a été
frappé de cette contradiction et maintient qu'il faut suivre encore
aujourd'hui, conformément à la règle écrite en 1681, la loi du lieu
de la distribution. Telle est, on le sait, la jurisprudence de la cour
de cassation. Nous avons déjà commenté l'arrêt rendu par la
chambre des requêtes le 19 mars 1872 à propos du *steamer* la
Caroline, décidant que, ce navire ayant été saisi dans un port
français et mis en vente devant un tribunal français, la constitution d'un *mortgage* consentie en Angleterre conformément à la loi
anglaise au profit de créanciers anglais sur un navire anglais appartenant à un sujet anglais n'est pas opposable aux créanciers
français. Nous renvoyons à notre précédent chapitre.

TABLE

BEAUVAIS TYPOGRAPHIE D. PÈRE, RUE SAINT-JEAN.

OUVRAGES DU MÊME AUTEUR :

DE SCIENTIA CIVILI APUD M. T. CICERONEM (Thèse pour le doctorat ès-lettres), *épuisé*. — Paris, Durand, 1858.

ESSAI SUR LES CONFESSIONS DE SAINT AUGUSTIN (Thèse pour le doctorat ès-lettres). — Paris, Durand, 1858.

DE L'ALIÉNATION ET DE LA PRESCRIPTION DES BIENS DE L'ÉTAT, DES DÉPARTEMENTS, DES COMMUNES ET DES ÉTABLISSEMENTS PUBLICS (ouvrage couronné par la Faculté de droit de Paris). — Paris, Durand, 1862.

LES DEVOIRS, ESSAI SUR LA MORALE DE CICÉRON (ouvrage couronné par l'Institut), *épuisé*. — Paris, Didier, 1865.

MIRABEAU JURISCONSULTE (discours prononcé à la rentrée de la Cour d'Aix). — Aix, 1866.

SIEYÈS ET LE JURY EN MATIÈRE CIVILE (discours prononcé à la rentrée de la Cour d'Aix), *épuisé*. — Aix, 1869.

ÉTATS-GÉNÉRAUX (1455-1614) (ouvrage couronné par l'Institut). — Paris, Durand et Pedone-Lauriel, 1871.

LA NOUVELLE ORGANISATION JUDICIAIRE (Étude sur deux projets de loi soumis à l'Assemblée nationale). — Paris, Durand et Pedone-Lauriel, 1872.

RÉFORME DU DROIT PUBLIC FRANÇAIS D'APRÈS LES ÉCRITS DE FÉNELON, ARCHEVÊQUE DE CAMBRAI (discours prononcé à la rentrée de la Cour de Douai). — Douai, 1873.

HENRI IV ET LES PARLEMENTS (discours prononcé à la rentrée de la Cour de cassation). — Paris, 1877.

BEAUVAIS, TYPOGRAPHIE D. PÈRE, RUE SAINT-JEAN.

www.ingramcontent.com/pod-product-compliance
Lightning Source LLC
Chambersburg PA
CBHW060946220326
41599CB00023B/3602